TEUBNERS
HANDBUCH DER STAATS- UND
WIRTSCHAFTSKUNDE

Staats-
kunde

Erster Band

AF889421

Springer Fachmedien Wiesbaden GmbH

ISBN 978-3-663-15234-7 ISBN 978-3-663-15797-7 (eBook)
DOI 10.1007/978-3-663-15797-7

Inhaltsverzeichnis

Wesen und Entwicklung des Staats.

Von Richard Schmidt.

I. Gemeinsame Bedingungen und Betätigungsformen des Staatslebens.

1. Begriff, Daseinsbedingungen, Wirkungskreis, Grundlage und Wesen des Staats.

Der Staat als höchster menschlicher Verband. Der Staat ist eine Form des menschlichen Zusammenlebens, des gesellschaftlichen oder sozialen Daseins der Menschen im weitesten Sinn, eine Form menschlicher Vergesellschaftung oder Assoziation, kurz: ein menschlicher Verband.

Diese Wesenseigenschaft teilt der Staat zunächst mit zahllosen anderen Lebenserscheinungen in denen ebenfalls der menschliche Trieb zur Verbandsbildung, zur Organisation oder Assoziation zur Verwirklichung gelangt — mit den Verbänden des Blutes: Familie, Sippe —, mit den Verbänden des Religionslebens: geistlicher Brüderschaft, Kirche, Sekte —, mit den Verbänden des Berufs- oder Wirtschaftslebens: Ritterorden, bäuerlicher Siedlungsgenossenschaft, Handwerkerzunft, kaufmännischer Gilde, großkapitalistischem Trust, Arbeitergewerkschaft, Mit diesen Verbänden allen teilt der staatliche Verband das elementare Kennzeichen, daß sich in ihm eine Vielheit von Menschen zu einheitlichem Handeln im Dienst gemeinsamer Zwecke zusammenschließt, und zwar in der Weise, daß einzelne bevorzugte Mitglieder der Gemeinschaft als die zum gemeinnützigen Handeln berufenen „Organe", d. h. wörtlich: Werkzeuge, und damit zugleich als bestimmende Organe, als „Beherrscher" oder „Gewaltträger", aus der Vielheit hervortreten.

Aber die unmittelbare Anschauung lehrt, daß der Staat sich aus den übrigen Verbänden oder Organisations- und Assoziationsformen als der schlechthin überragende, als der vornehmste heraushebt. Er verkörpert die konstanteste und damit die ohne weiteres als wichtigste erprobte Verbandsbildung im menschlichen Erdenleben. Damit ist nicht gesagt, daß er immer und unter allen Verhältnissen den stärksten, einflußreichsten Verband darstellt. Das Interesse bedeutsamer Sondergruppen der menschlichen Bevölkerung kann zeitweise und oft auf lange Zeitspannen anderen Verbänden eine größere Macht über ihre Angehörigen einräumen. Dem waffentragenden Adligen des Mittelalters liegt die standesgenössische ritterliche Verbrüderung, dem gläubigen Katholiken die römische Weltkirche, dem amerikanischen oder französischen Fabrikkapitän das Kartell der industriellen Unternehmungen, dem Industriearbeiter die sozialistische Internationale weit näher als der Staat. Aber für die menschliche Gattung in ihrer Gesamtheit ist und bleibt die staatliche Organisation in einer Vorrangsstellung. Sie hat das naturgeordnete Streben und die natürliche Fähigkeit, sich auf die Länge immer von neuem als die allen andern Verbänden überlegene, höchste durchzusetzen. Innerhalb des Kulturkreises, aus dem unser heutiges Kulturleben mittelbar hervorgegangen ist, wird diese Wahrheit zuerst vom altgriechischen Geist erfaßt. Die Stadtrepublik, „Polis“ (πόλις), die in der Blütezeit des Griechentums zur bleibenden Grundform des staatlichen Lebens wird, rückt für die hellenische, besonders die attische Lebens- und Weltanschauung schlechthin in den Mittelpunkt des irdischen Menschenschicksals. Von hier an datiert im Denken Europas die Vorstellung, daß für alle gesellschaftlichen Dinge die „staatlichen Dinge“, Ta Politika (τὰ πολιτικά), die „Politik“ maßgebend sind, als selbstverständliche Grundvorstellung.

Wohnsitz und Gebiet als natürliche Vorbedingung des Staats. Das natürliche Übergewicht des staatlichen Verbandes über alle anderen menschlichen Verbände erklärt sich zunächst aus der menschlich umfassenden Art, der Allgemeinheit seiner Entstehungsbedingungen.

Der staatliche Zusammenhalt ist das Erzeugnis des Zusammenlebens der Menschen im Raum, also derjenigen Lebenstatsache, die für den Menschen die schlechthin zentrale bedeutet. Auf den Wohnsitz beziehen sich unwillkürlich und mit innerer Notwendigkeit irgendwie alle äußeren und inneren Erlebnisse und Handlungen des Menschen. Dieses Moment aber, das dem Menschen den Mittelpunkt seiner Existenz und den Richtpunkt für die Totalität seiner Lebensbeziehungen giebt — der Gemeinbesitz dieses Moments, nicht eine einzelne Interessengemeinschaft erzeugt den Trieb zu dem Zusammenschluß, den der entwickelte Sprachgebrauch als „Staat“ benennt und der in älteren Verhältnissen nicht unbezeichnend als „Stadt“ (Polis) oder „Land“ (Terra) oder auch als „Gemeinwesen“ schlechthin (Koinón, Respublica) charakterisiert wird. Und nur die Kehrseite dieser Extensität der Beziehungen ist die Intensität der Wirkung, die die Gemeinsamkeit des Aufenthalts oder Wohnsitzes auf das verbandsbildende Vermögen des Menschen ausübt. Der Trieb zu staatlichem Zusammenschluß setzt sich mit unentrinnbarem Zwange durch. Nur solche Bevölkerungen, die dünn verstreut auf unwirtlichem Steppen-, Wüsten-, Meeresküstenboden sitzen (noch iu moderner Zeit Eskimos, Feuerländer, Buschmänner) unterliegen ihm nicht. So wie sich aber ein Volkstum in gewisser Dichte der Zahl entwickelt, erwacht der Drang zur Staatsbildung mit Naturnotwendigkeit, ohne Rücksicht darauf, auf welcher Wirtschafts- oder überhaupt Kulturstufe sich das Volkstum bewegt. Auch Völker, die als Jäger oder Hirten ihre Sitze in ausgedehnten Wald- oder Weide- oder oasendurchzogenen Wüstenflächen wechseln, organisieren sich in „Stämmen“ oder „Völkerschaften“; und diese sind nicht wesensverschieden von den Staatsgebilden seßhafter, in Ackerbau und Handel durch ihren Sitz dauernd verbundener Völker. Andererseits ist die Gemeinschaft des Wohnsitzes, des Gebietsbesitzes für sich allein genügend, um den staatlichen Zusammenschluß zu begründen. Allerdings wird in der Regel zwischen den Mitgliedern einer seßhaften Menschengruppe noch eine zweite persönliche Zusammengehörigkeit durch Geschlechtsverbindungen, Zeugungen und Geburten, eine Blut- oder Abstammungsgemeinschaft sich ausbilden, die man heute meist als „Rassengemeinschaft“ bezeichnet. Aber Rasse ist zu keiner Zeit und auf keinem Kulturstand etwas Primäres, fest

Abgegrenztes und Unveränderliches. Die Entwicklung der Menschheit bewegt sich seit unvordenklicher Zeit in einer nie abreißenden Kette von Wanderungen, Verschiebungen, Spaltungen und Neumischungen, die die zu einem gegebenen Zeitpunkt zufällig gegebenen Rassen immer neu gestalten, und das, was diese Veränderungen bewirkt, ist ebenfalls immer wieder der Raum, die nachbarschaftliche Berührung der Wohnsitze.

In Wahrheit ist also das Land der alleinige Faktor, der eine Menschenvielheit, auch eine solche von ursprünglich ganz verschiedenartiger Abstammung, zum Staate zusammenschließt. Der richtige Kern der „Rassentheorie" ist nur der, daß das Zusammenleben im Lande außer dem staatlichen Zusammenhang einer Menschenvielheit (ihrer organisatorischen Einheit) auch noch ein anderes, den geistigen Zusammenhang der Bewohner, die kulturelle Einheit der durch Wohnsitz verbundenen Menschen erzeugt und fördert. Zwischen Menschen verschiedener Abstammung ruft die Gemeinschaft des Bodens zusammenwirkend mit gemeinsamen Schicksalen die Gemeinschaft der Sprache, Sitte, Religion und anderer mannichfaltiger Interessen des gesellschaftlichen, geschäftlichen, literarischen Lebens hervor, d. h. das, was abgeschlossen und den Beteiligten, wie den Draußenstehenden bewußt geworden als Nation, Nationalität, Volkstum bezeichnet wird. Der Charakter des Bodens der Besiedlung, seine fruchtbare oder wirtschaftlich unergiebige, seine gleichförmige oder durch Gebirge oder Seen zerrissene Natur muß mit Notwendigkeit stets sowohl der Staatsbildung, wie der Nationalbildung des bewohnenden Volks eine bestimmende Richtung geben. Ebenso und noch verstärkt wirkt das Verhältnis eines Gebiets zu den Nachbarländern, die scharfe Abgrenzung durch unwegsame Gebirge oder große Meere oder Wüsten und Steppen oder die Offenheit und Leichtzugänglichkeit seiner Grenzen für Invasionen oder kolonisierendes Einwandern. Je nachdem das Gebiet der Ausbildung eines Zusammengehörigkeitsgefühls zwischen seinen Bewohnern schwächere oder stärkere Hindernisse entgegensetzt, wird es leichter oder schwerer, mit dichtwerdender Bevölkerung einen Zusammenhalt, eine Interessengemeinschaft für die letztere zu erzeugen —, auch zwischen Bewohnern, die aus Elementen sehr verschiedener Abstammung, Sprache, Sitte, Religion bestehen. Die Verschiedenheit der „Rasse" wird durch die Gemeinschaft des Gebiets jedenfalls insoweit überwunden, daß eine staatliche Organisation, die Ausbildung herrschender Gewalten für die gemeinsamen Bedürfnisse, auch als „Nationalitätenstaat" möglich wird. Aber der natürliche Gang der Dinge ist es immer gewesen und wird es bei unbefangener Lebensauffassung immer bleiben, daß das Gebiet sogar Kraft genug hat, die Gegensätze zwischen den getrennt- oder gemischtrassigen Bestandteilen seiner Bewohnerschaft auszugleichen und sie zu einer neuen Mischnation zusammenzuschweißen. Wo das auf lange Zeit oder für die Dauer nicht gelingt, müssen ganz bestimmte trennende Einflüsse am Werke sein, die der Verschmelzung oder Assimilation entgegenwirken und in den beteiligten Gruppen den Willen hervorrufen, sich getrennt zu halten: planmäßige agitatorische Schärfung des religiösen, des Rassenfanatismus und dergl. Aber Ideen und Doktrinen, die eine solche Trennung zur dauernden Beschränkung des Staats auf eine einzige Rasse eines Gebiets steigern wollen, sind unter allen Umständen ungesund und aussichtslos. Ein „bloß völkischer" Staat, der eine bestimmte Schicht der Bewohner seines Gebiets, etwa die semitischer Abkunft oder die schwarzer Hautfarbe planmäßig aus seinem Verband fernzuhalten hat, ist eine schiefe Idee. Nur vorbeugend (etwa durch Einwanderungsbeschränkung) könnte der Staat hier einwirken.

So ist überhaupt die ganze, heute vor allem bei demokratisch gesinnten Politikern lebendige Vorstellung abwegig, als sei die tiefste erreichbare Grundlage der Staatsbildung das Volk. Der Begriff des Volkes wird seinerseits erst durch das Land möglich. Denn nur der abgegrenzte Teil der Erdoberfläche, abgegrenzt entweder durch die natürliche Konfiguration oder unter Umständen durch zufällige geschichtliche Vorgänge, macht aus der lockeren und flüssigen Vielheit von Menschen ein „Volk", und gerade die Verwurzelung der Tatsache der Staatsentstehung im Boden, in diesem konstantesten und in seiner Einwirkung nachhaltigsten Faktor des Erdenlebens, ist es, was den staatlichen Verband über alle anderen Verbandsbildungen emporhebt. Diese durch die Erfahrung unwiderleglich erwiesene Erscheinung, daß innerhalb längerer Zeiträume der staatliche Verband ein natürliches Übergewicht über sämtliche privaten Verbände irgendwelcher Art behauptet (vgl. o.), ihre Gestaltung, ihren Wirkungskreis, eventuell die Möglichkeit ihrer Existenz von sich abhängig macht, drückt die Staatslehre in dem Axiom aus, daß dem Staat die schlechthin oberste Gewalt, die suprema potestas, supremitas, „Souveränität", wesenseigen ist. Sie ist der Ausfluß der Wesenseigenschaft des Staats als des Boden-, Wohnsitz- oder Gebietsverbands der Menschen.

Alles Gesagte deutet zugleich darauf hin, daß es innerlich ganz begründet ist, wenn der Sprachgebrauch altertümlicher, naiver Zeiten wie der des europäischen Mittelalters das Verbandswesen, Gemeinwesen, das wir heute „Staat" nennen, als „Land", „terra", „pagus" (Gau), „pays" bezeichnet[1]). Der Begriff „Staat" in unserem Sinn bildet sich erst in der Renaissance aus. Der römisch-lateinische Sprachgebrauch verwendet status (Zustand) nur für einzelne Seiten des politischen Lebens, die Verfassungsform (status rei publicae) oder den öffentlichen Haushaltsplan (status activorum et passivorum, heute „Etat") u. a. Erst im Italienischen des 16. Jh., ganz speziell bei Machiavelli, wird der Ausdruck verallgemeinert und auf das Gemeinwesen schlechthin übertragen. Der „stato" geht in das französische „état", in das englische „state", das deutsche „Staat" über.

Das menschliche Handeln als Entstehungsgrund des Staats. Der natürliche Vorgang, daß eine irgendwelche Gruppe der menschlichen Gattung auf demselben Boden zur Lebens- und Interessengemeinschaft zusammengeführt wird, ist nicht die einzige Vorbedingung der Entstehung oder des Bestehens eines Staates. Selbst das Bewußtsein der Interessengemeinschaft zwischen den Zusammenlebenden genügt dazu nicht. Wie von Anfang an in den Begriff eingeschlossen (S. 1), gehört zur Staatsexistenz auch ein geistig-menschlicher Beitrag, die Entfaltung von Tätigkeiten des Verbands im gemeinsamen Interesse seiner Glieder.

Erst wenn diese „mechanische" Seite des Staats zugleich mit der „organischen" Seite des Staats ins Auge gefaßt wird, wenn der Staat neben seiner Eigenschaft als ein „gewordenes" Wesen auch als ein „gemachtes" Wesen begriffen wird, treten die Begriffselemente ins Licht, die den Staat als eine Einheit über den Einzelwesen,. als ein „Gemeinwesen", nach dem Sprachgebrauch des Aristoteles als das „Koinón" (κοινόν), begreiflich machen. Denn das gemeinsame Handeln einer menschlichen Vielheit ist nur möglich durch bevorzugte, gehobene Glieder des Verbands, die sich als Mittel, als „Werkzeuge" der Gesamtheit, als deren „Organe" betätigen (órganon [ὄργανον], im Griech. wörtlich = Werkzeug, von ergein, ἔργειν, arbeiten, wirken). Nur setzt das gemeinnützige Wirken des Verbandsorgans seinerseits die Verfügung über gesteigerte physische oder wirtschaftliche Kräfte voraus, die nicht anders als durch die persönlichen Dienste oder Vermögensleistungen aller einzelnen — militärische

1) Für das griech. Altertum entspricht dem die schon früher (S. 2) hervorgehobene Redeweise, das Gemeinwesen mit dem gewöhnlichen Sitz des Kleinstaats, der Polis, Burg, Stadt zu identifizieren. Sie setzt sich noch in der italienischen Redeweise des Mittelalters bis zum Beginn der Renaissance im Terminus der „città" (civitas) fort. Neben dieser sinnlichen Redeweise geht freilich eine andere, mehr abstrahierende her, die das heute als „Staat" bezeichnete Wesen mit dem Ausdruck der Herrschaft, des Beherrschungsverhältnisses zwischen Staatsgewalt und Volk zu treffen sucht (regnum, imperium, dominium, principatus, gouvernement, government, Obrigkeit).

Kraftentfaltung, öffentliche Arbeitsleistung, Naturalien- oder Steuerabgaben — beschafft werden können. Die Wirksamkeit der Organe des Gemeinwesens hat also die Unterordnung von dessen Gliedern, der Einzelwesen, unter den ordnenden oder gebietenden Willen der Organe zur Voraussetzung, und die „Werkzeuge" der Gesamtheit, die sich einerseits in den Dienst der Bedürfnisse des Volks stellen, müssen unweigerlich nach ihrer anderen Seite die Beherrscher des Volks als des Trägers der öffentlichen Lasten werden. Ausschließlich im Wechselwirken dieser Doppelbeziehung: „Organ und Bürger" — „Herrscher und Untertanen" tritt ein staatlicher Verband in die Existenz. In ihr verkörpert sich die staatliche Organisation. Letztere ist nicht möglich, wenn sie nicht beide Beziehungen aufweist, deren jede nur die begriffsnotwendige Kehrseite der anderen ist. Ein öffentliches Leisten und damit überhaupt ein Staat ist undenkbar ohne Herrschaft über die Menschen, die ihm angehören, undenkbar ohne Beschränkung der Freiheit der einzelnen. Ein Staat mit absoluter Freiheit seiner Glieder, wie er als Ideal den verstiegenen Spekulationen des Anarchismus zugrunde liegt und auch im Vorstellungskreis des extremen Kommunismus figuriert, ist eine Unmöglichkeit. Allerdings ist umgekehrt auch ein bloßes Herrschaftsverhältnis kein lebensfähiger Staat, wenn es sich nicht in öffentlichen Leistungen auswirkt. Das Wesen des Staats läßt sich nicht als Herrschaftsverband charakterisieren, sondern nur als ein durch Herrschaft wirkender Verband. Wenn sich in Urzeiten ein erstes staatliches Leben nur dadurch bildet, daß sich ein kluger, waffentüchtiger Führer als erster Häuptling, Fürst, oder ein Kreis von energiebegabten Geschlechtshäuptern als erster Ältestenrat, als Organ einer primitiven Aristokratie oder Oligarchie hervortut und sich damit der Masse eines Stammes unentbehrlich macht, so gestalten sich auch in entwickelten, historischen Zeiten die lockeren Komplexe von kleinen Völkerschafts- oder Stammes- oder Gaustaaten nur dadurch zu Großstaaten um, daß eine überlegene Schicht die Führung für alle jene Kleinverbände eines größeren Gebiets ergreift; zuerst neigt die militärische Führung gegen einen gemeinsamen Landesfeind. Und andererseits wird eine herrschende Dynastie oder Geschlechteraristokratie eine vormals auf solche Weise entstandene Herrschaft auf die Länge nicht mehr behaupten, wenn sie dem Volk für gewisse drängende soziale Aufgaben die erwartete Führung nicht mehr leistet. Gegenüber einer passiv und steril gewordenen Staatsgewalt übernimmt dann entweder der Gewaltträger eines anderen Volkstums oder ein innerhalb der führerlos gewordenen Gesellschaft neu sich bildender Gewaltträger einer anderen Gesellschaftsschicht die Herrschaft. Hier liegt der Ausgangspunkt für die Erscheinung des Untergangs der Staaten wie für die Revolutionen.

Der Staat als kulturschaffende Macht. Der Vorgang der staatlichen Organisation und damit das Bild des Staates überhaupt kompliziert sich jedoch dadurch, daß sich vom Anbeginn alles staatlichen Lebens an und schlechthin innerhalb jedes staatlichen Zusammenlebens zwei Sphären der öffentlichen Wirksamkeit scheiden. Sie sind in Anfängen der politischen Kultur nur undeutlich in ihrer Doppelheit sichtbar, aber im Keim immer vorhanden; — im Verlauf entwickeln sie das Streben, sich immer schärfer herauszuarbeiten und das Verhältnis zwischen Gemeinwesen und Einzelwesen immer entschiedener in entgegengesetzter Richtung zu beeinflussen. Dabei liegt gerade in dieser Vielseitigkeit der Tätigkeiten, die das Volk von seinem Staat erwartet, ein weiterer Erklärungsgrund für die einzigartige und überragende Stellung des Staates unter den übrigen menschlichen Assoziationsformen. Sie steht mit dem zu Beginn genannten, in seinen Entstehungsbedingungen begründeten (S. 2) in innerem Zusammenhang.

Die nächstliegende Lebensfunktion des Staates ist die Versorgung seines Volkes mit Lebensgütern. Das Bedürfnis nach solcher Güterversorgung gibt den elementarsten

Antrieb zur Staatsgründung und Befestigung. Schutz des gemeinsamen Gebiets gegen den äußeren Feind und Erhaltung der Ordnung und Sicherheit der Bevölkerung im innern, also Wehrwesen und Polizei sind die Kernbestände dieser gemeinnützigen Leistungen, in denen die unzulänglichen Kräfte der einzelnen von führenden Persönlichkeiten gesammelt und zu verstärkter Kraftleistung der Allgemeinheit gesteigert, in denen die Vielheit zur Einheit organisiert wird. Aber derselbe Gesichtspunkt läßt sich von vornherein in seiner Geltung verbreitern und unbegrenzt fortentwickeln. Nicht nur die Sicherung gegen Gefahren, sondern auch die Beschaffung von Anstalten, die die Privatpersonen aus eigener Kraft nicht herstellen können, also nicht nur die einzeln wirkende Verhütung von Schädigungen, sondern auch die positive Förderung der gemeinen Wohlfahrt in Bewässerungsanlagen, Kanalbauten, Straßenanlagen, Küstenschutz oder Hafeneinrichtung zieht der Staat unter die „öffentlichen" Aufgaben, und ebenso zweigt auf geistigem Gebiet von den ersten Anfängen jedes Volkstums das religiöse Bedürfnis weitere bedeutende Gegenstände staatlichen Wirkens ab. Wie der Kultus der Volksgottheiten die Sorge für die baulichen Tempelanlagen und sonstigen Kultstätten, für Überwachung der Feste, für die Beschaffung der Opfer und damit besonders für die frühesten Vermögensauflagen, weiterhin Besteuerungseinrichtungen hat, gibt er entsprechend auch den Anstoß zum Eingreifen des Staates in künstlerische, in wissenschaftliche (etwa astronomische), in erzieherische (Unterrichts-) Verhältnisse. Alles in allem will jedes Volk in seinem Staat eine kulturschaffende Macht, und wenn man alle nach Zwecken, nach Beschaffung von Lebenswerten oder Lebensgütern planmäßig strebende Willenstätigkeit als „Kultur" zusammenfaßt, kann man sagen, daß sich der Staat, der öffentliche Verband, mit dem Einzelmenschen und den ihn unmittelbar umschließenden privaten Verbänden (Familie, Sippe) in die Kulturarbeit im weitesten Sinne zu teilen hat. Seine Machtäußerung, Energieentfaltung wird eines der belebenden und wirksamen Agenzien gegenüber den Volksgliedern. Denn indem der Staat ihnen leistet, muß er notwendig auch von ihnen verlangen. Alle genannten Aufgaben gemeinnütziger Art, finanzielle, polizeiliche, bauliche usw., sind nicht denkbar, ohne daß der Staat die persönlichen und wirtschaftlichen Kräfte der einzelnen vielseitig, oft schonungslos in Form von Diensten, von Abgaben zur Mitwirkung heranzieht. Er bedarf zur Durchführung der staatlichen Funktionen Behörden der verschiedensten Art, und jede Behördentätigkeit fordert schon in der Notwendigkeit der Entlohnung und wirtschaftlichen Versorgung durch Land, durch Geld usw. Opfer, die vom Volke gebracht werden müssen. Mit andern Worten: Gerade die Kulturf Opfer, es Staates ist es, in der mit dem Leisten auch das Herrschen, und — vom Standp Volkes Volkes aus betrachtet — mit dem Empfangen vom Staat auch das willige Sichbeherdurch lassen durch ihn notwendig zusammengehört. „Es ist nicht nur Vorteil zu regieren, sondern auch einer, regiert zu werden" (Edmund Burke).

Der Staat als Wahrer des Rechtes. Aber neben seiner Aufgabe als kulturschaffender Machtträger drängen die seelischen Bedingungen des gesellschaftlichen Zusammenlebens dem Staat von Anbeginn an eine zweite, eigenartige, an Bedeutung ebenbürtige, ja in gewissem Sinne überragende Wirkungssphäre auf. Es ist die der Sicherung des Rechtes, der Regeln, die das Leben des im Staat vereinigten Volkes beherrschen.

Eine äußerliche Betrachtungsweise kann leicht der Vorstellung verfallen, als seien die Rechtsschutzfunktionen staatlicher Organe auch nur ein unselbständiger Zweig gemeinnütziger Leistungen für die Bürger. Die dem einzelnen zunächst liegenden und leichtest verständlichen Rechtsoperationen, die Schlichtung der Streitigkeiten zwischen den Gliedern des Verkehrs, die Zivilrechtspflege und die Überlieferung der Verbrecher an die Strafe, die Strafrechtspflege, können bloß als untergeordnete Elemente der staatlichen Erhaltung der Ordnung und Sicherheit erscheinen. Das Recht erscheint also leider nur als „staatliche Ordnung", und daran ist soviel richtig, daß unser Sprachgebrauch von „Recht“ nur da redet, wo der Staat an der Durchführung von Regeln mit beteiligt ist.

In Wahrheit ist jedoch das Verhältnis zwischen Staat und Recht viel tiefer begründet, — das Recht dem Staat gegenüber eine viel selbständigere Macht von rein geistigem Ursprung. Im Rechte ordnet sich die menschliche Gesellschaft dem Staate nicht unter, sondern über. Denn die Quelle der im Recht nach Geltung und Bewährung drängenden Regeln ist, soweit ihr geistiger Grundstoff in Frage kommt, nicht der Staat, sondern die Sitte. Schon in den primitivsten Lebensformen der Naturvölker erzeugt die alltägliche Reibung der Volksgenossen in Familie und Sippe, Tauschverkehr, wechselseitigen Dienstleistungen, Gottesdienst usw. feste Komplexe von Bräuchen, die das Tun und Lassen eines jeden mit Pflichten belasten, mit Sollvorschriften umgeben. Sie verdichten sich mit Hilfe autoritärer Personen, der Priester, der Ältesten, der Heilkundigen usw. zu Normen oder Regeln, die auch die staatlichen Leistungen der Individuen, Heeresdienst, Abgaben, Kultleistungen usw. (S. 5. 6) zu bestimmen und zu begrenzen streben. Solche Normen findet der staatliche Gewaltträger, wer es auch sein mag, auch ohne sein, des Staates, Zutun vor, und er sieht sich gezwungen, sie bei seinen eigenen Handlungen von Anfang an zu berücksichtigen, zu befolgen, wenn er nicht Gefahr laufen will, an seiner Autorität einzubüßen und mit entgegenstehenden Übungen des Volkes in Konflikt zu geraten, — ein Risiko, das gerade ein Fürst oder Ältestenrat primitiver Zeit um so vorsichtiger vermeiden muß, als seine Stellung ohnehin durch die Verflechtung mit zahlreichen privaten Interessen, durch das Dasein von Konkurrenten gleicher oder ähnlicher Wohlhabenheit, Waffentüchtigkeit, Erfahrung usw. keine besonders starke zu sein pflegt, als dem vorzüglichen Herrscher die Ehrwürdigkeit und der Nimbus gesicherter Tradition noch nicht zu statten kommt. Kurzum, jede menschliche Gesellschaft verhält sich kraft einer ursprünglichen seelischen Anlage wie gegenüber jedem ihrer einzelnen Mitglieder, so auch gegenüber ihrem Vorstand, Häuptling, Herrscher, und überhaupt gegenüber ihren staatlichen Gewaltträgern kritisch. Sie hat den Drang, das staatliche Handeln konstant mit billigenden oder mißbilligenden, zustimmenden oder widerstrebenden Urteilen zu begleiten, und wenn sie einerseits auf dem Gebiet der sozialen Leistungen des Staates von diesen abhängig ist, macht sie zu gleicher Zeit andererseits auf dem Gebiet der sozialen Regelbildung den Staat von ihrer Kritik abhängig. Dabei kommt es an und für sich lediglich auf die geistige Regsamkeit und auf den Willen der einzelnen Menschen an, wer sich zum Mundstück einer solchen öffentlichen Kritik machen will. Eine Gruppe von Kriegern oder einflußreichen Grundbesitzern, ein Derwisch oder Bänkelsänger kann einem Dorf oder einer Landschaft den Anstoß oder die Formulierung liefern, die sich dann zu einer „öffentlichen Meinung“ konzentriert. Es ist zunächst ein gesellschaftlicher, außerstaatlicher Vorgang, daß der Volksmund über dem Herrscher zu Gericht sitzt; und jede einzelne Stimme in ihm kann diese geistige Macht wie gegenüber einem Individuum, so auch gegenüber dem Staat verstärken.

Die rechtliche Selbstbindung des Staates. Aber erst darin nimmt das Verhältnis zwischen Staat und Gesellschaft seine abgeschlossene Form an, daß die Träger der staatlichen Autorität selbst früher oder später in den Dienst dieser formlosen Äußerungen eines öffentlichen Urteils zu treten genötigt werden. Indem die flüssigen, im Familien-, Verkehrs- oder Kultusleben sich betätigenden Bräuche, Forderungen, Sittengebote, durch staatliche Organe, Gewalten oder Behörden unterstützt, zur Geltung gebracht werden, werden sie „Recht“. In der Verstaatlichung sozialer Normen stoßen die beiden Kreise, die kulturschöpferischen Tätigkeiten des Staates und die normensetzenden Potenzen der Gesellschaft, in einer neutralen Zone zusammen, und mit jedem Anwendungsfall dieser Art arbeitet der Staat an dem Erfolg mit, mit Hilfe seiner eigenen Machtmittel sich selbst an die volkstümlichen Bräuche und Normen zu binden.

Auf den ersten Blick sind während langer Zeiten die urteilenden, normensetzenden Akte staatlicher Organe nur gegen die einzelnen, die Untertanen gerichtet. Bei allen Völkern früherer Entwicklungszustände bis tief in die Zeiten historischer Kulturvölker hinein treten sie in den Funktionen der Zivil- und der Strafrechtspflege hervor; in dem richterlichen Spruch zwischen zwei streitenden Bürgern oder gegen den rechtsbrecherischen Bürger, zwei Vorgänge, die ursprünglich auch untereinander keine feste Grenze kennen. Die Entscheidung über Mein und Dein, über Freiheit oder Hörigkeit eines angeblichen Sklaven, über die Verpflichtung aus Schuldverhältnis urteilt ebenso wie die über Strafwürdigkeit wegen Mordes, Hochverrates, Raubes, Gottesfrevels oder Sittlichkeitsdeliktes über den Verstoß eines Individuums gegen eine Norm. In Wahrheit hat aber auch der Herrscher von Anfang an auf höhere Gebote Rücksicht zu nehmen und Pflichten aller Art zu erfüllen. Vor allem die Erfüllung der kultischen Regeln wird vom Priestertum und damit vom Volke sorgfältig überwacht; Wahrnehmung bestimmter Opfer und Zeremonien sind auch bei mächtigen Fürsten Vorbedingungen für die Erhaltung ihrer Autoritätsstellung, denen er sich nicht entziehen kann. Dem entspricht es, daß auch den Herrscherakten gegenüber den Untertanen durch Bräuche und Formen Grenzen gezogen sind, deren Überschreitung ihn selbst zum Rechtsbrecher, zum Willkürherrscher, nach dem im klassischen Griechentum aufkommenden Sprachgebrauch zum „Tyrannen" macht. Gerade im Bereich der Rechtspflege über die Bürger tritt das besonders frühzeitig und besonders fühlbar hervor. Schon in der Beobachtung der Formen des Verfahrens, in welchem die Parteien vor ihm verhandeln, oder in welchem er die Schuldigen zur Rechenschaft zieht, ist er an Bräuche und Sitten, wie an Ladungs-, an Beweisformen gebunden. Und bei dem vorzugsweise intensiven Eingriffe in das Einzelleben des Volkes, den die Strafe zu allen Zeiten bedeutet, ist es kein Zufall, daß sich an ihr auch zuerst das Bedürfnis herausstellt, die Voraussetzungen der Strafwürdigkeit festzustellen, die ausschließlich einen angemessenen Grund für die Verhängung der Hinrichtung, Ächtung, körperliche Züchtigung, Vermögenskonfiskation abgeben sollen. Soweit sich sehen läßt, geben die Grenzen des Strafschutzes bei allen späteren Kulturnationen den frühesten Anlaß zu gesetzlicher Fixierung der „Verbrechenstatbestände", und zwar, was das wesentliche ist, nicht nur im Sinn einer Drohung gegen den gesetzübertretenden Bürger, sondern auch im Sinne der Beschränkung des strafverfolgenden Richters, der durch Überschreitung des Tatbestandes selbst zum Rechtsbeuger, Verbrecher wird. Vorzugsweise von hier aus dringt im Staatsleben der Gedanke vor, daß der Staat die Aufgabe hat, ein System staatlicher Regeln und staatlicher Organe zu schaffen, die ihm selbst, seinen oberen und unteren Organen, Gewalten wie Behörden, die Schranken ihrer Macht vorzeichnen und sie zur Einhaltung dieser Schranken anhalten. Der Staat bindet sich selbst an eigene staatliche Normen, an Rechtsnormen, und wird damit „Rechtsstaat", wobei freilich niemals aus dem Auge zu verlieren ist, daß auch diese zum Recht verdichteten Normen ihren geistigen Gehalt, die regelnden Gedanken und damit die bindende Autorität nicht in erster Linie aus dem staatlichen Willen schöpfen, sondern aus den Sittenanschauungen des Volkes, aus denen sie hervorgegangen sind, also aus dem gleichgerichteten Willen und aus dem sittlichen Bewußtsein der Einzelmenschen. Auch die Urteile über fremdes Verhalten und die Regeln, nach denen man es beurteilt, sind ein Erzeugnis des menschlichen Zusammenlebens an sich. Die Sitte erwächst wie der Staat aus der Gemeinschaft des Wohnsitzes, des Bodens und aus dem Bewußtsein der Interessengemeinschaft, die sie hervorruft, und infolgedessen ist das wechselseitige Sichdurchdringen von Sitte und Staat, von Regeln und Gewalten, die sich im Recht vollzieht, eine einzigartige Erscheinung des Menschendaseins. Kulturleistungen vollbringen auch andere menschliche Verbände, — den Schutz der lebenswichtigen Normen dagegen muß, wenn sie wirklich gleichmäßig über allen Interessenten stehen sollen, stets und mit Notwendigkeit der öffentliche, staatliche Verband, der Gebietsverband an sich ziehen. Erst die Verflechtung von Gebiet, Staat und Recht gibt dem Staat seine natürliche Souveränität (S. 4).

Machtseite und Rechtsseite des Staates in ihrer Wechselwirkung. Mit der Erfassung der Doppelstellung des Staates zwischen seinen beiden großen Aufgabenkreisen, zwischen der Arbeit an den gemeinsamen Kulturgütern seines Volkes und der Verantwortung für die Erfüllung der sittlichen und rechtlichen Gebote, ist die schwierigste Stelle in der politischen Gedankenwelt berührt, — freilich auch die letzte und tiefste Seite des staatlichen Lebens, von der aus, wenn man sie einmal erfaßt hat, alle Einzelprobleme des Staatslebens durch folgerichtiges Nachdenken begriffen werden können. In allen Formen der politischen Gestaltung bewegt sich der Staat hin und her zwischen den beiden, in ihrem innersten Kern entgegengesetzten Antrieben, die sich — nicht etwa abwechselnd, sondern in konstantem Verlauf gleichzeitig auf ihn geltend machen —, zwischen dem Antrieb zu kraftvoller Betätigung seiner physischen Macht und dem Antrieb zu vorsichtiger und schonender Beobachtung einer geistigen Macht höher als er selbst, des Sitten- und Rechtsgesetzes, beides zunächst als eine Einheit wirkend. Das eine Prinzip verlangt vom Staat Energieentfaltung, Bewährung seines Herrscherwillens, das andere Energiehemmung, Selbstbeschränkung aus Rücksicht auf die Freiheit aller anderen Lebenssphären außer der staatlichen, zugunsten der Freiheit anderer Völker oder ihrer Staaten oder zugunsten der Freiheit seiner eigenen Untertanen oder Bürger sowie der von ihnen gebildeten Privatverbände (Vereine, Parteien) oder tiefer stehende öffentliche Verbände (Gemeinden, Provinzen). Und diesem doppelten Antrieb untersteht der Staat nicht etwa nur in entlegenen Zeiten, in Phasen primitiver Entwicklung. Er kann sich ebenso auch in den modernsten Verhältnissen in extremer Gegensätzlichkeit wirksam erweisen. Schiller verweist im Prolog zum „Wallenstein" (1799) auf die Parallelität zwischen der poetisch gestalteten Zeit des Großen Krieges und den Problemen seiner eigenen, der napoleonischen Zeit „an des Jahrhunderts ernstem Ende, wo um der Menschheit große Gegenstände, um Herrschaft und um Freiheit wird gerungen". Nach Ablauf eines weiteren Jahrhunderts aber stehen heute Frankreich und Deutschland wieder in demselben Ringen. Man sieht den französischen Staat in schonungsloser Mißachtung fremder Freiheit ausschließlich dem Ziel einer brutalen Machtherrschaft nachjagen, — den deutschen Staat sich aufreiben in der einseitigen Hingabe an das Ziel eines Rechtssystems, das in einer vom Arbeiterstand beherrschten Republik die Freiheit des einzelnen Arbeiters im industriellen oder landwirtschaftlichen Betrieb mit einer bis dahin noch nicht erlebten Konsequenz verwirklicht —, aber unter Aufopferung der notdürftigsten zur Selbstbehauptung des Staats gegen das Ausland erforderlichen Machtmittel.

Das Wesen des Staats: Staatsgewalt oder Staatsvolk? Wirklichkeits- oder Gedankending? Das unausgesetzte Gegeneinanderarbeiten der beiden im staatlichen Leben wirksamen Lebensprinzipien, so ausschließlich sie die Gestaltung wie die Betätigung des Staats, seine Organisation wie seine Funktion, bestimmen, ist um so schwerer in seiner ganzen Fülle zu erfassen, als es sich innerhalb der Wirklichkeit des menschlichen Zusammenlebens stets als eine Einheit darstellt. Sowohl die Verfolgung der staatlichen Machtzwecke wie die Einordnung des Staats in das Walten der Rechtsidee tritt in die Erscheinung als Resultante des Aufeinanderwirkens verschiedener menschlicher Kreise, der Menschen, die sich im Staate zum Verband vereinigen, und der Menschen, die sich aus diesem Verband als Gewaltträger und Behörden herausheben. Es ist das Volk, dessen Wünsche nach kulturschöpferischer Energie des Gemeinwesens die Herrschaftsausübung hervorruft, und es ist wieder das Volk, dessen Kritik dem Umsichgreifen der herrschenden Mächte Schranken setzt. So erschließt sich im Rückblick auf die allgemein menschlichen Elemente des Staatslebens zuletzt die für das Wesen des Staats entscheidende Betrachtung.

Man hat früher darum gestritten, ob der Staat in dem Machtträger verkörpert sei, der die gemeinnützigen Tätigkeiten einer Volksgesamtheit als oberster Lenker in seinem Willen zusammenfaßt, oder vielmehr in der Volksgesamtheit, die sich für ihre gemeinsamen Bedürfnisse einem Herrscher unterwirft und diesen dadurch zugleich mit seiner Wirkungsmacht ausstattet. Ein Streit in solcher Fassung ist heute längst als müßig beiseite gelegt. Ein Entweder-Oder, eine Alternative: ist der Staat die Staatsgewalt oder ist er das Staatsvolk? ist ungereimt. Denn das eine Stück gehört ebensowohl zur Existenz und zum Leben eines Staats wie das andere. Entscheidend für das Dasein eines Staatslebens ist das Wirken eines Willensträgers im Dienst der Kulturgüter einer Menschenvielheit, also eine konstante Beziehung, eine äußere und seelische Zusammengehörigkeit zwischen Staatsgewalt und Staatsvolk. Dieses und nichts anderes ist es ja auch, was der Sprachgebrauch ausdrückt, wenn er, wie auch hier früher geschehen (S. 1), den Staat als einen „Verband" öffentlicher Natur bezeichnet. Allerdings ist damit schon zugegeben, daß der Staat kein konkretes, kein sinnlich erfaßbares Wesen ist, sondern eine Abstraktion, eine Gedankenbeziehung. Aber es war wiederum eine Verkennung, wenn man dem Streit die Wendung gab, ob der Staat überhaupt eine Realität, ein wirkliches Wesen und nicht vielmehr nur eine „Fiktion", eine „fingierte Persönlichkeit" sei. Die noch in der letzten vergangenen bedeutenden Gelehrtengeneration zwischen Paul Laband und Otto Gierke leidenschaftlich ausgefochtene Streitfrage: Staat Fiktion oder Realität? wird auf dem Gebiet der Gebilde des Menschengeistes überhaupt falsch gestellt. Sie drückt gar keinen Gegensatz aus, und schon Schiller hat sie gelegentlich mit der klassischen Formulierung abgetan: „der Staat ist eine Wirkung menschlicher Kräfte und ein Gedankenwerk; aber der Mensch ist die Quelle der Kraft und der Schöpfer des Gedankens". Darin liegt bereits, daß das Staatswesen trotz der Abstraktion des Begriffs nicht nur ein reales, sondern das realste Gebilde der wirklichen Welt bedeutet.

2. Grundtätigkeiten des Staates (Verwaltung, Rechtspflege, Gesetzgebung, Regierung) und Wertideen des Staatslebens (Leistungsfähigkeit, Freiheit, Gerechtigkeit, Einheit, Gleichheit).

Die staatlichen Grundtätigkeiten. Sind die einfachsten Gedanken freigelegt, die für die politische Seite der menschlichen Kultararbeit immer und überall als richtunggebend erkennbar werden, so lassen sie sich — zunächst auch dies mit allgemeiner Gültigkeit — leicht für das mehr realistische und sich zeitgemäß anpassende Verständnis der staatlichen Dinge verwerten. Maßgebend bleibt hierfür die Wechselwirkung zwischen der Macht- und der Rechtssphäre des Staats.

Das Zusammen- und zugleich Gegeneinanderarbeiten dieser beiden großen Lebenssphären, zwischen denen sich das Wirken des Staats in seinem weitesten Umfang verteilt, ermöglicht nunmehr die Konstruktion eines Begriffsgerüstes, mit dessen Hilfe der Staatsbau in seiner Ganzheit überschaut werden kann und das — bei größten Differenzen im Grade der Durchbildung — doch für jedes beliebige staatliche Gebilde verwertbar ist. Es ist für jedes Staatsgebilde unentbehrlich, aber auch für jedes verwendbar, für das primitive, wie für das hochentwickelte, soweit es bestimmt ist einerseits durch die allgemeinmenschlichen Daseinsbedingungen (S. 2), andererseits durch die Anlagen, die mindestens als keimartige und unvollkommen bewußt gewordene in jeder Gesellschaftsgruppe der menschlichen Gattung eingesenkt sind.

Jeder Staat offenbart sein Dasein in vier großen Haupttätigkeiten, die mehr oder minder scharf gestaltet und klar geschieden, aber in Umrissen überall vorhanden sind, — in der Verwaltung und Regierung, der Rechtspflege und Gesetzgebung. In ihnen und durch sie, in der Erzeugung von Organen für sie ist der staatliche Verband existent. Nur lehrt die vorausgehende Analyse des Verhältnisses von Staatsgewalt und Staatsvolk (S. 9), daß jene Grundfunktionen der politischen Organe, vertieft begriffen, in Wahrheit wieder nur als äußerer Ausdruck von verschiedenen inneren Grundbeziehungen zwischen Organen und Bürgern, zwischen Gewaltträgern und Volk von Bedeutung werden. Sie entspringen den Erwartungen oder Bedürfnissen, die das Volk den mit Herrschaftsgewalt aus ihm heraustretenden, und dauernd darüber hervorragenden Personenkreis entgegenbringt. Die Begründung solcher typischen Bedürfnisse macht die materiellen und geistigen Güter, die politischen Wertideen aus, die das Zusammengehörigkeitsgefühl aller Teile eines Volks unter seiner Staatsgewalt und den Zusammenhang des ganzen Volks mit der Staatsgewalt erzeugen und tragen.

Die Verwaltung. Die früher gekennzeichnete Urfunktion jedes Staats, die Versorgung der Gesellschaft mit den ihr notwendigen materiellen und geistigen Gütern der Hemisphäre verkörpert sich in der Verwaltung, begriffsgemäß dem „fürsorglichen Walten". Nach alter Erfahrung breitet sie sich in den drei Zweigen des friedlichen Verkehrs mit fremden Staaten, der auswärtigen Verwaltung, der Güterbeschaffung für das eigene Volk, der inneren Verwaltung, und der Sorge für die die äußere und innere Erhaltung des Staats ermöglichende Wehrmacht, der Militär-, Wehrverwaltung aus. Sie alle umfassend und beherrschend tritt als vierter Zweig die Beschaffung der Mittel der Finanzverwaltung hinzu. Aber die Natur der Sache ergibt, daß diese Einteilung nur ein Notbehelf-Schema gewährt. Der Begriff der inneren Verwaltung ist außerordentlich dehnbar. Von vornherein umfaßt er seinerseits zwei wesentlich verschiedene Zweige, die Gefahrenabwehr von Gütern und die Polizei und die Beförderung der Gütererzeugung und -verteilung, die in den denkbar verschiedenartigsten Formen sich äußern kann, als Pflege der Landwirtschaft und des Handels, als Armenpflege, als Sorge für Verkehrseinrichtungen, für Schulen und andere Bildungsstätten usw. Je nach Umständen kann sich deshalb die eine oder andere Seite der inneren Verwaltung zu einem so bedeutsamen Umfang auswachsen, daß sie den Charakter eines selbständigen Verwaltungszweigs annimmt und als Verkehrsverwaltung, Gesundheitsverwaltung, Verwaltung von Bauten oder öffentlichen Arbeiten, Unterrichtsverwaltung gleichberechtigt neben die übrigen tritt. In den modernen Staaten hat vor allem die Beziehung zwischen Staat und Kirche in der Kultusverwaltung, oft mit dem Unterrichtswesen vereinigt, eine solche eigene Bedeutung erlangt, so wie andererseits im Wehrschutz neben der Heeresverwaltung die Seemächte eine besondere Marineverwaltung — vielfach als die überragende Verwaltungsform — ausgebildet haben.

Die Ideen der Ordnung und Sicherheit. In der Sphäre der Verwaltung betätigt sich diejenige Beziehung zwischen Staat und Volk, die das eigentliche Verhältnis der staatlichen Organisation darstellt, — das der Herrschaft der Staatsorgane, der Untertänigkeit der Volksgenossen (S. 6). Um der Bewirkung lebensnotwendiger sozialer Verrichtungen willen oder genauer: in Wechselwirkung mit dem Kräfteeinsatz einer überlegenen

Gruppe von Individuen, die diese Verrichtungen leisten, — dem Kern eines späteren Beamtentums — vollzieht sich überhaupt erst die Unterordnung der Masse eines Bevölkerungskomplexes unter die herrschende Macht, worin sich ein Gewaltträger als Staatsgewalt wirksam erweist. Es kann sich derselbe auf lange Zeit hinaus die beherrschende Stellung eines Organs nur erhalten, indem er die sozialen Aufgaben — in erster Linie die der Wahrung der Ordnung und Sicherheit nach außen und innen — konstant durchsetzt. Das geordnete Zusammenleben im Kampf gegen innere und äußere Ruhestörer ist der zentrale Wert jedes Staats. Kann eine Staatsgewalt ihm auf die Dauer nicht genügen, so strebt der Gesellschaftskörper nach Ausbildung eines neuen Gewaltträgers, der dieser Krisis abhilft, und ist ein ganzes Volk zu dieser Umbildung nicht imstande, so verliert es überhaupt die Anwartschaft eines Volks auf eigene Staatlichkeit. Denn die Möglichkeit der Selbstbestimmungs-, die Selbstorganisationskraft ist die Vorbedingung für das „Recht der Selbstbestimmung" im Kreise der Völker, — in Wahrheit kein „Recht", sondern nur eine sittliche Anwartschaft auf Achtung der anderen, die wie im Leben der einzelnen, so auch im Leben der Völker an Voraussetzungen geknüpft ist.

Die Idee der Freiheit. Die eine Grundbeziehung, die in erster Linie in dem Wesen des Staats mitgedacht wird, ohne die ein Staat sich nicht denken läßt, drängt von vornherein zur Ergänzung durch eine zweite, entgegengesetzte Beziehung, die ebenfalls von den Bedingungen menschlichen Zusammenlebens untrennbar ist.

So wenig die Menschen auf einem nur einigermaßen gehobenen Kulturniveau das helfende Eingreifen einer staatlichen Macht im Dienst ihrer Bedürfnisse entbehren können, so wenig können sie auf die Bewahrung einer Lebenssphäre verzichten, innerhalb deren sie sich ihr Dasein selbst zu gestalten in der Lage sind. Die Privatsphäre von Familie, Haushalt, Beruf, weiterhin auch das Wirkungsgebiet der sich regenden geistigen Fähigkeiten, beansprucht ihre Anerkennung und Freigabe durch den Staat. Hier steht die Familie, in entwickelten Zeiten der einzelne, dem Staat als gleichberechtigtes Wesen mit dem Streben zur Einzelgestaltung des Sonderdaseins gegenüber, — der einzelne erscheint als Persönlichkeit, Privatperson, Bürger. Sein Interesse im Verhältnis zum Staat nimmt hier eine negative, also gerade umgekehrte Richtung wie in der zuvor bezeichneten Beziehung. Es richtet sich darauf, vom Staat dort unbehelligt zu bleiben, wo sich die Initiative des einzelnen zum Zwecke seiner besonderen Güterbedürfnisse zu entfalten strebt. Nicht Tatkraft, durchgreifende Rührigkeit des Staates, sondern Zurückhaltung, rechtzeitiges Nachlassen des Staats macht den Inhalt dieses konstanten Verhältnisses zwischen Staat und Bürger aus, dessen sämtliche Ausstrahlungen sich in der Wertidee der „Freiheit" zusammendrängen. Freiheit ist rechtliche Beschränktheit der Staatsmacht.

Nur sucht die Freiheitssphäre der Volksgenossen sich wieder in einem zweifach verschiedenen Sinne durchzusetzen.

Sozialisierung und Individualsphäre. Einmal bedeutet sie Nichteinmischung der staatlichen Organe in solche Zweige des Kulturlebens, die ihrer Natur nach nicht nur für den Einzelnen, sondern auch und in erster Linie für die Gesamtheit bei freiem Spiel der natürlichen Kräfte am besten gefördert werden. Das trifft vor allem die wirtschaftliche Gütererzeugung und -verteilung der Landwirtschaft, des Gewerbes und der Industrie, des Handels, der Technik, erst recht die verfeinerten Formen künstlerischer, dichterischer, schriftstellerischer Produktion. Verstaatlichung von Funktionen, „Sozialisierung" von gesellschaftlichen Lebensaufgaben, wird auf die Länge nur fruchtbringend, wo für eine solche eine feste Ordnung wünschenswert, die Beobachtung eines bestimmten Planes möglich ist, —

abgesehen von den militärischen, finanziellen, polizeilichen, die schon früher genannten des Verkehrs, des öffentlichen Bauwesens einerseits, die des Unterrichtswesens andererseits, vorausgesetzt, daß einmal der Besitz eines bestimmten Bildungsminimums als Grundbedingung der bürgerlichen Existenz erkannt worden ist.

Aber auch soweit dem Staat gewisse Gebiete für seine Wirksamkeit zugewiesen werden, erwartet das Volk innerhalb dieser Gebiete vom Staate Zurückhaltung.

Es hat sich zwar bereits gezeigt, daß jeder Staat, um die öffentlichen Funktionen im Interesse der einzelnen ausführen zu können, den einzelnen seinerseits zu belasten, ihn zu öffentlichen Leistungen heranzuziehen befähigt sein muß (S. 6). Er bedarf zu seinen Finanzen des Eingriffs in das Eigentum, zum Polizeischutz des Eingriffs in die Freiheit, zur Entfaltung seiner Wehrmacht der Wehrdienstleistung, unter Umständen der Opferung des Lebens seiner Bürger. Sie bedeuten, wie zahlreiche andere, empfindliche Eingriffe in die Privatsphäre des Bürgers, Störungen von dessen wirtschaftlicher oder persönlicher Existenz. So erwächst die Gefahr, daß die soeben vollzogene Scheidung einer öffentlichen, sozialen und einer privaten, individuellen Lebens- und Tätigkeitssphäre wieder aufgehoben oder ihres Werts entkleidet wird. Dies würde dann eintreten, wenn die staatlichen Organe, der Herrscher oder seine Beamten, nach Belieben und ohne daß der einzelne das voraus berechnen oder sich dagegen schützen könnte, aus dem öffentlichen Wirkungsfeld in die Zone der individuellen Lebensbetätigung übergreifen würden, wenn sie, etwa in Mißbrauch ihrer politisch anerkannten Machtstellung für Zwecke ihres privaten Egoismus unbeschränkt die Frauen und Kinder, den Grundbesitz, die Fahrhabe, die Arbeitskraft des Bürgers mißbrauchen, ausbeuten, plündern könnten. Erst dann ist also der Wert persönlicher Freiheit gesichert, wenn die hauptsächlichen Elemente des Einzeldaseins — Leben, Eigentum, Bewegungsfreiheit, weiterhin aber auch die Elemente der geistigen Persönlichkeit, Bekenntnis, politische oder wissenschaftliche Überzeugung oder deren schriftliche Äußerung — als in der Regel unangreifbar, als unabhängig auch vom willkürlichen staatlichen Eingriff anerkannt sind. Das Wesen der Privatexistenz erschöpft sich nicht darin, daß der Staat dem einzelnen gewisse Gebiete im allgemeinen zum Gebrauch seiner Einzelkraft überlassen muß. Er hat sich auch der beliebigen Störung des einzelnen beim Gebrauch dieser Kräfte zu enthalten, soweit nicht die Aufgaben des Staats einzelne, bestimmte, zum öffentlichen Zweck unerläßliche Eingriffe erfordern. In der Einzelausprägung dieser wertvollen Kräfte werden die Elemente der Persönlichkeit zu „Freiheiten".

Der Schutz der Privatsphäre gegen unberechtigten Staatseingriff: die Rechtspflege. Soll aber das gesunde Verhältnis zwischen staatlicher Sozialisierung und individueller Freiheitssphäre zur Wirklichkeit werden, so bedarf es in letzter Linie einer aktiven Mitwirkung des Staats zugunsten des einzelnen. Die Aufstellung des Grundsatzes, daß die Organe des Staats nicht über ihre Grenzen gehen dürfen, reicht dazu nicht hin. Der Staat muß selbst durch seine Organe Sorge tragen, daß im Fall einer Grenzüberschreitung, m. a. W. eines Mißbrauchs der staatlichen Macht, dem Bürger Abhilfe geschaffen werde: Petition, Beschwerde, Klage des Individuums, Einschreiten einer kontrollierenden, richtenden Behörde, die irgendwie die Rechtsschranken, die dem Staat gesetzt sind, zur Geltung bringt, geben hierfür die Form ab. Es ist also das Gebiet der Rechtspflege, worin die dem Verhältnis von Herrschaft und Untertänigkeit (S. 6. 12) entgegengesetzte Beziehung zwischen Staat und Volk existent wird. Die einzelnen in ihrer Vielheit treten hier dem Staat gegenüber als die Träger eines Anspruchs auf Schutz ihrer privaten Lebenssphäre, ihrer Persönlichkeit, ihrer persönlichen Freiheit, nicht nur gegen andere einzelne — gegen den zahlungssäumigen Schuldner oder unruhigen Grundnachbarn, gegen den Räuber oder

Fälscher — sondern vor allem auch gegen den Staat selbst und seine Organe. Vermöge des ihnen zur Seite stehenden Schutzrechts werden die „Freiheiten" des Individuums selbst zu subjektiven „Rechten", zu Grundrechten oder Bürger- oder Freiheitsrechten. Grundrecht ist das als schutzbewehrt gedachte Gut, „Leben", „Eigentum", „Glaubensfreiheit".

Eine Folge dieses inneren Gegensatzes, der zwischen dem staatlichen Verwaltungsakt und dem staatlichen Rechtspflegeakt besteht, muß sich von selbst aufdrängen.

Hat sich auch sowohl die Verwaltung wie die Rechtspflege innerhalb der im Staat bestehenden Regeln zu bewegen, hat auch demgemäß der Verwaltungsbeamte wie der Richter auf diese Regeln zu achten, so ist auch die Grundtendenz, unter deren Antrieb die Behörden an die beiden Aufgaben herantreten, eine durchaus verschiedene, ja entgegengesetzte. In der Verwaltung ist die tatkräftige Aktion, in der Rechtspflege die vorsichtige Prüfung und Hemmung das maßgebende Motiv, wie sich dies schon früher allgemein an dem Gegensatz der Machtentfaltung und der Rechtsausübung zeigte (S. 9). Früher oder später, mehr gelegentlich oder mit mehr Entschiedenheit muß sich dies an der Ausbildung und Einrichtung der amtlichen Personen bemerkbar machen, die ein Staatsordner mit den beiden wichtigsten Grundfunktionen der unteren Staatsorgane betraut. Geschäftstüchtigkeit und Disziplinierheit dort, Rechtskenntnis und Unparteilichkeit hier sind die Eigenschaften, deren es besonders bedarf. Sie sind nicht leicht in denselben Personen vereinbar, und wenn es auch möglich ist, die Geschäfte der Verwaltung und Rechtspflege durch die gleichen Behörden besorgen zu lassen, so müssen sich die innerlich differenten geistigen Verrichtungen doch wechselseitig beeinträchtigen. Das im Verlauf sich regende Streben, die Natur der beiden Operationen rein zur Geltung zu bringen, führt also zu dem Gedanken einer Trennung von Justiz und Verwaltung in einem doppelten System nebeneinander arbeitender Behördensysteme.

Die Idee der Einheit. Bei der Verwaltung und Rechtspflege in allen ihren Formen berührt sich die Staatsgewalt am nächsten mit den Einzelbürgern. Es sind diejenigen Staatsorgane, die in den verschiedenen lokalen Bezirken des Staatsgebiets die Bedürfnisse des Volks unmittelbar zu erfüllen, die gemeinnützigen Aufgaben auszuführen haben, — es sind die Behörden, die zum weitaus größten Teile verwaltend und rechtsprechend tätig werden. Jede der beiden Grundfunktionen erfordert aber für das Bedürfnis des Staatsganzen eine Ergänzung in Gestalt einer zusammenfassenden Operation, die sowohl der Verwaltung wie der Rechtspflege Halt und Rückgrat gewährt; die beide vereinheitlicht, damit erst die Einheit des im Staat lebendigen Wesens (S. 10) zum Ausdruck und zur Geltung zu bringen. Diese Bedeutung hat im Verhältnis zur Rechtspflege die Gesetzgebung, im Verhältnis zur Verwaltung die Regierung. Sie sind dem Inhalte nach mit den beiden ausübenden Tätigkeiten wesensgleich und unterscheiden sich deshalb untereinander im Grundcharakter wie Verwaltung und Rechtspflege. Die Regierung teilt mit der Verwaltung deren Beweglichkeit. Sie befriedigt den Güterbedarf des Volks in seinen unausgesetzt veränderlichen, von Tag auf Tag wechselnden Wünschen und Forderungen; sie ermöglicht und bietet die „Tagespolitik". Die Gesetzgebung dagegen bringt, wie die Rechtspflege, die dauernde Macht beherrschender und beschränkender Regeln zur Geltung. Während die Regierung die Einheit des Staatslebens im Ablauf der politischen Ereignisse sichert, stellt die Gesetzgebung diese Einheit in dem Dauerzustand einer ruhenden geregelten Ordnung her. Und dabei kommt in beiden Funktionen, die die Oberstufe des Staatslebens repräsentieren, doch eine enge Verwandtschaft mit den in den unteren Schichten des staatlichen Mechanismus sich verwirklichenden Tätigkeiten der Verwaltung und Rechtspflege insofern zutage, als auch sie auf das lebendige Zusammenwirken von Staatsgewalt und Staatsvolk angewiesen sind. Gerade an ihnen zeigt sich diese Wechselwirkung (S. 9) in ihrer für den Staat folgenreichsten Form.

Die Gesetzgebung. Am einfachsten zeigt sich dies an der Gesetzgebung.

Für die Feststellung der im Staat geltenden Normen in der Form des Gesetzes, des „geschriebenen Rechts", ist das Motiv bestimmend, die Regeln, die in der ursprünglichen Gestaltung des Staatslebens nur durch die fortgesetzte Tätigkeit der Gerichte oder überhaupt der Behörden am Einzelfall erkennbar gemacht und betätigt werden, auch in ihrer Allgemeinheit zur staatlichen Anerkennung zu bringen. Als natürlicher Weg, wie Sätze der Sitte aus dem Geschäfts- oder Familienleben, aus dem Kampf der Gesellschaft mit dem Gaunertum usw. in die staatliche Ordnung eindringen, zeigte sich früher (S. 7) in allen einfacheren Verhältnissen die gewohnheitsmäßige Einbürgerung. Allmählich und von Fall zu Fall bemächtigt sich ein höheres oder niederes Staatsorgan in seiner „Praxis" einer Vertragsform oder des strafbaren Tatbestands eines Verbrechens. Aber ein solches Verfahren schließt Unsicherheit und Unbeständigkeit ein. Der Stand der Parteien, die persönlichen Gegensätze der Beamten, die Verschiedenheiten der Streitlage begründen Ungleichheiten und Schwankungen, Mißbrauch und Willkürlichkeit des behördlichen Vorgehens, und je mehr sich im sozialen Bau des Volks Unterschiede der Klassen, Berufe, Nationalitäten fühlbar machen, desto dringender wird die Gefahr, daß die Rechtspflege ihrem Hauptzwecke untreu wird, Unordnung und Willkür zu binden. Erst die „Aufzeichnung" wichtiger Rechtsnormen in fester, genereller Form hemmt diese Gefahr, und zunächst nur vereinzelt, mit der Zeit in immer stärkerem Streben nach erschöpfender und abschließender, systematischer Gestalt dringt das Gesetzesrecht ein, um das Gewohnheitsrecht oder besser das Fallrecht zu verdrängen und den Behörden Einheitlichkeit der Rechtsanwendung und besonders der Rechtspflege aufzuzwingen, am frühesten bezeichnenderweise gegenüber der Strafrechtspflege. Das Bedürfnis, bei der Verfolgung der Verbrechen der Amtsausübung der urteilenden Behörde gegenüber dem verbrechensverdächtigen Bürger einen festen Anhalt für die Unterscheidung der als Mord, Brandstiftung, Diebstahl strafwürdigen Handlungen von den für die gesellschaftliche Ordnung harmlosen oder gleichgültigen zu geben, pflegt am frühesten zu erwachen. Die Strafjustiz gibt gemeinhin der Gesetzesaufzeichnung das Leben, und das Prinzip der gesetzlichen Fortbildung des Rechts ist also in der Grundlage ein staatsrechtliches, politisches Prinzip. Das geschriebene Gesetz ist das Schutzmittel des Volks gegenüber den Behörden oder auch sogar gegenüber dem Herrscher; es gestattet sie auf die Beobachtung der anerkannten Rechtsregeln in ihrer Praxis zu kontrollieren. Den Zweck, dem Volke das rechtmäßige oder verbotene Handeln erkennbar zu machen oder einzuprägen, könnten die staatlichen Organe durch die tatsächliche Anwendung der Regel allein erfüllen.

Die Idee der Gerechtigkeit. Der Übergang vom System des Gewohnheitsrechts zum System des Gesetzesrechts leidet jedoch seinerseits ebenfalls an einer Schwäche.

Die fallrechtliche Übung der Behörden ist in der günstigen Lage, ihre Entscheidungen unausgesetzt mit den Bedürfnissen des wirklichen Verkehrslebens und mit den im Volk geltenden Rechtsanschauungen in Berührung und deshalb im Einklang zu halten. Sie ist ihrer Natur nach elastisch, fortbildungsfähig, — fähig, auf die Länge der Zeit Lebendigkeit und Volkstümlichkeit zu bewahren und damit im strengen Sinn dieses Erfordernisses „gerecht", d. h. „gemäß", nämlich der Sitte, den Volksanschauungen vom Gebotenen gemäß, zu bleiben. Die Fixierung der Normen im Gesetz entfernt sie von ihrem eigentlichen Nährboden.

Sie erzeugt in der geschriebenen Fassung die Gefahr eines Erstarrens, eines Unpopulär- und damit Ungesund-, Ungerechtwerdens des Rechts. Sie führt die Behörden zu dem Zwang, Satzungen fortdauernd anzuwenden, die schon veraltet, unvollständig, lückenhaft oder vielleicht sogar von Anfang an einseitig und willkürlich ersonnen waren.

So besteht oder erwächst im Verlauf ein Interesse daran, daß das Staatsoberhaupt bei der Aufstellung von Gesetzen wie bei der zeitgemäßen Umbildung der Gesetze genötigt werde, mit der Rechtsüberzeugung des Volkes in Fühlung zu bleiben. Im Grunde ist dieser innere Rapport zwischen Staat und Volk zu allen Zeiten der instinktmäßig sich bietende Ausgangspunkt für den zu beschreitenden Weg der Gesetzgebung. Je verwickelter im Fortschreiten der Volkskultur die Lagerung der sozialen Schichten eines Volks sich gestaltet, desto eingehender vorbereitet und überdacht muß auch der Erlaß eines neuen Gesetzes werden, wenn es nicht wenigstens gegen manche oder eines der in den verschiedenen Kreisen der Gesellschaft vertretenen Rechtsideale verstoßen und sich deshalb den Vorwurf der Unreife und Unüberlegtheit zuziehen soll. Befriedigend kann dafür nur gesorgt werden, wenn Vorkehrungen für eine allseitige und eindringende Erforschung der Volksüberzeugung und für einen wohlerwogenen Ausgleich zwischen den Gegensätzen der Menschen in den Rechtsanschauungen getroffen werden, und das ist vollkommen der Fall nur da, wo unmittelbar oder mittelbar allen Schichten der Bevölkerung ein Weg eröffnet wird, bei einem Gesetzesakt zu Gehör zu kommen. Es hieße das Wesentliche verkennen, wollte man sich den Gesetzgebungsakt seinem Kerne nach als einen Befehl der Staatsgewalt vorstellen. Mit Hilfe der Wertidee der Gerechtigkeit läßt sich erkennen, daß auch für das Gesetz das Schwergewicht auf einem Zusammenwirken von staatlichen Gewaltträgern und Volk ruht.

Die Regierung. Die Willensoperation der Regierung geht von durchaus anderen Motiven aus.

Sie ruht praktisch nicht in dem Bedürfnis, für die Tätigkeit der Behörden gemeinsame Regeln aufzustellen, sondern in der Notwendigkeit, für den Behördenapparat selbst zu sorgen. Sie will m. a. W. die unteren Organe der staatlichen Wirksamkeit, die verwaltenden wie die rechtsprechenden, überhaupt erst ins Leben rufen. Die wichtigste Äußerungsform des Regierens ist also die Anstellung und Verteilung, eventuell die Entlassung und Ersetzung der mit amtlicher Funktion ausgestatteten Personen. Demgemäß setzt schon jeder einzelne Zweig der Verwaltung als solcher — der des Auswärtigen oder Innern, der Finanzen, des Wehr- oder Verkehrswesens (S. 6), wie er durch die verstreuten Behörden in getrennten örtlichen Bezirken oder Sprengeln in Polizeiaufsicht, Steuerumlage, Soldatenaushebung usw. ausgeübt wird, — eine einheitliche Oberbehörde als „Anstellungsbehörde“ voraus. Die Masse der lokalverwaltenden Organe braucht die Spitze eines zentralverwaltenden Organs, das für den ganzen engeren oder weitergedehnten Umfang des Staats innerhalb einer vielleicht durch mehrere Staffeln, „Instanzen“ aufsteigenden Pyramide diesen Verwaltungszweig, das „Ressort“ oder „Departement“ in sich zusammenfaßt. Nur beschränkt sich naturgemäß diese Vereinheitlichung schon hier nicht auf Prüfung, Auswahl, Berufung und Einweisung der unteren Beamten. Vielmehr führt das Verhältnis der Über- und Unterordnung selbstverständlich weiter zur Anregung und Überwachung der Untergebenen auch während der Amtsübung. Ein beständiges Anleiten, ein „Dirigieren“ macht das Wesen des Zentralverwaltungsbeamten aus, für den der heutige Sprachgebrauch den gattungsmäßigen Ausdruck des obersten „Dieners“ des Staats, des Ministers, allgemein verwertet, gleichviel ob er ein Einzelbeamter, ein oberster Verwaltungschef, ein Kollegium oder ein dirigierender Rat ist, gleichviel, ob er je nach der Redeweise des Zeitalters als Archont, Magistrat, Obrigkeit, Staatssekretär oder wie sonst benannt wird.

Ihre eigentliche Bedeutung erhält jedoch die Regierungsfunktion dadurch, daß das Bedürfnis des Staats nach Vereinheitlichung der Verwaltung von den Spitzenbehörden der einzelnen Verwaltungszweige weiterführt zu einer obersten Spitze aller Ressorts. Müssen zunächst auf sachlichem Wirkungsgebiet der gemeinnützigen Aufgaben des Staats geteilte örtliche Bezirke in einem Zentralorgan des Staatsganzen zusammengefaßt werden, so bedarf es an letzter Stelle einer Konzentration der sachlichen Stoffgebiete des staatlichen Handelns. Denn die verschiedenen Ressorts lassen sich nicht voneinander isolieren. Sie greifen ineinander über, berühren sich mannichfach und müssen deshalb untereinander in Einklang und Harmonie gebracht werden. Aufstellung, Rüstung und Gliederung des Heers ist in erster Linie Finanzfrage; die Auferlegung und Einziehung der Steuern und Zölle kann nicht ohne Fühlung mit der Handels- oder Agrarpolitik, die innere Verwaltung bes. die Polizeiverwaltung nicht außer Kontakt mit der Justizverwaltung geführt werden; und die sämtlichen genannten Verwaltungszweige sind von der Stellung des Staats innerhalb der Staatenwelt und deshalb von der auswärtigen Verwaltung oder Auslandspolitik abhängig, die dem Leben des Staats ein für allemal im günstigen wie im ungünstigen Sinn die maßgebenden Bedingungen setzt. Endlich bedarf es aber für die Verwaltungstätigkeit in ihrem vollen Umfang auch eines planmäßigen Austauschs mit der Gesetzgebung: die Beschleunigung oder Verzögerung einer wehrgesetzlichen oder zollgesetzlichen Neuerung kann durch bestimmte Verhandlungen der auswärtigen Politik — ein bestimmtes Strafgesetz, etwa wegen Verteuerung der Nahrungsmittelpreise, kann in Verbindung mit einer Maßregel der Ernährungsverwaltung notwendig werden. Für alle diese Willensentschlüsse ist ein oberster Gewaltträger in jedem Staat unerläßlich, der, sei es als einköpfiges, sei es als mehrköpfiges, kollegiales Organ für die Regierung im Sinn der einheitlichen Leitung aller Staatsakte, für die Aufstellung und Erhaltung von „Richtlinien der Politik“ sorgt.[1]) Von der Gesetzgebung selbst, d. h. der Entschließung über den Inhalt und die äußere Form eines einzelnen Gesetzesakts (S. 27) wird die Regierung auch da, wo sie sich auf die Ingangbringung, die Direktive der Gesetzgebung erstreckt, durch einen tiefen Abstand getrennt. Denn während das Gesetz als Ergebnis eindringender, weitverzweigter Erwägungen, Reflexionen entsteht und eine Regelung von langdauernder Wirkung, einen bleibenden Rechtszustand schaffen will, liegt es im Wesen des Regierungsakts wie in dem aller Verwaltung überhaupt, daß er einem augenblicklichen Bedürfnis genügen, eine Lage des Staatslebens innerhalb von dessen unablässigen Veränderungen gestalten will. Er fordert Überblick, Geistesgegenwart, Phantasie, Entschlußfähigkeit und Tatkraft zur Durchführung der gefaßten Beschlüsse. Von hier aus fällt deshalb das Licht auf den höchstzentralen Staatsakt, in dem die Verantwortlichkeit für die Zusammensetzung des regierenden Organs beschlossen liegt[2]): auf die maßgebende Auswahl und Berufung der leitenden Verwaltungschefs oder Minister und insbesondere auf die ihrer Spitze, des leitenden Staatsmanns. In der Schaffung des Regierungsträgers, des regierenden Einzelnen oder Kollegiums, in dem Vorgang der Kabinettsbildung, wiederholt sich in Abständen ein Vorgang der staatlichen Organisation (S. I. 16), und zwar der, der in erster Linie das Schicksal eines Staats und Volks bestimmt, —

1) Die deutsche Reichsverfassung vom 11. August 1919 hat diesen brauchbaren Ausdruck zur Kennzeichnung der Regierungsfunktion in die Gesetzessprache übernommen.

2) Der Anfänger hat hier auf die verwirrende Doppeldeutigkeit des Begriffs der Regierung — der Regierung im Sinn eines abstrakten Kollektivums von staatlichen Tätigkeiten bestimmter Art, und der Regierung im Sinn eines konkreten Kollektivums bestimmter Personen, die mit jener Tätigkeit befaßt sind — besonders zu achten. Es ist derselbe Doppelsinn, wie er in der Staatslehre auch dem Begriff der „Gewalten“ (bald als staatliche Funktion, bald als staatlicher Gewaltträger gemeint) eigentümlich ist.

oft auf Jahrzehnte und Jahrhunderte hinaus. Er setzt nicht in erster Linie wie der Gesetzesvorgang gründliche Beratung und Erwägung, nicht Beherrschung weitschichtigen Materials voraus, sondern Menschenkenntnis, Witterung dafür, welcher Einzelne oder welche wenigen Personen unter einer großen Anzahl von rivalisierenden Anwärtern jene zur Regierungsführung befähigenden Eigenschaften erwarten lassen. Denn es bleibt dabei, daß der Kreis der regierenden Personen seiner Natur nach im Gegensatz zu dem an der gesetzgeberischen Willensbildung beteiligten, ein enger sein muß. So liegt es in dem geistigen Gehalt der beiden Funktionen, daß sie in fortschreitenden Verhältnissen auf eine Trennung oder Teilung der mit ihm befaßten Organe, also auf eine Mehrheit oberster Staatsorgane oder Gewalten hinweisen. Die Tendenz, die innere Verschiedenheit der Grundtätigkeiten auch in der Organisation ihrer Träger zum Ausdruck zu bringen, entspricht in der oberen Stufe des Staatsbaus der analogen Tendenz in der unteren Stufe bei den verwaltenden und rechtsprechenden Behörden (o. S. 26).

Aber abgesehen von dem Verhältnis der mehreren staatlichen Gewalten untereinander führt auch der Einblick in die Regierung zum Schlusse auf das Verhältnis der Staatsgewalt zum Volk zurück.

Die Idee des Volkswillens. Bei der Natur der Regierung als der Funktion, die am meisten ein konzentriertes, momentanes Handeln in sich schließt, kann es zunächst so scheinen, als wenn gerade sie der Vielheit der Einzelbürger am entschiedensten entrückt wäre. Dennoch ist auch für die Tätigkeit der Regierung in letzter Linie eine Mitwirkung des Volkes und seiner frei organisierten Gruppen (Vereine) vorstellbar und wünschenswert. Jeder einzelne kann durch seine bloße innere Anteilnahme an den politischen Vorgängen, von denen er seine eigene Handlungsweise im Berufs-, Geschäfts-, Gesellschaftsleben bestimmen läßt, — mehr noch durch die äußere Bekundung seiner Anschauungen seinerseits einen bestimmenden Einfluß auf die Handlungen der leitenden Staatsmänner, auf die Regierungsakte der äußeren oder inneren Politik üben. Die übliche Redeweise nennt dies meist die Macht der „öffentlichen Meinung". Nur wo sie dem leitenden Politiker Vertrauen entgegenbringt, hat ein Regierungsakt Aussicht, gegenüber dem Ausland wie gegen innere Opposition sich durchzusetzen, seine Zwecke zu erreichen. Das ist gemeint, wenn Sokrates und seine Schüler (Xenophon) das Hauptgeheimnis des Staates in dem „Herrschen über Willige" (ἐθελόντων ἄρχειν) finden. Aber das Entscheidende ist in der Tat, wenn die Ausbildung einer Meinung über die Geschehnisse oder bevorstehenden Entschlüsse des Staatslebens sich zu einem erkennbaren „Wollen", Streben, Verlangen verdichtet, das den Handlungen der Regierung Anregungen, Impulse gibt, an denen sich der Staatsmann orientiert. In diesem Sinne hat bereits Polybios die Blüte und den Verfall, die Auxesis (αὔξηcιc) und die Phthisis (φθίcιc) der Staaten nach dem Hochstand oder Tiefstand der im Staatsvolk lebendigen seelischen Kräfte, er vor allem nach dem Maß der Gesetzlichkeit oder Gesetzestreue des Volkes, zu bestimmen gesucht; noch präziser hat Machiavelli in erster Linie die Aktionskraft, Energie, besonders die Wehrbarkeit und kriegerische Tüchtigkeit betonend — die Kraft oder Tüchtigkeit, forza oder virtù, — zum Maßstab der Reife eines Staates gemacht. Heute wird man im Gedanken an dieses seelische Fluidum eher von dem Einfluß der „Staatsgesinnung" der Bürger oder besser von dem Wirken des „Volkswillens" auf die Regierung reden. Es ist unverkennbar, daß mit dieser Beziehung zwischen Staat und Volk eine der am schwersten greifbaren und am leichtesten trügenden Erscheinungen des Staatslebens berührt wird. Sicher läßt sich mit ihr nicht als einem selbstverständlichen Faktor des Staatslebens rechnen. In gleichgültigen — politisch ungebildeten oder ungeschulten oder politisch erschlaffenden — Völkern fehlt er, ohne daß sich hier eine bestimmte Entwicklungsreihe, wohl gar ein gesetzmäßiger Ablauf erfassen oder nachweisen ließe. In anderen Fällen kann der Volkswille mißleitet oder krankhaft überreizt sein, um sich dann in unheilvoller Weise bei dem staatlichen Handeln Geltung zu verschaffen. Aber die Erfahrung lehrt, daß gerade in den politisch erfolgreichsten und widerstandsfähigsten Nationen — und zwar evident ohne Rücksicht auf das historische Zeitalter — die innere Spannung zwischen der Repräsentation der Staatsgewalt und den drängenden oder hemmenden Stimmungen der Massen einen bei aller Schwierigkeit der Beobachtung oder äußeren Messung doch durchaus wirklichen und wirksamen Faktor des Staatslebens bedeutet. Wo er sich wirksam erweist, wird die Gestaltung desjenigen Gewaltträgers, die — sich nach dem Volkswillen orientierend — die Regierungsbildung im zuvorgenannten Sinn bewirkt — zu einer verhältnismäßig nebensächlichen Frage herabsinken. Es wird dann gleichgültig, ob die „Staatsform" monarchisch, aristokratisch-republikanisch oder demokratisch-republikanisch auftritt, ob die kabinettsbildende Gewalt in einem Erb- oder Wahlfürsten, in einem Rat adliger Geschlechter, einer gewählten Volksvertretung oder kraft Gesetzes zusammentretenden Volksversammlung besteht. Fehlen dagegen jene Impulse im Volk, dann kann umgekehrt keine Staatsform eine tüchtige Regierung verbürgen, ebenso wenig wie da, wo Einzelpersönlichkeiten fehlen, die die Fähigkeit zu einem leitenden Minister mitbringen.

Die Gleichheitsidee. Aus dem Überblick über die Tätigkeiten des Staats und aus dem Einblick in die Tatsache, daß alle Tätigkeiten bestimmten politischen Bedürfnissen des Volkes entsprechen, erschließt sich von selbst eine letzte regulative Idee des Staatslebens.

An und für sich hat jede Funktion des Staates für jedes Mitglied des in ihm vereinigten Volkes die gleiche Bedeutung. Jeder Angehörige der politisch organisierten Gesellschaft ist an den Leistungen des Staats interessiert ebenso wie an dem, was der Staat vom Individuum an Vermögensopfer, Kräfteeinsatz, Gesinnungsteilnahme verlangt. Infolgedessen wird mit psychologischer Notwendigkeit als Keim in allen Volksgenossen der Drang liegen, nicht weniger als die Mitgenossen von den Vorteilen zu genießen, die die soziale Tätigkeit des Staates gewährt, — nicht weniger von der Teilnahme anderer an der staatlichen Macht zu besitzen, nicht mehr von den dafür gebrachten Opfern und Beisteuern zu tragen. Der Gedanke, daß der Staat mit seiner Wirksamkeit — gewährend und beanspruchend — das ganze Volk, den „Demos" in allen seinen Individuen zu erfassen hat, die „demokratische Idee" in diesem allerweitesten Sinne, ist also gleichbedeutend mit der „Gleichheitsidee". Aus dem Wert der gesunden Beziehungen des einzelnen zum Staat, aus den Wertgedanken der Sicherheit, der Freiheit, der Gerechtigkeit, der Fundierung des Staatswillens im Volkswillen ergibt sich der Wertgedanke der Gleichheit sekundär im Sinn einer gesunden Beziehung aller einzelnen zu einander in ihrem gemeinsamen Verhältnis zum Staat. Schon in den ersten Anfängen einer systematischen Staatslehre wird diese Ideenfolge erfaßt, und zwar — bei richtiger Einsicht in das Verhältnis zwischen Staat und Recht — sofort präzis in der Form, daß die Herrschaft des Rechtes oder Gesetzes im Staat gemäß der Natur des Verhältnisses zwischen Staat und Volk als Gleichheit der Bürger vor dem Gesetz, als „Isonomie" in die Erscheinung zu treten habe.[1]) Und

---

1) Diesen „schönsten Gedanken" rühmt Herodot als Charakteristikum der Demokratie, wenn er die persischen Großen über die dem Perserreich nach dem Tod des Kambyses zu gebende Form ratschlagen läßt. Dabei denkt er natürlich im Vergleich von Monarchie, Oligarchie und Demokratie in erster Linie an die Demokratie im engern Sinn, den gleichen Anteil aller an den politischen Rechten, an der Staatsgewalt. Aber die Sophistik des Protagoras, deren Gedankengängen er mutmaßlich bei seinen Aufstellungen folgt, spricht von der Rechtsgleichheit im allgemeinen. Sie liegt im Wortbegriff der Isonomie. Bei dieser historisch ältesten Auseinander-

auch das wird hierbei schon mitgedacht, daß ein solcher Zustand nicht nur für die einzelnen ein Ideal bedeutet, sondern auch für den Staat selbst und seine Wirksamkeit. Nur bei Gleichheit der Bürger im Staat entsteht die Geschlossenheit des Volkswillens, also erzeugt nur die Gleichheit — bei dem wechselseitigen Aufeinanderangewiesensein von Staatshandlungen und Volkswillen (S. 18) — die Wirksamkeit und Intensität der staatlichen Willensakte. Ein nicht-gleichheitlicher, also in diesem Sinn ein „undemokratischer" Zustand, ein Vorrecht einzelner Gruppen vor anderen, ein Zustand der „Privilegierung", d. h. wörtlich der der Geltung eines „abgesonderten Gesetzes" (lex privata), bildet seiner Natur nach einen ständigen Anlaß zur Verfeindung zwischen den Bürgern, einen Zersetzungsstoff, der die Energie des Staatsganzen nach außen und innen und den Frieden innerhalb des Staates lähmt. Einzelinteressen und Staatsinteressen wirken also zusammen, um den Gleichheitsgedanken als eine unerläßliche Steigerung und Vervollständigung der die Grundaufgaben des Staates bestimmenden Hauptgedanken der Sicherheit, Freiheit, Gerechtigkeit, Volkstümlichkeit hervortreten zu lassen.

Aber es ist nicht zu verkennen, daß sich damit gleichzeitig die von der staatlichen Organisation zu lösenden Aufgaben unabsehbar komplizieren.

Zunächst schon darin, daß die Forderung der Gleichheit einen ganz verschiedenen Inhalt annehmen kann, je nachdem sie sich auf die Sphäre der Verwaltung, der Rechtspflege, der Gesetzgebung oder der Regierung, und innerhalb derselben wiederum auf ihre einzelnen Seiten, z. B. auf die verschiedenen Zweige der Finanz-, Heeres-, Schul-, Wohlfahrtsverwaltung usw. bezieht (S. 23 u. unt. Anm.).

Vor allem aber läßt das Eingehen auf die nunmehr entstehenden Einzelfragen erkennen, daß für eine jede von ihnen der Maßstab der Bemessung staatlicher Vorteile oder Lasten verschieden wird und noch dazu bei wechselnden Lagen in verschiedener Weise angelegt werden muß. Denn ein Blick auf die lebendige Wirklichkeit lehrt, daß nicht nur bei den verschiedenen Völkern und Zeitaltern, sondern ebenso auch innerhalb desselben Volks die verschiedenen Gruppen oder Schichten des Volkes ganz verschiedene Bedingungen für ihre staatsrechtliche Behandlung mitbringen. Innerhalb der natürlichen Entwicklung der Menschheit trifft der Blick überall nicht auf Gleichheit, sondern auf Ungleichheit, und eine Ordnung des Staats, die diese Gegensätze ignorieren und eigensinnig und mechanisch eine Gleichstellung der Menschen in dieser und jener Richtung erzwingen wollte, würde zu Einrichtungen und Rechtssätzen gelangen, die, wenn nicht ganz ungereimt, jedenfalls zur Verwirklichung unfähig sein würden. Ein Steuersystem etwa, das den Reichen, den Mittelständlern und den Unbemittelten, — dem Großkaufmann, dem Bauern, dem Beamten und dem Arbeiter in der Abgabenart und Abgabenhöhe die gleiche Leistung auferlegen wollte, wäre widersinnig. Wahrhaft gleich belastend ist nur das System, das die verschiedenen Stände- oder Berufsklassen nach Verhältnis ihres Vermögens oder Einkommens besteuert. Ist aber schon innerhalb eines einzigen Verwaltungszweiges eine Gleichheit im mechanischen Sinn nicht durchführbar, so ist dies erst recht nicht der Fall für alle Verwaltungszweige im Verhältnis zueinander oder gar nach demselben Prinzip für die Untertanenrechte des einzelnen, d. h. für seine Stel-

---

setzung über die Demokratie fließen also die beiden Prinzipien der modernen Verfassungen: „Alle Gewalt geht vom Volke aus" und „Alle Bürger sind vor dem Gesetze gleich" (Deutsche Reichsverfassung v. 11. August 1919 § 1 und § 109) ineinander; und auch für den heutigen Sprachgebrauch z. B. der politischen Presse ist der Doppelsinn der Demokratie scharf zu beachten. Er bezeichnet nicht nur das Prinzip der „Volksherrschaft" bz. die Herrschaft der vom ganzen Volke mit gleichem Anteil aller gewählten „Vertrauensmänner" als demokratische Forderung, sondern auch das für alle gleiche Besteuerungsprinzip, die allgemeine Unentgeltlichkeit der Volksschule; er nennt das Institut des Einjährig-Freiwilligen-Dienstes undemokratisch usw.

lung als Empfängers der öffentlichen Leistungen und Trägers der öffentlichen Lasten (S. 6), für seine bürgerlichen oder Grundrechte, d. h. für seine Stellung als schutzbedürftige Privatperson, als Träger der bürgerlichen Rechte der Freizügigkeit (S. 13) und ebensowenig für seine politischen Rechte, d. h. für seine Teilnahme an den staatlichen Funktionen (Ämtern, Wahlen usw.; S. 14). Hat sich also beispielsweise in einem Volke zu bestimmter Zeit die Lage so gestaltet, daß sich eine Klasse, gestützt auf ihre nationale Zusammengehörigkeit, ihren Wohlstand und ihre Lebensweise oder auf alles dies zusammen zu einem Stand von Berufskriegern abgeschlossen hat, der die Last des Wehrdienstes als seine ausschließliche Sorge, aber auch als sein Vorrecht behauptet, während andere Klassen als Gewerbtreibende oder Landbauern nur die Arbeit für die Ernährungsversorgung des Volkes beschaffen, so muß unter solchen Verhältnissen eine mechanische Gleichbehandlung aller Bürger notwendig auf Widerstand stoßen, und zwar gerade bei der waffentüchtigsten und damit für den Staat unentbehrlichsten und mächtigsten Bevölkerungsschicht. „Gleichheit" kann sich hier nur als ein rechtes Verhältnis zwischen den Leistungen der verschiedenen Klassen für das Gemeinwesen und ihrer Stellung im Gemeinwesen verwirklichen, etwa so, daß zwar alle Bürger, gleichviel welchen Standes, als freie Gestalter ihres Berufes und ihrer Privatwirtschaft und als Anwärter auf den Schutz der Gerichte und Behörden einander gleichgestellt sind, daß aber die wirtschaftlichen Klassen Abgaben (Naturalien, Steuern usw.), die militärische Klasse den Wehrdienst leistet und daß zum Entgelt für die letztere, verhältnismäßig schwerere und edlere Belastung nur die Kriegerklasse die Leitung des Staates und die Stellung der Beamten erhält. So ergibt sich hier aus der Forderung der Gleichheit im Sinne des angemessenen Verhältnisses zwischen staatlichen Lasten, bürgerlichen Rechten und politischen Rechten in Wirklichkeit die scheinbare Ungleichheit, die Herrschaft von „Privilegierten", die Aristokratie oder Oligarchie. Aber die Bedingungen werden andere, wenn in sich verbreiternder Berührung mit fremden Nationen die Volkskraft für den Kriegsdienst voll ausgenützt werden muß, wenn auch Bauern und Geschäftsleute zusammen mit der ehemals ritterlichen Oberschicht den Milizdienst leisten, wenn sogar Tagelöhner und kleine Leute vielleicht als Matrosen der Flotte herangezogen werden und jeder die staatliche Last mit seinem Privatberuf vereinigen muß. Dann würde eine einseitige Verteilung der Rechte neben der allseitigen Übernahme der Lasten unangemessen. Eine durchgeführte Gleichheit wird sich an die Stelle zu setzen trachten: Freie Bewegung eines jeden im Privatleben und freier Zutritt eines jeden zu staatlichem Einfluß, — eine Demokratie, deren Kennzeichen neben gleichen Bürgerlasten der gleiche Anteil aller an der „Freiheit" im doppelten Sinn ist.[1])

---

1) Das Beispiel deutet den Gegensatz der Staatskonstruktion bei den beiden Klassikern der griechischen Staatslehre an, der der platonischen „Politeia" (um 380) und der der aristotelischen „Politik" (um 325). Bei Platon der Nachklang der „guten alten Zeit" des griechischen Mittelalters, des solonischen Staates, oder mehr noch das Muster des in Sparta zur Dauer erstarrten archaischen Staates des mythischen Lykurg: ein Fünftel der Staatsangehörigen als herrschende Vollbürger in permanentem Kriegsdienst, die übrigen vier Fünftel als Kleinbürger oder hörige Kleinbauern nur beherrscht. Bei Aristoteles das Spiegelbild der Demokratie in der athenischen Hochblüte des 5. Jahrhunderts, die in der eigenen Zeit des Philosophen (nach der makedonischen Eroberung) nur noch im Verfall sichtbar ist. Das Bild deckt sich mit dem von Herodot (S. 19, Anm.) als Gleichheit vor dem Gesetz, als „Isonomie" gekennzeichneten Zustand, und daran ändert es nichts, wenn Aristoteles selbst als Charakteristikum der Demokratie nicht die Gleichheit, sondern die Freiheit, Eleutheria nennt, einerseits das „Leben nach eigenem Gutdünken", andererseits das „abwechselnde Sichbeherrschenlassen und Mitbeherrschen" (ἔστι δὲ ὑπόθεσις τῆς δημοκρατικῆς πολιτείας ἐλευθερία. ἐλευθερίας δὲ ἓν μὲν τὸ ἐν μέρει ἄρχεσθαι καὶ ἄρχειν, — ἓν δὲ τὸ ζῆν ὡς βούλεταί τις). Denn beide Freiheitselemente denkt der Philosoph eben allen Vollbürgern zu. Hier liegt der Ausgangspunkt zu der Vorstellung, daß „Freiheit und Gleich-

Die Idee der Verfassung. „Organische" oder „mechanische" Natur des Staats? Der Überblick über die Grundtätigkeiten des Staates und über die politischen Grundbedürfnisse des Volkes, denen sie entsprechen, ganz besonders aber der Einblick in die Notwendigkeit, sie alle unter sich auszugleichen und sie miteinander in ein rechtes Verhältnis zu setzen, enthält in sich bereits die letzte, aber auch verantwortlichste Aufgabe, der sich jede Staatsorganisation unterziehen muß, um einen leidlich reibungslosen und damit existenzfähigen Zustand staatlichen Zusammenlebens für ihre in gemeinsamem Gebiet ansässige Volksgemeinschaft zu schaffen. Nur wo die Abgestimmtheit der verschiedenen Seiten des Staatslebens und der verschiedenen Gruppen des Staatsvolks erreicht ist, besteht die gesunde Ruhelage des politischen Verbands, die ihm gestattet, Funktionen, wie sie vorher geschildert wurden, in ihrer Vielseitigkeit zu erfüllen. Hierfür hat sich sprachgemäß überall der Begriff des planmäßig geordneten Staatszustands schlechthin ausgebildet, — griechisch der „Bürgerzustand, Politeia (πολιτεία), römisch-lateinisch status rei publicae, im mittelalterlichen Latein der der „institutio" oder später „constitutio civitatis", für den im Deutschen gleichbedeutend der Begriff der „Verfassung", „Konstitution", d. h. ursprünglich ebenfalls Ordnung, Einrichtung, Veranstaltung schlechthin eingetreten ist. Dabei wird zunächst an einen tatsächlich bestehenden Zustand dieser Art als Erzeugnis der Sitte oder Gewohnheit gedacht. Erst später, in dem Maße, als gegenüber den in der Praxis fortlebenden Regeln die geschriebene Regel, das Gesetz, in den Vordergrund tritt (S. 15), verdichtet sich auch die Vorstellung der Verfassung aus einem bloß gedachten Zustand, einer Abstraktion, zu der konkreten Erscheinung eines obersten Gesetzes, einer lex fundamentalis, eines Grundgesetzes, einer geschriebenen Verfassung, Verfassungsurkunde. Damit — sehr spät — findet jene bekrönende Aufgabe der staatlichen Organisation einen äußeren Ausdruck. Sie stellt sich nun als Ergebnis einer bewußt und durchdacht vollzogenen Synthese dar. Aber es wäre viel zu eng, wollte man die Erscheinung der Verfassung als der zusammenfassenden Ordnung auf die geschriebene Verfassung beschränken. Wie die schon frühzeitig dafür entstehenden Worte zeigen, ist der Begriff der Verfassung schon dem naiven Denken unentbehrlich. Er bezeichnet ein beherrschendes Prinzip oder besser einen Komplex von obersten Prinzipien, die die verschiedenen Lebensseiten des Staats und ganz besonders die verschiedenen Schichten des Volks nach angemessenem Verhältnis zu einem Ganzen zusammenfassen. Auch diese ungeschriebenen Verfassungen setzen jedenfalls ein planmäßiges Ordnen voraus; sie wollen und sollen im Kern des Staats ein Verschmelzen aller im Staat lebendigen Zweckbestrebungen und Normenvorstellungen bewirken, derer der Gewaltträger und derer des Volks und vor allem derer der verschiedenen natürlich gewordenen Gruppen, Schichten, Klassen des Volks.

Demgemäß erledigt sich, von dieser zentralen Stelle der Staatsbetrachtung aus geprüft, ganz von selbst der Rest von Zweifel, der aus dem Streit über das Wesen des Staats als eines „wirklichen" oder „nur gedachten" Dings (S. 10) noch zurückbleiben könnte. Hatte sich dieser Streit schon darin vereinfacht, daß der Staat eine von wirklichen Menschen erfaßte Vorstellung über die Beziehungen wirklicher Menschen bedeutet, die als solche höchst reale Wirkungen hervorruft, so konnte man noch immer fragen: welcher Sphäre der realen Welt gehört dieses Wesen „Staat" an? der „organischen" oder „mechanischen"? Ist m. a. W. der Staat (wie die Menschen selbst) ein natürliches und nach Naturgesetzen oder unerforschlichen Zweckgesetzen einer überweltlichen Vernunft entstehendes Wesen oder

---

heit" ihrer Natur nach zusammengehörige politische Werte darstellen. Darüber, daß sie das nicht immer sind, überhaupt darüber, wie sich die hier berührten Fragen innerhalb der realen Entwicklung der Staaten ausnehmen, vgl. S. 34ff. und Abschnitt III.

ist er etwas vom Menschengeist berechnetes, aus seiner kulturschöpferischen Tätigkeit erst abgeleitetes, ein „Kunstwerk" des Menschen? Es zeigt sich nun, daß auch dieser Streit auf der falschen Fragestellung Entweder — Oder beruht. Denn das, was in der Hauptsache den Staat auszeichnet, die Zusammensetzung einer höheren Einheit aus Gliedern, die — jedes für sich — wiederum einem selbständigen Zweck genügen, sich aber sämtlich in den Dienst des Ganzen stellen, — diese Eigenschaft ist sowohl den „Organismen" wie den „Mechanismen" eigen, so zweifellos, daß in der weitschichtigen Literatur, die seit dem Altertum in philosophischen, technischen, politischen Schriften über diese Frage entstanden ist, häufig der Begriff Mechanismus und Organismus promiscue gebraucht wird. Aber an organischen Wesen betont der Sprachgebrauch die eigene Lebensquelle, die Herkunft aus Lebensimpulsen, die in unendlicher Reihe an ebensolche ältere, natürlich gewordene Wesen anknüpfen. Am mechanischen Wesen betont er das planmäßig durchdachte und geordnete des Funktionierens. Und infolgedessen ist möglich, daß die Erscheinung des Staats eine Vereinigung beider Wesenseigenschaften enthält. Ein reifer, gesunder Staat braucht als Grundlage das natürlich Gewordene bei seinem Land, seinen Leuten, seinen beherrschenden Gewalten, seinen regulierenden Normen. Aber der Ausgleich unter allen diesen Elementen kann befriedigend nur durch einen überlegenen Geist oder durch eine Kette einander folgender und sich ergänzender Geister gewonnen werden. Der Staat ist — sagt Hegel nur scheinbar paradox — ein „lebendiges Kunstwerk"; er wird es in der Verfassung.[1])

Grenzen der verallgemeinernden Betrachtung des Staats. Aber gleichzeitig erreicht in der Idee der Verfassungsgebung die Vorstellung, daß der Staat, wenn er Bestand haben soll, von dem Sichorganisieren fortschreiten muß zum Sichkonstituieren, die Betrachtung ihre Grenze, die das für alle Staaten gemeinsam Geltende, das dem Staatsleben generell oder gesetzmäßig Innewohnende festzustellen sucht. Es zeigt sich nun, daß solche verallgemeinernde Untersuchung sich, wie es oben geschehen ist, immer nur auf die einzelnen Elemente des Staatslebens als solche erstrecken kann, auf Begriffe und Beurteilungsmaßstäbe der einzelnen Seiten des Staats, auf die politischen Denkformen und Wertformen. Sie versagt, wo sich der Betrachter dem Staat als einem Ganzen zuwendet.

Natürlich ist ohne jene Einzelanalyse ein tieferes Eindringen in die staatlichen Dinge überhaupt nicht möglich. Aber das eigentliche Interesse an den letzteren setzt doch erst da recht ein, wo sich der einzelne Staat zum Ganzen formiert, und das wiederum geschieht erst infolge der Ungleichheiten, wie sie zwischen den menschlichen Gemeinschaften, in ihrem Nebeneinander, und innerhalb einer Gemeinschaft zwischen ihren Teilen sich herausbilden. Die Notwendigkeit jedes Staats, sich diesen Verschiedenheiten anzupassen, erzeugt auch die Ungleichheit der Verfassungen, d. h. ihren individuellen Charakter.

---

1) Natürlich nur der reife Staat. Die Kennzeichnung als Organismus, der zugleich ein Mechanismus ist, enthält also ein Sollurteil, eine Wertbeurteilung, — kein Seinsurteil. Handelt es sich nur um das tatsächlich Gegebene, so kennt die Geschichte zweifellos in großer Zahl bloße politische „Organismen" (die wildwachsenden Geschlechterstaaten der primitiven Zeit) und ebenso bloße politische „Mechanismen" (die willkürlich durch einen unternehmenden Kopf in Kolonien, über gemischten Bevölkerungen hervorgerufenen Machtstaaten und andererseits die ebenso willkürlich aus Egoismus anderer Staaten fremden Bevölkerungen aufoktroyierten Pufferstaaten usw.).

II. Organisationsformen und Lebensgestaltungen der Staaten in ihrer Mannigfaltigkeit.

1. Staatliche Sonderbildungen und staatsbildende Kräfte.

Beschränkter Wert einer Idealstaatslehre. Daß der volle Einblick in den Wirklichkeitsgehalt des Staatslebens erst durch die Beschäftigung mit den konkreten Einzelbildungen der geschichtlichen Staaten eröffnet wird, lehrt zunächst schon die unmittelbare Anschauung des Lebens, — ebenso wie sie lehrt, daß die Aufzählung der Gattungsmerkmale, der körperlichen und seelischen Fähigkeiten des Menschen noch nicht den Gehalt des Menschheitsdaseins einschließt. Wie das Interesse am Einzelmenschen erst dann rege wird, wenn sich der Beobachter in die Mischungen der Elemente vertieft, die in den reifen Naturen der Einzelpersönlichkeiten verkörpert sind, wenn er verfolgt, wie sich die Individuen beeinflussen, steigern, bekämpfen und ergänzen, so muß auch die Aufmerksamkeit des politischen Betrachters immer intensiver durch die Fülle der Erscheinungsformen, die die einzelnen Staaten innerhalb der Menschheitsgeschichte annehmen, erregt werden. Es muß ihn reizen, sie auf ihre Besonderheit und Verschiedenheit zu vergleichen.

Von dem Grade der Empfänglichkeit für das Besondere hängt also der Wert einer wissenschaftlich-literarischen Betätigung der Staatslehre oder Politik ab. Solange eine Staatsliteratur in dem Streben befangen bleibt, für die Gestaltung der Staaten einen allgemeingültigen, raum- und zeitlosen Idealmaßstab aufzustellen, aus den allen Menschen gemeinsamen seelischen Anlagen und Bedürfnissen eine Form des „besten Staats“, die „Staatsidee“, eine „Staats-Utopie“ zu entwickeln, solange bleibt eine wissenschaftliche oder sich als Wissenschaft gebärdende Politik ihren letzten Zielen nach wertlos[1]). Sie ist schon in ihrer Grundlage von höchst anfechtbarem Wert. Da ein Denker über Erscheinungen der realen Welt niemals ohne lebendige Anschauung eines in der Erfahrung gegebenen Dings Erkenntnisse aussprechen kann, so entnimmt auch der Idealpolitiker unwillkürlich seine Anregungen und Ausgangsvorstellungen aus dem eigenen Staat, in dem er lebt. Er erstrebt die Verbesserung oder — je nach den Umständen und nach seinem eigenen Standpunkt — die Befestigung des Gegebenen, vermischt jedoch damit die Folgerungen aus seinen subjektiven, religiösen, philosopisch-metaphysischen, philosophisch-ethischen Überzeugungen und außerdem die verallgemeinerten Eingebungen, die er von außen — aus der Anschauung älterer oder zeitgenössischer fremder Staaten — oder von innen aus den willkürlichen Konstruktionen seiner eigenen Phantasie geschöpft hat. So sind die „politischen Doktrinen“ (vgl. S. 28), auch da, wo sie in scheinbar exakt wissenschaftlichem Stil auftreten, methodelose Visionen, Ergebnisse nicht des Nachdenkens, sondern des inneren Schauens, der Intuition. Aber in der Hauptsache ist das Ziel wertlos, auf das sie hinarbeiten. Denn würden die Grundsätze und Anstalten, die sie in allgemeiner Gültigkeit mindestens aufzustellen vorgeben, sich auch

---

1) Wenn man vielfach zwischen den Idealstaatstheorien (Staatsdoktrinen) und den Staats-Utopien weiter unterscheiden will, so wird das Unterscheidungsmerkmal stets schwankend bleiben. Im Wortsinn liegt ein solches nicht, denn die Utopie bezeichnet ihrer Wortbedeutung nach nur den Staat, der „ohne Ort“ (οὐ τόπος) ist, und das ist auch dem Idealstaat eigentümlich. Man kann also nur einen Quantitäts-Unterschied gelten lassen, und in der Tat hat der Sprachgebrauch, rein konventionell sich verengernd, den Begriff der Utopie auf die Idealbilder eingeschränkt, die zu einem verhältnismäßig großen Teil der Phantasie des Schriftstellers entsprungen sind. Literarisch rührt der Ausdruck von dem Werk des englischen Humanisten Thomas Morus her (Sir Thomas Moore, Kanzler unter Heinrich VIII., nach dessen Bruch mit der römischen Kurie wegen seines Festhaltens am römisch-katholischen Bekenntnis mit dem Feuertod bestraft). Seine Schilderung der „Insel Atlantis“ verschmilzt englische und antike (platonische) mit rein phantastischen Gedanken.

in diesen allgemeinhin verwirklichen lassen, so wäre die Folge eine überall gleiche Gestaltung der Staaten, eine Schematisierung oder Schablonisierung der politischen Welt, m. a. W. eine ertötende Eintönigkeit und Erstarrung des menschlichen Gemeinschaftslebens, die das Leben der Menschen selbst nicht mehr lohnen würde. Auch den am scharfsinnigsten durchdachten und originellsten Staatskonstruktionen haftet diese Starrheit und Engigkeit an, in erster Linie auch dem theologisch orientierten Stadtstat Platons mit der Vereinigung von Bauern, Handwerkern, Kriegern und Beamten unter der Leitung einer unbedingt gerechten Geistesaristokratie; aber ebenso der naturwissenschaftlich verstandenen, auf dem Volkswillen begründete Großstaatsmonarchie des Thomas Hobbes, die mit ihrer neutralen Macht den Streit der Konfessionen niederzwingt, wie auch dem biologisch abgeleiteten Weltbund der Proletarierrepubliken, die im Sinn von Karl Marx die Herrschaft des bürgerlichen Kapitals in einer Vergesellschaftung aller Produktionsmittel durch souveräne Arbeiterräte auflöst. So starke Impulse sie alle für die Klärung einzelner politischer Begriffe und Wertideen (o. l.) gegeben haben und zum Teil — wie vor allem Platon — bis heute immer neu geben, so verhängnisvoll wird diese ihre produktive Seite durch ihren unduldsam verallgemeinernden Grundcharakter beeinträchtigt, wo es sich um die Gestaltung des Staats als Ganzes handelt.

Analyse und Kritik der historisch gegebenen Einzelstaaten als Ziel der politischen Wissenschaft. Das, was den Reiz des politischen Geschehens und Gestaltens in der wirklichen Welt ausmacht, ist also gerade umgekehrt die unbezwingbare Fülle und unbegrenzte Variabilität der Gestaltungsformen. Ebenso wie die naturgegebene Vielfarbigkeit des Landschaftsbildes, der Vegetations- und Tierformen für die Naturbetrachtung, gibt auch die Mannigfaltigkeit der staatlichen Organisationen für das Studium des Kulturlebens das eigentliche Objekt ab, hier jedoch noch verstärkt als Ausgangspunkt der praktisch-gesetzgeberischen Fragestellung, welche Wirkungen diese Formen des Staatslebens für die unter ihrer Herrschaft lebenden Völker oder für die Berührung mit anderen Staaten erzeugen. Wie die verschiedenen Naturelle der menschlichen Individuen im wirtschaftlichen, technischen, künstlerischen, schriftstellerischen Austausch eine lebendige Ergänzung und einen anregenden Wettbewerb, in deren Verlauf aber eine in sich zusammenhängende Entwicklung zu neuen und höheren, — freilich unter Umständen auch zu niedrigeren Formen, eine Rückentwicklung — ergeben, so ist auch das Leben der Staaten ein einziger großer, ins Unendliche verlaufender dramatischer Entwicklungsprozeß, innerhalb dessen sich die individuellen Staaten in ihrer Eigenart vorteilhaft oder nachteilig bewähren, ihre Vorzüge oder Schattenseiten, ihre Beständigkeit oder Lebensfähigkeit erproben. Nur diejenigen Schriftsteller der politischen Wissenschaft erfüllen deshalb deren eigentliche Aufgabe, die die historisch gegebene Staatenwelt von vornherein in der Mannigfaltigkeit ihrer Glieder erfassen und durch Analyse und Kritik der vergangenen oder lebenden Einzelstaaten — durch vergleichende Staats- und Verfassungslehre — in ihren Wechselwirkungen beobachten. In einer kleinen Zahl überragender Denker vertreten, haben sie in weiten Abständen von einander das sie umgebende Staatensystem in ihrer lebensvollen Einmaligkeit zu begreifen und darzustellen gewußt: Aristoteles am Ausgang der griechischen Kulturblüte — Polybios während der Entstehung der römischen Hegemonie über die Mittelmeerwelt — Marsilius von Padua, der Zeitgenosse Dantes, am Beginn der Ausbildung ständischer Stadtrepubliken und Territorialmonarchien im Hochmittelalter — Machiavelli an der Schwelle des Aufbaus nationaler Großstaaten durch den fürstlichen Absolutismus — Montesquieu[1]) während des Vordringens der von

1) Montesquieus Hauptwerk, der „Geist der Gesetze" (1748) führte bezeichnenderweise in der Originalausgabe den Nebentitel: „Von der Beziehung, in der die Gesetze zu der Grundanlage

der Aufklärung getragenen nationalen Verfassungsstaaten. Im 19. Jh. ist diese Betrachtungsweise in der philosophischen, historischen, juristischen, nationalökonomischen Fachwissenschaft — in Deutschland vor allem unter der Führung Rankes und Dahlmanns, — immer mehr in den Vordergrund getreten, wenn auch mehr in einer Fülle von Einzelarbeiten als in zusammenfassenden Gesamtdarstellungen. In ihr erst erlangt jene Anschauung der staatlichen Dinge ihre volle Bedeutung, die sich im Staat wie im Einzelmenschen eine lebendige Persönlichkeit vorstellt (o. S. 10). Denn hiermit soll nicht nur ausgedrückt werden, daß der Staat als Gattungserscheinung dem Einzelwesen der menschlichen Gattung entspricht, daß der Staat wie ein Mensch im Einzelfalle handelt, Entschlüsse faßt und verwirklicht, sich Ziele setzt und für sie kämpft, daß er andererseits wie ein Mensch unter die Normen der sittlichen und rechtlichen Gesetze tritt, mit ihnen in Konflikt gerät und sich aus ihnen verantwortlich macht (vgl. S. 8). Vielmehr entfaltet diese Anschauung erst darin ihre volle Fruchtbarkeit, daß sie den politischen Beobachter lehrt, jeden Staat über die Dauer der Generationen, für die Jahrhunderte hin als ein lebendes Wesen von bleibendem individuellem Gepräge zu verstehen, das aus der Uranlage seiner Bevölkerung, aus seiner geographischen Lage isoliert oder zwischen anderen Völkern und Staaten, aus dem Besitztum religiöser Überzeugungen und Kultformen, großer Dichtungen oder Kunstwerke, vor allem aus bestimmten fest eingelebten Sitten, Lebensidealen, Geistes- und Geschmacksrichtungen seines Volks den Drang zu gewissen Energiebetätigungen, zu territorialen Expansionen, zu wirtschaftlichem oder geistigem Wettbewerb zieht, um diesen Drang zu behaupten und ihm — vielleicht über Abstände von Jahrhunderten hinweg — immer neuen Ausdruck zu geben. Je mehr sich der Staat in seinen oberen und unteren Organen mit vorwaltenden Schichten der Gesellschaft verflicht, je mehr die verschiedenen Schichten der Gesellschaft untereinander in Wechselwirkung treten, desto tiefer wird sich solche individuelle Lebenstendenz eines Staats ausprägen.

Staats- und staatsrechtsbildende Kräfte: die Parteien. Die Einsicht in den Drang nach Individualisierung und Differenzierung, von dem das Dasein der verschiedenen Staaten im Verkehr untereinander vorwärts bewegt wird, zwingt gleichzeitig schon den Blick auf die Ursachen zu richten, auf die sich die Eigenart jedes einzelnen Staats zurückführen läßt. Will man einen der Staaten der Vergangenheit oder der eigenen Zeit in seiner auf lange hinaus bleibenden Grundform und Rechtsordnung, in seiner „Verfassung", und in der eigentümlichen Richtung seiner Lebensbetätigung, seiner „Politik" verstehen, so muß man wissen, wo sich die Kräfte finden lassen, die in erster Linie diese eigentümliche Synthese in jedem konkreten Falle bestimmt haben.

Bis tief in die moderne Literatur hinein zieht sich die Vorstellung, daß in Verfassung und Politik eines Staats der „Geist seines Volks" ganz bestimmte eine Nation umfassende Grundeigenschaften den entsprechenden Ausdruck finde. Noch an der Schwelle der modernen Literatur ist es vor allem Montesquieu gewesen, der eine solche Abstempelung der Nationen nach typischen Haupttendenzen unternommen hat, — hierin in starker Abschwächung des Verdienstes, das er sich mit seinen Hauptgedanken um die individualisierende Betrachtung der Staaten erworben hatte — und vorwiegend unter seinem Einfluß hat in Deutschland Hegel in seiner Geschichtsphilosophie den Gedanken durchaus in metaphysische Bahnen

(constitution) jedes Staats, zu den Sitten, dem Klima, der Religion, dem Handel usw. stehen müssen". Der Begriff der „Konstitution" wird hier noch nicht im Sinne einer gewohnheitsmäßigen Ordnung des Staats, noch weniger in dem des geschriebenen Grundgesetzes, sondern im Sinne der Gesamtbeschaffenheit des Volks (analog der körperlichen Konstitution des einzelnen Menschen) gebraucht. Im Text verwertet schon Montesquieu selbst häufig dafür den Begriff „structure" (vgl. oben im Text).

zurückgeführt. Aber die Erfahrung hat gelehrt, daß eine solche Auffassungsweise nur um den Preis willkürlicher und einseitiger Verallgemeinerungen bestimmter Eigenschaften eines einzelnen Zeitalters oder einzelner Menschen und mit starker Beimischung subjektiver Phantasie möglich ist. Den zuverlässigeren, wenn auch mühsameren Weg hat schon sehr früh Aristoteles mit dem Gedanken gewiesen, daß Rechtsformen und Lebensimpulse des Staats durch das Aufeinanderwirken der „mehreren Teile" pleiō merē (πλείῳ μέρη) hervorgetrieben werden, in die ein Volk sich mit Notwendigkeit zerlegt, umso entschiedener, je höher es sich entwickelt. In der Tat sind es die Gegensätze der „partes civitatis" (Marsilius von Padua) oder der „Parteien", wie der heutige Sprachgebrauch sie nennt, die in einer ununterbrochenen Kette wechselnder Gruppierungen an der Gestaltung und Umgestaltung des Staats und der staatlichen Rechtsordnung arbeiten. Sie lassen sich selbst nicht in ein System bringen. Aber immerhin kehren in den Beziehungen, die die Sammelpunkte einer Parteigruppe bilden, viele zu den verschiedensten Zeiten und in den verschiedensten, kulturell bedeutsamen Volksgemeinschaften wieder; und es kehren mithin auch die Gegensätze wieder, die sich zwischen den Parteibildungen der gleichzeitigen Nationen herausbilden und dem politischen Leben jeder Nation ein ganz verschiedenes Gepräge geben.

Das nächstliegende scheint zu sein, daß der Kampf der Parteien aus Interessengegensätzen entspringt, die im Unterscheiden der im Staat sich mischenden Rassen oder Nationalitäten, der Religionsgruppen, der Stände und Berufsklassen, — Landwirtschaft und Handel, adliger Großgrundbesitz und bäuerlicher Mittel- und Kleinbesitz, kommerzielles oder gewerblich-industrielles Unternehmertum und Angestellten- oder Arbeiterklasse — verkörpert sind. Das Heer, das Beamtentum kann als solches die Grundlage einer Partei abgeben, die zu allen übrigen, auf den wirtschaftlichen Produktivklassen aufgebauten Parteien in Gegensatz steht. In diesem Falle werden die Parteien ihren Einfluß auf Gesetzgebung oder Regierung des Staats direkt zur Verwirklichung ihrer Gruppen- oder Klasseninteressen verwerten, und nur die Reibung aneinander oder eventuell die Koalition mehrerer Klassenparteien miteinander wird dafür Sorge tragen, daß die staatliche Rechtsbildung oder Politik zu Allseitigkeit oder zum Ausgleich der Klasseninteressen gebracht wird. Aber neben solchen — nach dem Ausdruck David Humes — „realen" oder sachlichen Parteien kommen zu allen Zeiten auch „persönliche" Parteien vor, die in erster Linie auf Feindschaften oder Rivalitäten von Bevölkerungsgruppen desselben Standes oder Klassencharakters beruhen, Ringe und Koterien verschiedener Familien, Geschlechter, Beamtengruppen, Landschaftsverbände, Gruppierungen, die auch innerhalb moderner Parlamente die überwiegenden Kerne der verschiedenen Parteien abgeben können. Dabei ist keineswegs notwendig gesagt, daß solch persönliche Parteien ihren Kampf aus ausschließlich egoistischen Motiven des Machtbesitzes, der Ämterbesetzung, der Verfügung über die staatlichen Gelder führen und deshalb für die gemeinnützigen Interessen des Staats unproduktiv sein müßten. Auch sie können und werden vielfach ihre gegenseitige Konkurrenz in den Dienst verschiedener sachlicher Bestrebungen oder Programme, der reformierenden Umgestaltung oder Fortbildung des Heer-, Finanz-, Justizwesens, der Agrar-, der Handels-, der Arbeiterpolitik stellen, und nur die Art der Programmbildung wird im Zweifel anders ausfallen als bei den sachlichen Parteien: sie werden ihr Programm den wechselnden Bedürfnissen des Augenblicks anpassen, um mit seiner Hilfe möglichst zahlreiche Anhänger aus den am politischen Leben aktiv beteiligten Volksschichten, vielleicht aus der gesamten Bevölkerung aller Klassen zu gewinnen, während „Klassenparteien" die Neigung natürlich ist, bestimmte Programmpunkte dauernd festzuhalten: Katholizismus oder Protestantismus, Freihandel oder Zollschutz, Ausdehnung der freien Initiative der Gesellschaft oder staatliche Sozialisierung (S. 12). Während also Klassenparteien zu starrem Programm neigen, arbeiten Koterie-Parteien mit elastischem Programm, und der Gegensatz dieser beiden Methoden des Parteikampfs prägt sich noch stärker aus, wenn sich, wie besonders leicht in Klassenparteien zur Unterstützung ihrer Propaganda bestimmte Lehrsätze festsetzen, womöglich ganze philosophisch und begrifflich ausgebaute Lehrsysteme, „Parteidoktrinen". Auch dieser doktrinäre Apparat pflegt bei den Koterieparteien leichter und flüssiger zu sein, die „persönlichen" Parteien sind deshalb von Natur prädisponiert, „Realpolitik" zu treiben, ungebunden durch frühere Standpunkte und Bestrebungen das jemals erreichbare und das gerade von der öffentlichen Meinung begehrte, das populäre Ziel zu verfolgen; — die Interessen- und Klassenparteien, die „Realparteien" verfallen weit leichter dem Doktrinarismus. Wo solches Parteileben herrscht, betrachtet man es als „Charaktersache", den überlieferten Dogmen, den einmal aufs Programm gesetzten Gesetzesprinzipien treu zu bleiben, — man verachtet Überläufer zu anderen Programmen als „charakterlos". Aber gerade die erfolgreichsten und beständigsten Staaten, die römische Republik des Altertums in ihrem Senat, der englische Staat der Moderne im Parlament haben fast ausschließlich mit (charakterlosen) Koterie-Parteien gearbeitet, während das deutsche Parteileben sich mit (charakterfestem) Doktrinarismus zur ewigen Sterilität verurteilt. Nur freilich, auch derartige Systematisierungen sind nie erschöpfend. Bei ähnlichen Klassen-, Programm-, Dogmen-Gegensätzen kann das Parteileben verschiedener Staaten ein durchaus verschiedenes Gepräge durch die Führer erhalten, die eine Partei gebildet oder in bedeutungsvollen Momenten neu organisiert haben. Die demokratische Partei des Themistokles und Perikles oder die Oliver Cromwells, die nationalliberale Partei Bismarcks oder die konservative Beaconsfields werden auf lange hinaus zu Individualitäten mit bestimmter Tradition, bestimmter Mischung der Programmelemente oder der Taktik, genau in demselben Sinn, wie das von einem ganzen Staat gesagt werden konnte (S. 26).

Jedenfalls ist hiernach eine Vertiefung in das Parteileben und in die sich in ihm spiegelnde soziale Struktur eines Volks erforderlich, ehe über Herkunft, Bedeutung und Funktionsweise einer bestimmten Verfassung geurteilt werden kann. Nachdem auf der Grundlage des Aristoteles und Polybios schon Machiavelli mit dieser Betrachtungsweise operiert hatte, ist sie durch Montesquieu zur methodischen Forderung erhoben werden. Bei dem Franzosen in der Anwendung noch durch mannigfache Abhängigkeiten von doktrinären Dogmen getrübt, hat sie dann in Deutschland zuerst Leopold Ranke mustergültig durchgeführt, obwohl sie bis heute des systematischen Ausbaus harrt. Der systematische Hauptgedanke ergibt sich in der Vorstellung, daß die politischen Parteien als die Hebel wirksam werden müssen, um die politischen Wertideen (s. o. I S. 11) in der Wirklichkeit einzuführen oder fortzubilden.

2. Richtunggebende Gedanken innerhalb der Parteibildung.

Die universalgeschichtliche Entwicklung der Staaten in ihrer Abhängigkeit von der Parteibildung. Ist erkannt, daß die Bestrebungen und Formen der verschiedenen Staaten in jedem einzelnen Falle durch die gesellschaftliche Gruppierung und durch das Kräftespiel der gesellschaftlichen Gruppen innerhalb einer bestimmten Volksgemeinschaft hervorgerufen wird, so ist damit auch bereits anschaulich, welcher Gedanke allein imstande ist, in den unablässigen Wechsel der Staatengeschichte einen inneren Zusammenhang zu bringen, sowohl in die verschiedenen Lebensstadien desselben Volkes, wie in die politische Geschichte der verschiedenen Völker. Letzteres ist nur so möglich, daß sich für das Wirksamwerden jener sozialen Kräfte, ihre Gegensätze, die Reihenfolge ihres Auftretens usw. gewisse konstante oder häufig wiederkehrende Einflüsse und Antriebe aufweisen lassen.

Zweifellos ist dies nur in beschränktem Maße möglich. Für die heute geltende Auffassungsweise der Geschichtswissenschaft, die nicht von vornherein durch ungesunde philosophische Theoreme getrübt sein will, steht es fest, daß die menschlichen Eigenschaften, durch die nach früher Dargelegtem das Entstehen und Fortbestehen reifer staatlicher Schöpfungen vor allem bedingt ist, — Wehrkraft, Autoritätsgefühl, Ausdauer, Gemeinsinn, Gerechtigkeitsgefühl, Leistungsfähigkeit, Aktivität — niemals gesetzmäßig berechnet werden können, weder nachträglich als notwendige Erscheinungen der Realität noch prophetisch als sicher zu erwartende Faktoren der Zukunft, — weder in den Massenschichten der Bevölkerungen noch in den Einzelpersönlichkeiten der Führer. Sie sind vom Standpunkt der Wissenschaft aus ebenso eine Frucht des Zufalls wie die Schicksalsverkettungen, die durch die einzelnen Ereignisse in der Häufung günstiger Bedingungen politische Erfolge, in der Häufung ungünstiger Bedingungen Mißerfolge hervorrufen. Nur der Glaube an das Walten übersinnlicher Mächte kann hierfür tiefere Zusammenhänge finden.

Immerhin unterliegt jedes Völkerleben auch dauernden Einwirkungen, die innerhalb längerer Zeiträume bestimmten Lebensformen oder Gruppen des Volkes eine konstante Richtung geben, ihnen zu einem entscheidenden Übergewicht verhelfen und auf solchem Wege auch der Staats- und Rechtsordnung Einrichtungen oder Grundsätze, dem Seelenleben des Volkes Vorzüge oder Mängel aufprägen können, die sich niemals oder doch mindestens jahrhundertelang nicht wieder verlieren. Vor allem kommt diese Bedeutung den Faktoren zu, die mit dem Wesen des Staates nach früher Gesagtem (S. 2) am engsten verwachsen sind, nämlich dem Wohnsitz des staatsbildenden Volkes, sowohl der Beschaffenheit des Gebiets, auf dem es sich ansiedelt, wie der Art der Lage zwischen anderen Völkern. Je nach der Verschiedenheit der Lebensbedingungen, die der Boden, das Land für seine Bewohner schafft, kann die Kräfteentfaltung, die sich in der Parteibildung äußert, mehr auf das Außenleben oder auf das Innenleben hingelenkt werden, und je nachdem muß sich die Machtseite oder die Rechtsseite intensiver, einseitiger entwickeln. Es kann dadurch aber auch ein Sichausgleichen, eine Vereinigung zwischen diesen beiden Hauptrichtungen der staatlichen Wirksamkeit begünstigt werden. Etwa folgende Hauptantriebe lassen sich als wiederkehrende bezeichnen.

Wird eine Volksgemeinschaft, die sich über ein größeres Gebiet ausbreitet, während längerer Zeiträume von großen Massen feindlicher Bevölkerungen bedroht, so richtet sich die vorwiegende Energie auf die Sicherung ihrer Sitze und die Abwehr der Feinde. Sie wird, will sie nicht rasch von den Eindringlingen oder Nachbarn aufgerieben oder unterworfen und in ein fremdes Volkstum eingeschmolzen werden, genötigt, sich zu einem größeren Staate zu vereinigen, der ihr die Selbstbehauptung in ihrem Gebiet ermöglicht. Aber zugleich wird hierdurch auch die Ausbildung und dauernde Unterhaltung eines kräftigen Wehrstandes, einer kriegerisch leistungsfähigen Klasse von erheblicher Ausdehnung zum Bedürfnis, die sich für den Schutz des Staates durch ihr Übergewicht bezahlt machen wird. Neben ihr können die Klassen eine selbständige oder gehobene Stellung erlangen, die der Staatsgewalt die naturalen oder finanziellen Mittel, besonders für das Heer und den darauf sich stützenden Monarchen zuführen, — ebenso die, die zur religiösen Fundierung der staatlichen Autorität und zu richterlichen oder gelehrten Berufen notwendig sind. Die große Masse der Handwerker, Kleinhändler oder anderer Kleinbürger, der Bauern des platten Landes, die städtischen oder ländlichen Lohnarbeiter bleiben dagegen in abhängiger Lage. Der Einzelmensch als solcher und besonders der kleine Mann hört auf, Gegenstand des Interesses für den Staat zu sein. Er ist unter Umständen dauernd auf den Schutz der halb privaten Verbände angewiesen, in denen er zur Existenz gelangt und an die er lebenslang gebunden bleibt, der genossenschaftlichen der Familie, Sippe, Dorfschaft, Kleinstadt oder der herrschaftlichen Verbände ihres Gutsherrn — Verbände, deren Häupter, städtische und ländliche Obrigkeiten, gleichzeitig als die eigentlichen Untertanen des Staates und als die niedersten Repräsentanten der Staatsgewalt erscheinen, ohne daß diese Doppelstellung überhaupt klar ins Bewußtsein tritt, und die andauernde Einwirkung dieser niederen Verbände auf den Gesamtbetrieb des Staates macht sich dann als die einzige Hemmung der Staatsgewalt geltend. Aber im allgemeinen wird unter den geschilderten geographischen und geschichtlichen Bedingungen eine Tendenz im Staatsleben vorwalten, die man als zentripetal oder autokratisch, als zentralistisch und absolutistisch bezeichnen kann, kurz das Streben zur machtpolitischen Betätigung des Staates, und zwar nach außen in Form der Ausbildung des Staates als Großstaat oder Weltstaat, nach innen in Form der Zurückdrängung aller Schranken der Staatsgewalt.

Anders wird sich die Entwicklung gestalten, wenn ein Bevölkerungskomplex lange Zeit hindurch in seinen Sitzen unbehelligt bleibt, wenn er nicht durch eine exponierte Lage seines Gebiets und durch die allgemeinen Völkerbewegungen in die Konflikte der großen Massen hineingezogen wird. Die äußeren Ereignisse seines Daseins werden sich dann auf Kämpfe der einzelnen Lokalgruppen oder Völkerschaften untereinander, auf Grenzfehden zwischen den verschiedenen Flußtälern des besiedelten Hügellandes, der verschiedenen Terrainstufen des Hochlandes beschränken. Im übrigen werden sich die Interessen dem eigenen Innenleben, den Gegensätzen zwischen den verschiedenen Schichten oder Klassen des Gaues oder der Stadt zuwenden, und die politische Energie muß sich bei der größeren Bedeutung, die das einzelne Individuum, die einzelne Familie oder Sippe innerhalb der geringen Machtmittel des Kleinstaats beansprucht, auf die Sicherung des inneren Friedens, auf die Herstellung möglichster Geschlossenheit der gemeinsamen Kräfte richten, unter denen auch die kleineren Ziffern der niederen Bevölkerung kostbar werden. Unter solchen Verhältnissen werden die Bedingungen für frühzeitige Ausbildung und Pflege eines Rechts, für einen Gleichgewichtszustand zwischen den Klassen und den von ihnen getragenen Führern zwischen mehreren Gewaltträgern gegeben; und neben geringerer Machtentfaltung des Staats wird der Sinn für das geweckt, was früher als Verfassungsbildung gekennzeichnet wurde. Während unter entgegengesetzten Bedingungen sich in einem staatsbildenden Volke die Tendenz zur Groß- staats- oder Weltstaatsbildung mit Konzentration, einheitlichem Ausbau der staatlichen Gewalt einbürgert, kann hier die Tendenz zur Kleinstaatsbildung mit einer Mehrheit bald einander unterstützender, bald einander hemmender Gewalten, mit einer „Gewaltenteilung", wie (1689) Locke und (1748) Montesqieu es (nicht glücklich) zu nennen begannen, überwiegen. Es ist nur die weitere Konsequenz, daß gerade in solchen kleinstaatlichen Verhältnissen der Sinn für den Wert der Einzelpersönlichkeit erwacht, daß als unterste Größe nicht niedere Verbände, sondern Individuen der Staatsgewalt als Schutzbegehrende gegenübertreten.

Keineswegs läßt sich freilich behaupten, daß das Staatsleben eines jeden Volks durch die eine oder durch die andere dieser Entwicklungslinien ausschließlich bestimmt werden müsse. Das Leben von Wüsten-, Steppen-, Urwälder- oder Inselbewohnern, die auf der primitiven Stufe von Fischern, Jägern, niederen Ackerbauern oder niederen Hirten stehen bleiben, gelangt in der jahrtausendelangen Monotonie eines ereignislosen, „geschichtslosen" Daseins überhaupt nicht bis zu jenem Scheidewege, besonders wenn sie in ganz schwachen Bevölkerungsziffern, in dünner Besiedlung verharren. Aber die Völker, die in der Geschichte eine politische Rolle gespielt haben, sind zu Anfang auf einen jener beiden Wege geführt worden, teilweise haben sie sich bis zu ihrem Abtreten von der politischen Bühne auf ihm weiter bewegt.[1]) Nur wäre andrerseits auch die Anschauung ein Vorurteil, daß jedes Volk eine dieser Gestaltungs-

1) Es braucht im Hinblick auf die späteren Ausführungen (u. S. 34ff.) hier nur vorläufig darauf hingewiesen zu werden, daß der erstgenannte Entwicklungsgang auf die Chinesen, die Ägypter, die Vorderasiaten (Babylonier, Assyrer, Perser), später die Russen hindeutet, — der andere Weg auf die Inder, die Phöniker, die Griechen, die Italiker, die Kelten und Germanen.

möglichkeiten rein verkörpern müßte und vor allem, daß es dauernd an sie festgeschmiedet bleiben müßte. Das geschichtliche Schicksal kann ein Volk bei der Ausbildung seiner staatlichen Formen recht wohl auch unter die Einwirkung beider Einflüsse stellen. Fügt es sich, daß ein Volk abwechselnd und in Abständen durch Ruhezeiten oder Gefahrsperioden, manchmal durch kleine Kämpfe, bisweilen durch große Krisen geführt wird, so wird es innerhalb eines längeren Zeitraumes sowohl auf die Notwendigkeit verstärkter Machtorganisation wie innerer Ordnung hingewiesen; kurz, es gelangt zu einem Ausgleich zwischen Macht- und Rechtsgedanken. Kommt es hierzu, so tritt der Prozeß der Staatsbildung auf einen seiner Höhepunkte. Er findet die Formen, in denen alle Wertideen der politischen Kultur, wie sie früher einzeln gekennzeichnet wurden, für kürzere oder längere Phasen, in mehr oder minder vollkommener Ausprägung harmonisch verschmolzen werden. Die Staatengeschichte hat es bis jetzt zweimal verwirklicht, innerhalb der antiken Kulturwelt im römischen Staate der Republik, innerhalb der neueren im englischen Staate des 18. und 19. Jhs.

Die Verfassungsbildung in ihrer Abhängigkeit vom Parteileben. Wenn die Gesichtspunkte herausgehoben werden, die für die großen Hauptzüge des Parteilebens die Richtung zu geben geeignet sind und ihnen auch tatsächlich in den Hauptepochen der Geschichte gegeben haben, so kommt darin schon von selbst zum Ausdruck, daß die Parteibildung ihre überwiegende Energie in den Dienst derjenigen politischen Fragen stellt, die den Staat als Ganzes, als die einheitliche Zusammenfassung aller die Volksgesamtheit berührenden Tätigkeiten berühren. M. a. W.: wie die Staatstätigkeit selbst findet auch das Parteileben sein Zentrum, seine Krystallisation in der Arbeit an der Verfassung. Und zugleich läßt sich an der Arbeit der Parteien die Probe darauf machen, was schon früher bei systematischer Betrachtung (o. S. 22) als das Wesentliche der Verfassung betont worden ist.

Die älteste Staatslehre — und wie sie in großem Umfang auch noch die naive Staatsbetrachtung von heute — stellte sich unter der Verfassung oder, wie damals noch gesagt wurde, unter der „Staatsform“, πολιτεία (Politeia), Status reipublicae, einfach das Prinzip vor, das den „Träger der Staatsgewalt“, die für alle staatlichen Akte in letzter Linie verantwortliche Persönlichkeit — Einzelperson oder Gesamtperson — normiert. Man fragte nach dem Träger des „Kyrion“ (κύριον: Aristoteles), der majestas (röm.) oder suprema potestas (mittelalt.), der Souveränität. Je nachdem dieses oberste Organ aus dem Haupt eines bevorrechtigten Geschlechts oder aus den Häuptern eines mehr oder minder fest abgeschlossenen Kreises von Familien oder aus einer alle Schichten des Volkes im engeren oder weiteren Sinn umfassenden Vielheit hervorgeht, war die Staatsform eine monarchische, aristokratische oder demokratische. Die ganze Staatslehre seit dem Sophisten Protagoras und dem Historiker Herodot bemühte sich, die Verschiedenheit der Verfassungen dem Gegensatz der „drei Staatsformen“ unterzuordnen, und noch der bahnbrechende Meister der modernen Politik, Machiavelli, setzte wieder bei diesem Gegensatz principato, stato d'ottimati und stato popolare ein, wobei er zuerst die beiden letzteren — Optimaten- und Volksherrschaft — als „Republiken“ zusammenfaßte.

Immerhin hat die ältere Staatslehre schon früh herausgefühlt, daß in Wahrheit die die politische Welt bewegenden Gegensätze viel tiefer liegen und viel feiner verzweigt sind. Bereits die Schüler des Sokrates stellten über alle drei alten Staatsformen den Gegensatz der richtigen und fehlerhaften Verfassungen. Die letzteren (nach Aristoteles: die „Entartungen“) entstehen, wenn der Herrschende, gleichviel ob Fürst, Adelsgruppe oder Volksmänner, egoistisch, also unsittlich oder, wie es in der Folgezeit, besonders im Römertum und in der christlich-mittelalterlichen Staatslehre aufgefaßt wird, ungerecht regiert. Man sucht nach einem Mittel, um zu verhüten, daß die Normalformen Monarchie, Aristokratie, Demokratie, in die entarteten Formen Tyrannis, Oligarchie, Ochlokratie übergehen, und die Schüler des Aristoteles, hierin in geistiger Gemeinschaft mit der Staatslehre der Stoa, finden das Mittel in einer Verbindung oder „Mischung" der Elemente aller drei Grundformen bei einer und derselben Verfassung. Die Politeia Mikté (πολιτεία μικτή) bleibt von da an das Schlagwort der wünschenswerten Verfassung, die im Gegensatz zu jeder der drei „reinen" Staatsformen steht[1]), und die Einsicht bricht sich Bahn, daß der eigentliche charakteristische Hauptunterschied der Verfassungen durch das System einer Vereinigung aller staatlichen Funktionen in der Hand einer Gewalt, der Gewalt schlechthin, des „absoluten" Gewaltträgers und das System einer Teilung der verschiedenen Funktionen zwischen mehreren Gewaltträgern begründet wird. Einseitige Staatsgewalt, Staatsgewalt schlechthin, oder planmäßig geordnetes Gewaltenverhältnis, Verfassung im engeren Sinne der durchdachten Verfassung, — Absolutismus oder Konstitutionalismus — lautet die zweite wesenbestimmende Alternative für die Grundform des Staates.

Und während der gleichen Zeit erschließt sich allmählich das Verständnis dafür, daß auch noch eine dritte, scheinbar äußerliche Verschiedenheit für die Grundform des Staatswesens von ausschlaggebender Bedeutung ist. Durch die Betrachtung des Aristoteles zieht sich bereits die Vorstellung, daß neben der dem Griechen allein vertrauten und sozusagen normalen Verkörperung des Staates im städtischen Kleinstaat, der Polis (o. S. 2), die monarchisch, aristokratisch, demokratisch und aus diesen Elementen gemischt auftreten kann, der staatlichen Organisation der Völker (gentes, ἔθνη) wie etwa der Perser eine qualitativ andere Bedeutung zukommt. Auch die Gestaltung der Gewaltträger wird davon ergriffen. Diese volksmäßigen Großstaaten erscheinen dem klassischen Griechentum als minderwertig. Aber gerade die aristotelische Ära zeigt an dem halbbarbarisch-makedonischen Staat den Aufstieg des nationalen Großstaates, und der von Alexander hellenisierte Osten bildet sich schließlich auf zwei Jahrhunderte in diese Grundform um. An die Stelle des Gegensatzes von Stadtrepublik und Großstaat tritt ein neuer Gegensatz — der zwischen dem Großstaat, der sich auf die Gemeinschaft einer kulturgeeinigten Bevölkerung reiner oder gemischter Rasse beschränkt, und einem die Nationen überbrückenden und nivellierenden Weltreich, wie es der jugendliche Eroberer, an assyrisches und persisches Vorbild anknüpfend, geplant hatte. Sein Schaffen war ohne nachhaltige Wirkung geblieben. Aber bald darnach geht es dem Spätgriechen Polybios auf, daß an andrer Stelle die Vorbedingungen eines Weltreichs mit internationalem Charakter unter weit günstigeren Aspekten wiederkehren, zugleich freilich auch, daß der römische Weltstaat, der alle Nationen an den Rändern des Mittelmeers politisch zusammenschließt, damit für die in ihm geltenden Verfassungs- und Regierungsformen ganz andre Voraussetzungen schafft, als das Rom, das aus einem Stadtstaat zum Haupt eines italischen Nationalstaats geworden war (vgl. u. III Nr. 1 a. E.).

So tritt in der wissenschaftlichen Betrachtungsweise die Konkurrenz zwischen den ursprünglichen drei Grundformen des Staates, — Monarchie, Aristokratie, Demokratie — mehr und mehr in den Hintergrund hinter der Frage der Verfassungsformen, d. h. der Frage nach dem Verhältnis der in einem Staat wirkenden Gewalten, und hinter der Frage der Gliederungsformen, d. h. der Frage nach dem Verhältnis der in einem Staate vereinigten Gebiete. Das alte Ausgangsproblem behält seine Bedeutung nur in der

1) Von Polybios wird sie (ca. 150 v. Ch.) — unabhängig von philosophischen Rechtfertigungen — am römischen Staat der Zeit in ihrer realpolitischen Bedeutung demonstriert. Bei Cicero: genus reipublicae permixtum tribus; – bei Thomas von Aquino: commixta politia; – be Machiavelli: governo misto.

Frage nach der Regierungsform, d. h. als die Frage, welcher Gewaltträger innerhalb des verfassungsmäßigen Gewaltenverhältnisses über die früher (S. 16) in ihrer Bedeutung gewürdigte Regierungsfunktion verfügt. Je nachdem ein privilegiertes Geschlechtshaupt oder eine privilegierte Genossenschaft oder ein unabgeschlossener Teil des Volkes das Organ bestimmt, das die Verwaltungsleitung mit dem Betrieb der Gesetzgebung verknüpft und damit die Richtlinien der Politik zieht, ist die Regierungsform monarchisch, aristokratisch oder demokratisch. Diese minister- oder kabinettsbildende Gewalt ist das oberste, höchste, „souveräne" Organ des Staats. Aber diese Frage ist nur ein Teilproblem, wenn auch ein wesentliches, innerhalb des weitergreifenden Verfassungsproblems, sowie innerhalb der Frage des Gebietsaufbaues eines Staats die maßgebende Bestimmungsmacht aller oder einzelner Teilverbände oder des zusammenfassenden weitesten Verbands, die oberste oder souveräne Gewalt des Reichs oder der Länder oder Stadtgemeinden das Hauptproblem der Gliederungsform ausmacht.

Alles in allem betrachtet, spitzt sich demnach die Untersuchung, die sich mit den Staaten in ihren mannigfaltigen Einzelformen auseinanderzusetzen strebt, bei ihrer Hauptaufgabe, der Analyse der Verfassungen in ihrer Eigenart, auf denselben Grundbegriff zu, der den Ausgangspunkt für die Erfassung des Staats in seinem allgemeinsten Wesen innerhalb der Menschheit und ihrer Kulturarbeit zu bilden hatte, auf den Souveränitätsbegriff (S. 2). Jeder Staat — so mußte gleich zu Anfang betont werden — ist mit natürlicher Notwendigkeit für die Abgrenzung der Kulturfunktionen und für die Aufstellung der sie beherrschenden gemeinsamen Regeln, des Rechts, der höchste soziale Willensträger; er hat die soziale Souveränität gegenüber dem Willen der Einzelmenschen und der von ihnen frei geschaffenen Verbände. Innerhalb jedes Staats wird die Eigenart seiner Organisation abhängig von der Fixierung der Organsouveränität als Fürsten- oder Volkssouveränität, und von der der Verbandssouveränität als Reichs- oder Landessouveränität.

In diesen begrifflichen Feststellungen mündet nun aber die systematische Politik ein in die soziologische Betrachtung der politischen Phänomene, in die geschichtlich orientierte Parteienlehre, wie sie vorher (S. 29) bereits umrissen wurde. Denn ihre Prüfung ergab, daß das, was für die Parteibildung stets in erster Linie anstoßgebend ist, nichts anderes ist, als die wünschenswerte Inbeziehungssetzung zwischen der Verfassungsform und der Gliederungsform des Staats, der Ausgleich zwischen dem Verhältnis der Gewalten im Staat und dem Verhältnis der Gebiets- und Bevölkerungsteile des Volkes. Fordert der Wohnsitz des Volkes und dessen hieraus erwachsende Beziehung zu anderen Völkern eine Zusammenfassung größerer Gebiete, so ruft dies Bedürfnis wechselwirkend auch den Zug zu stärkerer Konzentration der Gewalten im Interesse der gesteigerten organisatorischen Machtentfaltung der Regierungsgewalt hervor. Kann dagegen eine Volksgemeinschaft auch in kleineren Völkerschaften und Landschaften nebeneinander gedeihen, so ergibt sich von selbst aus der Bevölkerung heraus die Forderung nach Beschränkung der Regierenden, nach einer „Teilung der Gewalten". Zwischen diesen beiden Alternativen bewegt sich im wesentlichen die Universalgeschichte der Staaten. Ihre Wechselfälle hängen vornehmlich davon ab, ob es gelingt, für die eine oder andre Möglichkeit da, wo es nach der gegebenen sozialen Lage not tut, eine Partei zu bilden, die Kraft genug entwickeln kann, sich durchzusetzen, — ganz besonders davon, ob es günstigstenfalls gelingt, beides zu vereinigen (o. S. 31).[1])

1) Vgl. damit unten (III) den verschiedenen Verlauf in China, Ägypten, Mesopotamien einerseits; in Griechenland andrerseits, die Vereinigung beider im römischen Staat (S. 63). Entsprechend gegenüber dem altfranzösischen (russischen) Staat und andrerseits dem mittelalterlich italienischen der Ausgleich im englischen Staat.

Auch von hier aus zeigt sich dann sofort wieder, daß es von durchaus sekundärer Bedeutung ist, welche Form bei solchen notwendigen Umbildungen die regierenden oder souveränen Organe annehmen. Je nachdem in kritischen Lebensphasen das Mitglied eines Herrscherhauses, ein Führer adliger Standesgenossen oder ein Volksmann von der Vorsehung emporgetragen werden, wird sich die Bewegung — sei es Einheitsbewegung, sei es auflösende Bewegung — als monarchische, aristokratische, demokratische Organisation verwirklichen, und für das Schicksal des Volkes wird um so besser gesorgt sein, je elastischer es sich der einen oder andern Führung anpaßt. Mit Vorstellungen wie der, daß für machtentfaltende Staatsbildung gegen außen die Monarchie, für rechtsstaatliche Neuordnung im Innern die demokratische Republik die am meisten geeignete Staatsform sei, muß ein für allemal aufgeräumt werden. Es hat zu allen Zeiten machtvolle Republiken und schwächliche, schwankende Monarchien und andrerseits in den verschiedensten Epochen gerechtigkeitsbegeisterte Fürsten und gewalttätige Republiken gegeben. Nicht einmal diejenigen Vorzüge, die man gemeinhin als solche der Republik anzupreisen pflegt, lassen sich ihr mit unbedingter Gültigkeit zuerkennen. Die übliche Bezeichnung jeder Republik als eines „Freistaats", eines Staats, worin sich das Volk in allen seinen Gliedern durch seine Vertrauensmänner selbst regiert, ist für den unbefangenen Betrachter eine Illusion. Denn die Wahl der Minister, die für die unmittelbare Demokratie einer Volksversammlung, oder die Wahlen der Abgeordneten und durch deren Vermittlung hierdurch der Minister, die für die mittelbare, repräsentative Demokratie einer Volksvertretung das Kennzeichen abgibt, bedeutet niemals und nirgendwo eine „freie Auswahl" der Gewählten durch das Volk. Sie beschränken sich unvermeidlich auf die kleine Zahl derjenigen, die als Volksführer auftreten und sich einen Anhang zu schaffen wissen, und geraten ebenso unvermeidlich unter die offene oder verborgene Leitung der berufsmäßigen politischen Agenten, d. h. der Parteiorganisationen. Nur das also ist für die Demokratie, besonders für die demokratische Republik ihrer Natur nach wesentlich, daß bei ihr die politischen Parteien in ihrer Bedeutung wachsen. Sie sind hier nicht nur staats- und rechtsbildende Kräfte, die Träger der gesetzgebenden Gewalt (was sie in jedem Staate bedeuten), sondern üben außerdem auch fortlaufend von Fall zu Fall die Kabinettsbildung, die Organisation der regierenden Gewalt. Vom Standpunkt des ganzen Volkes aus betrachtet könnte man eine Demokratie also nur in dem Sinn als „freien Staat" bezeichnen, als an sich jeder einzelne, der den Impuls und die Energie dazu besitzt, die „Freiheit" hat, sich am Parteileben zu beteiligen, d. h. an dem Wettbewerb um führende Stellungen in den lokalen Parteiorganisationen, um Abgeordnetensitze, schließlich um Ministersitze, teilzunehmen.[1]) Nur liegt eben hierin nicht auch zugleich soviel, daß in einer Demokratie das Volk selbst die in ihrem Amt wirkenden Minister kontrolliere und leite. Das ist ein Trugschluß. Es ist zwar schon früher (S. 18) angedeutet worden, daß in einem politisch geschulten, interessierten und regsamen Volke ein „Volkswille" recht wohl in dem Sinn lebendig sein kann, daß er sich der jeweiligen Regierung gegenüber Geltung verschafft, sie anregt und überwacht. Gerade dies Verhältnis aber kann sich in einer Monarchie oder Aristokratie, in der die breiten Schichten des Volkes formell nur geringe oder gar keine politischen Rechte besitzen, ebenso herausbilden, und es kann kommen, daß eine monarchische

1) In diesem Sinn ist die „politische Freiheit" also ungefähr entsprechend der „Freiheit des Verkehrs" aufzufassen, die (im Gegensatz zur durchgeführten Sozialisierung) die Richtung für das privatrechtliche (bes. wirtschaftsrechtliche) Leben gibt. Auch sie äußert sich in realen Verhältnissen vor allem in „freier Konkurrenz" der Individuen (o. S. 12). Nur liegt auf der Hand, daß die Übertragung dieses Gedankes vom Privatrecht auf das öffentliche Recht nicht ohne weiteres segensreich zu sein braucht. Wie das heutige Deutschland beweist, können in Volksschichten, die für das Verkehrsleben günstige Bedingungen des Wettbewerbs mitbringen, gerade deshalb die Bedingungen für die Beteiligung am öffentlichen Leben sehre nachteilig sein.

Staatsform, falls sich die Dynastie von starken Strömungen des Volks tatsächlich leiten läßt, in solchem weitern, formlosen Sinn weit mehr „demokratisch" ist als eine eigentliche Demokratie im engeren, formellen Sinn.[1]) Eines läßt sich allenfalls zugeben, — daß nämlich die demokratische Staatsform, gerade weil sie den Parteiorganisationen erhöhte Verantwortlichkeit überträgt, auch auf das Volk erzieherisch wirkt und sein politisches Verantwortungsgefühl, den „Volkswillen" schärft, daß es großen Schichten den Antrieb gibt, sich der Beobachtung und Überwachung der Parteileiter und -agenten eifriger zu widmen, daß es tüchtige Elemente anregt, sich eifriger an der politischen Konkurrenz zu beteiligen. Aber diese Wirkung ist eine Möglichkeit, keine Notwendigkeit und setzt stets Empfänglichkeit hierfür im Volk voraus.[2])

Allerdings wird nun andrerseits auch soviel klar, daß über bestimmte Verfassungs- oder Gliederungsformen des Staats kein allgemeines Werturteil ausgesprochen werden kann. Keineswegs bedeutet vor allem ein verfassungsmäßig verfeinertes, kunstvoll ausbalanciertes Gewaltensystem in allen Lagen einen Vorzug. Wo es gilt, eine neue staatliche Gewaltenordnung oder auch im bestehenden Staat eine neue Behörden- oder Rechtsordnung durchzudrücken, kann eine Machtkonzentration, also ein absolutistisches System, gleichviel ob absolute Monarchie oder Demokratie, das gesündere und wünschenswertere sein. Auch da bildet den Angelpunkt stets die Frage, was der Staat unter der bestehenden Verfassung für das Volk, für die Großzahl der Individuen leistet, und in allererster Linie wird es in diesem Zusammenhang die Wertidee der Gleichheit zwischen den Bürgern sein, deren vollkommenere oder mangelhaftere Durchführung über die Lebensfähigkeit einer absolutistischen wie einer verfassungsmäßigen Organisationsform entscheidet. Einer noch so wohldurchdachten, noch so sorgsam zwischen den verschiedenen Organen abwägenden Gewaltenordnung wird der feste Boden fehlen, wenn zwischen den Bevölkerungsklassen oder zwischen den Landesteilen handgreifliche rechtliche Ungleichheiten unausgesetzt fühlbar sind, und zwar kommt es hierbei ebensowohl auf die politischen Rechte der Mitwirkung an der Staatsgewalt, als auf die öffentlichen Vorteile und Lasten oder auf die bürgerlichen Rechte und den Rechtspflegeschutz der Grundrechte an. Verschiedene Verteilung der Steuer- oder Wehrlast, offensichtliche Benachteiligung großer Volksteile in der Verbrechensverfolgung oder Zivilrechtspflege nimmt der Regierung und der Gesetzgebung ihren Wert, auch wenn die eine in ausgiebiger Weise verfassungsmäßig kontrolliert, die andere mit populären Garantien versehen ist, und läßt schließlich eine kürzere oder längere Periode absoluter Staatsgewalt, falls diese die Mission einer Hebung der bisher benachteiligten Klassen oder Gebiete energisch ergreift und durchführt — Diktatur, Ausnahmezustand —, als die gesündere Organisationsform erscheinen.

Aber mit allen diesen Erwägungen ist die systematische Staatsbetrachtung bereits in eine angewandte Politik übergegangen; und eine anschauliche und die Gebilde der politischen Wirklichkeit in ihren wesentlichen Elementen erfassende Analyse und Kritik der bedeutsamsten einzelnen Staatsschöpfungen ist — wenn auch in sehr gedrängter Übersicht — nur im Rahmen des geschichtlichen Ablaufs möglich. Wo bei solcher Betrachtungsweise der Ausgangspunkt genommen werden muß, hat sich aus dem Vorangehenden ergeben. Sie hat von dem Boden auszugehen, auf dem und aus dem heraus ein Volk seinen Staat bildet, der ihm zu gutem Teil auch die Schicksale zuerteilt, die es erlebt. Der Prozeß der Gestaltung der Einzelstaaten in seinem universellen Gehalt kann also nur auf der Grundlage der von Karl Ritter und Friedrich Ratzel geschaffenen politischen Geographie erfaßt werden. Die Entwicklungsgeschichte der Staaten beginnt an derselben Stelle, mit der auch die Begriffslehre des Staats (S. 2) eingesetzt hatte.

1) Speziell für diese Erscheinung ist die ältere römische und die ältere englische Entwicklung in hohem Grade illustrierend.

2) Diese Erwägung trifft vor allem die neueste Lage in Deutschland.

Inhalt.

III. Die Entwicklung der Staatenwelt in ihrem Gesamtverlauf. 1. Ausgangspunkte. 2. Die Staatsbildung der Antike. Die älteste Staatsbildung Ostasiens. Indien, Zentralasien, Nordasien, Alt-Japan. Das älteste Staatensystem des westlichen Orients. Ägypten. Die ältere Staatsbildung Vorderasiens. Die Auflösung der nationalen Orientstaaten in den ersten Weltreichsbildungen. Ägypterreich, Assyrerreich, Perserreich. Sonderbildungen in den östlichen Reichen: Phönikische Städte. Karthago. Israelitisch-jüdischer Staat. Die griechischen Stadtrepubliken. Stadtstaaten und Gaustaaten. Expansionsbestrebungen. Sparta. Adelsrepubliken. Tyrannis. Die athenische Polis. Aufstieg und Niedergang des athenisch-hellenischen Nationalstaats. Der politische Verfall des Griechentums, die makedonische Großstaatsmonarchie, das Alexanderreich und das Gleichgewicht der hellenischen Nachfolgestaaten. Die Anfänge der Staatsbildung in Italien. Die „klassische" Verfassung der römischen Republik. Die Fortbildung vom Stadtstaat und Städtebund zum föderativen Nationalstaat. Die Umwandlung des römischen Nationalstaats ins Weltreich und die Auflösung der republikanischen Verfassung. Das Imperium unter der Prinzipatsverfassung, seine Organisation, seine Funktionen. Die Zersetzung des römischen Weltreichs und das Ende der antiken Staatenwelt. 3. Die neuere Staatenwelt. Das römische Reich und die neuen Völker. Die Islamisierung des Ostens und das Karolingerreich. Die Formen des germanischen Staatsgeistes. Die Weltkirche und die mittelalterlichen Staaten. Das Ende des Universalismus und die Anfänge nationaler Staatsgebilde. Die nationale Verfassungsbildung des Hochmittelalters. Die Demokratie des städtischen Kleinstaats in Italien und die ständische Monarchie des territorialen Großstaats in England und auf dem Festland. Die Entartung der mittelalterlichen Staatenwelt und die Anfänge des Absolutismus. Die türkische Reichsgründung, die Reformation und das Wiedererwachen der universalistischen Idee. Die spanisch-österreichische Hegemonie. Die französisch-schwedische Hegemonie. Die absoluten Nationalstaaten des Festlands. Die englischen Revolutionen, die Organisation des russischen Staats und das Gleichgewichtssystem in der europäischen Staatengruppe. England und der Kontinent. Die nordamerikanische Union. Der preußische Staat. Die französische Revolution und der Rückschlag des Universalismus in Frankreich. Die Ausbreitung des Gedankens der geschriebenen Verfassungen und die Blütezeit der nationalen Verfassungsstaaten. Griechenland. Holland und Belgien. Die skandinavischen Staaten. Italien. Spanien. Die erneuerte Eidgenossenschaft. Das Deutsche Reich. Die österreichisch-ungarische Union. Die Balkanstaaten. Die englischen Kolonialstaaten. Die zentral- und südamerikanischen Staaten. Japan. 4. Die veränderten Entwicklungsbedingungen des Staatensystems im modernen Zeitalter. Das neue Vordringen des Imperialismus in Nordamerika, in Rußland, in Frankreich, in England, in Japan. Die „planetarische Einstellung" des Staatensystems und die neuen Aufgaben. Der Aufstieg des Deutschen Reichs und die Einkreisung Deutschlands. Der Weltkrieg. Die Umgestaltung der Lage nach dem Krieg und die Aufgaben der Zukunft. — Literatur.

1. Ausgangspunkte.

Die vorstehend in ihrer Allgemeinheit angedeuteten Entwicklungsgedanken werden durch den Verlauf, den die Staatengeschichte unseres Planeten tatsächlich genommen hat, veranschaulicht und damit zugleich bestätigt. Ihre Nutzanwendung erschließt den Blick für die beiden einander entgegenstrebenden Bewegungslinien, wie sie von den beiden Erdteilen ausgehen, die von Anfang an die Träger einer originalen Staatsbildung gewesen sind.

Die Großräumigkeit Asiens und des von ihm zu allen Zeiten nächstabhängigen Nordafrika begünstigt von Anfang an und noch heute die Zusammenfassung großer Völkerkomplexe zu Staaten von bedeutender Mächtigkeit, aber mit einfachen, wenig umbildungsfähigen Formen, vor allem mit primitiven Rechtsformen. Die Engräumigkeit Europas läßt diesen Kontinent mit seiner durch Gebirge und Meere vielfältig zerschnittenen Ländervielheit zum Schauplatz einer überaus wechselvollen und differenzierten Staatsbildung werden, die in den verschiedensten Perioden und mit gesteigerter Intensität, in der Neuzeit ein Nebeneinander von mäßig großen, aber im Organapparat und vor allem in der Rechtsordnung verfeinerten Staaten erzeugt. Die Gegensätzlichkeit ist natürlich, wie bei allen solchen Unterscheidungen in der Realität, keine scharf abgegrenzte. Im Gegenteil wird sie durch wechselseitige Beeinflussungen durchbrochen. Schon in der Antike wirkt die Reichsbildungstendenz Vorderasiens auf das Abendland, und diese Einwirkungen wiederholen sich in der neuen Zeit im Druck der Araber, der Mongolen, der Türken. Ohnehin gehört zu Asien durch seine ganze Bodenbeschaffenheit das weitgedehnte osteuropäische Flachland; Rußland ist ein Gebiet, das die geographischen Entwicklungsbedingungen mit Asien teilt. Umgekehrt ist die vorderindische Halbinsel, obwohl für sich selbst schon von der Größe eines selbständigen Kontinents, durch die ungemein großen Differenzen ihres Klimas, durch die Zerspaltung in Flußtäler, Küstengebiete, Hochländer den europäischen Halbinselländern verwandt; sie teilt mit ihnen die Anlage zur Vielstaaterei. So wird gerade Indien das Gebiet, an dem im Verlauf einer der älteren Zeit entgegengerichteten Bewegung eine Einwirkung der Staatengruppe Europas auf die Asiens einsetzt.

Eine zwiespältige Mittelstellung zwischen Asien und Europa fällt weiter den beiden amerikanischen Kontinenten zu. Ursprünglich scheint dort dauernd ein staatlicher Zustand Wurzel zu schlagen, der dem der asiatischen Kultur entspricht, sowie auch rassenmäßig die zivilisationsfähigsten Urbevölkerungen Amerikas mit den Völkern Asiens verwandt sind. Dann aber greift plötzlich das politische System Europas, das daheim in eine bestimmte Phase seiner Reife getreten ist, gleichzeitig wie auf Südasien auch nach Westen auf Amerika über, und zwar ist es auffallenderweise das innerlich am meisten fortgeschrittene und originellste europäische Staatswesen, das englische, das sich am nachhaltigsten jenseits des Atlantischen Ozeans einbürgert und in Nordamerika eine Form erzeugt, die, wenn auch aus heimischer Tradition entwickelt, doch eine völlig neue und individuelle Kombination der überlieferten Elemente verkörpert. Auch sie ist, wie alle europäischen Verfassungen, ursprünglich auf enge Grenzen berechnet und durch diese Kleinheit ihrer Basis bedingt. Aber kaum fertig geworden, wird auch der nordamerikanische Staat von dem Zug in die großen Räume erfaßt, die schon der nördliche Kontinent und erst recht seine Nachbarschaft zu dem südlichen Zwillings-Erdteil darbietet. Seitdem bewegt sich Amerika in seiner politischen Orientierung unsicher zwischen Westeuropa und Ostasien, und gerade in der allerjüngsten Zeit hat diese schwankende Haltung in der allerverhängnisvollsten Weise auf Europa zurückgewirkt.

Die zentral- und südafrikanischen Gebiete sind — abgesehen von bloß vorübergehenden Versuchen einer bodenständigen Staatsgründung reiferen Stils, die im Halbdunkel liegen, bis in die neueste Zeit in der Hand von Naturvölkern mit primitiver Staatsbildung geblieben und — ebenso wie die australische Inselwelt — erst durch das Eingreifen Europas in den Gesichtskreis politischer Betrachtung gezogen worden.

Die geographische Durchmusterung der Schauplätze staatlicher Bildungen, die die Erde trägt, deutet bereits auf diejenige Stelle unseres Planeten, die in ihrer Bodenbeschaffenheit für ein staatliches Zusammenleben die am stärksten kontrastierenden Bedingungen besitzt. Sie ist bezeichnet einerseits durch die Küstenländer zwischen Schwarzem Meere und Mittelmeer, mit denen der asiatische Kontinent im äußersten Südwesten abschließt, andererseits durch die ihnen entgegenstrebenden südöstlichen Ausläufer Europas. Hier hat sich während der beiden letzten Jahrtausende der vorchristlichen Völkergeschichte ebenso wie auf den anderen Gebieten der menschlichen Kultur auch in der politischen Sphäre der Gegensatz der Formen und Gedanken herausgearbeitet, aus dessen Fortwirken bis heute alle weiteren physischen und geistigen Kämpfe um den Bestand und um die Gestaltung unserer Staatenwelt erklärt werden müssen. Die beiden Extreme des übergroßen, international zusammengesetzten Machtstaats und des kleinen, volkstümlichen Rechtsstaats, deren ausgleichende Verschmelzung das ewige menschliche Ziel aller politischen Entwicklung bildet (o. S. 9), sind sich nie wieder in solcher Reinheit und Pointiertheit gegenübergetreten, wie im Kampf des Perserreichs mit den griechischen Republiken, und wie es kein Zufall gewesen ist, daß aus der unmittelbaren Anschauung dieses Gegensatzes in der Wirklichkeit die politische Wissenschaft geboren wurde (o. S. 19), so genügt auch diese einzigartige Tatsache, um klarzumachen, daß politische Bildung für alle Zeit nur auf Grund humanistischer Bildung, wie sie das deutsche Gymnasium gibt, erworben werden kann. Aber in volles Licht tritt diese Tatsache erst durch den Vergleich mit demjenigen Teil Asiens, der solchen Kontrastwirkungen — abgesehen von der allermodernsten Zeit — dauernd entrückt geblieben ist, mit Ostasien. Es empfiehlt sich, um einen Maßstab für die Bedeutung der Entwicklung zu gewinnen, aus der der heutige Zustand Europas in kontinuierlicher Folge hervorgegangen ist, von der altchinesischen Staatsgestaltung den Ausgang zu nehmen. Sie veranschaulicht, bei welch eigentümlichem politischen System ein Staat sich beruhigen konnte, der sich ohne Reibung mit ebenbürtigen Mächten entwickeln durfte, — gleichzeitig allerdings auch, welch beschränkte Bedeutung für anders gelagerte Lebensbedingungen diesem System zukommt.

2. Die Staatsbildung der Antike.

Die älteste Staatsbildung Ostasiens. Die politischen Grundsätze und Formen des fernen Orients fordern um so mehr zum Vergleich mit den Vorläufern der europäischen Staatskultur in Vorderasien heraus, als sich ihre Anfänge zeitlich nahe berühren. Wenn die staatlichen Gründungen Ägyptens heute bis ins fünfte Jahrtausend, die Mesopotamiens bis in die Mitte des dritten Jahrtausends historisch greifbar geworden sind, so reicht mindestens die Einwanderung der Chinesen in die Gebiete, die sie noch heute innehaben, in jene frühesten Zeiten zurück. Sie ist überhaupt zeitlich nicht fixierbar, und es ist nur sicher, daß die Chinesen, eine Gruppe der mongolischen Völkerfamilie, von ihren ursprünglichen Sitzen im Hochplateauland des Tarimbeckens am Oberlauf des Weiho, des ersten großen zentralasiatischen Nebenflusses des Hoangho, östlich das Hoanghotal abwärts sich ausgebreitet haben und über älteren Besiedlern bis zum Gelben Meere hin als Bauern seßhaft geworden sind. Es ist selbstverständlich, daß sie wie alle großen Völker der Geschichte lange Zeit in primitiven Kleinstaaten existiert haben. Aber schon seit 2700 nimmt die Tradition das Dasein eines chinesischen Großstaats unter einem Kaiser an, der „Beamte bestellt" hat, und nach schattenhaften älteren Dynastien (Hia 2205, Schang, Yin) wird unter der Dynastie Tschou deutlicher eine erbliche Monarchie mit großen Vasallenländern und überwachenden abhängigen kaiserlichen Oberbehörden sichtbar. Sie besteht im wesentlichen in den Grenzen des heutigen China mit der Hauptstadt Peking. Ihre Bevölkerung mischt sich im Norden und in Zentralasien mit den Ausläufern tungusischer, nordmongolischer, im Süden mit malayischen Einwanderern.

Aber nach einigen Jahrhunderten der Blüte folgt eine ebenfalls Jahrhunderte währende Periode des Verfalls unter schwachen Kaisern, dann während längerer Thronvakanzen zwischen den Beherrschern der Provinzen oder unter deren Gefolgsmännern. Sie hat sich in der Überlieferung des Volkes für immer in scharfem Kontrast zu der vorausgehenden Ära der Ordnung als eine Zeit wilder Anarchie eingeprägt, und sie ist es, die als Reflex- oder Reaktionswirkungen die beiden Staatsauffassungen hervorgerufen hat, zwischen denen China sich seitdem hin und her bewegt.

Die eine bedeutet die Eingliederung der Staatsidee in philosophische Welt- und Sittenanschauungen, die sich aus der damals noch primitiven Volksreligion, einem wesentlich in Ahnenkultus und Verherrlichung der Naturkräfte beschlossenen religiösen Vorstellungskreis, losringen: Im metaphysisch-mystischen Gewand treten sie um 600 v. Chr. in der Tao-Lehre des Laotse hervor.[1]) Sein Grundbegriff des „Tao" ist eine das All umfassende unbestimmte Geistesmacht, die ebenso als Ordnung, Richtschnur, Rhythmus wie als Wort, Vernunft, Geist gedeutet werden kann. Sie bezeichnet zugleich Grund wie Norm der physischen wie der moralischen Welt. Der Mensch hat sie in einem Leben von Selbstentäußerung und Menschenliebe zu erfassen, und auch der Herrscher hat in ihr das höhere Prinzip zu erkennen, dem er sich und das Reich dienstbar machen soll. Einzelwesen wie Gemeinwesen wird im inneren Gleichgewicht erhalten durch eine seelische Grundstimmung, die mit innerer Notwendigkeit, ohne daß die Notwendigkeit der Erzwingung, der Machtentfaltung entsteht, einen harmonischen Ablauf der Staatswirksamkeit wie des freien Verkehrs verbürgt. Staat und Gesellschaft, organisiertes und nichtorganisiertes Zusammenleben auf der vaterländischen Erde wird damit in den Grundsätzen, die sie beherrschen, eins. Beide werden nur durch die Herrschaft ungeschriebener, bloß erlebter, durch die Übung eingebürgerter Regeln oder Riten, zusammengehalten.[2]) Der Appell an die altgeheiligten Bräuche, an die rituellen Lebensformen auf allen Lebensgebieten, die „Riten" („Li"), m. a. W. an die Sitte als die ordnende Hauptmacht, kehrt in der nächsten Generation auch im Gedankensystem des zweiten, zum größeren Einfluß gelangten Philosophen wieder. Freilich ist die Wesensart und der Grundstandpunkt des Denkens bei Kungfutse ein diametral entgegengesetzter.[3]) Kein metaphysisch, sondern ethisch orientierter Geist, keine Natur mystischen Träumens, sondern ein Kopf nüchternster Lebensklugheit, entwickelt er die Prinzipien für das menschliche Handeln aus den natürlich gegebenen Fundamentalbeziehungen des sozialen Lebens, die der gesunde Menschenverstand als unentbehrliche Stützen eines geordneten Daseins erkennt, aus den „fünf Verhältnissen" von Vater und Sohn, älterem und jüngerem Bruder, Mann und Frau, Freund und Freund, Herrscher und Beamten oder überhaupt Herr und Diener. Aber der Hebel für die rechte Erfüllung der aus solcher Sicheingliedern in die Umgebung fließenden Pflichten wird auch für Kung die Bewahrung einer bestimmten Gemütsverfassung. Sich in diese friedvolle Grundstimmung, in ein rhythmisches, musikalisches Gleichgewicht zu versetzen, ist das eigentliche Wahrzeichen eines guten Menschen; aus ihr folgt die rechte Lebensführung schon von selbst, und zwar — und hier liegt politisch das wesentliche — für den Herrscher oder den Vizekönig der Provinz und die Beamten ganz im gleichen Sinn wie für die einzelnen Untertanen; auch die staatliche Ordnung wird wie die Familien- und Hausordnung am wirksamsten durch die „Riten", die „Musik", zusammengehalten.[4])

---

1) Laotse, eigentlich Lipeyang, ist Beamter, Reichsarchivar eines der Tschou-Kaiser in der Zeit der Zersetzung, der sich später zu einem Eremitendasein in weltabgeschiedene Sammlung zurückzieht. Sein Hauptwerk Tao-teh-Kung ist die „Richtschnur (Norm, Kanon) von Weltgeist und Tugend". (Übers. von Viktor v. Strauß und Torney 1870.)

2) Hauptstelle des Laotse (Strauß S. 253): „Mit Redlichkeit regiert man das Land, mit Arglist braucht man Waffen, mit Ungeschäftigkeit gewinnt man das Reich. — Je mehr Verbote und Beschränkungen das Reich hat, desto mehr verarmt das Volk, — je mehr scharfes Gerät (Waffen) das Land hat, desto mehr wird das Land beunruhigt; je mehr Gesetze und Verordnungen kundgemacht werden, desto mehr Diebe und Räuber gibt es. Drum sagt der heilige Mensch: ich bin ohne Tun und das Volk bessert sich von selbst; ich liebe Ruhe und das Volk wird von selbst redlich; ich bin ohne Geschäftigkeit und das Volk wird von selbst reich; ich bin ohne Begierde und das Volk wird von selbst einfach."

3) Kung Tse oder Kung Futse, d. h. „Meister Kung", eigentlich Kung Dschung Ni, geb. 551 v. Chr. in Kiufu in der Provinz Schantung, zeitweise in verschiedenen der Lehnsfürstentümer als Minister wirkend, regelmäßig als Lehrer oder Prediger der Tugend und Gerechtigkeit umherziehend, gest. 478. (Franke, das konfutsianische Dogma 1921.)

4) Die „Gespräche" Kungs mit seinen Schülern wiederholen diese Gedanken in immer neuen Wendungen, z. B. „Lunjü" II, 16: „Wenn im Reich die rechten Grundsätze herrschen, gehen die Bräuche (die Musik, der Rhythmus) vom Kaiser aus. Wenn im Reich die rechten Grundsätze

Mit Hilfe der Tao-Lehre und der Li-Lehre, die sich durchdringen und ergänzen, aber auch einander ablösen können, hat es das Gelehrten- und Volkslehrertum unternommen, von innen heraus eine Regeneration der öffentlichen Zustände herbeizuführen, und in der Tat sind schon nach dem Tode des Konfutius diese Gedankenkreise ein weitverbreiteter geistiger Besitz der oberen Volkskreise geworden. Aber der chronischen Unordnung ist sie für sich allein nicht Herr geworden. Ihr macht erst eine zweite Gegenbewegung ein Ende, die mit äußeren Machtmitteln arbeitet, ein Ursurpator von außergewöhnlicher Energie, der das Schattenkaisertum der späteren Tschou beseitigt und seine Dynastie Tsin an die Stelle setzt (250—206). Seine Leistung ist es nicht nur, daß er sich zum „Obersten Kaiser", Schi-huang-ti, macht, die Einheit des Reichs wieder herstellt. Er setzt sich vielmehr auch in den Regierungsgrundsätzen zu der vorangehenden Epoche und ganz speziell zu dem Staatsideal Kungs in Gegensatz. Sein Streben richtet sich zum ersten Mal auf eine nach Möglichkeit erschöpfende Staatsgesetzgebung, die für den Untertanen wie für den Beamten klar erkennbare und kontrollierbare Grenzen zeichnet, — mindestens, wie immer bei einem solchen Aufbau des Rechts von Grund auf (o. S. 15), die Verbrechen und die Strafen, hier verständlicher Weise zunächst mit rücksichtsloser Härte, ins einzelne vorzeichnet. Ein System, die Ordnung im Staat auf eine natürliche Gesetzmäßigkeit zu gründen, die sich aus Erziehung von Beamten und Untertanen ergeben soll, wird von Schihuangti leidenschaftlich verworfen, und die offizielle Verbrennung des aus Konfutsius erwachsenen Schrifttums, die Verhängung der Todesstrafe gegen die Aufbewahrer seiner Bücher (213) will mit diesem System in vollem Bewußtsein aufräumen.

Der Versuch der Tsin-Dynastie, China zur gesetzlich zentralisierten Beamtenmonarchie zu erheben, bezeichnet die Schicksalsstunde der chinesischen Staatsbildung.

Vom europäischen Standpunkt aus gesehen, ist er ein selbstverständlicher Durchgangspunkt zu gleichen, wenn auch verfeinerten Formen, wie sie sich in den Staaten des Abendlands auf ähnlicher Grundlage tatsächlich entwickelt haben. An China aber zeigt sich jetzt, daß diese Grundlegung bereits viel zu lange aufgeschoben worden war, — so lange, daß sie nunmehr dem herrschenden Geist der chinesischen Gesellschaft widerstrebt. Die Hauptursache dafür liegt freilich in den außergewöhnlich günstigen Daseinsbedingungen, die dem chinesischen Mischvolke während der ganzen drei Jahrtausende der überschaubaren Siedlungszeit in den Stromtälern und Plateauländern Südostasiens beschieden gewesen war. Die Elemente dieses Volkes, die unter sich gewöhnt waren, mit- und nebeneinander auszukommen, waren in ihrer Gesamtheit niemals auf die Probe gestellt worden, einen eingreifenden Existenzkampf mit ebenbürtigen Volksmassen andrer Rasse bestehen zu müssen. So hat sich bereits damals der chronische Gemütszustand eigentümlicher Selbstgenügsamkeit auszubilden begonnen, in dem man die bestehenden staatlichen Gewalten und Einrichtungen als naturgegeben hin-

---

nicht herrschen, gehen die Bräuche von den Tschuhen (den Vasallen) aus." — Lian Schang Kuo S. 170: „Der heilige Herrscher Schun (einer der legendären vorbildlichen Kaiser der Urzeit) hat es am besten verstanden, ohne alle äußere Geschäftigkeit durch die bloße Macht seines persönlichen Einflusses das Reich in Ordnung zu halten. Für alle einzelnen Verrichtungen hatte er die rechten Leute, so daß er sich nicht in das äußere Getriebe einzumischen brauchte, sondern sich darauf beschränken konnte, durch höchste Kultur seine Persönlichkeit, den stillen Einfluß seines Wesens als Herrscher, wirken zu lassen."

Der Begriff der „Li" bezeichnet nach seiner ursprünglichen Bedeutung anscheinend eine Verrichtung mit Opfergefäßen und geht ebenfalls sehr früh eine feste Verbindung mit „Yo", Musik, ein. Er nimmt aber in diesem Sinne sakraler Zeremonie mit Musikbegleitung allmählich allgemein die jede beliebige Lebensverrichtung durchwaltenden Bräuche oder Ordnungen, also eben die Sitte, im weitesten Sinn in sich auf.

nimmt, ohne an ihnen Kritik zu üben und ohne den Trieb zu empfinden, sie zu verbessern und fortzuentwickeln.

Aus dieser Stimmung heraus muß die für den Europäer sonst schwer begreifliche Tatsache begriffen werden, daß schon nach zwanzig Jahren die Reaktion[1]) möglich wird, die das Werk Schihuangtis so gut wie ungeschehen macht. Die Beseitigung der Tsin-Dynastie durch Kao Huangti, den Begründer der Han-Dynastie (205), bedeutet in allen Stücken die Rückkehr zu den Verhältnissen der Hia-Zeit und damit zu den Idealen des Kungsutse. Den Hauptpunkt bildet dabei die Abkehr von der geschriebenen Gesetzgebung, und zwar gerade auf dem Gebiet, auf dem überhaupt bisher der erste Ansatz zu einer solchen gemacht worden war, der Strafgesetzgebung. Der erste Han-Kaiser hebt die von dem Organisator der Tsin sorgsam spezialisierten Einzelgesetze auf und ersetzt sie demonstrativ durch ein Gesetz von drei Titeln gegen Totschlag, Verletzung und Beraubung, dessen Durchführung dem freien Ermessen der Beamten überlassen wird. Bei diesem System ist es geblieben, — endgültig, seit (54 v. Chr.) die Lehre des Konfutsius offiziell zu der den wirklichen Staat beherrschenden Maxime erklärt worden ist. Der Stillstand des chinesischen Staats ist damit besiegelt, und die Verhältnisse Asiens sorgen dafür, daß China auch in der weiteren Zukunft in ihm weiterlebt.

Indien. Zentralasien, Nordasien, Alt-Japan. In der Charakteristik der altchinesischen Staatsbildung ist implicite das Ergebnis der politischen Entwicklung der übrigen nord-, mittel- und südasiatischen Völker mit gekennzeichnet; denn die eigentümliche Stabilität Chinas wird, wie schon angedeutet (S. 38), nur dadurch erklärlich, daß in der älteren Zeit keines von ihnen eine bodenständige aktive Staatsmacht zu erzeugen imstande ist, die mit der chinesischen in Konkurrenz treten kann.

Die ausgedehnte Völkergemeinschaft des asiatischen Nordostens, das Mongolentum im engeren Sinn, bedeutet als Rasse zwar eine überaktive, gewalttätige und bewegliche Potenz. Aber aus Gründen, die hier nicht dargelegt werden können, wird die expansive Kraft des nur in stammesmäßiger Lockerheit organisierten Hirten-, Räuber- und Reitervolks in immer neuen Abspaltungen durchweg nach Westen abgelenkt. Unter den verschiedensten Namen haben sie dort im östlichen Europa als Hunnen, als Tataren, im westlichen Asien als Seldschukische Türken, als Mongolen schlechthin oder als Osmanische Türken umwälzend eingegriffen. China ist — mindestens bis zum 17. nachchristlichen Jahrhundert — von ihnen unberührt geblieben.

Gerade umgekehrt erfuhr die größere der beiden südlichen Halbinseln, die Vorderindische, deren Völkergemisch während der Urzeit in seiner politischen Physiognomie nicht faßbar ist, früh die Befruchtung durch ein hochbeanlagtes neues Volk vom Westen aus. Seit dem Ende des 2. vorchristlichen Jahrtausends zwischen 1200 und 600 ergriff der östliche Zweig der Iranier oder Arier, des einen Tochtervolks der großen indoeuropäischen Völkerfamilie, die Herrschaft über die beiden Stromtäler Nordindiens und die Küstenlandschaften. Aber die Hindu, ihren westiranischen Stammverwandten, den Persern, religiös wie auf den übrigen

---

1) Der prinzipielle Standpunkt der Reaktion kommt scharf zum Ausdruck in der „Geschichte des Strafrechts" (Hing-fa-tschi), einem eingeschobenen Bestandteil der „Bücher der älteren Han-Dynastie" (Ts'ien-Han-schu), der offiziellen Chronik dieser Zeit: „Was bedarf es eines Gesetzbuches? Wenn das Volk weiß, wo seine Strafen beginnen, da wird es die Riten verleugnen und sich an das Wort halten. Tief bekümmert äußerte Konfutsius seinerzeit: „Leitet das Volk mit Tugend und bindet es durch den Ritus. Dann hat es Scham und geht in sich. Leitet es aber durch Regieren und bindet es durch Strafen (Hing), so entschlüpft es und kennt keine Scham. Wo Ritus und Musik nicht gepflegt werden, da können die Strafen nicht vernünftig sein."

Gebieten der Geisteskultur ebenbürtig, haben ein originelles staatliches Leben nicht zu entfalten vermocht. Sie haben sich aus der Masse der Völkerschaftsstaaten oder Kleinfürstentümer, in denen sich die Besiedlung wie überall zunächst niedergeschlagen hatte, nicht erhoben. Beim Mangel äußerer Gefahren fehlte der Impuls zur Großstaatsbildung, der ohnehin durch die überaus starke gebirgige Differenzierung des Gebiets gehemmt war. Aber auch innerhalb der Landschaftsstaaten entfaltete sich kein reges politisches Leben. Der lähmende Einfluß des Klimas, die scharfe Spaltung der arischen Herrennation der Brahmanen von den kulturell tief unter ihnen stehenden unterworfenen Bevölkerungen und deren Folge, das Kastensystem, führten dahin, daß neben den kleinen Lokaldynasten, den Radscha (= reges), ein kontrollierender zweiter Gewaltträger weltlichen Gepräges nicht aufkommen konnte. Gestützt auf ein eigennütziges Priestertum, das die fürstliche Autorität deckte, indem es sie zu bevormunden suchte, hat die zersplitterte Monarchie, das reiche Land zu genußreichem Dasein oder Prunkbauten ausbeutend, ihre ruhmlose Rolle als ein entwicklungsunfähiger, für den gemeinen Nutzen unfruchtbarer Faktor weitergespielt, bis das zersplitterte Land ca. 1200 der Eroberung durch islamisierte Mongolen und seit ca. 1500 allmählich der Annexion durch die Europäer verfiel.

Noch stärker machte sich die politische Passivität in den Landschaftsstaaten Hinterindiens geltend. Hier wird sie der Bevölkerung systematisch eingeprägt durch Einfluß der buddhistischen Lehre. Während die dunkeln Glaubensunterweisungen des Prinzen Siddartha, des Zeitgenossen des Konfutsius, der sich im Gangestal zum „Buddha", zum „Erleuchteten", erklärt hatte, ihren anfänglichen Eindruck in seiner indischen Heimat selbst bald wieder eingebüßt und den Rückzug vor dem brahmanischen Priestertum angetreten hatte, hatte er auf der östlichen Halbinsel die günstigsten Bedingungen für ein widerstandsloses Vordringen gefunden. Hier vor allem übte die Hinneigung des Stifters zu weltabgewandter Beschaulichkeit und zur Geringschätzung des Wettbewerbs um reale Interessen in jeder Form ihre Wirkung im Sinn einer Erschlaffung der politischen Energie. So konnte auch von dieser Seite dem Chinesentum keine ernsthafte Gefahr erwachsen.

Wieder andre Verhältnisse endlich waren es, die die im Nordosten benachbarten Bewohner des heute als Japan zusammengefaßten Inselkreises von intensiverer Berührung mit China fernhielten.

Das eng begrenzte, von Natur nicht sehr ergiebige Siedlungsgebiet, zunächst noch dazu zwischen Urbesitzern und mongolisch-malayischen Kolonisten umstritten, bleibt noch geraume Zeit, während China bereits seine erste reife Kulturperiode durchlaufen hat, auf wilder oder halbbarbarischer Lebensstufe und in der Zersplitterung patriarchalischer Kleinstaaterei. Erst an der Wende des 6. zum 7. nachchristlichen Jahrhunderts gelangt Japan zu der Ausbidung der Einheitsmonarchie des Mikado, des verkleinerten Abbilds des chinesischen Kaisers als eines zugleich weltlichen und geistlichen Oberhaupts. Aber damit wird die innere Zerrissenheit nicht endgültig beseitigt. Die ehemaligen Kleinfürsten leben als erbliche Landesherren, Daymiōs, fort. Sie wirken der von den Statthaltern des Mikado, Kokumin, betriebenen Zentralisation entgegen und befehden sich andrerseits mit ihren bewaffneten Gefolgsleuten, Samurai, Ronin, wechselseitig. So wird der Inselstaat der Schauplatz eines harten, blutigen Feudalwesens und der Sitz eines genügsamen, kampfgewohnten, in standesgenössischer Klassenzucht und Entsagung geübten Kleinadels. Seit der Buddhismus (ca. 650) auch hier auf dem Seeweg vom Süden eingedrungen ist, um der gemeinmongolischen Ahnen- und Kaiserverehrung Konkurrenz zu machen, besitzt er in Japan einen ganz andersartigen Nährboden als in Hinterindien oder auch als in China selbst, wo er nach kurzem Erfolg um diese Zeit bereits wieder in den Hintergrund zu treten beginnt. Der strenge asketische Zug der Selbstkasteiung, der die andere Seite in der Lehre des Einsiedlers von Kapitavastu gebildet hatte, wirkt hier — gerade umgekehrt als in den südasischen Ländern — energiesteigernd auf den Geist der ausgebreiteten japanischen Kriegerkaste und hilft in ihr das Material zu einem geschlosseneren Staatsbau vorbereiten, der möglich wird, sobald sich aus dem Wust der Lokalfehden eine kriegsgewohnter und organisationsbegabter Gewaltträger herauskristalisiert. Das erbliche Amt des kaiserlichen Feldobersten, des Shogun, erfüllt diese Funktion, und mit seinem Emporkommen urspr. im 12. Jh., dann nach Schwankungen endgültig im Anfang des 17. Jh., zweigt die Verfassung Japans entschieden von der Chinas ab. Bisher nur der kleinere, jüngere, minderoriginelle Ableger des chinesischen Staats wird der japanische Staat nunmehr ein eigenartiges Gebilde. Sein Charakteristikum wird das Doppelherrschertum des Shoguns und des Mikado. Während der alte Volkskaiser tief im Innern der Hauptinsel, in der Gebirgsstadt Kioto, dem Volk unsichtbar, als sakrales Staatshaupt weiter vegetiert, übt die von dem starken Jeyasu Tokugawa begründete letzte Shogun-Dynastie in der Küstenstadt Yedo die reale Macht eines absoluten Militärherrschers und Verwaltungschefs aus, um mit ihrer Hilfe Japan zu einem gewerbtätigen, handeltreibenden, kunstsinnigen Land, zu einem selbständigen Wirtschaftsgebiet, sein Volk zu einer Nation mit eigenartigen Lebensformen hinauf zu heben. Aber expansiv gegen die Außenwelt wirkt es auch jetzt nicht. Wenn der Shogun auch die Landesherren nötigt, sich in der Hauptstadt unter seiner Kontrolle anzusiedeln — der landschaftliche Sondergeist besteht, verkörpert in den korporationsartig geschlossenen verschiedenen Samuraischaften der Daymiate, noch immer fort —, und der Staat verbraucht die Kraft des Volks bis an die Mitte des 19. Jh. wesentlich in Lokalkriegen (mit Korea) oder in inneren Reibungen.

Der stereotype Charakter des chinesischen Staatslebens. Das von den europäischen Dingen von Grund aus verschiedene Verhalten der asiatischen Staatenwelt bietet die Erklärung dafür, daß auch ihr imposantestes Glied, das chinesische Reich, trotz seines Volksreichtums, seiner Machtmittel, seiner wirtschaftlichen und geistigen Hilfsquellen bis in die modernste Zeit niemals über seine ursprünglichen politischen Lebensformen hinausgetrieben worden ist. Es verharrt, wie in der vorchristlichen, so auch in der nachchristlichen Epoche im Stillstand. Die chinesische Vorstellung betrachtet den heimischen Staat als eine isolierte Erscheinung, die in sich beruht und alles staatliche Dasein von kultureller Bedeutung erschöpft. Eine Fortentwicklung von tieferen zu höheren Stufen kann sie sich nicht denken; alle nationalen Schicksale erscheinen ihr nur als ununterbrochenes Auf und Ab, als Schwankungen in der einen unveränderlichen Ordnung. Die Idee von Kriegen mit anderen Staaten auf der Grundlage gleichberechtigter Konkurrenz gibt es im chinesischen Begriffsschatz nicht; sie stellen sich als Bruch der einen chinesischen Rechtsordnung, als Aufruhr gegen den Kaiser, ihre siegreiche Beendigung als Vollzug von Strafen an Rebellen dar. Auch nach innen ist die Macht des Staats der Möglichkeit nach unbegrenzt. Der Kaiser oder der ihn vertretende Beamte, besonders der Vizekönig der Provinz, kann überall eingreifen, und alles mit seinen Machtmitteln durchsetzen, was er will. Aber der Möglichkeit hierzu steht als Regel die Erwartung des Volkes und die Entschlossenheit der Regierung gegenüber, daß so selten als möglich von der Macht Gebrauch gemacht werde. Die Scheu vor aktivem Eingreifen verbindet den Herrscher und Beamten mit dem Untertan. Das Moralsystem Kungs hat dem einzelnen zur Pflicht und in jahrtausende alter Lebensgewohnheit auch wirklich zum vorwaltenden Bedürfnis gemacht, sich beschaulich und fügsam in die Daseinsgepflogenheiten der Familie, Sippe, Dorfschaft einzugliedern und im behaglichen Dahintrotten das Glück darin zu finden, daß er sich von anderen nach Kräften nicht unterscheidet. Möglichstes Zurücktretenlassen des eigenen Ich ist das Kennzeichen guter Erziehung. Das gleiche Prinzip bestimmt die Haltung der staatlichen Gewaltträger. Für jedes Staatsorgan ist es erste Maxime, zuviel Tätigsein zu vermeiden. Die Regierung erstrebt keine Erweiterung der Staatsaufgaben, keine Ausdehnung ihres Wirkungsbereichs. Der Kaiser beschränkt sich in seiner unmittelbaren Einflußsphäre auf die Mittelprovinz Tschili, überläßt die

Beherrschung der Außenprovinzen den Vizekönigen, die selbst in der Heereshoheit ihre eigenen Kontingente bilden und ihre eigene Politik machen, so wie sie ihrerseits die Selbstverwaltung der Städte und die kommunalen Machthaber frei gewähren lassen. So bleibt die Gliederung des Riesenreichs eine lockere. Obwohl eine Dynastie nach der anderen neue Beamtenstellen schafft, China sich schließlich zum Beamtenstaate katexochen ausbildet, wird die Größe des bürokratischen Apparats doch fort und fort paralysiert durch die immer stärkere Differenzierung der amtlichen Funktionen: jede Amtsstelle beschränkt sich auf einen höchst speziellen Tätigkeitskreis. So bedeutet es schließlich nur die Gipfelung des ganzen Systems, wenn der Staat dauernd die Abkehr von dem unter staatlicher Autorität niedergeschriebenen und verkündeten Gesetz vollzieht. Die Überzeugung setzt sich bleibend im Chinesentum fest, daß die Fixierung des Gebotenen und Verbotenen durch die Staatsgewalt eine Vergröberung und Abstumpfung des autoritären Sinns und der sittlichen Empfindung im Volke bewirken müsse und daß für den „Rhythmus" des Lebens sowohl in den Untertanen wie in den Staatsorganen am besten gesorgt sei, wenn das rechte Handeln aus innerem Bedürfnis der Handelnden entspringe. Trotz immer wieder unternommener Kodifikationsversuche erhält sich dieser einschneidendste Grundsatz der Lehre des Konfutsius noch unter der letzten einheimischen Dynastie Ming (seit 1368).

Das altchinesische Staatsideal wird allerdings an der Schwelle der neuen Zeit noch einmal auf die Probe gestellt, als es doch endlich (1644) einem der halbbarbarischen Grenzvölker, den mongolischen Tungusen Nordasiens, gelingt, eine Fremdherrschaft in China zu errichten und zu behaupten. Die Mandschu-Dynastie Tsing gründet diese ausschließlich auf militärische Überlegenheit, indem sie das Organ ihrer Kommandogewalt, ihren obersten „Kriegsrat" (Kün-ki-ch'u), allmählich zum regierenden Staatsrat umwandelt.[1]) Aber auch die Mandschu haben sich der zähen Tradition der konfutsianischen Staatsmaximen gebeugt. Statt gesetzlicher Regelung haben gerade sie darauf Gewicht gelegt, daß die das staatliche Zusammenleben, auch die Funktion der Herrschenden bestimmenden Regeln nur durch offizielle Vorlesung der philosophischen Lehre und durch Ausbildung der Beamten in diesem Lehrsystem zur Geltung gebracht werden sollen.

So besteht auch unter den Mandschukaisern, die formell bis in die jüngste Zeit (1912) China beherrscht haben, die spezifisch altchinesische Organisation weiter. Der ganze Staatsbau wird geflissentlich in einem Schwebezustand konserviert, in welchem als Regel ein patriarchalisch-friedliches Vertrauensverhältnis zwischen Regierung und Volk, zwischen Kaiser und Provinzialgouverneur und dazwischen für längere oder kürzere Zeiträume brutale Gewaltmaßnahmen, unter Umständen offener Bürgerkrieg unvermittelt nebeneinander existieren. Er läßt sich keineswegs mit dem Schlagwort eines orientalischen Despotismus charakterisieren. Im Gegenteil ist dieses Nebeneinander als solches ein Kulturgebilde hohen Ranges. Aber er ist, wenn auch der Zustand eines geregelten Staats, doch der Zustand eines Staats ohne Staatsrecht und in dieser Eigenart ein Produkt völlig eigenartiger Lagerungen und Schicksale. Von der westlichen Staatsbildung in jeder ihrer Formen trennt er sich schon von den allerfrühesten Anfängen an, und gerade der Vergleich mit China macht das hier politisch geleistete erst völlig klar.

Das Staatensystem des westlichen Orients. Die westlichen Bestandteile Asiens — iranisches Hochland, Mesopotamien, Kleinasien, Syrien, Arabien —, die sehr früh mit der

1) Auch diesmal vollzieht sich die Neuorganisation in charakteristischer Weise so, daß die neuen Organe sich schichtenweise über die älteren legen, ohne diese zu beseitigen. Das Ministerium der Ming, in dessen Funktion der mandschurische Künkitschu eingerückt ist, der Nei-ko, bleibt fortbestehen. Die Neun-Zahl der alten Provinzen ist durch die Mandschu (1667) in achtzehn kleinere zerschlagen worden.

nordöstlichen Ecke des afrikanischen Kontinents — dem ägyptischen Niltal mit seinen Grenzländern Nubien, Abessynien und Libyen — in ihre naturnotwendige Berührung und Wechselwirkung eintreten, erzeugen eine Staatsbildung, die in vielen Hinsichten der ostasiatischen verwandt ist. Sie nähert sich der chinesischen in ihrem allmählichen Verlauf sogar immer mehr an. Aber anderseits gibt sie, und zwar gerade in ihrer ältesten Epoche, ganz eigenartigen Schöpfungen das Leben — den politischen Ideen und Formen nämlich, die bereits den Keimzustand der griechischen und römischen ebenso wie der späteren mittelalterlichen Verfassung in sich tragen.

Auf die letztere deutet das Ergebnis der historisch innerhalb unserer Erde überhaupt am frühesten greifbaren Staatskultur, der ägyptischen, voraus.

Ägypten. Zu Anfang bietet das politische Schicksal das Niltal mit dem des Hoanghotals starke Vergleichspunkte, nur mit dem Unterschied, daß die Forschungen des letzten Menschenalters die einzelnen Entwicklungsstufen, die für China legendär sind, in großem Umfang geschichtlich erkennbar gemacht haben. Es läßt sich erweisen, daß das Land ursprünglich in einer großen Zahl von Kleinstaaten, einzelnen Gaustaaten mit den Heiligtümern der lokalen Gottheiten und ummauerten Städten als Mittelpunkten organisiert gewesen ist. Aber schon um 4500 sind diese in zwei große Gebilde um den Hauptlauf des Stroms und im Deltagebiet, Ober- und Unterägypten, zusammengefaßt und dann von dem Pharao Mena, dem Begründer der ersten Dynastie, zum Einheitsstaat gemacht worden.[1]) Die Gründe dieses raschen Wachstums sind einleuchtend. Das vom Strom befruchtete üppige Kulturland, für sich selbst nur vom Umfang etwa der Rheinprovinz, aber zwischen barbarischen Völkerschaften der Wüsten und der Berge eingeklemmt, strebt sich durch energische Abwehr und dann durch rasche Unterwerfung der nubischen Gebirgsbewohner und der Beduinenstämme zu sichern, und hierfür ist die Unitarisierung, der nationale Großstaat Lebensfrage. So pflanzt dieser sich trotz mehrfacher Lockerung oder Auflösung in wiederholter Erneuerung zunächst zweiundeinhalb Jahrtausend lang — etwa über 1750 — fort. Vom Süden, von Tinis-Abydos (dem ältesten Reich), verlegt er seinen Schwerpunkt nach dem Norden, nach Memphis in das „alte Reich" der Pyramidenerbauer, von dort wieder nach Unterägypten zurück ins „mittlere Reich", in die erste Vorherrschaft Thebens.[2]) Der Charakter bleibt der einer waffenstarken Einheitsmonarchie, die mit einem großen Behördenapparat regiert und ihre Autorität geistig und sittlich in wachsendem Maße auf die Priesterschaften der großen Götterkultur stützt. In der Blüteperiode des mittleren Reichs, der Könige Usertsen und Amenemhât, hat sich neben dem geistlichen Stand aus den beamteten Vorstehern der Gaue (griechisch: νόμοι) ein mit kriegerischen Gefolgschaften die abgabepflichtige Landbevölkerung beherrschender Stand von Lehnsfürsten (Nomarchen) entwickelt. Dem Anschein nach trägt um diese Zeit, am Anfang des zweiten vorchristlichen Jahrtausends der ägyptische Staat das Gepräge des kirchlichen und baronal-ritterlichen Frankreich des heiligen Ludwig, eines ständischen Verfassungsstaats. Trotz der göttlichen Verehrung, die der Pharao genießt, erscheint während dieser älteren Epochen der König und der Beamte nicht in schrankenloser Machtstellung, sondern unter der Kritik

1) Da die beiden ältesten Großstaaten ganz gleich organisiert erscheinen, in beiden der sperberköpfige Horus (Re-Harmachis), der Hauptgott ist, so nimmt man an, daß schon die „Reiche der Horusverehrer" Gründungen desselben Stammes sind. Grenze zwischen ihnen ist die Südlinie des Gaus vom Memphis.

2) Ungefähre Stichdaten: Reiche der Horusverehrer ca. 4240, — Einheitsmonarchie der Thiniten (Mena: 1., 2. Dynastie) ca. 3300—2900, — Memphiten, Blütezeit (Pyramidenerbauer Snofru, Cheops, Chephren 3.—5. Dyn.) ca. 2900—2550, — Verfall (letzte Memphiten, und Herakleopoleten 6.—10. Dyn.) ca. 2550—2160. — Ältere Thebaner, Blütezeit (Usertsen Amenemhât, Dyn. 11. 12.) ca. 2160—1800.

der Untertanen stehend, und die ersten Anfänge der Forderung, daß auch das Staatsoberhaupt dem Staatsglied Rücksicht schuldet, werden sichtbar, sowie auch der Pharao in der Wahrung seiner legitimen Autoritätsstellung an die von den Priestern geleiteten und kontrollierten Zeremonien gebunden ist: aller 30 Jahre muß er beim Setfest die Besteigung der beiden Throne mit der weißen Helmkrone des Südlands und der roten Kappenkrone des Nordlands öffentlich erneuern. Neben aller Machtfülle, die nicht nur im Kriege, auch in den imposanten Entwässerungsanlagen, in der bekannten monumentalen Bautätigkeit hervortritt, zeigt sich schwach eine von staatlichen Organen, priesterlichen und adligen Ständen überwachte, also rechtliche Gebundenheit. Eine der Beschwörungsformeln, die dem toten König im Jenseits alle seine irdischen Kräfte sichern soll, spricht in der Periode der Gesamteroberung einem der Nachfolger des Mena (1. Dynastie) schrankenlose Macht zu: „Da nimmt er die Weiber ihren Gatten weg, wohin er will, wenn sein Herz die Lust ergreift." Dagegen rühmen die Grabschriften der 4. Dynastie, daß der tote Pharao niemandem Böses zugefügt oder seinen Besitz oder seine Knechte weggenommen, seine Macht nicht mißbraucht, immer das Recht geübt habe.[1])

Die ältere Staatsbildung Vorderasiens. Gerade durch den Vergleich mit den ägyptischen Erfahrungen wird das, was die babylonische und syrische Staatsbildung für die universale Kultur leistet, in ein helles Licht gerückt.

Das breite von Tigris und Euphrat bewässerte und damit zu einer Kulturrolle ersten Ranges bestimmte Land, umrahmt von minderergiebigen Halbwüstenstrecken und Gebirgsvorländern an seinen Flanken, ähnelt in Art und Lage dem Niltal. Aber Mesepotamien oder nach der Benennung seiner ältesten Bewohner „Sinear" ist wesentlich ausgedehnter und wird deshalb schon vor Beginn der Geschichte der Gegenstand des Interesses sehr verschiedenartiger Bevölkerungsgruppen. Am Anfang des 3. Jahrtausends findet es sich bereits zwischen zwei voneinander völlig unabhängigen Völkern geteilt vor, deren jedes wehrkräftig, intelligent, in Religion, Sprache, Schrift, Verkehr hochstehend ist, der Norden, Akkad, in der Hand von Semiten, die der auch über Syrien und Arabien sich erstreckenden Völkerfamilien angehören, der Süden, Sumer im Besitz des in seiner Herkunft noch nicht identifizierten begabten Kulturvolks der Sumerer.[2]) Aber unter den semitischen Bewohnern werden durch mehrere Einwanderungsschichten neue Differenzierungen geschaffen. Infolge dieser Reibungen ist die Staatsbildung in Sinear eine wesentlich schwankendere und rascher wechselnde als in Ägypten. Läßt sie sich ursprünglich als die von Sonderstaaten in einzelnen Städten fassen, so wächst sie bald zur Großstaatsbildung. Aber das Zentrum der letzteren bewegt sich unruhig bald nach der semitischen, bald nach der sumerischen Seite.[3])

Aber die Reihenfolge der Staatsgründungen ist nicht nur eine Kette gleichgültiger macht-

---

1) Vgl. die Zitate bei E. Meyer, Geschichte des Altertums I, 2. Aufl., 219. 248.

2) Die Versuche, die Sumerer in die Rassengeschichte einzugliedern, schwanken vorläufig zwischen einem aus Innerasien, aus dem turanischen oder mongolischen Kreis eingewanderten Volk oder einem Angehörigen der japhetitischen oder kaukasischen Familie, die sich in der vorarischen Zeit über alle Mittelmeerländer ausgebreitet zu haben scheint, und die die Iberer (Ahnen der heutigen Basken, Ligurer), die im Kaukasus selbst sitzenden Urbewohner (Ahnen der heutigen Georgier usw.) umfaßt.

3) Die ältesten historisch greifbaren politischen Machthaber sind die sumerischen Stadtkönige von Kis, Nippur und anderen süd-mesopotanischen Städten (ca. 2850). Die erste Reichsgründung geht von dem semitischen Akkad aus (der ältere Sargon 2500—2970, Naramsin 2470—40); sie umfaßt außer Nord- und Süd-Sinear auch Teile Syriens, Kleinasiens. Sie wird von einem Gesamtreich unter sumerischen Herrschern mit dem Zentrum Ur abgelöst (Gudea 2340). Dessen Zersetzung bringt die Herrschaft wieder an die Semiten im ersten Reich von Babel (Amoriterdynastie bald nach 2100).

politischer Episoden, wie die der chinesischen Dynastien. Sie verkörpert zugleich eine Steigerung des geistigen Elements im Staat.

Es sind aller Wahrscheinlichkeit nach die vielfältigen Berührungen und Überkreuzungen der Nationalitäten, die die politische Vereinigung für das Verkehrsleben mit sich bringt, was in diesen Staaten besonders intensiv das Bedürfnis nach klar erkennbaren und sicher verwertbaren Regeln erweckt. Mag immer auch hier der priesterliche Einfluß das öffentliche und private Leben nicht minderstark beherrschen wie in Ägypten, auch er unterliegt der lokalen und nationalen Differenzierung. Nur der Herrscher kann eine Regelung durch staatliches Gesetz schaffen. Wie aber auch der Hergang gewesen, jedenfalls hat die mesopotamische Staatsbildung die Bedeutung erworben, das geschriebene Recht als die zunächst das Untertanenleben zusammenhaltende geistige Macht vorbildlich zur Geltung gebracht zu haben, und in einem bestimmten schöpferischen Akt von ungemeiner Tragweite ist uns diese Funktion sowohl der sumerischen wie der semitischen Organisationen heute greifbar geworden. Um 2050 bemächtigt sich ein jüngerer, noch halb barbarischer Semitenstamm, die an der syrischen Nordgrenze seßhaft gewordenen Amoriter, der Herrschaft über ganz Vorderasien, und der fünfte König der amoritischen Dynastie, die sich ihren Mittelpunkt in Babylon schafft, Hammurabi hat um 1930 die Aufzeichnung der umfänglichen Gesetzsammlung vornehmen lassen, die das Familien-, Erb-, Vertrags- und Strafrecht der semitischen und der sumerischen Reichshälfte vom babylonisch-semitischen Standpunkt aus in Ausgleich setzen soll, also bestimmt ist, nicht als Stammesrecht, sondern als Landrecht, als beherrschendes Reichsgesetz zu gelten.[1]) Dem entspricht es, daß im geeinigten mesopotamischen Staat, der in dieser Zeit bereits als Schauplatz eines blühenden und regen Wirtschaftsverkehrs mit Rechtsgeschäften verfeinerter Art über Naturalien, Haustiere, Grundstücke, Pretiosen zu denken ist, auch die Organisation der Rechtspflege von der Regierung mit Eifer betrieben wird. Neben Schiedsgerichten und Gerichten der bisher autonomen Städte beginnt sich ein Rechtsmittelzug an den König und das Funktionieren vom Zentrum her eingesetzter Königsrichter zu zeigen. Die erste Entwicklungsphase der später im römischen Weltreich vollreif gewordenen internationalen Verkehrsjustiz der Antike tritt in die Erscheinung.

Die drei großen Staatsbildungen des Orients stellen also für die den Staat begleitende Normenordnung drei verschiedene Faktoren als Träger dieser Regeln in den Vordergrund. Während in Altchina später die Repräsentanten eines an gesellschaftliche Bräuche anknüpfenden wissenschaftlichen Lehrgebäudes die Führung überkommen, bemächtigen sich in Altägypten die Berufspriesterschaften mit ihrem sakralen Ritual der obersten Kontrolle, und nur in Altbabylonien wird die Autorität des staatlichen Gesetzes, das in gerader Linie auf die europäischen Einrichtungen (o. S. 26) führende System in seiner maßgebenden Bedeutung erkannt.

Die Auflösung der nationalen Orientstaaten in den ersten Weltreichsbildungen. Beim Vergleich der älteren ägyptischen und der älteren mesopotamischen Staatengeschichte zeigt sich zu einer Zeit, in der die chinesische Staatsbildung erst in ihre Probleme eintritt, im vorderen Orient das politische Hauptproblem schon auf dem Weg zu seiner Lösung. Macht des Staats und rechtliche Ordnung im Staat nähern sich einem Ausgleich, und zugleich bekundet sich eine starke nationale Eigenart in der Varietät der Formen. Folgt

1) Das Werk ist auf der berühmten $2^1/_2$ Meter hohen Dioritsäule erhalten, die 1901 in Susa, der ehemaligen Hauptstadt des elamitischen Reichs (u. S. 47 A. 2) entdeckt wurde; elamitische Eroberer hatten sie — ursprünglich im Mrduktempel Esagila in Babylon aufgestellt — im 12. Jh. dorthin verschleppt. Im 282 Paragraphen gibt sie ihre Vorschriften zweisprachig in babylonisch-amoritischer Keilschrift und in akkadischer Sprache, enthält aber auch sumerische Rechtssätze.

Ägypten bei nationaler Geschlossenheit Normen wesentlich sakralen Charakters, um jedoch zu deren Schutz eine Art von geistlichen und feudalen Landständen auszubilden, so betritt Babylonien, über einer Mischung von Nationalitäten entstanden, als erster Staat die Bahn, sein lokales und zentrales Beamtentum durch eine technisch fortgeschrittene Gesetzgebung zu binden.

Die verheißungsvollen Anfänge sind jedoch rasch wieder zunichte gemacht worden.

Seit dem Anfang des zweiten Jahrhunderts bricht über den vorderen Orient eine Periode großer Völkerstürme herein, die der der Völkerwanderung des europäischen Frühmittelalters entsprechend, eine Umgestaltung der Staatenwelt Vorderasiens von Grund aus zur Folge hat. Soweit sie durch die Forschungen der drei letzten Jahrzehnte — bisher nur unvollkommen — aufgeklärt ist, erscheint sie viel nachhaltiger als später die durch Hunnen und Germanen eröffnete Bewegung, weil sich ihre Stöße im Zeitraum eines Jahrtausends immer erneuern. Die erste Erschütterung kommt sicher von Norden und trifft zunächst Kleinasien und Mesopotamien. Im Westen bleibt von ihr die bedeutende Staatsgründung der Hethiter zurück, eines vielleicht der Urbevölkerung Europas zugehörigen Volkes, das von da ab sich erobernd gegen Syrien und den oberen Euphrat ausbreitet. Im Osten aber geraten die an den Vorbergen des europäischen Hochlands, unter ihnen auch die jetzt zum erstenmal hervortretenden Assyrer am linken Tigrisufer, in Bewegung, wahrscheinlich geschoben durch die stärksten Anwärter der künftigen Vormacht, durch den Ostflügel der indoeuropäischen Völker. Mutmaßlich aus dem Gebiet östlich des kaspischen und Aralsees gehen die ersten anscheinend bedeutsamen Wellen der Arier, in denen damals ihre späteren beiden Hauptvölker, Iranier und Inder, noch ungeteilt sind, über Asien hin. In den dadurch hervorgerufenen Kämpfen verschwindet die Großmacht der Nachfolge Hammurabis.[1]) Aber in ihren unmittelbaren oder mittelbaren Fortwirkungen zersetzt sich auch der thebanische Ägypterstaat. Bald nach 1700 verfällt es auf hundert Jahre der Eroberung eines nicht zu identifizierenden Nomadenvolkes, der Fremdherrschaft von Hyksoskönigen.[2]) Das ganze Kulturgebiet des westlichen Asien liegt, wie man annehmen muß, im 17. und 16. Jh. im Zustand der Barbarisierung.

Die neuaufbauende Gegenbewegung ist von Süden, von Ägypten, ausgegangen.

Ein neues Fürstengeschlecht sammelt das von den Priesterschaften aufgerufene Volk zur Verjagung der Fremden. Aber die neu organisierte Wehrkraft drängt nun über die Grenzen, um die Gefahrsquellen dauernd zu unterbinden. Deshalb entwickelt sich unter der 18. und 19. Dynastie, die zuerst in großem Stil von dem stärksten der Pharaonen, von Thutmôse III. inaugurierte Eroberungspolitik gegen Syrien und die Euphratländer, die sich in Generationen währenden Kriegen mit den Chetakönigen durchzusetzen strebt und die äußerlich größte Machtstellung des Nilstaats unter Amenophis II. und III. und dann nach heftigen Thronwirren wieder unter Seti und den Ramessiden heraufführt, die Blütezeit des „Neuen Reichs von Theben".[3]) Sie bringt kein abgeschlossenes Ergebnis. Denn auch der Hetiterstaat hält sich auf seiner Höhe, und allmählich befestigt sich zwischen Vorderasien und Ägypten ein friedliches Gleichgewicht, das auch einer Art gemeinsamer völkerrechtlicher Gewährleistung der wechselseitigen Handels- und Verkehrsinteressen gestattet. Dieser internationale Verkehr scheint zwischen 1450 und 1350 in seiner größten Blüte zu stehen. Man kann auch immerhin in beschränktem Sinne schon von einem ägyptischen Weltreich dieser Periode sprechen.

1) Auch die Eroberung Susas durch die Elamiten und die Begründung eines elamitischen Großstaats, der später durch die Meder anektiert war, fügt sich in die Ereignisse ein.

2) Sie stellen die 14.—17. Dynastie dar (1680—1580).

3) Zur Datierung der 18. Dynastie: Thutmôse III. 1515—1461, Amenophis II. 1461—1436, Thutmôse IV. 1436—1427, Amenophis III. 1427—1392, Amenophis IV. 1392—1374. Verfall unter Sakerê, Tutenchamon usw. 1374—1350. — 19. Dynastie: Seti I., Ramses I., II., III. (ca. 1350—ca. 1200).

Ägypten ist in ihr jedenfalls die Vormacht des Orients, und seine auch Nubien, Syrien, einen Teil der Wüstenstämme und der Inseln in Botmäßigkeit haltende Hegemonie hat internationalen Charakter. Es zieht auch über See die griechischen Landschaften des Festlandes und der Inseln in seine Sphäre, die damals um die Burgen altgriechischer Dynasten in Thessalien, in Theben, Argos, Mykene, auf Kreta die originelle Kultur entfalten, wie sie teilweise im Heldengedicht des 8. Jh. widergespiegelt wird.

Aber auch diese Ansätze zu neubefestigten Verhältnissen schwinden wieder. Ein neuer Sturm, diesmal vom Meere her, geht über Asien und Ägypten hin. Diesmal sind es Europäer, die aus dem südlichen Balkan vordringenden nordgriechischen — dorischen — Stämme, die ihre älteren, schon seit einem Jahrhundert in Hellas, im Peloponnes und auf den Inseln siedelnden Volksgenossen zu wesentlichen Teilen wieder aus ihren Sitzen verdrängen. Die Vertriebenen suchen zu Schiff in den Küstenländern Kleinasiens, Syriens Ersatz[1]), und durch diese „Seevölker" wie durch andere aus der östlichen Wüste und aus dem Kaukasus kommenden Barbaren, die die allgemeine Unruhe benutzen, um sich neues Land zu verschaffen, wird der Orient von neuem umgewälzt. Um das Jahr 1000 ist das Chetareich mit seinem Zentrum am Halys verschwunden. Statt dessen breiten sich in Westkleinasien neue Völkerschaften arischen Stammes — Myser, Phryger, Lyder, Karer — aus. An der Küste oder Ägeis haben sich ionische, äolische, dorische Kolonisten, die Gründer der künftigen großen Seestädte — Milet, Ephesos, Halikarnassos — festgesetzt. An der Küste des südlichen Syrien hat sich das neue Volk der Philister, Emigranten aus Kreta, eingenistet, während ihr Hinterland, das Land um den Jordan, etwa um die gleiche Zeit von den Hebräern, einer Gruppe neuer Semitenstämme der Wüste, den kanaanäischen Vorbesitzern allmählich abgekämpft wird. Ägypten ist in den Wirren in die Hand von Söldnern aus den eigenen libyschen und äthiopischen Untertanenländern gekommen. Die Tradition der alttestamentlichen Schriften weiß bei der Eroberung Kanaans (Süd-Syriens) durch die Hebräer, die sich ziemlich sicher auf die Zeit vor und nach 1100 datieren läßt, nichts von Kämpfen oder Berührungen mit den Ägyptern. Das ägyptische Reich ist also in dieser seiner ehemaligen Hauptsphäre damals schon erledigt. Über allem aber hat sich das Kriegervolk erhoben, das nunmehr die Mission auf sich nimmt, eine dauerhafte neue Ordnung in Asien zu errichten, dafür aber alle Nationen zu beherrschen. Die Assyrer werden — nach bloßen Ansätzen der Ägypter — die Schöpfer des ersten wirklichen „Weltreichs". Sein Kern wird durch Tiglatpileser I. schon um 1100 geschaffen. Nach langen Kämpfen örtlicher Wirkung führen dann später Assurnâsirpal, Salmanassar, Sargon, Sanherib und Assarhaddon zwischen 900 und 700 den Hauptbau systematisch durch. Auf vier gewaltige Festungsresidenzen am Tigris, Assur, Ninua, Dur Sarrukin (Sargonburg) und Kalach gestützt, wird rücksichtslos über alle Völker Kleinasiens, Syriens, Mesopotamiens und das Hochland in der Form der Zwangskolonisation verfügt und geradezu planmäßig eine Zerreibung der altüberlieferten Abstammungskomplexe, eine Internationalisierung Vorderasiens in die Wege geleitet.[2])

Und dieser Prozeß des Durcheinanderschüttelns der Rassen ist von dauernder Wirkung

1) Das gesicherte Datum ist die große Seeschlacht, die Pharao Ramses III. (1240—1203) dem „Schardana, Turscha, Aquaivascha, Danauna" u. a. (d. h. Sarden, Tuskern, Achäern, Danaern usw.) im Delta liefert. Sie bringt den Ägyptern noch einmal Sieg, aber keinen nachhaltigen.

2) Die aus der Bibelgeschichte bekannten Verschleppungen der Israeliten und Juden sind also nur einzelne Anwendungsfälle eines einheitlichen Systems. An Stelle der von Sargon nach Mesopotamien verbrachten Bewohner des Reichs Israel, Nordpalästina (Samarien), werden Mesopotamier aus Babel und Sippur, Syrer aus dem Hamât in Samarien angesiedelt. Das gleiche trifft schon unter Tiglatpileser nordsyrische Landschaften, die Damaszener, einen Teil der Meder.

geworden. Nachdem ihn die Assyrer, begünstigt durch eine in der Geschichte seltene Kontinuität der Thronfolge ihrer Dynastie fast vier Jahrhunderte fortgeführt haben, hat sich zwar noch einmal ein Widerstand gegen das System völliger Vereinheitlichung erhoben. Das Kräftigste der kleinasiatischen Völker, in denen die Reste jener ersten, früharischen Eroberung fortlebten, der Lyder unter Gyges, und das älteste und ehrwürdigste Reichsland, Babylonien unter Nabopolassar haben das Auftreten eines neuen unverbrauchten Bundesgenossen, der von Norden aus der iranischen Hochebene hervortretenden Meder und Perser, benützt, um das ohnehin durch Einfälle von Nomadenschwärmen erschütterte Herrenvolk zu überwältigen und das Assyrerreich aufzulösen. Die Bedrücker Asiens sind damals (608) als Volk buchstäblich ausgetilgt worden. Seitdem besteht noch einmal auf ein halbes Jahrhundert ein leidlich freundschaftliches Nebeneinander östlicher Großstaaten. Aber es zeigt sich bald, daß für diese Form politischen Lebens — die moderne Form des europäischen Staatslebens im 18. und 19. Jh. — im Orient die äußeren und inneren Vorbedingungen schon zerstört sind. Auch in Zukunft bleibt über Vorderasien drohend die Gefahr barbarischer Invasionen stehen. Sie wird für die Folgezeit dauernd durch die Hauptmasse der iranischen Völkerschaften verkörpert, die inzwischen hinter den beiden führenden Stämmen nachrückend die weiten Flächen des Hochlands zwischen dem Tigristal und dem Industal besetzt haben. Diese rauheren und in minderer Zivilisation verharrenden Stammesgenossen der Meder und Perser, die Hyrkaner, Sogdianer, Arachosier, Gedrosier, Sagartier, Baktrer u. a., machen dauernd eine energisch disziplinierende Hand notwendig, um ihre unruhige und begehrlich-kriegerische Kraft von dem reichen Anbau- und Handelsgebiet zurückzudrängen, zu dem sich Kleinasien, Syrien und Mesopotamien unter assyrischer Herrschaft allmählich ausgebildet hat, vor allem durch das Verdienst des rührigen aramäischen Händlervolks, das von dem großen Verkehrsmittelpunkt Ninive aus die Verkehrsformen, die Verkehrssprache, das allgemein verwendbare Tauschmittel geschaffen hat. Da zeigt sich auch jetzt wieder, daß von den Völkern der vorderasiatischen Tiefländer keins mehr fähig ist, die organisatorische Initiative und die Waffentüchtigkeit aufzubringen, um die Sicherheit gegen die Grenzvölker zu erhalten, und es fügt sich von selbst, daß nach dem Ausfallen der Assyrer das jüngere Gebirgsvolk im Interesse des Ganzen dieselbe Aufgabe des Wehrschutzes übernehmen muß, die bisher das ältere gelöst hat. So setzt sich nach kurzer Zwischenzeit (606—560) das assyrische im medisch-persischen Weltreich fort. Wie früher von Ninive aus wird jetzt von Susa aus Lydien (546), Babylonien (539) sowie Syrien und Phönikien (538) durch die neue Vormacht unter Kyros botmäßig gemacht. Sein Sohn fügt (529) auch Ägypten, das von den Assyrern nie dauernd unterworfen worden war, dem Reich ein und nach des Kambyses Tod wird durch Dareios I. (seit 520) die einheitliche Ordnung der nunmehr auf zwei Jahrhunderte abschließend vereinigten Kulturländer am Ostrand des Mittelmeeres durchgeführt.

Ägypterreich, Assyrerreich, Perserreich. Gerade bei gedrängter Rückschau auf die übermäßig bewegten Schicksale Vorderasiens zwischen 1900 und 500 zeigt sich der Gegensatz der Bedingungen, denen seine Entwicklung im internationalen Völkerleben unterworfen ist, im Vergleich mit dem ewig behaglichen Dahinvegetieren Ostasiens besonders auffallend. Auch das Ergebnis des staatsrechtlichen Aufbaus mußte unter solchen Bedingungen ein anderes werden.

Die Unstetheit und Flüssigkeit des Völkergemisches, die seit dem 2. Jhsd. die östlichen Mittelmeerländer beunruhigt, erzieht die Staatsgewalt zu einer überdurchschnittlichen Aktivität des Herrscherwillens, und so wird die universalhistorische Leistung der Orientstaaten die Ausbildung solcher Formen, die in der äußeren Vereinheitlichung des Staats ein

Gegengewicht gegen die Buntfarbigkeit oder gar anarchische Zersetzung der Gesellschaft geben, mit anderen Worten die Ausbildung eines Behördensystems, dessen untere Glieder als abhängige Werkzeuge von einer Oberbehörde an der Spitze geleitet werden. Vorgebildet wird die Zentralisierung ein für allemal im ägyptischen Staat des neuen Reichs. Die Sammlung des Volks zum Freiheitskampf gegen die Hyksos gab dem Pharao die Handhabe, die Macht der Gaufürsten (S. 45) endgültig zu beseitigen und sie durch abhängige Beamte zu ersetzen. Die bureaukratische Ämterhierarchie ist von da an bis in späte Zeit Ägypten eigen geblieben, und sowohl Assyrer wie Perser sind darin bei ihm in die Schule gegangen, ohne sie ganz zu erreichen. Den Abschluß bildet das Satrapensystem des Dareios. Jedenfalls sind auch die Satrapen (Chschatrapâvan = Landbeherrscher?), persönlich ernannte und abberufbare Werkzeuge des Großkönigs. Der König kann Kommissare schicken, um sie zu kontrollieren usw. An Heeresaufgebot und -versorgung, an Steuerumlage und -eintreibung setzt sie ihre Kraft in erster Linie, aber mit ihnen eng verbunden sind bei der Kostbarkeit des kulturfähigen Bodens überall die Aufgaben der öffentlichen Arbeiten, der Nilkorrektur, des Kanalbaus, des Mauer- und Tempelbaus. Im persischen Reich tritt die Sorge für ein hervorragendes Straßennetz mit Post- und Nachrichtendienst hinzu.

Aber allen Orientstaaten ist auch die Einseitigkeit im Streben nach machtpolitischer Organisation gemeinsam. Über ihr verkümmert der Sinn für die Schranken des staatlichen Willens. Die Formen schwinden, die ihn mehr und mehr hätten wecken können. In Ägypten bleibt mit dem Niedergang der Gaufürsten der Ansatz zu jenem zweiten Gewaltträger unentwickelt, der dem Pharao hätte gegenübertreten können (S. 47). In Vorderasien hat die selbstgesetzte Schranke der Gesetzgebung keine der Zeit Hammurabis ebenbürtige Formentwicklung gefunden.[1]) So bleibt als einziges Korrigens gegen den Mißbrauch der öffentlichen Gewalt die Sitte wirksam. Aber auch kein großer Sittenlehrer von individueller Prägung gibt ihr einen volkstümlichen und zugleich idealen Gehalt. Das geistige Rückgrat der großen Monarchien im weitesten Sinne für die Beamtenzucht und für die Rechtspflege ebenso wie für die Volksbildung und Erziehung werden durchweg die Priester. Unbedingt herrschen sie in Ägypten, wo die großen priesterlichen Körperschaften der vorwiegenden Kultstätten, besonders die des thebischen Ammon, seit der Hyksoszeit tatsächlich alle politische Gewalt aufsaugen, zuerst die der Landesherren, schließlich auch die des Pharao und seines Beamtentums; nicht ohne daß sich die Krone gelegentlich erfolglos dagegen gewehrt hat.[2]) Im späteren Babylonien scheint ihr Monopol nicht minder unbeschränkt. In Assyrien und Persien darf man wohl eine stärkere Konkurrenz zwischen Priestern und weltlichen Großen annehmen. Aber eine in sich selbst ruhende, innerlich unabhängige geistige Macht neben ihr,

1) Jedenfalls gehören die erheblicheren Gesetze nach Hammurabi, von denen wir bisher Kenntnis haben, noch der Zeit des zweiten Jahrtausends an. Es sind das hethitische Gesetze zwischen 1400 und 1200, besonders die Redaktion des Königs Chattuschilisch III. (Gegner des Pharao Ramses II. in den bekannten Kämpfen der Schlacht von Gadesch, ca. 1300—1270, und Tudchalijasch III. (Sohn des vor.), ferner assyrische Gesetze der Frühzeit vor Tiglatpileser (bes. das Gesetz aus Kalascherogat etwa um 1250 anzusetzen). Aus der spätassyrischen Zeit und vor allem aus der persischen ist nichts Ebenbürtiges überliefert.

2) Die interessante und durch einen Zufall genauer aufklärbare Episode des bedeutsamsten dieser Versuche, die Verdrängung der Amonpriester durch den Kult der Sonnenscheibe (Re-Harmachis) mit dem Pharao selbst an der Spitze durch König Amenophis IV. Echen'aton (1392—74 o. S. 48, Anm. 2) endet mit dem Tod des Reformkönigs, der sich entfernt mit den christlich-reformatorischen Fürsten des 15. und 16. Jh. (Heinrich VIII. von England) vergleichen läßt. Mit dem Rückzug eines gleichgültigen Generals, des mit der Tochter Echen'atons verheirateten Tutenchamon (durch die Aufdeckung seines Grabes 1923 allbekannt geworden) stellt die Amonspriesterschaft ihre Herrschaft wieder her.

eine philosophische Wissenschaft wie in Ostasien, eine aus Gesetz entwickelte ständige Rechtspraxis ist nach allem, was wir wissen, nicht mehr in Entstehung. Es hat zur Folge, daß auch die dem Reich eingeordneten abhängigen Verbände, vor allem die früheren selbständigen Stadtstaaten — daß auch die Einzelbürger eine selbständige und als solche geschützte Stellung nicht erhalten.

Sonderbildungen in den östlichen Reichen: Phönikische Städte – Karthago – Israelitisch-jüdischer Staat. Freilich ist mit dem letzteren nicht gesagt, daß nicht doch auch unter Umständen vom Absolutismus der Großkönige für Sondergestaltungen Freiheit gelassen worden wäre.

Teilweise waren solche durch singuläre geographische Situationen bedingt. Sie gaben den Seestädten der syrischen Küste ihr besonderes Gepräge. Jenseits des Gebirges auf einem schmalen, vom Land schwer zugänglichen Küstensaum, einer „Riviera", zum Teil sogar auf Felseneilanden gegründet, durften sie eine Art naturgegebenes Privileg halber Unabhängigkeit genießen, das sie unter ägyptischer wie unter assyrischer und persischer Herrschaft bewahrten. In der persischen Wehrmacht repräsentieren die phönikischen Städte den Kern der Kriegsflotte. Schon unter sich bieten die Phönikerstädte, ursprünglich (ca. 1200) unter der Führung von Sidon, später (seit ca. 900) unter der Führung von Tyros, einen lockeren Verband, und dieser Republikenbund verbreitert sich räumlich über See durch seine Kolonisation, die auch im Laufe der Zeit die Tochterstädte, als älteste und größte der Frühzeit Utika in Nordafrika, Gaddir (später Gades, Cadiz) im Mündungsgebiet der südspanischen Ströme in einer Art Untertänigkeit unter der Mutterstadt festhält. Die bedeutsamste Gründung der späteren Zeit, Karthago (ca. 800), wird sogar der Ausgangspunkt eines eigenen und noch größeren Klientelstaatensystems. So zweigt sich aus den gewaltigen Territorialreichen des Ostens, ihren Rahmen überschreitend, eine ganz neue Grundform der Staatsbildung, der Stadtstaat und der Bund autonomer Städte, d. h. das Urbild der klassischen — griechischen und römischen — Antike ab. Auch in ihrem Innern bereitet sie neue sehr weittragende Verfassungsphänomene vor.[1])

Das Verhältnis der herrschenden Macht zu den Sonderbedürfnissen der Landschaften bildet jedoch — über Einzelerscheinungen hinausgehend — zugleich ein prinzipielles Problem. Im Gegensatz zu der brutalen Gewalttätigkeit der semitischen Assyrer, die die Eigenart der Untertanenvölker plamäßig zerstampfen, die Heiligtümer ihrer Götter zerstören, nicht einmal ihren angestammten Sitz respektieren (o. S. 49), bildet es einen hervorstechenden Charakterzug der arischen Meder und Perser, daß sie ihre Herrschaft mit weit schonenderer Hand ausüben. Soweit nicht dauernd aufrührerische Gesinnung zu schroffen Maßregeln zwingt (Vorgehen des Xerxes gegen das durch Kyros und Dareios am meisten begünstigte Babylon, dessen Krone der Großkönig ursprünglich neben der persischen Tiara offiziell besonders führt), läßt die Achämenidendynastie lokale Zustände und Gewohnheiten nach Möglichkeit gewähren. Ganz besonders gilt das auf religiösem Gebiet. Dem Kultus der Unterworfenen bringt sie weitestgehende Duldung entgegen. So trägt das Iraniertum nicht nur mit seinem eigenen Glauben, der Ahuramazda-Lehre, die ihm Zaratustra nicht lange vor dem Einrücken in ihre historischen Sitze erschlossen hatte, geläuterte religiöse Ideen in das von den Assyrern über-

1) Bereits in den phönikischen Städten beginnt die Verdrängung des ursprünglichen Stadtkönigtums (Höhepunkt noch um 930 unter Hiram I. von Tyros, dem Zeitgenossen Salomos) durch eine Doppelregentschaft von zwei „Richtern" (sófet, Schoffeten), die als ernannte Magistrate unter der Leitung eines adligen oder oligarchischen Rats die laufende Verwaltung führen. Dasselbe ist der Ausgangspunkt auch für die Umbildung der griechischen und römischen Stadtverfassung. Näheres über diese Verhältnisse ist — auch für Karthago — nicht bekannt.

kommene Staatengefüge hinein, es ebnet auch fremden Gottesvorstellungen, die höher stehen, als die seine, den Weg und eröffnet damit, während der Verfall der Nationen fortschreitet, jenen Wettbewerb der Religionen, der auf das Abendland noch entschiedener weiterwirken sollte als die asiatische Staatsbildung.

Auch für die stärkste Kraft in diesen rivalisierenden Kulten, für den Jehovadienst des Judentums, bildet die Toleranz des persischen Staats den unentbehrlichen politischen Hintergrund. Das System des Assyrerstaats hatte wie die übrigen syrischen Völkerschaften auch den kleinen Staat, der von den hebräischen Zwölfstämmen Israels in den Bergen um das Jordantal begründet worden war, vernichtet. Gerade der Untergang des nördlichen Hauptteils, des „Reichs Samarien" durch Sargon (721) hatte den aus dem Volke hervorgehenden Wanderpriestern und Sehern, den „Propheten", die im Gegensatz zu den dem altkanaanäischen Baalsdienst zuneigenden Opferpriestern die Jahvebegeisterung in die Massen trugen, den Anstoß gegeben, in Jahve nicht nur den hebräischen Nationalgott, sondern den Weltlenker, den gerechten Richter aller Völker zu erkennen und zu verkünden. Noch hatte die eigentümliche Fügung, daß der kleine Südteil, das von der Davidstadt Jerusalem beherrschte Reich Juda die nächsten hundert Jahre vor den assyrischen Angriffen behütet geblieben war, in dem geretteten Volk den Glauben seiner übernatürlichen Mission erweckt. Entscheidend ist, daß sich die seit Sanherib über Juda schwebende Exekution bis in die Zeit hinzögert, wo die assyrische Großmacht überhaupt in ihrer Energie erlahmt und sich schließlich infolge der asiatischen Skytheninvasion 626 zersetzt. Als auch die letztere an Juda vorübergeht, erfolgt unter dem Einfluß der Prophetenpartei (621) die Erneuerung des Gesetzes (Deuteronomium) durch König Josias. Dann aber ist (597—86) auch das jüdische Volk unter den Siegen Nebukadnezars der Verschleppung ins babylonische Exil verfallen; auch dem Judentum droht die Gefahr, wie andere Stämme und Kulte zwischen fremden Umwohnern zerrieben zu werden. Deshalb sichert es seine Dauerexistenz doch erst in dem Augenblick, als (538) Kyros ihm die Rückkehr ins gelobte Land, Dareios (520) den Neubau des Tempels von Zion, Artaxerxes (446) den Mauerbau zum Schutz gegen die inzwischen eingenisteten mißgünstigen Nachbarn Philistäas oder der Wüstenbezirke gestattet. Erst seit dieser Zeit kann die eigentümliche, nicht rechtlich, aber gnadenweise mit Autonomie und Selbstverwaltung ausgestattete „Kirche" des mosaischen Bekenntnisses die zähe innere Konsistenz erwerben, die sie später befähigt, zum Nährboden einer größeren geistigen Macht zu werden, die auch in die Staatsbildung Europas einen der unzerstörbaren Keime zu sittlicher und rechtlicher Reife hineintragen sollte. Jetzt entfaltet sie jene erstaunliche Propaganda des „Proselytenmachens" unter allen möglichen anderen Rassen oder Nationalitäten, Nordafrikanern, Ägyptern, Kleinasiaten, Griechen —, die den internationalen Zug ihres Geistes auch im Kreis ihrer Anhänger zum Ausdruck bringt.

Schon im Weltreich vollziehen sich also bedeutsame innere Fortschritte, wenn sich diese auch nur indirekt auswirken. Trotz allem ist ein fundamentaler Mangel, der ihm durch seine Genesis mitgegeben ist, nicht zu heben, die Ungleichheit zwischen der herrschenden Nation und den beherrschten Nationalitäten, und die dadurch bedingte innere Zusammenhangslosigkeit und Uneinheitlichkeit des ganzen Staats.

Allerdings hat auch in diesem Punkte die persische Herrschaft den Zustand Asiens auf eine höhere Stufe zu heben gesucht. Die Methode übermütiger und rücksichtsloser Ausbeutung der Unterworfenen zugunsten eines allein mächtigen Herrenvolkes, wie sie Assyrien eingehalten hatte, verwandelte sich unter den Händen der arischen Könige in eine Anerkennung des gleichen Rechtes auf Fürsorge aller Länder. Die Grundlage hierfür schuf gleich zu Anfang die Reichsordnung des Dareios durch die Aufstellung einer Matrikel der Steuerbeträge, die jede Satrapie aufzubringen hatte; sie berücksichtigte wohlabwägend die wirtschaftliche Leistungsfähigkeit der Länder und vor allem das, was ein jedes für den Wehrdienst zu leisten hat. Aber schon hierbei ergab sich von selbst, daß das vornehmere, die Wehrlast, in erster Linie den frischeren Nationalitäten der Iranier gehörte, während die Finanzlast den alten Ländern zufiel. Und vor allem blieb die Handhabung der politischen Herrschaft ausschließlich den Medern und Persern. Sie besaßen die Regierung im Zentrum. Sie besetzten die Satrapen- oder Oberrichterstellungen, die Kommandos im Heere, und ihre Machtkompetenzen waren bei der großen Entlegenheit der Länder von der Gesamtregierung so außerordentlich groß, daß auch die Abhängigkeit der Untertanen von den fremden Beherrschern — z. B. in der Erhebung von Abgaben auf eigene Rechnung des Satrapen — unausgesetzt fühlbar blieb. Daraus mußte sich mit Notwendigkeit ergeben, daß das Interesse der Untertanenländer für das Reich mindestens seit der Zeit ein laues wurde, als sich die Lage Vorderasiens seit den großen Wanderungen wieder beruhigt hatte. Aber auch die Aufstands- und Unabhängigkeitsbewegungen hörten bald in engeren, bald in weiteren Grenzen nicht auf, und ein Land wie Ägypten stand überhaupt dauernd nur in ganz lockerem Verband mit dem Ganzen.

So zeigt sich zum ersten Male die schwache Stelle des Phänomens, das man heute den Universalismus oder Imperialismus nennt. An dem Gegensatz zum Griechentum tritt sie heraus.

Die griechischen Stadtrepubliken.

Stadtstaaten und Gaustaaten. Obwohl frühzeitig und sehr nachhaltig von der Welt des vorderen Orients, besonders vom ägyptischen Reich, beeinflußt und durch diese frühe Berührung auch politisch das zuerst entwickelte der europäischen Länder, erzeugte der Ausläufer der Balkanhalbinsel und ihr Inselkreis doch diametral entgegenstehende Formen. Hier wird das Wesen, das in Mesopotamien und an der syrischen Küste nur als Ausgangs- und Übergangsgebilde geblüht hat, der Kleinstaat im Umkreis der ummauerten Stadt, auf ein Jahrtausend die bleibende Grundform des staatlichen Lebens. Das verbindende Glied zwischen Asien und Griechenland sind nicht die ägyptische oder babylonisch-persische Monarchie, sondern die Phönikerstädte der syrischen Küste, die den Charakter der frühhistorischen Stadtstaaten von Sinear (S. 46) am längsten fortsetzen.

Die Ursache hierzu ist die von Grund aus andere geographische Beschaffenheit des Landes. Ein engräumiges Gebiet, durch Meeresbuchten und kraus ineinander geschobene, hohe und unwegsame Gebirgszüge zerschnitten, umlagert von einer Unzahl kleiner oder mäßig großer Inseln, schafft lauter scharf voneinander abgesonderte Landschaften, die trotz der im wesentlichen einheitlichen Rasse der Bewohnerschaft von einem ausgeprägten Sondergeist, von der Prädisposition zu Partikularismus und Kleinstaaterei getragen werden. Selbstverständlich wären auch hier Anstöße denkbar gewesen, um diese Hemmungen zu überwinden, und die vorhistorische Zeit um 1500 v. Chr., erst neuerlich durch bauliche Dokumente erschlossen und nach der Hauptburg in Argolis die „mykenische" genannt, scheint nach den Erinnerungen, die sie im homerischen Heldenlied zurückgelassen hat, Anfänge eines lockeren Einheitsstaates besessen zu haben. Aber die letzte große Welle barbarischer Einwanderer aus dem Norden, der dorischen Völkerschaften (ca. 1000, o. S. 49), hat den entstehenden Großstaat weggerissen, und seitdem setzt sich der Aufbau der griechischen Welt aus einer Vielzahl unabhängiger Gaustaaten fest, die von Kleinfürsten mit bewaffneten Gefolgsleuten und einem Rat vornehmer Geschlechter von Burgen aus geleitet werden. Der Umstand, daß ein volles halbes Jahrtausend lang (bis ca. 500) eine gemeinsame Gefahr von außen her die hellenischen Stämme nicht mehr bedroht, erklärt es, daß die Gaue nicht wie die mesopotamischen oder syrischen zu untertänigen Verwaltungsbezirken eines Großstaats herabsinken, sondern souveräne Gemeinwesen bleiben. In den primitiven, rein agrarischen Westgauen — Ätolien, Akarnanien, Lokris, Elis, Achaja, Arkadien u. a. — wo man dem aus Osten kommenden Strom der Zivilisation weiter entrückt ist, erhält sich aus der vorhomerischen Zeit der Stamm, der eine Gruppe von Bauerngemeinden zum Staate zusammenfaßt; ebenso behauptet sich als Stammesstaat die nördlichste Landschaft des Ostens, das große Thessalien, nur daß hier die herrschenden Geschlechter eines Großgrundherrenstandes die Masse der Bauern in ein untergeordnetes Hörigenverhältnis bringen. Die Ostlandschaften in Hellas und im Peloponnes dagegen und die großen und die kleinen Inseln der Ägeis und der Adria wie vor allen andern die Griechen der kleinasiatischen Küste (S. 49) schreiten früh zum „Synoikismos" fort. Die den Fürsten angegliederte Gruppe der großgrundbesitzenden und schwerbewaffneten Krieger nimmt ihren Wohnsitz um die königliche Burg und die Heiligtümer und beherrscht von da das platte Land. Der Staat formiert sich als städtischer Regierungssitz mit ländlichem oder kleinstädtischem Hinterland, als Stadtstaat oder „Polis", wie er von nun in dem griechischen Denken als staatlicher Normaltypus einwurzelt. In jeder Landschaft, auf jeder Insel lebt eine Vielzahl solcher Stadtstaaten nebeneinander, regelmäßig so, daß sich in den nicht endenden Lokalfehden, die aus diesem Verhältnis entstehen, die kleineren Gemeinden, ihrer Kleinfürsten beraubt, an die führenden Städte als Schutzgenossen anschließen. Nur vereinzelt gelingt es in manchen Landschaften einer einzigen, durch Lage und Besiedlerzahl besonders begünstigten Großstadt, der unabhängig gewordenen Gaue des ehemaligen Stammesgebiets sämtlich ihre Herrschaft von neuem zu unterwerfen, und es wird bedeutungsvoll, daß dies — abgesehen von Argos in Argolis — nur die spartanische Gemeinde mit ganz Lakonien und die athenische mit Attika bereits in vorhistorischer Zeit erreicht haben. Von nicht minder großer Tragweite ist es geworden, daß Sparta bald darauf auch die gesamten Niederlassungen der ihm nächststammverwandten Dorer, die messenische Landschaft unterwerfen konnte. Aber darüber hinaus hat sich zwischen 1000 und 500 keiner der griechischen Stadtstaaten ausbreiten können, und jedenfalls bleiben sie alle, auch die in der griechischen Sphäre einflußreichsten, auf dem Niveau von Kleinstaaten, ja Zwergstaaten, wenn man sie mit den politischen Gebilden des Orients vergleicht.[1])

Gerade aus dieser Kleinstaatlichkeit jedoch sollte bei dem Walten der früher allgemein aufgezeigten gesetzmäßigen Zusammenhänge (o. S. 30) ein sonst nirgends in der Geschichte wieder ebenbürtig wiederkehrender Reichtum der staatlichen Ideen und Bildungsformen hervorgehen.

Ausbau des Polis-Gedankens. Als äußere Wirkung ruft die zusammengepreßte Lage ungezählter autonomer Kleinstaaten, von denen die meisten in ihrem engen Gebiet mit rüstigen Bürgern übervölkert sind, ein Überquellen nicht nur der Bevölkerung, sondern der staatlichen Einrichtungen hervor. Eine Expansion durch Eroberung von Nachbargebieten war bei der Knappheit der verfügbaren Gesamtfläche ohne völlige Zerstörung des Volkstums auf die Dauer nicht denkbar. Sie wurde nur in einem — allerdings höchst folgenreichen — Ausnahmefall durchgeführt. Der lakonische Dorerstamm bemächtigte sich in hartnäckigem Ringen des Territoriums der ihm nächstverwandten messenischen Völkerschaft, des durch seine lachende Fruchtbarkeit noch heute ausgezeichneten Pamisostals. Aber der Fall blieb vereinzelt. An die Stelle der Eroberung im Inland trat regelmäßig die Kolonisation im Ausland. Nach dem Muster der Phöniker vollzogen die führenden Griechenstädte in Kleinasien wie Milet, Ephesos auf Inseln oder im Hauptland wie Chalkis auf Euböa wie Korinth, Athen die planmäßige Gründung von Pflanzstädten, die der Mutterstadt zugleich wirtschaftlich als Faktoreien und staatlich als ver-

1) Vgl. hierzu vor allem die vorausgeschickten systematischen Betrachtungen (o. S. 28ff.).

bündete Neubürgergemeinden dienten. Damit bedeckten sich im 7. und 6. Jh. die Nachbargebiete Griechenlands, im Norden und Süden die Küsten des Schwarzen Meeres, Thrakiens, Nordafrikas, im Westen Sizilien, Unteritalien und Südfrankreich mit hellenischen Stadtstaaten, die den Typus der Polis im Zentrum und im Westen der Mittelmeerwelt zur beherrschenden, zivilisierten Form des Staatslebens erheben. Die neu in den internationalen Verkehr eintretenden Völker, vor allem die im Kern und im Norden Italiens eingewanderten Völker etruskischen oder latinisch-sabellischen Stammes eignen sich ihn ohne weiteres an.

Noch viel fruchtbarer wird die griechische Kleinstaatlichkeit für das innere Staatsleben.

Wie in dem unabhängigen Sichausleben der verschiedenen Städte die einzelne Gemeinde stärkere Geltung erlangen kann, so innerhalb der einzelnen Stadt die verschiedenen Bevölkerungsschichten. Im Heerbann einer Gemeinschaft, die im ganzen nicht mehr als 50—100000 Köpfe wehrfähiger Männer zählt, bedeutet die Gefolgschaft des Fürsten oder die aus den adligen Großbesitzern gebildete Truppe der Wagen- oder Reiterkämpfer eine zu schmale Schicht, um dauernd eine Übermacht zu behaupten. Sie kann die Masse der Bauern nicht entbehren und muß mit ihr rechnen. Erst recht aber werden solche Rücksichten zwingend, wenn der städtische Adel sich zugleich der Schiffahrt zuwendet, Seehandel, Seeraub, Seekampf zum Hauptinteresse des Stadtstaats wird. Bald rivalisiert mit ihm eine Klasse nichtadliger Händler und Schiffsreeder, und beide, alter und neuer Reichtum, bedürfen der Wechselwirkung mit bürgerlichen Mittelklassen von Kleinkaufleuten und Handwerkern, mit Unterklassen von Lohnarbeitern und Matrosen. Diese sozialen Differenzierungen und Konvulsionen, in ihren ersten Anfängen aus den Homerischen Gedichten sichtbar, werden hier — im Kleinstaate — nicht wie im Orient durch den großstaatlichen Apparat einer breiten Behörden-, Priester- und Privilegiertenschicht erstickt. Sie machen aus der griechischen Polis die Bühne, auf der sich zum erstenmal in der politischen Geschichte der Kampf zwischen den lokalen Gewalten, zwischen Klassen und Parteien abspielt und erzeugen auf diesem Schauplatz den Wettstreit und Wechsel der „Staatsformen", der dann das Lieblingsproblem der griechischen Staatslehre geworden ist (s. S. 31). Die Fülle der Variationen spottet des Versuchs, ihn in einem bestimmten „Kreislauf" (Polybios) einzufangen.

Sparta. Aus allen späteren tritt von Anfang an der Fall Spartas heraus, dem der Ruhm bleibt, am frühesten in der Geschichte eine „Verfassung", ein durchdachtes Verhältnis der Gewalten als Ausdruck des Verhältnisses der Klassen geschaffen zu haben. Sie gehört der Zeit an, da der lakonische Dorerstamm noch in einem bäuerlich-dörflichen Binnenlanddasein verharrt, in der Bevölkerung selbst aber der Drang mächtig wird, die Hauptansiedlung am Eurotas durch Einverleibung der lakonischen Nachbargemeinden, das lakonische Siedlungsgebiet durch Eroberung Messeniens zu erweitern (s. S. 55). Um alle Kräfte auf diesen Zweck zu konzentrieren, werden jene Gegensätze zwischen Königtum und Geschlechtern, zwischen adeligen Großbesitzern und Bauern nieder- und in ein monarchisch-aristokratisch-demokratisches Kompromiß hineingezwungen. Zwischen den alten erblichen Gaufürsten und dem Adelsrat wird zunächst im Interesse der Gesamtkriegerschaft ein zweiter König, aus einer volksfreundlichen Dynastie ebenfalls durch Erbgang berufen, eingeschoben. Dabei zieht der Rat der „Ältesten", die Gerusie, die eigentliche Staatsleitung an sich, während das Doppelkönigtum nur Heerbefehl, Polizei und Kultus behält. Aber auch die unter die Könige und Geronten geteilte Regierung tritt unter Kontrolle. Denn die Heeresversammlung der Spartiaten wählt fünf Vertrauensmänner als „Aufseher", Ephoren, die die Gesetzmäßigkeit der Verwaltung überwachen. Der ungerecht regierende König verfällt dem Gericht der Gemeinde. In der Einsetzung der Bürgerschaft als eines Organs nicht der Macht, sondern des Rechts tritt ein Gedanke von universeller Wucht in die Geschichte.[1]) Aber der spartiatische Rechtsstaat umschließt nur die Spartiaten. Die Bürger der von Sparta unterworfenen übrigen Lakonerstädte, die „Periöken“, und die Einwohner des eroberten Messenien, die „Heloten“, werden von der Polis am Eurotas, erstere als politisch unberechtigte Minderbürger, letztere als grausam geknechtete Leibeigene beherrscht[2]), und die Verfassung wird mit eiserner Strenge aufrechterhalten, um den Hauptzweck dieser Herrschaft zu verwirklichen. Hier liegt der Schlüssel des ganzen Gebildes. Verdankt es seinen Ursprung von vornherein einer außergewöhnlichen militärischen Kraftanstrengung, so wird nun umgekehrt ein Zustand unausgesetzter Alarmbereitschaft mit gemeinsamen Waffenübungen, Mahlzeiten, der Staat als permanente Kaserne, das Mittel, um die kameradschaftliche Gleichberechtigung der Bürger untereinander, um das Privileg der herrschenden Stadt gegen die Nichtbürger zu bewahren. In Wechselwirkung von Heeresordnung und Verfassung wird die taktisch geschlossene schwerbewaffnete Fußtruppe der Spartiaten die führende griechische Landmacht.

Adelsrepublik und Tyrannis. Für die Großzahl der bedeutenderen Städte im Hauptland wie in Kleinasien und auf den Inseln unterscheidet sich der Gang der Dinge dadurch, daß das Königtum verschwindet. Der Rat der Geschlechter zieht die gesamte Regierung an sich — meist in friedlicher Form — in der Art, daß der Titel des Königs für priesterliche Funktionen erhalten bleibt. Die Stadtstaaten werden zu Adelsrepubliken; als solche haben sie meist die große kolonisatorische Bewegung durchgeführt. Aber um so erbitterter wird nun der Gegensatz zwischen den Klassen, zwischen der kleinen Schicht der Altprivilegierten, der „Wenigen“ (ὀλίγοι) und dem „Volk“ (δῆμος), wobei das letztere die Neureichen ebenso umfaßt, wie die Masse des Mittelstands und der kleinen Leute. Hierbei ist es zunächst nicht der Kampf um die Macht im Staat, was in Frage kommt. Das Volk wehrt sich vielmehr in erster Linie überall wie in Sparta nur gegen die ungerechte Ausbeutung der Macht durch die Ratsfamilien, vor allem gegen den Klassenegoismus in der Rechtspflege, aber auch in der Handhabung der Wehr-, der Steuerleistungen. Es verlangt Recht, und allgemein ist die Gesetzesaufzeichnung des gewohnheitsmäßigen Schuldrechts und Strafrechts nach dem Vorbild Asiens die erste Frucht der Ständekampfs. Aber sie bringt nur Milderung, nicht Ausgleich des ständischen Gegensatzes. Für ihn zeigt sich in folgenreicher Weise ein doppelter Weg.

---

1) Er tritt als Hauptpunkt der „lykurgischen“ Verfassung scharf hervor in der von Xenophon (Verfassung der Lakedämonier c. 15) überlieferten Fassung der beiden Eide, die in monatlichen Abständen von den Königen einerseits, von den Ephoren „für die Bürgerschaft“ (ὑπὲρ τῆς πόλεως), andererseits geleistet werden. Der König schwört, er werde nach den in der Stadt geltenden Gesetzen regieren (κατὰ τοὺς τῆς πόλεως κειμένους νόμους βασιλεύσειν). Die Bürgerschaft schwört, der König solle — natürlich unter der Bedingung gerechten Regiments — die Herrschaft „ungeschmälert behalten“ (ἀστυφέλικτον τὴν βασιλείαν παρέξειν). Mit diesem Gedanken eines „Widerstandsrechts“ des Volkes ist nicht nur für die griechische und römische, sondern auch für die antike und die moderne (englische und deutsche) Verfassungsentwicklung der gemeinsame Ausgangspunkt gewonnen (vgl. unten III, Nr. 3). — Da die Überlieferung als Schwörende nur die Könige und Ephoren kannte, muß man annehmen, daß das Hauptelement der Verfassung bereits bestand, ehe die Gerusie dem Königtum seine Funktionen entzogen hatte.

2) Anscheinend ist der Name zuerst von Helos entnommen, einer lakonischen Stadt, die sich gegen die spartanische Vorherrschaft empört hatte und dessen Einwohner wie sonst vereinzelte Schuld-, Kriegsgefangene strafweise aus Periöken zu Knechten gemacht wurden. Ihre Rechtlosigkeit wurde dann auf die unterworfenen Messenier übertragen. In geschichtlicher Zeit ist jedenfalls Helot mit Messenier gleichbedeutend. — Auch Spartiaten werden politisch unberechtigte Minderbürger, wenn sie ihre Bürgerpflichten der Waffenausrüstung und dem wirtschaftlichen Beisteuern zur gemeinsamen Verproviantierung nicht mehr nachkommen. Diese ὑπομείονες stehen wohl den Periöken gleich.

Als bequemste Abhilfe bietet sich die Rückkehr zur Monarchie. Ein durch geworbene Gefolgschaft gestützter Reicher, meist selbst ein Adliger, führt den Demos *gegen* seine adligen Standesgenossen und macht sich zum Herrscher *ohne rechtlichen Titel*. Unter dem Namen nicht des Basileus, sondern des „*Tyrannos*" eröffnet er den nicht-adligen Emporkömmlingen Zutritt zu den Ämtern, hilft er den gedrückten Bauern aus der Schuldknechtschaft oder Hörigkeit, den Kleinbürgern mit großen öffentlichen Bauunternehmungen aus der Arbeitslosigkeit, während der Anhäufung von Großgrundbesitz entgegengetreten oder die Vermögen der Reichen durch Luxussteuern und Zwangsanleihen gebrandschatzt werden.

Mit diesen und ähnlichen Maßregeln wirkt die Tyrannis als „sozialisierende Monarchie" (S. 12), und eine Zeitlang scheint sie die ganze Griechenwelt in ihre Kreise zu ziehen. Zunächst in den Kolonialstädten in Jonien wie in Großgriechenland aufkommend, bemächtigt sie sich seit 650 auch des Mutterlands. In der neben dem euböischen Chalkis und Ägina führenden Seestadt *Korinth*, der Verbündeten Spartas, findet sie in der glänzenden Gestalt des *Periandros* vorbildliche Verkörperung.

Die athenische Polis. Aber die Tyrannis würde bei dauerndem Einwurzeln auch die griechische Welt allmählich wieder in die Bahn der orientalischen Staatsbildung zurückgeführt haben; — vor allem im Bund mit dem Priestertum, das eben damals mit Hilfe der unter stark asiatischem Einfluß eindringenden theologisierenden Mysterienkulte der Demeter, des Dionysos die Phantasie und Hingabe der Massen zu erfassen sich anschickt, und der griechische Geist hat sich bereits zu tief in seine eigenen Formen eingelebt, um sich bei der Lösung der viel verschlungenen sozialen und politischen Zeitfragen durch das persönliche Ermessen eines unumschränkten Gewalthabers befriedigt zu fühlen. Seit dem 7. Jh. sind in den kleinasiatischen und unteritalischen Kolonialstädten die *individuellen Denker* hervorgetreten, die unabhängig von Volksreligion und mystischer Theologie ein neues Weltbild mit Vernunftkritik zu erschließen suchen. Manche von ihnen ziehen auch die menschlichen Dinge in den Bereich ihrer Untersuchung: in der Mäßigung und Selbstbeschränkung erheben diese „Weisen" die individual-ethische Grundforderung, in der *Dikaiosyne*, der Gerechtigkeit als der verhältnismäßigen Berücksichtigung der im Gemeinwesen vereinigten Interessen führen sie die entsprechende sozial-ethische Maxime ein. Und nun führt das Zusammenfließen des kritischen Scharfblicks für das Wesen der staatlichen Dinge mit dem Willen zur Bewältigung der politischen Tagesaufgaben, in einer Einzelpersönlichkeit den in der Staatsgeschichte einzigartigen Augenblick herauf, wo das Verhältnis zwischen Staat und Recht einerseits, zwischen Staat und Gesellschaft andererseits in die Formen gebracht wird, in denen die wahrhaft großen Realpolitiker Europas seither immer den Angelpunkt ihres Strebens gesehen haben.

Solon von Athen[1]) will seiner Vaterstadt, die — bisher eine der Gemeinden zweiten Ranges — sich soeben der Gunst ihrer Lage im Besitz des ins Meer vorgeschobenen, fruchtbaren und häfenreichen Ostkaps bewußt zu werden beginnt, den Impuls und die Möglichkeit geben, sich gegen ihre Rivalen den Weg zur führenden griechischen Seemacht zu öffnen. Aber er ist überzeugt, daß der Staat das nur erreicht, wenn er alle Bürger nach *Verhältnis ihrer wirtschaftlichen Leistungsfähigkeit* zur *Wehrmacht* heranzieht, wenn er aber auch alle Klassen *nach gleichem Verhältnis an der politischen Macht*

1) Die durchaus moderne Auffassung des Solon ist durch seinen poetischen Sinnspruch über sein eigenes Werk völlig klar. Er rühmt sich, dem Volk gegen die Reichen Hilfe gebracht, aber auch die Mächtigen gegen die Begehrlichkeit des Volkes in ihrem politischen Besitzstand geschützt zu haben. „Also stand ich mit mächtigem Schild und schützte sie *beide*. *Aber vor beiden zugleich* schützt' ich das heilige Recht" (vgl. dazu oben S. 15).

beteiligt und damit zum Einsatz ihrer Kraft anspornt. Ausgangspunkt ist das konservative Streben Solons, die altadlige und wohlhabende Klasse, der er selbst als Abkömmling eines eupatridischen, sogar altköniglichen Geschlechts, als Reedereibesitzer und Großhändler angehört, in der traditionellen Leitung des Staates zu erhalten, sie dafür aber auch weiterhin im Interesse des Staates zu belasten. Die Grundbesitzer mit mehr als 300 Scheffel Ertrag stellen die Reiterei, die über 500 Scheffel haben außerdem für den Bau der Kriegsschiffe zu sorgen. Sie stellen andererseits die geschäftsleitenden Magistrate, Archonten, in erster Linie den repräsentierenden Präsidenten der Stadtrepublik, nach dem die „Amtsjahre benannt" werden (Archon Eponymos), ebenso den für das Heer (Polemarchos), für den Kultus (Basileus) und die 6 mit Erledigung der Rechtspflege befaßten (Thesmothetai), — ferner die im Rang gleichstehenden leitenden Finanzbeamten (Tamiai). Mit diesem (altathenischen) Element verbindet Solon nach spartanischem Muster die Hebung der Masse der bäuerlichen Gespannhalter (Zeugiten), die den Kern der schwerbewaffneten Fußtruppe bilden, während besitzlose Kleinbürger, Lohnarbeiter und Tagelöhner die Leichtbewaffneten und Matrosen abgeben. Sie erhalten dafür sämtlich Sitz in der Volksversammlung. Diese beschließt die Gesetze, wählt den Rat der Vierhundert im Stadthaus (Prytaneion), zu denen sie selbst Zutritt haben, und wählt die Magistrate. Aber aus dem großen Rat scheidet sich wie bisher das engere Kollegium der gewesenen Beamten aus, das auf dem Areshügel gegenüber dem Burghügel der Akropolis tagt, und es scheint, daß der Areopag als das eigentliche Organ der chronischen Regierungsgewalt gedacht ist, das die Gesetze und alle oberen Beamten vorschlägt, sich also in Wahrheit durch Kooptation fortpflanzt. Bei dem raschen Wechsel der Verfassungen (vgl. unten) ist über diesen Hauptpunkt der Verfassung nicht Klarheit zu gewinnen. Die Auffindung der „Politeía Athenaiōn" des Aristoteles (1893) hat die Unklarheit nur gesteigert. Im Hauptgedanken ist dies die Weiterführung des spartanischen Verfassungswerkes. Aber in dreierlei überragt die athenische Organisation. Sie ordnet die soziale Lage nicht für einen Binnen- und Bauernstaat, sondern für Reich und Gering einer See- und Kaufmannsstadt und zugleich eines dichtbevölkerten kleinstädtischen und agrarischen Hinterlandes, für einen Staat, der eine auslandpolitische Rolle spielen will. So zieht sie nicht nur die Bürgerschaft der herrschenden Stadt, sondern die des ganzen Landes als gleichberechtigt mit allen ihren Gliedern in den Staatsverband hinein. Solon macht „ganz Attika zu einer großen Polis" (Aristoteles). Und indem er seine Grundsätze in geschriebenem Gesetz fixiert, auch das Zivil- und Strafrecht schriftlich kodifiziert im Gegensatz zu den Spartanern, die sich dauernd mit gewohnheitsmäßiger Geltung ihrer Einrichtungen beholfen haben, wird Solon auch in formeller Hinsicht der Schöpfer der ersten Verfassung als Kunstwerk (vgl. oben S. 23), einer staatlichen Rechtsordnung, die begrifflich durchdacht ist. Sie ist gedacht als streng republikanisch, als demokratisch beschränkte Aristokratie oder Oligarchie. Nur läßt schon sie gerade an der Stelle, die ihrem Urheber am meisten am Herzen liegt, im Gebiet der Rechtspflege, Grundsätze erkennen, die früh auf Steigerung des demokratischen Faktors hinweisen.[1])

Freilich, so wenig wie das autokratische Schalten des Tyrannen, so wenig genügt auch das Gedankenwerk des Rechtsordners für sich allein, um die neue Ordnung ins Leben umzusetzen. Ihre Durchführung scheitert zunächst an dem Widerstand der alten Gesellschaft und der Macht, die sie in sich selbst trägt; zum ersten Male in der Geschichte macht

1) Während im allgemeinen die Zivilrechtspflege von den sechs Beamtenrichtern, den Thesmotheten-Archonten (siehe oben), weitergeführt wird (etwa mit Hilfe von Schiedsgerichten, die auf Vorschlag der Parteien von Beamten eingesetzt werden [?]), läßt Solon die Berufung gegen das Urteil des Thesmotheten an eine von der Volksversammlung eingesetzte Bürgerkommission zu. Aristoteles macht ihn deswegen für die Einführung der Demokratie verantwortlich.

sie dem Beobachter deutlich, welche Schwerkraft die unmittelbar aus der Gesellschaft heraus erzeugte Parteiorganisation neben den staatlichen Autoritäten und gegen sie entfalten kann. Die beiden untereinander rivalisierenden Gruppen des Reichtums, die agrarischen Großbesitzer der attischen Ebene, die „Pediäer", und die handel- und reedereitreibenden Kapitalisten der städtischen Küste, die „Paraler", geschlossen in den alt- und neuadligen Sippenverbänden, arbeiten gemeinsam, um die Bauern des Gebirges, die „Diakrier" zurückzudrücken und ihnen die von der Verfassung zugesprochenen Freiheiten zu verkümmern.[1])

Im Beginn dieses Parteitreibens wird auch für Athen — trotz Solon — schließlich der Tyrann unentbehrlich. Als Parteiführer der Bauern hilft Peisistratos dem Mittelstand zur wirtschaftlichen Selbständigkeit. Er macht ihn damit erst politisch herrschaftsfähig, sowie er der Stadt den Glanz des kleinen Monarchenhofs schafft und in der Bürgerschaft das Glanzbedürfnis weckt. Aber das ist nur eine Episode. Die Tyrannis wird abgestoßen, sowie sie ihr Werk getan und die Möglichkeit des Funktionierens der Volksgemeinde hergestellt hat. Das Ideal der solonischen Republik hat Werbekraft genug, um dem Tyrannen den Makel der Rechtlosigkeit schlechthin anzuheften, dem Tyrannenmörder den Ruhm eines Wohltäters des Vaterlandes zu verleihen. Kleisthenes kann die solonische Verfassung nunmehr in Kraft setzen und den politischen Einfluß der Sippenverbände des Adels endgültig durch den Unterbau der Demokratie ausheben, — durch die Bezirkseinteilung der Einwohner, die in „Phylen" und „Demen" der Landschaft die Parteimaschine der Mittel- und Unterklassen für das Arbeiten der Volksversammlung abgibt. In der Möglichkeit, solche Politiker, die in der Bildung ihres Anhangs aus dem Durchschnitt heraustreten, durch eine Volksabstimmung mit Scherben auf zehn Jahre aus dem Staat zu verweisen und damit für die Ämterbewerbung unschädlich zu machen, wird eine Garantie zur Sicherung der Republik gegen Tyrannengelüste geschaffen.

Dennoch findet die athenische Polis nicht die Ruhe, um der jetzt scheinbar abgeschlossenen Verfassung — Regierung durch den Rat der gewesenen Beamten auf dem Areshügel und die ihm aus den alten Familien zugewählten Archonten und Finanzverwalter Gesetzgebung und Aufsicht durch die Ekklesie — in der Praxis ausreifen zu lassen. Schon nach zwanzig Jahren sieht sie sich über die solonischen Grundlagen hinausgetrieben. Die Expansionskraft des kolonisierenden Volks hat den Argwohn der persischen Großmacht erregt. Dareios, der soeben erst an den iranischen Nordostgrenzen seines Reichs Ordnung gemacht hat, beobachtet mit Besorgnis den Unruheherd der blühenden griechischen Pflanzstädte an den kleinasiatischen und pontischen Küsten, und das unrühmliche Ende der ersten Aufklärungs- und Strafexpedition bei Marathon weckt in seiner und seines Nachfolgers Regierung den

1) Am Prozeß der allmählichen Demokratisierung Athens veranschaulicht sich als integrierender Bestandteil der Parteibildung vortrefflich auch die Rolle des Parteiführers (S. 28). Seit ungefähr 560 erscheinen die Führergeschlechter, die ganz ebenso wie fürstliche Dynastien die Leitung der Politik Athens im rechten oder im linken Sinn bis um 400 behalten. Die Führer der Pediäer (Großagrarier, konservative Landpartei), — Philaiden, der erste, Kypselos, mit Periander von Korinth verschwägert — bewahren diese Rolle unverändert in Kimon, dann in Miltiades. Als dessen Parteigänger tritt Aristides in den Vordergrund. Er wird abgelöst durch Miltiades' Sohn Kimon. Der Führer der Paraler (Großhändler, Industrielle, Reeder, fortschrittliche Seepartei), der Alkmäonide Megakles, wird als Archon durch Tötung des Tyrannenprätendenten Kylon mit seinen Standesgenossen verfeindet und verbannt. Aber nach dem Muster des Peisistratos, der als Bauernführer seine Tyrannis begründet, bildet der Alkmäonide Kleisthenes die zweite Massenpartei aus den Mitläufern der Paraler (Schiffbauer, Kleinhändler, Handwerker, Matrosen). Vermittelt durch seinen Parteigänger Xanthippos (Ankläger des Miltiades) als Gatten einer Alkmäonidin bleibt das Geschlecht in der Führung der demokratischen Partei in Xanthippos' Sohn Perikles und dessen Neffen Alkibiades. Nur die Erscheinung des Themistokles durchbricht diese Gruppenbildung, und seine isolierte Stellung erklärt zum großen Teil seinen späteren Mißerfolg.

Wunsch nach einer gründlichen Auseinandersetzung großen Stils. Xerxes macht von seiner Souveränität über Phönikien Gebrauch, um die karthagische Macht gegen die Liga der sizilischen Tyrannen mobil zu machen; er will das Griechentum von Westen und Osten aus erdrücken. Da genügt die Rüstung, die für die Städtefehden untereinander bestimmt gewesen, nicht mehr, um die nationale Gefahr zu bestehen; es bedarf außerordentlicher Kraftleistungen. Das Genie eines athenischen Emporkömmlings erfaßt den Kern der Lage; die kleine hellenische Wehrmacht ist der Überzahl nur gewachsen, wenn sie ihr Operationsfeld auf die See verlegt; also gilt es 180 neue Kriegstrieren auf einmal zu bauen. Aber um die Kosten für den Schiffsbau, für die 30000 aus dem Proletariat der Theten zu entnehmenden Bemannung, für die Neuorganisation des Wehrwesens überhaupt in der Volksversammlung (482) durchzuzwingen, muß zuvor eine grundsätzliche Änderung der Verfassung den Weg öffnen. Themistokles' Gesetz von 487 nimmt dem aristokratischen Rat die Regierung ab und überträgt sie auf zehn von den Phylen gewählten Strategen, deren Präsident, der „Oberstrateg" (πρῶτος στρατηγός) von der Volksversammlung bestimmt wird.[1]) Mit zwei ganz verschiedenen Verfassungen treten die beiden Vormächte Griechenlands, die spartanische Landmacht und die neue Seemacht, in den Entscheidungskampf.

Die epochemachende Bedeutung des Zusammenstoßes ist durch die Umrisse der asiatischen und der abendländischen Entwicklung selbst deutlich geworden.

Zwei Systeme politischer Organisation haben sich in den beiden Feinden allmählich herausgeformt — die beiden, die seitdem in ihren allgemeinsten Zügen in allen folgenden Zeiten die extremen Richtpunkte der staatlichen Bautätigkeit geblieben sind. Im Perserreich ein imponierender solider Zentralapparat leistungsfähiger Gewalten an der Spitze und in den Bezirken über einem Gemisch politisch willenloser Völker — in den griechischen Kleinstaaten die stärkste Dezentralisation eines einzigen Volkes, einer Nation ohne einheitlichen Staat, aber dafür die bescheidenen Machtmittel jeder Einzelgemeinde durch die höchstmögliche Intensität des Kräfteeinsatzes jedes einzelnen Mannes im Dienste des Ganzen gesteigert. Wie tief diese Gedanken in das griechische Leben eingedrungen sind, beweist damals schon seit mehr als hundert Jahren die Einrichtung, die neben der gemeinsamen Religion und dem damit eng verflochtenen Volksepos die Städte des Mutterlands und der Kolonien am wirksamsten als Nation zusammenhält, das olympische Wettspiel, in dem die Jugend mit beispielloser Leidenschaftlichkeit um die materiell wertlose Trophäe eines Eichenkranzes ringt, um — Polis gegen Polis — das Höchstmaß athletischer und gymnastischer Gewandtheit zu erproben. Hier wird greifbar, bis zu welchem Grad der einzelne bei der Ausbildung seiner Persönlichkeit mit seinem Staate in Deckung tritt, sowohl in seinem eigenen Bewußtsein wie in der öffentlichen Meinung — wie intensiv der Volkswille unter den staatlichen Gewaltträgern unmittelbar als Machtfaktor wirksam eingreift (S. 20). Diese Wirkung konzentriert sich vorläufig auf die Wehrmacht des Staats und Volks. Aber die Idee des Wettkampfs hat bereits auf das Gebiet des innerpolitischen Parteikampfs übergegriffen und ist der weiteren Übertragung auf alle Gebiete des geistigen Schaffens im Dienste des Staats, auf die Geschichtschreibung, auf das philosophische Denken, auf die Architektur oder auf die Musik fähig.

---

1) Der Areopag bleibt vorläufig noch insofern in seiner Vorzugsstellung, als er das Recht der Überwachung und Beratung der Regierung während ihrer Amtszeit behält. Aber schon jetzt wird für die Zukunft seine Autorität geschwächt. Da die Archonten (die nach Ablauf des Amtsjahrs in den Rat eintreten) der Auslosung aus einer Vorschlagsliste der Demen überlassen werden. Die demokratische Verfassungsreform des Themistokles gibt zugleich einen Anlaß für die Anwendung des Ostrakismos in großem Stil. Nicht weniger als vier aristokratische Führer werden von ihm zwischen 487 und 482 entfernt, ehe das Flottengesetz vorgelegt werden kann (Hipparchos, der jüngere Megakles, Xanthippos, Aristides).

Die Erfolge des Nationalkriegs, die in den Schlachten gegen Xerxes mit den Siegen des Gelon von Syrakus über die Karthager zusammentreffen, geben diesem System die Weihe. Was sich an Energieimpulsen jetzt zur Erhaltung des Staats bewährt — in dem nicht aus persönlicher Bravour, sondern aus freier Hingabe an die Kriegszucht vollbrachten Opfertod der Thermopylenkämpfer[1]) oder in der tollkühn-begeisterten Attacke des kleinen Schiffskontingents der Verbündeten auf die persische Riesenflotte bei Salamis — alles das entfesselt im Verborgenen bereits die Energien zur Verherrlichung des Staats, die unmittelbar nach dem Endsieg in der pindarischen Ode, im äschyleischen Drama, in der myronischen oder polykletischen Skulptur in den Monumentalbauten aller Orten hervorbrechen. Auch in allen Formen des Geistigen steht nicht mehr die Gottheit, sondern die Polis als die Gewalten und Untertanen zur Wechselwirkung zusammenfassende Einheit im Mittelpunkt der Vorstellungen[2]), und die Wissenschaft, die nunmehr von theologisch-priesterlicher Leitung entbundene „Philosophie" schlechthin, bringt dies zum Ausdruck, indem sie ihren Forschungskreis bald darauf in Protagoras und den übrigen Vertretern der Sophistik auf die bisher nicht vorhandene systematische Politik erweitert. Damit wird die trübe Vermischung von politischem und sakralem Verband, mit der Asien gearbeitet hatte, aus der regelmäßig die Priesterherrschaft den Vorteil gezogen hatte, überwunden, und die Aufsichtsgewalt des Staats auch über die religiösen Organisationen, die Rolle des Staats als des „souveränen" Verbands unter allen Verbänden (vgl. oben S. 2, 4) herausgestellt.

Aufstieg und Niedergang des athenisch-hellenischen Nationalstaats. Die Zeit des persischen Kriegs bedeutet aber nicht nur den Höhepunkt des Stadtstaatsgedankens. Sie erweckt naturgemäß auch das Ideal einer tiefgehenden Staatsumbildung. Da zunächst die Gefahr einer Wiederkehr der Angriffe das Griechentum zu bedrohen scheint, drängt sich das Bedürfnis auf, die zufällige und unsichere Allianz der Republiken zu einem leistungsfähigen Gesamtstaat aller Griechen des Mutterlands, der Inseln und der Kolonialländer zu organisieren, und da sich als Schauplatz und Objekt des Kampfes vor allem die See und die Seeherrschaft erwiesen hat, fällt die Führung bei diesem Werk der athenischen Seerüstung nicht dem see- und überhaupt unternehmungsscheuen Sparta zu. Hier aber verschleiert sich bereits das günstige Gestirn, das bisher über der griechischen Staatsbildung gestanden. Eine gesicherte Bewegung auf dem Meere hätte die Einigung auch zu Lande vorausgesetzt, d. h. prinzipaliter die sofortige Niederwerfung Spartas. Dahin geht der Plan des leitenden Politikers der Kriegszeit, des Hauptvertreters der demokratischen, der Reederei- und Handelsinteressen (o. S. 60, A. 1). Aber eine Intrigue der konservativ-oligarchisch-spartafreundlichen Großgrundbesitzpartei erzwingt Themistokles' Sturz, und nun erfolgt die Neuorganisation auf der Basis eines Notbehelfs im Sinn des „griechischen Dualismus". Spartas Landbund auf dem Peloponnes, gestützt auf die Freundschaft mit Athens See- und Handelskonkurrentin Korinth, bleibt unangefochten als ein bloßer „Staatenbund" bestehen.

---

1) Auch in der zeitgenössischen Auffassung. Es ist neuestens betont worden, daß die bekannte Grabschrift für die Kämpfer des Leonidas (‚κείμεθα τοῖς κείνων ῥήμασι πειθομενοι') doppelsinnig zu deuten ist: „melde, daß wir hier dem Kommando gehorsam in Stellung liegen". (Richard Heinze.)

2) Am deutlichsten in den Dramen des Äschylos: Historie aus der Zeitgeschichte in den „Persern"; — Lösung des Pflichtenkonflikts des Orestes durch Spruch des souveränen Schwurgerichts der athenischen Polis in den „Eumeniden"; — des ähnlichen Konflikts zwischen Bürgerpflicht und Gattenliebe in dem (nicht erhaltenen) Danaiden-Drama ebenfalls durch das Volksgericht. In den „Sieben gegen Theben" freiwilliger Schlachtentod des Herrschers, um durch den Untergang seines fluchbeladenen Geschlechts die Knechtschaft des Staats abzuwenden (E. Meyer III § 257).

Daneben konstituiert sich unter Leitung der Konservativen, des Aristeides und Kimon, der delische, bald darauf attische Seebund, ein echter „Bundesstaat" und trotz seiner fragmentarischen Natur eine imponierende Schöpfung. Er umfaßt alle autonomen Gemeinden der Inseln, des Pontos, der thrakischen, kleinasiatischen und afrikanischen Küste, ca. 200. Athen stellt mit den drei am meisten ebenbürtigen Inselseemächten Lesbos, Chios und Samos die Kriegsmarine. Alle kleineren Bundesglieder finden sich (schon seit 477) nach Maßgabe einer Bundesmatrikel mit Geldzahlung (φόρος) ab. Über die Tribute — denn darum handelt es sich von Anfang an — verfügt Athen souverän. Es übernimmt dafür die Verantwortlichkeit für die Erhaltung der Kriegsmarine, Durchführung für die Seepolizei im Mittelmeer, die von nun an als staatliche Hauptleistung des Bundes durch Kreuzergeschwader unter athenischen Strategen besorgt und durch Flottenstationen mit athenischen Besatzungen gesichert wird. Zu der Bundessteuer- und Wehrverwaltung tritt dann (ca. 450) auch noch oberste Zivil- und Strafrechtspflege des Bundes. Auch sie übt die Hegemoniegemeinde aus eigner alleiniger Macht durch Einsetzung von athenischen Gerichtskommissionen als Oberbundesgericht für bürgerliche Streitigkeiten der Bündner mit Athenern und für die Aburteilung aller todeswürdigen Delikte der Bündner; beides nach athenischem Recht, d. h. nach der Gesetzgebung Solons und ihren Fortbildungen.

In den genannten Verfassungsprinzipien ist enthalten, daß in dem „Reich der Athener" (ἡ ἀρχὴ ἡ Αθηναίων). tatsächlich die athenische Bürgerschaft als solche die Trägerin der Reichsgewalt ist. Aus Zusammensetzung von Delegierten der Bundesstädte wird eine solche nicht gebildet. Ja, die Bündner besitzen nicht einmal ein Organ, das den Demos von Athen beschränken könnte. Alle Gewalt über die verbündeten Verbände, ist auf den führenden Verband konzentriert, und diese Gewalt ist absolut. So gestaltet sich das Verhältnis zwischen Athen und den übrigen Seestädten als ein Seitenstück zu dem Gewaltenverhältnis, das bei Begründung des attischen Bundes innerhalb der herrschenden Bürgergemeinde zwischen den verschiedenen Gewalten bereits im Entstehen war.

Schon Themistokles selbst hatte durch das Prinzip der Volkswahl der Oberstrategen die Volksversammlung zur Trägerin der obersten Gewalt in der Polis von Attika gemacht. Aber während der Zeit, wo die Strategen im Amte sind, hatte das aristokratische Organ, der Areopag, noch immer ein oberstes Recht der Regierungsleitung behalten, und Themistokles' Sturz hatte es fürs erste wieder gestärkt. Im Weiterwirken des mit seiner Entlassung verknüpften Parteikampfs ersehen jedoch die neuen demokratischen Führer Ephialtes und Perikles bald die Gelegenheit, das Oberaufsichtsrecht des alten Rats durch Gesetz abschaffen zu lassen. Seine Funktionen bestehen zwar fort, aber sie büßen ihre Kraft ein. Einmal durch Teilung zwischen zwei neuen Räten. Die verwaltungleitende Seite erhält der Rat im Stadthaus, der Prytanenrat der 500: nur mit seinem Vorbeschluß (Probuleuma) konnten die Beamten einen Antrag, besonders einen finanzpolitischen, der Ekklesia vorlegen. Die verwaltungrechtsprechende Seite geht an das Volksgericht, die Heliäa der 5000, über: sie werden der Staatsgerichtshof, vor der die einzelnen Akte wie die gesamte Amtsführung der oberen Beamten zur Rechenschaft gezogen werden können. Noch mehr verflüchtigt sich die Autorität des Regierungsrats wie des Verwaltungsgerichts dadurch, daß sie beide nunmehr durch das Los aus der Gesamtbürgerschaft berufen werden. Sie werden von der Volksversammlung abhängig, ja, sie sind nur untergeordnete und dazu fortwährend wechselnde Ausschüsse der Ekklesie.[1]) Von den ca. 50000 vollberechtigten Bürgern, auf die der herrschende Demos in der Blütezeit der Mitte des

1) Für den Rat werden (entsprechend den zehn Phylen der Bürgerschaft, oben S. 60), zehn Rats-Phylen zu je 50; — für das Gericht ebenso zehn Sektionen zu je 500 gebildet. Unter ihnen geht der Dienst im Lauf des Geschäftsjahrs um.

5. Jhs. geschätzt wird, sind unausgesetzt 20000 in staatlicher Stellung, und in besoldeter Stellung, denn das ephialtisch-perikleische System wird durch die Einführung der Tagegelder abgeschlossen.[1]) So ist das Ergebnis dieser letzten Reform des athenischen Stadtstaats dasselbe wie das der Organisation des athenischen Bundes. Die durchgeführte Demokratie bedeutet zugleich die absolute Demokratie. Das in der Vollversammlung der Bürger verkörperte höchste Organ hat kein anderes unabhängiges Organ mehr neben sich. Die Mehrheit der Ekklesie herrscht unbeschränkt über alle Minderheiten in Attika und damit unbeschränkt auch über die von Athen abhängigen Bündner, die eben dadurch bereits von Symmachoi (σύμμαχοι), Bundesgenossen, zu Hypekooi (ὑπήκοοι), Untertanen, herabgesunken sind.

Welchen Glanz die Machtstellung des attischen Demos unter der fast vierzigjährigen Leitung eines genialen Demagogen zu verbreiten imstande ist, bedarf nicht der Schilderung. Die perikleische Ära ist mehr als bloß ein Höhepunkt staatlichen Lebens und Wirkens. Sie ist in der Produktivität, die Gemeinwesen und Einzelwesen in wechselwirkendem Ineinandergreifen entfalten, einzig in ihrer Art, und sie lebt sich in ihrer Schöpferkraft nach einem bewußt erfaßten Lebensprinzip der Demokratie aus. Was die vorpersische Zeit innerhalb des griechischen Kleinstaats naiv zu verwirklichen begonnen hatte (o. S. 61), tritt nunmehr in den Volksreden des Perikles als begeisternder Hauptgedanke auf: durch gesetzliche Gleichstellung werden alle Bürger zur freiwilligen unbedingten Hingabe ihrer Kräfte für das Ganze verfügbar gemacht. Die Art und Weise aber, wie das System funktioniert, ist so, daß überall die Erfüllung der gemeinnützigen Aufgabe des Staats und die Betätigung des persönlichen Ehrgeizes des einzelnen in der Wirkung zusammentrifft. Die Leistung des Wehrdienstes baut auf der athletischen und sportlichen Übung des Jünglings auf, die Stellung von Schiffen, von Wettspielen, Festreigen und Theateraufführungen und anderer freiwilliger „Beisteuer" (εἰσφορά) neben den allgemeinen Abgaben (φόρος) auf der Neigung der Reichen zur persönlichen Glanzentfaltung. Die Veranstaltungen der regelmäßigen Schauspielzyklen beim Dionysosfest, die das herrschende Volk durch Erhebung oder Belustigung in Stimmung erhalten sollen, sind der Nährboden für die erstaunliche Massenkonkurrenz der dramatischen Talente, aus der sich die klassische Tragödie und Komödie erzeugt, und indem die Tribute der Bündner für gewaltige Projekte des Tempelbaus, der Befestigungs-, der Hafen- und anderen Verkehrsanlagen flüssig gemacht werden, die den athenischen Unternehmer- und Handwerkerklassen Beschäftigung geben sollen, werden zugleich die Bedingungen für das Reifen der großen Architekten, Bildhauer und Maler geschaffen.

Aber dem Lichtvollen steht im attischen Großstaat eine starke Schattenseite gegenüber. Sie beruht darin, daß die von den Begründern und Führern der Demokratie gefeierte „Gleichheit aller Bürger" nur eine teilweise durchgeführte ist, daß sie als folgerichtig geltendes Prinzip nicht existiert.

Schon innerhalb der herrschenden Gemeinde ist die Gleichheit nur eine scheinbare. Sie besteht nicht zwischen der Masse der Mittel- und Unterklassen und den Reichen. Zwar war es innerlich begründet, daß den Besitzenden erhöhte Lasten auferlegt worden waren. Das System der Leiturgien und Eisphora (S. 64) entsprang dem gesunden Gedanken einer verhältnismäßig verschiedenen Belastung nach Verschiedenheit der Leistungsfähigkeit

1) Richter und Ratsherren erhalten täglich als Diäten 2 Obolen (= ca. 30 Pfennige). Das gleiche System ist auf das Archontat erstreckt worden, das 457 neben der bisher noch immer privilegierten Kapitalistenklasse auch den Zeugiten (Bauern und Kleinbürgern) eröffnet wird (4 Obolen). Von da an wird nur die Stellung der Strategen und der Tamiai (Finanzbeamten) der Geburts- oder Geldaristokratie vorbehalten. Dabei aber ist es geblieben, so daß die Demokratie auch auf ihrem Höhepunkt noch immer eine beschränkte ist.

(o. S. 21). Aber es war in dem Augenblick ungerecht geworden, wo die Umbildung der Verfassung dem Wohlhabenden jede Möglichkeit des Schutzes gegen seine Übertreibung genommen hatte, und das war geschehen, seit der Demos oder sein Ausschuß ganz allein — unbeengt durch Gesetze oder durch den Entscheid unparteiischer Organe — die Macht erhalten hatte, über das Maß der Vermögensabgaben zu verfügen. Von da an war der Zustand der „entarteten Bürgerherrschaft", der im tadelnden Sinn des Aristoteles gemeinten Demokratie (o. S. 21, A. 1) vorhanden, worin „die Armen über die Reichen herrschen". Er war durch die gesetzliche Herrschaft der Majorität über die Minorität von selbst mitgegeben[1]) und zeigte das Gleichheitsprinzip in seiner widerwärtigen Verzerrung vor allem in den Fällen, wo sich der Demos seiner richterlichen Vollmachten bediente, um etwa mit Hilfe der Verurteilung wegen Gottlosigkeit, Hochverrat oder Mißbrauch der Amtsgewalt unbegrenzte Bußen oder Konfiskation des Vermögens aufzuerlegen, mit andern Worten die Strafrechtspflege zum Zweck der Besteuerung der feindlichen Klasse zu mißbrauchen. Hier wurde den Athenern beim Vergleich der perikleischen Zeit mit der 'πάτριος πολιτεία', mit der Väterzeit des Solon, zum erstenmal in der Staatengeschichte die unheilvolle Verkettung fühlbar, die sich seitdem noch oft und ganz besonders in der modernsten Zeit wiederholt hat: „wie die Gleichheit hinter der Freiheit herläuft, um sie schließlich totzuschlagen" (Fogazzaro). Vergegenwärtigt man sich noch einmal den Verlauf der athenischen Verfassungsentwicklung durch das 6. und 5. Jh., so ist es folgender: aus der „Oligarchie" der vorsolonischen Zeit, der absoluten „Herrschaft der Reichen über die Armen" (Aristoteles) hat Solon durch Gesetzgebung und Gerichtsbarkeit der Volksversammlung die verfassungsmäßige Aufsicht des Volks über die oligarchische Regierung begründet, Kleisthenes sie wirksam gemacht. Von Themistokles wird die Regierung (im Sinn der „Kabinettsbildung") in die Hand des Volks gelegt, aber unter Aufsicht der oligarchischen „Organe", von Perikles wird diese Aufsicht abgestoßen und damit das andere Extrem des Ausgangspunkts erreicht, die Demokratie absolut gemacht.

Dies Mißverhältnis wiederholt sich nun aber noch schlagender innerhalb des Reichs. Denn im Vergleich der herrschenden Polis mit den oligarchischen oder demokratischen Gewalten der Bundesgenossenstädte fehlt von vornherein jede auch nur scheinbare Gleichheit. Die Bündner sind überhaupt nur tributpflichtig. Ihnen fehlt jeder Schatten von Einfluß auf die Angelegenheiten des Gesamtstaats; auch die Verfügung über den Bundesschatz steht allein und verantwortungsfrei dem Demos von Athen zu. Dabei steigert sich auch hier der Abstand anstatt sich zu verringern. Langsam wächst das System der „Kleruchien", der Anlage von Bürgerkolonien durch die Athener, die aus dem Kreis der Zeugiten und Theten mit Landlosen und vollem Bürgerrecht mitten im abhängigen Gebiet ausgestattet, — ja, mit der Zeit als Garnisonen politisch berechtigter Vollbürger in die Untertanenstädte selbst hineingelegt werden. Und umgekehrt wächst ebenso in Athen selbst die Zahl der „Metöken", die aus den Bündnerstädten zu dauerndem Gewerbebetrieb in die Hauptstadt zuziehen, ohne je ins Bürgerrecht zu gelangen, — ganz abgesehen von der völlig rechtlosen Sklavenbevölkerung, die erst jetzt — in der Weltstadt Athen — massenweise, nunmehr etwa eben so groß, wie die Zahl der Vollbürger —, im Gemeinwesen ihre Rolle zu spielen beginnt.[2])

1) Das Verhältnis zwischen den Parteien bzw. Klassen der Volksversammlung wird anschaulich, wenn man erwägt, daß etwa um 430 (Perikles' letztes Amtsjahr) unter 55500 wehrpflichtigen Männern ca. 33000 Zeugiten (Bauern und Mittelbürger) und 20000 Theten (Lohnarbeiter) den ca. 2500 Fünfhundertschefflern und Rittern gegenüberstehen. Gesamtbevölkerung Attikas damals 170000 Bürger, 14000 Metöken, 150000 Sklaven.

2) Sie spielt sie in dem Kanzleipersonal der Behörden, das sich zu einem großen Teil aus Sklaven oder Freigelassenen rekrutiert. Auch die Polizeitruppe Athens, die 300 „Skythen", ist aus unfreien Bogenschützen gebildet. Die Freigelassenen werden Metöken.

Man kann also zusammenfassend urteilen, daß die Kraft, die das Griechentum auf der Stufe des Stadtstaats groß gemacht hatte und die in einem freien Bund aller gleichen Stadtstaaten gegen Persien wirksam gewesen war (S. 62), beim Aufstieg zum Nationalstaat verloren geht. Die Vormacht dieses Nationalstaats, Athen, büßt den Vorsprung ein, den es vor Sparta besessen hat. Denn wenn Sparta schon im Kleinstaat an der ewigen Sorge vor den abhängigen Heloten gekrankt hatte, so geriet nunmehr Athen im Großstaat in die gleiche innere Brüchigkeit und Unsicherheit gegenüber den Untertanenstädten, ganz abgesehen von dem Mißverhältnis zu der oligarchischen Gruppe in der Heimat. Diese Brüchigkeit drückt Athen und Sparta zugleich auf dieselbe Schwäche herab wie den persischen Weltstaat. Denn während die hellenische Staatsbildung in allem übrigen den extrem gegensätzlichen Charakter zur orientalischen angenommen hatte (o. S. 38), — darin war sie ihr überraschend und verhängnisvoll ähnlich geworden, daß sie sich in einer staatsrechtlichen Ungleichheit der Klassen und Gliedsverbände, in der sozialen Ungerechtigkeit festgefahren hatte.

Und in der Tat zeigt sich an dem Verlauf, den der Kampf Athens um die Vorherrschaft über Griechenland in Wirklichkeit nimmt, daß sein Mißerfolg genau durch jene Schwächen verschuldet wird. In jedem seiner drei Stadien, im böotischen wie in den beiden Hauptabschnitten des Peloponnesischen Kriegs ist die Aufsässigkeit und schließlich im kritischen Zeitpunkt der offene Abfall der Bündner und Staaten das, was Athens Kraftentfaltung lähmt und durchkreuzt. Im Schlußstadium kombiniert er sich vernichtend mit der Quertreiberei, ja dem offenen Landesverrat der zu Sparta neigenden Konservativen (Theramenes) gegen die demokratische Regierung. Rein persönliche Momente kommen hinzu: nach Perikles' Sturz der Mangel eines überragenden Führers und infolgedessen das planlose Dreinreden der unberufenen Demagogen, — zuletzt der vaterlandslose Zynismus Spartas, geradezu den Nationalfeind, den Großkönig als Bundesgenossen gegen die nationale Einheit auszuspielen. Aber diese Faktoren hätten nicht genügt; das letzte wäre nicht einmal möglich gewesen, wenn Athen nicht immer mehr isoliert und dadurch gezwungen worden wäre, seine eigenen, naturgemäß beschränkten Kräfte völlig zu erschöpfen. Mit andern Worten, es ist nicht die demokratische Staatsform als solche, sondern der Absolutismus der Demokratie innerhalb Athens und der Partikularismus der herrschenden Demokratie gegenüber den Untertanengemeinden, was die Verantwortung für das Scheitern der unter so günstigen Aspekten begonnenen Arbeit zum Ausbau eines gesamtgriechischen Nationalstaats trägt. Forscht man aber nach den tieferen Ursachen dieser Mängel, besonders des letzten, am meisten verantwortlichen Hemmnisses der nationalen Einigung, so ist es offenbar der Ausgangspunkt der griechischen Entwicklung, die Grundform des Stadtstaats selbst, aus der alle weiteren Unvollkommenheiten sich mit innerer Notwendigkeit von selbst ergaben. Sie, d. h. die Ausbildung souveräner Einzelbürgerschaften, macht es unmöglich, daß der Kleinstaat zum leistungsfähigen und zugleich rechtlich durchgebildeten Großstaat fortschreitet.

Wenn es also die Lehre der vorderasiatischen Entwicklung war, daß Asien zur Ausbildung eines Staatsrechts nicht gelangen kann, weil es sich im internationalen Weltstaat verrennt, so ist die bleibende Erfahrung der griechischen Entwicklung, daß hier früher relativ vollkommene Rechtsformen, weil sie sich nur innerhalb des stadtrepublikanischen Kleinstaats verwirklichen, ihrer Erhebung auf die breitere Stufe eines machtvollen Großstaats versperren.

Der politische Verfall des Griechentums, die makedonische Großstaatsmonarchie, das Alexanderreich und das Gleichgewicht der hellenistischen Nachfolgestaaten. Dieselbe Zeit, in der die griechische Staatsbildung nach der Katastrophe Athens in eine rückläufige Bewegung umbiegt, erlebt die stärkste Kraftentfaltung der politischen Wissenschaft. Platons und in der Hauptsache auch Aristoteles' Lehre entspringen der Sehnsucht nach einem politischen „Wiederaufbau" des Griechentums und demgemäß dem Drang nach Aufklärung der Gründe des Zusammenbruchs. Ihnen erscheinen diese Gründe ausschließlich in der Parteispaltung während des Entscheidungskampfs und in dem Dilettantismus der Staatsleitung durch ungeschulte Demagogen. So sehen sie, vor allem Platon, die Abhilfe in dem inneren Zusammenschluß aller Volksklassen, der „Gemeinsamkeit und Einheit des Handelns in Freud und Leid", und in dem Wirken einer herrschenden Klasse, bei der Macht und Bildung in eins zusammenfällt (δύναμις τε καὶ φιλοσοφία εἰς ταυτὸν συμπέσαι). Da sie im äußeren Erfolg die Einheit und Geschlossenheit des spartanischen Staats besonders bewährt sehen, hält sich die Phantasie, wenn sie einen gesunden Staatszustand jener Art konstruiert, unwillkürlich an die Formen der lakonischen Verfassung, in die sich Reminiszenzen der im Kern noch oligarchischen Verfassung Solons unsicher einmischen: das ergibt das Bild der platonischen Politeia (o. S. 25), verklärt durch die wundervollen Gedanken über das Thema, welch hohe Bedeutung der politischen Gesinnung neben den rechtlichen Formen der Verfassung zukommt (o. S. 21).

Aber so sehr diese Gedanken ihre ewigen, allgemein menschlichen Werte behalten, — damit allein wird die Kritik der bestehenden Lage Griechenlands nicht gerecht. Wie das Gesagte gezeigt hat, kommt es darauf an, die kostbaren Einrichtungen, um die bürgerliche Gesinnung anzuerziehen und zu erhalten, die die schöpferischsten der alten Staaten wirklich ausgebildet hatten, nunmehr auch auf die übrigen Teile des Ganzen zu übertragen, und diese Aufgabe bleibt sowohl für Platon wie für Aristoteles verschlossen, die beide ihr Augenmerk einzig und allein auf die Wiederherstellung des alten Kleinstaats in einer von politischem Ehrgeiz reinen Atmosphäre richten. Sie beweisen damit nur um so klarer, daß der Stadtstaat als solcher, das hellenistische Staatsideal, von dem auch sie sich nicht loslösen können, gar nicht fähig ist, die Aufgabe der griechischen Nationalstaatsgründung zu erfüllen: um dies zu bewirken, hätte er sich selbst aufheben müssen. Nur ein Einzelner, der sich mit gleicher Obmacht über alle souveränen Stadtstaaten aufstellte, hätte die Brücke zu der höheren Einheit unter Gleichberechtigung der verschiedenen Glieder schlagen können, und in der Tat hat im Westen der großgriechische Komplex aller Stadtgemeinden der sizilischen Insel auf dem Weg der Monarchie seine Einigung erreicht: gerade in jenen kritischen Jahren bringt (404) auf zwei Menschenalter der Söldnerführer Dionysios, auf Syrakus gestützt, die ganze Insel zu einer großen Polis zusammen, in der auch die ehemals herrschende Stadt der unbeschränkten Gewalt des Herrschers von Sizilien, ἄρχων τῆς Σικελίας, mit gleicher Untertanenpflicht — in diesem Sinn „demokratisch" (o. S. 19) — unterworfen ist.[1]) Aber im Hauptland steht der eingefleischte Tyrannenhaß einem ähnlichen Verlauf hindernd im Wege[2]), und in einem halbhundertjährigen aussichtslosen, teils militärischen, teils diplomatischen Kampf um eine neue Hegemonie hat die nationalgriechische Entwicklung mit einer zerstörenden Anarchie geendet, aus der nur ein Eingriff von außen her zu einer neuen positiven Ordnung führen kann.[3]) !

1) Der monarchische Territorialstaat Sizilien mit Unterbrechungen über Agathokles (318), Hieron (270—215) bewahrt zweihundert Jahre lang einen bedeutenden Stand rechtlicher Sicherheit, wirtschaftlicher Blüte und humanen Regiments.

2) Das genaue Seitenstück der Staatsgründung des Dionysios, die Schaffung einer monarchenähnlichen Stellung des Lysander über ganz Griechenland, blieb eine flüchtige Episode. Sie wurde im Kern der Position, in Sparta selbst, durch König Pausanias im verfassungstreuen Sinn durchkreuzt.

3) Im Jahre 379 hat die Idee des Nationalstaats als eines Bundes republikanischer Stadtstaaten im zweiten attischen Seebund noch einmal flüchtig Gestalt gewonnen, als es Athen gelungen ist, ein neues Gegengewicht gegen Sparta in seiner Allianz mit Theben zu

Die Fremdherrschaft der makedonischen Könige hat mit militärischen Mitteln, wenn auch mit verhältnismäßig schonender Hand das geleistet, was not tat. Aber indem Alexander, sofort über seinen Vater weitergreifend, sich für das in Auflösung begriffene Reich der Großkönige die gleiche Mission der Nachlaßvollstreckung beilegt, verschiebt er in der nun vereinigten griechisch-persischen Ländermasse dauernd das politische Übergewicht nach der asiatischen Seite. Wohl gibt in der eigentümlichen Mischkultur des Hellenismus, die die Kriegszüge und Organisationsmaßregeln Alexanders heraufführt, das Griechentum den Ton an für die gesellschaftlichen Lebensformen und für die geistigen Schöpfungen in Wissenschaft, Poesie, Architektur, bildender Kunst. Aber in der politischen Kultur, in der Sphäre des Staats- und Rechtslebens, in den Formen der Regierung, Verwaltung und Gesetzgebung, in der Gestaltung des Verhältnisses zwischen Staat und Untertanen überwiegt das orientalische Element, nicht nur so lange das Weltreich des Eroberers selbst Bestand hat, sondern auch in den drei großen Nachfolgestaaten seiner Generale, in dem ägyptischen der Ptolemäer und dem syrischen der Seleukiden ebensowohl wie in dem makedonisch-griechischen der Antigoniden.

Am einleuchtendsten ist dies für die Organisation der neuen Diadochen-Monarchien. Nur an einer, allerdings bedeutungsvollen Stelle macht sich hier der griechische Einfluß geltend: in dem Vordringen der Stadt in die eroberten Gebiete, die Vorstellung, daß zum zivilisierten, verfeinerten Staatsleben ein städtisches Regierungszentrum gehört, ist so fest eingewurzelt, daß Alexander selbst wie seine Nachfolger ihren Weg durch massenhafte Städtegründungen bezeichnen.[1]) Aber schon diese verändern gegenüber dem Urbild der hellenischen Polis durchaus ihren Charakter. Sie sind eben nur Glieder im Gesamtorganismus des Großstaats. Im syrischen Staat, dem eigentlichen Erben des Perserreichs im engeren Sinn, führen sie die alte Stadtverfassung — Archonten, Rat, Gemeindeversammlung — wie im Mutterland und in Makedonien als bloße Selbstverwaltungskörper unter der Kontrolle der Staatsbehörden weiter, und in Ägypten sind die Städte nicht einmal das, sondern nur Verwaltungsbezirke der Bureaukratie, und selbst das große Alexandreia, die Lieblingsgründung des Königs, der an Stelle Athens für die Zukunft die Rolle der merkantilen und geistigen Metropole der östlichen Mittelmeerländer beschieden ist, muß sich in die Zentralisation altägyptischen Stils einfügen. Das militärische und zivile Beamtentum der Krone wird also überall die allein wirksame Kraft des Staats, der gegenüber selbst der Komplex der ehemaligen Stadtstaaten in Hellas und im Peloponnes in einem meist entvölkerten und verarmten Zustand ein wesenloses Schattendasein weiterführen. Die staatliche Bureaukratie erreicht in Behördenordnung und Verwaltungstechnik, besonders in einer fein durchgebildeten Finanzverwaltung, einen hohen Stand, aber doch nur im Sinn einer mit griechischer Bildung, besonders juristischer Bildung, vervollkommneten Erneuerung der älteren Orientstaaten (o. S. 51).

Das Verhältnis zwischen Staat und Untertanen entspricht dem. Was die Bürger für ihr Einzeldasein vom hellenistischen Staat empfangen, ist eine sehr achtungswerte Rechtspflege, die ein akademisch geschulter Richterstand anscheinend auf Grund einer sorgsam fortgebildeten Gesetzgebung leistet. Inwieweit hier nicht nur in der Rechtssprache, sondern auch in den Rechtsgedanken und -formen griechischer Einfluß waltet, ist schwer zu bestimmen, und nach der neuerdings sich allmählich vertiefenden Kenntnis der altbabylonischen Gesetzgebung ist man berechtigt anzunehmen, daß auch auf diesen Gebieten die Tradition des

---

schaffen. Das souveräne Organ bildet jetzt eine „Tagsatzung" von Delegierten aller verbündeten Städte. Aber dieser Bund wird durch das auf Theben eifersüchtige Athen selbst gesprengt, das plötzlich von neuem zu Sparta abschwenkt. Der kurze Aufschwung einer thebanischen Hegemonie unter dem Böotarchen Epameinondas (Leuktra 371) kann nichts Festes mehr schaffen und hilft nur die hoffnungslose Zersetzung beschleunigen.

1) Alexander werden ca. 70 Stadtgründungen zugeschrieben, Seleukos I. (s. u.) 75.

alten Vorderasien ebensoviel, wo nicht mehr wie das Griechentum zu der Blüte der streitigen und freiwilligen Ziviljustiz dieser Zeit beigetragen hat. Auch dem wirtschaftlichen und geistigen Leben der Individuen ist in der Regel wohl freie Entfaltung gegönnt. Darauf deutet vor allem die Mannigfaltigkeit der Möglichkeiten, in der sich die Weltanschauungen und Kulte der Vergangenheit befruchten, bekämpfen und auseinandersetzen dürfen. Akademie und Lykeion, Stoa und Epikuräismus finden bei dem hellenistischen Staat die gleiche Toleranz wie Dionysos-, Isis-, Mithra- und Jahwe-Dienst, die gleiche freie Bahn für ihre Propaganda. Aber ein Anteil an den staatlichen Gewalten ist dem Bürger nicht gewährt. Der innerste Kern des griechischen Staatsideals (S. 61) ist völlig erstorben. Damit aber fehlt wie die Einheit zwischen Staat und Gesellschaft, so die des gesellschaftlichen Zusammenlebens im Staate selbst. Fühlbar ungleichartig stehen die Elemente der Rassen, die der gewalttätige Impuls Alexanders durcheinander geworfen hat, im Staat neben- und oft gegeneinander, und mindestens in dem ersten Jahrhundert nach der Umformung der östlichen Mittelmeerwelt ist es nur der Wille der Herrscher, der Kommandeure ihrer aus griechischen Söldnern gebildeten Leibregimenter und der Präsidenten ihrer griechisch redenden Ratskollegien, die das Gemisch ihrer vielsprachigen Untertanen zur Einheit zusammenfassen.

Allerdings ein Neues war gewonnen, das einer weittragenden Fortentwicklung fähig erscheinen konnte. Der Osten hatte sich seit unvordenklicher Zeit zum erstenmal in einem System gleichstarker und gleichartiger Staaten organisiert, die ihren Völkern einen friedlichen und gleichberechtigten internationalen Verkehr ermöglichen konnten. Die Spannung zwischen den Extremen eines einzigen Weltreichs und einer Myriade städtischer Kleinstaaten war überwunden. So konnte man erwarten, daß dieser Zustand eines Gleichgewichts der Großstaaten, wenn er sich in der Überzeugung der Regierungen zu einem rechtlich notwendigen, zur Förderung eines geltenden Völkerrechts vertiefte, in entsprechender Weise auf das Innenverhältnis dieser Staaten, in der Richtung einer geordneten Beziehung der Nationalitäten und Klassen — Griechen und Orientalen, Großgrund- oder Großkapitalbesitzer und Mittel- und Unterklassen — einwirken werde. Aus diesen ausgeglichenen Volkskörpern mochte sich dann auch eine neue gedeihliche Beziehung zwischen Volk und Staatsgewalt, zwischen Gesellschaft und Staat entwickeln. Das ist in der neuen Zeit tatsächlich der Gang der Dinge im westlichen und mittleren Europa vom 16. und 17. zum 18. und 19. Jh. geworden.

In der Antike sollte es auch jetzt zu diesem Schritt nicht kommen. Den hellenistischen Staaten wurden die Bedingungen eines ruhigen Zusammenlebens nicht gegönnt, die hierzu erforderlich waren. Teilweise trugen auch daran die großen Völkerbewegungen die Schuld. Sie setzten von Osten an dem alten Unruheherd wieder ein. Während noch die drei Diadochenreiche in der Bildung waren — um 250 —, vollzog sich an ihrer gemeinsamen Flanke die Gründung eines machtpolitischen Zentrums durch den am meisten barbarischen und gewalttätigen Iranierstamm, die Parther, und dieses Reich der Arsakiden-Dynastie, das sich bald von den Ostsatrapien des alten Perserreichs am linken Ufer des Euphrat bis an die Grenze Indiens erstreckte, bildete von da ab eine dauernde Gefahr zunächst für Syrien. Gleichzeitig aber kam das westliche und mittlere Europa in Bewegung. Massen keltischer Völkerschaften, deren unzusammenhängende Bestandteile schon seit ca. 450 zwischen Karpathen und Atlantischem Ozean bis nach Spanien und Britannien in allmählichem Vorrücken gewesen waren, in andern Teilen um 400 Oberitalien bedroht und erobert hatten (u. S. 71), brachen jetzt, von dem neuen Wettbewerber, dem germanischen Volk, wohl auch schon von gewissen nachdrängenden slawischen Gruppen geschoben, nach Südosten aus, um auf Jahrzehnte der Schrecken für die makedonisch-griechischen Beherrscher aus dem Hause des Demetrios Poliorketes zu werden und verheerend und erobernd auch auf Kleinasien überzugreifen.[1]) Die außenpolitischen Sorgen machen also die militärische Machtentfaltung wieder zur Hauptaufgabe der Alexanderstaaten, und dieser Charakter vergiftet auch das Verhältnis unter ihnen selbst. Eroberungen, Intriguen, wechselseitige Gebietsstreitigkeiten und Eifersüchteleien bleiben wie in altpersischer Zeit das Hauptinteresse der überwiegend höfischen Politik der Diadochen, und gerade am Ausgang des 3. vorchristlichen Jahrhunderts ist das Verhältnis zwischen den Regierungen von Thessalonike, Antiochia und Alexandria heillos verhetzt und zerspalten und noch dazu durch unruhige Zwischenmächte erschwert.[2])

Und gerade in diesem Jahre schlägt das entsprechende Gleichgewichtsverhältnis, das sich seit drei Jahrhunderten langsam im westlichen Mittelmeer zwischen Rom und Karthago ausgebildet hatten, entscheidend in ein erdrückendes Übergewicht des römisch-italischen Großstaats um, — des vollkommensten, zugleich als Macht- wie als Rechtsorganismus bedeutendsten Staatswesens, das die Welt bisher gesehen hatte. Es könnte das Vorbild für jene auch innerlich motivierte verfassungsmäßige Ausreife der Diadochenstaaten werden. Aber die Vorbedingung hierfür, das Gleichgewicht aller fünf Großmächte am Mittelmeer, ist an einer Stelle schon gesprengt, und diese Lücke greift weiter.

Die Anfänge der Staatsbildung in Italien. Die apenninische Halbinsel gleicht in dem Hauptteil, der sich zwischen das Adriatische und Tyrrhenische Meer vorstreckt, der Bodenstruktur des griechischen Landes. Sie stützt sich nur da, wo sie im Norden mit dem Kontinent verwachsen ist, auf ein kulturfähiges Gebiet größeren Umfangs, auf das breite Schwemmland von Po und Etsch zwischen Alpen und Apennin. Die eigentliche Halbinsel wird durch das Gebirge oder durch ausgedehnte, zu Versumpfung und Verödung geneigte Strecken in vielfache Täler zerlegt. Unter ihnen besitzen nur Arno-, Tiber- und Volturnstal die Vorbedingungen für das Entstehen bedeutender Siedlungs- und Verkehrspunkte, wie sie im Verlauf durch Pisa, Lucca und Florenz, durch Rom, durch Capua und Neapel bezeichnet sind. Durch diese Täler wendet die Halbinsel — ungleich den vorwiegend nach dem Orient gerichteten griechischen Landschaften — ihre politisch und wirtschaftlich rührigsten Volkskräfte dem Westen, der spanischen und südfranzösischen Küste zu. Nur der Ausläufer der Halbinsel und die vorgelagerte sizilische Insel ist der griechischen Welt zugänglich.

Italien mußte deshalb ebenso wie Griechenland von starker Partikularisierung der politischen Gebilde ausgehen. Aber die Landschafts- und Stadtstaaten, die allmählich das Land überziehen, werden dadurch unter besondere Entwicklungsbedingungen gestellt, daß der knappe Boden zum Gegenstand eines sich immer mehr steigernden Wettbewerbs verschiedener Völker wird. Den von Nordosten zu Lande her über den Ureinwohnern (mittelländisch-iberischer Rasse?) eingewanderten oskischen und latinisch-sabellischen Stämmen indoeuropäischer Rasse tritt seit dem 8. Jh.

---

1) Das bleibende Ergebnis der seit 270 einsetzenden Raubzüge der „Gallier", die im allgemeinen abgeschlagen werden, ist die Festsetzung von drei keltischen Stämmen (Tolistobogen, Tectosagen und Trocmer) in Kleinasien und die Begründung eines föderativen Völkerschaftsstaats der „Galater" an der Stelle, die (am Halys) das Zentrum des Chetareichs gebildet hatte. Die vier Völkerschaften („Clans") jedes der drei Hauptstämme, jede unter ihrem Häuptling („Vierfürsten", Tetrarchen) bilden zusammen einen Völkerschaftenvertretung („Rat") von 300 Mitgliedern.

2) Im Jahre 201 befindet sich Antiochos III. der „Große" von Syrien auf dem Hochstand militärischen Erfolgs durch einen Sieg über die Parther. Gerade jetzt tritt in Ägypten ein Thronwechsel mit der Sukzession eines minderjährigen Ptolemäer-Prinzen ein, die Antiochos im Bund mit Philipp V. von Makedonien egoistisch auszunutzen sucht. Zunächst bedroht er die selbständigen kleinen Herrschaften von Pergamon, Armenien, Bithynien, die sich unter dem Einfluß der Keltenkämpfe im nördlichen und westlichen Kleinasien gebildet haben. Diese Lage ist es, die die Intervention der Römer gegen Philipp von Makedonien, — zunächst auf Ersuchen des Attalos von Pergamon — herbeiführt. Sie ist dadurch vorbereitet, daß eine makedonische Söldnertruppe (wohl ein Hilfskorps Philipps V.) bei Zama gegen die Römer mitgekämpft hat.

von Norden eine Kolonisation der Etrusker, die über See aus Kleinasien eingedrungen sind und nach diesen im Poland und an der Ostküste eine über die Alpen vordringende Eroberung der Kelten entgegen. Der Süden wird durch die hellenischen Niederlassungen zu einem Groß-griechenland umgebildet und bleibt außerdem stets von dem karthagischen Staat heiß begehrt. Infolgedessen wird die Stadt, deren zentrale- und bodenbegünstigte Lage am unteren Tiber ihr eine tonangebende Funktion in dem Wirrwar von Bürger- und Bauerngemeinden zuweist, im Interesse ihrer Selbstbehauptung zu einer außergewöhnlichen Energie- und Disziplinleistung gezwungen. In nie abreißenden Kämpfen mit ihren nächsten latinischen, volskischen, sabinisch-samnitischen Stammesgenossen, mit den etruskischen und keltischen Volksfeinden und später mit den eifersüchtigen kampanisch-oskischen Stammesverwandten erzieht sich der Stadtstaat Rom zwischen dem 8. und 3. vorchristlichen Jahrhundert zu einem durch die Einschmelzung zahlreicher Nachbargemeinden möglichst volksstarken und unausgesetzt waffenbereiten *Militärstaat* in ähnlichem, aber viel intensiverem Sinn wie Sparta, und er verbindet die *Wehrfunktion* unter dem Druck des Bedürfnisses, das Bürgerheer in kameradschaftlichem Geiste innerlich geschlossen und aktionsfähig zu erhalten, ebenfalls in der Art des lakonischen Vorläufers, aber mit sorgsamstem Ausbau des *Rechts*, das im Privatrechtsverkehr wie im öffentlichen Rechtsleben die Interessen der Bevölkerungsklassen und die Machtsphären der darauf gegründeten Gewaltträger in mustergültiger Weise untereinander ausgleicht, — mit einer Konsequenz und Harmonie, die die lykurgische Verfassung noch weit überbietet. „Es kamen die Römer", sagt Polybios, „zum selben Ziel wie Lykurg und schufen die schönste Staatsverfassung, die es jetzt gibt", — man muß vom heutigen Standpunkt sagen, auch die schönste, die es bis zu unserer eigenen Gegenwart gegeben hat, kaum abgesehen von der englischen. Rom ist nicht nur für das bürgerliche Recht, sondern auch für das Staatsrecht der klassische Boden geworden, und es ergänzt sich darin mit Griechenland in eigenartiger Weise. Was vom hellenischen Geist als Staat nur gedacht und versucht wird, wird hier vollendet. Das Ideal der griechischen Staatsphilosophie wird von den römischen Politikern in naivem Gestaltungstrieb verwirklicht.

Die „klassische" Verfassung der römischen Republik. Die singuläre Bedeutung der römischen Staatsorganisation hat uns schon Polybios darin erkennen gelehrt, daß sie es zuerst und in der antiken Welt allein zustande bringt, monarchische, aristokratische und demokratische Elemente, jedes in bedachtsamem Anknüpfen an natürlich Gewordenes und jedes mit voller Fähigkeit sich auszuwirken, zu einer „gemischten Staatsform" zu vereinigen. Sie arbeitet mit „drei herrschenden Gewalten, die einander *jenachdem zu hemmen und zu verstärken* streben".[1]) Entscheidend ist aber, daß diese drei *Gewalten* zugleich die drei *Bevölkerungsgruppen oder sozialen Klassen* unter Wahrung ihrer Verschiedenheit zum politischen Zusammenwirken bringen, die die Niederlassung auf den sieben Hügeln in der Mündungsebene des Tiber während der ersten Jahrhunderte ihres Wachstums sehr ähnlich wie früher in den griechischen Städten zur Entfaltung bringt, als ursprünglich allein dominierende Gruppe die Geschlechter der großgrundbesitzenden Urbesiedler, die Abkömmlinge der „Väter", Patricii, und in Opposition zu ihnen aufkommend die Plebs, einerseits die *nicht-adligen* reichen Grundbesitzer, Händler und Schiffsreeder, andrerseits die *Massen* der städtischen Handwerker, der Mittel- und Kleinbauern des Hinterlands.

1) „τρία μέρη κρατοῦντα, ἀντιπράττειν βουληθέντα καὶ συνεργεῖν ἀλλήλοις πάλιν ἕκαστα τῶν μερῶν". (Vgl. hierzu besonders Grundig, Die politischen Grundlehren des Polybios von Megalopolis, neue Übersetzung des sechsten Buchs von Polybios' Weltgeschichte und Einleitung dazu in den Büchern für staatsbürgerliche Bildung in Reclams Universalbibliothek.) In der Anwendung des „dikaiarchischen Staatsbilds", des „Tripolitikos" des Dikaiarch von Messina, der ein führender Schüler des Aristoteles war, knüpfte auch er zugleich an die *Sokratiker* an. An sich geht es aus der *Stoa* hervor.

Die Tradition der Macht haftet an den patrizischen Geschlechtshäuptern. Sie haben diese von jeher, nur ursprünglich an zweiter Stelle neben dem Stadtkönig, durch den Rat der Alten, den Senatus, die römische Gerusie ausgeübt, und anscheinend schon in der Königszeit haben sie das organisatorische Meisterwerk zustandebringen helfen, das in seiner technischen Abrundung unverkennbar den Stempel einer bedeutenden Einzelpersönlichkeit trägt, in dem Geist der Anlage aber, obwohl es in gewissem Maße bereits die Interessen der neuen Klassen berücksichtigt, hauptsächlich auf das Interesse des Grundadels zugeschnitten ist. Es ist die „Wehrverfassung des Servius Tullius", die Solons Hauptgedanken einer finanziellen und militärischen Belastung der Bürger nach Maßgabe des Vermögens aufgreift, ihn aber viel origineller und brauchbarer durchführt. Sie baut auf der räumlichen Niederlassung der Stadt und ihres Umlands auf. Das Gebiet wird auf einmal oder sukzessiv in vier städtische und 16 ländliche Bezirke, Tribus, den attische Demen entsprechend, eingeteilt, und bietet durch diese Tribusordnung unmittelbar die Unterlage für die Besteuerung, die auf die Bürger je nach Bedarf nach Maßgabe des Vermögens — eine wechselnde Quote auf je 1000 As — als „Tributum" umgelegt wird. Aber während für die Steuerumlage die lokale Zugehörigkeit zum Gemeindebezirk allein entscheidend ist, wird für das Aufgebot des Bürgerheers die Tribusordnung durch eine zweite Gliederung überkreuzt. Allen waffenpflichtigen Tribulen des ersten und zweiten Aufgebots, die iuniores (17.—46. Jahr), wie die seniores (47. bis 60. Jahr), werden zu den Fahnen in 193 Bürgerkompanien, Zenturien von ganz ungleichem Umfang eingereiht, die sich dem verschiedenen Vermögens-, und zwar Grundbesitz anzupassen haben. Neben 18 Zenturien eines Reiterkorps, die, mit staatlichen Pferden ausgestattet, dem Adel vorbehalten bleiben, werden nicht weniger als 80 Zenturien zur Aufnahme derer bestimmt, die der Besitz eines Vollguts zum Dienst in der geharnischten Kerntruppe und zur Beschaffung von Erzhelm, Panzer, großem Schild und Beinschienen befähigt, sie gehören der ersten „classis" an. Die großen Massen der Minderbemittelten werden auf vier weiteren Stufen unterhalb „der" Klasse, aber mit insgesamt nur 95 Zenturien der Leichtbewaffneten zusammengefaßt. Nun tritt aber im Heer die Bürgerschaft bei dem Zustand fast ununterbrochener Kriegsbereitschaft, in der sich der Staat befindet, zugleich als Volksversammlung auf, wenn sie in innerstaatlichen Dingen ihre Meinnng geltend macht. Die Bürgerkompanien dienen in den comitia centuriata zugleich als Abstimmungskörper. Mithin ist das Ergebnis, daß bei der Entfaltung der Wehrmacht ebenso wie bei der politischen Willensäußerung ein dauerndes Übergewicht der in den 98 Zenturien der Ritter- und Schwerbewaffneten vereinigten Reichen gegenüber den 95 Zenturien der Mittel- und Unterklassen besteht. Von früh an ist es der servianischen Verfassung geglückt, zwar alle Schichten der Bürgerschaft zu einem verhältnismäßigen Anteil an Lasten und Rechten heranzuziehen, aber andererseits alle begüterten Elemente der Plebs fest an die Leitung der von alters im Senat organisierten patrizischen Häuser heranzuziehen. Hier liegt der Schwerpunkt der sozialen Struktur wie des Gewaltenverhältnisses im römischen Stadtstaat. Er ist — wenn auch die Etappen und die Zeit der Durchbildung der ebengenannten Grundsätze unsicher sind — bereits gefunden, als das Patriziat sich des an eine etruskische Dynastie gelangten Königtums völlig entledigt, als demnach der Senat als Organ einer Adelsrepublik an die erste Stelle im Staat rückt.[1]) Rom hat sich damit sehr früh der allzu-

1) Es liegt nahe anzunehmen, daß die „Vertreibung der Könige", da sich in ihr für Rom gleichzeitig der Wechsel der Staatsform und die Abschüttelung einer nationalen Fremdherrschaft vollzog, wesentlich dazu beigetragen hat, den Anschluß der Oberschicht der Plebs an das Patriziat zu befördern. Die Gefahr einer Restauration der Monarchie blieb bei der Bereitschaft fremder Hilfe oder bei dem Druck, den die Erschütterung des Staats durch fremde Mächte ausübte, viel länger eine dringende als in den griechischen Staaten.

großen Starrheit der lakedämonischen Verfassung entwunden und doch die übermäßige Flüssigkeit der athenischen Verfassung vermieden (o. S. 65).

Auf der gegebenen sozialen Grundlage hat sich das Gewaltenverhältnis, während die Stadt Rom als Haupt des Latinerbunds gegen Sabiner, Volsker, Herniker und Äquer, gegen die Etrusker, die Kelten, die Kampaner und Samniten führt und ihn allmählich in einen Unterwerfungskampf überführt, Schritt für Schritt gewohnheitsmäßig so herausgebildet, wie es am Ende der Samniterkriege (um 300) fertig dasteht.

Als Träger der Regierung (o. S. 16) behauptet sich stetig der Senat, das Kollegium der 300 lebenslänglich amtierenden Räte, das ebenso stetig seine Zusammensetzung aus den Angehörigen der politisch von altersher erprobten und autoritären Sippe bewahrt.

Zwar ist der Senat bei den zentralen Akten des Staatslebens, bei der Schaffung der Rechtsnormen und der Behörden an die Zustimmung der Volksversammlung gebunden. Es bedarf eines Komitialbeschlusses, um den Gesetzesvorschlag des Senats, die rogatio legis, zum gültigen Gesetz zu machen und um die Magistrate zu wählen, die für die verschiedenen Verwaltungszweige und die Rechtspflege nach und nach aus dem königlichen Machtkreis herausgezweigt worden sind: die beiden „Kollegen", consules, die unmittelbar aus dem königlichen Besitz die auswärtige Vertretung, die Militärverwaltung und Kommandogewalt, die Strafjurisdiktion, die staatliche Sicherheitspolizei und die Finanzverwaltung überkommen hatten, — den Prätor, der für die Leitung der Zivilrechtspflege früh vom Konsulat abgelöst wird, die Quästoren, die unter Leitung der Konsule die staatlichen Auszahlungen und die Kassengeschäfte überwachen, die Ädilen, die mit der lokalen Verkehrspolizei (Markt-, Straßen-, gewissen Zweigen der Wohlfahrtspolizei, z. B. der Fürsorge für die öffentlichen Spiele) betraut werden. Andererseits ist der Senat bei allen seinen Beschlüssen innerhalb der Verwaltung, der patrum auctoritas, von deren Ausführung durch die Magistrate abhängig, die während ihrer jährigen Amtsdauer kraft ihres imperium mit voller Entschließungsfreiheit handeln. Und ferner treten die gewesenen Beamten, von der Ädilität an, als gewohnheitsmäßige Ergänzungsbeisitzer in den Senat ein. So scheint der Senat seinerseits hinter dem Volke in die zweite Stelle zu treten, — das Volk stellt sich vermöge der gesetzgebenden und die Ressortchefs, die antiken Ministerien organisierenden Gewalt als die souveräne Gewalt dar, — mindestens seit sich die „patres" schon sehr früh (unbekannt wann) hatten entschließen müssen, eine Anzahl plebejischer „Beisitzer" (conscripti) in ihr Kollegium aufzunehmen, — erst recht, seit der Staat nach dem ersten halben Jahrhundert der Republik die Konzession hatten machen müssen, Plebejern auch die Wählbarkeit für die „kurulischen" Ämter zuzugestehen.[1] Es mochte nahe liegen, daß die Volksversammlungen durch häufige Berufungen neuer ihr ergebener Leute in die Ämter allmählich auch die Leitung der Beamten an sich ziehen würde.

Aber gerade dies weiß der Senat planmäßig zu verhindern, indem er die plutokratische Anlage der Heeres- und Wahlordnung mit zähester Konsequenz zu seinen Gunsten verwertet. Mit Hilfe der festen Mehrheit der Begüterten die ihm die 98 Stimmenklassen der equites und der classici über die 93 Zenturien der Bauern, Mittel- und Kleinbürger ge-

---

1) Zuerst wahrscheinlich sehr früh (ca. 450) für die Ädilität, die anscheinend ursprünglich überhaupt als prinzipiell plebejisches Amt geschaffen wurde, um das Konsulat auf dem die Plebs vorwiegend interessierenden Gebiete der Polizei zu beschränken. (Erst später wurden neben die zwei aediles plebei zwei „kurulische" Ädilen gestellt und damit das Amt ebenfalls paritätisch.) 421 treten die Plebejer in die Quästur ein, dann vereinzelt in das Konsulat, bis anscheinend 367 die lex Licinia Sextia für das eine der beiden Konsulämter die Besetzung mit einem Plebejer obligatorisch macht.

währen, sorgt er dafür, daß in die Ämter und damit mittelbar in den Senat mit verschwindender Ausnahme wieder nur solche Elemente nachrücken, die der herrschenden Klasse nahe stehen.[1]) Nur sehr vereinzelt werden Angehörige des Bauernstands aufgenommen[2]); jedenfalls ist es eine Tatsache, daß es den altpatrizischen Geschlechtern der Cornelier, Claudier oder Ämilier gelingt, die „novi homines", — Licinier, Domitier, Marcier u. a. — immer rasch zu amalgamieren. Außerdem aber schafft sich der Senat im Verlauf noch ein besonderes Werkzeug, um das System der Fortpflanzung des agierenden Kollegiums aus sich selbst heraus, das die scheinbaren „Volkswahlen" der Magistrate faktisch zu einer Kooptation neuer Mitglieder der Oligarchie und des Senats gestaltet, dauernd zu gewährleisten. Es findet sich in dem Amt des Censors, des „Schätzers", das, wie der Name sagt, zunächst für die Steuerumlage des Tributum aus dem Konsulat abgelöst worden ist. Abgesehen davon, daß die Haupttätigkeit der Zensur auch die Verrichtungen mit sich brachte, die heute als Voranschlag der Einnahmen und Ausgaben des Staats, als Aufstellung des Staatshaushaltplans oder „Budget" bezeichnet werden (vgl. u. Nr. 3), schloß die neue Magistratur mit der Führung der Steuerlisten die Führung der Bürgerlisten überhaupt ein, insbesondere die der Wahllisten, und damit wurde ungezwungen auch die Führung der Senatslisten verbunden. Der Zensor also wird derjenige Machtfaktor, der kraft seines — wie nach römischem Stil üblich — unbeschränkten imperium die Aufsicht darüber zu führen hat, der unhomogene, der sozialen Geschlossenheit des Regierungskollegiums bedrohliche Elemente aus dem Senate zu streichen hat. Es bedurfte also nur besondrer Sorgsamkeit bei der Vergebung des Zensoramts, um der Wahrung der Standestradition in der Zusammensetzung des Senats gewiß zu sein, und dieser Erfolg wird erreicht, indem die Zensur in der festen Staffel der Bewerbung um die Staatsämter an letzter Stelle hinter Quästur, Ädilität, Prätur und Konsulat gestellt wird.[3])

Auf solche Weise erhält sich der Senat als Organ einer oligarchischen Klasse in stabilem Gleichgewicht zwischen den Magistraten, die sich in die Splitter des ehemaligen monarchischen Imperium zu teilen hatten, und den Komitien, die das Gesamtvolk des römischen Demos für die Mitwirkung an den Staatsgeschäften repräsentieren. Die letzteren können keinen Gesetzgebungsakt und keinen Wahlakt ohne Verständigung mit dem Senat unter Dach bringen. Die Magistrate können keinen Verwaltungsakt vollziehen, ohne sich des „consilium" oder der „auctoritas" des Senats versichert zu haben oder ohne der späteren Rechenschaft vor dem Rat gewärtig zu sein, in dem sie selbst nach Ab-

1) Freilich ist es Geheimnis geblieben, wie der Effekt erreicht wurde, da wir das Wahlverfahren in den Zenturiatkomitien nicht kennen. Es ist eine der empfindlichsten Lücken in der Aufklärung des römischen Staatsrechts, daß der Angelpunkt der Behördenorganisation, nämlich der Vorschlag der Kandidaten für die Ämter, nirgends mitgeteilt wird. Da aber sicher ist, daß die Ritterzenturien das unbedingte Vorstimmrecht besaßen, ist anzunehmen, daß der Vorschlag formlos in der ersten Stimmabgabe enthalten war.

2) Hierzu gehören einige der Heerführer, die in den Kreisen der Samniterkriege und des Kriegs gegen Pyrrhus als besondere Vertrauensmänner des Heers eine Rolle spielten (Decius, Curius, Fabricius). Im übrigen waren es durchweg die Söhne der bereits Reichgewordenen aus nichtadligem Hause und — wie neuerdings nachgewiesen worden — die Adelshäupter der während der italischen Kriege an Rom angeschlossenen Bundesgenossenstädte, also die Standesgenossen des römischen Patriziats aus dem Provinz-Patriziate. Sicher ist dies für die Ogulnier aus etruskischem, für die Licinier aus sabinischem Adel.

3) Gelangt dann doch einmal ein Mann der Nobilität mit radikaler oder wenigstens demokratisierender Tendenz in die Zensur (Appius Claudius 312), so können seine Maßnahmen durch seine Amtsnachfolger ohne weiteres rückgängig gemacht werden. Außerdem bildet schon während der Amtsdauer der Ausschuß der gewesenen Magistrate (vgl. u. S. 75) ein starkes Gegengewicht gegen staatsstreichlerische Allüren des Zensors.

lauf ihres Amts weiterzuarbeiten gezwungen waren. Durch die kollegiale Arbeit einer Vielheit verantwortlicher Staatsleiter sichert sich das System der Regierung gegen die individuellen Zufallsschwankungen einer Monarchie — durch die Engigkeit des in ununterbrochener Linie sich allmählich erneuernden Kreises sichert es sich gegen die unberechenbaren Einflüsse der Massen einer Demokratie, und der historische Hergang beweist, welch großartige Stetigkeit in der Behauptung und Betätigung des staatlichen Machtwillens auf dem Gebiete der äußeren und inneren Politik mit Hilfe dieses Systems möglich ist. Fast fünf Jahrhunderte hindurch verfolgt es seine Linie, findet es sich aus allen auch hier menschlich unvermeidlichen Schwankungen von oft langer Dauer immer wieder zu ihr zurück. Ganz besonders wirksam erweist sich dabei, daß der Senat auch in seinem eigenen Schoße Mittel birgt, um seine Kräfte bei der Fassung der Willensentschließungen zu konzentrieren. Ständig wirkt in dieser Richtung, daß sich gewohnheitsmäßig die gewesenen Magistrate, die Censorier, Konsulare, Prätorier und Ädilicier zu einem permanenten Regierungsausschuß konstituieren, dem die übrigen Senatoren in der Regel nur beratend, an der Abstimmung aber unbeteiligt gegenüberstehen. Jenes engere Gremium bildet eigentlich das „Kabinett", den verantwortlichen Staatsrat der römischen Republik. Für ausnahmsweise kritische Lagen des Staats aber — in asperioribus bellis aut in civili motu difficiliore — hat die Verfassung in unmittelbarer Wahrung der altmonarchischen Tradition die Verhängung eines „Ausnahmezustands" offen gehalten. Er tritt hervor in der Diktatur. Der Eintritt des dictator oder — nach seiner ursprünglichen Benennung — des magister populi bedeutet die Rückkehr zum König auf Zeit, nämlich auf höchstens 6 Monate. Fordert einer der beiden Jahreskonsuln ein erprobtes älteres Mitglied des Senats auf, die Regierung zu übernehmen — und jeder einzelne der beiden Kollegen hat hierzu das Recht — so ordnen sich diesem „Volksherrn" alle legitimen Magistrate unter, alle Instruktionen des Senats verlieren für ihn ihre Kraft, und er ist wegen aller Amtsverfügungen, speziell der finanziellen, der Rechenschaft vor dem Senat ledig.

Die bisherige Analyse des Gewaltenverhältnisses bezeichnet jedoch immer erst die eine Seite der Gesamtverfassung, nur die Machtseite des republikanischen Staats. Voll erklärlich wird die Tatsache, daß sich das System so zäh erhält — auch in jenen Zeiten des Mißerfolgs — doch erst aus der Art, wie dem soliden Machtzentrum der Senats- und oligarchischen Magistratsherrschaft sein Gegengewicht gegeben wird durch den nicht minder sinnvollen Ausbau der Garantien der Rechtmäßigkeit dieser Herrschaft. Parallel der Grundlegung und dem Ausbau der oberen Gewalten werden ebenfalls stetig fortschreitend die Linien eines überaus gesunden Verhältnisses zwischen Staatsgewalt und Bürgern gezogen, und zwar unter besonders harmonischer Berücksichtigung aller Seiten der individuellen Interessensphäre in ihrer Beziehung zum Staat wie zum Mitbürger.

Die erstgenannte Beziehung kann hier nur angedeutet werden. Gleich eine der ersten Taten der neuen Republik war die Zwölftafelgesetzgebung gewesen, die die Grundlagen des römischen Privatrechts und somit die Ausgangspunkte für das Verkehrsrecht aller Völker seitdem geschaffen hatte. Durch ihre strengen, aber handlichen Formen für Kreditgeschäfte, Barkauf, Testament u. a. hatte sie dem Bürger eine hervorragend freie Bewegung in der Vermögensdisposition erschlossen, geeignet, in den energiebegabten Gliedern des Verkehrs geschäftliche Rührigkeit und Unternehmungslust in ganz besonderem Maße zu steigern und damit die kapitalkräftige Klasse zu züchten, deren Nachkommen sich in der Folge spekulierend und kolonisierend den ganzen Kreis der Mittelmeerländer unterwerfen sollte. Innerhalb der Familie wird von diesem Zivilrecht das Haupt der Familie, der pater familias, mit entsprechender Verfügungsmacht über Söhne und Töchter, über Enkel und Urenkel ausgestattet und dadurch die stramme Zucht eines Patriarchen der „Großfamilie“ organisiert, die ganz im Gegensatz zur griechischen Welt einen Staat im Staate, eine integrierende Zelle im Gesamtorganismus des Gemeinwesens von nicht hoch genug zu schätzender erzieherischer Bedeutung ausmacht. Die Notwendigkeit des Haussohnes, sich auch als Erwachsener unter die Autorität und die Vermögensdisposition des Familienvorstandes zu beugen, wird die wirksamste Vorschule für den Bürger, sich zu der Hingabe an die erheblichen Leistungen zu disziplinieren, die der Staat an Opfern militärischer und sonstiger politischer Subordination fortgesetzt von seinen Söhnen verlangt.

Dieser Emanzipation des individuellen Willens im Privatrecht stellt sich nun die Sicherung der öffentlich-rechtlichen Freiheitssphäre des Bürgers gegenüber allen Formen der Betätigung der Beamtengewalt an die Seite.

In unmittelbarem Anschluß an die gesetzgeberische Durchbildung des Zivilrechts entsteht die jedem Juristen vertraute Organisation des Zivilprozesses. Die bekannte Teilung des Rechtspflegeverfahrens über Eigentum, Vertragsforderung oder Deliktschaden entspringt vielleicht ursprünglich äußerlichen Motiven, einer Maßregel des Rechtsprechungsmagistrates, des Prätors, die einem von den Parteien eingesetzten Schiedsrichter die höhere, staatliche Autorität geben soll, ohne den Magister selbst zu belasten. Aber die Maßregel wirkt zweifellos in ihrer Durchschnittsverwendung als eine Hemmung der allzu umfassenden Richtergewalt eines Einzelbeamten, also freiheitsfördernd. Andererseits führt sie mittelbar allmählich zur Ausbildung eines begrenzten Kreises von Personen, die mit Vorliebe und in häufiger Wiederholung für die Tätigkeit des verhandlungsleitenden und entscheidenden Richters vorgeschlagen und bestellt werden, also einer Klasse, die sich freiwillig der Rechtskenntnis und juristischen Praxis hingibt, mit anderen Worten zu den Anfängen des modernen Berufsrichtertums. Daß diese zunächst auch wieder der herrschenden Klasse, den Senatoren, entnommen werden, ist dabei nebensächlich. Immerhin geht die Beschäftigung mit dem praktischen Rechtsstudium, die bald auch zur Entfaltung einer juristischen Literatur führt, und die Beschäftigung der Söhne aus den oligarchischen Familien mit der politischen Leitung (o. S. 74) parallel. Nach beiden Seiten bringt die römische Republik im Gegensatz zur athenischen die große Hauptforderung der Sokratiker zur Geltung, daß die staatlichen Funktionen ebenso wie die jedes Gewerbes oder jeder Kunst nur von dem ausgeübt werden dürfen, der sie gelernt hat, — eine Forderung, deren Verwirklichung für den Richterberuf von nun an bis heute nicht wieder bestritten wird, außer von extremen Doktrinären.

Nicht so rasch werden die entsprechenden Grundsätze auch für die Strafrechtspflege aufgenommen. Für sie bleibt zunächst wie in alter Zeit der Magistrat, und zwar hier der Konsul mit Unterstützung von Quästoren verantwortlich. Dafür werden aber dessen Verantwortlichkeiten frühzeitig unter eine starke Kontrolle gestellt, die von vornherein ganz ausgesprochenermaßen dem Einzelbürger zugute kommt. Es ist die Möglichkeit, die dem wegen Verbrechens Verfolgten eingeräumt wird, sich gegen den Schuldspruch des Magistrats an die Bürgerversammlung, ursprünglich die Zenturiatkomitien, zu wenden.

Die „provocatio ad populum“ macht für das dem Bürger ungünstige Strafurteil die Volksversammlung selbst zum Strafrichter, — ein Grundsatz, der gegenüber dem gemeinen Verbrechertum — den Mörder, Brandstifter, Räuber, Sittlichkeitsverbrecher oder Fälscher in seiner Bedenklichkeit auf der Hand liegt. Mit der Zeit muß auch hier die Schaffung eines engeren Kreises berufsmäßig geschulter Personen unerläßlich werden (u. S. 81 ff.). Um so mehr wird von Bedeutung, daß schon jetzt — noch im 5. Jahrh. — für eine nahe verwandte Interessensphäre der Individuen eine solche obrigkeitliche Konzentration der Schutztätigkeit in völlig durchgreifender Form geschaffen wird. Als Gegengewicht gegen die Amtsakte der adligen Magistrate — Amtsakte wie Magistrate im allerallgemeinsten Sinne genommen — wird das bedeutungsvolle Amt der Vertrauensmänner des Volkes, der „Tribusmänner", Tribuni plebei, ins Leben gerufen, nicht mit der Bestimmung, ihrerseits eine den Magistraten mit Imperium gleichberechtigte eigene Verwaltungstätigkeit zu entfalten, sondern nur mit der Funktion des Überwachens und Hemmens. Jeder Volkstribun von den ursprünglich vier, später zehn Trägern des Amts ist zuständig, einen Gesetzesvorschlag, eine Regierungsverfügung, einen Polizeibefehl oder einen sonstigen Verwaltungsbefehl auf Steuereintreibung, Rekrutenaushebung usw. durch Einspruch, intercessio, zu inhibieren und damit dessen Ausführung zu sperren. Damit wirkt die Tätigkeit der Tribunen im Falle des Konflikts eines Einzelbürgers mit einem der Träger der „kurulischen" Ämter als Verwaltungsgerichtsbarkeit, als Rechtsprechung über die Rechtmäßigkeit eines Verwaltungsaktes. Für die Vorgänge der großen Politik erhalten die Tribunen zu diesem Zwecke Sitz ohne Stimme im Senat. Sie können aber ihr „Veto" jederzeit auch im amtlichen Betrieb des Forums, der Straße oder wo sonst ausüben und genießen im Dienste ihrer Aufgabe die Garantie der Unverletzlichkeit, der potestas sacrosancta. Um ihr Nachdruck zu geben, können sie jeden Privaten, der sich an ihnen vergreift, aber erst recht auch jeden Magistrat, Konsul, Ädilen, Quästor, der ihre Person oder ihre Interzession mißachtet, vor die unter ihrem Vorsitz nach Tribus zusammentretende Bürgerschaft, die comitia tributa fordern, den Schuldigen dort zur Rechenschaft ziehen und ihn durch das Volk verurteilen, unter Umständen zum Tode führen lassen. Damit wird nicht nur jeder Versuch eines Magistrats, eine Tyrannis oder auch nur eine eigenmächtige Diktatur (o. S. 75) auf Zeit zu begründen, im Keime erstickt. Es entwickelt sich daraus auch eine richterliche Rechenschaftsinstanz des Volkes über die gesamte Amtsführung des Magistrats nach Ablauf seines Amtsjahres; ja, die Tribunen eignen sich schon früh die Macht an, die Tributkomitien auch zur Beschlußfassung über Gesetze, die sie selbst der Versammlung vorlegen, zu benutzen. Nur die Wahlen der Magistrate werden aus bekannten Gründen von der Oligarchie streng den Zenturien und Komitien vorbehalten.

Das Tribunat ist hiernach der Angelpunkt der römischen Verfassung. Es sichert dem Volk als Ganzen die weitgehende Mitwirkung an Rechtssetzung und Rechtsschutz, an der Gesetzgebung wie an der Kontrolle der Regierung wie aller Zweige der Verwaltung, sowohl auf deren Rechtmäßigkeit wie auf ihre Zweckmäßigkeit. Das Tribunat sichert ebenso dem Einzelbürger die volle freie Bewegung in seinem Privatleben. Aber das große Sicherheitsventil wird eben durch diese Beschränkung des Volks auf Gesetz und Richterakt zugleich das Mittel, der Oligarchie im Senat und in den Ämtern das Monopol zur Betätigung ihrer politischen Schulung und von Generation zu Generation gepflegten Überlieferung zu gewährleisten und damit den Staat als Ganzes in einer kontinuierlichen Machtentfaltung, besonders völlig ungehemmt in den auswärtigen Angelegenheiten, zu erhalten. Hier bleibt der Bürgerschaft nur die Möglichkeit, ihre Wünsche und Meinungen in ununterbrochener langer Fühlung mit den Schicksalen des Staates zu Gehör zu bringen. Obwohl ohne Demokratie im formalen Sinne ist der Volkswille in formloser Äußerung, als Stimme eines Volkes, das durch eine ausgezeichnete Verfassung in jahrhundertlanger Praxis die denkbar beste „staatsbürgerliche Erziehung" erhält, eine geistige Macht im Staat, und die Oligarchie ihrerseits erzieht ihre Angehörigen selbst dazu, diese Macht zur Korrektur ihres eigenen Verhaltens zu beachten und zu ihrer Verstärkung zu benutzen.

Die Verfassung der römischen Republik wird also das ewige Musterbeispiel einer ungeschriebenen Ordnung bleiben, die das moderne Begriffs- und Wertsystem einer wissenschaftlichen Durchdringung des Staatslebens (o. S. 10—23) in allen ihren Elementen praktisch veranschaulicht. Sie ergänzt sich hierin genau mit dem System des Aristoteles.

Das Römertum selbst hat merkwürdigerweise ein solches wissenschaftlich-analysiertes System des Wertgehaltes der eigenen Verfassung nicht ausgebildet.

Die Fortbildung vom Stadtstaat und Städtebund zum föderativen Nationalstaat. Das Ebenmaß zwischen der Machtseite und der Rechtsseite der römischen Verfassung läßt dieses Gebilde als die natürliche Bekrönung aller vorhergehenden Arbeit der antiken Völker an den Formen und Grundsätzen des Staats erscheinen [1]) und die Probe hierauf kann leicht an den Ergebnissen gemacht werden, die dieser Staat im Besitz dieser Verfassung durch seine politische Lebensbetätigung tatsächlich hervorgerufen hat. Die Verfassung selbst ist das Werk einer einzelnen italienischen Stadtrepublik. Aber in Unterordnung unter sie erzeugt die urbs Roma ein staatlich geeinigtes Land Italien, in dessen Organisation sich der Ausgleich zwischen Herrschaft und Freiheit, der die Stadtverfassung groß macht, in die höhere Stufe erhebt.

Tatsache ist jedenfalls, daß die Feuerprobe ewiger opfervoller und oft an den Rand des Untergangs führender Grenz- und Lokalkriege mit stammverwandten und stammfremden Nachbarn nicht bloß die bleibende Sicherung Roms selbst zum Ergebnis haben. Sie hinterlassen vielmehr ein Neues: von seiner Lage im Zentrum der apenninischen Halbinsel aus legt die siegreiche Stadtgemeinde fort und fort ringartig neue Gebietsstreifen um ihren Kern, die mit diesem Kern verwachsen wie die Jahresringe des wachsenden Baums. Sie verwirklicht also auch hier im einheitlichen Prozesse das, was Athen und Sparta von ihren beiden getrennten Standpunkten aus für Peloponnes und Hellas nicht hatten vollenden können. Im nächsten Umkreis hatte diese Konsolidation ursprünglich ohne System — teils gewaltsam, teils im Weg der Kompromisse — begonnen, nämlich für die Städte des Latinerstammes, zu denen Rom selbst gehörte, im Tibertal, auf dem südlich vorgelagerten vulkanischen Albanergebirge und an den sabinischen Vorbergen der Apenninen. Sie waren zunächst entweder vernichtet und Rom einverleibt oder in einem lockeren Bund vereinigt worden, für den Rom die auswärtige Politik, für deren Heereskontingent Rom nur das Kommando übernommen hatte [2]). Aber nach einem letzten fruchtlosen Latineraufstand gegen die übermächtig gewordene Genossin (338) löst Rom den Bund auf, und von nun an gliedert es die einzelnen Gemeinden, wie sie im allmählichen Verlauf seiner Herrschaft unterworfen werden, als einzelne in seine Machtsphäre ein, ohne Unterschied der näher oder ferner verwandten aus den Stämmen der Volsker, Herniker, Äquer, Sabiner, Samniten, Umbrer und Kampaner oder der stammfremden der Etrusker oder Großgriechen. Jede von ihnen steht nunmehr im Rang der Socii foederati unmittelbar im Bündnis (foedus) mit Rom, behielt einerseits ihre — allerdings notwendig republikanische — Gewaltenverfassung und Behördenordnung mit Autonomie und Selbstverwaltung, bringt aber ihr Kontingent als auxiliaren in das römische Heer ein und folgt der Leitung seiner äußeren Politik sowie nach Ermessen des Senats seiner Aufsicht auch in gewissen wichtigen inneren Fragen. Bis etwa 250 sind alle Stadtstaaten der Halbinsel von Pisa im Nordwesten und Ancona im Nordosten bis nach Rhegium und Tarent von den tuskischen Apenninen bis zur Südspitze in dieser Bundesrepublik unter römischer Hegemonie zusammengeschlossen.

War insoweit das Gebilde nur eine neue Form der älteren phönikischen und hellenischen

---

1) Man beachte, wie sich an der Verfassung der römischen Republik Punkt für Punkt die Begriffe und Wertideen beobachten lassen, die die moderne Staatslehre bei ihrer Allgemeinbetrachtung des Staats (o. I no. 2) zugrunde legen muß.

2) Bei Beginn der historischen Kunde sind sie also (urspr. 65) gar nicht mehr alle vorhanden. Durch die Aufsaugung der nächststammverwandten Städte im Tibertal ist Rom bereits (vergleichsweise gesprochen) die überragende Großstadt geworden. Die hauptsächlich übergebliebenen (30) sind am Gebirge Alba, Tibur (Tivoli) Präneste (Palestrina), Ardua, — an der Küste Antium (Porto d'Anzio), Circei, Tarracina (Terracina).

Städtebünde, so bekam es aber doch in seinem Abschluß durch ein doppeltes Element einen grundsätzlich eigenen Charakter.

In dem schweren Ringen mit den samnitischen Gebirgsbauern und mit dem Söldnerführer der Tarentiner Handelsrivalin, dem Epiroten Pyrrhos, hatte Rom die Gefahr erkannt, die bei inneritalischen Kämpfen gegen neue Gegner durch den Abfall früher unterworfener Untertanenstädte erwachsen konnte. Deshalb entschloß sich der Senat, eine Maßregel, die länger als ein Jahrhundert hindurch nur ganz vereinzelt als besondere Gunst an die Latinerstädte und einzelne als besonders treu erprobte Gemeinden verliehen worden war, systematisch durchzubilden: die Anerkennung der Gleichberechtigung der Untertanenstadt mit der Hegemoniestadt. Sie erfolgt durch die Beilegung des Charakters des municipiums, der detachierten Vollbürgergemeinde, der in sich die Teilnahme der Einwohner am römischen Bürgerrecht mit Stimmberechtigung in der römischen Volksversammlung und Ableistung der Dienstpflicht in der Legion enthält. Als Munizipalstadt aber werden nicht nur — mit gewissen Ausnahmen — alle mittelitalienischen Städte des inneren Rings, die latinischen, sabinischen, volskischen, südetrurischen, kampanischen, anerkannt. Vielmehr werden auch in die äußeren Ringe eigens zu diesem Zwecke angelegte Bürgerkolonien hineingeschoben, die, mit der gleichen Rechtsform ausgestattet, als Stützpunkte der herrschenden Stadt gegen die neu unterworfenen oder noch feindlichen Bezirke dienen, wie Pästum südlich Neapels gegen Tarent oder Ariminum (Rimini) als ein über den umbrischen Apenninen vorgelegter Brückenkopf zum Schutz gegen die oberitalienischen Kelten. Zugunsten beider Kategorien der Munizipalstädte erweitert sich die Tribusordnung: Die Tribus, und zwar die außenstädtischen Verwaltungsbezirke, wachsen allmählich (338—241) von 16 auf 31 an[1]) und entwickeln sich zu dem Übergangsglied, das die herrschende Stadt nicht mehr nur mit ihrem unmittelbaren Hinterland, sondern mit allen socii foederati, auch den nicht ins Bürgerrecht aufgenommenen verknüpft.

Damit aber bereitet sich in der Staatsbildung Roms und der Mittelmeerländer überhaupt ein epochemachender Umschwung vor. An Stelle der herrschenden Stadtgemeinde beginnt das Land Italien zum Unterbau des Staats zu werden, eine Einheit nicht nur vermöge der über allen Teilen stehenden Staatsgewalt, sondern vermöge der inneren Einheit des Volks, das sich der Zusammengehörigkeit des Interesses an dem gemeinsam bewohnten Boden der Halbinsel bewußt wird und von den Fremden in ihr anerkannt wird. Wenig später fängt man in den hellenistischen Staaten an, von den „Italikoi" als einer Gesamtheit zu reden, die ohne Rücksicht auf ihren völkischen Mischcharakter etwas Einheitliches durch ihre Kultur und ihren Staat ist, d. h. im heutigen Sinn: eine Nation. Vor allem aber wird es nunmehr die Politik Roms, aus der gemeinsamen Lebenssphäre Italiens einen Anspruch auf die Ausdehnung seiner Machtsphäre, einen Anspruch auf die Sicherung der „natürlichen Grenzen" des Landes abzuleiten.

In den Kampf um die italischen Grenzen tritt Rom von der Mitte des 3. Jh. ab ein, gleichzeitig gegen Süden wie gegen Norden. In dem ersten durch die Handelskonkurrenz ohnehin längst unvermeidlich gewordenen Konflikt der Herrin Nordafrikas und Spaniens wird den Karthagern Sizilien (241), Sardinien und Korsika (238) entrissen; es ist der Krieg, in dem sich Rom durch die Schaffung der großen Kriegsflotte zugleich zur ersten Seemacht aufschwingt. Daran anschließend überschreitet es die etrurischen Apenninen und unterwirft das keltisch besiedelte Poland (222), dessen Mündungsgebiet ihm zugleich — in der Seepolizei gegen die illyrischen Seeräuber des heutigen Albaniens — die Herrschaft über die Adria eröffnet. Diese Erfolge erringt der römische Staat freilich nicht ungehemmt. Er weist seine Nachbarn deut-

1) Über die Gesamtzahl von 35 Tribus hinaus (4 städtische, 16 römisches Umland, 17 munizipale) sind sie von der Republik nicht vermehrt worden.

lich darauf hin, welche solide Machtfülle und welche weitergreifenden Pläne sich hier auftun. Hannibal schmiedet das Bündnis mit dem König von Makedonien zur Einkreisung der Römer, vielleicht weniger eine aggressive Politik als ein Akt vorbeugender Notwehr, um den innerlich brüchigen Staatswesen der Angegriffenen sowohl auf punischer wie auf hellenistischer Seite Ruhe zu schaffen, aber doch die Quelle der schwersten Gefahr, die der römische Staat je zu bestehen haben sollte. Jedenfalls wenn die Gefahr mit äußerster Anstrengung bestanden wird, so kann sie bestanden werden nur deshalb, weil der nationale Zusammenhang zwischen Rom und den italischen Untertanenstädten bereits so fest geworden ist, daß deren Treue selbst den härtesten Proben stich hält. Im zweiten Punischen Krieg entscheidet sich der Aufstieg Roms durch einen Komplex von Bedingungen, entgegengesetzt denen, die die Katastrophe Athens im Peloponnesischen Krieg verursachten, und schon Machiavelli hat erkannt, daß neben der größeren Stetigkeit des Gewaltenverhältnisses die Waffenkameradschaft der durch das System der Munizipien gestützten Bundesgenossen dem römischen Staat die Möglichkeit gegeben hat, sich zu behaupten[1]).

Deshalb bezeichnet das Jahr des Endsiegs über Hannibal (202) einen deutlich sichtbaren Einschnitt in der Staatsentwicklung nicht nur Italiens, nicht nur des antiken Europas, sondern der Welt.

Die Umwandlung des römischen Nationalstaats ins Weltreich und die Auflösung der republikanischen Verfassung. Die Erfahrungen des Hannibalkriegs mußten Rom folgerichtig darauf hinweisen, den inneren Ausbau seines Staats, die Erstreckung seiner Verfassung auf alle italischen Gemeinden durchzuführen und ihm so die volle innere Einheit zu geben. Rom hätte damit, wie es in der Begründung der Herrschaft über die Halbinsel das Programm Athens erfüllt hatte, auch dessen Schwäche, die Ungleichheit in der Freiheit vermieden. In Wahrheit begann der Senat sofort nach seinem größten Erfolg in denselben Fehler zu verfallen: er läßt sich wie seinerzeit der attische Demos durch seine Erfolge in den Dünkel und Egoismus des Begünstigten hineintreiben und verfällt der Politik der hochmütigen Exklusivität, der ungerechten Selbstprivilegierung. Seit etwa 190 stellt er, anstatt die im Kriege bewiesene Bundestreue durch weitgehende oder allgemeine Aufnahme der Italiker ins Bürgerrecht zu belohnen, diese Verleihungen ganz ein; ja, er beginnt sogar, durch engherzige Maßregeln den bereits seit älterer Zeit vollberechtigten Gemeinden die Ausübung ihres Bürgerrechts zu erschweren. Aber während dies geschieht, hat bereits die Erwerbung der überhaupt nicht im Bundesverhältnis, sondern in Form militärischer Besetzung angegliederten Länder, der Provinzen, deren Bewohner peregrini, Ausländer, bleiben, eine viel stärkere Ungleichheit in den Staat hineinzutragen begonnen, und seit neben Sizilien, Sardinien, Korsika und dem zisalpinischen Gallien auch Hispanien annektiert worden ist, hat Rom auch das Prinzip der natürlichen Grenzen verlassen: von Landschaften, die — wie das keltische Poland — mit dem Sitz des Staates natürlich verbunden sind und sich wirtschaftlich und militärisch von der eigentlichen Halbinsel gar nicht trennen lassen, hat die Staatsgewalt auf ein selbständiges Land mit völlig fremder Bevölkerung übergegriffen, — sie hat die nationale Basis mit der des Internationalismus vertauscht.[2]) Von hier aus wirken der durch die ganze bisherige Entwicklung in Rom ausgebildete und stetig verschärfte Drang nach einer politischen Vorrangstellung einerseits und die politische Lage in den hellenistischen Reichen und an den Grenzen der Kulturwelt andrerseits weiter, um im Lauf des nächsten halben

1) Machiavelli, Discorsi: Romani – avendosi tanti compagni per tutta l'Italia.

2) Immerhin ist natürlich der unmittelbare Anstoß zur Besetzung Spaniens, einen Angriff zur See auf die offene Westküste Italiens und zu Lande über Südgallien unmöglich zu machen und Karthago das spanische Rekrutierungsgebiet zu entziehen.

Jahrhunderts fast alle Territorien an den Rändern des Mittelmeers der unmittelbaren römischen Herrschaft zu unterwerfen.[1])

Aber der Machtsteigerung parallel vollzieht sich nun, wie schon beim Übergang von der frühbabylonischen zur assyrischen, von der griechischen zur makedonischen Ära (S. 51) unaufhaltsam die Vergröberung des inneren Kalibers am römischen Staat. Die unausgesetzten militärischen Anstrengungen und machtpolitischen Eingriffe in fremde Sphären zerstören nicht nur andern Staaten gegenüber das Gefühl rechtlicher Schranken, sondern stumpfen auch innerhalb des eigenen Gesellschaftslebens den früheren idealen, opfervoll bewährten Gemeinsinn, die Rechtlichkeit und Strenge gegen sich selbst ab, um egoistischen, materiell gerichteten Instinkten das Tor zu öffnen.

Am auffallendsten zeigt sich das an der herrschenden Bürgerschaft selbst, und zwar zunächst an ihrer herrschenden Klasse. Die senatorischen Familien, die des Uradels und die später rezipierten zusammengenommen bewahren nicht nur ihre alte Abgeschlossenheit, sie verschärfen sie zu einem eifersüchtig gewahrten Klassenmonopol und nutzen dies in erster Linie zu gewinnsüchtigen Zwecken aus, teils zu gewissenloser Karrieremacherei in den Ämtern, teils und vor allem zur Anhäufung großer Grundbesitzvermögen. Von der letzteren wurden aber vor allem die römischen Bürger selbst betroffen. Die Schichten, die ehemals den festen Stamm sowohl des Bürgerheers wie der Volksversammlung gebildet hatten, die durch ganz Mittelitalien ausgebreiteten Besitzer der Bauernhofe um die Hauptstadt und die Munizipien, finden sich durch den Hannibalkrieg in ihrem Wirtschaftsbetrieb schwer zurückgebracht. Große Teile verlieren ihr verschuldetes Gut und stauen sich in Rom als besitzloses Proletariat an. Dadurch verändert die Volksversammlung ihre Physiognomie. Der Typus des unzufriedenen, nörgelnden und doch anspruchsvollen Philisters oder Tagediebs beginnt in ihr vorzuwalten, ein geeignetes Objekt zur Schmeichelei, demagogischer Bearbeitung und — mit Hilfe der Einführung der geheimen schriftlichen Abstimmung — für direkten und indirekten Stimmenkauf. Die Volksversammlung büßt demgemäß einen wesentlichen Teil ihres kontrollierenden Einflusses auf den Senat ein, der bei der Führung der Politik sich selbst überlassen bleibt, — sie wird anderseits bei Gesetzesbeschlüssen und Beamtenwahlen, ebenso wie in Rechnungsprozessen gegen Beamte oder in Strafprozessen gegen Bürger der Spielball von Augenblicksstimmungen.

Aber auch das Heer wird ein anderes. Die führenden Politiker streben danach, das eigentliche Bürgertum mehr und mehr mit dem Kriegsdienst zu verschonen, wie ihm auch im Verlauf die Steuerlast abgenommen wird.[2]) Die Wehrlast wird in steigendem Maße auf die nichtbürgerlichen Bundesgenossen abgeschoben und damit das wirtschaftliche, besonders das agrarische Elend und die Bauernlegung der Großen über ganz Italien ausgebreitet, auf die Untertanen, die politisch die ohnehin am meisten vernachlässigten sind. Und doch wird alles, was im Zentrum des Staats vorgeht, noch weit überboten durch die Mißwirtschaft, die während der fortschreitenden Eroberung und nach der dauernden Besetzung in den Provinzen einreißt. Hier tobt sich die Habgier und Beutesucht des regierungsfähigen Adels, wie vor allem der Unternehmer- und Kapitalistenklasse, die sich

1) Vgl. die Skizzierung der Weltlage, die im Osten die Vorbedingungen hierfür schafft (o. S. 66). Nach den beiden makedonischen Kriegen (200—197, 171—168), dem Krieg mit Antiochos III. von Syrien (192—89), dem dritten Punischen Krieg (149—46), dem achäischen Krieg (146) und dem Krieg zur Unterwerfung Spaniens (143—33) ergibt sich die vorläufig abschließende Begründung der neuen Provinzen Illyricum, Macedonia mit Achaja (146), Africa (146), Asia (134), Gallia Narbonensis (118), Cilicia (102).

2) Von der Erhebung der Steuerumlage unter den Bürgern, des Tributum (S. 75), wird zum ersten Male nach der Unterwerfung Makedoniens bei Pydna (167) abgesehen. In Wirklichkeit ward dies eine dauernde Aufhebung.

unter dem Namen der „Ritterschaft" an die Senatsoligarchie zum Zweck ihrer Spekulationen anheftet, hemmungslos aus. Den römischen Kommandeuren, die als Prokonsul oder Proprätor die Statthalterschaft in den neuannektierten Ländern übernehmen, folgen die Finanzleute, die als Pächter der von den Untertanen zu entrichtenden Steuern oder als Aufkäufer der beschlagnahmten Ländereien oder aus sonstigen Titeln die Provinzialen auspressen. Aber damit nicht genug. Die skandalösen Machtsprüche, durch die der Senat über die wehrlosen wirtschaftlichen Rivalen Roms, wie Korinth oder Karthago, die Zerstörung und Plünderung verhängt, entfalten ihre abstoßendste Seite erst darin, daß sie zugleich große Sklavenjagden bedeuten, und in der Tat schafft die Welteroberung ein eignes soziales Problem schwerster Art unmittelbar in der Verknechtung großer Bevölkerungsmassen, die bestimmt werden, für die sich bildenden Plantagen- und Weidebezirke der römischen Reichen das Arbeitsmaterial abzugeben. An die Stelle der beschränkten Zahl von Haus- und Gesindesklaven früherer Zeit treten die nach Tausenden zählenden Rotten bestialisch behandelter, kasernierter Kaufsklaven. Soweit es aber Begünstigten dieser Klasse gelingt, Vertrauensstellungen ihrer Herren und vielleicht mit der Zeit die Freilassung zu erreichen, tragen gerade diese Elemente, meist städtische und vielfach korrumpierte Individuen, nur dazu bei, das Niveau der Bürgerschaft zu internationalisieren und zu verschlechtern. In unheilvollem Zirkel greifen die Glieder der Kette sozialer Spaltungen ineinander: „Optimaten" und „Popularen" im Gegensatz der neuen oligarchischen und demokratischen Partei der Bürgerschaft — cives und socii im Gegensatz der Altrömer und Italiker —, Bürger und Peregrinen im Gegensatz des herrschenden Landes und der Provinzen, — Freie und Sklaven im Gegensatz der politischen oder genießenden oder in freien Berufen sich ergehenden und der produktiven, ja, gerade der in feinerer und technischer Arbeit tätigen Untertanen. Und dieses System roher Ausbeutung, das das Staatsleben beherrscht, entspricht dem Bildungsniveau des Römers der guten Gesellschaft; es ist vor allem der individualistisch-weltbürgerliche Gedankenkreis Epikurs, der in dieser Zeit aus den hellenischen Schulen um sich greift und auch er in seiner derben Form, die als Güter des Menschenlebens wesentlich nur Macht und Sinnengenuß wertet.[1]) So spricht es etwa Sallust mit voller Nüchternheit aus.

Der Vergleich der römischen Gesellschaft des Weltstaats mit der des vereinigten Italiens von ehedem zeigt, wie unterhöhlt der Boden des alten Verfassungsbaues schon fünfzig Jahre nach dem Frieden von Zama war. Ein Vorstoß mußte genügen, um ihn an allen Ecken zusammenbrechen zu lassen, und die weiteren fünfzig Jahre seit dem Auftreten der beiden grachischen Brüder führen in der Tat zu diesem Ende. Nachdem Tiberius Grachus gemäßigt als agrarpolitischer Sozialreformer den Kampf gegen die Oligarchie eingeleitet hat, sucht Gaius revolutionär durchzugreifen; sein Ziel ist, dem Senat die Regierung zu entziehen und sie an die Volkstribunen als die Vertrauensmänner der Volksversammlung zu bringen. Nach dem Sturz der Demagogen verwandelt sich der Parteistreit zwischen Optimaten und Popularen in den offenen Bürgerkrieg zwischen Sulla und Marius. Aber in die Greuel dieser Kämpfe verflechten sich hintereinander die nicht minder blutigen Angriffe der drei anderen großen Gruppen von rechtlich Mißhandelten, — die unheimlichen Sklavenkriege, — der leidenschaftlich gegen Rom geführte Bundesgenossenkrieg und eine ganze Kette schwerster Aufstände der Provinzialen in Spanien, in Afrika und in Asien. Und nicht genug mit der oft an volle Anarchie grenzenden Zerrüttung des Reichs im Innern, lernt dieses Reich zum ersten Mal die Gefahren der barbarischen Grenzvölker gründlich kennen. Die römischen Feldherren müssen in Italien selbst den Kimberneinfall abschlagen und im Osten die Parther besiegen (S. 67), während sein nunmehr das Mittelmeer umspannender See-

1) Vgl. unten S. 90, Anm. 1.

verkehr durch das Gewerbsverbrechertum, durch die im größten Stil organisierte Piraterie, gelähmt darniederliegt.

So wiederholt sich an dem Komplex aller antiken Kulturvölker in gewaltigem Ausmaß die Lage, die sich im kleinen an Griechenland nach dem Sturz Athens hatte beobachten lassen, — ein Knäuel von sozialen Konflikten, der sich mit den Machtmitteln der alten Verfassung von Grund aus nicht entwirren läßt, den nur ein über allen ineinander verbissenen Interessengruppen stehender neuer Gewaltträger auflösen kann.[1] [2]) Es bedarf eines Organs mit einer durch nichts gehemmten besonderen Vollgewalt, im Zweifel einer einzelnen Persönlichkeit. In dieser Lage aber vollbringt der römische Stadtstaat die zweite große weltgeschichtliche Leistung, der früheren Einigung Italiens ebenbürtig: er erzeugt den neuen Gewaltträger im Schoß seiner verfassungsmäßigen Autoritäten aus dem Blute der politisch hochgezüchteten Familien der römischen Gesellschaft.

Die Vorbedingung dafür hatte bereits Marius in seinen wiederholten Konsulaten der Kimbernkriegszeit geschaffen. Das Volksheer der allgemeinen Wehrpflicht der Bürger hatte er zu einer Armee entlohnter Berufssoldaten mit der Anwartschaft auf Veteranenversorgung nach mehrjähriger Dienstzeit umgebildet. Dieses neue Werkzeug politisch zu handhaben war er selbst nicht imstande gewesen. Sein aristokratischer Gegner Sulla, der es verstand, hatte es wieder aufgegeben. Erst in dem konservativen Sullaschüler und dem demokratischen Mariusanhänger, in Pompejus und in Cäsar, erstehen die beiden Politiker, die rivalisierend die Herkulesarbeit in Angriff nehmen, nur auf das Heer gestützt, über den Kopf von Senat und Volksversammlung hinweg den Erdkreis von Gades bis zum Pontus neu zu ordnen. Sie vollbringen das Werk durch anderthalb Jahrzehnte und in parteipolitischer Gegnerschaft, zum Teil in wechselseitiger Verständigung, Pompejus im Osten, Cäsar im Westen. Dort ist das Ergebnis die Befriedung Asiens, in dessen Provinzensystem als neue Untertanenländer Pontus, Syrien und Cilicien eingefügt werden (64). Im Abendland vollbringt Cäsar die weit größere Aufgabe, nach der Sicherung Spaniens (68) die Gesamtmasse der gallischen Völkerschaften zwischen Nordsee, Kanal und Mittelmeer botmäßig zu machen und damit dem Hauptland Italien nördlich der Alpen ein ausgedehntes Glacis zu Schutz und Anmarsch gegen die noch gefährlicheren germanischen Angreifer zu schaffen (58—51). Aber die lange Kette der Keltenfeldzüge mit ihren Zweigunternehmungen über den Rhein und über den Kanal bietet Cäsar zugleich die Handhabe, sich das taktisch verlässige und mit der Autorität seiner Person unbedingt verwachsene Heer auszubilden, das ihn nicht nur dem Rivalen, sondern auch der verfassungsmäßigen Autorität des Senats gewachsen macht.

Doch der Sieg über die Pompejaner (48), in dessen Verfolg sich Cäsar zugleich des letzten und ehrwürdigsten Mittelmeerlandes, Ägyptens, bemächtigt, um es als Schlußstein in den römischen Provinzenring einzufügen (47), rollt unerwartet ein schwieriges staats-

---

1) Die Reformen, die schon während der Bürgerkriege teilweise unternommen werden, um die Mißstände der Verfallszeit aus der Welt zu schaffen (als wichtigste die Aufnahme der Italiker ins Bürgerrecht im Jahre 89, vgl. u. S. 89), finden durchweg keine befriedigende Durchführung.

2) In der Behördenordnung wird das System der klassischen Republik selbst vervollkommnet durch die Strafprozeßreform Sullas. Die provocatio ad populum wird beseitigt und durch Schaffung von ständigen quaestiones perpetuae, Spruchgerichten (aus Senatoren, später auch aus Rittern) ersetzt: eines für jedes der Kapitaldelikte (Mord, Staatsverbrechen, Fälschung usw.). Zugleich wird die Geschäftsleitung der Strafsachen den Konsuln genommen und wie in Zivilsachen an Prätoren übertragen. Die Anklage bleibt jedem Bürger überlassen. Aber auch diese Reform, an sich gesund und dem späteren englischen Schwurgerichtsverfahren nahe verwandt, macht infolge der Zeitverhältnisse Fiasko, da die Geschworenen wie der Ankläger sofort der Bestechung und Einschüchterung verfallen.

rechtliches Problem auf. Der neue Diktator, nicht nur ein von allen Doktrinen freier Realpolitiker, sondern bei seiner Politik auch überwiegend durch Verstand und Willen bestimmt, plant die Organisation der Mittelmeerländer nach dem Vorbild Alexanders als eine Universalmonarchie kosmopolitischen Charakters in wesentlich hellenistisch-orientalischen Formen. Er will die nationalrömischen Verfassungsformen beseitigen und die militärisch-bureaukratische Regierung Ägyptens mit ihrer Vergöttlichung des Königs auf das ganze Imperium ausdehnen. Aber er unterschätzt hierbei die ererbte griechisch-lateinische Tyrannenscheu (S. 66) und verkennt, daß die aristotelisch-stoische Kompromißlehre in den politisch Denkenden ein ganz bestimmtes Staatsideal wachgerufen hat, das die „gemischte Staatsform" in veränderter Weise auch den neuen Machtverhältnissen anzupassen gestattet. Leitend wird jetzt der neue Gedanke, daß unter fortdauernder Kombination von monarchischen, aristokratischen und demokratischen Elementen das Schwergewicht von dem aristokratischen „Teil" (dem Senat) auf den monarchischen, den mit außergewöhnlicher Vollgewalt ausgestatteten Magistrat, hinübergelegt wird.[1])

Das Imperium unter der Prinzipatsverfassung. Die Neukonstituierung, durch die Augustus, beraten von Agrippa und Mäcenas, dem Reich seinen äußeren und inneren Frieden wiedergibt, bringt es fertig, das Hauptbedürfnis einer Konzentration aller Funktionen in einem überparteilichen Organ zu befriedigen, ohne die beiden verfassungsmäßigen Organe und Prinzipien formal zu beseitigen.

Staatsrechtlich in Geltung bleibt der Grundsatz, daß alles „imperium" den vom Senat unter Mitwirkung des Volkes bestellten Magistraten zusteht, und daß sie ihre Gewalt mit consilium und auctoritas des Senats ausüben. Darauf ruht die Stellung des „Ersten Bürgers", des „Princeps". Der Senat verleiht ihm als gewesenen Konsul das prokonsulare Imperium auf Lebenszeit im ganzen Umfang des Reichs — damit das Oberkommando über alle Truppen zu Land und See — und erkennt ihn zugleich als Inhaber der ebenfalls lebenslänglichen tribunizischen Gewalt an — mit der letzteren das Oberaufsichtsrecht über alle anderen zivilen Amtsträger, das aus dem Recht der Interzession fließt. Bei der Übertragung des Volkstribunats wird auch das Volk als beteiligt gedacht. Zwar ist die Volksversammlung binnen kurzem erloschen. Aber da die Zugehörigkeit zu einer der Legionen noch immer die Bürgerstellung bedingt, setzt sich im Heere die Repräsentation des römischen Volkes fort. Die Anerkennung des Princeps durch das Heer wird demgemäß die reale Hauptgrundlage der neuen Gewalt neben der alten Gewalt des Senats.

---

1) Die Vorgeschichte dieser Neuordnungsideen, die das republikanische Schema des Dikaiarchos und Polybios einerseits zu retten, anderseits in Richtung auf die (monarchenartige) Stellung eines obersten Vertrauensmannes (des künftigen „Princeps") umzubiegen sucht, wird neuestens lebhaft erörtert. Von Cicero werden in der Schrift de republica Andeutungen darauf dem Scipio Aemilianus, dem Gönner des Polybios, in den Mund gelegt. Diese doktrinären Konstruktionen werden in dem politischen Programm des (Cicero zeitgenössischen) Gnäus Pompejus in Verbindung gebracht (Eduard Meyer). Zwar ist es sehr unsicher, ob bei diesen Politikern bereits mit einer bestimmt umrissenen Rechtsform gerechnet werden kann. Ins Leben umgesetzt hat sie jedenfalls erst Octavianus Augustus selbst. Doch die Idee führt immerhin zum Sturz Cäsars in der Verschwörung einer „republikanischen Partei" (43), ja weiter auch zu dem seines unmittelbaren Nachfolgers in der Gewalt, des Marcus Antonius, der in neuen Bürgerkriegen das Programm einer auf den Osten gestützten Weltmonarchie weiterführt. Im Kampf mit ihm gelingt Cäsars Neffen und Adoptivsohn C. Octavian die Sicherung und Behauptung der Alleinherrschaft (30 v. Chr.) gerade dadurch, daß er, seinem Vater ungleich, die Kooperation mit dem Senat wieder gewinnt und die Konservierung der republikanischen Verfassungsformen möglich macht.

Für den Funktionenkreis des Cäsar wird unterschieden.

Wie in der Zeit der Republik wird dem obersten Prokonsul seine Kommandogewalt in den gefährdeten Provinzen verantwortungsfrei als kriegsrechtliche übertragen. Das geschieht formell für alle neu erworbenen Außenprovinzen, besonders natürlich für die noch nicht völlig zivilisierten, aber auch für die alten Kulturländer, deren Sicherheit für das Gedeihen des Gesamtstaats unerläßlich ist: so werden „Kaiserprovinzen“ Mauretanien (Marokko), Spanien im Hauptteil, Gallien in seiner südwestlichen, mittleren und nördlichen Zone (Aquitania, Lugdunensis, Belgica), Ober- und Niedergermanien, Rhätien (das gesamte Land zwischen Hochalpen und Donau einschließlich des das heutige Württemberg und Bayern umfassenden Vindelicien), Noricum (Österreich), Pannonien (Ungarn). Im Osten setzen sie sich von Syrien ab in Ägypten und dem östlichen Teil Nordafrikas fort; später treten auch die neubegründeten Provinzen Britannien und Dazien (Rumänien) zu den Kaiserprovinzen. In ihnen handhabt der Kaiser die Verwaltung in allen ihren Zweigen, soweit sie nicht als lokale den autonomen Gemeinden überlassen ist (u. S. 90), — die militärisch-polizeiliche durch seinen Legaten mit dem Rang des Proprätors, die finanzielle durch seinen Prokurator. Durch Prokuratoren faßt der Kaiser auch in den Senatsprovinzen Fuß.

In den alten hochzivilisierten Hauptländern des Mittelmeers dagegen bleibt formell der Senat das eigentliche Oberhaupt. In ihnen, in der südspanischen Provinz (Hispania, Baetica, Andalusien), in Südgallien (Gallia Narbonensis), in Mazedonien und Achaja (Altgriechenland), in der Provinz Asia (Kleinasien) und in der Provinz Africa (Küstenland von Hippo bis Kyrene) übte er die Zentralverwaltung durch die von ihm selbst beschickten einzelnen Prokonsuln aus, in Italien handhabt er sie unmittelbar. Da aber die Kaiser auch hier das Oberkommando, besonders in Rom über das Gardekorps der Prätorianer und die aus Kelten und Germanen rekrutierten Gardereiter, die Batavi, behalten, da die auswärtige und innere Politik selbstverständlich als einheitliche vom Kaiser geleitet wird, da der Kaiser das aus dem Tribunat fließende Aufsichtsrecht auch über die Senatsmagistrate, ja über den Senat selbst übt, so ist seine Oberstaatsgewalt auch in den Senatsländern lebendig. Man kann also das Verhältnis von Kaiser und Senat nicht als eine Doppelherrschaft, eine „Dyarchie“ verstehen[1]; vielmehr vereinigt schon in der Anlage der Verfassung der Kaiser allein gewisse Funktionen als souveräne für den ganzen Umfang des Reichs, und der Senat zeigt sich lediglich als Inhaber einer Selbstverwaltung, die sich kraft eines Vorrechts auf Italien und die Senatsprovinzen beschränkt.

Nur ist die untergeordnete Verwaltungstätigkeit des Senats nicht die einzige Tätigkeitssphäre, die ihm zusteht: formell souverän verfügt er, wie von alters, auch über Gesetzgebung und über Staatshaushalt. Über die Gesetzgebung mit einer gegen früher gesteigerten Vollmacht. Da die Volksversammlung als staatsrechtlicher Gewaltträger auch hier abgewirtschaftet hat, tritt der Senat an ihre Stelle, und statt dem Volksschluß, der lex oder dem Plebiszit, wird die vom Kaiser mit dem Senat beratene Norm, das Senatus consultum, die eigentliche Form des Reichsgesetzes. Entsprechend steht die offizielle Staatskasse, das Aerarium populi Romani, fortdauernd zur Disposition des Senats und der Zensoren. Aber auf der anderen Seite stehen dem auch außerhalb der Verwaltung nicht minder mächtige Befugnisse des Herrschers gegenüber. Von Anfang an spielt die Privatkasse des Princeps, die aus den Steuern der Kaiserprovinzen, aus testamentarischen Zuwendungen reicher Bürger, Gemeinden usw. gespeist wird, die wohl größere praktische Rolle im Finanzwesen. In der Gesetzgebung hat der Kaiser kraft seiner magistratischen Kompetenzen

---

1) Von diesem nicht glücklichen Begriffe aus hat Mommsen in seinem „römischen Staatsrecht“ die Prinzipatsverfassung zu konstruieren versucht.

von Rechts wegen die Initiative gegenüber dem Senat. Und zu alledem ist als Spezifikum das neue hochwichtige Recht der kaiserlichen Rechtsprechung oberster Instanz in allen Rechtssachen schlechthin getreten. Sie befähigt den Princeps, sich durch Appellation mit der eigenen Entscheidung eines zivilen, kriminellen oder verwaltungsrechtlichen Streits oder mit der Beauftragung eines richterlichen Stellvertreters aus dem Kreise der hohen Beamten oder der fachjuristischen Berater seiner Kanzlei zu befassen.

Faßt man die Wechselseitigkeit im Gewalten-Verhältnis der drei Gewalten ins Auge, so ist sie, obwohl gegen die altrepublikanische Zeit völlig verschoben, auch jetzt nicht wesenlos. Auch für die augustische Verfassung gilt noch etwas von der polybianischen Maxime der gegenseitigen Hemmung und Unterstützung der drei Gewalten (o. S. 73). Schon früh macht das Heer von seiner Kontrolle gegenüber der Thronfolge aus Erbrecht Gebrauch, und ebenso greift der Senat in einem eklatanten Fall — gegen Nero (68) — mit dessen Absetzung und der Berufung des Statthalters von Spanien, Servius Galba, — ein.[1]) Auch in der Ausübung der Regierung kann der Wunsch des Kaisers, einen Protest des Senats zu vermeiden, manche voreilige Gesetzes-, Militär-, Finanzmaßregel verhindern. Jedenfalls stellt der Senat als solcher zunächst sämtliche Kandidaten sowohl für die prokonsularischen wie für die proprätorischen Statthalterposten, und erwägt man, daß er sich nach wie vor mit Hilfe des wiederum aus seiner eigenen Mitte ernannten Zensors, des Führers der Senatsliste, selbst ergänzt, so ist die Bedeutung des Senats für das Staatsganze noch immer bedeutend.

Aber wenn man den Prinzipat nach seiner Gesamtwirkung beurteilt, schrumpfen die verfassungsmäßigen Schranken, die der Kaisergewalt gezogen sind, auf ein höchst geringes Maß zusammen.

Schon in der Anlage der im Mittelpunkt des Staats ruhenden Princepsstellung enthüllt sich die Schwäche der Bindeglieder, die sie mit der Verfassung der Republik verknüpfen. Der Princeps ist nicht Magistrat; er scheint nur ein solcher zu sein. Durch die Lebenslänglichkeit der Verleihung wird sowohl seine prokonsularische wie seine tribunizische Gewalt etwas anderes, Neuartiges, mit dem früheren Ämtersystem Unvergleichbares, und der Schöpfer bringt das auch offiziell zum Ausdruck, indem er neben dem unrepublikanischen Titel des „Imperator"[2]) den für ihn ganz neu erfundenen Beinamen des „Erhabenen", „Augustus" als Gattungsbezeichnung annimmt. In abgeschwächter Form wird mit diesem Beiwort doch wieder das hergestellt, was Cäsar in der Vergöttlichung des Monarchen erstrebt hatte, besonders in Verbindung damit, daß sich der Princeps durch die ebenfalls ständige Übernahme der Würde des Pontifex Maximus zur Spitze auch des staatlichen Kultuswesens macht. Die Verbindung mit dem Ideenkreis des Vorgängers wird dadurch befördert, daß Augustus sich „Divi Julii filius" nennt. Indirekt weist schon dies auf den Kaiserkult (u. S. 92). Und endlich ist eben auch das dem alten Staatsrecht fremde Element, in einer einzigen Amtsperson eine ganze Reihe von Ämtern zu häufen, den Princeps mit einem „Magistraturenbündel" auszustatten, noch dazu mit obrigkeitlichen Vollmachten, die, wie die ausführende des Prokonsuls, die hemmende des Tribunen und die richterliche des obersten Richters, einander entgegengesetzt sind.

---

1) Die Initiative zu Galbas Berufung war allerdings vorher von anderen Provinzstatthaltern ausgegangen. An den Senat wurde sie durch den Gardepräfekten Nymphidius Sabinus vermittelt. Im Einverständnis mit ihm nahm der Senat auch die damnatio memoriae des Nero vor.

2) Der Imperatortitel hat in der Republik überhaupt keinen staatsrechtlichen Gehalt. Es ist lediglich die übliche Ehrenbenennung des siegreich heimkehrenden Feldherrn bis zu seinem Triumph. Aber auch als solche hat er seinem Wesen nach nur vorübergehende Bedeutung. Auch er verändert also sein Wesen, indem er permanent angenommen wird.

Diese extensive und intensive Kumulation von Befugnissen begründet also — und zwar gleich von den ersten Anfängen der neuen Ordnung an — ein derartiges Übergewicht des Princeps über den Senat, daß es nur eine Frage der Zeit für den Kaiser wird, sich auch die Zusammensetzung des Senats anzueignen und damit seine eigene Abhängigkeit vom Senat zu beseitigen. Nach dem Tode Neros tritt mit dem sog. Vierkaiserjahr (68/69) der kritische Augenblick ein. Die Ermordung des Senatskandidaten Galba geht in einen Kampf der verschiedenen Truppenteile und ihrer Kommandeure über, und der Sohn des schließlich zum Thron erhobenen Vespasian, Domitian, legt sich zu den übrigen Magistraturen auch die Gewalt des Zensors und damit die Aufstellung der Senatsliste bei. Von da an sinkt der Senat zu einer vom Kaiser besetzten Behörde, einem kaiserlichen Staatsrat, herab. Die vom Kaiser mit dem Senat beschlossenen Gesetze unterscheiden sich nicht mehr scharf von den unter verschiedenen Namen und auf verschiedenem Wege erlassenen kaiserlichen Verordnungen, den Constitutiones, und auch in der Verwaltung der Senatsländer drängt die allgemeine Aufsicht des Kaisers die Kompetenz des Senats mehr und mehr beiseite.

Das Ergebnis ist demnach, daß der Kaiser selbst auch zur formellen Quelle der kaiserlichen Gewalt aufsteigt. Er bestimmt durch Annahme an Sohnesstatt seinen eigenen Nachfolger, nur daß er hierzu der Zustimmung des Heeres bedarf. Aber auch dieses, ursprünglich die demokratische Tradition fortpflanzende Organ verliert den Rest seines republikanischen Charakters. Für seine Entschließungen maßgebend werden die Truppenchefs und die Reichsbeamten, deren die Kommandeure bedürfen, um die Truppen zu befriedigen, vor allem die obersten Finanzbeamten des Kaisers. Auch in der Zivilverwaltung, vor allem in der Finanzverwaltung, wird deshalb das senatorische Beamtentum fortschreitend von dem kaiserlichen Beamtentum aufgesogen, für das bereits Augustus und Tiberius den über Großkapital und geschäftliche Routine verfügenden Ritterstand (S. 82) als Pflanzschule eigens organisiert haben. Aus ihm, speziell aus seiner für die höheren Ämter auserlesenen Elite, werden nunmehr die Prokuratoren der Provinzen und die vom Kaiser geschaffenen zentralen Verwaltungsämter, in erster Linie die Zentralstelle, die den fiscus Caesaris unter sich hat, der procurator a rationibus, ernannt, so daß der Kaiser die Kontinuität der von ihm vertretenen Dynastie schließlich auf die Spitzen derjenigen Gruppe staatlicher Organe stützt, die seiner Dienstaufsicht und seinem Ernennungsrecht selbst ihre Existenz verdanken. Folgerichtig drängt der Leitgedanke des Systems dahin, auch diese Gewalt, auf der die Sorge für den Nachfolger ruht, möglichst zu konzentrieren, und nachdem unter Hadrian der kaiserliche Beamtenstaat seinen vollkommenen Ausbau erfahren hatte, endet der letztere damit, daß als Spitze des Gebäudes das Amt des Praefectus praetorio, über seine ursprüngliche Bedeutung weit hinausgehend, die militärische und zivile Gewalt vereinigt, sich zum Vizekaisertum auswächst.

Erwägt man alle Elemente, vergleicht man das Gesamtbild der Prinzipatsverfassung mit dem der früheren Senatsverfassung, so stellt sich als ihr Gesamtcharakter ein gewaltsamer und bei aller Durchdachtheit weniger kraftvoller, als künstlicher, verhüllender heraus. In ihr überwiegt nicht wie dort die organische, sondern die mechanische Bildung (o. S. 23).

Wenn trotz alledem das abnorme Gebilde volle zwei Jahrhunderte nicht nur lebensfähig, sondern in voller Autorität aufrecht steht, so erklärt es sich durch die Abnormität der Aufgaben, die es zu lösen hat und die es in dieser Zeit in allen Hauptpunkten tatsächlich löst; — vor allem während des zweiten Jahrhunderts getragen durch die an ein Wunder grenzende Gunst des Schicksals, die dem flavischen Sukzessionssystem die vier ausgezeichneten Regentenpersonen Trajans, Hadrians, Antonins und Marc Aurels beschied.

Im Vordergrund steht die Riesenaufgabe der Erhaltung äußerer und innerer Ruhe, die Sicherung der „Pax Romana“, die man als den eigentlichen permanenten Rechtstitel für die Herrschaft Roms über alle Mittelmeernationen aufzufassen hat, — auch nach der Anschauung der römischen Politiker selbst.[1]) Die Vorstellung liegt nahe, als hätten gegenüber einer so kompakten Macht wie dem römischen Reiche in seinem Ausbau die Angriffe barbarischer oder halbzivilisierter Grenzvölker überhaupt keine ernsthafte Bedeutung, so wie dies dank ganz besonderer Verhältnisse mit dem chinesischen Reich der früheren Zeit in der Tat der Fall gewesen (o. S. 44). Aber für das Imperium gilt jene Vorstellung nicht. Sowohl das Partherreich im Osten, an Raumgehalt nicht viel kleiner als der römische Staat selbst, wie die im Kampf- und Kolonisationsdrang unausgesetzt überschäumenden germanischen Völkerschaften zwischen Rhein und Weichsel sind große Mächte und seit Augustus und Tiberius als solche erkannt. Eine kaum geringere Gefahr aber bilden für die reichen Städte des Guadalquivir die unbändigen Mauren, und bald schließt sich an der unteren Donau die ewige Dakernot an, von den kleinen, aber oft sehr lästigen und zähen Störenfrieden an anderen Stellen der langgestreckten Grenze, Alpenvölkern, Illyrern (Dalmatinern), Numidern, Nubiern, Wüstenbeduinen ganz zu schweigen. Jeder dieser Grenzfeinde aber steht in Rapport mit Aufstandsherden in den benachbarten Teilen des Reichs selbst. So bedeuten Grenzschutz und Innenpolizei in Wahrheit eine nie ruhende aufreibende Energieleistung ersten Ranges. Verbunden mit der Bereitstellung und komplizierten Dislokation der Truppen, mit der Beschaffung der finanziellen Mittel, mit der Anlage der Befestigungen, mit dem Bau und dem Unterhalt der Reichsheerstraßen füllt sie allein die Sorge der Herrscher vollständig aus. Fast ohne Unterbrechung erwachsen mehrjährige opfervolle Kriege nur aus dem Bestreben, die Grenze möglichst zweckmäßig auszubauen, wie den germanischen Limes von Mainz nach Regensburg. Widerwillig muß die Regierung um der Grenzsicherung willen noch spät neue Provinzen erobern und organisieren, — Britannien unter Nero, Dazien (Rumänien) unter Trajan, — und doch endet die Glanzzeit des Reiches im 2. Jh. in einer Periode von Kriegen, die mit äußerster Anstrengung von Antonin und Marc Aurel an allen Fronten — gegen Parther, Daker, Markomannen und Mauren zugleich — geführt werden müssen. Neben dieser lebenswichtigsten Verwaltungsaufgabe her gehen aber — im einzelnen sich der Aufzählung entziehend — in allen Provinzen bedeutende Tempel-, Bäder-, Theater-, Zirkus-, Straßenanlagen und andere Bauten.

Unter dem Schutz der römischen Waffen entfaltet sich nun ein Volksleben von so reicher und bewegter Fülle, daß um dieser Früchte willen die Verfassung des Imperiums trotz der Einseitigkeit ihres Organsystems gegen den Verdacht eines Fehlschlags gesichert ist. Auf zwei Jahrhunderte hat sie ihre Mission erfüllt.

Jedenfalls ist bis zu jenem Zeitpunkt in der materiellen Sphäre des menschlichen Lebens, im Wirtschaftsleben, eine so gleichmäßige Gütererzeugung und Güterverteilung auf so weitem Raum noch nicht erlebt worden. Sowohl die agrarische und gewerbliche Produktion wie der Austausch von Genußmitteln und Fabrikaten zwischen allen Reichsländern, in erster Linie zugunsten Italiens, ist in der europäisch-asiatischen Kulturwelt eine einzigartige Erscheinung, auch eine bedeutende Steigerung der Lage, wie sie im babylonischen und persischen Reich vorhanden gewesen waren; und man darf annehmen, daß nicht nur die neuen, bisher halbbarbarischen Länder wie Spanien, Britannien, Gallien und Westgermanien, sondern auch die ältesten Kulturgebiete wie Asien und Syrien in dieser Ära den überhaupt höchsten Stand ihrer wirtschaftlichen Blüte genießen; nur vereinzelte Stellen des Reichs, besonders Alt-Griechenland, können infolge besonderer Ursachen aus überkommenem Verfall nicht wesentlich gehoben werden. Freilich ist die bewegende Kraft für das hohe

1) Hauptbeleg Tacitus (historiae 4, 74): „nam pulsis, quod Di prohibeant, Romanis, — quid aliud quam bella omnium inter se gentium existent“?

Niveau des Verkehrslebens unmittelbar die Rührigkeit der Gesellschaft, nicht die des Staats. Das Verdienst der letzten großen politischen Gründung des Römertums liegt gerade darin, daß sie an dem Geist des älteren Staatswesens in dem Hauptpunkte festhält, dem Einzelbürger oder der Familie freie Bewegung zu gönnen und diese nicht durch polizeistaatliche Regierungssucht zu stören und einzuschnüren (o. S. 76); — so wenig, daß damit auch unverkennbare schwere Schäden, — der Großbetrieb mit Sklavenarbeit (u. S. 94) — unkontrolliert in den Kauf genommen wird. Aber abgesehen von dem Prinzip des Gewährenlassens im eigentlichen Privatrechtsverkehr, einer negativen Leistung des Staats, stehen mit ihm doch auch bedeutsame positive Leistungen in enger Verbindung, durch die der Staat selbst dazu beiträgt, das freie Kräftespiel in der Wirtschaftsordnung zu ermöglichen.

Die eine liegt in dem Stück der staatlichen Ordnung, durch das die Gesamtorganisation des Weltreichs erst ihren vollen Abschluß empfängt, in der Pflege des organisatorischen Zwischenglieds zwischen Gesamtstaat und individuellen Gesellschaftskreisen, in welchem der lokale Güterverkehr seinen Sammelpunkt findet, der Stadt. Die hellenistischen Großstaaten hatten für ausgedehnte Gebiete des Ostens erst die Bedingung für die Form eines differenzierten Warenaustauschs geschaffen, in denen sie der Landschaft den Synoikismos, das städtische Verkehrszentrum gaben (S. 69). Diese Bewegung wird nun vom Staat des Augustus aufgenommen und methodisch in den neu in die politische Zivilisation hineingezogenen Ländern des Westens weitergeführt. Große Gebiete von Spanien, Gallien, Germanien, Britannien, Nordafrika werden nunmehr erst für die Form des städtischen Lebens erschlossen, und zwar überall in dem Sinn, daß die Stadt zugleich als Sitz einer lokalen Selbstverwaltung und Justiz, also in beschränkten Grenzen als eine dem Staatsganzen als selbständiger politischer Körper, als autonome Polis anerkannt wird. Die prinzipiell allgemeine Aufnahme ins römische Bürgerrecht wird durch lex Plautia Papiria (89) für alle italischen Städte diesseits des Po, also auch für den südlichen Teil des keltischen Landes, ausgesprochen. Die transpadanischen Gallier werden wenigstens Halbbürger und durch Cäsar ebenfalls Vollbürger. Am rascheſten und nachdrücklichsten schlägt das Munizipien-System italischen Stils naturgemäß in der ältesten Außenprovinz Hispania Wurzel; nur allein die (minderzivilisierte) Nordprovinz (Tarraconensis) umfaßt schon zu Augustus' Zeit 243 selbstverwaltende Städte. In Gallien wirken die großräumigen Völkerschaftsstaaten der Keltenzeit länger nach; sie erhalten nur eine beherrschende Stadt im Mittelpunkt, deshalb in allen drei gallischen Teilprovinzen — Aquitania, Lugdunensis, Belgica — nur 64 autonome Städte. Für die mächtigeren Städte geschieht dies durch den am weitest gehenden Typus der italischen Vollbürgerschaften, die seit dem Bundesgenossenkrieg von 89 sämtlich die feste Tradition des Munizipiums mit Stadtkonsuln (duoviri), Polizeiamtmännern (Ädilen) und Rat (curia) ausgebildet haben. Aber auch wo die Städte eine geminderte Autonomie erhalten, ist in anderer Weise für Organe mit exekutiver Verwaltung und mit Verwaltungskontrolle gesorgt.

Mit den Städten sind demnach bereits die Mächte bezeichnet, die dem Verkehr nicht nur zum wirtschaftlichen Mittelpunkt, sondern auch zum Stützpunkte der staatlichen Tätigkeit dienen. Durch ihren Behördenapparat spielt sich vornehmlich die innere Verwaltung in Bau-, Straßen-, Polizei-, besonders Marktpolizeisachen u. a. ab. Und in ihren Organen hat vor allem die Funktion ihren Sitz, in der der römische Staat dieser Epoche der Kulturwelt das unvergängliche Werk gibt, in dem er bis zu dieser Stunde am unmittelbarsten fortlebt, das vorbildliche System des Verkehrsrechts, das vor allem für den rechtsgeschäftlichen Austausch der Sachgüter und Leistungen die allgemeingültigen Normen und im Anschluß daran auch gewisse bleibende Formen des gerichtlichen Verfahrens darbietet. Auch für das Strafrecht wird gerade der juristisch-konstruktive Hauptteil dieses Rechtsgebiets, der Aufbau der Verbrechenstatbestände (o. S. 78), wenigstens in Ansätzen mit einer für die ganze kommende Zeit bedeutsamen Gültigkeit in Arbeit genommen. Zwar wissen wir heute, daß die Geltung dieser geistigen Leistung von Anfang an nicht so weitgreifend ausfiel, als man ursprünglich es anzusehen gewohnt war. Der hellenistische Osten blieb auch während der Kaiserzeit in der griechischen, vielleicht in den Nachwirkungen der babylonischen Tradition verfangen. Aber für den Westen Europas wurde hier eine Grundlage geschaffen, die nie wieder verlassen worden ist.

Schon durch die Ausbildung des römischen Rechts zum Weltrecht empfängt der Weltstaat des Princeps eine erhöhte geistige Bedeutung. Und diese ist nicht die einzige. Auch nach der Seite der menschlichen Erziehung steckt der Prinzipat der neuen Ordnung ganz bestimmte verfeinerte Aufgaben, die die universelle Zusammenfassung der Mittelmeerwelt gleichzeitig als eine Erbin ihrer Vorläufer, wie juristisch die der babylonischen Kultur, so hier der griechischen erscheinen läßt.

Es ist die persönliche Idee des Augustus, daß er mit der Anarchie und dem sozialen Hader der Bürgerkriege auch die materielle und verwilderte Gesinnung begraben möchte, die mit den äußeren Schäden in innerer Verbindung gestanden. So strebt er, den Staat der neuen Ära (o. S. 84) zum Träger einer staatsbürgerlichen Erziehung zu machen, im allgemeinsten Sinn, ähnlich wie sie Platon[1]) nach der griechischen Katastrophe vorgeschwebt hatte (o. S. 68). Doch soll der Weg dazu nicht nur die Belebung der religiösen Kultur sein, am wenigsten die der aus dem hellenistischen Osten eindringenden neuen Götter; — auch nicht so sehr die der alten Volksgottheiten, sondern die Erweckung der Ehrfurcht vor den segensreich waltenden Mächten des Erdenlebens, den Schicksalsgöttinnen und Geburtshüterinnen, der Ehre und Tugend, wie sie in den Gedanken der stoischen Sozialethik vorgebildet sind und wie sie didaktisch-poetisch im Einklang mit den augustischen Bestrebungen in Horaz' Römeroden, besonders im Carmen Saeculare, und in Vergils Aeneis verherrlicht werden. Arbeitsame Fürsorge des Bauern für seinen Boden, opferwillige Hingabe des Kriegers für das Vaterland wird eingeprägt, — ganz besonders gute literarische Geistesbildung. Die sittliche Bildung soll durch Geschmacksschulung verbreitet und gefördert werden; und das Lateinertum soll in Ergänzung des hellenistischen Bildungskreises der ehemaligen Diadochenstaaten für den Westen eine Kulturmacht in diesem besonderen Sinn werden.

Das Ideal des Augustus hat sich in der Hauptwirkung, die ihm vorschwebt, in der Belebung des Staatssinns, vor allem im Dienst der Erziehung des heranwachsenden Geschlechts zur Wehrhaftigkeit, nicht verwirklichen lassen. Gerade in den alten Ländern, in erster Linie in Italien, ist sie unaufhaltsam im Versiegen. Den Massen der niederen Bevölkerung kommt die Regierung mit ihren Mitteln nicht bei, und auch die Kaiserverehrung ist auf die Länge nur ein Notbehelf von äußerlicher Bedeutung und begrenzter Tragweite. Jedenfalls konzentriert sich in ihr alles, was der Staat aufwendet, um in der Bevölkerung ein inneres Einheits- und Zusammengehörigkeitsgefühl zu pflegen, und folgerichtig reagiert die Kaisergewalt gegen solche Elemente, die der Hebung der Staatsgesinnung nicht einmal dieses Geständnis zu machen geneigt sind; wie in erster Linie gegen die Christengemeinden, die sich seit der Mitte des 1. Jh. auch in Rom seßhaft gemacht haben. Die Anwendung der Strafen des Majestätsverbrechens, die seit Trajan als Christen-

1) Die alte brutalere Lebensauffassung ragt noch in den Anbruch der Kaiserzeit herein in Sallust („nur zwei Dinge haben Sinn, Macht und Sinnengenuß"), in Properz und Tibull (Verachtung des Soldatenstands), — der Umschwung bahnt sich an philosophisch in Cicero, episch in Lucrez, lyrisch in Catull. Es sind die Kräfte, die auf Octavian einwirken.

verfolgungen auftreten, brandmarkt die Bekenner des neuen Glaubens, die das Kaiseropfer versagen, als anarchistische und barbarisierende Glieder des Staats.

Nach einer andern Richtung übt jedoch der Versuch des Prinzipats, die Bevölkerung des Weltreichs aus dem epikureischen in den stoischen Geist überzuleiten, bedeutende und bleibende Wirkungen. Das, was es ihr gelingt, über die westlichen Länder auszubreiten, ist die lateinische Sprache, Geistesbildung und Lebensform. Auch sie freilich nur in beschränktem Grade und nur über eine schmale Schicht der sozial Begünstigten, die Mitglieder des provinziellen Beamentums und die besitzenden Klassen der Städte. Die lateinische Literatur, nicht nur die poetische, sondern noch mehr die juristische, rhetorische, historische, die Formen des Umgangs, Sports, gesellschaftlichen Ehrgeizes, alles das, was als „humanitas" zusammengefaßt wird, dringt in diejenigen Kreise der Spanier, Gallier, Britannier, Rhäter ein, die den Anschluß an die römischen Herren suchen.[1]) Sie hinterläßt in diesen Ländern das Ideal einer gewissen Vornehmheit, das in Gang, Haltung, Auftreten, Körperpflege und Kleidung die ehemals der römischen Kultur unterworfenen Gebiete, auch das heutige Belgien, Holland, die Schweiz, die westlichen und südlichen Streifen Deutschlands in eine tiefgreifende Gemeinsamkeit und in eine auf ihrer Seite stark empfundene Gegensätzlichkeit zu den „barbarischen" Bewohnern Mittel- und Osteuropas versetzt. Schon im 3. Jh. hat das lateinische Humanitätsideal sich so festgesetzt, daß es auch Kreise erfaßt, die den herrschenden Mächten feindlich sind, die aus dem griechischen Kulturkreis des Ostens ihre Kraft ziehen und erst allmählich aufsteigen, um in die Rolle des Römertums einzutreten, und es wird die größte Leistung, die der römische Staat als Kulturmacht vollbringt, daß im Weiterwirken seiner Regierungsmethoden auch die christliche Kirche, die Lehrmeisterin der europäischen Zukunft der lateinischen Geisteskultur unterworfen und angeglichen wird.

Die Zersetzung des römischen Weltreichs und das Ende der antiken Staatenwelt. Mit dem Tod des Kaisers Marcus (180) und der Thronfolge des Commodus läßt sich zum erstenmal beobachten, was der römische Staat bedeutet, wenn seine Tätigkeiten nicht durch einen hervorragenden Charakter zusammengehalten werden. Nun verlöschen die überwiegend glänzenden Seiten seiner Leistung, und die dunkeln Stellen des Gebildes treten in ihrer ganzen Tiefe hervor. Vor allem wird in dieser Zeit sichtbar, daß der Staat auf die Länge unfähig ist, die Aufgaben, die er sich gesetzt hat, zu erfüllen, — daß diese von Generation zu Generation schwerer für ihn werden müssen. Die Ursache hierfür aber ist, daß das bestehende politische System in immer zunehmendem Umfang die Länder, die es zu einem äußern Ganzen zusammengefügt hat, innerlich lockert und auseinandertreibt sowie ferner, daß es auch die einzelnen Bürger in stetig zunehmenden Schichten unfähig macht, dem Staat das zu leisten, was er von ihm erwartet.

In dem Verhältnis der verschiedenen Reichsländer wiederholt sich der ungesunde Zustand, der schon jeden der älteren Imperialstaaten vergiftet hatte (S. 53). Er krankt an der dauernden Privilegierung des Hauptlands, der keine entsprechende Leistung für das Gesamtreich gegenübersteht. Alle Provinzen empfangen ihre Herren und Regenten aus Italien, während immer offener zutage tritt, daß Italien sowohl für die staatlichen wie für die wirtschaftlichen Bedürfnisse der Länder fortschreitend weniger beiträgt. Besonders schroff gilt dies für den Steuerbedarf. Italien ist und bleibt steuerfrei. Anfänglich war dieses Prinzip als Entgelt des andern gedacht gewesen, daß Italien den Hauptteil der Wehrlast zu tragen habe, denn noch Augustus hatte die altrepublikanische Heeresordnung insoweit auf-

1) Hauptstelle des Tacitus (Leben seines Schwiegervaters Agricola, des Eroberers von Britannien c. 21): „Humanität heißt es bei den Unkundigen, während es doch Knechtschaft ist."

genommen, als ihr Kern, die Legionen, nur aus römischen Bürgern, also in erster Linie aus Italikern, bestehen sollten. Nur die Hilfstruppen (auxilia) durften aus Provinzialen gebildet werden. Aber in Wahrheit hatte man sich schon unter Marius mit der Umgehung zu helfen begonnen, daß man dem Syrer oder Spanier, dem Kelten oder Germanen beim Eintritt in die Legion das Bürgerrecht verlieh (S. 84), und die Verarmung und Entvölkerung des italischen Bauernstands nötigte bis zur Mitte des 1. Jh. der Kaiserzeit immer massenhafter zu dieser Ausflucht. Im Dreikaiserjahr nach Neros Thronentsetzung (S. 87) wird der Provinzcharakter der in den Außenländern stehenden Legionen in offener Feindschaft gegen die Bürgerlegionen offenbar. Der Hergang ist der, daß nach der Ermordung des spanischen Gouverneurs Galba durch die Prätorianer gleichzeitig die letzteren ihren Kommandeur Otho und die großenteils aus geborenen römischen Bürgern zusammengesetzten Legionen am Rhein ihren Führer Vitellius zum Kaiser ausrufen. Dessen Unterführer schlagen den Otho bei Cremona. Die Verständigung des syrischen Proprätors Mucianus und des Chefs der Donauarmeen Primus sowie der Marsch des letzteren auf Italien öffnete dem in Palästina kommandierenden Vespasian den Weg zum Thron. Die Flavier, die diesem Kampf ihre Erhebung verdanken, schreiten nunmehr dazu, die Aufnahme von Bürgern in die Legion — mit Ausnahme der Prätorianer — zu verbieten, und unter Hadrian endet die Militärverwaltung in dem System, daß alle Truppenkörper, Legionen wie Auxilia, sich aus den Gegenden rekrutieren, wo sie garnisonieren, d. h. aus den Außenländern, da von jeher der Grundsatz gilt, daß — von Ausnahmen abgesehen — das aktive Heer nur an den Grenzen oder an bedrohten Stellen stationiert sein soll. Damit verlieren die Truppen allmählich das Interesse an Italien und den andern Binnenländern. Der römische Bürger in Rom und in Italien wird in der Vorstellung der Untertanen die faule Drohne im Bienenstock, die aus den Tributen der Provinzen mit Brot, mit Wasserleitungen, Bädern, Spielen versorgt wird und außerdem auch noch den bevorzugten Anspruch auf alle Arten von Ämtern und Berechtigungen erhebt; und wenn in der nun beginnenden Periode der Kämpfe um den Thron die Provinzialenheere aus der Ferne oder auf italischem Boden selbst die Herrschaft über das Reich vergeben oder ausüben, so wird das ursprüngliche Verhältnis völlig auf den Kopf gestellt.

Naturgemäß wird aber die fortschreitende Lockerung des Bandes zwischen den ursprünglich führenden und den barbarischen oder fremdstämmigen Reichsländern noch gesteigert durch den Verfall des Wirtschaftslebens, der ohnehin, wie erwähnt, mit dem Verfall des Wehrwesens in naher Beziehung steht. Hier vollzieht sich eine zweite Zersetzung des sozialen Körpers innerhalb der alten Kulturländer, in erster Linie innerhalb Italiens, auch sie schon in den ersten Jahrzehnten der Kaiserzeit beginnend.

Die Welteroberung hatte dahin geführt, daß die feineren Produktionszweige sowohl in der Landwirtschaft wie im Gewerbe in die Hand des Großgrundbesitzes und des Großkapitals gelangt und dem Großbetrieb — Plantagen- oder Fabrikbetrieb — mit Sklaven überantwortet waren. Die Arbeit freier Bauern und Handwerker war nicht verschwunden, aber in Italien, Spanien, Griechenland, Nordafrika, Südgallien zum unansehnlichen und wirtschaftlich wenig ergiebigen Kleinbetrieb herabgesunken. Aber die Einstellung der Eroberungskriege läßt die Zufuhr von Sklaven versiegen. Einem normalen Nachwuchs steht ihr kaserniertes, familienloses, wirtschaftlich uninteressiertes Dasein im Wege. So läßt gerade der beste Arbeitsfaktor und mit ihm die Qualitätsarbeit überhaupt nach. Die Grundherren müssen dazu übergehen, brauchbare unfreie Arbeiter als selbständige Wirte auf Parzellen gegen Zins anzusetzen, sowie auch besitzlose Freie als zinszahlende Pächter (coloni) auf fremden Bauernhöfen ausgestattet werden, und auf große Strecken der alten Länder vollzieht sich eine soziale Verschiebung, bei der zahlreiche Sklaven aus der drückendsten Fron der Unfreiheit aufsteigen, sich den wirtschaftlich abhängigen Freien nähern, aber mit diesen in den volksärmer werdenden Provinzen zu einer wenig kultivierten dürftigen Unterklasse zusammenwachsen, die wie das Kleinbürgertum der sinkenden Städte als die „geringen Leute", „humiliores", den Standespersonen, den „honestiores" — Grundherren, kaiserlichen oder städtischen Beamten und Offizieren — gegenübertreten. Nur die letzteren nehmen — eine dünner werdende Schicht — aktiv am staatlichen Leben teil. Das wirtschaftliche Leben nimmt wieder primitivere, überwiegend ländliche und — wie an der zunehmenden Münzverschlechterung sinnfällig abgelesen werden kann — teilweise naturalwirtschaftliche Formen an[1]), bei denen es dem Staat immer schwerer wird, die Geldabgaben einzutreiben, die er zur Besoldung, zum eigenen Betrieb braucht. Es ist nicht so zu denken, daß das offenbare stetige Sinken des Kulturniveaus im späteren Imperium durch „Rassenverschlechterung", dem mystischen Vorgang einer „Entartung" durch „Semitisierung" der Mittelmeerländer zustande kommt (Gobineau). Dieses Sinken ist ein folgerichtiges Weiterwirken des durch die Welteroberung geschaffenen staats- und sozialrechtlichen Verhältnisses, und gerade umgekehrt ist es das Absterben und Leistungsschwachwerden der altangestammten Bevölkerung, was zu der Folge führt, in immer größeren Mengen Kelten, Germanen, Thraker, Afrikaner usw., besonders aus den Veteranen des Heeres, mit Grundbesitz zu versorgen und dadurch die Rasse zu verändern, gewiß nicht immer zur Verschlechterung, sowie auch die teilweise Emanzipation der Sklavenbevölkerung in dieser Richtung wirksam ist. Alle Bedingungen zusammen arbeiten freilich in der Richtung, daß im ganzen Westteil des Reichs der staatliche Sinn nachläßt. Der Schwerpunkt des politischen Lebens verlegt sich von Italien nach Gallien, umso mehr, als die germanischen Angriffe bedrohlicher werden und der äußere und innere Rapport mit den östlichen Ländern, die vom Bestehen des Reichs den Hauptnutzen gezogen und ihren Volkreichtum, ihren Wohlstand blühender bewahrt haben, schwindet zusehends.

Es ist die Folge dieses inneren Auseinanderweichens der Teile, wenn am Ende des 3. Jh. noch einmal der Versuch gemacht wird, ein Gegengewicht durch organisatorisches Festerspannen des Verwaltungsapparats zu schaffen. Die von den Severen vorbereitete Reichsreform des Illyrers Diokletian, von Konstantin zu Ende geführt, hat diese Bedeutung. Der Reichsmonarch wird durch Beseitigung des Senats nun auch grundsätzlich unbeschränkt.[2]) Er legt sich den Charakter des „Deus" und devotes orientalisches Hofzeremoniell offiziell bei und stützt sich nur noch auf Heer und Beamtentum, führt deshalb jetzt einen zuverlässigen Teil des Heeres (exercitus praesentalis) stets mit sich. Andererseits wird aber zum Schutz der Obergewalt die Behördengewalt planmäßig zerteilt, um sie an keiner Stelle übermächtig werden zu lassen. Zwar werden die Verwaltungsbezirke über das Maß der Provinzen hinaus vergrößert. Aber die nunmehrigen „Diözesen" (an Zahl 12) erhalten nebeneinander einen militärischen und einen zivilen Chef, die sich wechselseitig die Wage halten. Neben dem eigentlichen Statthalter (vicarius) stehen innerhalb der Diözese mehrere Grenzkommandeure mit kleinerem Bezirk (duces limitum), die sämtlich einem Generalissimus (magister militum) unterstellt sind, während dem praefectus praetorio nur die oberste Leitung der Zivilverwaltung verbleibt.[3]) Und auch diese beiden Stützen des

1) Vor allem auch dadurch, daß im Kolonatsverhältnis der Grundherr auch den freien Pächter statt zu Geldzins in gesteigertem Umfang zu Arbeitsleistungen, Frohnden (opus) heranhielt, und der Kolone leistet Dienst gegen Anteil am Gutsertrag.

2) Der Senat behält nicht einmal mehr die Rolle eines Staatsrats. Er bleibt lediglich als verwaltendes Kollegium der Stadt Rom, als „Stadtrat" bestehen. In dieser Funktion wird bald darauf ein zweiter Senat für Konstantinopel geschaffen.

3) Die vicarii unterstehen ihrerseits in der Zivilverwaltung mehreren Bezirksvorstehern, praesides, deren Sprengel kleiner sind wie die ehemaligen Provinzen.

Weltmonarchen werden wieder kontrolliert. Um sich die Dienstaufsicht über sie zu erleichtern, ordnet sich der Kaiser einen oder mehrere Mitregenten, Caesares, bei. Sie übernehmen unter seiner Direktion ganze Reichsteile, regelmäßig die zwei Reichshälften. Nur verlangt die Konsequenz der wirtschaftlichen Veränderungen (o. S. 88), daß das Zentrum des Reichs nicht mehr im Westen, sondern im Osten, zuerst in Salona, dann durch Konstantin den Großen in dem nach seinem Namen umbenannten Byzanz errichtet wird. Und wie sich das Kaisertum wirtschaftlich eine stärkere Stütze sucht, so auch geistig. Auch Diokletian erneuert noch einmal die Anstrengung, die Staatsgesinnung der Bürger des Reichs durch Sicherung des Kaiserkultus gegen seine Verächter zu stärken (o. S. 92); die letzte und schwerste Christenverfolgung geht über das Reich. Auch sie ist fruchtlos, und sein Nachfolger wirft sich dem bisherigen Feind in die Arme. Konstantin zieht es vor, den sittenstrengsten, fleißigsten und zuverlässigsten Teil der Reichsbevölkerung, statt ihn zu bekämpfen, zum Bindemittel des Staats zu machen, sich selbst, den Kaiser, vom Deus auf den „Dominus" zurückzuziehen, der sich die Aufgabe setzt, den göttlichen Mittler des christlichen Glaubens und dessen irdischen Stellvertreter, den Patriarchen, zu schützen.

Mit der neuen Zentralisation, mit den germanischen Söldnern im Heer als Abwehr ihrer eigenen Volksgenossen mit den Christen in den Ämtern[1]) hat der Staat sich ein weiteres Jahrhundert der Existenz gerettet. Freilich ist es eine Existenz, die charakteristischerweise das römische Reich in seiner staatlichen Form auf das Niveau der altägyptischen Staatsordnung herabdrückt. Das feinste Gebilde der Mittelmeerwelt endet schließlich bei deren ursprünglichem Ausgangspunkt (S. 50), — dreihundert Jahre später bei der Form, wozu schon Cäsar sie hatte machen wollen (S. 84). Das eigentliche Leben empfängt der Staat nun von einem neuen Volkstum und einem neuen Glauben, und in dem Augenblick, wo die germanischen Fürsten und die christlichen Bischöfe das volle Bewußtsein ihrer Macht erlangt haben, hört das Imperium auf zu bestehen und macht — den Zeitgenossen erschütternd fühlbar, aber ohne eigentliche Umwälzung — den neuen Bildungen Platz.[2]) Es ist bedeutungsvoll, wenn kurz vorher (unter Caracalla) noch allen Untertanen das römische Bürgerrecht verliehen worden ist.

Von dem Standpunkt der diokletianisch-konstantinischen Zeit aus darf man versuchen, das politische Schicksal der Mittelmeerwelt in seinem Gesamtverlauf zusammenzufassen und ihr

1) Nachdem Konstantins Mailänder Toleranzedikt (315) nur die Gleichberechtigung der Christen und Nichtchristen ausgesprochen hatte, verlangt Konstantius (353) und Gratian (375) das Christentum als Bedingung des Bürgerrechts und folgeweise der Staatsämter.

2) Der entscheidende Zeitpunkt ist für die beiden neuen Mächte der gleiche. Das zweite Drittel des Jahrhunderts ist von den äußeren Kämpfen Ostroms gegen Neupersien (u. S. 96) und den inneren Kämpfen des orthodoxen Bekenntnisses der Gottgleichheit Christi gegen die arianischen Freidenker angefüllt, damit auch von dem beginnenden Kampfe des römischen Bischofs, des Verteidigers des Vertreters der Orthodoxie Athanasius, gegen die zum Arianismus übertretende byzantinische Dynastie. Aber der Einbruch der Hunnen in Südrußland (375 u. S. 96) drängt die Goten zum Einmarsch und zur Ansiedlung im Balkan, und diese grundstürzende Verschiebung der Lage bewegt die Regierung von Byzanz, sich im Interesse einer Sammlung der Kräfte dem orthodoxen Glauben wieder zuzuwenden, — sie verhilft damit indirekt zum bisher größten Triumph des Papstes (Konzil in Konstantinopel 381). In der vorübergehend nochmals wiederhergestellten Einheit des Reichs unter Theodosius dem Großen wird die weströmische Kurie zum erstenmal als Korrektivgewalt gegen den Kaiser wirksam (Ausschluß des Theodosius als „Tyrannen" vom Betreten der Kirche in Mailand durch den heiligen Ambrosius 390). Und der Tod des Theodosius (395) führt zur endgültigen Teilung des Reichs und zur Preisgabe der Westhälfte an die Germanen. Das erste Ereignis in der Kette der nunmehr beginnenden Vorgänge (Alarichs Einzug in Rom 410) gibt den Anstoß zu Augustins Hauptschrift „de civitate Dei", die jedenfalls als Programmschrift einer über den barbarischen Einzelstaaten sich erhebenden hierarchischen Weltkirche später gewirkt hat, wenn sie auch nicht in diesem Sinne geschrieben wird.

Verhältnis zur neuen Staatenwelt, dem „Mittelalter", zu bestimmen. Die überlieferte Vorstellung läßt die Kette der antiken Weltreiche, des ägyptischen, assyrischen, persischen, griechisch-makedonischen im römischen Reich der Republik und der älteren Kaiserzeit gipfeln und sieht in dessen Zersetzung einen Abschluß, in der Völkerwanderung den Anfang einer neuen Kulturperiode. In Wirklichkeit zeigt sich jetzt, daß der eigentliche Höhepunkt der mittelländischen Staatenwelt an einer früheren Stelle liegt, nämlich in der Formierung der hellenistisch-karthagischen Großstaaten mit dem italischen Nationalstaat in Form eines republikanischen Stadtstaatenbundes als staatsrechtlich reifstem Gebilde, das politische Macht mit rechtlicher Freiheit und Gleichheit am engsten vereinigt. Diesem Gleichgewicht der Staaten gegenüber bedeutet das letzte Weltreich einen Rückfall in politische Verrohung. Es zerstört in seinem Innern die Gleichheit und bald darauf die Freiheit, um mit Hilfe des Absolutismus allmählich zur Gleichheit der Landschaften und Klassen zurückzulenken. Aber es erreicht schon die Ausgleichung nur teilweise. Die Freiheit bleibt verloren und erst die germanisch-romanisch-christliche Zeit schreitet deshalb auf der Linie fort, bis sie im zweiten Frankenreich die staatsrechtliche Gleichheit, im dreizehnten Jahrhundert die Anfänge starker verfassungsmäßiger Nationalstaaten wiedergewinnt.

Mit der Einsicht in diese Zusammenhänge erledigt sich zugleich die verderbliche Vorstellung, als setze sich die politische Entwicklung Europas aus einer Reihe in sich geschlossener „Kreislauf"-Bewegungen zusammen, in denen die verschiedenen Völker von einem primitiven Ausgangspunkt durch eine Blütezeit zu ihrem „Untergang" gelangen und damit zum Beginn eines neuen entsprechenden Kreislaufes überleiten müßten.[1]) Die Gesamtentwicklung verläuft im Gegenteil über die verschiedenen Kulturvölker hinweg in einem beständigen Aufstieg der staatlichen Formen und Grundsätze, die dabei ihr Geltungsgebiet auf der Erdoberfläche immer weiter ausdehnen. Nur erstreckt sich die Vervollkommnung bald auf die eine, bald auf die andere Wertidee — auf die Staatsmacht oder auf das Staatsrecht, auf die staatsrechtliche Freiheit, auf die staatsrechtliche Gleichheit, — und diese Wechselbewegung ruft den Schein eines Kreislaufs hervor.

3. Die neuere Staatenwelt.

Das römische Reich und die neuen Völker. Das römische Imperium, noch vom heutigen Standpunkt der Beurteilung der Staat, der im Zusammentreffen von räumlicher Ausdehnung, geschlossenem Ausbau und zäher Lebensdauer bisher von keinem anderen Staate der Geschichte überboten worden ist, hinterläßt auch bei seinem schließlichen Zerfall so starke Eindrücke, daß sich die germanischen Völkerschaften, seit sie sich der westlichen Länder bemächtigt haben, zunächst jahrhundertelang im Banne seiner staatlichen Formen festgehalten sehen. Das um so mehr, als im Osten Europas die politische Gestaltung von der Völkerwanderung überhaupt unberührt oder doch wenigstens in ihren Grundzügen unverändert bleibt.

Hier behauptet sich über Balkanländer, Kleinasien, Syrien uud Ägypten das byzantinische Reich in der seit Arkadius überkommenen Eigenart, mit der engen Verflechtung von Staat und Kirche, von Kaiser und Patriarchen, starr und entwicklungsunfähig in der ständischen Privilegierung von Geistlichkeit, Heer und Zivilbureaukratie, aber doch in der alten römischen

---

1) Diese Anschauungsweise geht von Polybios aus (o. S. 25) und taucht bis in die neueste Zeit immer wieder auf. Ihr letztes, überall irreführendes und auf ganz verschwommenen und willkürlichen Grundvorstellungen beruhendes Produkt ist das vielgelesene Buch Spenglers, „Der Untergang des Abendlandes" (1919ff.).

Lebenszähigkeit, vor allem deshalb, weil die Gleichmäßigkeit im Verhältnis der Landesteile trotz des gelegentlichen Überschäumens der militärischen und kirchlichen Parteileidenschaften den Bestand des Ganzen auf keine besonders schwere Probe stellt und weil eine auswärtige Gefahr Wehrfähigkeit und Tatkraft des Reichs andauernd aufrüttelt. Denn nicht minder konstant wie das christliche Kaisertum der Romäer in Konstantinopel behauptet sich an seiner Flanke die Macht der iranischen Feueranbeter. Sie hat neuen Aufschwung genommen, seit die Führung von den parthischen Nordiraniern durch den Abkömmling der früheren Achämeniden, dem Sohne Sassans Artaxerxes, an die neupersischen Südiranier zurückgebracht worden ist (224). Von der Stätte Babylons aus, von dem mesopotamischen Ktesiphon, mit ähnlichen inneren Schwierigkeiten religiöser und politischer Parteiung ringend, macht Neupersien dem Reich von Byzanz in einem nie zu abschließendem Ergebnis gelangenden Kriegszustand die Vormacht im Orient streitig, aber es bleibt gerade damit für Ostrom der Zuchtmeister zur Einheit.

Durch einen ähnlichen Druck von Osten her werden aber nunmehr auch die neuen Herren des Westens, die Germanenfürsten, auf die Erhaltung der römischen Kultur- und Staatstradition hingewiesen. Das Vordringen mongolischer Hunnen (S. 41) droht die noch im Stadium der Niederlassung und Organisation begriffenen germanischen Einzelstämme in einen barbarischen Zustand zurückzureißen, dem sie selbst bereits längst entwachsen sind. Die Stämme, die Anschluß an die Hunnen nehmen (Gepiden, Ostgoten, Rugier, Sueven, Thüringer, östliche Franken und Burgunder) sind nicht nur besiegte und gezwungene. Ein Teil davon (Führer der Vandale Geiserich bereits von Afrika aus) treibt aus Römerhaß hunnische Politik. Die Plünderung Roms (455) geht neben Attilas Feldzug in gleicher Richtung. In einer bewußten Wahl treten vor dem entscheidenden Eroberungszug Attilas gegen den Westen die Westgoten und der Hauptteil der Franken und Burgunder mit den kurz zuvor noch bekämpften Römern Galliens unter Aetius in Bündnis, und ihr gemeinsamer Sieg bei Chalons (451) schafft zugleich die Grundlage für die Romanisierung der westlichen Germanen. Die beiden stärksten Persönlichkeiten der nächsten Folgezeit, der Ostgote Theoderich (493) in Italien, der Franke Chlodewech in Gallien (487) erstreben, jeder auf seine Weise, der eine mit Respekt, fast mit Devotion gegenüber der kaiserlichen Autorität in Byzanz und mit ängstlicher Nachahmung ihrer Formen, der andere in eigenwilligem Selbstbewußtsein und mit souveräner Auslese der römischen Tradition zur Schaffung eines eigenartigen Verschmelzungsprodukts germanischer und romanischer Elemente. Die Umbildung des Westens durch die Hand der neuen Herren wird zwar im 6. Jh. noch einmal gehemmt, als sich Byzanz zu einer letzten römischen Aktivpolitik aufrafft, das vandalische Afrika, das ostgotische Italien zurückerobert, um vorübergehend auch gegen das westgotische Spanien vorzugehen. Aber im Norden setzt die Dynastie Chlodewechs ihr Werk einer internationalen Reichsgründung auf ehemals weströmischem Boden durch, und dem Frankenstaat der Merowinger gelingt es sogar, sich nicht nur die halb verwälschten Germanenvölker, die Westgoten Aquitaniens und die Burgunder der Provence einzuverleiben, sondern auch die rein germanischen Alemannen und Thüringer des westlichen Deutschland zu unterwerfen. Damit wird durch das Fortwirken der römischen Imperialtendenz das bereits festbegrenzte Siedlungsgebiet der Germanen in den sechs großen Stromtälern zwischen Maas und Weichsel gleich zu Beginn der neuen Dinge in der eignen Staatsbildung erschüttert. Seine geographische Grundanlage, in ihrer Mitte geteilt durch die schräge Gebirgsbarre des Böhmerwalds bis zum Teutoburger Wald, hätte es bei ruhiger Selbstentfaltung den Besitzern dieser festen und zentralen Position, den Thüringern, wohl möglich gemacht, eine West- und Ostdeutschland umfassende nationale Organisation zu schaffen. Aber die Angriffe der Merowinger, der von der Eifersucht der thüringischen Nachbarn im Norden und Süden, den Sachsen und Bayern begünstigt wird, zertrümmert ein für allemal jene sichere, vor allem auf das östliche Vorwerk des Harzgebirges gestützte Zentralstellung und noch dazu in demselben kritischen Augenblick, als durch unheilvolle Fügung das Vordringen der slawischen Sorben und Wenden von Weichsel und Oder her seinen Höhepunkt erreicht (530). Die europäische Mittellage der Germanen zwischen Slawen und Galloromern macht sich zum erstenmal drastisch geltend. Das östliche Deutschland wird slawisiert; das westliche Deutschland wird auf lange Zeit ein Annex des fränkischen Großstaats „Frankreich". In ihm hebt es sich freilich infolge der Teilung der Dynastie als ein selbständiger Komplex ab, als Austrasien, Ostfranken im Gegensatz zu Neustrien, Westfranken. Aber auch innerhalb des deutschen Landes selbst vertieft sich durch die Abtrennung der fränkischen Erwerbungen von den vorläufig selbständig bleibenden sächsischen und bayrischen Gebieten der politische Sondergeist, der in den germanischen Stämmen von der Urzeit her bis dahin überhaupt noch nie im Westen durch eine Großstaatsbildung gebunden gewesen (o. S. 91).

Jedenfalls wird durch die beiden Jahrhunderte der Völkerwanderung die politische Gesamtphysiognomie Europas auch unter germanischem Einfluß im Sinne der römischen Imperialtradition gezeichnet. Die Hauptleistung des Merowingerreichs ist, wie die aller älteren Weltreiche (S. 50) und besonders des römischen, die Schaffung einer Behördenzentralisation und einer einheitlichen Gesetzgebung. Das Amt des Truppen-, Polizei- und Justizchefs, das dem durchgehenden Verwaltungs- und Gerichtsbezirk aller folgenden europäischen Staatsbildungen den Namen und das Gepräge der „Grafschaft" gegeben hat, ist nach dem Muster des früheren galloromischen „comes" übernommen und wird von da in die östlichen Reichsteile als „Grafio" übertragen. Das fränkische Königsgesetz, „Capitulare", löst die römische Kaiserkonstitution ab (S. 87) und, obwohl es selbst zunächst in primitiver Form auftritt, empfängt es doch die Richtung für seine weitere Vervollkommnung durch das monumentale Werk vorgezeichnet, durch das gleichzeitig um 530 Kaiser Justinian während jenes letzten Machtaufschwungs des oströmischen Reichs den Niederschlag der römischen Rechtserzeugung im „Corpus iuris Civilis", der Kodifikation der klassischen Juristensprüche, den „Digesten", und der älteren Kaisergesetze, dem „Codex" zusammenfaßt.

Die Islamisierung des Ostens und das Karolingerreich. Die Einordnung der germanischen Herrschaft in die Formen des römischen Staats sollte nicht nur eine flüchtige Durchgangserscheinung werden. Vielmehr sorgt eine epochemachende Wendung in den Verhältnissen Vorderasiens dafür, daß die Annäherung der westeuropäischen Welt an die universalistische Tendenz des Imperiums auf weit hinaus eine Steigerung erfährt.

Am Beginn des zweiten Drittels des 7. Jh., während das Merowingerreich sich nach hundertjährigem Bestand bereits zu lockern beginnt, vollzieht sich jenseits der Ostgrenze der römischen Mittelmeerwelt, in der alten Urheimat des Semitentums (S. 46), durch die Tat Mohammeds eine neue Religions- und Staatsgründung, die mit der schroffen Ausschließlichkeit ihres Weltherrschaftsstrebens das Dasein des neupersischen wie des byzantinischen Staats gleichzeitig in Frage stellt. Der Prophet setzt den arabischen „Gläubigen" mit seinem „Reich der Ergebung" in den Willen Allahs[1]) von Anfang an die Aufgabe einer durch Waffengewalt durchgeführten Bekehrung aller Völker. Er ist also selbst wie jeder seiner „Stellvertreter" und Nachfolger, der Kalifen, zugleich der Imam, d. h. Beherrscher im politischen Sinn, und zwar das Staatsoberhaupt eines national-arabischen Einheitsstaats, der mit dem Anspruch eines Weltreichs auftritt. Neben der monarchischen Machtfülle ist der Volkswille in der fanatisierten Bevölkerung der Küstenaraber wie der Wüstenbeduinen von

1) Dar al' Islâm = Reich der Hingabe an Gott, Ergebung. — Moslimen = Gläubige.

gleicher Mächtigkeit, vor allem dank dem demokratischen Ausgangsprinzip, daß das Imamat durch die Anerkennung der Krieger verliehen wird.[1]) So erklärt sich die beispiellos rasche Verwirklichung von Mohammeds Programm. Binnen fünf Jahren wird dem oströmischen Reich ganz Syrien und Ägypten entrissen und das Sassanidenreich, vor allem Mesopotamien, einverleibt. Vor Ablauf eines Jahrhunderts wird auf dem Weg über Nordafrika Spanien erreicht und unterworfen.

Im Osten bedeutet die feste Organisation des Kalifats, wie sie nach der ersten großen Eroberung (661) durch die Dynastie der Ommaja, das ausgesprochne politische Werkzeug der Heeresdemokratie, von dem syrischen Zentrum Damaskus aus vollzogen wird, nicht weniger als den Abbruch der staatsrechtlichen Tradition des römischen Reichs. Der Islam eignet sich zwar die Früchte der hellenistisch-römischen Kultur in Wirtschafts- und Verkehrsleben, gelehrter und poetischer Literatur und Kunst in großem Umfang an, wie dann weiter, bei Übersiedlung des Kalifats der Abbasiden nach dem mesopotamischen Bagdad (750) große Reste der persischen Erbschaft. Auch der staatliche Behördenaufbau paßt sich in seiner Zentralisation dem der konstantinischen Organisation (o. S. 94) an: priesterliche Amtsträger, Ulema, und weltliche Provinzialstatthalter, Emire, unterstehen dem Imam, der als Leiter der ersteren, von dem obersten Priester, dem Scheich ül Islam, als Leiter der Verwaltung von dem allmächtigen Staatkanzler, Vezier, beraten wird. Aber schon dieses Behördensystem ist primitiver als das römische; es kennt die Trennung der zivilen und militärischen Gewalt nicht. Und vor allem gibt der Islam die größte, bis zuletzt voll wirksame Schöpfung des römischen Staats, die durchgebildete Gesetzgebung, preis. Auch für die Rechtspflege, für die öffentlichen Funktionen, gilt nur die „Satzung" (Scherīa), die in den vom Propheten geoffenbarten Aussprüchen im Koran oder ergänzenden Sammlungen niedergelegt ist. Aber ihr Inhalt ist dürftig, allgemein gehalten, und im wesentlichen entscheiden die Zivil- und Strafrichter, Kadis, als Einzelrichter nach billigem Ermessen. In staatsrechtlichen Fragen von bewegender Bedeutung gibt der Scheich ül Islam sein Gutachten (Fetwa) ab. Er ist der oberste Träger des „Scheriatrechts", der die Glaubensschriften auslegt oder sinngemäß ergänzt.

Durch diese Eigenart des Islam wird der nahe Osten aus seiner drei Jahrtausende währenden Gedankengemeinschaft mit dem Abendland herausgelöst. Das organisatorisch und rechtlich primitive System der mohammedanischen Staatsbildung tritt zu der verfeinerten Verfassung und der gesetzlichen Untergründung des Westens, die ursprünglich vom Orient ausgegangen war (S. 44), von nun an in Gegensatz. Vergegenwärtigt man sich aber, daß als vornehmste Folge dem Gesetzes- und Verfassungsstaate Griechenlands und Roms die Veredelung des Verhältnisses zwischen Staat und Einzelpersönlichkeit zuzurechnen war (o. S. 61. 76), so ist es nichts Geringeres als das Schwinden der befruchtenden individualistischen Antriebe auf das Leben der Gesellschaft und des Staats, was die Islamisierung mit sich bringt. Nachdem einmal der Fanatismus der religiösen Erwecktheit im Arabertum verrauscht ist, die Vermischung des herrschenden Volks mit den hellenistischen und iranischen Bevölkerungen begonnen hat, kommt unter dem ommajadischen und mehr noch unter dem abbasidischen Kalifat rasch das quietistische Behaglichkeitsstreben in

---

1) Allerdings ist der demokratische Gedanke der Wahl von vornherein mit dem monarchischen Gedanken der Erbfolge vermischt. Als erster Kalif wird der Schwiegervater des Propheten Abu Bekr, Vater seiner zweiten Hauptfrau Aïscha, gewählt, erst der zweite (Omar) nur um der Beziehung des ältesten Anhängers und Freundes willen. Als dritter und vierter Kalif folgen die beiden Schwiegersöhne Mohammeds Othman und Ali. Alis Gegenkalif, der Ommajade Muawija, selbst ohne verwandtschaftliche Beziehung zu Mohammed, also demokratisch berufen, begründet merkwürdigerweise eine erbliche Dynastie.

Gang, das Vorderasien — im Widerspruch mit seiner gesamten bisherigen Entwicklung — in eine dem chinesischen Staatsleben analoge Bahn (S. 43) hineinführt. Der Osten und der Westen der Mittelmeerwelt, bisher parallel gehend, laufen von jetzt ab auseinander, in allmählich steigendem Maße, seit etwa vom 12. Jh. ab der Individualismus im Kultur- und besonders im Staatsleben Westeuropas immer stärker hervortritt.

Auch der Westen Europas wird durch den Islam entscheidend auf neue Wege gezogen. Während dieser aufsteigt, befindet sich die germanisch-romanisch-christliche Staatengruppe, die angelsächsische Herrschaft in England, die gotische in Spanien, die langobardische in Italien in Zersetzung. Auch das Merowingerreich hat sich zwischen den Linien der Dynastie in seine östliche (deutsche) und westliche (französische) Hälfte, Austrasien und Neustrien, getrennt und krankt in beiden Teilen am Verfall der königlichen Autorität, an der Ohnmacht gegenüber den von Osten an Elbe und Donau andrängenden Slawen und Awaren. Da wirkt die Vernichtung des westgotischen Königtums in Toledo durch die ommajadischen Statthalter (711), das scheinbar mühelose weitere Vordringen der Araber und Mauren über die Pyrenäen in einer Weise aufrüttelnd, daß unter drei Generationen hervorragend fähiger und energischer Herrscher eine Sammlung aller christlichen Kräfte zu einer vervollkommneten Neugründung des fränkischen Reichs möglich wird. Das an der Grenze des wälschen und deutschen Stammesgebiets an der Maas um Lüttich seßhafte Herrengeschlecht der Pippiniden, als Besitzer des austrasischen Hausmeieramts und des Herzogtums Austrasien bereits in monarchenähnlicher Stellung, schiebt den merowingischen König und dessen neustrischen Hausmeier faktisch, später auch rechtlich beiseite, und das augenblickliche Haupt des Hauses, Karl Martell, organisiert darauf das ganze Reich militärisch zur Abwehr der Mauren. Das System, die kleineren bäuerlichen Grundbesitzer gegen Zins vom Kriegsdienst zu befreien, damit einen engeren Kreis von Besitzern mit größeren, ausgiebigeren Liegenschaften zu schaffen, und diese „Lehensgüter“ mit der Pflicht zum gut gepanzerten und berittenen Wehrdienst zu belegen, wird unter Benutzung und Fortbildung des diokletianischen Musters (o. S. 93) über die gesamte germanisch-römische Welt des Westens ausgedehnt, von wo es allmählich auch auf die deutschen Teile weitergreift. Mit dem neuen Heer der geharnischten Kron- und Untervasallen, dem Anfang des „Ritterheeres“, wird den Arabern bei Poitiers (732) eine Schranke gesetzt. Sie werden über die Pyrenäen zurückgeworfen und jenseits durch einen am Ebro geschaffenen Brückenkopf ferngehalten. Ebenso setzen der Sohn und Enkel des Reichsgründers, Pippin und Karl, den Ausbau des Reichs im Osten fort. Die Slawen am Osthang von Harz und Thüringer Wald werden unterworfen (789), die Sachsen mit ihrem Land bis zur Elbmündung eingegliedert (772ff.), im Südwesten das bayrische Herzogtum zum Bestandteil des Reichs gemacht, die Awaren aus dem deutschen Südosten (Österreich) verdrängt (799). Pippin leistet (754) dem Papst auf seine Bitte um Schutz gegen die Langobarden Folge, sichert dem Papst seine politische Unabhängigkeit im „Patrimonium Petri“, dem Gebiet von Rom und Ravenna, und bereitet so die völlige Annexion Ober- und Mittelitaliens als eines Unterkönigreichs vor, die Karl der Große durch Erwerb der langobardischen Krone tatsächlich vollzieht (774). Auf Zeit ist der Bestand des weströmischen Reichs wiederhergestellt, — mit Ausnahme freilich der britischen Inseln, des von den Mauren gehaltenen Mittel- und Südspanien und des byzantinisch beherrschten Sizilien und Unteritalien, aber dafür um das Gebiet des ganzen westlichen und mittleren Deutschland erweitert.

Ebenso wie in dem Ausbau der äußeren Grenzen geht der karolingische Staat dem Vorbild des römischen Reichs bei der Schaffung eines Behördensystems nach, das alle Teile des großen Gebäudes mit der Zentralgewalt verknüpft. Er übernimmt dabei von dem merowingischen Vorläufer das Grafenamt als den Einheitsfaktor, der prinzipiell die militärischen, finanziellen, administrativen und richterlichen Hoheitsrechte der Krone zu vertreten hat. Aber gleichzeitig wird planmäßig der dem älteren Frankenreich verhängnisvollen Gefahr vorgebeugt, daß das aus den adligen Großgrundbesitzern des Gaus besetzte Grafenamt, in der gleichen Familie erblich geworden, dem König in seinem lokalen Bereich einen unbotmäßigen Konkurrenten schafft. So sorgen Pippin und Karl dafür, innerhalb des Gaus möglichst zahlreiche kleinere Machthaber ins Leben zu rufen, die, die Amtsgewalt der Grafen durchbrechend, unmittelbar unter den König zu stehen kommen. Am unmittelbarsten geschieht dies durch königliches Eigenbesitztum, Domänen, das der Herrscher durch seinen Vogt, advocatus, verwalten läßt. Demselben Zweck dient aber mittelbar auch das Entstehen großer Grundherrschaften aus Schenkungen an königliche Gefolgsleute, aus unternehmenden Waldrodungen einzelner Besitzer u. a., wenn der König ihren Trägern — alles nach spätrömischem Muster — die „Immunität" vor der Grafengewalt und damit die eigene Ausübung der öffentlichen Gewalten über ihre Vasallen, zinspflichtige freie Schutzbauern und hörige Zins- und Fronbauern verleiht. Und schließlich tritt zu den übrigen weltlichen Stützpunkten das System geistlicher Positionen, das der Frankenkönig sich aus der kirchlichen Organisation heraus erzieht. Er greift in die Notlage der Bistümer und Pfarreien ein, die während der merowingischen Verfallzeit über die damals von irischen Mönchen nach Deutschland getragene Missionskirche dadurch hereingebrochen war, daß sich überall die weltlichen Großen zu egoistischen Herren und Bedrückern der geistlichen Ämter aufgeworfen hatten. Schon die Kirche selbst hatte dagegen reagiert. Der angelsächsische Mönch Winfried-Bonifazius hatte das Missionswerk im fränkischen Osten den Kelten seit zirka 720 entzogen und die bisher bloß moralische Oberhoheit des Papstes als Schutz gegen die Übergriffe des halbheidnischen „Eigenkirchenwesens" in Bewegung gesetzt. Der Zentralisation des Weltstaats beginnt die Zentralisation der Weltkirche greifbar an die Seite zu treten. Nur bedarf sie zunächst wie an ihrer Spitze in Rom (o. S. 99) auch in ihren örtlichen Ämtern der Unterstützung des Staats, und Pippin leistet diese, indem er die von Bonifazius eröffnete geistige Reform der Bistümer und Klöster durchführen hilft, ihre Pfründen gegen die Begehrlichkeit der Feudalherren sichert und den Bestand ihrer öffentlich-rechtlichen Befugnisse feststellt. In den geistlichen Stiftern gewinnt das Königtum mit Hilfe der Immunität die letzten und wirksamsten Gegengewichte gegen die weltlichen Grafen, und unter der überlegenen Leitung der beiden starken Herrscher, vor allem einer so umfassenden und autoritären Regentengestalt wie der König Karls wirkt der Dualismus der Barone und der Prälaten wie ein Ersatz der Teilung von Militär und Zivilgewalt in der diokletianischen Verfassung, die das Frankenreich im Prinzip nicht aufgenommen hat. Die Bischöfe vertreten nach ihrer Bildung das geistig höhere und bei ihrer Schutzbedürftigkeit das der Krone ergebnere Element im Beamtentum. Vor allem mit ihrer Hilfe setzen die Karolinger das seit Karl Martell allmählich eindringende Schlußglied in den Bau ihrer Zentralisation, das Institut der periodischen Visitationen der Amtssprengel durch die königlichen Sendboten. Seit Karl dem Großen verallgemeinert, seit seinem capitulare missorum (802) in alljährlicher Wiederholung, regulär in der Zweizahl eines Grafen und eines Bischofs, erscheinen die missi dominici in den Grafschaften wie in den Immunitätsbezirken, um das Lehnsaufgebot, den Steuereingang, die Ämterbesetzung zu inspizieren, Zivilprozesse an Stelle des Königs zu entscheiden, schwere Verbrecher auf Grund eines Aufgebots durch Rüge vereidigter Gemeindezeugen zur Verantwortung zu ziehen, alles das ausgestattet mit der grundsätzlich unbeschränkten Ermessensgewalt, die der König bei persönlicher Anwesenheit für sich in Anspruch nehmen würde. Das Auftreten dieser Kontrollbeamten innerhalb der Staatsmaschinerie, entnommen aus den erprobtesten Beratern oder Dienern des Herrschers, der gleichzeitig ihre Vorläufer, die allezeit unsicheren und unruhigen Stammesherzöge, in der Versenkung verschwinden läßt, illustriert am deutlichsten die innere Festigung, die das Weltreich des „Magnus Rex Francorum" von Chlodewech bis zu Karl in der Richtung auf ein erneuertes Römerreich vorwiegend germanischen Bluts erfahren hat.

Und in demselben Augenblick, wo die lokale Behördenorganisation ihren Abschluß erhält, ist auch bereits der entscheidende Schritt getan, um der Zentralgewalt, der alle militärischen, finanziellen, kirchlichen Machtmittel dienen, ihre eigene Geschlossenheit zu sichern, — die Erhöhung zum Kaisertum und damit zu einer Würde, die ihr auch den mystischen Nimbus eines weströmischen Imperators und eines ebenbürtigen Kollegen des oströmischen Herrschers verleiht. Allerdings weist gerade sie zugleich nachdrücklich auf die Schranken hin, die ihr bei aller ihrer Machtfülle entgegentreten, — aus dem Geist der germanischen Staatsbildung und aus den Lebenstendenzen der christlichen Kirche heraus.

Die Formen des germanischen Staatsgeistes. Neben dem Weiterwirken der römischen Tradition sind aber doch innerhalb des westeuropäischen Völkergemischs von vornherein eigenartige Vorstellungen und Kräfte wirksam, die die neue Welt allmählich immer entschiedener auf noch nirgends erlebte politische Lebensformen hindrängen.

Den Kern dieser Gestaltungen bilden die Formen, die die Germanen schon als Niederschlag ihrer vorgeschichtlichen Schicksale mitbringen. Nach der Schilderung ihrer ersten Beobachter Cäsar und Tacitus tritt scharf das besonders starke Maß verantwortlicher Mitwirkung der einzelnen Volksgenossen an allen Seiten öffentlicher Betätigung hervor. Innerhalb des Komplexes, der vor der Völkerwanderung die eigentliche Einheitsgröße der politischen Organisation, das souveräne Gemeinwesen verkörpert, in der Völkerschaft, „natio", kommt jeder einzelne wehrfähige Mann als Mitglied der Völkerschaftsversammlung, „concilium", zur Geltung. Sie ist das Heer, dem er kraft der seinem Volke geschuldeten Dienstpflicht angehört[1]); in ihr spricht er unter dem Fürsten, „princeps", mit bei der Entschließung über Krieg, Frieden und Bündnisschluß, über Wanderung und Niederlassung[1]); — bei der letzteren verschmilzt sich die Völkerschaft mit dem Land, Gau, pagus, pays (o. S. 4). Daneben verbinden uralte Blutsbande Vielheiten von Völkerschaften zum Stamm, in dem sich alle zu Götterkult und Opferfest, als Kultusgemeinde zusammenfinden, und auch der politische Verband beginnt sich während der Stürme der Völkerwanderung zum Stammesstaate zu erweitern, oft unter heftigen Reibungen und Mischungen der verschiedenen „nationes eiusdem sanguinis" zum Stammesstaat, zunächst unter einer Mehrheit von Fürsten, einer „Aristokratie", bald unter Stammeskönigen. Zu allem aber kommt hinzu, daß auch unterhalb des wehrhaften Völkerschaftsverbands die einzelnen Heeresabteilungen, die „Hundertschaften", die bei der Niederlassung sich zu Gemeindesiedlungen wandeln, sich in öffentlicher Funktion als einheitliche Gewaltträger fühlen. Sie halten nicht nur für gewisse wirtschaftliche Zwecke — als Ausgangsgebilde der Markgenossenschaft — für Wald- und Weidenutzung oder Feldbau zusammen, sondern auch als Träger der Rechtspflegegewalt in der Gerichtsgemeinde. Unter Vorsitz des Fürsten sprechen wechselweise die Hundertschaften desselben Gaus über Bußpflicht oder öffentliche Strafe aus verbotener Handlung, über Grundeigentum und Gerechtsame, Freiheit oder Knechtschaft. Ansätze zu ähnlichen Bildungen hatten sich auch in jeder Frühzeit der älteren Kulturvölker, Ägyptern, Persern, Griechen, Italikern, Kelten — gefunden, aber niemals so vielseitig und so entschieden ausgeprägt. Römische Provinzialen empfinden es bewußt und sprechen es bei Beginn der germanischen Einwanderung in Gallien aus, wie ihnen das

1) Folgerichtig ist auch die Wehrhaftmachung, durch die der junge Germane Glied der Landesgemeinde und der politischen Rechte teilhaftig wird, Sache der Landesgemeinde selbst. (Tacitus Kap. 13: „arma sumere non ante cuiquam moris, quam coetus suffecturum probaverit".)

stammliche Zusammengehörigkeitsgefühl der erobernden Barbaren im Gegensatz zu der mißtrauenserfüllten und lieblosen wechselseitigen Vereinzelung in der Gesellschaft der bisher römischen Untertanen auffällt.[1])

Die Bedeutung der gesamten Folgezeit des Frühmittelalters ist es nun, daß sich die räumlichen Komplexe jener verschiedenen Zusammengehörigkeitsbeziehungen verbreitern und daß sich infolgedessen deren Formen verändern, ohne doch an ihrer realen Wirkung auf den Charakter des Staatslebens einzubüßen.

Was den individuellen Kontakt der Volksgenossen dauernd nährt und die Ausbreitung landschaftlicher Gruppen begünstigt, ist der geographische Charakter der Länder, die nunmehr in den Vordergrund des politischen Handelns treten. An Stelle der durch Meere, hochgebirgige Erhebungen und Wüsten zerteilten Territorien, auf denen sich die Staaten der Mittelmeerländer hatten bilden müssen, tritt die hügelige oder völlig ebene Flächenhaftigkeit Britanniens, Galliens und des westlichen Germanenlandes; sie wirkt dem frühzeitigen Zerbröckeln in lauter kleine und kleinste Partikeln, die sich wie Italien und Griechenland erst allmählich und unter Schwierigkeiten wieder zu größeren politischen Körpern zusammenschließen müssen, entgegen. Freilich machen sich auch unter den nordeuropäischen Ländern wieder starke Gegensätze geltend, zwischen dem südlichen Massiv der britischen Halbinsel und ihrem westlichen und nördlichen Bergland (Wales und Schottland) und gar ihrer Nebeninsel (Irland), — zwischen dem belgischen Flachland und dem nördlichen Gallien einerseits und dessen Süden andererseits, und noch weit stärker zwischen den deutschen Tiefebenen und ihrem südlichen Alpenvorland, zwischen dem auch im Flachland scharf geteilten Westen und Osten (o. S. 97). Dazu tritt jene ungeheuer tiefgreifende Gegensätzlichkeit, die das künftige England, Frankreich, Schweiz, Belgien und Holland mit ihrer aus dem römischen Reich mitgebrachten Tradition großstaatlicher Zusammengehörigkeit von dem als ganzes bisher noch nie in politischer Einheit organisierten deutschen Gebiet trennt (S. 91). Aber zunächst gilt für alle neuen Länder gleichmäßig, daß sich Landschaften von beträchtlicher Ausdehnung mit Bevölkerungen bestimmter Eigenart voneinander abheben: Anglien, Ost-, West-, Süd-, Mittelsachsen — Provence, Auvergne, Aquitanien, Flandern — Bayern, Schwaben, Thüringen.

Und nun sind es vor allem die germanischen Institutionen, die wirksam werden, um diese naturgegebenen Selbständigkeiten auch dann lebendig zu erhalten, als die beiden fränkischen Staatsgründungen sie in ihr neues Weltreich zusammenfassen. Es gelingt dem letzteren nicht, die Keime neuer Nationen zu nivellieren, weil es der fränkischen Staatsgewalt nicht möglich ist, wie in den internationalen Staaten der Antike die aus der Gesellschaft aufsteigenden Organe zu ersticken. Die letzteren fügen sich der zentralistischen Behördenorganisation und der absolutistischen Regierungsweise ein, aber als eine Kraft des Gegengewichts.

Allerdings verliert die erste, die Heeresversammlung aller Freien, in ihrer alten Form schon durch die Ausdehnung des Staats, noch entscheidender durch die karolingische Feudalisierung des Heeres (o. S. 99) ihre politische Bedeutung. Aber auch das berufsmäßige Reiterheer der Vasallen wurde kein Soldheer; es blieb ein Volksheer, um so ausgeprägter, als die Verbindung des Kriegers mit dem Lehnsgut ihn im Lande festwurzeln ließ. Das Heer nimmt statt des ursprünglich demokratischen Charakters den einer aristokratischen Auslese-Schicht an, in der wieder die Führer hervorragen, militärisch betrachtet als Kronvasallen, Barone oder Magnaten, staatsrechtlich als Grafen, Markgrafen, Bischöfe, Äbte,

---

1) Beobachtung des Bischofs Salvianus von Marseille („de gubernatione Dei“ ca. 440): „omnes se fere barbari, qui modo sunt unius gentis et regis, mutuo amant; omnes paene Romani se mutuo persequuntur“. Salvianus gibt bereits Schilderungen des individuellen Stammcharakters der verschiedenen germanischen Völker, Vandalen, Goten, Franken.

Grundherren. Auf diese geht also auch die politische Funktion des königlichen Rats über, die im Völkerschaftsstaat der Volksversammlung zugestanden hatte, und bei Gelegenheit der jährlichen Heerschau, dem März- oder Maifeld, traten sie in der Tat in Hof- und Reichstagen unter dem König zusammen. Ihre Einladung ist nur ein Gebot der Sitte, nicht des Rechts. Der König entschließt unabhängig über Zeit, Ausdehnung und Gegenstände der Beratung. Aber selbst der Große Karl ignoriert sie nicht bei Fragen der Kriegführung, der grundlegenden Organisation und Gesetzgebungsakten der Thronfolge; und unter seinem weichen Nachfolger Ludwig I., bei dessen verschiedenen Plänen zur Teilung der Reichsverwaltung unter seinen Söhnen, dann in den Teilregierungen dieser Söhne selbst tritt die Curia regis mit dem stark betonten Anspruch ihrer Autorität als einer Repräsentation des Landes in die Phase eines gewohnheitsrechtlichen zweiten Gewaltträgers neben der Krongewalt ein.[1])

Ähnlich wie die Umbildung der politischen Funktion der Völkerschaftsversammlung verläuft die der richterlichen Kompetenz der ehemaligen Hundertschaftsversammlung. Dieselbe Tendenz, die kleinen und mittleren Grundbesitzer mit übermäßigen öffentlichen Lasten und Diensten zu verschonen, führt die Karolinger wie dort zur Heeresreform, so innerhalb der Rechtspflege zur Gerichtsreform. Karl verfügt, daß niemand öfter als dreimal im Jahr zum Gerichtstag einberufen werden soll. An Stelle der Gesamtgemeinde soll in den weiteren Fällen nur die von jeher ausgezeichnete kleine Gruppe rechtserfahrener Genossen zugezogen werden, die bisher das Urteil in Zivil- oder Straffällen vorgeschlagen und damit als die „Ratmannen" (rachineburgi) funktioniert hatten. Sie rücken nun als Schöffen (scabini) zu Repräsentanten der Gemeinde im Justizdienst auf, und langsam schreitet in der Folgezeit das Schöffengericht zu allen Rechtsgebieten, auch auf die außerfränkischen, vor allem die östlichen, Reichsteile vor. Mit ihm nimmt die Rechtspflege auch in den germanischen Staaten einen Anstrich von berufsmäßiger Urteilsfällung an. Aber auch jetzt bleibt es Volksgericht, wie das Heer ein Volksheer. Es wird nicht von der freien Ermessensgewalt eines Schiedsrichters oder eines allein prüfenden und entscheidenden Beamtenrichters oder dessen Kommissars verdrängt (S. 72), löst sich auch nicht in einer die politischen und richterlichen Funktionen vermischenden Volksversammlung auf, sondern befestigt sich in der Funktion einer Rechtsanwendung, die an Gesetze von meist lokaler Geltung gebunden ist und doch Freiheit genug besitzt, den Gesetzesinhalt in Fühlung mit den Bedürfnissen des Verkehrslebens und mit der volkstümlichen Rechtsempfindung fortzubilden oder zu ergänzen. Eine intensive Produktivität der Rechtsbildung in der gesamten westeuropäischen Welt des Mittelalters ist die Folge. Auch sie wirkt als Moment, das die Ausprägung der landschaftlichen Eigenart stärken hilft, denn die Hauptmasse des entstehenden Rechtsstoffs entsteht als Volksrecht der verschiedenen Stämme oder Länder. Zugleich regt sie aber auch die Redaktion einer starken Oberschicht vereinheitlichenden Reichsrechts an, das der König mit seinem engeren oder weiteren Rate erläßt: die merowingischen und karolingischen „Kapitularien" setzen die „Konstitutionen" des römischen Kaiserreichs fort. Sie erhalten damit das Westreich und alle in der Folgezeit aus ihm sich ablösenden Einzelstaaten auch in der gesetzgeberischen Fruchtbarkeit auf dem Niveau des römischen Imperium, in demselben Maß, als die Welt des Islams von ihm herabsinkt (S. 98).

Die Weltkirche und die mittelalterlichen Staaten. Die aus dem Boden der neuen Länder und aus dem germanischen Volksgeist stammenden Kräfte arbeiten darin zusammen,

1) In den Schriften des Erzbischofs Hinkmar von Reims, des leitenden Ministers Karls des Kahlen, erscheint der Kronrat als ein festes Institut, organisiert in zwei „Kurien" der Barone und der Prälaten, der weltlichen und der geistlichen Kronvasallen.

daß sie schon während des Fortwirkens der römisch-antiken Tradition, d. h. noch innerhalb des autokratischen und zentralistischen Herrschaftsbereichs, die individuell-besonderen Volksgruppen mit ihren politischen Interessen wieder zur Geltung kommen lassen. Während die antike Staatsbildung von der ägyptischen und assyrischen bis zur römischen sie immer von neuem einzuebnen und zu unterdrücken bestrebt gewesen ist, beginnt mit dem Eintritt des Germanentums in die Geschichte auch das „nationale Prinzip", oder — nach dem neuerdings aufgekommenen Sprachgebrauch — der Gedanke der „Selbstbestimmung der Völker" — als ein Wert eigner Art empfunden zu werden. Schon im Bewußtsein der Zeitgenossen bedeutet es etwas Neues, daß man an der bisher ausschließlich verherrlichten Pax Romana (S. 88) nun auch ein Ungesundes herausfühlt.[1]) Das Wesentliche aber ist natürlich das Dasein von früher unbekannten Einrichtungen, die ihrer Natur nach die Staatsgewalt in die Richtung einer Rücksichtnahme auf die landschaftlichen Interessen-Besonderheiten zu drängen geeignet sind. Sie wirken in der Richtung, daß in den Ländern des Frankenreichs die Gleichberechtigung der germanischen und romanischen Stämme von Anfang an durchdringt. Das ungesunde Verhältnis einer herrschenden und vieler beherrschten Nationen wie in den Weltreichen der alten Welt bildet sich — von nebensächlichen Rechten abgesehen, — nicht aus. Es wiederholt sich vielmehr die Struktur des Alexanderreichs und damit dessen Fortwirkung insoweit, daß auch im neuen Europa aus dem Universalstaate sich mühelos ein Nebeneinander mehrerer gleichberechtigter Staatsgebilde herauslöst.

Auf den gleichen Punkt konvergiert nun aber auch der politische Einfluß der autoritären Anstalt, die — mit der Basis ihrer Organisation wie der Weltstaat übernational, ja, sogar über das Gebiet des fränkischen Staats noch hinausgreifend — trotz der geistigen Eigenart ihrer Wirkungssphäre sich aufs mannigfaltigste mit der Sphäre des Staates berührt, — die römische Universalkirche. Während der Ausbildung ihrer Organe und der Erschließung ihrer Missionsgebiete haben sich ihr Haupt, der Papst, und ihre Glieder, die Bischöfe, aus denen sich zugleich die kollegial beratenden und gesetzgebenden Gewaltträger, Landessynoden und allgemeines Konzil neben jene herrschenden Organen zusammensetzen, unter den Schutz des weltlichen Staats und damit zugleich als Behörde in dessen Dienst gestellt (S. 100). Aber von Anfang an hat die Kirche aus ihrem eigenen Geist heraus noch eine andere, die staatliche Machtbetätigung hemmende Funktion entwickelt. In Konzilienschlüssen (Canones) und Papstgesetzen (Decretalia) bildet sie ein „kanonisches Recht" aus, das zunächst die Grundsätze für ihre eigene Verfassung und für die Tätigkeit ihrer Organe aufstellt, das sie aber gegebenen Falles auch zur Kritik der staatlichen Verwaltungs- oder Regierungsakte in Bewegung setzt, wo diese den von ihr gehüteten Satzungen des Evangeliums oder dem Gedeihen der Kirche widerstreiten. In höchst bedeutungsvollen Momenten hat sie solche Eingriffe von einer kirchlichen Bußgewalt zur Aberkennung der Fürstenwürde gesteigert, in den ersten Anwendungsfällen zunächst auch nur, um den überragenden Trägern der pippinidischen Dynastie den Weg zur Krone und zum Ausbau ihres Weltreichs zu eröffnen.[2]) Aber in der Anlage umschließt die geistliche „correctio"

---

1) Im Gegensatz zu der z. B. bei Tacitus eingewurzelten Anschauung von der selbstverständlichen sittlichen Berechtigung der römischen Weltherrschaft (o. S. 88 A. 1) läßt erkennbar zuerst Paulus Orosius (Presbyter in Tarraco in Spanien) in seiner ca. 420 abgeschlossenen Geschichte (Historiae adversus paganos) den wieder erwachenden Sinn für das Unglück der unterworfenen Völker hervortreten „quam feliciter Roma vincit, tam infeliciter quidquid extra Romam est, vincitur, — miserabilis vastatio multarum ac bene institutarum gentium, — innumeri .. populi diu ante liberi, tunc bello victi, patria abducti, pretio venditi, servitute dispersi".

2) Absetzung des letzten Merowingers Childerichs III. durch die Großen unter Billigung des Papstes Zacharias und Salbung des bisherigen Hausmeiers Pippin des Jüngeren als rex Fran-

nicht minder auch die Möglichkeit, dem Magnatenrat eines Landes oder der Reichsversammlung selbst eine Stütze in ihrem Vorgehen gegen die Fürsten zu bieten.

Unter diesen Umständen wird der scheinbar höchste Erfolg, die die karolingische Staatsschöpfung erreicht, die päpstliche Salbung König Karls zum Kaiser in der Petersbasilika in Rom (800), zu einem kritischen Ereignis erster Ordnung. Karl erstrebte die Kaiserkrone nicht um des äußeren Glanzes willen, die sie seiner Stellung verleiht, sondern als ein Mittel der Sicherung des Staates und seiner Einheit gegen die drohenden Machtansprüche der Magnaten und der Prinzen. Bei allen germanischen Dynastien der Völkerwanderungszeit war der stetige Bestand der Königsgewalt durch diese doppelte Abhängigkeit gefährdet gewesen. Bald macht das Volk sein aus der Urzeit stammendes Recht geltend, unter den verschiedenen Anwärtern des erblichen Fürstengeschlechts den würdigsten oder auch den ihm genehmsten auszuwählen; auch dieses Recht ist in den neuen Verhältnissen nur dadurch verändert worden, daß es aus der Hand der Völkerschaftsversammlung an den Rat der Großen gelangt ist. Andrerseits verlangen die jüngeren Söhne des absterbenden Herrschers neben dem ältesten die Mitregierung und in veräußerlichter Form die Teilung des Reichs. Und wenn schon der römische Prinzipat an der Wählbarkeit durch das Heer und an der Teilbarkeit zwischen mehreren Gleichberechtigten seine Klippe gefunden hatte, so mußte auch hierin die römische Tradition nur dazu beitragen, die Fortdauer des germanischen Gewohnheitsrechts innerhalb des fränkischen Großkönigtums lebendig zu erhalten. Deshalb ist es ein grundlegender Gedanke Karls des Großen, beide Hemmnisse auf einmal dadurch unschädlich zu machen, daß er ebenso wie der römische Cäsar seinen Nachfolger ernennt und diesem persönlichen Akt den Stempel einer universalen, göttlichen Autorität aufprägt, die den „Agnaten" wie den „Magnaten" durch ihren sakralen wie ihren internationalen Charakter überlegen ist. Das sollte die päpstliche Kaiserkrönung bewirken.

Die Berechnung ist fehlgeschlagen. Das Haupt der Kirche hat sich im Gegenteil dem neuen Cäsar von Anfang an als überlegen erwiesen. Durch den Kunstgriff, dem König die Kaiserkrone mit bewußter Übereilung aufzudrängen, noch ehe dessen Verhandlungen über die Anerkennung mit Byzanz geschlossen waren, sichert sich der Papst die Möglichkeit, die Krönung als eine einseitige Verleihung, — wie es später gewendet worden ist als „beneficium" des Heiligen Stuhls — hinzustellen, daraus das Recht zur Wiederentziehung herzuleiten. Die Kurie wird mit den Gegenanwärtern und den wahlberechtigten Großen, die sie dem Gedanken nach paralysieren soll, in Bund treten; das Kaisertum ist daran zuschanden geworden.

Das Ende des Universalismus und die Anfänge nationaler Staatsgebilde. Die aus dem germanischen und kirchlichen Gedankenkreis stammenden neuen Richtpunkte der Staatsbildung haben lange Zeit gebraucht, um sich volle Geltung zu verschaffen. Fürs erste bleibt für die politische Organisation des westlichen und mittleren Europa die Idee maßgebend, daß die kirchlich nach der Oberhoheit des Papstes orientierten Völker auch staatlich eine Einheit, die „Christenheit", darstellen, und daß sich diese Einheit in einem irgendwelchen Träger der Kaiserwürde verkörpert. Zwar hört mit dem Enkel Karls des Großen das eigentlich praktische Kennzeichen jedes einheitlichen Staats, die Betätigung gemeinsamer staatlicher Funktionen, mehr und mehr auf. Die Hauptfunktion von allen, den Schutz der Grenzen, muß schon unter den letzten Karolingern jeder Reichsteil ebenso für sich durchführen, wie im römischen Reich der nachdiokletianischen Zeit. Die Teilung des Reichs wird

---

corum Dei gratia; Thronentsetzung Herzog Tassilos von Bayern; Exkommunikation der Langobardenkönige Aistulf und Desiderius.

dann rasch intensiver, als die drei großen Komplexe Ostfranken, Westfranken und Italien seit dem 10. Jh. unter neue, nicht-verwandte Dynastien treten, die sächsische, die kapetingische, die burgundisch-provenzalische Fronherrschaft die Festlandsterritorien in dasselbe Verhältnis zu einander bringen wie bisher schon Spanien oder England zum Frankenreich. Von hier aus aber schreitet die Lockerung des staatlichen Verbands auch innerhalb der großen Monarchien weiter nach unten zu fort.

Eine dauerhafte Neugestaltung der Staatenwelt bringt die nachfränkische Zeit auf lange hinaus nicht. Ihr Zustand ist ein Gärungszustand, innerhalb dessen nur die lokalen Verbände des öffentlichen Lebens eine feste Physiognomie bewahren. In der Grafschaft, dem Bistum, der Grundherrschaft, dem Stadtbezirk, dem Kloster, vereinzelt auch noch — in Friesland, in Westfalen, in den Schweizer Waldstätten — in der freien Bauerngemeinde fixiert sich in allen Ländern der überwiegende Teil der staatlichen Funktionen, der militärischen Sicherung und Polizei, der Abgabe- und Zollerhebung, der Rechtspflege, des Bauwesens, der geistigen Kulturpflege. Von geringen Ausnahmen ist es überall dieselbe Bevölkerungsschicht, die sich im Besitz dieser Herrschaft bewegt, eine allgemein-europäische Oligarchie großgrundbesitzenden und ritterlich lebenden Adels. Sie erzeugt aus sich eine Myriade von Lokaldynastien, gleichviel ob sie — bald mehr kriegerisch, bald mehr spirituell gerichtet — als Herzog, Markgraf, Graf, selbständiger Baron, Bischof, Abt, städtischer Burggraf oder Vogt usw. auftreten. Der spirituelle Zug hängt vom Grad klösterlicher Erziehung ab.

Die Oberbauten dagegen, die diese kleineren politischen Einheiten zu größeren Herrschaftsorganisationen zusammenfassen sollen, sind und bleiben flüssig, wenn sie auch nicht fehlen. Durch Jahrhunderte zieht sich der Drang, vor allem mit Hilfe des Lehnswesens (S. 99), die lokalen Verbände staffelförmig zu größeren, zu Landschaften, Ländern, Reichen zu gruppieren, und über diesen allein auch die Gesamtmasse der christlichen Staaten zu gemeinsamem Handeln von neuem tauglich und aktionsfähig zu machen. Dieser Gedanke wird durch die Tatsache lebendig erhalten, daß sie alle an ihren Grenzen den Kampf gegen das Heidentum zu führen haben, — an der deutschen Ostmark gegen die in Ungarn seßhaft gewordenen Magyaren im Süden und gegen die slawischen Wenden und Sorben im Norden, an der französischen Nordostgrenze und an den englischen Küsten gegen die skandinavischen Piraten der Dänen oder Normannen, an den Gestaden Norditaliens und Südfrankreichs gegen sarazenische Plündererexpeditionen, die sich auf Nordafrika oder Sizilien stützen, in Spanien in zähem, nie abreißendem Ringen gegen die Mauren, die jetzt bis an den Duero herrschen, sich zur Behauptung dieser Herrschaft in Abständen immer wieder von Marokko her verstärken. Allmählich schwächen sich manche von diesen Gefahren ab. Die Feinde werden zum Teil zurückgewiesen, in manchen Fällen als Kolonisten aufgenommen, christianisiert und damit unschädlich gemacht. Die bedeutendste und nachhaltigste Leistung vollbringen in dieser Zeit die deutschen Könige und Fürsten, die, auf die Nord- und Ostflanke des Harzes gestützt, seit dem 10. Jh. die Rückeroberung des von den Slawen im 6. Jh. besetzten Ostgermanien planmäßig in Angriff nehmen und in zwei und einem halben Jahrhundert bis in die letzte Staufenzeit durchführen. Erst damit wird das Land vom linken Rheinufer bis zum rechten Weichselufer das gesicherte deutsche Siedlungs- und Staatsgebiet, freilich ein Gebiet, das durch den allmählichen, schichtenweisen Rückgewinn die ohnehin schon bedeutenden Verschiedenheiten in Bevölkerungsart und Kulturformen (S. 102) ins ungemessene steigert. War von jeher das innere Ausreifen des deutschen Staats ein erschwertes und verzögertes, da er sich außerhalb älterer Einheitstraditionen, der römischen, bilden mußte, so setzt die lokale Differenzierung des Volkstums ihm von nun an fast unüberwindliche Hemmungen entgegen.

In solch fließenden Verhältnissen ist nichts anderes möglich, als daß der Gedanke eines universalen Staats im Sinne einer Erneuerung und Vollendung des fränkischen oder römischen Reichs auch im Verlauf des Mittelalters unter der Hülle wirksam bleibt, — fähig, bei günstigen Bedingungen und in der Hand überlegener Politiker neue, organisatorisch vollwertige Formen anzunehmen. Schon 150 Jahre nach dem Tode Karls des Großen greift die sächsische Dynastie der deutschen Krone auf die karolingische Tradition zurück, um, gestützt auf die Schutzbedürftigkeit des Papstes gegenüber den wüst-dynastischen Umtrieben italienischer Landesherren oder römischer Barone, von neuem die Hand auf Ober- und Mittelitalien zu legen, das den Nachfolgern des Frankenreichs ganz entglitten gewesen, und eine bleibende Realunion zwischen Deutschland und „Reichsitalien" herzustellen. Der Erwerb der lombardischen Königskrone und vor allem die Kaiserkrönung Ottos I. (962) geben nunmehr dem deutschen König wieder den Titel für eine oberherrliche Stellung in ganz Europa, die die Nachfolger des sächsischen und dann des rheinfränkischen Hauses mit Energie auszubauen suchen. Das landfremde Königtum der deutschen Herrscher erweist sich jedenfalls als stark genug, dem völlig zerrütteten Italien eine neue Ordnung zu geben und vor allem den ehemaligen Römerstädten Luft für ein neues wirtschaftliches Aufblühen zu verschaffen. Und ebenfalls auf eine Kooperation mit dem Papsttum gründet sich in den nächsten hundert Jahren eine zweite überlegene Staatsgründung ganz anderer Art. An der französischen Nordwestküste um die Seinemündung hat sich (911) ein außergewöhnlich machtbewußtes normannisches Herrengeschlecht als Vasall der Kapetinger festgesetzt. In wenigen Generationen französiert und katholisiert, benutzt es die Stunde, das in äußeren und kirchlichen Händeln zersetzte angelsächsische England mit Waffengewalt zu erobern und, begünstigt durch die Kirche das Land diesseits und jenseits des Kanals, unter einer Vereinigung der englischen Krone und des Herzogtums der Normandie zu einem anglonormannischen Staat zu gestalten (1066). Die Nachfolger Wilhelms des Eroberers führen die expansive Politik weiter, und ihre weibliche Linie gliedert durch Heiraten (bis 1154) alle westfranzösischen Landschaften — Anjou, Maine, Touraine, Guienne, Poitou, Gascogne — an die Normandie an, so daß das „angiowinische Reich" des Vasallen, des ersten Anjou-Plantagenet Heinrichs II., den kleinen und zersplitterten Besitz des Königs in Paris weit übersteigt. In der gleichen Zeit ahmen abenteuernde normannische Ritter dieses Vorbild in Süditalien nach. Sie erringen sich (seit 1065) in Sizilien, Calabrien, Apulien und Campanien gegen Sarazenen und Byzantiner Machtstellungen, die vom Grafen Roger II. zu einem militärisch und behördenmäßig stramm geschlossenen Staat zusammengeschmiedet und ihm vom Papste bereits 1140 als „Monarchia Sicula" bestätigt werden.

Aber alle diese neuen Konsolidationen rufen auch sofort starke Reaktionen hervor. Ihr gegebener Sammelpunkt wird die Kirche. Wieder im Besitz der äußeren Sicherheit ihres Gebiets, durch Deutsche und Normannen unabhängig von Byzanz geworden, sucht sie nunmehr ihre Unabhängigkeit auch von ihrem hauptsächlichen Beschützer, dem deutschen König und römischen Kaiser, zu erringen, aus Motiven, in denen sich weltliche Herrschaft, ja materielle Erwerbssucht und das Streben nach geistlichen Reformen, nach Ausbau ihrer Beamtenhierarchie, nach Kirchenzucht und geistiger Veredelung des Staatslebens oft unscheidbar vermischen. Um den unbequemen Patron zu schwächen, führt sie gegen ihn bald die unbotmäßigen Untertanen, die deutschen Fürsten, die italienischen Großen und Städte, bald die schwächeren Auslandstaaten ins Feld. Allmählich bildet sich — neben Zusammengehen mit Spanien, mit England — eine feste Interessengemeinschaft mit der französischen und mit der unteritalisch-normannischen Krone. Während sie diese gegen ihre eigenen Barone und Bischöfe stützt, verwendet sie sie im Dienst ihres Interesses im Bund mit den deutschen Kronvasallen; um sich nun geradezu das Richteramt über die „Tyrannei" des deutschen Königs und das Recht seiner Thronentsetzung anzumaßen.[1]) Gleichzeitig verfolgt die Kurie konsequent ihre eigene Gebietserweiterung in Italien. In großem Stile unternimmt sie diese, wenn sie alle europäischen Monarchen und Kleinfürsten in den Kreuzzügen zur Vertreibung der Ungläubigen aus Vorderasien sammelt und mit dem von ihr geistig beherrschten Königreich Jerusalem zugleich in die kirchliche Machtsphäre Konstantinopels Bresche legt (1099).

Alle vorhandenen Kräfte und Gegenkräfte kommen schließlich in einem einzigen, das Jahrhundert von 1150—1250 umschließenden europäischen Kampfe zur Entfaltung, in dessen Mittelpunkt der deutsche Staat unter der Herrschaft des schwäbischen Königshauses steht. Der Konflikt wird vor allem deshalb umfassend, weil sich in ihm außer der Gegnerschaft von Kaiser und Papst, König und Magnaten, König und Städten, Reichsitalien und Süditalien, Deutschland und Frankreich auch noch die verborgen herangereifte Rivalität zwischen den beiden imperialistischen Großmächten, dem deutschen und dem anglonormannischen Reich, entladet. Verlauf und Ausgang dieses ersten allgemeinen Kampfes gegen Deutschland, die dem des Jahres 1914 bis zu gewissem Grade entspricht, sind bekannt.[2]) In der ersten Hälfte erhebt sich die kaiserliche Idee in ihrem Träger Friedrich Barbarossa noch einmal zu imponierender Höhe — trotz schwerster Bedrängnis, die sie innerhalb Deutschlands selbst durch den letzten großen Stammesherzog, den Welfen Heinrich den Löwen von Bayern und Sachsen, zugleich den Exponenten der englischen Macht auf dem Festland, seines Schwiegervaters Heinrich II. von England, zu bestehen hat, trotz bestimmter Schwächungen, die sie in Italien unter dem Druck des Bündnisses zwischen dem Papst, dem Bund der lombardischen Städte und dem unteritalischen Staate erleidet. Friedrich I. triumphiert sichtbar in dem Augenblick, als es ihm gelingt, das sizilisch-normannische Königreich, den gefährlichsten Bundesgenossen des Papstes, dadurch unschädlich zu machen, daß er die Erbtochter mit dem eigenen Erben Heinrich VI. vermählt (1186). Damit ist die Kurie in Rom selbst zwischen Reichsitalien und der Regierung von Palermo eingeklemmt, — ist den Anglonormannen ihre Hoffnung auf das stammverwandte Herrschaftsgebiet im Süden entrissen, — um so mehr, als sie kurz vorher (1177) durch einen schweren Konflikt Heinrichs II. mit der heimischen Kirche und der Kurie die traditionelle Gunst der letzteren eingebüßt haben. Aber das Ende bedeutet eine um so tragischere Katastrophe der Enkel. Der letzte große Politiker des Hauses, Kaiser Friedrich II., führt nunmehr von Süden aus, auf das Königreich von Palermo gestützt, den Plan einer Umwandlung Gesamtitaliens in einen monarchischen Einheitsstaat, hart an seine Vollendung. Aber schon um diesen Kampf gegen den Papst und die lombardischen und tuskischen Republiken ungehindert zu betreiben, muß er (seit 1220) die geistlichen und weltlichen Fürsten seines deutschen Stammlandes sich selbst überlassen und ihr Wahlrecht anerkennen, und das letztere wird für das Papsttum der

1) Präzedenzfall: die frühere Thronentsetzung Heinrichs IV. durch Gregor VII. und dessen Instruktion zur Wahl eines Gegenkönigs an die deutschen Reichsfürsten (1077).

2) Nur darf man die maßgebende Politik Friedrichs I. nicht mehr, wie früher üblich, als Ausfluß persönlichen Autoritätsbedürfnisses oder gar romantischen Tatendranges, des Zugs nach dem Süden auf Kosten der national-deutschen Interessen oder dergl. erklären wollen. Der Entschluß, die italienischen Städte fester in die Hand bekommen, entspringt gerade im Gegenteil der Lage der Monarchie in Deutschland. Belehrt durch die Erfahrungen der sächsischen und salischen Könige, daß eine Sicherung der Zentralgewalt gegenüber den traditionell bedingten Sonderbestrebungen des Stammesbewußtseins der Länder, vor allem die Sicherung der Erblichkeit der Krone gegen das Wahlrecht der Fürsten, undurchführbar ist, erstrebt Friedrich eine von den Fürsten unabhängige Machtstellung des Königs außerhalb Deutschlands, die Steuerquellen der italienischen Städte, die Stütze an dem in Italien schon teilweise ausgebildeten Berufsbeamtentum. Obwohl der König diesen Erfolg durch den Friedensschluß von Konstanz (1183) großenteils nicht erreicht, verliert er Reichsitalien damit auch noch nicht ganz aus der Hand, gewinnt er mit dem Erwerb Süditaliens die Chance, sein Ziel allmählich zu erreichen.

hebel (1245), die Absetzung der staufischen Dynastie und — nach Friedrichs vorzeitigem Tode (1250) — ihre völlige Vernichtung zu erreichen. Zugleich erhebt er damit die kapetingische Dynastie in Paris zur weltlichen Vormacht Europas. Schon zu Anfang des Jahrhunderts (1204) hat Philipp II. von Frankreich, begünstigt durch Rom, die westliche Vormacht, das angiowinische Reich, dadurch gesprengt, daß er dem Sohne des ersten Plantageneten, König Johann von England, die französischen Kronlehen Normandie und Anjou aberkannt und eingezogen hat. Philipps Enkel, Ludwig IX., sekundiert den Päpsten in engem diplomatischen Zusammenspiel beim Kampfe gegen die Staufen. Sein Bruder Karl von Anjou wird von der Kurie ausersehen, um den Kirchenbann gegen Manfred und Konradin zu vollstrecken und (1266) von der Krone Neapel-Sizilien Besitz zu ergreifen.

Die Kräfteverteilung in Europa ist durch den Gang der hundertjährigen Kämpfe entscheidend verändert, — in der Weise, wie sie noch heute in dem grundlegenden Verhältnis der „Westmächte" zu den mitteleuropäischen Staatengruppen nachklingt. Der englische und der französische Staat, der erstere im wesentlichen schon jetzt auf die Inseln zurückgedrängt[1]), näheren sich dem Ziel eines geschlossenen monarchischen Großstaats, eines Einheitsstaats. Ihrem Vorbild strebt in der gleichen Zeit, obwohl an jenen Kämpfen nur sekundär beteiligt, die spanische Halbinsel nach. Die christliche Bevölkerung, obwohl in vier selbständigen Königreichen organisiert, hat um 1250 ihr gemeinsames nationales Ideal, die Verdrängung der Maurenherrschaft annähernd erreicht.[2]) Dagegen sind Deutschland und Italien, — die Gebiete, die in ihrem Gesamtbestand dem römischen Reich nicht angehört hatten, und die Gebiete, die unter den unmittelbaren Einfluß der christlichen Erben des Imperium, des Papsttums, gelangt waren, — nunmehr dauernd als rückständige und unfertige Staaten aus der Ebenbürtigkeit mit den Westmächten zurückgeschoben und dem Partikularismus überliefert[3]), das erstere überwiegend den fürstlichen, das zweite im Norden und in der Mitte den städtischen Kleinstaaten. Ja selbst der Ansatz zu einem süditalischen Großstaat zerbricht sofort, als nunmehr das Königreich Aragon, der Fessel des Maurenkriegs ledig und im Besitz der großen Seestädte an der spanischen Ostküste, Barcelonas und Valencias, in die Welthändel eingreift und sich (1282) Siziliens bemächtigt, so daß künftig französische und spanische Machtambition in Palermo und in Neapel hart aufeinander stoßen. Jedenfalls ist der Weltstaatsgedanke von jetzt an auf zwei Jahrhunderte erstorben. Er ist an dem vereinigten Widerstand der Weltkirche und des germanischen Ständesystems gescheitert. Statt dessen sind diese seine beiden Gegner zu ihrer vollen Reife gediehen. Der Kirche sind während des Aufstiegs der cäsaropapistischen Idee die literarisch-dogmatischen Systembildner erstanden, die zwar nicht für eine Weltherrschaft, aber wohl für das Weltschiedsrichteramt des Papstes die bis heute maßgebenden Formulierungen finden. Am Beginn des Kampfes bereitet sie der Zeitgenosse Barbarossas, Johann von Salisbury, in seinem „Policraticus" (1159) vor. Im letzten Stadium, unmittelbar nach der Katastrophe Konradins in Neapel, schließt der eigentliche Begründer einer systematisch-katholischen Weltanschauung, der große Meister des Dominikanerordens,

1) Die südwest-französischen Länder (die Langue d'oc) sind endgültig erst in den englisch-französischen Kriegen des 14. Jh. zu Frankreich zurückgenommen worden.

2) Nach einer letzten, scheinbar vernichtenden Niederlage Castiliens, bei Alarcos, der Folge einer temporären Verfeindung der christlichen Vormacht mit Portugal, Aragon und Navarra (1195), hatten die Könige von Castilien, Navarra und Aragon verbündet bei Tolosa an der Grenze von Andalusien (1212) die Moslimen völlig geschlagen. Bald darauf wurden die wirtschaftlichen Zentren des Südens, Cordova (1234), Cadix (1250) besetzt. Der Sieg von Portugal, Castilien und Aragon am Salado (1340) erwies die Aussichtslosigkeit des maurischen Widerstands.

3) Machiavelli, discorsi I cap. 12: „La cagione, perchè l'Italia fu tanto tempo divisa, e solamente la chiesa."

Thomas von Aquino, in seiner politischen Hauptschrift „de regimine principum" das Programm ab.[1]) Das sacerdotium hat als von Gott berufener alleiniger Interpret der Lex Aeterna souverän über die „politia iniusta" des Imperium und der regna zu entscheiden. Es verhängt über den ungerechten Kaiser oder Fürsten die ihm zu Gebote stehenden „Strafen", erklärt ihn zum „Tyrannen", wenn er willkürlich Eigentum, Freiheit und Leben der Bürger mißbraucht, weist insbesondere das Volk zu seiner Absetzung an.[2]) Mit dem letzten Gedanken verhilft die Kirche den ohnehin schon starken germanisch-rechtlichen Wurzeln des weltlichen Verfassungsrechts zum Durchbruch.

Die nationale Verfassungsbildung des Hochmittelalters. Die Selbstbehauptung germanischer Kräfte in Wechselwirkung mit der römischen Tradition und dem christlichen Autoritätsgedanken hat nicht nur das negative Ergebnis gezeitigt, die Bildung neuer internationaler Staatsgründungen zu vereiteln. Gerade im Verlauf dieses Abwehrkampfes und durch ihn zur vollen Energie geweckt, werden sie selbst staatsrechtlich schöpferisch. Die Gebilde, die sie im 13. Jh. erzeugen, verkörpern die ersten großen Probestücke für die verfassungsrechtliche Schaffenskraft des Europa der neuen Zeit. Sie bedeuten als Ganzes sofort einen grundsätzlichen Schritt über die Verfassungsbildung der Antike hinaus, um so merkbarer, als sie in manchen ihrer Elemente auf die antike Entwicklung zurückgreifen. Zugleich zeigt sich die lebendige Differenzierung, die durch die Konkurrenz mehrerer nationaler Kulturkreise in Europa in Gang gekommen ist, auch auf politischem Gebiet darin wirksam, daß mehrere Grundformen einer nationalen Verfassungsbildung nebeneinander entstehen.

Die Demokratie des städtischen Kleinstaats: Italien. Der antiken Entwicklung am meisten verwandt, obwohl anscheinend ohne jede direkte Anknüpfung an antike Reste, erfolgt der Wiedereintritt der Stadtrepublik, der Polis, in die mittelalterliche Staatenwelt. Sind in der fränkischen und nachfränkischen Zeit auch die größten Städte aller Länder immer nur Teile des Gaus geblieben, die durch äußere Sonderbehandlung im Wehrwesen als Burg, im Wirtschaftsverkehre als Markt, in der Verwaltungs- und Hauptorganisation der königlichen Beamten als Immunitätsbezirk eine allmählich wachsende Bedeutung gewonnen haben, so treten sie seit dem Ende des 11. Jh. als selbständige Gemeinwesen eigner Art, als Bürgerschaften mit eigenen Organen, aus dem feudalen Aufbau der fürstlichen Großstaaten heraus. Das epochemachende gemeinsame Kennzeichen ist für alle Gegenden die Einsetzung der städtischen Konsuln oder Geschworenen oder Ratmannen, in Mehrzahl von Trägern dieses Amtes, der kollegialen Consilia oder Stadträte, die als öffentliche Interessenvertreter aller Mitglieder der Niederlassung, Compagna oder Communitas oder Comunia, tätig werden. Nur lassen sich eine ganze Reihe verschiedener Wurzeln des Konsulats in der älteren Zeit denken; ebenso ganz verschiedenartige Hergänge seiner Entstehung, nicht nur auf den verschiedenen landschaftlichen Schauplätzen, die in Zukunft den Hauptboden des Städtewesens bilden: in Ober- und Mittelitalien, Provence und Burgund, Nordfrankreich und Flandern, Rheintal und Donautal, sondern auch in einzelnen

1) Der heilige Thomas, ursprünglich Graf Thomas von Roccasecca bei Aquino in Campanien (geb. 1225), von dem Deutschen Albertus Magnus in den Dominikanerorden gezogen, in Paris, Köln, Bologna, zum Schluß (1267—74) in Neapel wirkend, ist noch heute für die gläubig katholischen Politiker, also auch für die konfessionell katholischen Parteien der modernen Staaten durch eine Enzyklika Papst Leos XIII. „aeterna patris" 1879, als maßgebende Autorität erklärt worden.

2) Thomas formuliert die drei Ideen noch nicht wörtlich, kennzeichnet sie aber vollkommen deutlich: „tyrannum deteriora mereri supplicia, qui undique ab omnibus rapit, contra omnium libertatum laborat, pro libito voluntatis suae quoscumque interficit."

Städten desselben Landes. Zwecks flüchtiger Orientierung sind die italienischen Städte am meisten charakteristisch, da sich hier die Entwicklung am raschesten und entschiedensten vollzogen hat.

Gleich von Anfang an nimmt die autonome Organisation der Stadt das Gepräge eines selbständigen Kleinstaats an. Denn den Anstoß zu ihr gibt die lebenswichtige Funktion jedes Staats, die Wehraufgabe. Zur Verteidigung gegen feudale Bedränger, ev. auch gegen den König, und zum Schutz des Stadtfriedens schließen sich die Bürger von Pisa, Genua, Mailand, Bologna, Ravenna u. a. in einem Wehrverband zusammen, dessen Milizabteilungen sich auf die Stadtviertel stützen. Zugleich verflechten sich in diese Schutzinteressen die wirtschaftlichen Interessen des Handels und der Gewerbe der Stadt, und die mit beiden sich nahe berührenden der Zivil- und Strafrechtspflege, wobei die romanische und germanische Bevölkerungsmischung und das Weiterwirken des römischen Rechts von Ravenna, des langobardischen von Pavia aus gerade den Städten einen ganz besonderen Impuls zur Pflege des Rechtsstudiums und in den damals entstehenden Rechtsschulen, besonders der von Bologna am Schnittpunkt der „Romagna" und „Lombardia", einen eigenartigen Mittelpunkt gemeinsamen juristischen Geisteslebens geben. In einem bewegen sich die leitenden Mächte der in den Kreuzzügen an Bevölkerungszahl und Wohlhabenheit rasch voranschreitenden Gemeinden zunächst ganz in der Tradition des Feudalismus weiter. Das Konsulamt wird von den ritterlichen Familien besetzt, die auf dem platten Land als Grundherren ansässig mit ihren befestigten Stadthäusern zum Synoikismos übergehen (S. 55). Sie führen dort ihre Parteiungen und Fehden weiter, und es entspringt bereits dem Druck der Gesamtbürgerschaft, wenn seit ca. 1150 sich das chronische Ratskollegium der Geschlechterhäupter entschließt, über oder neben die Konsuln einen Politiker von auswärts, den Podestà, als Jahres-Schultheißen zu beziehen, der mit seiner „Familia", einem Gefolge von Leibwächtern, Finanzbeamten, studierten Richtern den Stadtfrieden unter den hadernden Adelskoterien aufrechterhält. Mit dieser Verfassung haben die Städte jenen ersten Versuch Barbarossas abgeschlagen, die Ernennung des städtischen Magistrats wieder an den deutschen König zu bringen. Der Konstanzer Frieden (1183) bestätigt sie tatsächlich als souveräne oligarchische Republiken.

Aber die Wiedereröffnung des Kampfs um die Unabhängigkeit gegen Heinrich VI. und Friedrich II. und dessen mehr als fünfzigjährige Dauer nötigt zu abnormen militärischen Anstrengungen der Kommunen, die nun zu einem lombardischen und einem toskanischen Bund zusammengeschlossen sind. Neben dem Ritteraufgebot der herrschenden Klasse steigt der Wert des aus den kaufmännischen und gewerblichen Zünften rekrutierten Fußvolkes und damit der politische Einfluß dieser wirtschaftlichen Verbände. Wie sich bereits die einzelnen Sippenverbände des Stadtadels in allen Gemeinden nach und nach zu einer kaiserfeindlichen und kaisertreuen Partei, der „Parte Guelfa" und der „Parte Ghibellina" zusammengeschlossen haben[1]), so organisieren sich rasch auch die bürgerlichen Massen des „Popolo". Zunächst

1) Dieser Organisationsakt erhält seinen Anstoß durch ein brutales Verbrechen der Sippenrache, das am Ostertag 1216 die Florentiner Amidei, Ubertini, Lambertini wegen eines gebrochenen Eheversprechens an einem Angehörigen der Buondelmonti und Donati begehen. Um sich der staatlichen Verantwortung zu entziehen, geben die Mörder der Tat eine politische Maske. Sie erklären sich in dem eben ausbrechenden Wahlkampf des jungen Friedrich II., des „Waiblingers", d. h. Schwaben gegen den von Innozenz III. zuvor erhobenen, jetzt wieder fallen gelassenen „welfischen" Gegenkönig der Staufen, Otto IV. für den neuen staufischen Prätendenten und nennen sich offiziell „Parte del Ghibellino", der darauf die andere als „Parte del Guelfo" gegenübertritt. Von Florenz greifen die Namen und Verbandsbildungen der „Guelfen" und „Ghibellinen" auf alle oberitalienischen Städte über, so daß Italien schließlich in zwei große Zentralverbände der beiden Parteien und in zwei Bünde der vorwiegend guelfischen (nationalen, päpstlichen) und

geschieht dies in den Einzelzünften, am frühesten in den reichen Oberzünften der Advokaten, Wechsler und Großhändler, bald auch in den Mittel- und Kleinzünften der Grob- und Waffenschmiede, Metzger, Bäcker, Zimmerleute usw., der Korbflechter, Gerber, Salzhändler usw., jede der societates artium oder kurz „arti“ geleitet durch ihre Zunftkonsuln, Ministralen, Kastalden, und geordnet durch ihre Statuten. Nicht lange darauf aber vereinigen sich die einzelnen Zünfte und damit im Zusammenhang die Waffenbrüderschaften, die Kirchspiele, die societates armorum, contratae, sestieri zu einer allgemeinen societas populi, einem „Spitzenverband“, bei dessen Gründung und Ausbau die kirchlichen Beziehungen eine bedeutende Rolle spielen. Die in derselben Zeit als neue Werkzeuge der Papstkirche hervortretenden Bettelorden der Franziskaner und Dominikaner, die in Predigt, Seelsorge und karitativer Funktion ein Verbindungsglied zwischen offizieller Kirche und Laienschaft schaffen wollen, sind die gegebenen Berater und Förderer der städtischen Gesellschaft bei der demokratischen Umbildung. So schreiten in der letzten, kritischsten Phase des Nationalkriegs, den die Städte im Bunde mit dem Papsttum führen (zwischen 1245 und 1265), die durch kameradschaftliche, berufsständische und religiöse Interessengemeinschaft verbundenen Korporationen zur Bildung eines gemeinsamen Repräsentativorgans fort, das geeignet ist, sie an der Leitung des Staats zu beteiligen, den Ältestenrat der „Anziani“ oder „Priori“. Als ein teils von den Arme, teils von den Arti gewählter Ausschuß verdrängt er die alten, unter adligem Einfluß stehenden Räte nicht. Aber bei dem Zwist zwischen den beiden großen Hauptparteien des Adels und den haßerfüllten Feindschaften der einzelnen Sippen übt der Anzianenrat den überwiegenden Einfluß auf Stadtpolitik und -gesetzgebung, besonders seitdem er auch dem formellen Stadthaupt, dem Podesta, den eigenen Führer gegenüberstellt, den Volkshauptmann, Capitano del Popolo, der zwar auch meist Adliger von auswärts, aber in seiner Politik klassenmäßig-bürgerlich eingestellt ist und in erster Linie die Aufgabe hat, innerhalb der Stadt mit Hilfe der Zunftmilizen das Patriziat niederzuhalten und den Stadtfrieden zu schützen.

Damit hält der demokratische Gedanke, zunächst freilich nur im Rahmen des Stadtstaats, seinen Wiedereinzug in die neuere Staatenwelt, und das mit einem im Vergleich zu den antiken Vorläufern verfeinerten Verfassungsapparat. Ihr Hauptorgan wird nicht die Volksversammlung. Gerade sie, obwohl auch hier aus der älteren Zeit als „parlamentum“, „arengum“ „contio“ übernommen, wird zu einem wesentlich dekorativen Dasein zurückgedrängt. Mit ihrem tumultuarisch-unorganisierten Habitus wird gleichzeitig die Klippe einer sofortigen radikalen Ausdehnung der souveränen Bürgerschaft vermieden. Die letztere verkörpert sich im Gegenteil in einer repräsentativen Mittelstandsdemokratie, deren Organ, der Zunft- und Kompanienrat, sich auf den festgegliederten Unterbau der einzelnen Zunftverbände und Waffenbrüderschaften stützt, das Proletariat ebenso abweist wie den Adel, dessen selbständige Verbände, wenn auch in der zweiten Reihe, doch nicht einflußlos auf das politische Leben werden. Zudem fehlt diesen Republiken von vornherein der Krankheitsstoff der Sklaverei griechischer und römischer Art, obwohl die Bauern des agrarischen Hinterlands, politisch rechtlos wie die Unterklassen der Stadt, auch wirtschaftlich von der Grundherrschaft in gedrückter Lage gehalten werden.

Andrerseits wohnt dieser neuen Polis ganz ebenso wie der antiken von vornherein die

ghibellinischen (deutsche, imperialistisch gesinnte) Städte geteilt ist. Letztere sind die unter deutscher Königsherrschaft früher groß gewordenen Städte (Pavia, Lucca, Pisa, Cremona, Ravenna); guelfisch die merkantil und politisch aufstrebenden Nachbargemeinden der anderen (Mailand, Florenz, Genua, Bologna). Der Übertritt Parmas, der Rivalin Cremonas, von der ghibellinischen zur guelfischen Sache (1245) bezeichnet die Wendung der bisherigen Übermacht Friedrichs zum allmählichen Niedergang.

Tendenz zum Zusammenschluß und zur Ausbreitung inne. Jede der größeren Städte umbaut sich mit einem Kreis abhängiger Klientelstädte und tritt mit andern führenden Bürgerschaften in Bündnisse, durch die sie sich ihre äußere Machtstellung und ihre Verfassung im innern garantieren. Und gerade dieses System der **Föderativrepublik**, das in dem gegen die Staufer gerichteten lombardischen und toskanischen Städtebund zuerst zum Ausdruck kommt, wird mit dem Stadtstaatsgedanken überhaupt in das Ausland weitergetragen. Etwa im gleichen Zeitraum wird der Typus des Stadtstaats auch in den wirtschaftlich fortgeschrittenen Landschaften nördlich der Alpen vorherrschend, zuerst im flandrischen, brabantischen, holländischen Kulturkreis, in den nordfranzösischen, den spanischen Küstenstädten, den deutschen Städten des Rhein- und Donaugebiets, wie nur wenig später an der Nord- und Ostseeküste. Auch hier durchläuft er ähnliche Entwicklungsstadien wie in Italien, freilich in außerordentlich verschiedenartigen Schattierungen des äußeren Hergangs und der speziellen Form.

An einer Stelle gehen aus solchen Gebilden dank einzigartiger geographischer Lebensbedingungen schon jetzt die Anfänge eines kleinen **Nationalstaats** hervor. Eine Anzahl Bauern- und Stadtgemeinden um die hochgebirgigen, handelspolitisch wichtigen Zugänge zum Gotthardpaß (Südteil des Herzogtums Schwaben, vormalige römische Provinz Rätien) sind zufällig rasch hintereinander des Schutzes ihres zäringischen Landesherrengeschlechts (1218) und des kaiserlichen (staufischen) Schutzes (1250) verlustig gegangen und schließen sich zur Abwehr der Machtprätensionen (Zollansprüche) neuer Herren, der Grafen von Habsburg, zu einem Bund reichsunmittelbarer (faktisch schon damals unabhängiger) **Republiken** zusammen (1. August 1291), um sich im folgenden Jahrhundert mehrfach (1315, 1387) mit den Waffen zu verteidigen. Die „**Eidgenossenschaft der acht alten Orte**" (die Landgemeinden Schwyz, Uri, Unterwalden, dazu zwischen 1332 und 1387 der vierte Ort am See, der Markt Luzern, die **Reichsstädte Zürich und Bern**, Zug, Glarus) erweitert sich allmählich auf 13 (durch neue Mitglieder Appenzell, Solothurn, Basel, Schaffhausen bis 1499) und durch Sonderbündnisse von Bern mit Genf und Wallis, von Zürich mit Graubünden. Von hier aus, besonders von **Genf** aus, sollte zwei Jahrhunderte später, und zwar wiederum unter dem Einfluß des religiösen Enthusiasmus, die **republikanische Staatsform in die Großstaatenwelt der europäischen Monarchien übergreifen.**[1])

Die ständische Monarchie des territorialen Großstaats: England. Ein sehr langes Leben ist den neuen Republiken an den meisten Stellen ihres Auftretens nicht beschieden gewesen. Von viel größerer Bedeutung für die Gesamtentwicklung wird es deshalb, daß parallel mit den stadtrepublikanischen Demokratien, für die Italien das Muster liefert, ein anderes antikes Erbstück in den nördlichen Staaten zum Leben erwacht und in ein völlig originales Gebilde übergeht. Die für das letztere entscheidende Zeit sind dieselben Jahrzehnte zwischen 1210 und 1270; — der Schauplatz wird vornehmlich England.

Die landläufige Anschauung denkt dabei von vornherein an eine Freiheitsbewegung und nimmt an, daß die anglischen und sächsischen Eroberer der Insel, die von der Elbmündung und der Eider ausgewanderten norddeutschen Stämme, eine ganz besondere freiheitliche Veranlagung überkommen hätten. In Wahrheit ist die frühe Ausbildung verfassungsmäßiger Formen im Interesse des **Volks** in England erst als Gegenwirkung gegen eine vorhergehende, besonders frühzeitige Ausbildung einer **starken Staatsgewalt** möglich geworden, und an ihr hat gerade das Angelsachsentum geringsten Anteil. Seine Kleinstaaten haben im Gegenteil

1) Unter dem Einfluß der Reformation Calvins, dessen Genfer Verfassung — auf der Grenze zwischen oligarchischer und demokratischer Stadtrepublik stehend (1541) — das Muster zunächst für Frankreich und für Holland abgibt und in letzterem sofort Wurzel schlägt. Kurz vorher (1526) hatte Genf mit Bern aus politischen Motiven (gegen Savoyen) das Bündnis geschlossen.

im Unterschied zur römischen Provinzialregierung im Zustand dauernder Schwäche der staatlichen Leistungen, dauernder Lockerheit der staatlichen Einheit, eine Zeit des Übergewichts der Kirche über das Königtum, der Hilflosigkeit des Landes gegenüber immer wiederholten räuberischen oder direkt erobernden Drangsalierungen von fremden skandinavischen Eindringlingen.

Eine bleibende organisatorische Grundlage empfängt das englische Land erst durch die Angliederung an das normannische Herzogtum des französischen Festlandes (o. S. 107). Die Normannen haben sich bei ihrer Niederlassung an der Seinemündung in und um Rouen (911) den westfränkisch-karolingischen Staatseinrichtungen einfach angepaßt, sowie sie sich auch in Sprache und Sitte im Laufe eines Jahrhunderts vollständig französiert vorfinden, und das eigentümliche ist, daß die beim Tode Karls des Großen bestehenden Anfänge einer starken konzentrierenden Staatsgewalt (S. 100) im eigentlichen Umkreis des karolingischen Reichs gerade zu der Zeit mehr und mehr absterben, wo sie durch die Herzöge von der Normandie eine neue Belebung und Fortbildung erfahren. Die vollsaftige, mit barbarischer Energie gesättigte Dynastie erfüllt schon darin eine Mission, daß sie als die einzige unter den mittelalterlichen Monarchien die in den fränkischen Formen fortlebenden römischen Staatsgedanken in der praktischen Anwendung konserviert. Aber der Zufall fügt es, daß durch sie diese Gedanken nunmehr am lebenskräftigsten in die beiden Gebiete verpflanzt werden, die dem fränkischen Reich überhaupt nicht angehört haben. Einerseits bedient sich das normannische Grafengeschlecht, das sich seit dem Ausgang des 11. Jh. in Palermo und Capua-Neapel festsetzt, der heimischen Institutionen, um den über byzantinischen, sarazenischen und langobardischen Elementen errichteten sizilisch-unteritalischen Staat zu ordnen. Die „Monarchia Sicula“ findet durch die Könige Roger II., Wilhelm I. und II. (1138—89) ihren gesetzgeberischen Abschluß. Andererseits bringt das Haupt der Normandie selbst, Wilhelm der Bastard, sie auf die englische Insel mit, als er diese (1066) mit Waffengewalt den Angelsachsen entreißt. Wie dort, so begründet auch hier die Mischung zweier Rassen, die sich in ihrer germanischen und romanischen Prägung zunächst leidenschaftlich befehden, das Bedürfnis, der hierdurch bedingten Zerrüttung der Gesellschaft durch eine um so festere Stellung der königlichen Autorität, ihrer Organe und Kompetenzen Halt und Gegengewicht zu geben; in diesem Sinn wird das System in der gleichen Zeit wie in Unteritalien auch in England durch Heinrich Plantagenet (1154—89) ausgebaut (o. S. 108).[1])

Das Ergebnis ist an beiden Stellen dasselbe. Der königliche Rat (Curia) erscheint in den Anfängen einer Differenzierung von drei Oberbehörden, dem Staatsrat als Organ der politischen Leitung, dem Obergericht als Spitze der Rechtspflege, der Schatzkammer als Finanzzentrum und Rechnungskammer; der erstere hat noch den Charakter von Hofbeamten, Bischöfen und Feudalmagnaten, die beiden anderen Behörden nähern sich bereits Kollegien von juristisch geschulten und geschäftskundigen Berufsbeamten. Aber dazu tritt als wesentlich neues, daß diese, die Justiciarii, nicht nur Kollegialentschließungen treffen, sondern zugleich als Einzelbeamte, Reichskommissare nach fester Sprengelverteilung das Land bereisen, die richterlichen und verwaltenden Chefs der

1) Man benutze diesen für die Entwicklung des modernen Staats ausschlaggebenden Orientierungspunkt, um sich von ihm aus ein Urteil über das schon erwähnte Buch (S. 95) Oswald Spenglers (der Untergang des Abendlands, 1919 ff.) zu bilden, aus dem heute viele ihre Vorstellungen über die politischen wie über die sonstigen Grundlagen unseres sozialen Lebens schöpfen. Er betrachtet den englischen Staat sozusagen von Natur gewachsen, „die Insel ersetze die Organisation“. In Wahrheit ist gerade das Gegenteil richtig, die englischen Herrscher schaffen die früheste und festeste Organisation in allen europäischen Staaten. Der relativ frühe Zusammenschluß des Volks und damit seine freiheitliche Entwicklung war erst die Gegenwirkung.

Grafschaften in England (Vicecomites, Sheriffs) und Unterbezirke (Baillivi, Bailiffs) visitieren und kontrollieren, oder unmittelbar Akte der Steuerverwaltung, der Aushebung, der Urteilsfällung vornehmen. Das Institut der karolingischen Sendboten ist in den Justiziarien zu einem geschlossenen System entwickelt, durch das die Zentralgewalt unmittelbar mit Grafschaftsversammlungen von Baronen, Rittern und Gemeinderäten aus den örtlichen Verwaltungsbezirken in Verbindung tritt. Entsprechend bietet der Justiziar aus seinem Sprengel Bürger als Gemeindezeugen auf, um sie unter ihrem Treueid über Eigentums- und Erbfälle, über Brandstiftung, Mordsachen oder Straßenraub zu befragen: auch die karolingische „Inquisition" ist zu einem kanzleimäßigen Schema königlicher Amtsjustiz mit Gemeindezeugen, „Geschworenen" in Zivil- und Strafsachen ausgeschliffen. Der König, der gleichzeitig das Land mit einem Netz von Kastellen überzieht[1]) und mit den von der Schatzkammer einseitig dekretierten Grundsteuern oder mit den von den Justiziarien verhängten Geldbußen seine Söldnertruppe unterhält, hält wie militärisch, so auch administrativ und richterlich das Land als äußere Einheit in der unmittelbarsten Sphäre seiner Herrschaft. Der König in seinem Rat, dem Privatum Concilium, ist der alleinige Durchgangspunkt für alle staatlichen Funktionen. Die Reichsversammlung der Barone und Prälaten, das Magnum Concilium des Königs (karoling. Hoftag wie die angelsächs. Witenagemot) ist zu einer rein höfischen, politisch fast einflußlosen Veranstaltung herabgesunken, wie auch die Grafschaftsversammlungen nicht willensentschließende Machtträger, sondern nur Werkzeuge und Objekte der Beamtengewalt bedeuten. Mit äußerlichen Abweichungen stimmt diese Struktur für England und für Unteritalien genau überein, wie vor allem das sonst nirgends in dieser Durchbildung vorkommende Hauptamt des Justiziars deutlich macht.

Mit den beiden Normannenstaaten am äußersten Westen und am äußersten Süden des Kontinents beginnt die ausgereifte Form des neueuropäischen Großstaats, der geschlossene Großstaat, seine Laufbahn. Die neuere Staatenwelt knüpft damit ungefähr an den Formenbestand der Diadochenstaaten des mittelländischen Ostens wieder an. Die Hauptkennzeichen sind dieselben: eine in Gesetzgebung, Regierung und Rechtspflege unbeschränkte Monarchengewalt, ein militärisch und bureaukratisch zentralisiertes Territorium mit einer rassegemischten Bevölkerung.

Aber eigentümlicherweise ist von diesem gemeinsamen Ausgangspunkt die Entwicklung auf zwei ganz verschiedenen Wegen weitergegangen.

Sizilien und Unteritalien bleiben ununterbrochen die Objekte der auswärtigen Verwicklungen. Beim Aussterben der normannischen Dynastie zieht Barbarossa sie in seine Reichspolitik (o. S. 108). So werden sie in den Kampf zwischen Kaiser und Papst, zwischen Staufern und Kapetingern, zwischen diesen und den Erben der Staufer, den aragonischen Herrschern verflochten. An ihnen entzündet sich später der ganz Europa erschütternde zweihundertjährige Kampf zwischen Frankreich und Spanien-Österreich (u. S. 128). Infolgedessen aber erhält sich hier auch die auf höchstkonzentrierte Fürstengewalt gestellte innere Organisation. Die faszinierende Erscheinung Friedrichs II. von Hohenstaufen baut ihn völlig zum abso-

1) In England sind die beiden großen „Türme", die die Hauptstadt London, die „City" schlechthin, themseabwärts gegen das Meer, und themseaufwärts gegen den Anmarsch aus dem Binnenland decken, der „White Tower" oder Tower schlechthin, und der „Round Tower" bei dem Flecken Windsor, beides Gründungen Wilhelms I., der gleichzeitig neben seiner westlich vor der Stadt angelegten Hauskirche, „Westmonasterium", Westminster-Abtei, die große „Aula", die höfische Halle (Westminster Hall, heute im Umbau Richards II.) errichtet. Das Kastellsystem schließt in England mit den beiden riesigen Zwingburgen ab, die das rebellische Wales, den Sitz der übrig gebliebenen Kelto-Römer, in Zaum halten, Conway Castle und Caernarvon Castle (1276).

luten Polizeistaat aus. Von ihm übernehmen ihn zunächst die Anjous (S. 109). Von Neapel aus hat dann der fürstliche Absolutismus seinen Eroberungszug zunächst nach Mittel- und Oberitalien, dann durch ganz Europa angetreten.

Ganz andere Bedingungen treten für die Weiterbildung des anglo-normannischen Absolutstaats ein. Ein verhängnisvoller Wechsel in den Trägern der Krone, deren Übergang von dem bedeutenden Heinrich II. an seine Söhne, den unsteten Richard I. (1189) und den roh und planlos gewalttätigen Johann (1199), Zwistigkeiten des Königs mit dem Papst, ermöglichen dem französischen König die Wiederergreifung der Normandie, und nun macht sich zum erstenmal die Insellage Englands geltend: die englischen Kronvasallen, an einer erfolglosen Festlandspolitik uninteressiert, beginnen sich gegen die willkürliche Besteuerung und die fiskalisch eingestellte Justizverwaltung zu sträuben. Sie nehmen dabei zugleich die Interessen der Kleinvasallen und des städtischen Kapitals wahr. Und der skandalöse Vorgang, daß Innozenz III. die Steuerausbeutung der Krone gutheißt gegen das Zugeständnis, durch seine Legaten die Bevölkerung gleichzeitig zu maßlosen Kirchenabgaben heranziehen zu können, macht auch die englische Geistlichkeit zu Bundesgenossen der Barone, und eine bis dahin nicht erlebte, zum großen Teil durch zufällige Umstände motivierte Parteigruppierung, die Gegnerschaft von Baronie und Prälatur, gestützt zugleich auf die Gefolgschaft des ritterlichen Landadels und der Städte, geschlossen gegen den König und sein Beamtentum, bringt den einschneidenden Akt des 15. Juni 1215 zustande. Eine bewaffnete Demonstration in friedlichen und stark religiös gefärbten Formen bestimmt den in Windsor residierenden Johann, die von dem Kronmarschall und dem Erzbischof von Canterbury entworfene „Concordia inter Ioannem regem et Barones pro concessione libertatum ecclesiae et regni Angliae", die spätere sog. Magna Charta, zu unterzeichnen, von der das europäische Verfassungsleben seinen Anfang nimmt.

Abgesehen von der Anerkennung der „Freiheit" der englischen Kirche[1]) gewährt der Freibrief der Reichsversammlung der Kronvasallen die beiden Rechte politischer Mitwirkung, die ihnen bisher nur die Sitte zugesprochen hatte, nunmehr zum erstenmal in Form eines geschriebenen Rechtssatzes — das Gesetzgebungsrecht und das Steuerbewilligungsrecht. Das letztere wird für alle wichtigen Abgaben ausdrücklich formuliert[2]) — Das Gesetzgebungsrecht braucht nicht formuliert zu werden, da die Form der Charta selbst ihre Entstehung dem Prinzip verdankt und ihre Gewährung „in perpetuum" auch die einseitige Abänderung eines grundsätzlichen Gesetzes ausschließt.[3]) Aber auch dem englischen Einzelbürger werden durch den Ausschluß willkürlicher Verhaftung, Einkerkerung, Geldbüßung, Ächtung, Verbannung oder Tötung die ersten Bürgerrechte, die der persönlichen Freiheit, des Eigentums und Lebens formell zuerkannt; Eingriffe in diese Freiheiten werden an richterliche Ermächtigung „in gesetzlicher Form" und damit implicite schon jetzt meist an den vorgängigen Ausspruch der Gemeindezeugen, der „Geschworenen" gebunden.[4]) Und schließlich erhalten die

---

1) „Quod anglicana ecclesia libera sit et habeat sua iura integra."

2) „Nullum scutagium vel auxilium ponatur in regno nostro nisi per commune consilium regni nostri. – Simili modo fiat de auxiliis de civitate Londonensi. Praeterea volumus – quod omnes alie civitates et burgi etc. habeant omnes libertates –"

3) Am Ende der Kämpfe zwischen Krone und Ständen sind dann beide Hauptrechte noch einmal — ein jedes für sich — bestätigt worden — das Finanzrecht durch Charte von Gent v. 1297, das Gesetzgebungsrecht durch Charte von Lincoln von 1301, beide von Eduard I. („si que statuta fuerint contraria dictis Cartis —, ea de communi consilio regni modo debito emendentur vel etiam adnullentur."

4) „Nullus liber homo capiatur vel imprisonetur aut dissaisiatur aut utlaghetur aut exuletur aut aliquo modo destruatur nisi per legale judicium parium suorum vel per legem terrae." Mit dem Gericht von „Standesgenossen" ist noch

sämtlichen Zugeständnisse, die Freiheiten der Stände wie der Individuen, eine letzte und stärkste Garantie gemeinsam. Für den Fall, daß die Krone, der König selbst oder einer seiner Beamten die verbrieften Normen überschreiten (transgressi fuerimus) und ein Überwachungsausschuß der Reichsversammlung von 25 Baronen durch vier Wortführer vergeblich Abhilfe solcher „excessus" verlangt, kann der König zwangsweise durch Besetzung seiner Kastelle oder Güter von den Ständen zur Abstellung der Beschwerden genötigt werden. Die lehnsrechtliche Befugnis des Vasallen zum Widerstand gegen den untreuen Lehnsherrn (o. S. 99) zeigt sich also voll entwickelt zum staatsrechtlichen Widerstandsrecht, zum ius resistentiae, das die „communia regni" oder „communitas terrae" gegen den ungerechten König, den „Tyrannen", zur Anwendung bringen kann.

Johann selbst und noch mehr sein Nachfolger Heinrich III. geben den Ständen reichlichen Anlaß, vom ius resistentiae Gebrauch zu machen, und in den Kämpfen der nächsten fünfzig Jahre, die seit 1250 zum offenen Bürgerkrieg werden, haben die anfänglich in ihrer Geltung schwankenden Grundsätze der Großen Karte feste Wurzel geschlagen. Immer bestimmter arbeitet sich der nationale Charakter des Systems heraus; den entscheidenden Anstoß zum großen „Baronenkrieg" geben die verworrenen und kostspieligen Versuche des Königs, eine mächtige Festlandsstellung zu behaupten, womöglich die Kaiserkrone für sein Haus zu erwerben. Immer bewußter wird der konstitutionelle Geist der Bewegung: ihr Führer, des Königs eigner Schwager Simon von Montfort, Graf von Leicester, handelt nicht als feudaler Rebell, sondern als bewußter Verteidiger einer gottgesetzten Idee der Gerechtigkeit, durch deren Achtung allein der Fürst berechtigt wird, von seinen Untertanen Gehorsam zu fordern. Und immer stärker kommt vor allem das demokratische Element in der den König kontrollierenden Reichsversammlung zur Geltung: haben die Redakteure der Charta von 1215 beim Schutz des Eigentums bereits auf den Schutz der Ware des Kaufmanns und des Ackergeräts der Bauern gegen Steuerpfändung Bedacht genommen, so zieht Graf Simon im kritischen Augenblick der Kämpfe außer dem ersten und zweiten Stand nach dem Muster der Grafschaftsversammlungen (o. S. 115) den dritten und vierten Stand auch in die Reichsversammlung hinein. Zwei Rittervertreter der Grafschaften und zwei Bürgervertreter der ansehnlicheren Städte werden (1265) neben Baronen und Prälaten einberufen, so daß das „Parliamentum" numehr in vier zunächst nebeneinander tagenden Kollegien zusammentritt und in ihrer Funktion nicht mehr nur als eine Vertretung ständischer Interessen, sondern als eine Volksvertretung betrachtet werden kann. Ihre Leistung zeigt sich jedenfalls bald in Einklang mit diesem Gedanken. Obwohl der Schöpfer des vervollständigten Parlaments unmittelbar nach seinem Triumph über den König in Kleinkämpfen zugrunde geht (1265), sieht sich sein Besieger, der Thronfolger und nächste König Eduard I. (1272), doch genötigt, sich ohne weiteren Kampf der neuen Ordnung zu fügen[1]), und ge-

nicht das Geschworenengericht gemeint, sondern das alte Volksgericht (fränkischen oder angelsächsischen Stils). Aber schon damals ist in der Praxis der Justiziarien die Verfolgung von schweren Verbrechen auf Rüge (indictamentum) beeidigter Gemeindezeugen eingebürgert (o. S. 115). Sie wandeln sich im Lauf des nächsten Jahrhunderts in Geschworene dadurch, daß sie nicht mehr nur aus eigener Wissenschaft, sondern außerdem und allmählich überwiegend auf Grund der vor ihnen vernommenen Zeugen und anderer Beweiserhebungen ihre Rüge abgeben.

1) Die Kompromißgeneigtheit Eduards I. ist zweifellos nicht Eingebung eines persönlichen Edelmuts oder Gerechtigkeitssinns des Prinzen, wird ihm vielmehr wider seinen Willen durch die äußere und innere Lage aufgezwungen. Ein gefährlicher Aufstand der Waliser, die sich (1265) noch einmal unter einem national-altbritischen Fürsten unabhängig zu machen suchen, nötigt zur Sammlung der Kräfte (die Folge ist die bis 1276 durchgeführte endgültige Unterwerfung von Wales, erst der Abschluß des altenglischen Staats, dem auch künftig Irland nur [als Kolonie] locker angegliedert ist [u. S. 136], Schottland unabhängig gegenübersteht). Aber auch im Inneren steht die Volksstimme der Landedelleute und Städter, teilweise sogar des niederen Volkes hinter den neuen Einrich-

rade die Regierung dieses energischen Herrschers wie die seiner Nachfolger Eduards II. und III. (—1377) gestaltet sich zu einer Epoche des umfassenden gesetzgeberischen Ausbaus von Verfassung, Rechtspflege, Wirtschaftsleben, zu dem der monarchische Staatsrat und die seit ca. 1300 sich formierenden „beiden Häuser" des Parlaments, das House of Lords und das House of Commons wirkungsvoll zusammenarbeiten, bisweilen noch in schweren Kämpfen, im allgemeinen in geordnetem Friedensbetrieb.[1])

Auch die neuen englischen Rechtseinrichtungen besitzen von vornherein allgemein europäische Bedeutung. Wie für das Weitergreifen der italienischen Stadtverfassungen, insbesondere in der demokratischen Form, die Bedingungen in allen großen Städten auch außerhalb Italiens von vornherein gegeben sind, so gibt die germanisch-fränkische Rechtstradition allen festländischen Territorialstaaten eine entsprechende Prädisposition für die Ausbildung der ständischen Monarchie nach englischem Muster. In der Tat treten seine verschiedenen Elemente früher oder später überall als Forderungen auf: Mitgesetzgebungsrecht, Abgabenbewilligungsrecht, ständische Justiz. Nur treten sie in allen anderen Ländern in weit unvollkommeneren Formen hervor. So besonders in Frankreich, wo in der entscheidenden Zeit (1180—1315) eine Reihe hervorragend energischer und politisch erfolgreicher Fürsten — Philipp II., Ludwig VIII., Ludwig IX., Philipp III. und Philipp IV. der Schöne — mit ihrem geistlichen und weltlichen Beamtentum die Stände derart in Schatten stellen, daß jene korporativ geschlossene Willensinitiative der „États généraux" nicht Fuß fassen kann. Ähnlich ist der Verlauf in den spanischen Reichen (o. S. 109). In Deutschland erlahmt gleichzeitig die nationale Staatsgewalt bekanntlich überhaupt, sowohl die monarchische wie die reichsständische. Hier ist es das Einzelterritorium der geistlichen und weltlichen Fürsten, an dem diese Probleme zunächst praktisch werden.[2]) Wie in der Regierung und Ver-

tungen. Die Belege sind vorhanden, daß Graf Simon nach seinem Tod als populärer Märtyrer verehrt wurde.

Die endgültigen Bestätigungen der ständischen Rechte nimmt Eduard I. nach einem letzten Versuch der Anfechtung, während eines Kriegs mit Frankreich in Flandern (u. S. 123) in der Charte von Gent 1297 (Abgabebewilligungsrecht) und Lincoln 1301 (Gesetzgebungsrecht) vor.

1) Daß die vier Gruppen der alten Oberklassen — Prälaten, Barone, Landedelleute, Stadtbürger, die im Gegensatz zu Mittel- und Unterklassen im älteren Parlament vertretungsberechtigt geworden und (bis 1832) allein geblieben sind, sich schon bald nach 1300 in die „beiden Häuser" zusammenschließen, erklärt sich nicht aus der sozialen Verschiedenheit. Im Gegenteil sind gerade die beiden Gruppen, zwischen denen die Spaltung eintritt; die „barones" und „milites", die einander am nächsten verwandten. Der ländliche Großgrundbesitz ist ihnen wirtschaftlich, die ritterliche Lebensweise ist ihnen ständisch gemeinsam. Sie fließen sogar ganz ineinander, da nach der „Magna Charta" nur die „Großbarone" „barones maiores", die durch ihre individuelle Ansehnlichkeit hervorragenden, vom König „singulatim" eingeladen werden (Ausgangspunkt für die erbliche Lordsernennung durch den König). Die „Kleinbarone" „barones minores", später, seit ca. 1600 „Baronets", werden vom Sheriff „in generali" durch Verfügung eingeladen und schließen sich gerade hierdurch mit den Rittern wie diese mit den Städtern zusammen. Die Zweihäuser-Trennung tritt vielmehr durch die vorwiegende Funktion ein. Im Mittelalter ist die charakteristische Hauptfunktion der „esquires" und „commoners" die Geldbewilligung, die der „lords spiritual and temporal" die Zivil- und Strafgerichtsbarkeit über die Standesgenossen, der Sitz im judicium parium (Pairs, Peers) unter Vorsitz des Königs. Da die mittelalterlichen obersten Räte des Königs regelmäßig geistliche oder weltliche Lords sind, so sind auch die Minister verantwortlich (für Hochverrat, Bestechungen usw) vor dem Oberhaus. Gewohnheitsrechtlich bildet sich die Anklage des Unterhauses vor dem Oberhaus (zum erstenmal unter Richard II. 1387), der Anfang der späteren „Ministeranklage".

2) Die staatsrechtliche Grundlage haben die „Landeshoheiten" durch die beiden großen Freibriefe Kaiser Friedrichs II. am Anfang von dessen Regierung (o. S. 108) empfangen, die „confoederatio cum principibus ecclesiasticis" v. 1220 und das statutum in favorem

waltung die „Landesherren", „domini terrae", die eigentlichen Träger staatlichen Lebens auf deutschem Boden werden, während sie die Gesetzgebung, Militärverwaltung, Polizei, Zivil- und Strafrechtspflege als Landesfunktionen an sich ziehen, so werden auch die ständischen Befugnisse — Mitgesetzgebung, Abgabenbewilligung, Widerstandsrecht — von der „Landschaft", den landsässigen Freiherrengeschlechtern, allmählich der Landesritterschaft und den Landständen in Anspruch genommen. Vor allem das ius resistentiae, in dem die Aufsichtsgewalt der Volksrepräsentanten über Königtum und königliches Beamtentum am intensivsten zur Geltung kommt, ist bei den bayrischen, den askanisch-märkischen und anderen Herzögen oder Markgrafen schon fast gleichzeitig mit den letzten Konzessionen Eduards I. ausgebildet.[1]) Von einem außerordentlichen Vorrang des englischen Volks in der Erfassung der neueren Rechtsgedanken des Staatslebens kann also keine Rede sein. England kommt nur seine geographische Lage, eine günstige soziale Gruppierung und das Eingreifen zweier tüchtiger Einzelpersönlichkeiten im entscheidenden Augenblick zu statten.

Durch die Befestigung, die die neuen Formen des englischen und des italienischen Verfassungslebens um etwa 1270 erfahren, ist, wenn auch erst im rohesten Umriß, der staatliche Formenbestand aufgebaut, an dessen Weiterbildungen die europäische Staatenwelt und die von ihr außerhalb Europas ins Leben gerufenen Staatswesen seitdem ununterbrochen bis heute gearbeitet haben. Denn von nun an bleibt der verfassungsmäßige Großstaat im Mittelpunkte aller inneren und äußeren Kämpfe um die organisatorische Konsolidation der Welt. Er wird das vornehmliche Objekt seiner monarchischen oder republikanischen, absolutistischen oder verfassungmäßigen Innenausbildung. Er bildet das Objekt imperialer Angriffe von der Seite einer Hegemoniemacht, oder andrerseits das Objekt von Zersetzungsversuchen durch Kleinstaatsbildungen.[2])

---

principum (der geistlichen und weltlichen) von 1231. Beim formellen Fortbestand der Königsgewalt bedeuten sie die Grundlinien einer monarchischen „Bundesstaatsverfassung" Deutschlands, bei der das Schwergewicht der staatlichen Funktion auf den Ländern und hier den Landesherrn ruht.

1) Die brandenburgischen Markgrafen der Linie Salzwedel (d. h. des den Slawen am frühesten abgenommenen brandenburgischen Territoriums, der sog. „Vormark", später Priegnitz) verzichten durch Vertrag von 1280, den sie mit Ministerialen, Rittern, Knappen, Vasallen und anderen Untertanen abschließen, auf jedes außerordentliche Anlehen. Sollten sie dagegen verstoßen, soll es allen Vasallen und Städten erlaubt sein, einander solange beizustehen und Widerstand zu leisten, bis sie solche „Gewalttat" von sich abgewehrt haben. Einen entsprechenden Freibrief der Herzöge von Niederbayern von 1347 u. a. vgl. bei Gierke, Deutsche Genossenschaft S. 17. Der berühmteste dieser Verträge ward später die württembergische Verfassung, der „Tübinger Vertrag" von 1514, der in der Fixierung der ständischen Rechte der Magna Charta am deutlichsten entspricht, aber das Widerstandsrecht nicht mehr normiert.

2) Man muß schon hier ins Auge fassen, daß in den Typus des altenglischen Verfassungsstaats, die durch Parlament beschränkte Monarchie, der französische Staat 1789 und 1814; die deutschen Territorialstaaten 1818—1850, ebenso im Laufe des 19. Jh. Spanien, Italien, Holland, Belgien, Schweden, Norwegen u. a. einmünden — nur freilich alle mit demselben inneren Schwanken zwischen einem monarchischen oder einem parlamentarischen Übergewicht bei der Regierung. Andrerseits übt die autonome Bürgerschaft als eine eigenartige politische Lebensform innerhalb des Systems der Großstaaten ebenfalls in gerader Linie ihren umbildenden Einfluß weiter, — nur auch sie in einer zweifachen Richtung, teils mit dem Streben, die verfassungsmäßige Republik von Stadtstaaten auf die Großstaaten zu übertragen (Schweiz, England, Nordamerika und weiterhin im 19. Jh.), teils mit dem Streben, die Stadt und überhaupt die gemeindeartigen Verbände als niedere (selbstverwaltende) Verbände in die Großstaaten einzugliedern. Über allen diesen großstaatlichen oder leinstaatlichen Bildungen streben sich aber andauernd in immer neuen Versuchen internationale Staatsgründungen, Imperialstaaten oder Reiche durchzusetzen, zunächst wie bisher in Aufsaugung der nationalen Großstaatswesen. Die entscheidende Wendung zu einer neuen Lage der Staatenwelt, zu der spezifisch modernen Fortbildung des 19. Jh., tritt

Erwägt man aber, daß gerade der nationale Großstaat während der ganzen älteren Staatsbildung das kurzlebigste und unfertigste Gebilde geblieben war — unverändert vom fünften vorchristlichen bis zum Ende des ersten christlichen Jahrtausends —, so stellt sich das beginnende zweite Jahrtausend als der Zeitpunkt dar, an dem die innere Kontinuität der politischen Organisationsarbeit, zunächst der in Europa und in seinen Nachbarterritorien, am anschaulichsten vor Augen tritt. Die charakteristischen Staatseinrichtungen der sämtlichen früheren Zeitalter und Schauplätze sind im westeuropäischen Staatsleben des 13. Jh. eine neuartige Synthese eingegangen. Der Flächengroßstaat des alten Orients mit seiner Behördenzentralisation, Wehr- und Finanzordnung und seiner geschriebenen Gesetzgebung bildet wieder die Grundlage; innerhalb der Gesetzgebung geschieht ein wichtiger Schritt der Vorwärtsentwicklung in den Anfängen einer gesetzlichen Anerkennung der bisher nur von der Doktrin (S. 110) anerkannten bürgerlichen „Freiheiten", des Keims der späteren Bürger- oder Grundrechte (S. 13). Von der anderen Seite wird im neuen Großstaat zum erstenmal eine Verbindung der regierenden und verwaltenden Staatsgewalt mit beaufsichtigenden Organen des Staatsvolks hergestellt, wie sie ursprünglich die Stärke des griechischen und römischen Stadtstaats ausgemacht hatte (S. 61), — auch sie in neuer Form, denn nun kommt es darauf an, für die Mitwirkung der vorläufig wichtigsten Volksklassen bei den staatlichen Funktionen eine für den Großstaat passende Form, das ständische Repräsentativsystem, zu schaffen, und so müssen in diesem Stück orientalische und abendländische Bildungen der Antike von der germanischen Staatsbildung zusammengeschmolzen werden.[1]) In der Grundidee dagegen trifft gerade diese Seite des ständischen Großstaats mit der entsprechenden des verfassungsmäßigen Stadtstaats aufs genaueste zusammen. Wie die Ephorenaufsicht der lykurgischen Verfassung nimmt auch das Widerstandsrecht der Magna Charta ihren Ausgangspunkt von dem Prinzip, daß das Volk dem Herrscher nur so lange Gehorsam schuldet, als der Herrscher gerecht regiert.[2]) Dieses Prinzip wird zu Anfang des 14. Jh. als Niederschlag der neuesten Entwicklung auch von der Staatslehre als ein allgemeingültiger Grundsatz des europäischen Staatsrechts festgestellt, und es ist die epochemachende Wendung des Marsilius von Padua (S. 25), daß er die staatsrechtliche Funktion, die Thomas von Aquino der Kirche über die Herrscher zugesprochen hatte (S. 110), nunmehr auf das Volk

---

mit dem Entschluß ein, großstaatartige Bevölkerungskomplexe als autonome Gemeinwesen im Rahmen eines Weltreichs auszubilden (britisches Kolonialreich); — andrerseits mit der allmählichen Ausbreitung des verfassungsmäßigen (monarchischen oder republikanischen) Großstaats über die sämtlichen Kontinente.

1) In den mittelalterlichen Räten der Barone und Prälaten lebt der ägyptische Priester-, der persische Magnaten-, ebenso der hellenistische Notabelnrat wieder auf, — in den Repräsentanten der Grafschaftsversammlungen oder Städtebürgerschaften setzt sich das Leben der autonomen Städte im antiken (attischen, republikanisch-römischen) Bundesstaat fort, der auch im Mittelalter gelegentlich (im lombardischen, toskanischen Bunde, in der Hansa usw.) wieder auflebt. Das System der Repräsentation wird hier dadurch befördert, daß sich auch im Innern der autonomen Stadtrepublik (wo sie im Mittelalter als eigentliche Stadt wie in Italien, in den deutschen Reichsstädten, noch einmal auftritt) das Gewicht von der Volksversammlung auf die Volksvertretung, auf die städtischen Räte verlegt (o. S. 112). Schon dies bedeutet ein Steigen der repräsentativen Demokratie zum Nachteil der autokratischen.

2) Bis zu welchem Grade diese Anschauung des „pactum subiectionis" damals in die Parteibildung des realpolitischen Lebens eingedrungen war, zeigt gut eine von einem (königstreuen) Chronisten berichtete Episode. Als Heinrich III. nach seiner Gefangennahme durch seinen Schwager Simon von Montfort bei Lewes (1264) die Huldigung des auf der ständischen Seite stehenden Lord Mayor von London entgegennahm, leistete dieser die Huldigung in der Form: „Dominus, quamdiu vos volueritis esse nobis bonus Rex et Dominus, nos erimus vobis fideles et devoti". Vgl. damit den Eid der Ephoren S. 57 Anm. 1.

überträgt, — nicht etwa als Volksherrschaft im Sinne des demokratischen Prinzips (S. 34), sondern als Rechtsaufsicht des Volkes oder seiner Organe.[1])

Ein Halt an dem hier erreichten Punkt der Entwicklung gewährt also nach rückwärts wie nach vorwärts besonders freie Umschau. Von hier aus darf und muß sich aber auch diese gedrängte Darstellung noch mehr beschränken als bisher. Sie kann sich begnügen, im folgenden kurz anzudeuten, wie das 14. und 15. Jh. für die charakteristischen Neuschöpfungen des 12. und 13. Jhs. eine Zeit der Hemmung bringt, daß im 16. und 17. Jh. sich sogar in Konkurrenz mit ihnen der Universalismus über Europa wieder erhebt, daß sie sich hier in andauernden, schweren Kämpfen neu durchsetzen müssen. Im 18. und 19. Jh. bürgern sie sich — genau fünfhundert Jahre nach der Magna Charta und wieder unter der Führung Englands am Schlusse des spanischen Erbfolgekrieges (1714) — siegreich in voller Reife und mit annähernder Allgemeinheit im europäischen Kulturkreis ein, und vor allem das letzt abgelaufene Jahrhundert, das 19., verkörpert für die ganze Welt den relativen Höchststand eines Systems gleichberechtigter Großstaaten, in denen gesunde Machtentfaltung nach außen und innen mit dem Ausbau formaler Garantien der Verfassungsmäßigkeit zusammentreffen. An diesem langsamen, aber stetigen Aufstieg zeigt sich bereits, daß der seit etwa 1880 einsetzende, bis heute zunehmende Verfall des Systems, der im Weltkrieg und seinen Folgeerscheinungen in fürchterlicher Form zutage tritt, zwar als eine sehr schwere neue Probe alles früher Erreichten, aber keinesfalls als eine Art Weltende betrachtet werden darf (u. III, Nr. 4).

Die Katastrophen Innerasiens, die Entartung der mittelalterlichen Staatenwelt und die Anfänge des Absolutismus. Die volle Bedeutung der neuen Stadtstaatenbünde und Ständemonarchien für die Gesamtentwicklung ist erst sehr viel später — eigentlich erst vom Standpunkt des 19. Jh. aus sichtbar geworden. Ihre Ausbildung schlägt sehr bald in eine Phase der Rückbildung um, — eine Folge der Weltlage, in die die west- und mitteleuropäischen Länder in ihrer Gesamtheit seit der Mitte des 13. Jh. gegenüber Osteuropa und Asien gelangten. Die Bewegungen, die das Verhältnis Westeuropas zum Orient bisher in Unruhe erhalten hatten, die mit dem Vordringen der Araber im 8. Jh. begonnen und in den Kreuzzügen (um 1280) fortgedauert haben, hören auf, weil inzwischen die asiatischen Rassen selbst von ungeheuren Konvulsionen erfaßt worden sind und zwischen 1200 und 1400 auf dem Boden Innerasiens eine den ganzen Erdteil in Mitleidenschaft ziehende, ihre Volkskraft unterhöhlende Auseinandersetzung durchkämpfen müssen. Schon die Kreuzzüge waren durch das Erscheinen einer innerasiatischen Völkergruppe am Horizont des Abendlandes veranlaßt worden, durch den Zuzug finnisch-mongolischen — türkischen — Stämmegemisches, das, ursprünglich am Jenissei, Ob und Irtysch seßhaft, sich nach den Gebieten um den Aralsee vorgeschoben, sich dort islamisiert hatte. Sie hatten von dort die Seldschucken als ihre ersten Wellen gegen Mesopotamien vorgeschickt (1058)[2]) und in ununterbrochenen Kämpfen

1) Der „Defensor pacis" (d. h. der Fürst) des Marsilius faßt den Gedanken (Kap. 18) in die Worte: „Weil der Fürst als Mensch (pars principans homo existens) Neigung hat, gewalttätige Formen anzunehmen und ihr gemäß dem zuwider handelt, was das Gesetz vorschreibt, ist der Fürst für solche Handlungen von einer Person verantwortlich zu machen, die Autorität hierfür besitzt (redditur principans mensurabilis ab aliquo habente autoritatem mensurandi seu regulandi secundum legem ipsum aut eius actiones legem transgressas). Andernfalls würde die Herrschaft despotisch werden und das Leben der Bürger knechtsmäßig und unzulänglich. Die Gerichtsbarkeit muß aber stattfinden durch den Gesetzgeber oder durch irgendjemand vom Gesetzgeber Eingesetzten. — Als „legislator humanus" bezeichnet Marsilius in festem Sprachgebrauch die universitas civium, das Volk (o. S. 15. 16).

2) Der Seldschuckenführer Togrul Beg besetzt Bagdad 1059 und nimmt, wie schon früher vereinzelte Söldnerführer aus Turkvölkern, die militärisch-politische Gewalt des Kalifats als

ihrer Gruppen untereinander und mit den indischen Grenznachbarn eine Macht in Oxiana (Turkestan) aufrechterhalten. Aber hundert Jahre nach den Turkvölkern waren auch ihre ehemaligen Nachbarn, die nördlich der Wüste Gobi um den Baikalsee und den oberen Amur ansässigen **Mongolen** unter ihrem bestienhaften Organisator Dschingiskhan in Bewegung gekommen, um in orkanartigem Anprall zwischen 1210 und 1250 alle Kulturländer Asiens und Osteuropas niederzutreten, zu verwüsten und botmäßig zu machen. Ein Menschenalter lang unter Dschingiskhans Urenkel Kubilai, dem in Peking residierenden Enkel seines jüngsten Lieblingssohns Tului, läßt sich von der Herrschaft eines mongolischen Staatenkonglomerats vom Stillen Ozean bis nach Ungarn reden.[1])

Doch auch während seiner raschen Auflösung werden die Kräfte der orientalischen Völker gegenüber Mittel- und Westeuropa gebunden. Erst um 1280 bekommen die **Türken** für ihre nunmehr unter **Osman** in Kleinasien sich vollziehende neue Einigung die Hände frei[2]), — erst jetzt finden sie den Antrieb zu den frühesten gegen den Balkan gerichteten und fürs erste in Adrianopel einen Stützpunkt schaffenden Expeditionen (1365)[3]). Und auch dann erfährt ihr Vordringen nochmals eine Hemmung durch ein Wiedererwachen der mongolischen Macht, die erst nach neuen Niederlagen der Türken mit dem Tod des Spätlings der Temudschin-Dynastie Tamerlan (1405) ihr definitives Ende findet. Als sie schließlich die Begründung und den Ausbau eines wirklichen Osmanenreichs in Angriff nehmen, erstreckt sich ihre Eroberung bis zum schließlichen Erwerb von Konstantinopel (1453) nur auf Vorderasien und Südeuropa. 1516 gewinnt Selim I. Syrien und Ägypten und das Kalifat.

Die fast zweihundertjährige Periode der innerasiatischen Völkerkämpfe und Staatsumwälzungen mit ihren riesenhaften Zerstörungen an Menschen und Kulturgütern in Asien selbst und auch noch in dem hier unter seiner leichten Verbindung mit Asien leidenden Rußland (o. S. 37) wird für Mittel- und Westeuropa, von flüchtiger Berührung mit den deutschen

---

Sultan, Emir al Omra, an sich. Die Herrschaft der seldschuckischen Türken, von den Kreuzzügen wenig berührt, zerfällt durch eigene Zerrüttung und in Vorderasien, durch andere barbarische Söldnerstämme kleinasiatischer Abkunft, Atabegen (Nurreddin 1143), Kurden (Salaheddin 1171) abgelöst. Der Seldschuckenstaat verlegt seinen Schwerpunkt nach dem Osten, wo nach vielfachem Wechsel 1194 der letzte Sultan durch den Schah der Khwarizmier Takasch beseitigt wird. Die Khwarizmische Dynastie (Mohammed 1200) ist nun neben und über dem Kalifat von Bagdad die eigentliche asiatische Großmacht. Durch den Kalifen werden die Mongolen (Dschingiskhan) gegen Mohammed in Bewegung gesetzt.

1) Die Einigung der nomadischen Reiterschwärme um den Baikalsee nördlich der Gobiwüste erfolgt zwischen 1185 und 1206; — in diesem Jahre wird **Temudschin** von der Heeresversammlung (Kuriltai) zum Großkhan (Dschingiskhan) ausgerufen. Bis 1217 wird West- und Nordchina unterworfen, bis 1220 Turkestan, 1225 Reiterzug durch Kaukasten bis zum Dniepr (Kiew). Dschingiskhan stirbt in seiner Residenz in Karakorum südlich Samarkand. Sein Enkel Batu zieht sich nach verlustreichen Siegen über Schlesier und Ungarn (1241) dauernd auf Südrußland, das „Reich der goldenen Horde" zurück. Sein zweiter Sohn Dschaggatai erhält die Herrschaft im bisher türkischen Gebiet (Samarkand). Sohn und Enkel seines jüngsten Sohnes Tului (gest. 1251), Mangu und Kubilai (gest. 1294) übernehmen das Großkhanat und residieren nominell über die gesamte mongolische Welt in Peking. Tuluis jüngster Sohn Hulagu zerstört (1250) Bagdad und macht damit dem Abbasiden-Kalifat (seit 750) ein Ende. Die vorder- und mittelasiatischen Positionen zerbröckeln schon Anfang des 14. Jh. Die der Juan-Dynastie Kubilais wird durch die national-chinesische Ming-Dynastie (Taitsu 1368) verjagt, China damit zur nationalen Herrschaft (o. S. 43) zurückgeführt.

2) Die Anfänge der osmanischen Organisation gehen aus zerstückelten Söldner- und Ansiedler-Trupps der ophusischen Türken hervor, die vor den Mongolen nach Kleinasien gewandert sind. 1289 Erhebung Osmans, 1326 Eroberung Brussas, dann Nikomediens und Nicäas durch seinen Sohn Urchon.

3) Ihr größter Erfolg dieser Zeit ist die Zertrümmerung des altserbischen Großstaats in der Schlacht auf dem Amselfeld 1389, — dann der Sieg über ein ungarisch-französisches Feudalheer unter K. Sigismund bei Nikopolis an der unteren Donau 1396.

Grenzländern abgesehen, nicht fühlbar. Aber sie wird gerade deswegen für die alteuropäische Staatsbildung von größter Bedeutung. Schon seit dem 10. Jh. von fremden Barbarenvölkern nicht mehr bedroht, sind sie seit ca. 1100 ihnen gegenüber bis zur Mitte des 15. Jh. ganz isoliert geblieben, und infolge davon neue große Abwehrgründungen gegen außereuropäische Eindringlinge vierthalb Jahrhunderte hindurch nicht mehr zum Bedürfnis geworden. Ganz Europa ist deshalb während dieses halbtausendjährigen Zeitraums — ähnlich wie Alt-Griechenland in der folgenreichen Zeitspanne zwischen 1000 und 500 (o. S. 54) — in einem Zustand der ausschließlichen Beschäftigung mit sich selbst, und ähnlich jener klassischen ersten Periode der lokalen äußeren und der lokalen inneren Konflikte, der Grenzkriege und Verfassungskämpfe empfängt auch das Hoch- und Spätmittelalter und der Übergang zur neueren Zeit, besonders das 14. und 15. Jh. in ihrem Verlauf das Gepräge einer Zeit, in der sich die Politik in ein unübersehbares Gewirr von Eroberungs- oder Bürgerkriegen kleinen Stils verzettelt, von Land gegen Land, Kleinfürst gegen Kleinfürst, Stadt gegen Stadt, Fürst gegen Stadt, Krone und Adel gegen Bürgerschaft oder Bauerntum, — ja auch zwischen der einen und der andern kirchlichen Gruppe; dann der gleich an der Spitze dieser Ära sich vollziehende Gewaltstreich gegen den Vertreter eines zu abnormem politischem Einfluß erwachsenen Papsttums Bonifaz' VIII. (1303) endet mit dem Herabsinken des Oberhaupts der Christenheit zu einem Gefangenen in Avignon, zu einem diplomatischen Werkzeug französischer Machtpolitik und damit mit der Sprengung des Verbands, in dem die Christenheit bisher auch jetzt noch einheitlich geblieben war. Alle diese Fehden, mögen sie räumlich größere oder partikuläre Ausdehnung annehmen, entbehren des ideellen Gehalts, drehen sich um Macht und ganz besonders um Besitz oder Ausbeutung wirtschaftlicher Machtstellung, und den allgemeinen Impuls zu ihnen gibt auch wirklich direkt oder indirekt eine große Kulturerscheinung: das Anschwellen und Aufbrechen der Blüte wirtschaftlichen Verkehrs jenes größeren Stils, der Europa jetzt erst zu einem an Menschen und Gütern reichen Erdteil, vergleichbar den antiken Kulturländern, emporhebt.

Äußerlich im Vordergrund steht die ganze Zeit über der „Hundertjährige" Krieg zwischen England und Frankreich, der nach dem Aussterben der männlichen Linie der Capetinger um das bessere Anrecht der Dynastien Plantagenet oder Valois auf den Besitz der französischen Krone geführt wird, — seinem tieferen Grund nach eine Entladung des Hochgefühls, teilweise Übermuts, die der Grundadel und die Großkaufmannschaft unter dem Einfluß ihrer politischen Hebung durch die großen Freibriefe in sich haben aufkommen lassen. Sie drängen bei den einen — bis zu den großen Freibauern hinab — nach Abenteuern und Beute, bei den anderen nach neuem Handelsgebiet, und die engere Verknüpfung mit den reichen und gewerbtätigen Stadtrepubliken Flanderns, die von der anderen Seite die französische Regierung ganz in ihre Abhängigkeitssphäre ziehen möchte, wird mehr und mehr das vornehmliche Objekt des Kampfes. Deshalb verwickelt sich der Konflikt, als (1363) ein mit Burgund (Dijon) ausgestatteter zweiter Prinz des Hauses Valois gerade Flandern durch Heirat an sich bringt und den Besitz mit Brabant, Antwerpen, mit den nördlich angrenzenden deutschen Landschaften zu einem gemischtrassigen Großstaat, einem französisch-deutschen Zwischenstaat „Burgund" ausbaut, um mit ihm eine England zuneigende eigne Politik zu entfalten, während andrerseits Frankreich auf der britischen Insel in Schottland eine Stütze sucht und von hier aus England entgegentritt. Mit diesem Gegenspiel der Staaten kreuzt sich in den gegnerischen Ländern, sich zunehmend verschärfender Zwist zwischen Krone und Oberständen, in den hier und dort auch der nationale Klerus eingreift[1]), aber auch schwere Kämpfe zwischen

---

1) Der erste Zusammenstoß fällt bereits in die Glanzzeit des jungen Verfassungsstaats (S. 118): Reaktion der Hochadelsgruppe des Parlaments gegen die politischen Mißerfolge Eduards II.,

dem adligen Großgrundbesitz und dem Stadtbürgertum, besonders in und um Paris[1]), wie weiter Aufruhrbewegungen der politisch nicht berechtigten Landbevölkerung gegen Bauernlegungs- und Unterdrückungsgelüste des Grundadels[2]). Nach einem letzten scheinbar endgültigen Sieg Englands löst sich der Knäuel der ineinander verbissenen äußeren und inneren Feinde durch ein imponierendes Sichzusammenraffen der französischen Nation. Populär verklärt durch die seltsame Erscheinung des Mädchens von Orleans (1429), erbringt die Bewegung ihre nächste Leistung in der Wiederherstellung der inneren Autorität der Krone: diese drängt dem Adel (1438) die Auferlegung der Kopfsteuer auf den „dritten Stand", Bürger und Bauern, o h n e Bewilligung der Reichsstände ab — gegen Steuerfreiheit der beiden ersten Stände. Damit schafft sich Karl VII. die Organisation eines stehenden Heeres zur Verjagung der Engländer (1453). Der verwilderte englische Landadel mit seinen Gefolgschaften wird auf die Insel zurückgeworfen und trägt in die Heimat einen dreißigjährigen Bürgerkrieg hinein, der — angeführt von den brutal um die Krone hadernden Linien der Dynastie, der roten und der weißen Rose, — für die Dauer einer Generation Verfassung, Außenhandel, agrarische Wirtschaftsblüte, Wohlstand zum großen Teile zerstört.

Dieselben Gegensätze und Interessenkonflikte, die zwischen den beiden größten und organisatorisch fortgeschrittensten Staaten ausgefochten werden, kehren auch in den anderen Ländern im Verhältnis der kleineren politischen Machthaber wieder, nur daß sie hier in den allerverschiedensten Kombinationen auftreten. In D e u t s c h l a n d u n d s e i n e n G r e n z l ä n d e r n geht dieser Kampf bald Stadt gegen Stadt oder Kleinfürst gegen Kleinfürst, bald verschärft er sich durch Einmischung des Gegensatzes der monarchischen und stadtrepublikanischen Staatsform oder der feudal-agrarischen und bürgerlich-gewerblichen Klasse, oder er verbreitert sich durch die Sammlung der Gegner in Fürsten- und Städtebünden.[3]) Mit ähnlichen Gegensätzen tritt S p a n i e n aus den allmählich abebbenden Kämpfen gegen die Moslimen heraus (o. S. 109)[4]), und auch in I t a l i e n wirken unter dem alten Schlachtruf des Guelfen- und Ghibellinentums (o. S. 111), längst nachdem die Kaiseridee ihre Schlagkraft und

---

die zum ersten Präzedenzfall der Absetzung d e s e n g l i s c h e n K ö n i g s d u r c h d a s P a r l a m e n t führten (1327). Er erneuert sich unter Richard II. (1398), unter Mitarbeit der gegen die Ketzerbegünstigung der Krone (Lollardismus) reagierenden Kirche in der Entsetzung Richards und Thronerhebung der dritten Linie des Königshauses (Lancaster) durch das Parlament. Die Ereignisse hinterlassen ein stetes Steigen des Einflusses der Parlamentsklassen. Durch flüchtige Erfolge des zweiten Lancasters Heinrich V. (Azincourt 1415) verdeckt, bricht die Adelsherrschaft während der Minderjährigkeit Heinrichs VI. (1422–61) offen aus, um in dessen schwacher Selbstregierung zur völligen Adelsanarchie zu entarten (vgl. u. im Text).

In die Zwischenzeit zwischen der Katastrophe Richards II. und Heinrichs VI. fällt in Frankreich die entsprechende Willkürherrschaft des Großadels während der Geisteskrankheit Karl VI., — die Fehde der „Bourguignons" und „Armagnacs" (Ermordung des königlichen Oheims und Regenten Ludwig von Orleans durch Johann von Burgund, — Ermordung Johanns durch Gefolgsmänner des Dauphins.

1) Monarchie und adelsfeindliche Bewegung der dem italienischen und flandrischen Beispiel (o. S. 112) nachstrebenden Gilden und Zünfte unter dem Prévôt des marchands Etienne Marcel durch das Adelsheer bei Meaux blutig unterdrückt.

2) Französischer Bauernkrieg, Jacquerie (1358), — englischer Bauernaufstand Wat Tylers (1381).

3) Kämpfe der Schweizer Eidgenossenschaft gegen die Herzöge von Österreich, — Kämpfe des Schwäbischen Städtebundes gegen die württembergischen Landesherren, — Kämpfe der Hansa gegen Dänemark, — Kämpfe des Deutschen Ordens gegen die in dieser Zeit sich erhebende polnisch-litauische Monarchie, — Kämpfe der durch die hussitische Bewegung fanatisierten Tschechen gegen die angrenzenden (sächsischen usw.) Landesherren.

4) Auch in Spanien, besonders in Kastilien Zusammenschluß (Hermandad, Germanitas) der Städte gegen die Lokaldynasten, besonders gegen die Übergriffe der im Glaubenskrieg groß gewordenen Ritterorden.

ihren realen Machtrückhalt bereits verloren hat, die Parteiungen der Städte untereinander oder im Gegensatz zu den lokalen Feudalherren nach. Während sich diese Rivalitäten nach außen auswirken, spielen sich im inneren der streitenden Gemeinwesen die leidenschaftlichen Auseinandersetzungen der herrschenden Gewalten ab, in den landesherrlichen Territorien zwischen den Fürsten und den Ständen, in den großen Stadtstaaten zwischen Patriziat und mittelalterlichen Zünften, — unter den verschiedenen Bedingungen vielfach mit den allergegensätzlichsten Ergebnissen.[1]) Am tiefsten greifen die inneren und die äußeren Bewegungen bei der Umgestaltung der Verhältnisse im Italien des 14. und 15. Jh. ineinander. Hier macht sich während des avignonischen Exils der Päpste jetzt der starke Druck des festgefügten neapolitanischen Staats der Normannen (o. S. 115) auf ganz Italien geltend. Nach seinem Muster wandelt sich in den großen Städten die verfassungsmäßige Zunftdemokratie (o. S. 112) in monarchischen Absolutismus um, scheinbar in ihr entgegengesetztes Extrem, in Wahrheit durch eine verblüffend einfache Verschiebung des Gewaltensystems; der Kommandeur der Bürgermiliz, der Volkskapitän, übernimmt, das Bürgerheer durch geworbene Söldner ersetzend, die Rolle eines zunächst erwählten, dann rasch erblich werdenden „Tyrannen". Er faßt zugleich die zerstreuten Stadtstaaten in größere Staatskomplexe zusammen, und gegen Mitte des 15. Jh. zeigt sich ein inneritalisches System von Staaten, die, verglichen mit der ursprünglichen Zwergstaaterei, fast als Großstaaten erscheinen, teilweise die republikanischen Verfassungsformen zum Schein aufrechterhalten und in lebhaftem diplomatischem Ränkespiel eine Art Gleichgewicht der Macht durchführen, in denen mehr und mehr das Florenz der Medici die ausgleichende, der Konservierung des Friedens dienende Potenz wird. In das Mit- und Gegeneinanderarbeiten der drei Tyrannenmächte Neapel, Mailand und Florenz fügen sich auch der päpstliche „Kirchenstaat" — jetzt immer entschiedener in die weltliche Politik hineinsteuernd — und die aristokratische Republik Venedig ein, — die letztere der ständige Unruhestifter, hin und her gezogen zwischen dem Kolonialreich, das sie in Griechenland und auf den Inseln und Küstenstrichen Kleinasiens errichtet hat und mit dem sie den Schutzwall der Christenheit gegen die heranziehende Türkengefahr bildet, und dem Landreich, zu dem sie die Osthälfte Oberitaliens in ihrer „Terra Ferma" bis über den Gardasee hinaus vereinigt.

Mag aber das Bild der europäischen Staatsbildung auch in diesem Stadium und besonders wieder im Gegensatz zu dem, was in der gleichen Zeit in Asien vorgeht, durch den nie versiechenden Reichtum der Formen, durch die überschäumende Vitalität der in den verschiedenen Landschaften oder Ständen führenden Persönlichkeiten fesseln, in den staatlichen Leistungen ist es unergiebig. Die sich ausbreitende Veräußerlichung des religiösen Lebens, die während der gleichen Zeit in der Unterhöhlung der römischen Zentralisation durch die Episkopate der verschiedenen Länder, in der Spaltung des Papsttums, den verschiedenen ergebnislosen Reformkonzilien, dem Rückzug des Papsttums auf die Stellung eines nach Territorialmacht strebenden italienischen Landesherrn zutage tritt, spiegelt sich wider in der Ethoslosigkeit des Staatslebens, für das der Erfolg des Machterwerbs — meist ein nur flüchtiger Erfolg — alles bedeutet. Während das unternehmende Individuum als Söldnerführer, Bankier, Handelsherr, neue Länder suchender Seefahrer, als Theolog, Philosoph, Jurist, Naturforscher, dichtender und bildender Künstler mehr als je in den Ansätzen zu neuen Formen schöpferische Kraft entfaltet, bewegen sich die Autoritäten des Staats in einer jener langen Tiefenperioden wie der der letzten beiden Jahrhunderte der vorchristlichen Zeit (o. S. 82). Freilich Perioden, die für die Gesamtentwicklung des Staats als typische Er-

1) Zurückdrängung der Stände in Kastilien, — fast selbständige Regierung und Finanzverwaltung der Stände in Aragonien. Ähnliches Verhältnis zwischen Neapel und Sizilien. Die Scheinmonarchie aus ständischer Wahl mit aristokratischem Regiment der Stände am ausgeprägtesten in Böhmen, Ungarn, Polen.

scheinung ebenso ins Auge gefaßt werden müssen wie die produktiven Epochen, — mindestens für eine Zeit, wie die jetzige, die eine ebensolche Unterbrechung des stetigen Aufstiegs staatlichen Lebens darstellt (u. Abschn. 4).

Immerhin zeigt sich allmählich die Linie, die auf einen festeren Boden hinzuführen verheißt. Aus dem großen Chaos heben sich sichtlich einzelne Mächte durch den Besitz beständigerer Existenzbedingungen und zielbewußterer Politik heraus. Es sind diejenigen, denen es gelingt, ein einheitliches Behördensystem, eine rationelle Wehr-, Finanz- und Justizordnung über ein größeres Gebiet auszudehnen und diese Machtmittel außenpolitisch, handels- und wirtschaftspolitisch im Einklang mit den Interessen und Wünschen der Bevölkerung und unter Versöhnung der provinziellen und klassenmäßigen Gegensätze zu handhaben. Am frühesten erreicht diesen Zustand der scheinbar am willkürlichsten und zufallbedingtesten zusammengebrachte Großstaat Burgund, der sich mit seinen 17 niederdeutschen und nordfranzösischen Landschaften (dem heutigen Belgien und Holland) unter der langen Regierung Philipps des Guten zu einem europäischen Musterstaat gestaltet. Die verfassungsmäßigen Rechte der einzelnen Provinzen oder Städte werden wenig geachtet und kommen aktiv kaum zur Geltung. Aber Burgund beweist damit nur, daß eine absolute Staatsgewalt, falls sie sich dem Volkswillen anpaßt, bessere Erfahrungen liefern kann als eine brüchige Staatsgewalt innerhalb verfassungsmäßiger Formen (o. S. 35). Obwohl diese Tradition in ihrem Ausgangsland selbst durch die machtüberspannte Politik Karls des Kühnen gegen die Schweizer bald zerstört wird (1477), greifen nunmehr die anderen, älteren Staaten das Beispiel auf. Selbst in England, in dem die ständische Verfassung am festesten wurzelt, setzt sich die neue Dynastie Tudor, begünstigt durch das tiefe Ruhebedürfnis des Landes nach den Rosenkriegen, mit einem „praktischen" Absolutismus über das formell fortbestehende Parlament hinweg.[1]) Ganz planmäßig aber wird die autokratische Regierungsweise von den beiden Staaten nutzbar gemacht, die am erfolgreichsten aus den Grenzkriegen und inneren Wirren hervorgegangen sind. Frankreich kann mit den aus dem englischen Krieg gewonnenen Rechten (o. S. 124) unter Karl VII. und Ludwig XI. (1461—83), Adel und Städte gegeneinander ausspielend, eine einheitliche Heeres- und Behördenorganisation durchführen, die tatsächlich schon jetzt den Staat völlig der Monarchie unterwirft, und Spanien erreicht mindestens die Anfänge des gleichen Werkes, als sich der fähige König von Aragon, Ferdinand, durch die Heirat mit der Thronerbin von Kastilien (1479) und durch die gleichzeitige Abmachung mit dem Papst über die Grenzen zwischen staatlicher und geistlicher Gerichtsbarkeit eine derartige Anhäufung von Autorität der Zentralgewalt sichert, daß er nicht nur den Glaubenskampf gegen die Mauren (1492) in Granada zu Ende führen, sondern auch die in der ewigen Kriegszeit eingenisteten Konkurrenten der Krone — die geistlichen Ritterorden und Städtebünde — erdrosseln kann.

Damit hat sich die Form des geschlossenen nationalen Großstaates, die sich im 13. Jh. nur in England hatte vertiefen können, im ganzen Westen Europas, England mitumfassend, festgesetzt. Es ist auch diesmal zugunsten der Gleichheit und unter vorläufiger Preisgabe der Freiheit geschehen. Aber die Rückbildung der formalen Garantien einer freiheitlichen Gesetzgebung und Rechtskontrolle wird in ihrer Bedeutung herabgedrückt, wo sich, wie eben

1) Im Grunde wird die Abkehr von der Regierung mit dem Parlament schon während des Bürgerkriegs durch Eduard IV. (York) verlassen (1461). Der letzte Erbe der Lancaster, Heinrich VII. (Tudor), der (1485) durch Beseitigung Richards III. die innere Anarchie beendet, übernimmt das System von den Gegnern, verwendet es aber, wie seine Nachfolger, im Interesse des wirtschaftlichen Wiederaufbaues und im Dienste einer „Insularpolitik", die sich von der aktiven Politik auf dem Festland grundsätzlich zurückzieht und sich auf deren diplomatische Überwachung beschränkt; — im wesentlichen bereits in dem Sinn, wie sich Englands auswärtige Politik später endgültig seit 1689 fixiert hat.

in den hauptsächlichsten Anwendungsfällen, schon jetzt ein an rechtliche Formen nicht gebundener Einfluß des Volkswillens in den rührigsten und für den Staatsbetrieb wirtschaftlich wichtigsten Klassen des Volkes fühlbar macht. Ein rein sozial wirksamer Machtfaktor, der früher nur in den antiken und mittelalterlichen Stadtstaaten zur Geltung gekommen ist, beginnt sich jetzt auch in den Großstaaten Geltung zu verschaffen.

Dieser Zustand ist es, der von den bahnbrechenden Schriften reflektiert wird, die für den heutigen Betrachter den Beginn der modernen Staatslehre bezeichnen, nämlich den Beginn einer wissenschaftlichen Politik, die den kritischen Vergleich der verschiedenen historisch gegebenen Staaten, gegründet auf das Studium der Wechselwirkungen zwischen gesellschaftlicher Struktur des Volks und Verfassung des Staats, erstrebt. Denn unter dem selbsterlebten Eindrucke des Kampfes, der zwischen Spanien und Frankreich um Italien entbrennt, sind die „Discorsi" und der „Principe" Machiavellis geschrieben (1513 bis 1516, S. 25). Mit seiner Florentiner Heimat ist er in die Tradition der stadtrepublikanischen Demokratie hineingewachsen. Er denkt sich die Vaterstadt als Haupt eines Bundes von wehrkräftigen Stadtrepubliken nach dem Muster des alten Rom. Aber an den Ereignissen belehrt er sich immer mehr, daß die Voraussetzungen in seiner Zeit bei verkümmerter Bürgermiliz (o. S. 125), bei Überwuchern des unzuverlässigen Söldnerheeres nicht mehr vorhanden sind und daß die Zukunft der Großstaatsmonarchie nach Art Spaniens und Frankreichs gehört. So sucht er nach einem italienischen Fürsten, der, indem er die Freiheiten der einzelnen Landschaften und Gemeinden achtet, die Nation militärisch neu organisiert und sie gegen die Fremden zur Verteidigung führt.

Angesichts dieser Aufgaben des Augenblicks hat Machiavelli volles Verständnis für den relativen Wert der verschiedenen Staatsformen. Die Verbindung mehrerer Gewalten zum echten Verfassungsstaate, den „governo misto", erstrebt auch er als besten Erziehungsfaktor zur bürgerlichen Gesinnung. Aber wo diese, wie in der damaligen Zeit, fehlt, wo das Verhältnis der Gewalten unklar wird, entartet eine Mehrheit von Gewalten zu einer Zwischenform, einem Zwittergebilde, „stato di mezzo". Dann ist eine reine Monarchie oder eine Republik das Gesündere. Allerdings, auch die Einheitsgewalt hat das Recht zu beobachten, in erster Linie für unparteiische Justiz zu sorgen. Nur in verderbten Verhältnissen, in sozialer Anarchie — und das trifft manche Landesteile seiner Heimat „Provincie corrotte com' è l'Italia sopra tutte le altre" — ist ein Fürst erträglich, der vor Gewalttat, vor an sich verbrecherischen Mitteln (sceleratezza) nicht zurückscheut.

Ein entscheidendes Gewicht legt er jedoch auf die Form des Staats überhaupt nicht. Wie sie auch sein mag, sie wird immer nur als Stütze und Hebel der politischen Tüchtigkeit (Virtù, forza), der Energie, Zähigkeit, Wehrhaftigkeit der im Staate vereinigten Menschen wirken, sowohl der der Führer (der esempi) wie der Massen (des universale) wirken. Daß sie diese Wirkung in vollem Umfang erzeugt, darin erkennt er die einzigartige Bedeutung der schon von Polybios gepriesenen klassisch-republikanischen Verfassung Roms (S. 77). Innerhalb der zeitgenössischen Verhältnisse findet er die Verfassung in solchem Geist von den französischen und spanischen Herrschern gehandhabt, — mit tiefem Neid im Hinblick auf Italien, das der „virtù" entbehrt, das an „debolezza" hinsiecht —, wie er meint, das Resultat des überwiegenden christlich-kirchlichen Einflusses auf Italien. Die nächste Zeit bestätigt sein Urteil. Der kastilischen Nation gehört der Vorrang im beginnenden Jahrhundert. Aber seine Lehre reicht wesentlich weiter. Die gesamte Folgeentwicklung bewegt sich im Grunde bei jeder Nation und in stets sich verstärkendem Maaße auf das Ziel hin, den Volkswillen zu beleben und zusammenzufassen und die staatlichen Gewalten mit allen Volkselementen in möglichst unmittelbare Wechselwirkung zu setzen. Die Frage der Verfassungsform — Absolutismus oder

Konstitutionalismus — erst recht die der Regierungsform — Monarchie oder Republik — tritt immer mehr dahinter zurück.

Nach der Analyse des großen Schriftstellers darf man erwarten, daß das Staatensystem Europas von der erreichten Stelle nunmehr rasch zu einem neuen Ausgleich zwischen Macht und Recht gelangen, also etwa in die Bahn einlenken werde, die England im 13. Jh. innerhalb des geschlossenen Absolutstaats aus dem Antrieb des Volks heraus beschritten hatte. Aber Europa ist dem machtpolitischen Geist so völlig verfallen, daß der Anlaß einer Thronerledigung in Neapel genügt, das Geflecht der zahllosen Grenzfeindschaften in einen einzigen alles beherrschenden Konflikt zu verwandeln. Die beiden stärksten Mächte, Spanien und Frankreich, werfen sich seit 1494 zur Verteidigung ihrer alten Ansprüche gleichzeitig auf Italien und machen es zum Schauplatz eines zwanzigjährigen Kampfes, und gerade als dieser am kritischsten Punkte sich befindet, wird West- und Mitteleuropa zum erstenmal seit fünf Jahrhunderten in eine derart schwere gemeinsame Gefahr gebracht, daß sich der allgemein-europäische Konflikt zum Weltkrieg steigert und damit Europa sich politisch zum Rückfall in die spät-antiken Traditionen vorbereitet.

Die türkische Reichsgründung, die Reformation und das Wiedererwachen der universalistischen Idee. Seit dem Jahre 1515 steht das osmanische Reich als geschlossenes aufmarschbereit über Vorderasien und Südosteuropa (S. 122). Gleichzeitig mit den äußeren Angriffen auf die Christenheit beginnt sich der geistige Inhalt, der sie trotz der Veräußerlichung und Zersetzung des Christentums seit dem Ausgang der Antike im inneren zusammenhält, zu lösen. Die seit dem 14. Jh. sich stetig erneuernden Angriffe der reformatorischen Kritik an Gewaltensystem und Dogma der mittelalterlichen Kirche finden in Luther und seinen Nachfolgern die charaktervollen Führer, die die bisherige Herrschaftskirche von den staatsartigen Mitteln der Befehls- und Zwangsgewalt auf die Mittel der reinen Lehre zurückweisen und für das seelische Bedürfnis der Volkselemente von individualistisch-religiöser Wesensart eine zweite Form des kirchlichen Verbandes ins soziale Leben einführen. Gegen den Machtapparat der katholischen Weltkirche wehrlos, lehnt sich die evangelische Kirche an den Schutz des Staates. Sie trägt damit auch in die Staatenwelt West- und Mitteleuropas die Spaltung, und Keime kirchlich-„schismatischer" Gemeinschaften setzen sich in deutschen Fürsten und Reichsstädten, in den adligen oder stadtbürgerlichen Ständen der Schweiz, Schwedens, Dänemarks, Belgiens, Hollands, Englands, selbst Frankreichs, in den oberen wie in den unteren Schichten ihrer Bevölkerungen fest. Nur Südeuropa, Italien und Spanien, lehnen die „Reformation" vollkommen ab, und die römische Kirche muß sich auf sie stützen, wenn sie sich zur Bewahrung der „Glaubenseinheit" aufrafft.

Spanien. Österreich. In diese Lage, die völligen Zerfall der staatlichen Macht und des gesellschaftlichen Geistes der europäischen Staatengruppe besorgen läßt, tritt unmittelbar nach Luthers Bekenntnis zum Evangelizismus die Persönlichkeit, die sich die politische und die kirchliche Sammlung der Kräfte gegen den äußeren und den inneren Feind der Christenheit mit bewußter Nüchternheit und Zähigkeit gleich von Beginn ihrer jugendlichen Laufbahn an zu ihrem Ziele setzt. Dem jungen Karl von Gent wird 1516 durch das Schicksal die burgundische Erbschaft seiner väterlichen Großmutter Maria, die österreichische seines Großvaters Maximilian und die aragonisch-kastilische seines mütterlichen Großelternpaares zugetragen. Er macht bei der Wahl zum deutschen Kaiser dem Franzosenkönig den Rang streitig, um damit den Glanz der Kaiserkrone seit langem wieder mit einer alles überragenden Ländermacht zu vereinigen und Deutschland als unerschöpfliches Rekrutierungsgebiet zu gewinnen, und nimmt nunmehr mit dieser Wehrkraft und den finanziellen Vorteilen, die ihm der Besitz der Niederlande und der überseeischen Kolonien verschaffen, die Italienpolitik Ferdinands von Aragonien auf; sie bringt ihm, dem Besitzer Siziliens und Neapels als aragonischer Nebenländer, (1525) bei Pavia auch die Herrschaft über Ober- und Mittelitalien und den vorwaltenden Einfluß auf Rom ein. So wird die Schutzherrschaft über den Papst, die Niederwerfung der Ketzerei und der Erwerb einer Hegemonie auch über England und Frankreich ein realpolitisch mögliches Programm, und indem Kastilien mit Madrid zum Zentrum des Reiches erhoben, dort rasch die die Krone einschränkenden Stände, sowohl die Granden wie die städtischen Cortes zurückgedrängt werden, wird in dem spanischen Volk, besonders seinem Kleinadel, zugleich eine ausgesprochen herrschenskräftige Rasse als Grundlage der neuen Weltreichsorganisation ausgewählt. Der Aufbau dieses Reichs wird ein lockerer. Die Reichsländer, Aragon-Katalonien, Neapel, Mailand, niederländische Provinzen behalten jedes am Madrider Hof seinen besonderen „Consejo" und wurden nur durch den Statthalter, „Vizekönig" (Virey) mit dem Zentrum verbunden, der im Land mit einem eigenen Staatsrat und mit den drei Landständen, geistlichen, adligen und städtischen, regiert. Aber seine Machtentfaltung ist bedeutend. Die Eroberung Mexikos, Perus und des Laplatagebietes (1519—32) erweitert die älteren Kolonien des Columbus zu einem ausgedehnten, bald Massen von Silber liefernden Reich jenseits des Ozeans. Das westliche Mittelmeer säubert der Kaiser (1534) durch Besetzung von Tunis vom moslimischen Korsarentum. Dann wendet er sich gegen den Protestantismus. Während die römische Kurie von Italien aus mit geistlichen Mitteln, mit der Begründung des Jesuitenordens (1534), der Einführung des geistlichen Gerichtshofs der Inquisition (1542), der Einberufung des allgemeinen Konzils (1545) ihre „Gegenreformation" einleitet, beginnt der Kaiser die kriegerische Unterwerfung der im Schmalkaldischen Bund geeinigten deutschen Reichsfürsten und Reichsstädte. Die Niederlage des Kurfürsten von Sachsen und des Landgrafen von Hessen, der beiden hauptsächlichsten Schützer Luthers (1547) macht es möglich, sämtlichen Reichsständen durch das „Interim" die provisorische Beibehaltung der Hauptstücke des alten Kultus, Messe und Sakramente, aufzuerlegen. Schon beginnt der Kaiser auch mit der Einsetzung von staatlichen Kommissaren und Auflagen von Steuern in den deutschen Ländern mit der politischen Unitarisierung Deutschlands.

Aber das universalistische Programm Karls V. erreicht schon in dieser ersten Phase des Kampfes weder sein kirchliches, noch sein politisches Ziel.

Konsequent außerhalb der spanisch-römischen Politik nimmt England Stellung. In der auswärtigen Politik des Kardinals Wolsey, des Ministers Heinrichs VIII. (1509—1547), gestaltet sich zum erstenmal deutlich das seitdem dauernd bis in die moderne Zeit festgehaltene Prinzip des Inselstaats, seine diplomatische und finanzielle Unterstützung stets den Gegnern der stärksten Festlandmacht zuzuwenden. Ihr kommt der volkstümliche Schritt des Königs entgegen, die endgültige Folgerung aus der altenglischen Kirchenpolitik zu ziehen und — ohne seelisches Verständnis für die deutsche Reformation — die „anglikanische" Nationalkirche von der römischen Papstkirche abzulösen. Der „Supremat", d. h. die Souveränität des geistlichen Verbands wird auf die Krone übernommen, während bischöfliche Organisation und Ritus dem katholischen ähnlich bleiben. Frankreich setzt im Zusammengehen der Krone mit den Ständen den bewaffneten Widerstand gegen den Kaiser fort. Es gewinnt (1534) durch ein Bündnis mit dem gemeinsamen Feind der Christenheit, Sultan Soliman, eine Stütze, so wie andererseits selbst die päpstliche Politik der kaiserlichen an bedeutungsvollen Stellen hemmend entgegentritt. Endlich wird die zentralistische Reorganisation Karls in Deutschland — ohnehin schon von dürftigem Erfolg — durch Abfall ihres bisher aktivsten Anhängers Moritz von Sachsen-Dresden (1552) unterbrochen, und der Widerstand des verbündeten Frankreich und des eigenen Bruders vereitelt die Erhaltung der Kaiserwürde in der spanischen Hauptlinie des Hauses (Philipp II.) Mit dem Übergang der Krone auf Ferdinand von Österreich und die jüngere Linie scheidet Deutschland aus dem spanischen Weltreich aus. Es gewinnt im Augsburger Religionsfrieden (1555) die freie Bekenntniswahl der fürstlichen und reichsstädtischen Stände für ihre Länder, verliert freilich über der fortschreitenden religiösen Spaltung zwischen den Ständen immer mehr die Aussicht auf die Ausbildung einer neuen nationalen Zentralgewalt aus dem Zusammenschluß aller Stände untereinander und mit dem Kaiser. Der Plan eines „Reichsregiments", in welchem unter Vorsitz des Kaisers ein heer- und finanzverwaltender enger Ausschuß von Gesandten der größeren Fürsten und Abgeordneten aus Kreisen der kleinfürstlichen und städtischen Gewaltträger aus dem Reichstag herauskristallisiert werden sollte — am Anfang des Jh. (1500, nochmals 1521) teilweise schon verwirklicht — hat sich unter dem Druck der imperialistisch-internationalen Politik Karls V. wieder aufgelöst.

Karls Sohn Philipp (1558) erneuert den Versuch zur Vollendung eines katholischen Universalreichs mit günstigen Aussichten. Durch die Vermählung mit der katholischen Thronfolgerin Maria hat er sich eine Machtstellung für die Katholisierung Englands von vornherein zu sichern gesucht; das nördliche Königreich Schottland schließt sich durch die Königin, eine Tochter der im französischen Hochadel führenden Fanatikerfamilie Guise, eng an Spanien. In Deutschland dauert der Streit zwischen katholischen und protestantischen Reichsständen an, und Spanien rechnet — nach einer vorübergehenden Phase der Versöhnlichkeit im Erzhause — auf ein erneutes Anziehen der Gegenreformation bei der Wiener Regierung. Und vor allem ist nunmehr auch in Frankreich der neuen Glaube so stark im Vordringen, daß sein Zusammenstoß mit der streng papistischen Krone auch dort die innere Spaltung und auf lange hinaus die Schwächung gegen außen erwarten läßt. Der nordfranzösische Anhänger Luthers, der Pikarde Johann Kalvin, hat an der Schweizer Grenze Frankreichs, in Genf (1541), die heimische Kaufmannsoligarchie mit dem aktiven Geist des streitbaren Protestantismus erfüllt[1]) und von diesem kalvinischen Musterstaat aus den Landadel und das Großbürgertum Frankreichs zu missionieren unternommen. Wie in Genf mit der oligarchischen Stadtrepublik, geht der „Hugenottismus" in Frankreich mit dem oligarchischen Ständegedanken eine Verbindung religiöser und politischer Elemente ein. Der bedeutendste Staatsmann des Reichs, Gaspard von Coligny, drängt durch leidenschaftlich protestantische, gegen Spanien kriegerische, gegen die Krone im altenglischen Sinn „monarchomachische" Politik[2]) das Königtum und die katholische Bevölkerung nach der spanischen Seite hin, und

---

1) Der Genfer Stadtstaat bewahrt auch in der reformierten Form den Grundtypus der mittelalterlichen Stadtrepublik, aber, wie in den späteren ständischen Verfassungen überhaupt, mit oligarchischen Repräsentanten. Der Petit conseil der bevorrechtigten Geschlechtshäupter, kurz vorher mit Bern verbündet (o. S. 113 Anm. 1), wählt einen engeren (Zwölfer-) Ausschuß, der mit den Geistlichen das „Konsistorium" zusammensetzt. Das letztere, zunächst geistliches Tribunal zur Überwachung der Rechtgläubigkeit, der katholischen Inquisition (o. S. 129) entsprechend, übernimmt durch Übung die Regierung des Staats. Durch Kalvins Tod verschafft sich jedoch das demokratische Prinzip stärkere Geltung. Eine Verfassungsänderung 1564 erteilt der Gesamtbürgerschaft (conseil général) das Recht, aller fünf Jahre ihre Einberufung vom Kleinen Rat zu verlangen und die im Amte befindlichen Beamten durch andere Amtsträger zu ersetzen. An die Verfassung von 1541 knüpft die hugenottische Bewegung in Frankreich, — an die von 1564 (in Kraft bis 1711) knüpft die Revolution des englischen Heeres (1647) und später Rousseaus demokratische Staatsidee (u. S. 146) an.

2) Die Verwirklichung von Colignys Programm würde im 16. Jh. die Verfassungselemente nach Frankreich übertragen haben, die England im 13. Jh. ausgebildet hatte. Die politische Literatur der „Monarchomachen" — als Hauptstück die anonymen „Vindiciae contra Tyrannos" (Tyrannen-Abrechnung), wahrscheinlich im Kern das Werk des normannischen Adligen Duplessis-Mornay, des tätigsten und glaubenseifrigsten Anhängers Heinrichs von Navarra (1579,

der ungeheuerliche Ausweg der Partei Guise, sich Colignys und der Hugenotten durch einen organisierten Massenmord (1572) zu entledigen, der Bürgerkrieg und die Zersetzung innerhalb der königlichen Dynastie Valois, die sich aus der Pariser Bluthochzeit entwickeln, treibt die Fanatiker der „Liga" geradezu in die Richtung eines Anschlusses des herrschenden Frankreichs an das Reich Philipps II. Den gleichen Geist trägt die schottische Thronerbin Maria als Witwe eines unreif verstorbenen französischen Königs (1570) in ihr Heimatland. So steht Philipp während der Entwicklung und des Ausbruchs der entscheidenden Ereignisse auf noch nie erreichter Höhe. Er kann von seiner Mutter her dem Erwerb Portugals entgegensehen.[1] Er eröffnet die Unterdrückung des Evangelizismus und damit (nach dem Muster seines Vaters in Deutschland) gleichzeitig die der ständischen Rechte in seinen niederländischen Provinzen durch Alba (1567). Er vernichtet (1571) an der griechischen Küste bei Lepanto im Bund mit päpstlicher, genuesischer und venezianischer Flotte die türkische Seemacht und leitet, mit diesem Erfolg die eigentliche Mission des spanischen Weltreichs erfüllend, endgültig den Abstieg des osmanischen Reichs ein.[2]

Aber inzwischen haben sich längst auf drei Seiten auch die Kräfte der nationalen Selbständigkeit gegen die spanische Vorherrschaft zusammengezogen.

Schon früh scheitert die englische Kombination Philipps. Der Tod Marias (1558) bringt die zweite Tochter Heinrichs VIII., Elisabeth, (1558) an die Regierung. Sie führt nicht nur die anglikanische Staatskirchenverfassung abschließend durch, sondern stützt auch die in Schottland gegen Maria Stuart ausbrechende Revolution. Die Genfer Reformierten unter einem Schüler Kalvins und die englischen Staatsmänner benutzen die Gelegenheit, sich der schottischen Königin (1567) zu bemächtigen und Schottland unter der Maske einer Vormundschaft über den Thronerben Jakobs unter englisches Protektorat zu stellen. Wie in Schottland entzündet sich an der monarchomachischen Lehre der Widerstand gegen das „tyrannische" Regiment der spanischen Gouverneure auch in den Niederlanden. Er will zunächst in der „Genter Pazifikation" (1576) alle siebzehn Provinzen, von Flandern im Südwesten bis Utrecht im Norden, nur zum Schutz ihrer alten Privilegien unter Spanien zusammenschließen, und die 10 südlichen Landschaften, die, sowohl die flamischen wie die wallonischen, überwiegend dem alten Glauben anhängen (Belgien), begnügen sich im Verlauf des Kampfes mit dem politischen Ziel einer Wahrung ihrer staatlichen Freiheitsrechte im Rahmen der spanischen Gesamtmonarchie. Die sieben holländisch-evangelischen Nordprovinzen dagegen erklären sich (1579) in der Utrechter Union durch ihre „Generalstaaten" zu einem von Spanien unabhängigen Gemeinwesen, dessen oligarchisch-republikanischer Charakter nur durch die Einsetzung ihres ausgezeichneten diplomatischen Führers, des deutsch-holländischen Standesherrn Wilhelm v. Nassau-Oranien zum erblichen Statthalter der Niederlande ein starkes demokratisch-monarchisches Element beigemischt erhält.[3] Und

---

S. 132) — ruht auf dem Grundgedanken: „dem Fürsten nur Gehorsam unter der Bedingung gerechten Regiments" und auf der Forderung des Widerstandsrechts.

1) Die Besitzergreifung erfolgt 1580. Sie währt nur bis 1640 (u. S. 134).

2) Die Katastrophe trifft mit dem Tod Solimans II. im Ungarnkrieg (1572) zusammen. Mit seinem Nachfolger Selim II. beginnt die Sukzession schwacher Sultane und der Verfall der Kerntruppen (Janitscharen). Von hier an setzt allmählich, aber stetig der Wiederaufstieg der unterjochten christlichen Nationen, der „Rajah"-Völker, ein, unter denen vor allem die griechische Bevölkerung, zusammengeschlossen unter dem Patriarchen der griechischen Kirche, ihre innere Gemeinschaft unter der türkischen Herrschaft ständig gewahrt hatten. Nunmehr treten neben Wallachen, Serben, Bulgaren vor allem die illyrischen Albanesen im Epirus als wehrkräftige Sondergruppe besonders energisch hervor.

3) Der Ausdruck status generales, „Generalstaaten" (identisch mit den französischen „Etats généraux" o. S. 118), ist in der damaligen Redeweise doppeldeutig. Er bezeichnet zugleich die

endlich findet auch Frankreich den Entschluß zur Sammlung der nationalen Kräfte gegen Spanien wieder. Die Gruppe der „Politiker" bildet sich, die die Einheit des Staats über den Streit der Bekenntnisse stellt und der Monarchie zur vornehmsten Aufgabe setzt, den Liguisten und den Hugenotten mit überlegener Macht den konfessionellen Frieden aufzuzwingen, so wie es der größte politische Schriftsteller der Zeit Johann Bodin vorzeichnet.[1]) In dem entarteten Königshaus ersteht das Werkzeug für die Durchführung dieses Ideals aus dem Träger der Seitenlinie Bourbon. Heinrich von Navarra wird also der konfessionell neutrale, aus den Hugenotten hervorgehende, aber zur Wiederannahme des alten Glaubens geneigte Prätendent, der den Kampf Frankreichs gegen Spanien, darin Coligny ersetzend, zu seiner Hauptaufgabe macht. Er wird damit wie Oranien der gegebene Bundesgenosse Englands, das in den entscheidenden Jahren sich entschließt, die katholische Thronanwärterin Maria Stuart (1587) unschädlich zu machen, dann der spanischen Seemacht mit den Waffen entgegenzutreten und sie (1588) zu vernichten. Unmittelbar darauf (1589) wird für Heinrich IV. um den Preis des Bekenntniswechsels der Weg zum Throne frei[2]). Wieder haben sich die nationalen Staaten gegen den Universalismus behauptet.

Auch im neuen Jahrhundert zeigt sich die habsburgische Macht nicht entmutigt. Das Andauern der Eifersucht zwischen der lutherischen und der reformierten Gruppe der deutschen Protestanten geben dem treibenden Willen der österreichischen Linie, Erzherzog Ferdinand von Kärnten[3]) noch einmal den Ansporn, die Herstellung der Jesuitenherrschaft sowie die Zurückführung der deutschen Fürsten in ein reines Untertanenverhältnis zu unternehmen und gleichzeitig eine sichere Grenze des Reichs nach Osten hin gegen die Türken aufzurichten. Die spanischen Habsburger (seit 1621 Philipp IV.) folgen ihrem Beispiel, begünstigt durch die Wirren, in die in England die neue Dynastie Jakob Stuart (1610) mit dem Parlament und ebenso in Frankreich der Nachfolger des 1610 ermordeten Heinrich IV. mit der Ständeversammlung geraten ist. Der Minister Olivarez stellt sein Programm auf, für Spanien zwischen Italien und den Niederlanden den Rhein entlang eine permanente Verbindung zu schaffen. Nachdem (1618) der Aufstand der kalvinischen Stände Böhmens gegen das Erzhaus den Kampf entfesselt hat, gehen die beiden Bundesgenossen seit 1622 ihren Weg, Spanien den, das französische Gebiet von Osten her in der Flanke zu bedrohen, der Feldherr des Kaisers, Wallenstein, den umgekehrten, von Westen über Mecklenburg und Holstein die ostdeutschen Territorien Sachsen und Brandenburg einzukreisen. Bis 1629 wird die Situation geschaffen, innerhalb deren die habsburgische Monarchie von der Organisationskunst des

---

Gemeinschaft der Provinzen, Landschaften (das föderative Gemeinwesen) und die Gemeinschaft der Delegierten, Repräsentanten dieser Länder (die Versammlung, die das Organ dieses Gemeinwesens bildet). Der Abfall der Niederlande wiederholt sich in Rechtsgedanken und staatlichen Formen am gleichartigsten im Abfall der nordamerikanischen Kolonien (1774).

1) Die „six libres de la république" (1576) verbinden die Forderung einer staatlichen Kirchenpolitik, von dem Standpunkt einer überkonfessionellen Vernunftreligion aus erhoben, mit der Forderung einer „puissance absolue" der Monarchie, die den Ständen einen entscheidenden Einfluß auf Gesetzgebung und Finanzverwaltung nicht zugesteht, aber sich selbst die Achtung vor „Freiheit und Eigentum der Untertanen" (o. S. 110) auferlegt.

2) In dem Zeitpunkt, als (1584) durch die Ermordung Wilhelms von Oranien in Delft der Widerstand der Holländer seiner Führung beraubt scheint, das französische Königtum durch den letzten Valois Heinrich III. im eignen Volke unheilbar diskreditiert und die Partei der Liguisten (Heinrich von Guise) bereit ist, die französische Krone der Tochter Philipps II. zur Verfügung zu stellen. Der Mord an Oranien wird in dem Rivalisieren der „drei Heinriche", durch den Doppelmord des Königs an Guise und den eines jesuitischen Mönchs an Heinrich III. ausgeglichen.

3) Nach dem Tod Kaiser Rudolfs II. (1612) politisch maßgebend schon unter Matthias (—1619), Kaiser als Ferdinand II. (1619–37).

großen Söldnerführers das stehende Heer empfängt, das sie seitdem bis zum Ende des jüngsten Weltkriegs zusammengehalten hat.

Aber der Kampf des Kaisers gegen den deutschen hohen Adel und den deutschen Protestantismus wird durchkreuzt durch die ganz gleich gerichtete Innenpolitik des französischen Ministers im eigenen Staat. Der Kardinal Richelieu hat (1614) die Krongewalt von den hemmenden Schranken der Reichsstände und (1628) von den Sonderrechten des hugenottischen Provinzadels und Städtebunds freigemacht und tritt als Haupt einer neuen Allianz in den Kampf gegen Habsburg ein.

England kann sie ihm nicht bieten. Die staatliche und kirchliche Willkürherrschaft des Hauses Stuart, die nunmehr (seit 1603) das aus England, Schottland und Irland vereinigte Königreich Großbritannien beherrscht, hat unter verwickelten sozialen und religiösen Parteiverhältnissen soeben (1627) einen weitausgreifenden inneren Kampf zwischen Dynastie und Parlament hervorgerufen, der das englische Volk für beinahe 30 Jahre der europäischen großen Politik vollständig fernrückt. Der Konflikt, der (1640) zum bewaffneten Bürgerkrieg gegen Karl I. wird, bewegt sich in seinen Anfängen um die hergebrachten Rechte der landadligen und stadtpatrizischen Oberklassen, vor allem um das Steuerbewilligungsrecht. Aber der größere Teil des Parlamentsadels verficht in den religiösen Fragen denselben Geist der staaatskirchlichen Autorität wie der König, und im Verlauf entzündet sich deshalb an der Reibung der anglikanischen oder der — vor allem von Schottland beeinflußten — kalvinistischen, presbyterianischen Herrschaftskirche mit dem extremen individualistisch-gemeindekirchlichen „Independenten"-oder Sektierertum der kleinbürgerlichen, bäuerlichen oder dienenden Klassen ein zweiter Parteienkampf. Das Heer, das vom Parlament gegen den König aus jenen politisch unberechtigten Unterklassen rekrutiert, von Cromwell hervorragend diszipliniert und mit soldatisch-religiösem Geist erfüllt worden ist, wendet sich gegen den König und die bevorrechtigten Parlamentsklassen zugleich und verlangt eine neue Verfassung, die den kalvinischen Musterstaat in Form eines lockeren Konglomerats religiös-politischer Gemeinden von der Stadtrepublik auf den Boden eines großstaatlichen „Gemeinwesens" (Commonwealth) überträgt.[1]) Der König wird dem Plan der englischen Republik geopfert (1649), aber der Plan läßt sich nicht realisieren. Klassenhaß und religiöser Fanatismus erzeugen eine solche Anarchie, daß der Führer des Heeres nur durch seine Militärdiktatur, eine parlamentlose Protektorstellung, und durch Ablenkung des nationalen Interesses auf die auswärtige Politik die Ordnung zu retten vermag (1653). Er unterwirft Irland, das, noch rein römisch-katholisch, den Herd des stuartischen Widerstandes bildet, und begründet durch englische Kolonisten im Norden und Herabdrückung der irischen Bauern zu Pächtern englischer Grundherren die bis in modernste Zeit fortwirkende Knechtschaft des getreidereichen Landes.[2]) Dann

1) In dem Entwurfe des „Volksvertrags" („Agreement of the People"), den die Vertreter („Agenten") des Heeres 1647 unter Führung des Schwärmers John Lilburne aufstellen, zeigt sich zum erstenmal die Form einer radikalen Demokratie als Großstaat auf der religiösen Grundlage des „Kongregationalismus": der Staat als „Vereinigung" lokaler Körperschaften, von Gemeinden, die politisch und kirchlich durch einen von allen Gläubigen gewählten, mit unbeschränkter Macht ausgestatteten Gemeindeausschuß geleitet werden. Sie ist das Muster der Organisationsform, das später auf irreligiöser Grundlage in der ersten republikanischen Verfassung der Französischen Revolution (1793) wiederkehrt und heute in dem Schema der „Räteverfassung" von der russischen Sowjetrepublik (1918) versucht worden ist und von der deutschen kommunistischen Partei erstrebt wird.

2) Weitergeführt durch Wilhelm III. (u. S. 135) und zunächst auch (1800) durch die „Union" Irlands mit dem großbritannischen Staat (William Pitt). Denn, obwohl nun Bürger des Gesamtstaats, werden die Iren als Katholiken noch nicht gleichberechtigt für Ämter, Parlamentssitze und noch nicht wirtschaftlich unabhängig. Entscheidend für Bildung einer irischen Partei im englischen Staat erst die Katholikenemanzipation (1828).

vernichtet er die holländische Seemacht und an Frankreichs Seite die Reste der spanischen, nachdem Spanien durch Abfall der Portugiesen und Catalanen innerlich gebrochen worden.[1])

Die englischen Ereignisse haben es inzwischen Richelieu ermöglicht, sich mit einer neuen Kombination zum Herrn der Lage auf dem Festland zu machen. Mit französischer Hilfe ist der unternehmende und evangelisch begeisterte Schwedenkönig Gustav in den Stand gesetzt worden, sich der eigenen Bedrängnis durch einen katholisch-polnischen Prätendenten an den schwedischen Thron durch eine Intervention in die deutschen Verhältnisse zu entledigen. Seine kurze Siegeslaufbahn (1630/32) und der seinem Tode (1634) rasch folgende Untergang des leistungsfähigsten kaiserlichen Politikers, Wallensteins, ermöglichen es der französisch-schwedischen Allianz auch im weiteren Hinziehen des Krieges die Kräfte des Kaisers derart zu erschöpfen, daß zunächst das österreichische Habsburg den Plan einer absoluten Herrschaft über das ganze oder wenigstens das östliche Deutschland fallen läßt. Die Organisationsform des von den dreißigjährigen Kämpfen zerstampften und finanziell ruinierten Landes wird unter Mitwirkung Frankreichs, Schwedens und der übrigen Grenzmächte durch die Akte des westfälischen Friedenskongresses aus einer durch den Reichstag beschränkten Einheitsmonarchie, die sie bisher noch immer formell repräsentiert hatte, in einen aus sämtlichen fürstlichen und städtischen Territorien des alten Reiches zusammengesetzten Staat umgewandelt, dessen einziges Organ künftig der Reichstag ist, sowohl in Gesetzgebung wie in Regierung, in Wehr-, Finanz- und Justizsachen. Der Kaiser bildet in ihm mit dem Kurfürstenkollegium nur das dominierende Glied; prinzipiell stehen hier die beiden anderen Kollegien, die geistliche und weltliche Fürstenbank und die Städtebank bei der Bildung eines Reichtagsabschieds gleich. Eine Machtstellung für sich bewahrt der Kaiser nur als Herrscher der beiden unierten österreichischen und ungarischen Länderkonglomerate, in deren erstem Glied Böhmen als Erreger des großen Krieges seiner Sonderstellung entkleidet wird, um nur als eines der Erbländer des habsburgischen Erzhauses fortzuexistieren.

Diese Doppelmonarchie wendet ihre politische Energie von nun an überwiegend dem Osten, dem jetzt allmählich zusammensinkenden türkischen Gegner zu. Statt ihrer setzen sich Schweden im Norden, Frankreich im Westen der deutschen Staatengruppe fest, innerhalb deren die eigentliche politische Aktion auf die souverän gewordenen *Absolutherrscher der einzelnen Länder* — geistliche oder weltliche Fürsten, Äbte, Herzöge, Markgrafen, Grafen, städtische Räte — übergeht.

Die französisch-schwedische Hegemonie. Da die gesamte europäische Verwicklung aus der Rivalität *gleichgerichteter* Bestrebungen Spanien-Österreichs und Frankreichs erwachsen und dauernd genährt worden ist (S. 128), hat das Kampfunfähigwerden des habsburgischen Gegners unvermeidlich ein heftiges Vordringen von französischer Seite zur Folge. Die Vorgänge bei und nach der Beendigung des Dreißigjährigen Krieges enthüllen zum erstenmal an der durch ihr Schicksal verwöhnten gallischen Nation die allmählich immer krankhafter ausgebildete Überheblichkeit und Überaktivität, die automatisch hervorbrechen, sowie die Änderung der Weltlage den Gegendruck anderer Mächte von ihr nehmen. Da gleichzeitig der Tod Cromwells (1657) die englischen Oberklassen zu der Verlegenheitsmaßregel genötigt hat, sich einer neuen Anarchie durch Wiederherstellung der Monarchie Stuart zu entziehen (1660), findet Frankreich auf eine Generation in dem König Karl II. und noch mehr im Thronfolger, seinem Bruder Herzog von York (später [1685] König Jakob II.), wie ihr Vater absolutistisch und katholisierend, noch immer gewalttätig, in der auswärtigen

1) Wie das folgende zeigt, derselbe Fehler in Cromwells Politik, den das Kabinett Asquith-Lloyd George 1914 durch Eintritt in den französischen Krieg gegen Deutschland begeht.

Politik schlaff und passiv, eher Vasallen als Gegner.[1]) Mithin kann sich in Richelieus Nachfolger Kardinal Mazarin, dann in dessen Schüler, dem jungen König Ludwig XIV., eine permanente Eroberungspolitik entfalten, die den Krieg als Selbstzweck betreibt und in Berechnung des Volkswillens die Befriedigung seiner Prestigesucht als bequemes Regierungswerkzeug verwendet, um damit jede Steuerauflage, jede religiöse Intoleranz, vor allem jede absolutistische Zurückdrängung der Stände, der Justiz zu verdecken oder zu rechtfertigen.

Das französische Imperium setzt sich in der Tat seit 1667 in den unaufhörlichen sog. „Reunionen", den Eroberungs- oder Raubzügen gegen Holland, Belgien, das rheinische Deutschland durch, um vor allem durch die Gewaltstreiche gegen Lothringen, das Saarland, Straßburg, die Pfalz das Nachbarverhältnis zwischen Deutschland und Frankreich so von Grund aus zu vergiften, daß von hier ab in längeren oder kürzeren Abständen eine gedeihliche Kulturarbeit beider Nationen nebeneinander fast unmöglich geworden ist. Da aber auch die Schweden gegen Nordostdeutschland, sogar die Türken noch einmal gegen Wien aufgeboten werden, um die französischen Aktionen zu erleichtern, da für die Kriegspolitik auch die Kirche durch unbedenkliches Wiedereinlenken in die Protestantenverfolgungen des 16. Jh. gefügig gemacht wird, so erneuert sich in ganz Europa die Koalitionsbildung, die sich früher gegen Spanien gewendet hatte, nunmehr in der Richtung gegen Frankreich.[2])

Unter Leitung Wilhelms III. von Oranien schließt sich der Ring Hollands mit Spanien, Österreich, Brandenburg, Savoyen so vollständig, daß in den Folgejahren auch die Eingliederung des eigentlichen Rivalen Ludwigs möglich wird. Der wirtschaftliche und religiöse Gegensatz zu Frankreich drängt in der Krisis (1688)[3]) endlich auch den englischen Adel und das englische Großbürgertum zu dem Entschluß, das Frankreich ergebene, wieder katholisch gewordene Haupt der Stuartschen Dynastie, Jakob II., abzuschütteln und Wilhelm von Oranien als Gatten von Jakobs Tochter, der jüngeren Maria Stuart, auf den englischen Thron zu berufen. Die Personalunion Hollands und Englands und damit die Erneuerung der englisch-burgundischen Allianz des 14. Jh. (o. S. 126) wird zwar durch den frühen Tod des großen Diplomaten (1702) rasch wieder zerrissen. Aber vor seinem Tode erneuert er noch die Allianz Europas gegen Frankreich, als (1701) König Ludwigs weitestgreifende Kombination Gestalt gewinnt, beim Aussterben der spanischen Habsburger gegen die österreichische Linie die Erbansprüche seiner Gattin geltend zu machen. Der Plan zeigt sich im großen Stil noch sichtbarer kombiniert mit der durch den großen Wirtschaftspolitiker von Ludwigs Frühzeit, Jean Baptiste Colbert, eingeleiteten eigenen Kolonialpolitik Frankreichs, das 1670 Kanada besetzt und 1681 das riesige Mississippital mit der Gründung von Saint Louis am Ohioeinfluß bis zur Mündung (Neuorleans) mit Beschlag belegt hatte. Damit waren die englischen Kolonien an der atlantischen Küste Nordamerikas umgriffen. Die Hinzunahme

1) Der Parallelismus zwischen der Lage um 1660 und in den gegenwärtigen Jahren ist von besonders instruktiver Bedeutung, auch im Hinblick auf den Hauptpunkt, daß der französischen Kriegssucht selbst nach starken Anstrengungen das rasche Zurücksinken Englands in Kriegsüberdruß wechselwirkend gegenübertritt.

2) Auch in diesen Bewegungen dauert die Kooperation Frankreichs und Schwedens (o. S. 134) fort. Dem zweiten Eroberungskrieg Ludwigs gegen Holland (1672—78) geht parallel der Einfall der Schweden in die Mark. (Sieg des Großen Kurfürsten bei Fehrbellin 1675.)

3) Der Umschlag der Lage in den achtziger Jahren des 17. Jh. entspricht dem in den achtziger Jahren des 16. Jh. in den Kämpfen gegen Philipp II. (o. S. 132, Anm. 2): 1680 Besetzung des Saargebiets, 1681 Straßburgs, 1683 Luxemburgs; 1683 Belagerung Wiens durch die Türken, 1685 Aufhebung des Toleranzediktes von Nantes, 1688 Einrücken Ludwigs in die Pfalz, Zerstörung Heidelbergs (Sept.) — aber 1688 (Nov.) Landung Wilhelms von Oranien in England, Eintritt der englischen Regierung in den Krieg und trotz siegreicher Feldzüge der Franzosen in Holland 1692 entscheidender Seesieg der englischen Flotte bei La Hogue. 1697 (nicht abschließend) der Friede von Ryswijk.

des spanischen Zentral- und Südamerika (S. 129) hätte die Annexion beider transatlantischen Kontinente durch Frankreich bedeutet. So hinterläßt der letzte große niederländische Politiker eine Situation, deren sich während des raschen Erschlaffens der monarchischen Regierungsform unter seiner Nachfolgerin Anna Stuart (1702—13) die Parteiführer des englischen Adels bemächtigen, um nunmehr zugleich mit der aristokratischen Parteiherrschaft innerhalb des Staats die Suprematie der englischen Politik in Europa aufzurichten. Der spanische Erbfolgekrieg unter Marlboroughs diplomatischer und militärischer Leitung bringt diesen Erfolg. Zwar weiß der Gegner des diktatorischen Staatsmannes, Bolingbroke, den siegreichen Kampf zum übereilten Abbruch zu bringen (1711); er gibt damit Spanien der bourbonischen Dynastie Philipps V. preis. Aber die Friedenskongresse von Utrecht und Rastatt legen Ludwig XIV. die ewige Trennung zwischen Frankreich und Spanien auf und entziehen dem letzteren endgültig Belgien, das formell an Österreich übergeht, während es in Wahrheit ein vom einheimischen klerikalen Adel regierter englischer Klientelstaat wird, — ebenso Oberitalien, das für die nächsten hundert Jahre der vollen österreichischen Herrschaft unterworfen wird. Das gleiche wie für Mailand verfügt der Utrechter Friede auch für Neapel, während er Sizilien an Savoyen, den italienischen Bundesgenossen Englands im Erbfolgekrieg, überläßt. Ein Rückfall, der kopflose Versuch der neuen spanischen Dynastie Bourbon, die beiden unteritalischen Nebenländer zu Spanien zurückzubringen (Alberoni 1718) endet in der Begründung einer zweiten bourbonischen Sekundogenitur Neapel-Sizilien, die aber bei ihrer exponierten Mittelmeerlage ebenfalls nicht unter französischen, sondern unter dauernden englischen Einfluß gelangt.[1]) Denn England selbst sichert sich — unter Verzicht auf direkten kontinentalen Landerwerb — die eigentümliche Stellung in Europa, die es die zwei Jahrhunderte bis zum Weltkrieg von 1914 behauptet hat, die des Schiedsrichters des Erdteils, der gegen jede zu einem Übergewicht auf dem Festland aufstrebende stärkste Macht durch Unterstützung der schwächeren Mächte kämpft, gewährleistet durch die unbedingte Vorherrschaft zur See.[2]) Da gleichzeitig die Rückkehr der französischen Klienteldynastie Stuart mit der Sicherung der protestantischen Thronfolge des Hauses Hannover (1713) abgeschnitten wird, befestigt sich durch die gesamte auswärtige Machtverschiebung auch die Verschiebung der Gewalten innerhalb Englands. Die Herrschaft geht dauernd an die aristokratischen Parteiringe und die von ihnen bewegten Staatsorgane, Parlament und Kabinett, über, die der Krone nur die Nebenfunktion eines repräsentierenden, ausgleichenden und vermittelnden Faktors übrig lassen.

---

1) Savoyen wird durch die Insel Sardinien und den Titel eines Königsreichs Sardinien entschädigt.

2) Die Seeherrschaft ist schon jetzt durch den Besitz der stärksten Kriegsflotte gestützt, die sich von Cromwells Tod (1660) bis zum Ende des spanischen Erbfolgekriegs von zirka 60000 auf 160000 Tonnen steigert und im folgenden Jahrhundert auf zirka 1 Million weiterwächst. Dazu kommt die Verfügung über das Mittelmeer und die Mittelmeerländer, die ihm der Besitz des 1704 besetzten Gibraltar gewährleistet (1798 ergänzt durch Malta). In Nordamerika verriegelt England mit dem Erwerb der westindischen Inseln (Jamaika) die Mississippimündung und damit den Ausweg des französischen Kolonialbesitzes zum Golf von Mexiko.

Brandenburg hat durch die Teilnahme am Spanischen Erbfolgekrieg die Anerkennung der (1701) von Kurfürst Friedrich III. (dann König Friedrich I.) angenommenen Königskrone Preußen erreicht (1713). Deren nunmehriger zweiter Träger, König Friedrich Wilhelm I., besetzt gleichzeitig, in den Nordischen Krieg eingreifend, zu dem früher (1648) erworbenen Hinterpommern auch das schwedische Vorpommern mit Stettin, Rügen und der Odermündung. — Rußland sichert sich (1721) die seit 1704 besetzten baltischen Provinzen Livland und Esthland, in deren Hinterland es bereits bei der Besetzung (1704) seine Residenz an der See, Petersburg, angelegt hat.

Parallel mit der Umlagerung der Kräfte im Westen vollzieht sich eine entsprechend tiefgreifende Ausgestaltung des osteuropäischen Kräfteverhältnisses. Auch die Expansionspolitik des ehemaligen Bundesgenossen Frankreichs, Schwedens, die Karl XII. (1700) gegen Dänemark, Polen und Rußland um den Erwerb des Ostseeufers wieder aufnimmt, scheitert an allen Stellen an der Koalition der gegnerischen Staaten unter der Leitung des Zaren Peter I. Nach Karls Tod (1721) schließt der Nordische Krieg mit der Konsolidierung Preußens und Rußlands als der neuen Ostseemächte, die eben dadurch gleichzeitig zu neuen, wenn auch noch unfertigen Großmächten aufsteigen.

Die absoluten Nationalstaaten des Festlands, die englischen Revolutionen, die Organisation des russischen Staats und das Gleichgewicht Europas. Wenn die spanische und die französische Hegemoniepolitik die zweihundert Jahre von 1517 bis 1714 zu einem Rückfall großen Stils in die antiken Tendenzen der Staatsbildung hatte werden lassen, so findet Europa mit dem Moment, als sich das System Ludwigs XIV. abgewirtschaftet zeigt, den Anschluß an die besten Errungenschaften wieder, die es sich auf der Höhe des Mittelalters politisch geschaffen, durch die es sich von dem einschnürenden, gewalttätigen Zug der alten Mittelmeerwelt freigemacht hatte. Die Staatenwelt unseres Erdteils nimmt von neuem den Charakter einer Vielheit von einander unabhängiger, regelmäßig in friedlichem Verkehr mit einander sich bewegender Staaten an, und dies Wachsen der Bevölkerung, der wirtschaftlichen Güterproduktion jeder Art, des Verkehrs, der allgemeinen Bildung, des wissenschaftlichen und technischen Fortschritts, ganz besonders auch der alle Seiten des geistigen Lebens zusammenfassenden und andrerseits diese Synthese differenzierenden philosophischen Vertiefung der nationalen Gedankenkreise, geben von vornherein einen Maßstab dafür, daß die nächsten 150 Jahre, etwa von 1720—1870, für die überwiegenden Teile der Bevölkerungen einen in der europäischen Kultursphäre noch nicht erreichten hohen Stand des gesellschaftlichen Lebens bedeuten. Er verkörpert nach Vereitelung einer spanischen oder französischen Weltstaatsbildung als Ganzes betrachtet eine höhere, humanere Daseinsstufe, als sie die antike Welt sogar mit der Begründung der augustischen Weltmonarchie dargestellt hatte.

Allerdings läßt auch diese Blüteepoche der neueren Staatengeschichte sich nicht als ein Zustand völliger Gleichheit des Kräftegebrauchs aller Staaten charakterisieren. Aus dem Kampf ist eine kleinere Zahl von überragenden Staaten, den nunmehr sogenannten „Großmächten", den „Mächten" schlechthin hervorgegangen, denen sich die Mittel- und Kleinstaaten vielfach unterzuordnen haben. Aber das Verhältnis der Großen zu den Kleinen wird doch nicht das der Beherrschung oder gar der Unterdrückung. Die Vielheit der Mächte untereinander sorgt im Gegenteil gerade dafür, daß die kleineren Staaten, wie die italienische Staatengruppe, das geschwächte Spanien, Dänemark, die Schweiz, die deutschen Einzelstaaten, Holland für die Fälle gewalttätiger Eingriffe einer Großmacht bei den übrigen Mächten Rückhalt finden. Häufig wird eine Großmacht tätig, um einen kleineren Staat bei der Behauptung seiner Selbständigkeit gegen die Unterdrückungsgelüste anderer Mächte zu unterstützen. Mehrere Großmächte können sogar zusammenwirken, um ein abhängiges Gebiet zu einem selbständigen Staat zu gestalten, wie es gleich nach der Beendigung des Spanischen Erbfolgekriegs mit der Wiederherstellung der Staats Neapel-Sizilien unter einer bourbonischen Dynastie geschieht.[1]) Die neue Ära des europäischen Gleich-

1) Während beim Friedensschluß 1714 der Besitz der beiden Territorien zwischen Spanien, Österreich und Savoyen streitig geblieben war, nimmt nach einem gewaltsamen Versuch des spanischen Ministers Alberoni, sich Siziliens wieder zu bemächtigen, 1718 die „Quadrupel-Allianz" (England, Frankreich, der Kaiser, die holländische Republik) die im Text bezeichnete Regelung

gewichts zeigt sich also nicht nur darin praktisch, daß sie das Entstehen einer neuen Hegemoniemacht zu verhindern sucht.[1]) Sie arbeitet auch positiv und in der Zukunft in fortschreitendem Grade planmäßig an der Organisation des Staatensystems in dem Sinne weiter, daß sich die Vielheit unabhängiger Staaten auf ganz Europa und über Europa hinaus ausdehnt und zum lebendigen Wettbewerb der kulturell produktiven lebensfähigen Staatspersönlichkeiten steigert. Das ist nichts anderes als der grundlegende Rechtsgedanke des Völkerrechtes, dessen Ausbildung nach älteren Anfängen mitten im letzten Stadium des Kampfes um die spanisch-österreichische Hegemonie (1625) durch das Werk des Holländers Hugo Grotius von Delft „de iure belli ac pacis" seine Direktive empfangen hat und seit dem Spanischen Erbfolgekrieg besonders kräftig vor sich geht.

Aber nicht nur im Verhältnis der Staaten untereinander, sondern auch im Verhältnis zwischen Staatsgewalt und Volk zeigt sich von 1714 ab eine grundsätzliche Veränderung wenigstens im Ansatz.

Das Zeitalter des Universalismus hatte seiner Natur nach zugleich den Hochstand des Absolutismus bringen müssen. In erster Linie die den Hegemoniegedanken vertretenden Mächte hatten in ihrer Sphäre die schon vorher in Europa vorhandene Tendenz zur Beseitigung der mittelalterlichen Verfassungseinrichtungen, der Stände, in schroffster Form entwickelt, zuerst Spanien und Österreich, und ebenso später Frankreich. Aber auch die anderen Staaten, die ihre Souveränität gegen jene Vormächte zu verteidigen hatten, Holland, Brandenburg, Savoyen usw. waren in der Anspannung der Energie des langen Kampfes früher oder später genötigt worden, die charakteristischen Merkmale einer unbeschränkten Monarchie oder Oligarchie auszubilden: das stehende Soldheer, zum Teil schon verbunden mit einer Zwangskonskription der Untertanen, ferner die nach Bedarf — ohne ständische Bewilligung — verhängte Abgabe als Zoll oder Akzise (Verbrauchssteuer), als Kopf- oder Grundsteuer, endlich die zur Verwirklichung dieser Aufgaben unerläßliche Behördenordnung, vor allem ein System in der Regierung zentralisierter Staatsverwaltungsbehörden, die (wie der regierende Staatsrat die geistlichen, adligen und städtischen Reichs- oder Landstände) so in den lokalen Gliedern des Staats (Provinzen, Kreisen, Gemeinden) die selbstverwaltenden Provinzial- oder Kommunalorgane der Gesellschaft zurückdrängten. Erst recht war die Gesetzgebung und die Organisation und Überwachung der Zivil-, Straf- und Verwaltungsrechtspflege in der Hand der Regierung konzentriert worden, soweit nicht infolge besonderer Traditionen, wie vor allem in Frankreich, die einflußreichen Obertribunale von Paris und den Provinzhauptstädten, die „Parlamentshöfe", einen unabhängig-körperschaftlichen Charakter sich zu bewahren gewußt hatten. Ihren unmittelbaren Anstoß empfangen die Umbildungen, die mit der Durchführung des absoluten Zentralismus verbunden sind, durch das Bedürfnis der Zusammenfassung aller Kräfte des Staats zum einheitlichen Wirksamwerden innerhalb des kaum auf Zeit unterbrochenen, fortwährenden militärischen oder diplomatischen Ringens; und demgemäß kommt dem zweihundertjährigen, schließlich ergebnislosen Ringen um ein neues Weltreich die dauernde Bedeutung zu,

---

vor, während Österreich die bisher noch spanischen Niederlande (Belgien) behält, Savoyen mit dem Rang eines Königreichs Sardinien (und dem Besitz der Insel) entschädigt wird (o. S. 136).

1) Diese Idee wird als bestimmtes Prinzip zuerst 1727 durch die Jugend-Monographie von Charles de Montesquieu, considérations sur la monarchie universelle formuliert, in der ein Franzose die bisherige Politik Frankreichs selbst (die Ludwigs XIV. — 12 Jahre nach dessen Tod) als unheilvoll u. zerstörend brandmarkt. Montesquieus Hauptwerk, der „Geist der Gesetze" (1748, o. S. 25) macht das Gleichgewichts- und Ergänzungsverhältnis der Staaten wie das Gleichgewichtsverhältnis der Gewalten im Staat zur normalen Grundlage der Staats- und Rechtswelt.

die nationalen und territorialen Staaten, für die bereits das Mittelalter die äußeren Grundlagen geschaffen hatte (o. S. 119), zu geschlossenen Staaten umgeschweißt zu haben. Erst im 16. und 17. Jh. vollendet sich auf dem Festland der mechanische Verwaltungsapparat, der am frühesten im 13. und 14. Jh. vom plantagenetischen England ausgebildet worden war und der, seitdem vielfach umgebaut und verfeinert, allen modernen Staaten ihr äußeres Gepräge gibt, vor allem überall das Berufsbeamtentum als technisch geschulte und in seinen oberen Schichten methodisch und akademisch vorgebildete, von den produktiven Gruppen der wirtschaftlichen Berufe sich sozial abhebende Klasse. Aber mit innerer Notwendigkeit vollzieht sich dadurch auch eine engere Schließung des Volkskörpers durch Ausgleichung unter den Klassen, den ständischen und wirtschaftlichen, wie den konfessionellen.[1])

Der Werdegang des neueren europäischen Staatensystems vollzieht sich nach dem Gesagten trotz der Eigenart, die ihn von dem Verlauf des antiken Staatensystems scharf unterscheidet, in gewisser Hinsicht in einer der spätrömischen Entwicklung verwandten Weise. Die Begründung des kaiserlichen Weltstaats hatte die unabhängigen gleichen Staaten der Mittelmeerwelt ihrer äußeren und inneren Freiheit entkleidet, aber in seinem Rahmen eine allmähliche Ausgleichung ihrer Rechtsstellung angebahnt. Auch der allgemeine Kampf gegen Spanien und gegen Frankreich hatte mit der äußeren Freiheit, der Unabhängigkeit, die Gleichheit im Innern gerettet und neu befestigt. Nur hatte auch er als Preis hierfür die Zerstörung der Garantien innerer, bürgerlicher Freiheiten gefordert.

Um so bedeutungsvoller wird deshalb die Tatsache, daß an einer Stelle auch die staatsrechtliche Freiheit der einzelnen und die formellen Bürgschaften der staatlichen Gewaltenordnung unversehrt, sogar gekräftigt, aus dem zweihundertjährigen Weltkrieg hervorgehen. Dem englischen Staat ermöglicht der im 13. Jh. gewonnene Vorsprung auch im 17. und 18. Jh. wieder einen neuen Vorsprung.

Noch während und unmittelbar nach Schluß der fünfundzwanzigjährigen Kämpfe mit Ludwig XIV. paßt es seine Verfassung, ohne ein einziges Stück ihrer äußeren Gewalten und Formen aufzugeben, in ganz allmählicher Wandlung und rein durch die Praxis des staatlichen Lebens den veränderten Verhältnissen an. Alle Stände sind durch den Krieg gezwungen worden, sich zu vereinigen, um die franzosenfreundliche, katholisierende und autokratisch gerichtete Dynastie Stuart abzustoßen und die Krone durch Parlamentsbeschluß auf ein neues Herrscherhaus ihrer Wahl, das hannoversche, zu übertragen (1713). Dieser Vorgang hat die beiden Häuser der Volksvertretung, nunmehr endgültig das Unterhaus, in den Mittelpunkt des Organsystems gerückt. Es hat die Wirren der neuen Revolution benutzt, um die Klasse, die zum Parlament berechtigt ist, Landedelleute und kaufmännisches Unternehmertum, auf ländlichem oder städtischem Grundbesitz fundiert, fester zusammenzuziehen und ihr das Monopol der Richter- und Verwaltungsämter, der Pfründen der Hochkirche und der Offiziersstellen zu sichern. Eine gesellschaftlich durch Blutsverwandtschaft, Heiraten, Bildungsgang und Lebens-

1) Einerseits stärkere Heranziehung des adligen Großgrundbesitzes zur Steuerlast neben dem bisher meist belasteten Bürger- und Bauerntum (abges. von England vgl. bes. Preußen u. S. 143); — andrerseits stärkeres Eindringen des Bürgertums in die Staatsämter. In den bisherigen Kämpfen der Bekenntnisse greift das staatliche Beamtentum ausgleichend unter dem Einfluß des „Freidenkertums", der philosophischen Vernunftreligiosität ein, die in England von empiristischer Seite aus (John Locke), in Deutschland von metaphysischer aus (Leibniz) unter dem psychologischen Gesichtspunkt der „Aufklärung", des Nachdenkens der menschlichen Vernunft über sich selbst, eine individualistische Auffassung des Verhältnisses des Ich zur Welt und damit auch zum Staat in den Mittelpunkt der Betrachtung, auch der politischen Betrachtung stellten. Von hier an datiert die Untersuchung der staatsrechtlichen Freiheit in ihren verschiedenen Bedeutungen (o. S. 12).

sitte eng zusammengedrängte Oligarchie der „Gentlemen“ entsteht. Ihre Spitzen bemächtigen sich der Ministersitze, und ein „Kabinett“, das mit dem Unterhaus auszukommen versteht, übernimmt statt des halb landfremden Königs die eigentliche Regierungsleitung. Die Krone bezieht den zweiten Posten im Staat.

Eine klare und erschöpfende Regelung durch ein überragendes Gesetz, eine schriftliche Verfassung, erhält das neue Gewaltenverhältnis nicht. Die Thronkapitulation, die dem neu berufenen Königspaar Wilhelm und Maria von ihrem ersten Parlament zur Bestätigung vorgelegt wird, ehe sie als Könige anerkannt werden, enthält noch einseitiger als die Freibriefe des 13. Jh. die Regelung des Rechtsverhältnisses zwischen den Gewalten (Gesetzgebungsrecht, Steuerbewilligungsrecht usw., dazu als neues Recht des Parlaments die Ermächtigung zur laufenden Bewilligung eines stehenden Heeres einschließlich der Ernennung der Offiziere usw.). Hierin (in der Verfügung über die stärkste Zwangsgewalt) kommt fragmentarisch der Übergang der obersten Gewalt von der Krone an das Unterhaus oder richtiger an die hinter den parlamentarischen und ministeriellen Organen stehenden Partei-Ringe zutage. Andere, teils schon früher, teils bald darauf sich einbürgernde Garantien treten hinzu. So wird die Ministeranklage, d. h. der Antrag des Unterhauses auf Ministerentlassung, durch den Spruch des Oberhauses, von Fällen der Verletzung des Staatsrechts auf solche der Verletzung der Staats-Wohlfahrt erweitert, damit also dem Parlament eine direkte Kontrolle der Regierungsführung eröffnet.

Den Impuls des politischen Lebens geben nunmehr die oligarchischen Klubs der beiden großen Parteien, die — weder Weltanschauungsparteien noch Klassenparteien, sondern zwei um die politische Macht ringende lockere Verbände von Berufspolitikern wesentlich gleicher Art — sich je nach dem Wechsel der auswärtigen oder innerpolitischen Lage das sich elastisch anpassende Programm des Tages für die Wahlen zum Parlament, für die Gesetzesvorschläge oder Regierungsakte des Kabinetts aufstellen.[1])

Aber in diese Wandlung verflicht sich bereits eine andere, nicht minder folgenreiche. Die Mittel- und Unterklassen, zunächst besonders die des Londoner Bürgertums, das scheinbar bis auf weiteres aus den politischen Rechten wieder verdrängt worden ist, weiß sich seine eigne Form politischen Einflusses zu schaffen. Das in der Cromwellzeit (o. S. 133) aufgekeimte Selbstbewußtsein und Kritikbedürfnis lebt in engem Bund mit der religiösen Stimmung jener Tage in den Kreisen fort, die zugleich die außerhalb der Staatskirche stehenden „Dissenters“, die kalvinistischen und sektiererischen Kreise des englischen Volkes repräsentieren, zum Teil sich jetzt auch den popularphilosophisch gerichteten Anschauungen der Aufklärung (dem Freimaurertum) zuwenden. Unter der Führung geschickter Literaten, unter denen als eine der ersten und einflußreichsten Persönlichkeiten gleich bei Beginn der neuen Verhältnisse Daniel Defoë eine bedeutende Rolle spielt, bildet die Gesellschaft die Machtmittel aus, die ihr die Möglichkeit gewähren, die Stimme der öffentlichen Meinung unmittelbar neben den und auf die offiziellen Gewalten zur Geltung zu bringen, die politische Presse und die politische Kundgebung, sei es in Form der Straßendemonstration, sei es als Petition oder Adresse an die Regierung oder ans Parlament[2]), und seit dem älteren

---

1) Vgl. hierzu das o. S. 118 für die verschiedenen Formen der Parteibildung Ausgeführte.

2) Defoë, aus kleinbürgerlicher Herkunft (geb. 1661) wirkt schon in seinen ersten Schriften unmittelbar politisch ein zugunsten des als Ausländer verdächtigten Königs Wilhelm („der echte Engländer“ 1701), gegen die neuen Dissenterverfolgungen („der kürzeste Weg mit den Dissenters“ 1703), gegen die stuartische, für die hannoversche Thronfolge (Flugschriften 1713). Er verkehrt mit dem König, dann mit den Ministern (Harley), arbeitet als Agent der Regierung für den Anschluß Schottlands (1707). Sein Einfluß auf die öffentliche Meinung wirkt mit, um den Staatsstreich möglich zu machen, der den Versuch des stuartfreundlichen im Amte befindlichen Mini-

Pitt beginnen die Minister diese Mittel als Stütze gegenüber der Opposition und — was noch wichtiger — gegen Abfall der eigenen Fraktion im Unterhaus planmäßig zu benutzen. Seit dem frühreifen Aufstieg des jüngeren Pitt (1783) zeigt sich der neue Gewaltträger als fester Faktor innerhalb der politischen Berechnung und damit als wesentliches Glied des verfassungsmäßigen Gewaltenverhältnisses, wie es bis heute auf gewohnheitsrechtlicher Grundlage gehandhabt wird. Sein Hauptgedanke wird immer bewußter der, daß der Chef des Kabinetts an der Krone, an der Fraktion des Unterhauses und an der Gefolgschaft der Wählerausschüsse und später der Wahlvereine seiner Partei im Lande einen dreifachen Rückhalt besitzt, von dem er nicht nur gegen den politischen Rivalen der Gegenpartei, sondern auch im Wechselverhältnis zu seinen eignen Anhängern Gebrauch machen kann. Ist sich insbesondere der Premierminister einer Majorität im Unterhanse nicht mehr sicher, so kann er dennoch im Vertrauen auf seine fortdauernde Volkstümlichkeit im Lande die Regierung weiterführen, um sich den günstigen Augenblick für die Anwendung seiner wirksamsten Waffe, für die Auflösung des Unterhauses und die Ausschreibung von Neuwahlen auszusuchen, die ihm möglicherweise eine neue, zuverlässigere Mehrheit zuführen. Von der Revolution, von 1689 ab, schreitet also der englische Ministerpräsident stetig im Ausbau seiner Stellung als der mächtigsten Organstellung im Staate fort. Er rückt in den Befugniskreis des Königs ein und bildet den Willensträger, worin alle übrigen Elemente des Gewaltensystems ihren richtunggebenden Mittelpunkt finden — den Mittelpunkt einer Verfassung, die wie die der römischen Republik aus monarchischen, aristokratischen und demokratischen Elementen gemischt erscheint, wenn auch in völlig eigenartigen Formen und nach ganz andersartigen Gesichtspunkten verknüpft als jene. Mit dieser sich immer mehr verfeinernden Ordnung wird der englische Staat im Lauf des 18. und 19. Jh. der Staat, der Macht und Stetigkeit mit freier und gleicher Rechtsstellung der Bürgerschaft, das Leben der Staatsorgane und das aller Gesellschaftsgruppen am einheitlichsten verbindet und die Gesundheit seiner Struktur durch seine trotz vieler Schwankungen immer neuen Erfolge erprobt. Seine Institutionen werden der Maßstab für die Organisationsversuche aller übrigen Staaten, die das Muster nur deswegen nicht nachahmen können, weil ihnen die günstigen sozialen Voraussetzungen der englischen Verfassungspraxis abgehen, die durch Wohnsitz und Erleben anerzogene Staatsgesinnung des Volks, die auf wechselseitiges Verständnis eingestellte Schichtung der Bevölkerungsklassen, die einfache und klar berechenbare Gliederung der politischen Parteien.

In den gleichen Jahrzehnten, in denen England nach dem Sieg über Ludwig XIV. seine aus dem Durchschnitt der Festlandstaaten heraustretende Verfassung und Machtstellung ausbaut, schafft sich auch die neue Macht Osteuropas, die durch den Sieg über den früheren französischen Bundesgenossen Schweden zur Großmacht geworden ist, die eigentümlichen Formen, die ihm eine Ausnahmestellung gegenüber dem Westen im entgegengesetzten Geiste gibt. Rußland wird durch Peter den Großen aus dem lockeren, halb mittelalterlich-feudalen, halb orientalischen Despotismus herausgerissen, der ihm aus der Zeit der Mongolenkämpfe anhaftet, und gewaltsam in die finanzielle, militärische und bureaukratische Zentralisierung der westlichen Absolutstaaten übergeführt. Aber die religiöse und geistige, rechtliche und wirtschaftliche Unreife des großrussischen, moskowitischen Hauptvolkes einerseits, die

---

steriums Bolingbroke zur Zurückführung der männlichen Stuartlinie beim Tod der Königin Anna (1713) durchkreuzt. So bezeichnet er bereits den Typus des Volksdemagogen, der im 19. Jh. unter den Schülern Jeremias Benthams (Chardwick u. a.), Cobbett usw. häufig wird als Führer einer radikalen Parteigruppe, die als traditioneller selbständiger Flügel im Gefolge der liberalen Partei politisch mitwirkt, bis (erst 1899, bzw. 1905) eine eigene Labour Party mit sozialpolitischer Tendenz ihre Funktion übernimmt.

aus der Nachbarschaft Asiens überkommene Tendenz zu rascher Zusammenhäufung unbegrenzten Landbesitzes andrerseits geben dem Gebilde einen völlig anderen Charakter als seine allmählich aus langer Tradition und über geschlossenen nationalen Land- und Volkskomplexen erwachsenen Muster. Die unbeschränkte Macht des „Zarismus", dadurch besonders dokumentiert, daß sich das Haupt des Staats durch Beseitigung des Patriarchen von Moskau zugleich zum Haupt der griechisch-orthodoxen Nationalkirche macht, wirkt hier nicht im Sinn der Ausgleichung und näheren Verbindung der Volksklassen (o. S. 138); er verschärft im Gegenteil die Kontraste, indem er dem Beamtentum und dem Grundadel zur Entschädigung ihres eigenen Staatsdienstes die Masse der russischen Bevölkerung, die Bauern, zu einer harten, an Staats- oder Privatsklaverei grenzenden sozialen Abhängigkeit ausliefert. Und zugleich gibt die Sucht zur Verbreiterung der territorialen Grundlage des Staats, die den Ersatz der mangelnden Vertiefung der Staatsautorität im Volk bilden soll, dem im Westen soeben gedemütigten kontinentalen Universalismus im Osten einen neuen mächtigen Antrieb, der über kurz oder lang eine Rückwirkung auch gegen Westen üben muß. Hierin übernimmt Rußland an der Flanke der europäischen Staatenwelt eine Rolle, die der ähnlich wird, die England an der anderen spielt, während es freilich in dem Mangel der inneren rechtlich-sozialen Durchbildung, in der Kluft, die es zwischen „Staat" und „Gesellschaft" öffnet, Englands genaues Gegenstück bildet.

Die Ausbreitung der Idee des nationalen Verfassungsstaats im 18. Jh.: der preußische Staat, die nordamerikanische Union, die Französische Revolution, die Wiederkehr und der Mißerfolg des französischen Universalismus. Obwohl sich in den zuletzt gestreiften Neubildungen schon am Anfang der Ära des Gleichgewichts die soeben beschworene Gefahr schattenhaft für eine fernere Zukunft wieder ankündigt, sind in den nächstfolgenden anderthalb Jahrhunderten die Gedanken nationaler Staatsorganisationen in verfassungsmäßigen Formen im stetigen Vordringen. Schon die äußeren und inneren Kämpfe des 18. Jh. dienen ihrer Befestigung. Wenn also auch heute noch oft die Französische Revolution als epochemachend für die moderne Staatenwelt angesehen wird, so ist das nicht richtig. Sie ist im Gegenteil der Vorgang, der in dem charakteristischsten Teil der Ereigniskette wieder aus der allgemeinen Bahn ausbiegt.

Auf der verlängerten Linie der Abwehraktionen des verbündeten Europa gegen Ludwig XIV. liegen bereits die Kämpfe, die zwischen 1740 und 1765 zur Formierung des österreichischen und des preußischen Staats führen. Denn beide dienen dem Endergebnis, den mitteleuropäischen Ländergruppen aus einem verschwommenen und labilen Zustand herauszuhelfen, der in der Vergangenheit das Deutsche Reich dauernd zu einem Objekt für ausländische Eroberungs- oder Ausbeutungspolitik gemacht hat, der aber auch innerhalb des Deutschen Reiches selbst zwischen den deutschen Territorien und der mit nicht-deutschen Nationalitäten verwachsenden habsburgischen Monarchie ein ungleiches Machtverhältnis zum Nachteil der deutschen Kultur in der Sicherheit ihres Bestands und in ihrem wirtschaftlichen, religiösen und geistigen Leben konserviert hat.

Der erste Teil des Problems wird durch die pragmatische Sanktion Kaiser Karls VI. (1724) in Angriff genommen. Sie trägt der Tatsache Rechnung, daß das Donaubecken von Linz bis zum Mündungsgebiet ein einheitliches zwischen den Gebirgen eingebettetes Wirtschafts- und Kulturgebiet darstellt, das als solches geschützt werden muß, — jetzt, da die Türkengefahr sich erledigt hat, bes. gegen die neu auftauchende Gefahr des russischen Expansionsdranges; sie hält auch die zivilisatorisch jüngeren und unruhigere Völker magyarischer, wallachisch-rumänischer, slowenischer, kroatischer, tschechischer Rasse unter dem Kultureinfluß des Deutschtums — bei grober Rechnung ungefähr 40 Millionen unter 10 Millionen —

fest. Diese naturgegebenen Bedürfnisse erkennt das Grundgesetz an, das die Untrennbarkeit der österreichischen Erblande und der Länder der ungarischen Krone unter gemeinsamer Dynastie und — was das wesentliche — unter gemeinsamem Heere als Prinzip ausspricht. Die Selbstbehauptung der angefochtenen Thronfolge Maria Theresias gegen Bayern und dessen französischen Protektor bekräftigt das Gebilde der „Donaumonarchie“ als ein lebensfähiges.

Durchaus geistesverwandt ist aber auch — so stark er sich teilweise mit dem habsburgischen Interesse in Widerspruch setzt — der Plan Friedrichs II. zum Ausbau des preußischen Staates. Denn hier handelt es sich noch viel entschiedener darum, dem mageren und in Fragmente auseinandergezogenen Gebiete eines politischen Machtfaktors, dessen das innere Deutschland von der Weichsel bis zum Rhein als Schutzmacht gegen Osten wie gegen Westen unerläßlich bedarf, die zu gesundem Funktionieren nötige Körperlichkeit zu verschaffen, die Lücken zwischen den ost- und westdeutschen Elementen auszufüllen und vor allem das wirtschaftliche Rückgratgebiet des Ganzen, das Odertal, durch Einfügung von Schlesien abzuschließen. Wenn dessen Besitzergreifung (1740/45) nicht nur die bedrohten Grenznachbarn Österreich und Kursachsen, sondern auch Frankreich und Rußland zum Kampf gegen den scheinbaren Friedensbrecher in Bewegung setzt, so sind in Wahrheit sie es, die die alte Ausbeutungspolitik fortsetzen; Frankreich opfert ihr den traditionellen Haß gegen Habsburg, sowie andererseits England in richtiger Einsicht in die Lage das Gleichgewichtssystem von 1714 rettet, indem es König Friedrich den ungleichen Kampf nach drei Fronten im entscheidenden Teil der siebenjährigen Kriegszeit (1757—60) überstehen hilft. Und die tragische Verkettung, daß zwei deutsche Herrscherpersönlichkeiten von einer in der Staatengeschichte höchst vereinzelten idealistischen Prägung in einer Schicksalsstunde ihrer Länder und Völker aufeinanderstoßen, erscheint immerhin dadurch in versöhnlichem Licht, daß es sowohl Friedrich wie Maria Theresia möglich wird, dem Innenausbau ihres Staats ein hervorragendes Rechtsfundament zu geben. In Preußen wie in Österreich sind, indem sie einen militärisch und behördlich starken Großstaat errichten, bei der Vielfarbigkeit ihres Volkstums und Gebietsbestandes die Bedingungen noch nicht vorhanden, um auf das Volk ein wahrhaft verfassungsmäßiges Gewaltenverhältnis zu stützen. Aber soviel gelingt der Staatsgewalt immerhin, der Behördenordnung eine philosophisch-ethisch fundierte Normenordnung gegenüberzustellen und sich damit zu der Stufe eines „aufgeklärten Absolutismus“ zu erheben. Dabei steht freilich der friderizianische Staat wesentlich günstiger da als der theresianische, auch in dessen Fortsetzung durch Joseph II. Die systematische Gesetzgebung Preußens (Allgemeines Landrecht 1793) ist tiefer. Der Adel wird zur Steuerlast neben Bürger- und Bauerntum konsequenter herangezogen, die Befreiung der Bauern von der Erbuntertänigkeit des Gutsherrn energischer begonnen (für die Domänenbauern), die Toleranz der drei Hauptbekenntnisse wahrhaft durchgeführt, die Organisation einer von der Regierung unabhängigen Rechtspflege ausgebaut.

Während sich so das Gleichgewichtssystem Europas durch das Entstehen einer fünften Großmacht konsolidiert, benutzt die von William Pitt geleitete englische Politik das Bündnis mit Preußen, um dem durch den siebenjährigen Kampf auf dem Festland in Schach gehaltenen Frankreich seine beiden wertvollsten Kolonialkomplexe abzunehmen. In den Jahren der Siege von Roßbach, Leuthen und Zorndorf besetzt England das Gangesbecken (1758) und das kanadische Quebeck (1760), die ihm für die Zukunft den Zutritt wie dort zu dem gesamten vorderindischen Kontinent, so hier zu dem ausgedehnten Hinterland seiner eigenen nordamerikanischen Kolonien bis zum Mississippi eröffnet. Die Wirkung dieser Verschiebung des Gewichtes jenseits der Weltmeere ist ungeheuer. Der bisher vereinzelte Kolonalbesitz Englands verwandelt sich in ein überseeisches Weltreich nach Art des spanischen. Indien allein bedeutet den Besitz eines Gebietes, dessen farbige Bewohnerschaft bis heute auf 300 Millionen angewachsen ist. Aber der Wechsel verändert auch das Verhältnis Englands zu seinen alten Siedelungskolonien an der Ostküste Nordamerikas, die — soeben im Krieg gegen Frankreich opferbereit mitkämpfend, im Wirtschaftsleben aufstrebend, nunmehr als ein Bruchteil in den abhängigen Besitz Großbritanniens zurücktreten und von dem souveränen Parlament des Mutterlandes Zoll- und Steuerauflagen, Handelsbeschränkungen hinnehmen müssen.

In der Revolution der Kolonien (1773) tritt außerhalb Europas ein neuer Nationalstaat ins Leben, und zwar der erste nationale Verfassungsstaat mit europäischen Formen, aber doch in eigenartiger Abwandlung dieser Formen. Er folgt zunächst der lockeren Organisation europäischer Städtebünde oder der bisherigen Schweizer Eidgenossenschaft. Vollen Staatscharakter nehmen anfänglich nur die einzelnen Kolonien an. Sie vervollständigen die von alters bestehende „Assemblee", die Versammlung von gewählten Repräsentanten der Kolonisten, durch einen dem englischen Oberhaus nachgebildeten, aber ebenfalls gewählten Senat und wandeln den bisher von der englischen Krone entsandten „Gouverneur" in einen gewählten Regenten („Governor") um. Eine Verbindung untereinander stellen sie nur durch einen Gesandten-Kongreß in Philadelphia her, der — unter Erklärung der Kolonien zu „Staaten" — gemeinsame Unabhängigkeit von England proklamiert (4. Juli 1776) und mittels Wahl eines Oberkommandierenden und Aufnahme von Anleihen die Kriegführung gegen das Mutterland beschließt.

Aber schon in diesem vorbereitenden Organisationswerk ringt sich ein Formelement mit heraus, worin eine Vielheit von bisher zusammenhangslos nebeneinander hergehenden Gedanken und Tätigkeiten des europäischen Staatslebens zu etwas schöpferisch Neuem zusammengefaßt wird. Jede der Einzelkolonien legt gemäß einer Verständigung des Kongresses den Akt der Selbstkonstituierung ihres Volkes zu einem Staat in einer Urkunde nieder, die als ein ausschließlich aus dem souveränen Willen des Volkes selbst entspringender Gesetzgebungsakt gedacht und als solcher, als Rechtegesetz (Bill of Rights) oder als „Verfassung", schlechthin (Constitution), verkündet wird. Die „Verfassungsurkunde" enthält teils die Grundlinien des Rechtsverhältnisses zwischen Volk und Staat, teils die Grundlinien des Machtverhältnisses zwischen den verschiedenen Gewalten des Staats. In der Hauptsache ist dies nichts wesentlich anderes, als was bereits die mittelalterlichen Freibriefe als Hauptgedanken des zwischen Krone und Ständen vereinbarten Gesetzes enthalten hatten. Die Fortentwicklung der geschriebenen Verfassung in ihrer formalen Seite darf also nicht überschätzt werden. Sie ist um so weniger erheblich, als weder die mittelalterliche Konstruktion der Verfassung als eines Vertrags zwischen Herrscher und Volksrepräsentanten (Fixierung der Bedingung des gerechten Regiments, unter der dem Herrscher Gehorsam versprochen wird) noch die neue Konstruktion der Verfassung als eines Vertrags zwischen den Volksgliedern (Fixierung der Bedingungen, unter denen die Einzelnen den Staat begründen und gestalten), an der Wirklichkeit gemessen, Bestand hat. In der Wirklichkeit hat „Freibrief" wie „Volksvertrag" die Bedeutung eines Gesetzes von erhöhter Autorität. Das „Grundgesetz" nimmt einen verschiedenen Charakter nur dadurch an, daß die verfassunggebende, grundgesetzgebende Gewalt (im Laufe der Französischen Revolution bald darauf als „pouvoir constituant" bezeichnet) verschiedenen Organen übertragen werden kann. Sie kann wie die gesetzgebende Gewalt überhaupt an ein Zusammenstimmen von Regierung und Volksvertretung gebunden sein („paktierte Verfassung"), sie kann der Volksvertretung allein überlassen sein („Verfassung aus Volkssouveränität"). In beiden Fällen kann aber das Organ des Volks (und es wird meist) ausschließlich für die Aufgabe der Schaffung des Verfassungsgesetzes als „konstituierende Nationalversammlung" — gewählt, und es kann deren Verfassungsentwurf noch besonders an eine Volksabstimmung gebunden werden. Immerhin entfaltet die moderne Verfassung insofern eine eindrucksvollere Wirkung, als sie die Ansprüche auf Schutz der Güter oder Freiheiten des Einzelbürgers — seit der Urzeit von der Sitte anerkannt, aber in Schriftform nur durch literarische Äußerung von Privaten fixiert (S. 110, Anm. 2; 132, Anm. 1) — nunmehr durch staatliches Gesetz und in der populär faßlichen Form der Menschen- oder Bürgerrechte proklamiert[1]).

Und nun wird dies Verfassungswerk rasch zu einem Ganzen abgerundet, als der Unabhängigkeitskrieg unter Washingtons Führung (1781) sein Ziel gegen England erreicht und die Kolonien besonders durch Unterstützung Frankreichs und Preußens ihre Anerkennung als selbständige Staaten erlangen. Die Sicherung gegen mögliche neue Kämpfe und nicht minder die Notwendigkeit, über das unabsehbare Hinterland zu verfügen, das dem schmalen Küstenstreifen in dem früher französischen Siedlungsland, zunächst im Mississippibecken anwächst, zwingt zu einem engeren Zusammenschluß mit einheitlicher Willensentschließung. Deshalb baut sich das ursprüngliche Bündnis, die Konföderation, (1787) zur Union um, deren Verfassung der Vielheit der United States das charakteristische Merkmal einer höheren staatlichen Einheit, eigene Organe und eigene, unmittelbar auf die Gesamtbevölkerung wirkende Funktionen beilegt. Der Kongreß nimmt zu der permanenten Tagung der Staatenvertreter (o. S. 144) als zweites Kollegium ein „Haus von Repräsentanten" der Gesamtnation auf und unterzieht sich im Zusammenwirken beider Kollegien der Bundesgesetzgebung. Die Bundesregierung aber, in erster Linie die Auswahl und Ernennung der ministeriellen Verwaltungsressortchefs, der „Staatssekretäre", wird einem vom Volk mittelbar gewählten Präsidenten der Vereinigten Staaten übertragen, der annähernd die Kompetenzen des englischen Kabinettschefs und gewisse Rechte des englischen Königs in sich vereinigt. Auch die umfassende Verantwortlichkeit der Rechtsprechung wird dem Muster der englischen Gerichtshöfe in einem Oberbundesgericht nachgebildet.

Nur macht — neben seiner vollrepublikanischen und der von Anfang an in höherem Grade demokratischen Anlage — das zweite angelsächsische Gemeinwesen die Eigenart seiner Struktur gegenüber England in dem Charakter des „zusammengesetzten Staats" oder, wie er in Europa seitdem meist genannt worden ist, des „Bundesstaats" geltend. Die ehemaligen Kolonialterritorien behalten im Rahmen der Union ihre alten Organe und einen großen Teil der Funktionen, und sie bewahren damit einen Zustand, der bei dem allmählichen Vorrücken der Besiedlung nach Westen in der Richtung auf die pazifische Küste die Bildung und den Anschluß neuer Gliedstaaten an die Union besonders erleichtern. Jedenfalls stellt die nordamerikanische Republik in ihrer ursprünglichen Anlage beinahe das Musterbild eines sich selbstbestimmenden, aber sich auch friedlich selbstgenügenden, starken, aber rechtlich geordneten, die entscheidenden Glieder und die entscheidenden Gewalten in harmonisches Verhältnis setzenden Staats dar; die seit 1714 im Staatensystem herrschende Idee scheint —

1) Der Anfangsartikel der ältesten nordamerikanischen Landesverfassung, der von Virginia (1776), deckt sich mit der doktrinären Fassung des englischen Juristen Blackstone: „That all men are by nature equally free and independent and have certain inherent rights, namely the enjoyement of life and liberty with the means of acquiring and possessing property and possessing and obtaining happiness and safety". Erst Blackstone legt in seinen „Commentaries on the Laws of England" (1764) den bisher immer nur als „Fähigkeiten" bezeichneten Gütern des politischen Einzellebens den Charakter als „subjektiver öffentlicher Rechte", d. h. als Schutzansprüche (o. S. 13) bei. Sein Vorgänger Locke folgt noch dem alten Sprachgebrauch: „man has by nature a power — to preserve his property, that is his life, liberty and estate (1689).

wenigstens im Anfang ihres Bestehens — in ihr ihre reinste Verkörperung zu finden und wird in Europa von führenden Geistern (Goethe, Tocqueville) als solche gefeiert.

So eng ist die Abhängigkeit des amerikanischen Verfassungslebens von der staatlichen und staatsrechtlichen Tradition Europas geblieben, daß seine ersten Formen unverzüglich auf die europäische Staatsbildung zurückwirken, — am nächsten auf Frankreich, das als alter Feind Englands den Abfall der Kolonien unterstützt und deren Anerkennung als neues Gemeinwesen vermittelt hat. Die Ursachen der Französischen Revolution haben kaum eine Berührung mit der amerikanischen. Nur die Probleme, die von ihr aufgerollt werden, gehen von da aus, aber das, was als ihr hauptsächliches Ergebnis anzusehen ist, läßt sich eher wie das Kehrbild des jenseits des Ozeans erlebten großartigen Vorgangs ansehen.

Für eine tiefgehende Erschütterung der staatsrechtlichen Formen liegen im Frankreich des 18. Jh. Bedingungen nach dem Urteil der besten Kritiker der Zeit eigentlich nicht vor. Die Staatseinrichtungen, besonders deren Kern, das Behördensystem, ist tüchtig, zwar vielfach reformbedürftig, aber nicht in höherem Grade als in allen Staaten. Ein wirkliches Übel ist die zerrüttete Finanzwirtschaft, die unvermeidlich als Ergebnis einer zweihundertjährigen Kriegs- und Eroberungspolitik, verbunden mit einer üppigen Hofhaltung zurückgeblieben ist. Auch nach dem erfolglosen Zusammenbrechen der Weltmachtpläne im Jahre 1714 (S. 136) läßt man sie fortdauern. Veraltete und unzweckmäßige Steuerformen, ungleiche Steuerverteilung unter Begünstigung des Adels und der Kirche, belästigender Modus der Steuereintreibung durch das aussaugende System der Steuerverpachtung werden weitergepflegt, weil die wirtschaftlich produktiven Klassen — ländlicher Großbesitz und Großhandel ebenso wie Mittelstand und Bauerntum — seit der mangelnden Berufung und zeitgemäßen Fortbildung der Reichsstände in der Staatsverwaltung nicht zu Worte kommen. Immerhin würden einige aktive Minister und die Wiederbelebung der Stände damals genügen, ohne allzu starke Reibung das reiche Land wieder ins Gleichgewicht zu bringen.[1])

Die ursprünglich keineswegs außerordentliche Besorgnisse erregende Lage wird jedoch durch zwei Umstände unheilvoll, durch eine ungewöhnlich andauernde Ideen- und Energielosigkeit der Regierungskreise, die jede Reform endlos verzögert, und durch das Einwurzeln eines Geistes wechselseitiger Begehrlichkeit und Gehässigkeit innerhalb der Gesellschaftsschichten, auf die die Regierung sich vorwiegend stützt: des Grund- und Offiziersadels, der Kirche, der hohen Justiz- und Verwaltungsbehörden, der Großfinanz. Bei der Passivität der bestehenden Autoritäten, bei der Uneinheitlichkeit der durch den Gegensatz von Geburtsadel und halbbürgerlichem Amtsadel, von Orthodoxie und Freidenkertum gespaltenen Oberklassen wird aus der schließlichen Wiedereinberufung der traditionellen Reichsstände (Ende 1788—Mai 89) die große Krisis des Staats. Die Mittelklassen, seit zwei Jahrhunderten von jeder Beteiligung an politischen Aufgaben ausgeschlossen, deshalb ohne leben-

1) Dies darf ohne Gefahr der Einseitigkeit behauptet werden (und wird heute von der herrschenden Anschauung in der französischen wie deutschen Historik behauptet), weil die entsprechende Reform nach der Thronbesteigung Ludwigs XVI. (1774) tatsächlich in Gang kommt, und zwar in der Hand des autoritärsten Staatsmannes (Turgot, bisher Intendant des Limousin, nunmehr Premierminister, „Generalkontrolleur der Finanzen"). Turgots Programm: ergiebige und gleichmäßig wirksame Steuerquellen — vorsichtige Heranziehung der Bevölkerung zur Beratung und Kontrolle der Staatsbehörden zunächst nicht im Zentrum (Reichsstände), sondern in den Provinzen und Gemeinden, begegnet allgemeinem Beifall. Es scheitert, weil Turgot über der persönlichen Gegnerschaft der Königin und dem sachlichen Widerstreben des Königs gegen jede Art von Ständen schon nach einem Jahr gestürzt wird.

dige Staatsgesinnung[1]) kommen im ungünstigsten Augenblick zu neuem Einfluß. Von der philosophischen Literatur des Zeitalters (u. S. 148, Anm. 3) und noch mehr von der Tagespresse erregt und — in bedeutsamem Gegensatz zur englischen Revolution des 17. Jh. — in irreligiösem Geist und im Bann materiell-egoistischer Interessen, nach politischer Tätigkeit ebenso naiv begierig wie ungeschult darin, finden sie sich in der höchst autoritären und volkstümlichen wiedererweckten Versammlung in der Majorität[2]), während sie an den Vertretern der von ihnen beneideten herrschenden Gesellschaft die Energie- und Verantwortungslosigkeit und jene Uneinigkeit, die sie zur Wehrlosigkeit verurteilt, immer unverhüllter wahrnehmen.

Das Ergebnis der Lage stellt sich in den ersten vier Jahren (1789—92) geradezu als Auflösung des französischen Staats dar. Die Krone, ihre Berater und ihr Anhang, die Oberstände, weichen vor dem „dritten Stand" immer mehr zurück, nicht ohne gelegentlich durch herrisches Auftreten die ursprünglich königstreue Reichsversammlung und die öffentliche Meinung immer mehr zu reizen. Die Stände rücken entsprechend, nachdem sie sich gleich zu Beginn aus eigner Machtvollkommenheit zur einheitlichen „verfassunggebenden Nationalversammlung" (o. S. 145) erklärt haben (Juni 1789), in alle Funktionen des herrschaftslosen Staats ein. Aber in ihrer politischen Ungeschultheit glauben sie alles mit der gesetzlichen Anerkennung der Freiheit und Gleichheit der Bürger getan.[3]) Sie begnügen sich mit der Aufstellung der Grundsätze, ohne für ein neues Gewaltensystem zu sorgen, ohne die Neukonstituierung durch die Neuorganisierung zu ergänzen (o. S. 23).[4]) Als deshalb der Punkt erreicht ist, wo die Monarchie faktisch abdankt und die damalige Hauptpartei der Nationalversammlung, der von südfranzösischen Handels- und Reederkreisen getragene, „girondistische" rechte Flügel der Jakobiner, dem König aus ihrer Mitte das erste parlamentarische Ministerium aufzwingt (April 1792), ist gleichzeitig in Frankreich auch volle Anarchie erreicht. Unter dem Schlagwort „Föderalismus" besorgt nicht nur jede Provinz, sondern jede Gemeinde ihre Angelegenheiten (Miliz, Beamtenwahl usw.) selb-

---

1) Mangel des „esprit public" in allen Gesellschaftsschichten ist der von den ersten maßvollen Reformern (d'Argenson, Turgot, s. vor. Anm.) betonte Hauptmangel.

2) Nach dem zufälligen Vorbild der vereinzelt in manchen süd- und westfranzösischen Provinzen (Provence, Languedoc, Bretagne) noch erhaltenen Landstände, die dem Großbürgertum neben Geistlichkeit und Adel von altersher die doppelte Zahl von Vertretern eingeräumt hatten, sieht sich die Regierung veranlaßt, auch die Neuwahl der Reichsstände (ohne Tradition) das „doublement du tiers" anzuordnen. Das Wahlergebnis ist, daß neben 285 Adligen und 308 Priestern der dritte Stand sich in 621 Vertretern, darunter 372 Advokaten und niederen Juristen verkörpert.

3) Die beiden ersten Akte der Nationalversammlung bringen beide Gedanken in individualistischem Sinne zum Ausdruck — die Anerkennung der Gleichheit der Stände, mit der Folge der Vereinigung der drei getrennten Kollegien zur einheitlichen Assemblée constituante (23. Juni 1789) und die Erklärung der Menschen- und Bürgerrechte (27. August 1789). Sie folgt dem amerikanischen Vorbild, aber mit dem Unterschied, daß sie zunächst nur das Verhältnis des einzelnen zum Staat, nicht zugleich die Ordnung der Gewalten im Staat regelt. (Vgl. o. S. 145, Anm. 1 mit déclaration des droits de l'homme et du citoyen art. II.: „Le but de toute association politique est la conservation des droits naturels et imprescriptibles de l'homme. Ces droits sont la liberté, la propriété, la sûreté et la resistance à l'oppression".)

4) Die erste Verfassung wird erst am 3. September 1791 verabschiedet. Sie ist scheinbar noch monarchisch, stellt aber den König bereits in zweite Linie hinter das Parlament (Art. III a. 2 „La Nation, de qui seule émanent tous les pouvoirs, ne peut les exercer que par délégation. La constitution française est représentative; les représentans sont le Corps législatif et le Roi"). Als sie erscheint, ist die Volkstümlichkeit der Monarchie (Sommer 1790 noch ungeschmälert) bereits rapid im Schwinden (Juni 91 mißglückter Fluchtversuch des Königs).

ständig.[1]) Das das Zentrum und die Teile zusammenhaltende Band des Heeres, des Behördensystems, der Kirche ist zerfallen.

Aber in diesem Stadium der Bewegung wird Frankreich durch den Entschluß der girondistischen Regierung, die wachsende innere Verwirrung gegen das Ausland abzulenken und dadurch zugleich ihre eigene Stellung gegen die im Kleinbürgertum und Bauerntum fußenden radikalen Jakobiner zu sichern, in eine nationale Bedrängnis verwickelt, die die Revolution in eine gegen bisher völlig veränderte Bahn treibt. Ihre Eingriffe am Rhein wirken mit der Unruhe der um die Erhaltung der eigenen Ordnung besorgten Nachbarstaaten zur kriegerischen Intervention Preußens und Österreichs zusammen, deren siegreiches Vordringen zu Anfang des Koalitionskriegs, durch kreuzzugartige Allüren verschärft, zunächst alle inneren Streitigkeiten unter den Freiheitsmännern hinter das Streben zur Zusammenfassung aller Kräfte der Nation im Dienst der Abwehr zurückdrängt[2]). Die Lehre Rousseaus, daß sich die souveräne Gewalt der Demokratie nur durch gleichen Anteil jedes Bürgers am allgemeinen Willen verkörpern läßt, also die Herstellung der Gleichheit als Weg zur Einheit des Staats wird richtunggebend[3]). Die jakobinischen Führer des nunmehrigen „Nationalkonvents" verstehen sie so, daß Gesellschaftskörper wie Staatsbau mit allen Mitteln brutalster „Ausgleichung" zur Einheit gebracht werden. Einerseits werden durch Massenprozesse, Lynchjustizakte des Pöbels, Konfiskationen und Verbannungen zugleich mit der Dynastie die gesamten Schichten der ehemals Herrschenden in Paris wie in den Provinzen vernichtet; andernseits renken Robespierre und seine Genossen das zersetzte Gemeinwesen wieder in feste Formen, in die république une et indivisible ein, indem sie unter Suspension der Verfassung alle oberen Gewalten einem „Wohlfahrtsausschuß" als unbeschränktem Exekutivkomitee, alle Lokalbehörden der dirigierenden Zentralgewalt, alle staatlichen Aufgaben der Organisation des Volksheeres unterordnen. Frankreich kehrt mit demokratischer Spitze und in sehr verschärfter Form zu den Prinzipien der alten Monarchie, zu Absolutismus, Zentralismus, Militarismus zurück.[4]) Um den Preis dieser Vergröberung seines Staats und seiner Kultur, die nie wieder hat rückgängig gemacht werden können,

---

1) Die alten Provinzen (36) waren Dez. 1789 in 83 nach geographischen Gesichtspunkten formierte „Departements", diese in Distrikte (später Arrondissements) und Kantone (später Communes) geteilt worden.

2) Es ist von Bedeutung, daß die eigentlich treibende Kraft zum Krieg am preußischen und österreichischen Hofe Rußland ist; Katharina II. „muß die Hände frei haben", um die völlige Unterwerfung des seit 1772 durch ihre Teilungspolitik drangsalierten und zerrütteten Polen zu Ende zu führen. Das maßlos drohende Manifest, mit dem der Herzog von Braunschweig den Einmarsch in Frankreich eröffnet (25. Juli 1792) zieht in Paris die Gerüchte vom Hochverrat des Königs, den Tuileriensturm und die Gefangensetzung im Temple nach sich (10. August).

3) Der Vorgang des Stimmungsumschlags verdeutlicht besonders anschaulich die im systematischen Teil (S. 20) erwähnte Vieldeutigkeit der Gleichheitsforderung. Der erste Teil der Revolution kennzeichnet sich dadurch, daß die in der Vorbereitung der Revolution dominierende Idee der individuellen Freiheit gegenüber dem Staat (populär das Menschen- oder Bürgerrecht, o. S. 147, Anm. 3: Aufklärungsdenker Voltaire, Montesquieu, Enzyklopädisten) durch die Gleichheitsidee zunächst gesteigert wird. Im gleichen Anteil aller in der individuellen Freiheit bereits zurückgedrängt, verschwindet die Freiheitsidee im individuellen Sinne ganz und verwandelt sich in die Forderung der demokratisch-republikanischen Staatsform in dem Maße, als (1792) der gleiche Anteil aller am herrschenden Volkswillen in den Vordergrund tritt.

4) Abschaffung des Königtums und Erklärung Frankreichs zur Republik 21. Sept. 92, Hinrichtung des Königs 21. Januar 93. Verabschiedung der (zweiten) republikanischen Verfassung 24. Juni 93.

ist es der Republik möglich, den Feind aus dem Land zu treiben, obwohl sich der Kreis der Gegner erweitert hat.[1])

Und nun vollendet sich der Prozeß der Umkehr zu den Ausgangspunkten mit Folgerichtigkeit. Kaum hat sich das Werk der neuen Organisation bewährt, vernichtet es nicht nur im Inneren die eigenen Schöpfer, um die ehemaligen Herren, die Vertreter des Großkapitals, freilich jetzt verkörpert in den neu emporgekommenen Erbeutern von Grundstücken, Fabriken, Ämtern, wieder an die Herrschaft zu bringen und unter der Regierung des Fünfmänner-Direktoriums mit seinem plutokratischen Klassenparlament von zwei Kammern auch der Kirche ihre Stellung und einen großen Teil ihres Einflusses wieder zu verschaffen. Zugleich aber wendet sich Frankreich auch dem früheren Imperialismus wieder zu. Als einzige Frucht hinterläßt die Revolution, während sie ihre demokratische Verfassung selbst wieder aufgegeben hat, einen grenzenlosen Enthusiasmus für die nationale Republik, die das Volk selbst, besonders das Volksheer, in den Rausch des Kriegsruhms und der Eroberung hineintreibt, von dem früher die jetzt besiegte Dynastie erfüllt gewesen war. Die Armee ergreift, angeblich als Träger der Mission von Freiheit und Gleichheit, die Offensive und gestaltet die Grenzländer, Holland, Oberitalien und Riviera, Rom, die Schweiz, Neapel (1795—99) zu Tochterrepubliken Frankreichs um.[2]) Bonaparte, als General, als Konsul, als Kaiser, wird nur der Fortsetzer dieser inneren und äußeren Neuformung Europas, die die Grenzen des karolingischen Reichs wiederzugewinnen strebt. Unter Napoleons Händen wird das Vorgehen methodischer, realistischer, großartiger. Er faßt England mit seiner See- und Handelsmachtstellung als gefährlichsten Gegner bewußt ins Auge. Da es ihm in Italien, in Ägypten, auf dem Meere, auf der Insel selbst nicht möglich ist, ihm beizukommen, sucht er es durch die Abschnürung von seinen Märkten zu ruinieren; er wird, nach dem Ausdruck des großen Egozentrikers, von England „gezwungen, den Kontinent zu erobern", um englische Schiffe aus jedem Hafen von Kopenhagen bis Cadix und Palermo ausschließen zu können.[3])

Das Europa des Gleichgewichts, das nach dem Utrechter Frieden (1714) von der dirigierenden Hand Englands geordnet worden war, ist vom Bonapartismus aufgehoben.[4]) Die Pläne Ludwigs XIV. sind wieder aufgegriffen und scheinbar gründlicher verwirklicht wor-

---

1) Anfang 1793 (unter dem Eindruck der Hinrichtung des Königs) Eintritt Englands, Hollands, Spaniens, des Deutschen Reichs in den Krieg.

2) Batavische Republik 1795, cisalpinische und ligurische 1796, römische, helvetische 1797, parthenopeische 1799,

3) Parallel geht dem der Ausbau des inneren Organisationswerks der Jakobiner — 1799 —, der zentralisierten Behördenverfassung von Staatsverwaltungsbeamten: Präfekten (Departement), Unterpräfekten (Arrondissement), Maires (Gemeinde) mit schattenhaften Selbstverwaltungskollegien aus dem Kommunalverband (Generalräten, Kreisräten, Gemeinderäten), — 1805—10 bedeutende Kodifikation der „Cinq Codes" für Zivil-, Handels-, Straf-, Zivilprozeß- und Strafprozeßrecht, aber schon sie auf übermäßige Ermessensfreiheit der Gerichte angelegt. Dieser Geist beherrscht das Verwaltungsrecht noch verstärkt: die gesetzgebende, budgetprüfende Volksvertretung (Senat, Tribunat, legislative Körper) ist nur als Scheinkonstitutionalismus angelegt.

4) Hochstand 1810, als der Kaiser das nordwestliche Deutschland mit dem Königreich Westfalen bis zum „Departement der Elbemündungen" ausgedehnt und das südwestliche und mittlere Deutschland (im Rheinbund unter Frankreichs Vorsitz) auf Sachsen erstreckt hat. Während der beiden nächsten Jahre gelangt England hart ans Ersticken (große Wucherverdienste seiner Landwirtschaft bei dauernder Hungersnot und Arbeiterrevolten, Steigen der Kriegsschuld auf 9 Milliarden Pfund). Der Eintritt der Vereinigten Staaten in den Krieg auf Napoleons Seite ist 1812 abgemachte Sache, als die russische Katastrophe sich vollzieht. Aber die Feindschaft Rußlands ist die unmittelbare Wirkung des Kontinentalsystems; und dabei ist schon 1810 klar, daß es nicht funktioniert (organisierter Schmuggel in größtem Ausmaß, zunehmende Massendesertionen).

den. Aber auch die allgemeine Allianz gegen die neue französische Hegemonie (s. S. 135) schließt sich mit wunderbarer Vollständigkeit, seit Napoleon endgültig mit Rußland gebrochen hat. Von den beiden Ecken des Reichs aus: von Südwesten und von Nordosten, von Spanien und von Rußland aus, vollzieht sich seit 1812 die allmähliche Einkreisung, die im März 1814 ihr Ziel erreicht.[1]) Im Herbst desselben Jahres beginnt der Wiener Kongreß das von den fünf Hauptmächten garantierte völkerrechtliche Verhältnis wieder herzustellen.

Die Ausbreitung des Gedankens der geschriebenen Verfassung und die Blütezeit der nationalen Verfassungsstaaten. Griechenland. Holland und Belgien. Skandinavische Staaten. Italien. Spanien. Die Neue Eidgenossenschaft. Das Deutsche Reich. Die österreichisch-ungarische Union. Balkanstaaten. Englische Kolonialstaaten. Zentral- und südamerikanische Staaten. Japan.[2]) Mit der Beseitigung der bonapartischen Hegemonie ist Europa in eine Lage versetzt, die seiner Geschichte noch unbekannt gewesen war. Die völkerrechtliche Gleichberechtigung der Staaten ist nicht nur eine Forderung, sondern vermöge der annähernd gleichen Machtverteilung ein wirklich vorhandener Lebenszustand. Frankreich selbst kann dank der — heute besonders bemerkenswerten — Schonung, die von allen Seiten seiner freien militärischen und wirtschaftlichen Wiedererhebung entgegengebracht wird, seine Stellung als Großmacht unter der früher vertriebenen Dynastie sofort wieder einnehmen! Jedenfalls funktioniert die gegenseitige Überwachung und Hemmung aller Großmächte mit dem Erfolg, daß erfahrungsgemäß ein volles Jahrhundert lang die einseitige Vergewaltigung eines der schwächeren Staaten durch eine einzelne Großmacht, geschweige denn jeder Versuch zur Begründung einer bevorrechtigten Obermacht verhütet werden kann. Die Bedeutung des modernen Zeitalters erschöpft sich jedoch nicht in der Erhaltung des bestehenden Zustands zwischen den unabhängigen Staaten. Seine höhere Reife bewährt sich erst darin ganz, daß auch da, wo Völker mit eigener Kulturüberlieferung sich noch in Abhängigkeit von nationalfremden Staaten befinden, die Großmächte zusammenwirkend tätig werden, um ihnen die Selbstkonstituierung zu ermöglichen, soweit sie nicht selbst Stärke genug besitzen, um diese Konstituierung aus eigener Kraft zustande zu bringen.

Seine Grenze findet das System freundlichen Nebeneinanderbestehens und gegenseitiger Rücksichtnahme allerdings bei Osteuropa. Rußland — und hier zeigt sich von Anfang an, daß die seit 1715 geschaffene und 1815 vervollkommnete Lage nichts Abschließendes bedeutet (u. S. 161) — behauptet auch jetzt seine Haltung als erobernder Staat mit absolutistischer, nach seiner eigenen Redeweise: mit autokratischer Regierung. Immerhin setzt es die von Peter dem Großen eingeleitete Politik des Landerwerbs hauptsächlich gegen Asien fort, teils gegen Ostsibirien und den Stillen Ozean, teils gegen Innerasien (Transkaspien

1) Ende Juli 1812 erkämpft Wellington bei Salamanca den ersten entscheidenden Erfolg gegen die französischen Marschälle, Mitte September wird der Kaiser gezwungen, das brennende Moskau zu räumen. Am 10. März 1814 auf Seite der östlichen Verbündeten der letzte Sieg bei Laon, am 12. März auf Seite Wellingtons Besetzung von Bordeaux. Einzug aller Verbündeten in Paris 31. März.

2) Die Darstellung darf sich von hier ab in immer größerem Maße auf bloße Andeutungen beschränken, da auch im Rahmen dieses Werks die Darstellungen des deutschen Verfassungsrechts und der Überblick über die wichtigsten ausländischen Verfassungen ergänzend eingreifen. Eine weitere übersichtliche Vervollständigung bietet gerade für den modernen Stand der verfassungsrechtlichen Quellen des Auslands die zusammenfassende Darstellung des ausländischen Staatsrechts von Hans Gmelin und Otto Koellreutter (Abteilung 27 der Enzyklopädie der Rechts- und Staatswissenschaft, hrs. von Kohlrausch und Kaskel 1923). Für die Stufen der Entwicklung des deutschen Nationalstaats vgl. Richard Schmidt, Grundlinien des deutschen Staatswesens 1919.

und Turkestan), nicht gegen Westen.[1]) Da, wo es in Europa nach Süden expansiv vorgeht, auf dem Balkan, treten die Mächte, die angegriffene Türkei oder die Balkannationen schützend dazwischen, 1854 im Krimkrieg, 1878 im Wiener Kongreß, und schon bei diesen Anlässen gehen aus der Abwehr Rußlands neue Verfassungsstaaten hervor, 1866 im Mündungsgebiet der Donau aus Moldau und Wallachei das Fürstentum, später Königreich Rumänien, 1878 die Staaten Serbien und Bulgarien.[2])

Alle übrigen Kriege des Zeitalters aber gehen nicht von Eroberungsabsichten aus. Sie dienen der Organisation neuer nationaler Verfassungsstaaten, hier mehr dem Aufbau ihrer Gewalten, dort mehr dem Ausbau ihrer Verfassung oder ihres Gebiets. Sie sind Freiheitskriege, Grenzkriege, Bürgerkriege. Sie lösen abhängige nationale Komplexe aus der Herrschaft größerer Mächte — sie machen im Schoße eines Volks die Kräfte frei, die die Neugestaltung zum Staate, vor allem zur nationalen Einigung durchführen —, sie befreien Einzelgebiete, die vom Körper der Gesamtnation losgerissen sind, um ihnen den Eintritt in den Nationalstaat zu ermöglichen. Bald überwiegt die eine, bald eine der andern Bewegungen, meist vereinigen sie sich alle drei in verschiedener Reihenfolge und Wechselbeziehung. Der Wiener Kongreß stellt die Schweizer Kantone, unabhängig vom Empire, zunächst in der alten Form der lockeren Eidgenossenschaft wieder her (1815), dreißig Jahre später (1845—48) setzen sich die evangelisch-liberalen Kantone mit den klerikal-konservativen in einem unblutigen Krieg auseinander, um dem „Bund" nach Analogie der nordamerikanischen Union die feste Form eines souveränen Oberstaats mit unmittelbarer Wirkung gegenüber dem ganzen Schweizervolk zu schaffen.[3]) Umgekehrt verbinden die Kongreßmächte (1815) das seit langem unabhängige Holland mit Belgien, trotz der verschiedenen Schicksale, die sie in der großen Kriegsperiode des 16., 17. und 18. Jh.s erlebt haben (S. 131 ff.), zu einem Königreich der Vereinigten Niederlande. Aber 1830 reißt sich Belgien, von Frankreich unterstützt, in Auflehnung seiner katholischen Oberklassen wie seines radikalen Proletariats gegen die evangelische Bureaukratie Hollands mit Waffengewalt und unter Konstituierung zu einer parlamentarischen Monarchie los.[4]) Inzwischen hat in Griechenland der Aufstand eines nationalen Geheimbunds (1821) den ersten Schritt zur Auflösung der europäischen Hälfte des Türkenstaats getan; von den Paschas des Großherrn niedergeworfen, gelangt die alte Nation mit Hilfe eines Druckes Englands, Frankreichs und Rußlands auf die Pforte zur Anerkennung ihrer Unabhängigkeit.[5]) Wäh-

1) Nach Westen verstärkt Rußland nur seine staatliche Geschlossenheit gegen Polen, das vom Wiener Kongreß ihm nur als personaluniertes selbständiges Königreich zugesprochen wird, aber infolge der polnischen Aufstände von 1830 und 1863 aufgelöst und dem russischen Reich als ein Komplex russischer Gouvernements ohne höhere nationale Einheit angegliedert wird. Das 1809 annektierte Großfürstentum Finnland bleibt als staatlicher Verband mit eigenem Landtag und eigener Gesetzgebung und Verwaltung ebenso wie die Ostseeprovinzen anerkannt. (Bruch dieser Privilegien erst seit 1890.)

2) Rumänische Verfassung vom 30. 6. 1866; bulgarische Verfassung von 17. 4. 1879; serbische Verfassung vom 5. Juni 1903.

3) Der Bund, der bisher durch die „Tagsatzung", das Kollegium der Kantonsgesandten, nur Schutz und Aufsicht über Bestand und Verfassung der Kantone geübt hat, bildet durch die Bundesverfassung vom 12. September 1848 die Bundesversammlung als gesetzgebende Gewalt in zwei Gliedern aus: dem „Ständerat" — Länderhaus in den Formen der Tagsatzung — dem „Nationalrat" — Volkshaus von Abgeordneten der Eidgenossenschaft —; daneben als vollziehende Gewalt den Bundesrat von sieben Mitgliedern als Chefs der Verwaltungsressorts.

4) An Stelle des gemeinsamen Grundgesetzes für das Vereinigte Königreich der Niederlande vom 24. 8. 1815 treten die beiden getrennten Verfassungsgesetze für Belgien vom 7. 4. 1831 und für die Niederlande vom 14. 10. 48.

5) Das „organische Gesetz von Epidauros" (Neujahr 1822) wird, nachdem Ibrahim Pascha, der Sohn des ägyptischen Vizekönigs Mehemed Ali Morea besetzt hat, dessen Räumung aber durch

rend der gleichen Zeit zersetzt sich in der transatlantischen Welt der Restbestand des spanischen **Großreichs**, des alten Gegners des Osmanenreichs. Unter Nachhilfe der Vereinigten Staaten schränkt der Abfall der zentral- und südamerikanischen Kolonien den spanischen Staat bis auf geringe Überbleibsel wieder auf die Pyrenäenhalbinsel ein [1]), und die seit Jahrhunderten an die Herrscherstellung in dem überseeischen Besitz gewöhnte Nation muß sich erst jetzt unter schwersten inneren Kämpfen im eigenen Land zum Frieden der Weltanschauungen und der Landesteile und durch ihre Kämpfe zu einer Verfassung durcharbeiten, die nach extremen Gegensätzen erst 1876 ihre annähernd endgültige Form findet. [2]) So geht die spanische Verfassungsbewegung annähernd den Konvulsionen der französischen Staatsform parallel. Obwohl Frankreich sein Staatsgebiet und die beiden bedeutsamen, von der Revolution und dem Bonapartismus geschaffenen politischen Besitztümer, die zentralisierte Behördenorganisation, die **Präfektenverfassung** (o. S. 149, Anm. 3), und die auch die stärksten Parteigegensätze überwindende Kraft des **Nationalgefühls** (S. 149) unverkürzt in die neue Zeit mit hinübernimmt, so wirken doch jene gesellschaftlichen Gegensätze, die bereits den Anlaß zur Revolution gegeben hatten, vor allem der katholische und der aufklärerische, seit 1840 verstärkt durch das Hinzutreten der proletarisch-kommunistischen Organisation, so bedeutsam nach, daß Absolutismus und Konstitutionalismus, Monarchismus oder Parlamentsherrschaft in monarchischer oder republikanischer Form immer neue Konstitutionswerke hervortreiben, bis nach dem Sturz des zweiten Kaiserreichs ein äußerlich stabiler Zustand mit den „Grundgesetzen über Organisation und Beziehungen der öffentlichen Gewalten" vom Februar bis Juli 1875 gewonnen wird. [3]) Ebenfalls mit französischer Beteiligung gelangt um die Mitte des Jahrhunderts **Italien** zu seiner politischen Einheit. Piemont-Savoyen, das in den letzten Jahrhunderten in der Organisation von Heer und Beamtentum die älteren Territorien überflügelt hat, legitimiert sich auch durch die erste Verfassung

---

die Vernichtung der türkischen Flotte bei Navarin (1827) von den europäischen Mächten erzwungen worden ist, auf der Londoner Konferenz ausgesprochen. Nach vergeblichen Versuchen einer heimischen Präsidentschaft und einer bayrischen Dynastie wird (1869) Prinz Wilhelm von Sonderburg-Glücksburg als Georgios I. als König anerkannt und damit ein bleibender Zustand erreicht (Verfassung vom 16. 11. 1864).

1) Die selbstgegebenen Verfassungen der Staaten Lateinisch-Amerikas erhalten ihre Existenzfähigkeit durch die Anerkennung seitens der Vereinigten Staaten (1822—26) in Verbindung mit der Botschaft des Präsidenten James **Monroe** an den Kongreß, die die Einmischung eines **europäischen Staats** in irgendeinen Teil der beiden amerikanischen Kontinente für eine feindliche Handlung gegen die Union erklärt.

2) Die Extreme treten einander gegenüber in der Verfassung der Cortes von Cadix (1812), einer aus der Initiative des Volks während des Freiheitskriegs gegen Frankreich und während der französischen Gefangenschaft des Königs Ferdinand VII. nach dem Prinzip der Volkssouveränität (o. S. 148) erlassenen Grundgesetzes, und in der Wiederherstellung der absoluten Monarchie nach Napoleons Sturz. Nach dem Tod Ferdinands VII. (1837) verschärft sich der Gegensatz der klerikalen Reaktionäre und der freigeistigen Radikalen, sich komplizierend durch Dazwischentreten vermittelnder Parteien und infolge des Hinzutretens einer leidenschaftlichen Thronfolgestreitigkeit zwischen der Tochter des Königs (Isabella) und seinem Bruder (Don Carlos). Nach Pendelschlägen in den verschiedenen Richtungen (besonders 1834, 1837, 1845) findet die konstitutionelle Bewegung eine Mittellinie durch die Thronerhebung des Sohnes der (1868 vertriebenen) Isabella, Alfons XII. (jetzt geltende Verfassung vom 30. 6. 1876).

3) Für die Zwischenzeit zählt die Überproduktion an Verfassungen: Charte constitutionelle v. 4. 6. 1814 (bourbonische Restaurationsverfassung der konstitutionellen Monarchie; o. S. 150), — ch. const. franç. v. 14. 8. 1830 (Verfassung der Julirevolution Louis-Philippes von Orléans), — Diktatur der sozialistischen provisorischen Regierung, Februar 1848 (Organisation der Februarrevolution), — Const. de la république fr. v. 4. 11. 1848 (Verfassung der Präsidentschaft Louis Napoleons), — Const. fr. vom 14. 1. 1852 (Staatsstreich und Scheinverf. Napoleons, Dezember 1852 in das zweite Kaiserreich verwandelt).

als neue Vormacht (1848). Es scheitert zwar zunächst im Befreiungskrieg an dem Bund der Österreichischen Hegemonie (S. 136) mit dem Papsttum, aber die Diplomatie Cavours setzt dem (1859) den Bund mit Napoleon entgegen, und die fast verjährte Feindschaft Frankreichs gegen das Haus Habsburg gewinnt, indem sie der Lombardei, der Romagna, Toskana, Umbrien, Sizilien den Weg zum Anschluß an Viktor Emanuel öffnet, noch einmal Bedeutung im Dienst der nationalen Staatsbildung.[1]) Im folgenden Jahrzehnt erkämpft sich endlich auch das deutsche Volk dank der Diplomatie und Heerespolitik Bismarcks den verfassungsmäßigen Nationalstaat. Längst ist durch die Freiheitskriege der Grund dadurch gelegt worden, daß die Dynastien der Mittel- und Kleinstaaten mit ihren Bevölkerungen monarchisch-konstitutionelle Grundgesetze vereinbart hatten.[2]) Dann aber war die von allen produktiven und gebildeten Klassen des Volkes geforderte Verbindung der Freiheit mit der Einheit infolge der Gegnerschaft zwischen Österreich und Preußen, infolge der Ideen- und Tatenlosigkeit der preußischen Regierung ins Stocken gekommen. Sie ist in einem (1815) als Notbehelf errichteten schwächlichen „Deutschen Bund" versandet, und, vom Volk einseitig aufgegriffen, in einer unreifen Revolution (1848/49) gescheitert; nur ist durch sie auch Preußen zum ausgebildeten konstitutionell-monarchischen Staat geworden. Jetzt bringt es Bismarcks überlegene Staatskunst fertig, den äußeren und den inneren Konflikt im Rahmen zweier zeitlich ineinandergreifender Umbildungsprozesse beizulegen und für das Streben der Regierungen und der Parteien die einigende Formel zu finden. Er nötigt durch drei siegreiche Feldzüge zuerst Dänemark, dann Österreich, dann Frankreich, der Vielheit innerdeutscher Länder den Zusammentritt zum Nationalstaat freizugeben, und er sichert den zur kritischen Zeit in ihrer Volkstümlichkeit und Leistungsfähigkeit erneuerten Länderregierungen die Möglichkeit, sich mit der preußischen Führermacht als dem eigentlichen Träger der Reichsregierung zu einem kollegialen Gesetzgebungsorgan, dem Bundesrat, zu vereinigen, das zu den Akten der Rechtssetzung mit der Vertretung des gesamten deutschen Volks, dem Reichstage, zusammenwirkt.[3]) Deutsch-Österreich wird durch die Machteinbuße, die sein Ausschluß von der Reichszugehörigkeit ihm bringt, genötigt, Ungarn mit seinen Untertanenländern (Siebenbürgen, Kroatien) die Gleichberechtigung mit dem Komplex der österreichischen Kronländer einzuräumen, ihm die Konstituierung mit eigenem Ministerium und eigenem Zweikammerparlament in Budapest in der Art wie den nunmehr erst gleichartig in Wien organisierten Gewaltträgern der Exekutive und der Legislative zuzugestehen. Die Einheit wird in dieser „Realunion" nur durch die verfassungsmäßig gemeinsame Dynastie und ein gemeinsames Ministerium für Auswärtiges, Heer, Marine und für die Finanzen in diesen gemeinsamen Angelegenheiten festgehalten. Aber der alte Zusammenhang mit Deutschland wird schon zehn Jahre nach der Auseinandersetzung von 1866 durch eine von Bismarck selbst sofort betriebene Allianz zwischen den

1) Die Verfassung des Königreichs Sardinien wird bei dieser durch gleichförmige Volksabstimmungen sich vollziehenden Anschließung ohne weiteres als Verfassung des Königreichs Italien übernommen. Ihr Charakter, ursprünglich rein konstitutionell-monarchisch, erhält aber durch die Einheitsbewegung ein stark demokratisches Element beigemischt, weil ein Teil der einbezogenen Länder (Neapel—Sizilien) durch die von dem Genuesen Giuseppe Mazzini begründete republikanische Partei „Giovane Italia" und ihren populären Führer, den Nizzarden Giuseppe Garibaldi, in eigenmächtiger Volkserhebung zum Eintritt aufgerufen worden ist.

2) Weimarische 1816; bayerische Verf. v. 26. 5. 1818; badische v. 22. 8. 18; württembergische vom 25. 9. 19; hessische v. 17. 12. 20: sächsische v. 4. 9. 31; ebenso Hannover, Braunschweig usw. Die Hansestädte wandeln ihre republikanischen Verfassungen in modernem Geiste.

3) Über den äußeren Verlauf und den Formenausbau näher Richard Schmidt, Grundlinien S. 10ff.

beiden Reichen gewahrt. Diese Ereignisse bilden den Abschluß der allseitigen Neuorganisation Europas, die — bei der damaligen Isoliertheit Frankreichs — einen dauerhaften Bestand erwarten läßt.[1])

Während dieses ganzen Zeitraums ist die europäische Staatengesellschaft der Schauplatz für die gesetzgeberische Durcharbeitung der Fragen des Staatsrechts, die — aus der älteren Verfassungsbildung in Ansätzen übernommen — noch nie so intensiv und allseitig und noch nie auf so breitem Raum und in so starkem Wettbewerb erörtert worden sind, wie nunmehr. Erst jetzt werden unter den Händen der in wesentlichen Teilen international arbeitenden Staatsrechtswissenschaft die Begriffssysteme geklärt, die für die verschiedenen Möglichkeiten des Rechts der Staatsorganisation wie für die des Rechts der staatlichen Funktionen in ihrer Beziehung zu den Bürgern die Denkformen wie die an der Erfahrung erprobten Wertformen darbieten (o. S. 10ff.), und auf diesem Wege in Wechselwirkung von gesetzgeberischen Experimenten, staatlicher Praxis, besonders parlamentarischer Praxis und wissenschaftlichen Diskussionen, die Problemgruppen durchgeprüft, die sich aus rechtlicher Regelung staatlichen Lebens ergeben — aus der Form und deren gegenseitigem Verhältnis der obersten Gewalten[2]), aus der Form und dem Verhältnis der unteren Staatsorgane, der Behörden des Staats und der Organe der provinziellen oder kommunalen Selbstverwaltung[3]), aus der einheitlichen oder föderativen Gliederung[4]), aus der Abgrenzung, Verteilung und Ausübung der politischen Rechte, die den Staatsangehörigen mit dem Staat verbinden[5]), aus den Maßregeln des Schutzes, die den bürgerlichen oder freiheitlichen Rechten der einzelnen zur Verfügung gestellt werden[6]), aus dem Verhältnis zwischen den verschiedenen Staatsfunktionen, Begrenzung oder Ausdehnung der Verwaltung usw. Eine allgemeine und bedeutende Bereicherung und Verfeinerung des politischen Gedankenschatzes ist das Ergebnis. Der mehr oder minder große Beitrag zu ihm liefert einen der wesentlichen Maßstäbe für die in den verschiedenen Nationen aufgespeicherte staatsbildende und staats-

1) An die Begründung des Deutsch-Österreichischen Bündnisses knüpft innerlich die Organisation einer neuen Gruppe selbständiger Balkanstaaten zwischen Rußland und der Türkei (oben S. 151, Anm. 2) unmittelbar an.

2) Monarchie und Republik: konstitutionelle Monarchie (Deutschland, Österreich) oder parlamentarische Monarchie (Belgien, Holland, Griechenland) oder Mischung beider (Italien, Spanien, Schweden-Norwegen, o. S. 152. 153)? — Präsidentschaftsrepublik (Vereinigte Staaten) oder Parlamentsrepublik (Schweiz, Frankreich), jede von beiden auf demokratischer Basis (ältere Union 1787—1830, Schweiz) oder auf oligarchischer, plutokratischer Basis (spätere Union u. S. 160, Frankreich)?

3) Zentralisation und Dezentralisation: überwiegend kommunale Organe der Lokalverwaltung (England seit 1832) oder überwiegend staatliche Lokalverwaltungsbehörden (französisches Präfektensystem) oder Ausgleichung beider Systeme der Staats- und Selbstverwaltung (deutsche Einzelstaaten, österreichische Kronländer), Italien, Spanien.

4) Einzelstaaten (England, Frankreich, Italien, Spanien) oder Bundesstaat (Eidgenossenschaft, Union, Deutsches Reich) oder Verknüpfung beider Strukturen (Österreich und Ungarn, o. S. 153, Norwegen und Schweden).

5) Systeme der Wahlfähigkeit (des „aktiven" Wahlrechts): beschränktes (Zensus) oder unbeschränktes Wahlrecht; ungleiches Wahlrecht, Klassenwahlrecht (Preußen), Pluralwahlrecht (Belgien) oder gleiches Wahlrecht — Systeme des Wahlverfahrens: Mehrheitswahl oder Verhältniswahl.

6) Stark entwickelte Befugnis des Bürgers zur Anrufung der Rechtspflege durch Klage oder Beschwerde gegen Übergriffe der Behörden über die rechtlichen Grenzen und Formen der Steuer-, Bau-, Schul-, Straßen-, Polizeiverwaltung usw., sei es der „ordentlichen" Justiz, der bürgerlichen, zivilen Gerichte (England), oder der eigens zur Überwachung, der Beobachtung des öffentlichen Verwaltungsrechts geschaffenen und in sich geschlossenen Verwaltungsgerichte (deutsche Länder) — schwächlich entwickelter öffentlicher Rechtsschutz (Frankreich).

rechtssetzende Kraft. Neben der Schweiz, Belgien, den Vereinigten Staaten spielt hier auch Deutschland sowohl mit dem Staatsleben der Einzelstaaten wie mit dem des jungen Reichs eine erhebliche Rolle, während Frankreich in den Schwankungen seiner Verfassung und in der andauernd fast ausschließlich machtpolitischen Einstellung staatsrechtlich so gut wie ganz unfruchtbar bleibt.

Freilich ändert sich auch in dieser Zeit des Reiferwerdens der politischen Gestaltung nichts an der einfachen Wahrheit, daß die Formen und Regeln des staatlichen Auf- und Ausbaus nur die eine Seite im Wertbestand eines Gemeinwesens ausmachen, daß die kulturelle Wirksamkeit des Gemeinwesens nicht minder stark oder stärker von der politischen Gesinnung des Volkes, besonders von der seelischen Eigenart der in den Organen des Staats hauptsächlich vertretenen Klassen und von der Handhabung der Verfassung durch die politischen Parteien bedingt wird. Hierin prägen sich im Verhältnis der modernen Verfassungs- und Nationalstaaten trotz der Ähnlichkeit ihrer Verfassungseinrichtungen die von früher ererbten Gegensätze in zunehmendem Maße aus, und in sämtlichen Staaten des Festlands spiegelt sich auch im weiteren Verlauf des Jahrhunderts der jugendliche Charakter ihres Verfassungslebens ab. Die Wahlen für die Volksvertretung, deren Zusammensetzungen und Verhandlungen erhalten schon dadurch ein anderes Gepräge als in England und Nordamerika, daß nirgends so wie dort die Bedingungen für die Sammlung der politischen Propaganda in zwei großen Parteizentralen von annähernd gleichartiger Zusammensetzung gegeben sind. Überall beginnt sich das Parteileben in einer Vielheit von Fraktionen einzuführen, unter denen an manchen Stellen noch der aus dem ständischen Staat weiterlebende Gegensatz von grundbesitzendem Adel und größerem Bürgertum weiterwirkt, mindestens aber der Gegensatz der Vermögensklassen, der Reichen und der Mittelklassen, eine trennende Rolle spielt. Der Gegensatz der „Klassenparteien" wird aber überschnitten durch eine „Weltanschauungspartei", die die fast in allen Festlandstaaten mächtige katholische Kirche sich früh zu gründen pflegt, — fähig, Angehörige aller sozialen Klassen, vom Adel und Großkapital bis zu den Massen der Unterklassen der Bauern und Lohnarbeiter, in sich aufzunehmen. Und seit ca. 1830 tritt unter dem Einfluß der von England herübergreifenden Industrialisierung der Antrieb zu einer vierten Parteiorganisation in Geltung, der des fabrikarbeitenden Proletariats, für die eine leidenschaftliche Propaganda von Popularphilosophen zugleich eine eigene Weltanschauung ausbildet, den in seinen modernen Formen kirchen- und religionsfeindlichen Sozialismus oder Kommunismus. Durch seinen bedeutendsten Vertreter Karl Marx von Trier wird er (1848) dem Hauptgedanken untergeordnet, daß das Proletariat — im Zweifel durch revolutionäre Gewalt und unter Vereinigung der Arbeiter aller Länder, alle Unterschiede der Vermögensklassen in einen Zustand allgemeiner Gleichheit einzuebnen bestimmt sei. Vermöge der Beschlagnahme aller Güter und Nutzstoffe und aller Güterproduktionsmittel, vermöge der Übernahme der sämtlichen Funktionen der Arbeits- und Güterverteilung an die Gesamtheit habe die sozialistische Partei die bürgerliche Gesellschaft der wirtschaftlichen und politischen Ausbeutung des Proletariats in eine Gesellschaft gleichen Anteils an Macht, Arbeit und Genuß zu verwandeln, ihr eine hieraus mit psychologischer Notwendigkeit sich entwickelnde brüderliche Gesinnung anzuzüchten, die eine Aufrechterhaltung der Sicherheit und Ordnung mit staatlichen Zwangsmitteln sowohl innerhalb des Volks wie zwischen den Völkern entbehrlich macht. So stellt sich neben und gegen sämtliche „bürgerliche" Parteien eine Partei auf, die — gestützt auf die Hoffnung eines irdischen Glückseligkeitszustands der Zukunft, einer utopischen, bisher noch nirgends verwirklichten „Gesellschaft ohne Staat" — dem bestehenden Staat in seiner historisch unter Leiden erkämpften Ehrwürdigkeit feindlich und ohne Vertrauen entgegentritt.

Allerdings können die modernen Verfassungsstaaten nicht nur nicht der Fortdauer, sondern nicht einmal der Zunahme der gesellschaftlichen Spaltung wirksam begegnen. Und damit tritt gleichzeitig zutage, daß die günstige Lage der Staatenwelt auch der Ausbreitung des höchsten Werts, dessen Besitz die idealistischen Geister der neueren Staaten nach dem unvergänglichen Vorbild des griechischen und römischen Stadtstaats unentwegt zustreben, der Vertiefung des Volkswillens, der Staatsgesinnung, nur an wenigen Stellen ein Wachstum zu bereiten vermag. Überall betont das Parteileben übermäßig die Gegensätze der Klassen und Bekenntnisse, also die Interessengegensätze des Privatlebens, des Berufs und des individuellen Lebensideals, nicht die Zusammengehörigkeit der Einzelgruppen in ihrer Beziehung zum Staat, und besonders das Emporkommen der sozialistischen Doktrinen und Programme wirkt geradezu in der Richtung, die Staatsgesinnung, ja noch mehr, das Gefühl der nationalen Einheit zu ersticken und eine leidenschaftliche Annäherung an die Klassengenossen der „Internationale" auf Kosten des Gemeinschaftsgefühls mit den Land- und Volksgenossen anderer Klassen hervorzurufen. Wo die Kargheit des Bodens die rasche Industrialisierung befördert, wie in Deutschland, lockert sich unter dem Einfluß des Klassenkampfgedankens das Nationalbewußtsein gerade im Augenblick der erreichten Reichseinheit in erschreckender Weise, und auch in Frankreich hat der von der Revolutionszeit her überkommene Nationalstolz, der sich wesentlich nur in den Problemen der auswärtigen Politik regt, in den inneren Fragen bei und nach der mühsamen Herausarbeitung einer endgültigen Verfassung (1875) eine Periode gehässigster Parteizersetzung zu bestehen. So ist schon damals in schwächeren Staaten, wie Belgien, Italien, Ungarn — in letzterem vor allem im Gegensatz zu Österreich (o. S. 153) —, ein kraftvolleres Eingreifen des Volkswillens in die staatlichen Lebensakte unverkennbar, und vor allem die Schweiz erzeugt in der Schaffung des „Referendums", der Volksabstimmung über kantonale Gesetze und Verwaltungsakte eine glückliche Neuerung, die der ohnehin stark entwickelten Staatsgesinnung der Bürger als erzieherischer Faktor und als Mundstück der Betätigung an die Seite tritt. Schon hier kündigen sich zwischen den Staaten trotz der gleichen Institutionen bedeutende Gegensätze der Bedingungen für die weitere Entwicklung an. Allen diesen unfertigen Gesellschaftskörpern gegenüber vollbringt vor allem England auch in diesem Zeitraum ein außergewöhnlich reifes Werk anpassender Neuorganisation, durch die es sich trotz des differenzierenden Einflusses der Wirtschafts- und Weltanschauungsideale der im Zeitalter liegt, sein wertvollstes Gut, den sozialen Frieden, erhält. Das Gentlemenparlament versteht es zunächst, durch mehrfach wiederholte Kompromisse der konservativen und der liberalen Oligarchie den allzu eng gewordenen Kreis der Wahlberechtigten zu erweitern und dadurch Wähler und Gewählte zu demokratisieren, aber doch so schrittweise und langsam, daß die außen- und innenpolitische Staatsleitung der Adels- und Großbürgerklasse damit nicht verloren oder gar aufgegeben wird. Die Angehörigen der alten Familien oder die gesellschaftlich eng an ihre „Patronage" angeschlossenen bewahren sich die Verfügung über die maßgebenden Kabinettssitze und überlassen den neuen Leuten der mittelständisch-radikalen Gruppe des Liberalismus (o. S. 155) im wesentlichen nur die dirigierenden Posten des Armen-, Gesundheits-, Bauwesens usw., die immerhin genügen, auch eine Übereinstimmung, eine Fühlung zwischen Ober- und Unterklassen lebendig zu erhalten. Vor allem aber benutzen die Parteileiter beider Hauptparteien die häufigen Gärungszustände aller dieser Umbildungen, um die selbständige Stellung der herrschenden Ringe und ganz besonders der Führerpersönlichkeiten, die den Stoff für die Kabinettsbildung abgeben, gegenüber ihren eigenen Anhängern im Parlament zu stärken, indem sie die Wählermassen unter ihren Einfluß ziehen und zur Waffe gegen die Unterhausfraktionen zurechtschmieden. Zwei ganz England und Schottland einbegreifende „Parteimaschinen" spannen die sämtlichen Wahlvereine der Stadt- und Landwahlkreise in zwei entsprechende Systeme, die in einem Zentralausschuß in London konzentriert sind und von einem „Office" des „Leaders" aus dirigiert werden können, und die Orientierung über die Stimmung im Lande, die den leitenden Staatsmännern durch diese Fäden gewährleistet wird, gibt ihm nunmehr die Möglichkeit, den dem Grundgedanken nach schon früher angelegten Mechanismus zweier vikariierender Doppelstützen technisch zu berechnen und zuverlässig zu handhaben, hauptsächlich auch jetzt noch, aber in weit vollkommenerer Weise in der Form, das unbotmäßig oder wankend gewordene Unterhaus im günstigen Augenblick aufzulösen und sich eine neue Mehrheit zu schaffen[1]). Der englische Staat wird damit zur Demokratie auch im engern Sinn des Herrschaftssystems. Der Akt der „allgemeinen Wahlen" funktioniert nunmehr im realen Erfolg nicht mehr bloß als Wahl der Abgeordneten des Unterhauses, sondern in erster Linie als mittelbare Wahl des Premierministers, insofern die Personen der konkurrierenden Staatsmänner beider Parteien den Wählern allgemein bekannt sind und die Stimmen bewußt für ein Kabinett Peel oder Melbourne, für Gladstone oder Beaconsfield abgegeben werden. Die Bedeutung der Parlamentswahl umschließt also in gewissem Sinne zugleich die der Präsidentenwahl der Vereinigten Staaten; die Persönlichkeit des Königs verliert seit ca. 1850 noch mehr an Gewicht als schon zuvor. Die leitenden Staatsmänner nehmen die größere Unabhängigkeit, die jene festere Stellung dem Kabinettsleiter gegenüber der Volksvertretung verschafft, wahr, um sie im parlamentarischen Betrieb technisch immer mehr auszubauen, dem Premierminister die Initiative in den Verhandlungen des Unterhauses und den Einfluß auf deren Gang möglichst zu sichern[2]). Die Biegsamkeit des Systems verhindert aber andrerseits das ganze Jahrhundert hindurch die Zersplitterung der Parteien. Trotz der außerordentlich weitgehenden Industrialisierung Englands und trotz der unausgesetzten heftigen Kämpfe der Arbeiter gegen die Unternehmer um Lohn-, Arbeiterschutz-, Volksernährungs- und Volksbildungsfragen, trotz häufiger Streiks und bedrohlich erscheinender Demonstrationen, zweigen sie sich nicht in einer eigenen Partei ab. Vor allem vermag der doktrinäre, international gerichtete Sozialismus (o. S. 155) in den Programmen der englischen Arbeiter nicht Fuß zu fassen. Sie bewahren ihre nationale und staatliche Gesinnung unverändert und erhalten damit der äußeren und inneren Politik des Landes ihre Stetigkeit und Stärke.

Nicht weniger großzügig und schöpferisch und ebenfalls einzigartig ist die organisatorische Gesetzgebung zu werten, in der England während der gleichen Zeit die abhängigen überseeischen Länder, seine Kolonien, an den Nationalstaat anzupassen weiß, um sie sich hierdurch für absehbare Zeit zu erhalten.

Zunächst besteht die Gefahr, daß sich im Verlauf die weißen Siedlungskolonien, Kanada (S. 143) wie auch das 1785 besetzte Australien und das im napoleonischen Kriege (1805, endgültig 1815) erworbene Kapland, dem Mutterland ebenso entfremden möchten, wie dies früher bei den atlantischen Staaten Nordamerikas geschehen ist. Denn

1) Äußerlich folgt England hierbei vielleicht dem Urbild der Vereinigten Staaten, die das Parteisystem (dort „Caucus" genannt) schon um 1830 ausgebildet hatten, während in England die entscheidenden Organisationsakte erst auf 1867 (für die Konservativen, — Disraeli) und 1884 (für die Liberalen, — Gladstone) fallen. Nur hatte und hat das System dort noch eine wesentlich andere, formalere Bedeutung, da der Präsident das Recht der Auflösung des Repräsentantenhauses nicht besitzt, andrerseits auch das letztere den Präsidenten oder einen seiner Staatssekretäre während der Dauer der Präsidentschaft nicht stürzen kann. Hier wird die Parteimaschine deshalb früh zum Werkzeug unverantwortlicher (klassenegoistischer) politischer Mächte (u. S. 161).

2) Ständiger enger Kontakt mit dem Vorsitzenden des Unterhauses (Speaker), der souverän über Worterteilung und -versagung, über Schluß der Debatte verfügt (Closure), — Beschränkung der Sitzungstage, die für Anträge von Einzelmitgliedern der Fraktion im Gegensatz zu Regierungsanträgen vorgesehen sind — Schaffung der Disziplinargewalt des „Einpeitschers" (Whip), der für das Erscheinen der Mitglieder in den Sitzungen sorgt usw.

wie jene ältesten, dann abtrünnig gewordenen Pflanzungen, werden auch die jüngeren wesentlich von englischen Gouverneuren mit staatlich ernannten Vollzugsräten regiert[1]). Aber Unruhen in Kanada geben (1830) den Anstoß, den einzelnen selbständigen Kolonialterritorien eine volle Verfassung mit zwei Kammern zu gewähren und ihnen die Einsetzung eines Ministeriums ihres Vertrauens als des eigentlichen Trägers der Regierungsgewalt nach Maßgabe des Parteisystems zu überlassen. Diese Grundsätze werden auch auf die noch hinzutretenden Siedlungsstaaten erstreckt und alle Gebiete schließlich (1867) zu einem föderativen Gemeinwesen zusammengefaßt, das die Form des „responsible government" auf der höheren Stufe des Bundes in Nachahmung der nordamerikanischen Union über den Staaten wiederholt und dem Gouverneur nur die Ausübung einer korrigierenden Gewalt wie der der englischen Krone übrig läßt.[2]) Nach Art der „Dominion of Canada" wird zwischen 1850 und 1900 auch der australische Kontinent zu einem demokratischen Kolonialbundesstaat, dem „Commonwealth of Australia"[3]) aufgebaut, — ebenso seit ca. 1850 Südafrika[4]) mit seiner gemischt holländisch-burischen und britischen Bevölkerung zu organisieren begonnen. Damit entsteht ein Reich von einer Biegsamkeit der Organisation, wie es die Welt noch nicht gekannt hat, — ein Staat, der an Macht die übrigen Staaten zwar weit überbietet, der aber den Gedanken der Gleichberechtigung an Umfang, nationaler Geschlossenheit und verfassungsmäßigem Ausbau in das Verhältnis zwischen Mutterstaat und Kolonialterritorien mit aufnimmt, seine eigene Struktur also dem Verhältnis der verschiedenen nationalen und souveränen Glieder der Staatenwelt soweit möglich anpaßt und solchergestalt die Verbindung des römischen Italien mit seinen Provinzen oder des kastilischen Spanien zu seinen abhängigen Ländern weit an Vollkommenheit übertrifft. Allseitig gerecht ist auch das englische System noch nicht. Gerade die älteste Kolonie des Staats, Irland, erst um 1830 überhaupt zu eigener politischen Vertretung im Londoner Parlament fähig geworden, erringt das leidenschaftlich erstrebte „Home-Rule", die heimische Autonomie mit eigenem Parlament und eigenem Kabinett in Dublin und die Gesetzgebung und Selbstverwaltung in Finanzverwaltung, Landwirtschaft, Schule, Justiz und Religion das ganze 19. Jh. hindurch nicht, und ebenso wird die größte und kulturell eigenartigste Kolonie, Indien mit seinen 300 Mill. Einwohnern unter dem englischen Generalgouverneur, dem Vizekönig, und seinem ausschließlich mit Engländern oder Angloindern besetzten Staatsrat und Provinzialgouvernements in rein absolutistischer Gesetzgebung und Verwaltung gehalten.

Überschaut man den Reichtum der staatlichen Formen und die Vielgestaltigkeit der staatsrechtlichen Normensysteme, die innerhalb des 18. und 19. Jhs. zur Entstehung gelangen, geht man bei spezielleren Studium des einen oder anderen Einzelstaates den individuell differenzierten Parteibildungen nach, durch die die Verfassungsbildungen bedingt sind, und

1) Neben dem Executive Council besteht von Anfang an auch eine teilweise gewählte Legislative Assembly, aber mit schwach entwickelten Kompetenzen.

2) Urspr. besteht die Kolonie nur aus den beiden Territorien Ober- und Unterkanada (Ontario und Quebeck, letzteres der Sitz des Restes der französischen Kolonistenbevölkerung S. 135). Hierzu treten Neu-Schottland und Neu-Braunschweig, seit 1870 auch Manitoba und Kolumbia.

3) Er setzt sich aus den selbständigen Einzelkolonien Neu-Süd-Wales, Vandiemensland (urspr. Tasmanien), Südaustralien, Victoria, Queensland zusammen. Neuseeland, zuerst Teil von Neu-Süd-Wales, wird 1840 als unabhängiger Kol.-Staat abgetrennt.

4) Hier stößt, nachdem an das Kapland noch Natal (1842) angegliedert worden, der Prozeß zunächst auf Widerstand, da die von den Vorbesiedlern, den Kap-Buren, begründeten nördlichen Angrenzerstaaten, Transvaal- und Oranje-Freistaat, sich der Unterwerfung widersetzen. Erst nach ihrer Niederlage (1900) wird 1909 die Föderation der südafrikanischen Territorien, die South African Union konstituiert — mit dem tätigsten der Burengenerale, Louis Botha, als erstem Kabinettschef.

den mannigfaltigen Bestrebungen des Parteilebens, die sich umgekehrt der Eigenart des Verfassungslebens anzupassen suchen, so stellt sich die Staatenwelt des modernen Europa in ihrer Gesamtheit als das nach Breite und Tiefe bedeutendste Erzeugnis der politischen Entwicklung dar. Zugleich fällt von diesem Endprodukt erst das rechte Licht auf die ältere Entwicklung Europas und seiner Grenzgebiete. Da sich gezeigt hat, daß kein Glied der Bewegung, weder das vorderasiatische, griechische, altitalische noch eine der Stufen der christlichen Welt aus der Vorgeschichte der modernen Formen weggedacht werden kann, daß im Gegenteil ein jedes von den späteren aufgenommen und zu neuen Kombinationen verarbeitet wird (S. 127), so erweist sich die Arbeit Europas am Staat auch in ihrem Gesamtverlauf genommen als die für die Erde maßgebende Staatsentwicklung schlechthin im Vergleich mit der des Auslands, besonders mit der politischen Kulturleistung Asiens. Wenn auch der moderne Chinese oder Inder gelegentlich auf das europäische Staatsleben glaubt herabschauen zu dürfen, wenn er die Unruhe und Gehässigkeit seines Charakters, die ewigen Kriege und Parteiverfolgungen mit ihren Leidensfolgen für Menschenschicksale und ihren zerstörenden Wirkungen für materielle und noch mehr für geistige Kulturgüter aller Art als Kennzeichen eines geringeren Wertes hinstellt und für das von konfutsianischem und buddhistischem Geist getragene Gemeinschaftsleben mit seiner Organisation den Ruhm des höheren, reiferen und feineren Erzeugnisses in Anspruch nimmt gegenüber dem Staat der griechisch-klassischen oder der christlichen Kultur, so kann dieser Streit nicht ernst genommen werden. So zweifellos die individuelle Fülle der leiblichen und geistigen Menschenpersönlichkeiten trotz des harten Preises, um den der einzelne die Ausbildung seiner Persönlichkeit erkauft, der Gleichförmigkeit und Eintönigkeit des Asiaten überlegen ist, so sicher ist es auch die Eigenart der europäischen Staatswesen. Unter den Lebensbedingungen der irdischen Welt, in die die menschliche Gattung von ihrem Schicksal gesetzt ist, gibt es keinen anderen Maßstab für den Wert ihrer Kulturerzeugnisse als den Reichtum der Gestaltung.

Das vorläufige Schlußfazit der vorausgehenden Betrachtung erprobt sich am einfachsten an der Tatsache, daß gerade am Ende der Periode von 1720—1870 die europäischen Staatsformen und politischen Lebensformen beginnen, in die fremdrassigen Länder überzugreifen, nachdem sie deren bodenständige Einrichtungen in Amerika und Australien bereits früher aufgesogen hatten. In denselben Monaten, als sich die deutschen Länder nördlich der Mainlinie zum Norddeutschen Bund, der Vorstufe des Deutschen Reichs, zusammenschließen (Frühjahr 1867), vollzieht der japanische Inselstaat seinen Eintritt in die völkerrechtliche Gemeinschaft der europäischen und amerikanischen Staaten. Gerade diejenigen Volkselemente, die soeben dem Andrängen der Engländer, Franzosen, Amerikaner und Preußen nach Öffnung des Landes für den Handel bewaffneten Widerstand entgegengesetzt und den Militärregenten, den Shogun (o. S. 37) um seiner Schwäche gegen die Fremden willen revolutionär gestürzt haben, ergreifen die Initiative, um die Grundlage für den Aufbau eines Beamten- und Verfassungsstaats europäischer Art zu schaffen. Anscheinend ist die hierfür gewählte Form nach wie vor die alte Monarchie des Mikado, der — unter gleichzeitiger Abschaffung des Shogunats — aus seiner bisherigen Residenz Kioto in die Shogunatshauptstadt Yedo, nunmehr „neue Hauptstadt", Tokio, genannt, übersiedelt. Aber schon dieser Bruch der Tradition deutet an, daß die wahre Herrschaft im Staate an die Träger der Verfassungsänderung übergeht, an die Führer der Berufskriegerklasse, der Samurai. Die Häupter dieser landschaftlich getrennten Provinzialoligarchie übernehmen die Ministerien des neuen Rechtsstaats. Hierbei wird sofort ein Notabelnrat zur Feststellung einer Verfassung mit zwei Kammern niedergesetzt, und nach zwanzigjähriger sorgsamer Vorbereitung tritt (1889) der neue Staat nach europäischem Schema mit dem kaiserlichen Ministerium und dem Zweihäuserparlament in Aktion, in Wahrheit hinter den Kulissen geleitet von den „ursprünglichen Staatsmännern", den Führern der Samuraiervolution. Im Gegensatz zu diesem sehr zielbewußten Vorgehen Japans, das den Eintritt in die europäische Staatengemeinschaft nach völkerrechtlichen Gepflogenheiten (S. 137) mit voller Selbstbestimmung der Politik zu verbinden weiß, verharrt China während der gleichen Zeit unter der schlaffen und planlosen Regierung der Mandschu-Dynastie und in den alten Formen, von Aufständen des Vizekönigs beunruhigt, den Europäern gegenüber passiv und hilflos.

Die Gründung des japanischen Verfassungsstaates bezeichnet den Abschluß der anderthalbhundertjährigen rechtsstaatlichen und friedlichen Entwicklung der Welt, — ihren letzten ausgesprochenen Erfolg. Aber dies Ereignis fügt auch das letzte Schlußglied in die Kette der äußeren und inneren Verschiebungen in den Lebensbedingungen der Staaten, aus denen es sich erklärt, daß die Staatenwelt ein fast in das Gegenteil verkehrtes Bild zeigt.

6. Die veränderten Entwicklungsbedingungen des Staatensystems im modernen Zeitalter.

Das neue Vordringen des Imperialismus, die „planetarische Einstellung" des Staatensystems und die neuen Aufgaben. Der Aufstieg des Deutschen Reichs und die Einkreisung Deutschlands. Während der letzten Generation ist in Europa an Stelle eines Zustands freier Bewegung und hoffnungsvollen Aufstrebens der Staaten ein Zustand innerer Hemmungen und mutlosen Mißvergnügens getreten, an Stelle der wechselseitigen Achtung und Rücksichtnahme im Völkerverkehr ein Verhältnis der gegenseitigen Verhetztheit, der gewalttätigen Unterdrückung der einen zugunsten neuer Vorrangstellung der anderen. Die heute landläufige Vorstellungsweise knüpft diese Verschiebung an den Weltkrieg 1914 an und macht — auch in großen Schichten des deutschen Volkes — Deutschland für das Unheil verantwortlich. Man spricht von dem Wiederaufbau des früheren politischen Zustands als der eigentlichen Aufgabe der Zukunft.

Aber nicht nur wegen der Beziehungen Deutschlands zu seinen jüngsten Feinden oder zu den Neutralen des Kriegs, sondern zur Beurteilung der Lage und der Aufgaben unserer Staatenwelt überhaupt gilt es zu erkennen, daß die Ursachen der Umgestaltung viel tiefer liegende und viel weiter gespannte gewesen sind. Sie liegen in der Wiederkehr eines die nationale, kulturgemeinschaftliche Basis zurückdrängenden, eines international gerichteten Geistes des Universalismus oder Imperialismus. Naturgemäß greift er einerseits auf die Reminiszenzen des Barockzeitalters zurück (S. 128 ff., 137). Aber seine Verstärkung ist durch die eben geschilderte Blüteperiode selbst hervorgerufen. Offenbar ist es gerade die Folge einer annähernden Versöhnung zwischen dem gesicherten Macht- und dem geordneten Rechtszustand der modernen Staaten, zwischen einer überall empfundenen Harmonie der Staatsgewalten und der Völker, daß die produktiven Kräfte von neuem einen expansiven Drang entfalten, um den erreichten Zustand relativen Glücksgefühls zu steigern, daß die Regierungen erhöhtes nationales und politisches Selbstbewußtsein erlangen, um ihre Einrichtungen auf primitive Kulturen weiterzutragen. Wie sich an dieser Ausdehnung ihrer Machtsphären einerseits der hohe Stand des Gleichgewichtssystems erst recht erproben und messen läßt, so verbreitert andererseits die Bewegung die Basis des europäischen Staatensystems, und diese Verbreiterung nimmt diesmal ähnlich wie bei älteren analogen Erscheinungen dank des gesteigerten Wettbewerbs der gleichgerichteten und ebenbürtigen Staaten ganz einzigartig vergrößerte Dimensionen an. In der unmittelbaren Wirkung erscheint die Bewegung als eine Wiederkehr des machtpolitischen, gewalttätig-expansiven Geistes, der seit dem Spanischen Erbfolgekrieg und erneut seit den napoleonischen Kriegen unterdrückt gewesen war. Aber sie kehrt jetzt in so großem Stil wieder, daß in diesem Fall nicht nur ganz Europa, sondern alle Kontinente in die von ihm hervorgerufenen politischen Probleme hineingezogen werden.

Der eigentliche Herd, an dem sich die universalistische und absolutistische Begierde der modernen Großstaaten von neuem erhitzt, ist **Rußland**, da es die Verbindung mit dem Eroberungsdrang der älteren Autokratien (S. 142) kontinuierlich aufrechterhält und sich vom völkerrechtlichen und konstitutionellen Geist überhaupt nicht berühren läßt. Bei seiner exzentrischen Lage zu Europa sucht es die Interessenbeziehungen zum Westen fast ausschließlich in den wirtschaftlich-technischen Verkehrsformen, auf dem Gebiet der materiellen Kultur und, unfähig, hierin mit den älteren Kulturländern zu rivalisieren, erstrebt es als Basis seiner sich erst entwickelnden Industrie die denkbar größte Ausdehnung des Exportgebiets, rafft also die dünn bevölkerten asiatischen Länder ohne Wahl an sich, bis es um 1890 sein Reich bis an die Grenzen des chinesischen und des anglo-indischen Staats bis zum Amur und zum Hindukusch und damit bis zur Größe von 30 Millionen Quadratkilometern und 200 Millionen Einwohnern erweitert hat.[1]) Diese Außenpolitik bestimmt auch die innerstaatliche Haltung des Zarentums. Um die riesige räumliche Spannung der Reichsteile auszugleichen, wird das Gegengewicht einer stärkeren **Zentralisierung der Staatsgewalt** eingesetzt und deshalb das zusammenhaltende Element immer einseitiger in das der Krone und ihrem Staatsrat untergeordnete und unbedingt verfügbare Heer und Beamtentum verlegt, in seinem Einfluß auf die Untertanenschaft soweit möglich noch durch die geistige Leitung der orthodoxen Kirche verstärkt, aber ohne jede Ergänzung durch inneren Kontakt mit der **Gesellschaft**. Alle Elemente, die die letzere von innen heraus verknüpfen könnten — Gemeinde-, Provinz- und Völkerschaftsorgane, Organe berufsständischer Korporationen wie freier Vereinsorganisationen — werden in steigendem Maße unterdrückt, aus ihrer Passivität nicht herausgehoben, sondern in ihr geflissentlich festgehalten. Die Individuen der Massenschichten werden der unbeschränkten Macht der Militär- und Zivilbehörden, des Großgrundbesitzes und Großkapitals, also der Willkürherrschaft einer bevorrechtigten Klassenkoalition, der „Tschinownik"[2]) und damit einem bleibenden Zustand der Bedrückung ausgeliefert. Es gestaltet sich in der poetischen Gedankenwelt Dostojewskijs zu dem Gemälde eines furchtbaren, hilflosen Leidens des Kleinbürgertums, des großen ganzen Bauernstands und des sich neu bildenden Proletariats und bereitet in den „Intellektuellen" Rußlands allmählich die geistige Atmosphäre vor, in der sich das Volk einer schroffen Gegensätzlichkeit zu den westlichen Nationen, aber auch einer besondern mystischen Mission für ganz Europa bewußt wird, — die Prädisposition für die dem heutigen Bolschewismus die Nahrung gebende Seelenstimmung.

Um die gleiche Zeit tritt an der entgegengesetzten Peripherie der modernen Staatenwelt, in den **Vereinigten Staaten**, eine von langer Hand eingeleitete politische Strukturveränderung in Wirkung, die der russischen Asienpolitik in einem Hauptpunkte entspricht.

Der kolonisatorische Geist Englands ist in diesem selbst aus Kolonien erwachsenen zweiten Angelsachsenstaat von Anfang an so eingewurzelt geblieben, daß von seinen Leitern instinktmäßig die erste Gelegenheit zur Erwerbung des ursprünglich schmalen Gebiets zwischen Alleghanigebirge und Atlantik ergriffen wird. Das noch fast völlig unbesiedelte Land zwischen Alleghanis und Mississippi ist (1787) England schon beim Friedensschluß abgenommen worden. 1803 nimmt man Frankreich das rechte Ufer des Mississippi (Louisiana), 1811 den Spaniern Florida. Aber der in diesen Jahren beginnende Abfall Mexikos und der übrigen

1) **Ostsibirien** wird in unmittelbarer Reaktion gegen die gescheiterten Pläne des Krimkriegs (S. 151) bis zum Amur besetzt (1858), **Transkaspien** wird stückweise seit 1867 okkupiert (Kokan, 1868 Taschkent und Samarkand, 1876 Chiwa und Bochara, 1892 Pamir), bald darauf zu den Gouvernements Turkestan und den angrenzenden organisiert.

2) „Tschinownik", die übliche Benennung der in zahllose Rang- und Gehaltsstufen verteilten Beamten, nicht aus dem chinesischen Sprachgebrauch übernommen, sondern von dem slawischen Wortstamm „tschin" = Handeln abgeleitet (soviel als „Funktionär").

zentral- und südamerikanischen Kolonien Spaniens und Portugals bietet der Union die Handhabe, ihre Ziele weiter zu stecken. Durch die Botschaft des Präsidenten Monroe an den Kongreß (1823) wird den europäischen Mächten jede Einmischung in die Verhältnisse des amerikanischen Kontinents in seiner weitesten Ausdehnung verboten und damit ein latentes Protektorat der Union über Brasilien, Chile, Argentinien usw. proklamiert. Sodann wird (1845) offen das große Texas in den Bereich der Union hineingezogen und in den folgenden Jahren schon Kalifornien und die anschließende Westküste am Stillen Ozean zu Territorien und weiterhin zu Gliedstaaten des nordamerikanischen Bundesstaats umgewandelt. Unabsehbar ausgedehnte Bodenwerte werden durch das rasche Anwachsen des Staats in die Hände von Bodenspekulanten gebracht. Die Anfänge der amerikanischen Riesenvermögen bilden sich und neben dem Einfluß des Geldes und der Geldjagd nimmt auch das öffentliche Leben eine neue, vergröberte Form an. Die beiden großen Parteien, die Republikaner und Demokraten, die in der Zeit der Staatsgründung dem sachlichen Gegensatz der Interessen der Einzelstaaten und der Machtstärkung des Gesamtstaats entsprungen gewesen, geraten beide unter die Führung von Spekulantenkoterien, die ihre großen Mittel benutzen, um bei den Wahlen zu den Senatoren- und Abgeordnetensitzen, bei der Besetzung der Ämter, auch der Gemeindeämter, ihre Anhänger zu versorgen, — auf diesem Weg ihre wirtschaftlichen Interessen zu betreiben und das öffentliche Leben wesentlich zum privaten Geschäft auszubauen. Seit der Präsidentschaft Jacksons (1828) ist der Ausbau der über das ganze Land hin ausgebreiteten und disziplinierten Parteien und des mit ihrer Hilfe betriebenen „Spoilsystems", des „Beutesystems", bald diesen, bald jenen Ring der Parteigänger in den Besitz und Profit der Staatsmacht zu bringen, vollendet.

Allerdings liegt der ruckweise verlaufende Vorgang einer modernen Welteroberung lange Zeit im Schatten, weil die inneren Verhältnisse der Union bald nach dem Abschluß der Besitzergreifung des nordamerikanischen Massivs eine Hemmungserscheinung hervorrufen, die die unmittelbare und intensive Auswirkung jenes Vorgangs auf länger als ein Menschenalter verhindert. Zwischen den Gliedern des ursprünglichen Bundes an der atlantischen Küste selbst, zwischen den südlichen Staaten, vor allem Virginien und Carolina, und den nördlichen, besonders Pennsylvanien, Massachussets und New York, hat sich ein Gegensatz vorbereitet, der jetzt — um 1850 — zu einer Lösung drängt. In den Südstaaten, von denen seinerzeit die Begründung des Freistaates ausgegangen war, beginnt die soziale Schicht, die seit einem halben Jahrhundert die Träger der Herrschaft gewesen war und fast alle Präsidenten gestellt hatten, die Klasse der großen Zucker-, Indigo- und Baumwollplantagenbesitzer, unter ihren politischen Ansprüchen einzusinken. Ihr auf die Arbeit schwarzer Sklaven und auf deren Züchtung gestelltes Wirtschaftssystem, verbunden mit den klimatischen Einflüssen bringt die Zunahme der weißen Bevölkerung des Südens ins Stocken und schafft jenes feindselige Verhältnis zu den Nordstaaten mit ihrer stärkeren, ausschließlich weißen und freigeborenen Bevölkerung, das sich schließlich (1859) im Bürgerkrieg entladet. Sein Hauptergebnis ist — neben der Emanzipation der Neger — der Übergang der Vorherrschaft an die Reederei-, Banken- und Industriestaaten des Nordens, darüber hinaus aber nach Überwindung der Übergangszeit in den rührigeren Händen der neuen Herren erst die volle Ausnutzung des Spoilsystems zu einer ausgesprochenen Finanzoligarchie der „Milliardäre" und ihrer Organisationsformen der „Holding Companies" oder Trusts. In dem zunächst rein homialwirtschaftlich geschlossenen Ring der Bank-, Petroleum- und Kohlen-„Könige" bildet sich ein konstanter Rat, der tatsächlich wie ein regierendes Organ, wenn auch ein inoffizielles, ein nicht-verantwortlich hervortretendes Staatsorgan wirkt. Während seine Mitglieder selbst Staatsämter gar nicht erstreben, beherrschen sie doch unmittelbar den Senat der Union wie die Staatensenate, dirigieren sie fast völlig die Wahlen des Präsidenten, der

Gouverneure, der Parlamente, ja auch der Gemeindeorgane, und die richtunggebenden Entschließungen der Gesetzgebung, der Außenpolitik, der Finanz-, der Rüstungs-, der Handelspolitik, die Fragen der Kabinettsbildung, aber auch zahllose Fragen der das Schicksal der Individuen berührenden Verwaltungs- oder Justizakte werden ohne oder gegen ihren eigenen Willen oder den ihrer Vertrauten oder der von ihnen geleiteten und unterhaltenen Presse nicht möglich. Im Mittelpunkt ihres politischen Interesses steht naturgemäß dauernd die Erweiterung der wirtschaftlichen Einflußsphäre der Vereinigten Staaten. Einmal die vorwaltende Macht in den beiden amerikanischen Kontinenten, wenden sie sich seit den neunziger Jahren Ostasien zu. Sie erheben für China die Forderung der offenen Tür.

Aber auch im westlichen Europa behauptet sich an einer Stelle der Geist der territorialen Machtausdehnung als beherrschende Tendenz der Politik ohne Unterbrechung — nicht in England, das im zweiten Drittel des Jahrhunderts, während einer langen Ära liberalen Regierens, vor handelspolitischen innerpolitischen Erfolgen zurücktritt, wohl aber in Frankreich, wo trotz immer wiederholter Schicksalsschwankungen und Verfassungsänderungen (o. S. 152) bei jeder Wiederkehr einer im Innern beruhigten und kriegsfreien Lage sofort das Streben nach sichtbaren äußeren Erfolgen und damit in Verbindung das Streben nach Konzentration der staatlichen Gewalten in einer Hand, der es in erster Linie die Bewegung zur diplomatischen oder militärischen Bewältigung der auswärtigen Konflikte frei zu machen gilt, in einer die gesamte Politik beherrschenden Weise in dem Vordergrund steht.[1]) Der Hegemoniestellung in Europa beraubt, sucht sich Frankreich in Eile ein Kolonialreich zusammenzuraffen, das schon bis ca. 1900 auf 9 Millionen qkm anwächst, noch ungerechnet das gewaltige Gebiet des nordwestlichen Afrikas, Marokkos und seiner Grenzländer, das seit 1900 das Hauptziel des Ehrgeizes wird.[2]) Das seit der großen Revolution in allen Volksschichten doppelt fest eingewurzelte Bedürfnis nach sensationellen Erfolgen und äußeren Zeichen der Überlegenheit über die anderen Nationen (S. 149) sichert allen Unternehmungen die Gefolgschaft aller Parteien und lehrt die verschiedenen Regierungen allmählich die Methode, geradezu systematisch sich unter den zeitweise immer wieder einander gehässig befehdenden Parteien der Monarchisten und Republikaner, der Klerikalen, „Freimaurer" und Sozialisten, der Großkapitalisten, der bürgerlichen Rentner, Bauern oder Arbeiter durch Ablenkung auf die äußere Politik Mehrheiten zu schaffen. Aber dauernder Nutzen wird für die Masse des Volkes dadurch nicht geschaffen. Die Regierung bemüht sich vergeblich, bei der seit ca. 1830 ständig sinkenden Bevölkerungszahl die annektierten Landflächen zur Siedlung nutzbar zu machen, ebenso sie zugunsten der bodensässigen Bevölkerung zu heben. Im Gegenteil verschlechtert und bedroht auf die Dauer die Verwendung der Kolonien als Rekrutierungsgebiet von farbigen Söldnern das Gedeihen des nationalen Volkstums. Im übrigen dienen sie der Ausbeutung der Bodenspekulanten, Rohstoffimporteure, Eisenbahnspekulanten und Bankiers, um von Jahrzehnt zu Jahrzehnt in ähnlicher Weise die alles überwuchernde Macht des Großkapitals zu steigern, wie sich dies in Nordamerika verwirklicht (o. S. 162). Sie benutzen die Kämpfe der freidenkend bürgerlichen Kreise sowohl gegen links, gegen die Sozialisten,

1) Ganz neuerdings ist durch die Geschichte der englischen Politik seit der Zeit des jüngeren Pitt, herausg. von der Universität Cambridge unter Verwertung der Urkunden der Staatsarchivs (2 Bde. 1922. 1923; vgl. Preuß. Jahrb. 191, 192) anschaulich geworden, daß die Unzufriedenheit mit der angeblich zu schwachen auswärtigen Politik durchgehends ein Hauptmotiv in der Kette der französischen Revolutionen des 19. Jh. (o. S. 152) bildet.

2) Algier (1830—47), Hinterindien (1862—82), Madagaskar, Tunis (1884). Nebenhergehend zum Teil langwierige und kostspielige Unternehmungen gegen Syrien, Abessynien und Sudan, Mexiko — Rückfälle in die europäische Erweiterungspolitik gegen Belgien (1830), Luxemburg (1867), gegen das deutsche linke Rheinufer, gegen das spanische Catalonien.

die sich in Frankreich zu einer starken Parteiorganisation nicht aufschwingen, wie gegen rechts, gegen die Klerikalen, die sich ihre Vorherrschaft aus monarchischer Zeit auch in der Republik zurückerringen wollen, um sich selbst, der einzigen bleibenden Macht im Staat, eine höchstgeschlossene und das ganze Land durchziehende Organisation zu schaffen.[1]) Anfangs des neuen Jahrhunderts beherrscht sie mit ihren finanziellen Machtmitteln und ihrer Presse die Ministerbesetzungen und Abgeordnetenwahlen wie die politischen Gruppierungen in so nachhaltiger Weise, daß der Zustand in der letzten Zeit des ancien régime noch überboten ist. Auch gegen sie bietet sich als Auskunft nur aktive Auslandspolitik, wenn die Nation aus Korruption und aus materieller Verödung herausgerissen werden soll.

Die machtpolitische Neueinstellung oder Umstellung der drei anderen Großmächte treibt, schon während sie sich allmählich entfaltet, England aus seiner Bahn liberaler Reform, besonders auch aus seiner bisherigen Kolonialpolitik heraus. Es beobachtet, wie mit einer früher gar nicht möglichen Intensität die politischen Interessen rund über den ganzen Erdkreis aufeinanderstoßen oder sich wechselseitig verflechten, noch dazu so, daß überall die großbritannischen Besitzungen aus der bisherigen Isoliertheit herausgerückt und mindestens der entfernten Gefahr fremder Eingriffe ausgesetzt werden, — Kanada, vielleicht auch Australien und die ostasiatischen Stützpunkte von Honkong gegenüber den Vereinigten Staaten, die afrikanischen Besitzungen oder der Seeverkehr im Mittelmehr durch Frankonisierung von dessen westlicher Hälfte, am unmittelbarsten aber Indien seitens Rußlands, das 1870 an der Nordflanke des Hindukusch und an der Grenze von Persien-Afghanistan angelangt ist und außerdem den Besitz Konstantinopels und die Öffnung der Zugänge zum östlichen Mittelmeer fordert.[2]) Wenn auch die Fäden aller Beziehungen noch immer in Europa zusammenlaufen, so ist doch zum erstenmal der ganze Planet zum Schauplatz der Politik im engeren Sinn einer Weltpolitik geworden.[3]) Um 1870 — als Deutschland und Frankreich ihre endgültige innere, Rußland seine äußere, Amerika sowohl die innere wie äußere Gestalt annehmen, — beginnt England aus jener Erkenntnis die Konsequenzen zu ziehen.

Bereits während der Blüte des Liberalismus (1839) hat Thomas Carlyle literarisch als Aufgabe der Zukunft die Vereinigung Englands mit seinen Kolonien zu einem festeren Staatsverband bezeichnet. Jetzt gibt Benjamin Disraeli, der soeben (1867) durch die zweite Wahlreform die konservative Partei reorganisiert hat, im Kampf mit der unaktiven Politik Gladstones dem Programm die reale Gestalt, die dem folgenden Zeitalter den Namen des „imperialistischen" gibt (1872): Ausbildung der weißen Kolonien von locker angeglie-

1) Entscheidende Vorstöße der Bewegung in den katholischen Kreisen Frankreichs, unter Mitwirkung des Papstes ihre bis dahin strikt monarchistische Haltung aufzugeben und sich der Mitarbeit an der Republik wieder zuzuwenden (das „Ralliement"), — andrerseits aber auch ihr Versuch, diese Wendung sofort zum Eindringen in Präfekten-, Offiziers-, Richterstellungen usw. zu verwenden. Daraus hervorgehend die Sammlung der radikalbürgerlichen und der sozialistischen Kreise, um der klerikalen „Verschwörung" (angebliches Symptom: die Verurteilung des jüdischen Kapitäns Dreyfus durch ein klerikales Kriegsgericht) entgegenzutreten. Sie läuft aus in die „Reinigungs- und Trennungsbewegung" der radikalen Kabinette Waldeck-Rousseau, Combes, Clémenceau, die in einschneidender Gesetzgebung den Einfluß der Orden und Priester auf Grunderwerb, Schule usw. und die geschlossene Organisation der Kirche selbst (Kultusbudget) beseitigen und die Katholiken aus den Ämtern verdrängen (Trennungsgesetz 1905).

2) Die Forderung nach Öffnung des Bosporus und der Gesetzgeellen in Abänderung des Pariser Friedens beim Ende des Krimkriegs 1858 (o. S. 151) stellt Rußland nach den Siegen Deutschlands über Frankreich, während England unter dem Ministerdem Gladstone in abwartender Neutralität verharrt (1870).

3) Der Zeitungsstil hat diese Verschiebung die „planetarisch Verschiebung" der Weltpolitik genannt — immerhin mit bezeichnendem Ausdruck.

derten Siedlungs-, Rohstoffimport- und Warenexportgebieten zu Reichsgliedern, die, teils abhängig, teils als selbständige Staaten ausgebaut (o. S. 158), mit dem Mutterland zu einem durch Zollschranken umschlossenen Handelsgebiet vereinigt werden und zur Teilnahme an Heeres- und Marinelasten herangezogen werden müssen. Erstes Ziel wird die Sicherung der größten und wirtschaftlich wichtigsten Kolonie Indien durch die Herrschaft über seine sämtlichen Zufahrtswege, über den alten um das Kap, über den neuen durch den Suezkanal. In der Tat wird in den nächsten dreißig Jahren der Plan durchgeführt. Disraeli (1875 Lord Beaconsfield) legt selbst noch die Hand auf Zypern und Ägypten, das nach seinem Tod (1882) unter Protektorat genommen wird. Er stellt zugleich die unauflösliche Verbindung Indiens mit England demonstrativ als konstituierenden Grundsatz des neuen „Empire" auf, indem er die Königin bestimmt, sich den Titel einer „Empress of India" beizulegen und wirft Rußland diplomatisch vom Mittelmeer zurück.[1]) Sein Parteigenosse und Nachfolger Lord Salisbury führt nach vielfachen Mißerfolgen (1898—1900) zur Eroberung der beiden bisher von den holländischen Buren noch unabhängig bewahrten Freistaaten am Oranje- und Vaalfluß[2]) und damit überhaupt des ganzen Massivs von Südafrika, dessen englisch-burischer Charakter nun bloß von der deutschen Kolonie Südwestafrika durchbrochen wird. Damit ist auch in England der machtpolitische Zug vorherrschend herausgetreten. Seine Projekte richten sich nun bereits — neben andern — dahin, das ganze ostafrikanische Küstenland von Süd nach Nord mit Hilfe einer Bahn Kap—Kairo einheitlich zu organisieren und hierdurch sowie durch Hereinziehen Arabiens, Birmas in die englische Herrschaftssphäre und die Besetzung der Euphrat-Tigris-Mündung den Indischen Ozean zu einem englischen Binnenmeer zu machen und damit die Verbindung Indiens mit dem Mutterland völlig zu sichern. Eine neue Position schafft sich England gegen Rußland, gegen das wie teilweise gegen Frankreich diese Politik andauernd in erster Linie gerichtet ist, während derselben Zeit in Ostasien, wo sich Japan, mit dem innern Ausbau seines Militär- und Verfassungsstaats (o. S. 159) fertig, ebenfalls von der Expansivpolitik der Großmächte hat ergreifen lassen, um (1894/95) China kriegerisch zu demütigen und sich in den Besitz der festländischen Kolonie Korea zu setzen. Durch ein englisch-japanisches Bündnis macht sich die britische Politik die werdende Großmacht zunutze, um Rußland vom Stillen Ozean und von Nordchina fernzuhalten.[3]) Die liberale Linie der Innenreformen (S. 156) wird dagegen von England unter der veränderten Stimmung mehr und mehr verlassen. Zwar betreibt in der gleichen Zeit, in der die ägyptischen und südafrikanischen Unternehmungen vorbereitet werden, Gladstone mit leidenschaftlicher Demagogie die Reorganisation der liberalen Partei in der dritten Wahlreform, die der Hauptmasse der gelernten Arbeiter den Zutritt zur Parlamentswahl gewährt

---

1) Ablehnung der Meerengenöffnung, in Reaktion gegen Rußlands erneutes opferreiches Vordringen gegen die Türken (Russisch-Türkischer Krieg 1875—77), Begründung der selbständigen neuen Pufferstaaten Serbien und Bulgarien (o. S. 151), während gleichzeitig Sultan Abdul Hamid II. seinem Land eine konstitutionell-monarchische Verfassung gibt.

2) Die Freistaaten Oranje und Transvaal waren von den Buren nach der englischen Besetzung Natals (1842 und 1848) gegründet worden. England hatte sie bereits 1854 und wieder 1874 vergeblich zu annektieren versucht.

3) Rußland wirft sich deshalb inzwischen auf den Ausbau der neuen sibirischen und transkaspischen Besitzungen (sibirische Bahn, Umwerben Afghanistans und Persiens) und auf die Russifizierung des bisher noch autonomen Baltikum und Finnland.

Frankreich benutzt den Burenkrieg, um das dort beschäftigte England zu Zugeständnissen in seiner marokkanischen Politik zu bringen.

Die Vereinigten Staaten verwerten die Situation, indem sie selbst in überseeische Kolonialpolitik eintreten, den Spaniern (mit Scheingründen, 1898) nicht nur Kuba und Portorico, sondern auch die wichtigen Philippinen wegnehmen und sich damit eine Flottenstation hart vor der südchinesischen Küste schaffen.

(1884); er bewirkt die Angliederung der irischen Partei (S. 158) an den Liberalismus und macht die Forderung nach „Homerule", Eigenverwaltung Irlands zu der seinigen.[1]) Aber in zwei kritischen Wahlkämpfen (1886, 1893) wird darüber hinweggeschritten, beim zweiten mit Hilfe eines Vetos des Oberhauses gegen den Mehrheitsbeschluß des Unterhauses. Nun bereitet sich schon in den Kreuzungen der außen- und innenpolitischen Gegensätze die Zersetzung der bisher so übersichtlichen Parteigruppierung Englands vor. Die für die Verwerfung Homerules entscheidende Wahl (von Gladstone durch Auflösung des Unterhauses 1886 herbeigeführt) bringt eine „Sezession" von 76 Liberalen (Führer Josef Chamberlain), die sich als „Unionisten" den Konservativen anschließen. Die zum Burenkrieg führenden Wahlen von 1897, die wieder eine konservative Mehrheit ergaben, trennen von den Liberalen eine zweite Gruppe von „liberalen Imperialisten" ab, die — in der inneren Politik (Steuerfragen, irische Frage) mit den Liberalen verbunden, energisch für die Expansivpolitik eintreten (Asquith, Haldane, Edward Grey). Es ist die Gruppe, die, zwischen Konservativen und Liberalen vermittelnd, (1914) den Eintritt in den Weltkrieg zustande bringt.

Mit den überschauten Ereignissen ist um 1900 auch England, früher die Stütze des Gleichgewichts und überall der Vermittler der zwischen anderen Staaten entstehenden Gegensätze, in eine betonte Parteistellung und in ein Verhältnis der reizbaren und mißtrauischen Rivalität aller vier großen kolonisierenden Hauptmächte eingetreten. Eine Weltlage ist geschaffen, die ganz im Gegensatz zu der bis vor kurzem bestehenden das Interesse an territorialem, maritimem und wirtschaftlichen Machtbesitz über alles stellt, die Pflege völkerrechtlichen und verfassungsrechtlichen Maßhaltens in den Hintergrund drängt. Unvermeidlich werden dadurch nun auch die jüngeren Großstaaten, um mit Siedlungs- und Rohstoffbezugsgebieten nicht in völlige Abhängigkeit von den Großmächten zu geraten und die politische Machtungleichheit nicht zu fühlbar werden zu lassen, auf den Weg der Kolonialerwerbungen gewiesen, Italien, Belgien, Spanien, Deutschland, sehr bald auch Japan (S. 165). Trotzdem ist jene in Wechselwirkungen erhaltene Gleichheit als beherrschendes Prinzip der Politik (o. S. 137. 148) zerstört, und es gibt der veränderten Lage nur ein besonders abstoßendes Gepräge, daß in Widerspruch mit den wirklichen Verhältnissen gerade jetzt Rußland, Frankreich und England in unwahr-pathetischen Formen eine Gesamtaktion aller Staaten zugunsten formaler Garantien des Weltfriedens in die Wege leiten.[2])

---

1) Seit 1828 (Katholikenbill, o. S. 133 Anm. 2) sind unter Führung O'Connels die 103 Parlamentssitze des Unterhauses, die bei Eintritt Irlands in den großbritannischen (englisch-schottischen) Einheitsstaat (1800) dem bis dahin abhängigen Kolonialland zugesprochen worden sind, zum größten Teil (durchschnittlich 80–85) von katholischen und nationalistisch gesinnten Iren eingenommen. Aber bei der unheilvollen Rückwirkung der „Union" auf das irische Wirtschaftsleben (Not der Landwirtschaft und Verkümmern des irischen Pächterstandes, ungeheure Auswanderung) richten sich die nationalen Forderungen gerade auf die Wiederbeseitigung der scheinbaren Gleichberechtigung, statt dessen (bei geringfügiger Vertretung im Reichsparlament), auf eigene Finanz-, Polizei-, Wirtschafts-, Kirchen- und Schulverwaltung mit Landtag und Regierungsbehörden in Dublin unter dem englischen Gouverneur. Verwickelt wird die irische Frage nur dadurch, daß die ehemals von englischen und schottischen Kolonisten besiedelte Nordprovinz Ulster (Belfast) die engere Verbindung mit England weiter betreibt, ihre (ca. 20) Abgeordneten in die konf. Partei sendet.

2) Auf den beiden Haager Friedenskonferenzen 1899 und 1904, deren erste von Rußland(!) einberufen wird. Sie stellen Grundsätze über die rechtlichen Beschränkungen des Land- und Seekriegs auf und schaffen einen ständigen internationalen Gerichtshof zur Beilegung völkerrechtlicher Streitigkeiten, ohne jedoch die Pflicht der Staaten zur Anrufung des Schiedsgerichtshofes zu begründen (Zusammenfassung des Inhalts Richard Schmidt, Einführung in die Rechtswissenschaft, 2. Aufl. 1923, S. 544).

Für die unbefangene Beurteilung der nun eintretenden Ereignisse ist aber entscheidend, daß Deutschland bei der Umformung der außereuropäischen Weltpolitik fast gänzlich unbeteiligt bleibt. In der Tat ist während und unmittelbar nach der Gründung des Reichs eine andere Stellung für Deutschland gar nicht möglich, ganz abgesehen davon, daß sowohl bei den regierenden Gewalten, besonders denen des führenden Staats Preußen, wie bei sämtlichen Volksklassen die psychologischen Vorbedingungen für einen Drang zu auswärtigen Gebiets- und Machterweiterungen nicht einmal in Ansätzen gegeben sind. Bismarcks Kraft wird nur ausgefüllt durch den Ausbau der Verfassung und ihrer Praxis[1]), besonders durch die Mühe, sich allmählich eine regierungsfähige Mehrheit des Reichstags aus den durchweg doktrinären und im Egoismus der Sonderinteressen festgefahrenen Parteien heranzubilden, der Versuch, das im Krieg Deutschland zurückgewonnene Elsaß-Lothringen (o. S. 153) zu assimilieren, Sicherungen Deutschlands nach außen gegen politische Isolierung und neue Bedrohungen Frankreichs ev. Rußlands zu finden — nach innen dem Zerfall durch den rasch sich steigernden Klassenkampf zwischen bürgerlichem Kapitalismus und proletarischem Sozialismus vorzubeugen. Noch stärker sind die Kräfte des nunmehr verbündeten Habsburgerstaats (S. 153) absorbiert, der sich mit den noch ungewohnten neuen Formen sowohl des österreichisch-ungarischen Dualismus als auch des konstitutionellen Regierungssystems einzurichten hat und hierbei nach beiden Seiten hin fast unübersteiglichen Hindernissen begegnet. Denn das Gemisch der verschiedenen, jede nach Autonomie strebenden „beherrschten" Nationen, der böhmischen Tschechen, galizischen Polen, Triestiner und Tiroler Italiener, Kärntner Südslawen usw. legen die Deutschen im Wiener „Reichsrat" durch andauernde Obstruktionspolitik in einer Weise lahm, daß eine verfassungsmäßige Politik — bes. Finanzpolitik — allmählich durch einen Beamtenabsolutismus abgelöst werden muß.[2]) Andrerseits herrscht im Budapester Reichstag die magyarische Nation über die künstlich[3]) machtlos erhaltenen nordungarischen Slowaken und Ruthenen, Siebenbürger Wallachen, südungarischen Serben fast unbedingt, und die entgegengesetzte Struktur der beiden unierten Staaten drängt das früher ebenfalls unabhängige und schwächere, jetzt zum stärkeren Reichsteil gewordene Ungarn immer entschiedener von Österreich ab, da Ungarn teils eine Politik völliger Unabhängigkeit betreibt, teils das gemeinsame Heer zu eigner Expansion gegen den Balkan hin verwendet.[4])

Bei solchen Verhältnissen fällt dem Deutschen Reich gerade die Funktion zu, zwischen Österreich und Rußland zu vermitteln[5]) sowie es andrerseits das gute Verhältnis zu Eng-

---

1) Schrittweise Schaffung der anfänglich gar nicht vorhandenen Reichsbehörden (Reichsämter) unter der allein verantwortlichen Leitung des Reichskanzlers — ausgedehnte, gehaltvolle Reichsgesetzgebung in Wehr-, Finanz-, Justiz- und Verkehrsrecht usw. — Ausbildung eines Regierungsmodus im Verhältnis des Reichs und Preußens wie in dem der Zentralgewalt und der Mittel- und Kleinstaaten usw.

2) Freilich nur infolge der Tatsache möglich, daß das deutsche Element sich innerlich fortgesetzt durch den klerikalen, nationalen und sozialistischen Gegensatz schwächt, während die Abgeordneten der nicht-deutschen Nationen (mit Ausnahme der sozialistischen) geschlossen vorgehen.

3) Ungarn hält an einem, die Magyaren und bis zu gewissem Grade die siebenbürgischen Deutschen begünstigenden Wahlrecht fest, während Österreich allmählich (bis 1907) durch Wahlrechtserweiterungen zum allgemeinen, gleichen Wahlrecht fortschreitet.

4) Besetzung Bosniens auf Grund der antirussischen Abmachungen des Berliner Kongresses (1878) zu ungarisch-österreichischem Kondominium, aber auf Betreiben des gemeinsamen Reichsministers, des magyarischen Grafen Andrassy.

5) Aufgabe des „Rückversicherungsvertrags" Bismarcks (1885): Zusicherung an Rußland, daß Deutschland seinem Vordringen am Balkan (Öffnung der Meerengen, S. 164, Anm. 2) nicht entgegentreten und einen etwaigen Konflikt zwischen Rußland und Österreich nicht als casus foederis behandeln werde.

land aufrecht erhält. In dem Maße, als Rußland von Frankreich umworben wird, nähert Bismarck sich (1887) der englischen Regierung Salisburys mit Bündnisvorschlägen, ohne daß hierbei die inzwischen freilich in bescheidenstem Maße eingeleitete deutsche Kolonialpolitik in Afrika (1884) ein Hindernis bildet.[1]) Auch nach Bismarcks Sturz, trotz ungeschickter und unklarer, englandunfreundlicher Schritte der Reichsregierung während des Burenkriegs und der ersten Maßnahmen des Kaisers zum Ausbau der Marine, die dem rasch im Erwerb europäischer und überseeischer Märkte vordringenden deutschen Handel, der Ausbreitung des Auslanddeutschtums Schutz geben soll, wird zwischen England und Deutschland die Fühlung erhalten, und 1902 ergreift Chamberlain (S. 166) nach dem Burenkrieg seinerseits die Initiative zu einem deutschen Bündnis, wenn auch von neuem erfolglos. Noch immer befinden sich die beiden Staaten auf der Linie, die englische Seemacht und die preußisch-deutsche Militärmacht in wechselseitiger Ergänzung zur Sicherung gegen Frankreich und Rußland wie im 18. und 19. Jh. in Rechnung zu stellen, und es hat den Anschein, als sei auch für die Lösung des Problems im beginnenden 20. Jh., für die Überleitung des Gleichgewichtssystems von 1714 und 1815 auf die Basis der Weltpolitik ein englisch-deutsches Einverständnis die gegebene Vorbedingung. Dies um so mehr, als die Wahlen von 1905/6 in England wieder eine überwältigende liberale Mehrheit ergeben. Ihr Kabinett Asquith (1907) und Lloyd George wendet sich mit Energie den inner-rechtlichen Fragen — Steuern auf die Begüterten zur Deckung der Kriegsschulden, Arbeiterversicherung, Frauenwahlrecht, Hebung der bäuerlichen Kolonisation, im Verlauf auch der Homerulefrage — wieder zu und führt hierüber einen Konflikt mit dem Oberhaus herbei, das, wie schon 1893, gegen das neue Budget und dann gegen die damit verquickte irische Selbstverwaltung sein Veto erhebt und 1911 nach zweimaligen Neuwahlen die „Veto-Bill", m. a. W. die bedeutende Machtschmälerung des House of Lords durchsetzt. Seit 1906 wirkt bei diesen Fragen auf liberaler Seite die (1899) gegründete Labour Party als selbständige Fraktion bedeutsam mit.[2])

Da verschiebt sich die Weltlage binnen ganz kurzer Zeit durch eine Reihe von unvorhersehbaren Ereignissen und individuell persönlichen Einflußnahmen, deren Zusammenwirken nur aus schicksalsmäßiger Verkettung begreiflich wird, zum Nachteil Dentschlands.

Rußland erleidet (1904/5) in einem leichtfertig begonnenen Krieg mit Japan die schwere Demütigung, die ihm ein weiteres Vordringen gegen den Stillen Ozean unmöglich macht und in seinen Innenverhältnissen den revolutionären Kräften den Mut zum ersten Vorgehen gegen das zaristische System eingibt. Den Anstoß empfängt die Revolution allerdings in maßvollem Geiste von den der Regierung nahestehenden Oberklassen der Gesellschaft — Großgrundbesitz, Großunternehmertum, Großkapital und Intelligenz.[3]) Die daran anschließenden Unruhen der Bauern (Sozialrevolutionäre) und Industriearbeiter (So-

1) In diesen Jahren besetzt Deutschland das der Kapkolonie nächst benachbarte Vorland der Kalahariwüste (Deutsch-Südwestafrika mit Swakopmund), an der Guineabai die beiden Fragmente des Nigergebiets und des Kongogebiets (Togo und Kamerun) und das Vorland des Tanganjikasee (Deutsch-Ostafrika).

2) Bedeutsam besonders seit 1909 und 1910, wo die beiden Wahlen schließlich Mandatsgleichheit beider Hauptparteien (Konservative und Liberale 272) ergeben. Dieser Umstand gibt auch der national-irischen Partei (83) ein zunehmendes Gewicht. Andrerseits stützt sich die konservative Partei mit auf die sehr aktive Gruppe der englisch-schottisch gesinnten nordirischen Ulstermen oder Orangisten.

3) Organisiert in der Partei der konstitutionellen Demokratien (K. D. = „Kadetten"), verkörpert ursprünglich in den Gouvernements- und Großstadtvertretungen (Semstwos und Dumas).

zialisten) werden, da die Armee im ganzen fest bleibt, bald niedergeworfen. So erhält die geschriebene Verfassung vom 25. April 1906 und die Volksvertretung, „Reichs-Duma", mit Hilfe einer Wahlrechtsänderung (1907) nach kurzer Schwankung ihr Gepräge bald nur von den Oberklassen, und die Monarchie und Bureaukraten können, auch mit dem Parlament regierend, bald in die alte Außen- und Innenpolitik wieder einbiegen. Aber der unausrottbare expansive Drang muß sich auf Vordringen an den Grenzen des europäischen Rußlands — gegen den Balkan — beschränken und der überlegenen Diplomatie Englands Konzessionen machen. Bereits unter dem Eindruck der Gebundenheit seines Bundesgenossen hat sich auch Frankreich England genähert und die Streitfragen wegen Ägyptens und Marokkos mit diesem geordnet, eine „Entente Cordiale" (1904) zustande gebracht. Frankreich vermittelt auch zwischen England und Rußland, und Abkommen über Persien und besonders über Afghanistan (1906) stellen die wichtigsten Pufferstaaten am Nordhang des Hindukusch unter die Interessensphäre Englands, während sich Rußland von dort zurückzieht.

Alle diese Abmachungen beziehen sich bereits ausdrücklich oder stillschweigend auf Deutschland. Die gemeinsame Feindschaft und Aggressivität Frankreichs und Rußlands gegen den Deutsch-österreichischen Bund braucht nicht erst verschärft zu werden. Frankreich fühlt sich durch Deutschland in der Auswertung der englischen Zugeständnisse für Marokko beengt, Rußland sieht in Österreich den Hemmschuh seiner Bestrebungen, sich in dem neuen serbischen Staate ein Werkzeug für die Pläne zur panslawistischen Vorherrschaft auf dem Balkan und zum Vordringen nach Konstantinopel zu schaffen. Ungeheure Anleihen Frankreichs an Rußland, ausgedehnte Rüstungen Rußlands, eingehende Verabredungen der Minister und der Generalstäbe beider Reiche für den bevorstehenden Krieg, der von beiden Fronten her gegen die Mittelmächte geführt werden soll, durchziehen seit den 90er Jahren und von 1907 ab, immer bestimmtere Formen annehmend, den Verkehr der Verbündeten. Aber in eine ganz neue Phase der Gefährlichkeit sind diese Abmachungen von dem Augenblick an getreten, wo es Frankreich geglückt ist, auch England in sie hineinzuziehen. Die französische Diplomatie fußt hierbei auf der Tatsache, daß sich mehr und mehr Punkte herausstellen, an denen Deutschland gleichzeitig mit England und mit Rußland in bisher nicht vorhandene Interessenkollisionen gerät, ganz besonders seit der Politik Deutschlands, getreu den Idealen des frühen 19. Jh. die Türkei Abdul Hamids II. in dem Ausbau ihrer nationalen Wehrkraft und in der Erschließung Kleinasiens und Mesopotamiens durch den Bagdadbahnbau zu fördern und sie damit gegen die englischen und russischen Pläne zur Aufteilung des osmanischen Reichs von Arabien und von Armenien aus widerstandsfähig zu machen.[1]) Unkluge und ungeschickte Mißtrauensbeweise Deutschlands gegen England, vor allem ein an sich maßvoller Ausbau der deutschen Kriegsflotte, der, ursprünglich viel zu lange verzögert, nunmehr (seit 1897) von Kaiser Wilhelm II. mit geräuschvoller Absichtlichkeit und unnötiger Hast nachgeholt wird, reizen Englands Empfindlichkeit[2]), und Frankreich benutzt sie,

1) In der gleichen Richtung wirkt — abgesehen von der für England störenden Lage Deutsch-Ostafrikas (o. S. 168, Anm. 1) — die seit 1902 betriebene Kolonialpolitik Deutschlands in Ostasien (Pachtung der Kiautschoubucht mit Tsingtau, dem zukunftsreichen Hafenorte der Provinz Schantung, gerade im Zentrum des chinesischen Reichs nahe Peking). Sie bringt Deutschland in gemeinsamen Gegensatz nicht nur zu Rußlands und Englands Kolonialnachbarschaft, sondern auch zu der benachbarten neuen Großmacht Japan.

2) Der Flottenbau bedeutet an sich nicht im mindesten ein Symptom für die bald darauf durch die französisch-englisch-russische Presse in alle Welt hinausgeschrienen „Welteroberungspläne" Deutschlands. Er entspricht im Gegenteil nur dem Wunsch, dem zahlreichen in der Welt verstreuten Auslanddeutschtum eine reichere und präsentere Stütze gegenüber den Auslandstaaten und ausländischen Konkurrenten zu bieten. Er ist also gerade im Gegenteil der greifbare Ausdruck dafür, daß Deutschland nicht Landerwerb und politische Macht,

um bei Wechsel des englischen Auslandministeriums den liberalen, aber imperialistischen Staatssekretär Sir Edward Grey zu dem zunächst ganz unverbindlichen und geheimen Entgegenkommen zu verleiten, englische und französische Armee- und Marineleiter für den eventuellen Fall eines festländischen Konflikts und für die Eventualität einer Frankreich günstigen Stimmung der englischen Öffentlichkeit in solchem Falle zu wechselseitigen Verständigungen fortlaufend zusammentreten zu lassen![1])

Auf dieser verschobenen Grundlage entwickelt sich von 1907 an die „Einkreisung Deutschlands und Österreichs" fast automatisch weiter. Der Ring Frankreichs, Rußlands und Englands zieht sich immer enger und fester und nimmt als weitere Glieder auch Belgien und Italien noch in sich auf, — das erstere, weil es sich für den Fall eines Kriegs der Großmächte vor allem von der deutschen Seite her in seiner Neutralität bedroht sieht, — Italien, weil es für seine Landerwerbspläne im Mittelmeergebiet (Tripolis, griechische Inseln, Kleinasien) von Deutschland und Österreich als Bundesgenossen keine Unterstützung zu erwarten und weil es umgekehrt auf die italienisch bevölkerten Landesteile des habsburgischen Staats, seines ehemaligen Feindes und Unterdrückers, längst sein Auge geworfen hat (Triest, dalmatinische Küste, Tirol). In den nächsten fünf Jahren konzentriert sich demgemäß die auswärtige Politik der imperialistischen Mächte von den transozeanischen Fragen ganz ausschließlich auf Marokko-, Tripolis- und Balkanfrage und damit ihre Antipathie ganz einseitig gegen die Mittelmächte, die einer jeden von ihnen als das Hindernis in der Erreichung ihres nächsten politischen Ziels erscheinen, — eine Lage, die sehr genau der des 1756 zwischen Österreich, Frankreich und Rußland getroffenen Übereinkommens entspricht, dem Preußen Friedrichs II. das Mitreden bei der Gestaltung Europas zu verwehren, nur daß nunmehr statt Österreichs das unabsehbar viel mächtigere England sich auf der Seite der preußisch-deutschen Gegner befindet.

Die kritische Stunde tritt ein, als der Balkankrieg, zu dem Rußland (1911) den serbischen, bulgarischen und griechischen Staat anstiftet, um dem soeben durch die Revolution der Jungtürken gegen Abdul Hamid erschütterten Osmanenreich in Europa den Gnadenstoß zu geben, für die russischen Interessen erfolglos verläuft: die russischen Machthaber setzen nunmehr alles daran, um die slawischen Nationalitäten der österreichisch-ungarischen Monarchie mit Hilfe Serbiens zum Abfall und zur Sprengung des Donaureichs mitzureißen und durch

---

sondern bloß wirtschaftliche Verbindungen des deutschen Handels und der deutschen Industrie erstrebt. Aber die Art und Weise, wie der Flottenbau, und zwar ganz persönlich vom Kaiser ruhmredig und geräuschvoll betrieben wird, schafft Mißvergnügen und Unsicherheit über die in Wahrheit politisch harmlosen und bescheidenen Ziele der deutschen Auslandpolitik. Sie, aber auch nur sie läßt sich als einer der geringen Anteile der Schuld bezeichnen, durch die Deutschland zum Zustandekommen des Kriegs beigetragen hat. Der gesamte Text zeigt, daß der Anteil sämtlicher Gegner Deutschlands tausendfach größer ist.

1) Der Augenblick, in welchem sich die beiden antideutschen Kombinationen, die französisch-englische und die russisch-französische, ineinander zu verschlingen beginnen, ist klargelegt durch Eröffnungen der Schriften des Lordkanzlers im englischen Kabinett der Vorkriegszeit (o. S. 168), Robert Reid, Lord Loreburn („Wie der Krieg kam", 1921). Bei einer der Unterredungen Greys (des eben ernannten neuen Leiters des Auswärtigen Amts im liberalen Ministerium Campbell-Bannermann, seit 1907 Ministerium Asquith) mit dem französischen Botschafter Paul Cambon über die Ausführung des englisch-französischen Ägypten- und Marokko-Abkommens äußert Grey gelegentlich: „nach seiner Ansicht" werde für den Fall eines deutsch-französischen Konflikts wegen Marokkos die öffentliche Meinung Englands dafür sein, Frankreich materiell zu unterstützen. Cambon erwidert ungefähr: „Wenn Sie dies für möglich halten, — werden Sie doch nicht imstande sein, diese Unterstützung (selbst, wenn sie im entscheidenden Zeitpunkt für wünschenswert gehalten werden sollte) zu gewähren, falls nicht bereits zwischen Marine- und militärischen Fachmännern einige Unterhaltungen stattgefunden haben."

eine panslawistische Umwälzung Osteuropas dem Zarenreich einerseits die in seinem Innern unaufhaltsam weiterwühlenden revolutionären Kräfte vom Hals zu schaffen, andererseits ihm endgültig die Bahn zur Herrschaft auf dem Balkan und über die Meerengen frei zu machen. Die russischen Staatsmänner, der Außenminister Sasonow und sein Pariser Agent Iswolsky ergreifen nunmehr die Initiative zur entscheidenden Aktion. Mit russischem Gelde wird Anfang 1913 im Paris die Wahl Poincarés, des bisherigen Ministerpräsidenten, zum Präsidenten der Republik durchgesetzt, also auch in Frankreich die aktiv-kriegerische Politikergruppe bleibend ans Ruder gebracht.[1]) Zugleich werden damit diejenigen Kräfte entfesselt, die über die Zugänge zu der deutschfeindlichen Koterie in der Londoner Regierung verfügen. Als deshalb im Juli 1914 die Ermordung des österreichisch-ungarischen Thronfolgers durch die Hand serbischer Fanatiker ein vorzeitiges Licht über die schwebenden Komplotte verbreitet und die Donaumonarchie aus Unterschätzung des Ernstes der russisch-französischen Kriegsabsicht sichernde Gegenmaßregeln in übertrieben schroffer Form ergreift, macht Rußland mobil und reißt Frankreich, so wie dieses England zum Entschlusse mit. Für Charakter und Tragweite des Kriegs als eines Europa umwälzenden Weltkriegs verantwortlich wird die englische Entschließung. Erst sie bringt einen widernatürlichen Bruch in das bisherige Kräfteverhältnis der europäischen Staatenwelt, insofern die englischen Staatsmänner in stärkster Verkennung einerseits des unverändert-imperialistischen und machtpolitischen Geistes Frankreichs, andererseits des friedfertigen und völkerrechtlich loyalen Geistes Deutschlands dem eigenen Erbfeind die Mittel und Waffen für Erneuerung der alten europäischen Hegemonie liefert, die sich notwendig im weiteren Verlauf gegen England selbst richten muß. Diesem seinem gefährlichsten Rivalen von ehedem wie dem neuen Rivalen Rußland gibt England das von Natur zu seinem Bundesgenossen bestimmte Deutschland nicht nur preis, die britische Regierung sieht sich sogar gezwungen, um der öffentlichen Meinung des eigenen Volks den Krieg genehm zu machen, gegen Deutschland den in der Folge sich immer mehr steigernden Presse- und Propagandafeldzug zu eröffnen, der der englischen Welt ebenso wie den neutralen Ländern Skandinaviens, Spaniens, der Schweiz, Amerikas und Ostasiens die deutsche Nation durch beispiellose lügnerische Verdrehung des wahren Sachverhalts als einen nach der Weltherrschaft strebenden Friedensbrecher, als Verächter des Völkerrechts und der Humanität hinstellt und gegen sie auf dem ganzen Erdkreis einen Völkerhaß ohnegleichen schürt. Die erste große Tatsache der Kriegführung, daß die deutsche Heeresleitung gegenüber der feindlichen Mobilmachung im gegenwärtigen Zeitpunkt und im Anfang der Ententebündnisse ganz unvorbereitet den einschnürenden Ring um das eigene Land zu sprengen sucht und den Durchmarsch nach Frankreich über das formell neutrale Belgien vollzieht, gibt den Feinden den erwünschten Vorwand, die Lüge der ausschließlichen Kriegsschuld Deutschlands wirksam zu verbreiten und aufrechtzuerhalten. So sieht der Betrachter von heute auf die Begriffsverwirrung, von der sich die sonst so geschulte und ihren Traditionen getreue Auslandspolitik Englands im August 1914 trüben läßt, wie auf ein dunkles Rätsel zurück, und in der Tat bliebe sie völlig unverständlich, müßte man hinter ihr nicht eine tiefere Absicht ahnen, die Erwartung nämlich, daß sich Deutschland und Rußland in dem bevorstehenden Kampfe wechselseitig aufreiben müssen und daß man vor allem mit Hilfe der im Inneren wirkenden revolutionären Kräfte und in

---

1) Erwiesen durch die im Januar 1924 von der Zeitschrift „Humanité" aus den russischen Archiven der zaristischen Zeit veröffentlichten Dokumente: Wiederholte Forderungen des Pariser Botschafters Iswolsky an den Minister Sasonow um Geldsendungen zur Beeinflussung der französischen Presse mit der Motivierung, daß man hierin den „ausdrücklichen Wünschen Poincarés und des Finanzministers Klotz nicht zuwiderhandeln dürfe".

dem Zerfall des osteuropäischen Bundesgenossen auch des anderen gefährlichen Feindes entledigt werden könne.[1]) Freilich zeigt sich die gemeinsame englisch-französische Berechnung damit nur in noch verbrecherischerem und zynischerem Lichte. Sie enthüllt sich als das grundsätzliche Verlassen der früheren Völkerrechtsgemeinschaft Gesamteuropas. Man sieht die beiden Westmächte mit Anschluß Belgiens und Italiens (Spanien und die Schweiz als neutrale Mächte aus dem Krieg ausschaltend) der Politik einer einheitlichen Gleichgewichtsgestaltung Europas den Rücken kehren und sich unter Aufopferung Mittel- und Osteuropas dem Ziel des außereuropäischen Macht- und Landerwerbs zuwenden: die altansässigen Nationen aus dem Bestand der römischen Staatstradition und der ursprünglichen lateinischen Kultur trennen sich hochmütig von den neuen, „barbarischen" Nationen der germanischen und slawischen Entwicklung, ohne Verständnis für das, was Deutschland-Österreich für die neuere Ära an geistigen Werten, innerhalb der staatlichen Sphäre vor allem an den Werten des Rechtslebens geschaffen hat.[2])

Verlauf und Ergebnis des Weltkriegs haben den französisch-englischen Bemühungen, äußerlich genommen, vollen Erfolg gebracht. Während es Deutschland im Westen nicht gelingt, über die feste grenzsichernde Stellung eines geographischen Brückenkopfs hinaus in Frankreich einzudringen oder England auf der See nachhaltig entgegenzutreten, wird es Deutschland und Österreich-Ungarn vereinigt möglich, mit Unterstützung Bulgariens und der Türkei durch kriegerische Anstrengungen, die jedes ältere Vorbild hinter sich lassen, Rußland von seinen Bundesgenossen getrennt zu halten, den russischen Staat in seinen westlichen Teilen zu zerschlagen, Polen von ihm loszureißen und im Zentrum den Boden für eine neue Revolution zu bereiten. Diese bricht im März 1917 zunächst als Erneuerung der bürgerlichen von 1906 in gemäßigten Formen aus (o. S. 169), steigert sich aber seit 1917 zur voll-

1) Endlich wirkt die im kritischen Augenblick zugespitzte innere Lage der englischen Politik mit. Das liberale Kabinett ist nach der Demütigung des Oberhauses, die es bei Mandatsgleichheit der eigenen Partei und der konservativen Opposition mit Hilfe der Arbeiter und der Iren durchgeführt hat (oben S. 168, Anm. 3), soeben vor der Notwendigkeit angelangt, die den Iren wegen Einführung Homerules gegebene Zusage einzulösen. Die Homerulebill ist im Mai 1914 zum zweitenmal vom Unterhaus angenommen, zum zweitenmal durch Veto des Oberhauses verworfen worden. Nunmehr (in dritter Lesung) ist nach dem neuen Vetogesetz von 1911 die Homeruleverfassung (allirisches Parlament mit eigenem Kabinett in Dublin außer für Reichsangelegenheiten) dem Veto nicht mehr unterworfen. Aber ihrer Durchführung widersetzt sich die angelsächsisch-evangelisch gesinnte Grafschaft Ulster. Sie bewaffnet sich. Die gegen sie aufgebotenen Regimenter versagen dem Kommando die Folge (Juli). In dieser Zwangslage entschließen sich Asquith (Premier) und Haldane (Kanzler) sofort, Lloyd George nach langer Bedenkzeit, dem Drängen Greys und Kitcheners zur Leistung der (nicht bindend zugesagten) Waffenhilfe an Frankreich zu folgen. Sie tun es, nachdem sie sich die Zustimmung der Unterhausmajorität durch geheime Abmachung mit der konservativen Partei gesichert haben, unter Täuschung der Mehrheit der eigenen Partei. Der Zerfall des inneren Halts der englischen Verfassung, des berechenbaren Parteidualismus, schon vorher begonnen, tritt also mit der Tatsache des Kriegsbeginns voll in die Erscheinung!. (Vgl. oben S. 157.)

2) An dieser Stelle der Entwicklung ist die von dem augusteischen Zeitalter planmäßig geschaffene Kulturgemeinschaft des Geschmacks und der formalen Lebenshaltung (oben S. 90), wenn auch in völlig veräußerlichter Nutzanwendung, unbewußt noch einmal politisch wirksam geworden. Ein Hauptgrund für die für England selbst verhängnisvoll gewordene Entschließung der englischen Staatsmänner zum Eintritt in den Weltkrieg war unbestreitbar die Unkenntnis der innereuropäischen Verhältnisse, die völlige Verständnislosigkeit für das deutsche Wesen und die Bedeutung der deutschen Kultur als Gegengewicht gegen den französischen Kulturtiefstand.

Zur Ergänzung vgl. die nach dem neuesten Stand der Quellen kritisch zusammenfassende Abhandlung Hans Delbrücks „der Stand der Kriegsschuldfrage" im 13. Band der Zeitschrift für Politik (1924 S. 294). Ein Zweifelspunkt bleibt die Haltung Österreichs gegenüber Serbien.

kommenen inneren Umwälzung des Landes und der Gesellschaft durch Frontsoldaten, Bauern und Industriearbeiter und verwandelt das kampfunfähig gewordene Rußland in eine „Republik der Arbeiterräte“ (Sowjets). Die Arbeiterführer Uljanoff (Lenin) und Braunstein (Trotzki) geben dem „Sowjetismus“ durch die Verfassung vom 10. 7. 18 genau die vom marxistischen Schema (o. S. 155) vorgezeichnete Form: eine „Diktatur des Proletariats“ soll die bürgerlich-kapitalistische Gesellschaft zwangsweise in den Zustand der staatlichen Organisation aller Gütererzeugung und Güterverteilung, aller Arbeit und allen Genusses überleiten. Zu diesem Zwecke wird an 18 „Volkskommissare“ als Vertrauensmänner der Arbeiterklasse eine unbeschränkte Gewalt übertragen, die sie mit Hilfe einer nur aus Arbeitern gebildeten „roten Armee“ ausüben. Die Bauern werden mit Aufteilung des Gemeindelandes und Großgrundbesitzes zu Privateigentum abgefunden und damit botmäßig gemacht, die Angehörigen der alten Oberklassen werden vernichtet, ausgetrieben oder deklassiert, jedenfalls politisch rechtlos.[1])

Aber während auf solche Weise Rußland zunächst aus den Großmächten ausscheidet, vollzieht sich in Deutschland und Österreich unter dem Druck der unerhörten Wehrlast und der von den Feinden zur See durchgeführten Hungerblockade die seelische Zersetzung des Volkswillens. Zu Anfang war in richtiger Erkenntnis der Sachlage die Entschlossenheit zur Abwehr der feindlichen Zerstörungspolitik eine einheitliche gewesen. Die Waffenerfolge der ersten Jahre erzeugen jedoch in Verbindung mit dem Kriegszustand und seinen pathologischen Folgen des Wirtschaftslebens einen verblendeten Eroberungswahn oder Annexionismus, eine verworfene Spekulanten- und Ausbeuterklasse, die in Heer und Gesellschaft, die Mannschaften wie die Mittel- und Unterklassen allmählich in die Anschauung hineindrängen, als werde der Krieg von den Feinden nicht gegen Deutschland, sondern nur gegen eine egoistische Militär-, Marine-, Oberbeamten-, Großgrundbesitzer- und Großkapitalistenklasse geführt und als werde vor allem der deutsche Arbeiter — in Wahrheit der durch die geplante Vernichtung der deutschen Industrie und des deutschen Exports am meisten bedrohte — von dem Krieg nicht berührt. So fällt das klerikale und sozialistische Proletariat derselben „Kriegslüge“ zum Opfer, mit der die Entente das neutrale Ausland irregeleitet hat. Als im letzten, kritischsten Stadium des Kriegs die Finanzkreise der Vereinigten Staaten, um ihre großen Kriegsanleihen an England, Frankreich, Belgien am Sieg Deutschlands nicht verloren gehen zu lassen, sich widerstrebend entschließen, in den Krieg einzutreten, wird es ihnen ebenfalls

1) Die „Verfassung“ von 1918 ist also eine Scheinverfassung. Sie ist nicht Verwirklichung der konstitutionellen, sondern der absolutistischen, nicht Ausdruck der demokratischen, sondern der klassenoligarchischen Idee. Sie tritt nicht in Gegensatz zur zaristischen Verfassung von 1906, nimmt vielmehr deren Charakter auf, nur mit dem Unterschied, daß die herrschende Klasse nicht die Bureaukratie, gestützt auf die Oberschichten der Gesellschaft, sondern das Proletariat, gestützt auf die Unterschichten, bildet. Die Organe, die scheinbar die Volkskommissare beschränken, der Allrussische Sowjetkongreß, d. h. der aus dem Volke hervorgehende Wahlmännerkörper, und das Allrussische Zentralexekutivkomitee, d. h. das aus dem Kongreß hervorgehende Parlament, das seinerseits die Volkskommissare bestellt und überwacht, sind nur Scheingewalten. In Wahrheit stützen sich die Volkskommissare allein auf die rote Armee, bilden und ergänzen sich selbst; ihr ausführendes Organ ist eine politische Polizei, die „außerordentliche Kommission“ (Tschreswytschaika, „Tscheka“). Das Verhältnis der beiden an der Herrschaft beteiligten Unterklassen, Industriearbeiter und Bauern, ist verfassungsmäßig dadurch fixiert, daß der Allrussische Kongreß seine Mitglieder aus dem Volk nach einem zweifachen Maßstab empfängt. Von den Räten der Großstadt (d. h. der Arbeiterbevölkerung) entfällt je ein Delegierter auf 25000 Köpfe der Bevölkerung, von den Räten der Provinzen (Gouvernementssowjets), die Kleinstädte und Landgemeinden repräsentieren (von Kleinbürger- und Bauernbevölkerung), entfällt je ein Delegierter auf 125000 Köpfe. Mit anderen Worten: die Arbeiter (zirka $1/6$ der Gesamtbevölkerung) stellen $4/5$, die Bauern (zirka $5/6$ der Gesamtbevölkerung) nur $1/5$ der Kongreßmitglieder, sind also politisch bedeutungslos.

nur durch die Ausnutzung dieser über die ganze Erde gehenden Täuschung möglich, die Masse ihrer Bevölkerung und damit die Regierung zu den unentbehrlichen Rüstungen mitzureißen.[1] Eben dieselbe Haßpropaganda unterhöhlt nun auch hinter dem Rücken des mit Aufgebot der letzten Kraft weiterkämpfenden Feldheers die Widerstandskraft der Heimarmee und Flotte, des ganzen Volkes, und sie ist es, die nach der anderen Seite die Gemüter der Arbeiter für die Agenten der russischen Sowjetrepublik zugänglich macht.

Seit dem August 1918 greifen beide zum Verderben Deutschlands und Österreichs zusammenwirkenden Entwicklungen, die amerikanische Kriegsmaschine und der innere Zerfall, ineinander, und die ausbrechende soziale Revolution zwingt das Heer, sich dem Waffenstillstand nach den Bedingungen des Präsidenten Wilson zu unterwerfen und sich aufzulösen. Der weitere Verlauf führt bis zum Juli 1919 zu der langen Reihe von Gewaltakten, die in den Friedensdiktaten von Versailles für Deutschland, von St. Germain für die Habsburgische Monarchie ihren für den Kulturstand der Feinde selbst am meisten beschämenden Höhepunkt finden. Das Deutsche Reich muß für sein in dem heldenhaften Ringen des 18. und 19. Jh. erkämpftes geschlossenes Nationalgebiet an allen Grenzen widersinnige Verstümmelungen zugunsten von Franzosen, Belgiern, Dänen und sogar zugunsten des vom deutschen Heere selbst befreiten politisch unreifen polnischen Volkes hinnehmen, das durch Machtspruch der Entente Staatlichkeit erhält, dazu den Verlust seiner Kolonien, seines Heeres, seiner Kriegs- und Handelsflotte und die Auflage unmenschlicher, aussaugender Entschädigungslasten. Die Donaumonarchie wird zerstört und neben zwei kümmerlichen Fragmenten Deutsch-Österreichs mit Wien und Ungarns mit Budapest durch die Neuschaffung von drei ungesunden, künstlichen Gebilden, einem tschechoslowakischen, einem über die natürlichen Karpathengrenzen erweiterten rumänischen und einem dreispältigen serbisch-kroatisch-südslawischen Staat ersetzt.

Unter solchen Schicksalen bleibt es immerhin ein politischer Akt von Bedeutung, daß die deutsche Nation sich der Gefahr zu erwehren weiß, durch die Revolution vom 8. 11. 18 in die Schreckensherrschaft des zuchtlosen kommunistischen Radikalismus russischen Musters und damit in die barbarische Staatsform einer „Räterepublik", einer diktatorisch-proletarischen Klassenherrschaft hineingerissen zu werden. Trotz eines unheilvoll weiterfressenden Parteihaders entwickelt das Volk die Kraft, sich auch in der Form der Republik einen verfassungsmäßigen Volksstaat zu erhalten und in der Reichsverfassung vom 11. 8. 19 ein neues Grundgesetz zustande zu bringen, das in Zusammenarbeit der neu herrschenden mit den alten Parteien einen nicht mustergültigen, aber lebensfähigen Ausgleich zwischen der früheren politischen Tradition eines gebildeten Berufsbeamtentums mit den erhöhten Machtansprüchen der Parteipolitiker bedeutet.

Die Lage nach dem Weltkrieg und die Aufgaben der Zukunft. Der Charakter der Staatenwelt bei ihrer jetzigen Lage läßt sich im Zusammenhang dieser Entwicklung überhaupt nicht mehr schildern. Denn es ist im Wesen der Lage begründet, daß ihr ein ausgeprägter politischer Charakter überhaupt bis heute fehlen muß, und nur soviel ist zum Abschluß zu betonen, daß das verworrene Schwanken aller staatlichen Gewaltträger und aller staatlichen Regeln, das der Augenschein bei allen Nationen zeigt, viel tiefer geht und viel weiter greift, als gewöhnlich angenommen wird.

---

1) Dabei wird von Bedeutung, daß auch die amerikanische Großfinanz die einseitige Stellungnahme gegen Deutschland nur deswegen vollzieht, weil unheilvollerweise die deutsche Finanzpolitik amerikanische Anleihen nicht in Anspruch genommen hat, die Vereinigten Staaten am Sieg Deutschlands nicht interessiert sind. Endlich entscheidet, daß die Union durch die (offiziell gegen Deutschland gerichtete) Rüstung den unauffälligen Vorwand erhält, im Innern und gegen außen die im großen Stil gehaltene Verstärkung ihres Heeres und besonders ihrer Kriegs- und Handelsflotte durchzuführen, die sie schon längst gegen Japan für nötig erkannt hat.

Der Heutige betrachtet die jetzige Weltlage meist als das Ergebnis des Weltkriegs, dessen Schrecken er soeben mit Entsetzen erlebt und gefühlt. Das Ergebnis findet er in einer Katastrophe Europas im Gegensatz zu Asien und Afrika und besonders zu Amerika. Er sucht deshalb die Aufgabe des kommenden Geschlechts im „Wiederaufbau Europas". Das Ziel dieser zusammenfassenden Darstellung aber war es gerade, zu veranschaulichen, daß der Weltkrieg und die Verwicklung, die ihn im letzten Stadium verursachte, nur eine unselbständige Episode einer schon ein halbes Jahrhundert zurückreichenden allmählichen äußeren und inneren Umgestaltung des ganzen Staatensystems gewesen ist und daß diese Umgestaltung in ihrer Bedeutung wieder nur aus den politischen Leistungen des 18. und 19. Jh. begriffen werden kann. Die beiden vorausgehenden Jahrhunderte hatten für West- und Mitteleuropa und für Nordamerika die Staatsform der relativen Höchstqualität bisheriger Zeit, das Zusammenleben verfassungsmäßiger nationaler Großstaaten im Völkerrechtsverkehr, erreicht, und in ihrem Machtbesitz und kulturellen Hochgefühl hatten diese Staaten begonnen, das System über die anderen Erdteile auszubreiten. Aber während und infolge dieses Vorgangs von großartiger Schöpferkraft ist wie bei geringeren gleichbedeutenden Vorgängen der älteren Zeit — in der griechisch-hellenischen Kolonisation des Mittelmeers, in der römischen des Westens, in der deutsch-mittelalterlichen des Ostens, in der spanischen und englischen Amerikas und Mittelasiens — der äußere Aufbau und der innere Ausbau gerade der führenden Staaten vergröbert worden. Die Europäisierung der Erde bewirkt das Sinken im Niveau der nationalen und rechtlich-verfassungsmäßigen Zusammensetzung dieser Staaten. In allen Hauptgebieten des Westens entsteht — dem osteuropäischen Machtstaat Rußland sich annähernd, der die Stufe des europäischen Kultur- und Rechtsstaats überhaupt noch nie erreicht gehabt — das Übergewicht einer auf Ausbeutung und Gewaltpolitik ausgehenden privilegierten Klassenkoalition, einer geschlossenen Gruppe von Rohstofferzeugern, Industriellen, Großhändlern, Finanzleuten in Verbindung mit Gruppen von Politikern, Militärs, Marinemachthabern, und von diesen Schichten inspiriert und dirigiert räumen England, Frankreich und die Vereinigten Staaten gerade die Nation aus dem Wege, die in ihrer ganzen staatlichen Organisation noch weitaus am festesten in der Tradition des verfassungsmäßigen Volksstaats verwurzelt ist, in ihrer Gesetzgebung und Rechtspflege den durchgebildetsten Rechtsstaat verkörpert und auch in ihrer völkerrechtlichen Haltung, in ihrer Kolonialpolitik von den imperialistischen und absolutistischen Ambitionen ihrer Gegner am wenigsten ergriffen gewesen ist, ja, geradezu erst durch den Kriegsausbruch und die Kriegführung selbst in unvollkommenen Ansätzen auf jene verhängnisvolle Bahn gelenkt wird.[1]) Der Sieg der Entente hat also die Bedeutung gehabt, daß die Großmächte, die schon zuvor die rücksichtslose Aufteilung der fremden Kontinente betrieben hatten, sowie diejenigen, die sich während des Kriegs in ihre Gefolgschaft begaben, wie Italien, Japan, Rumänien, oder die von ihnen aus unterworfenen Bevölkerungen erst geschaffen werden, wie Polen und die Tschechoslowakei, von der Zertrümmerung Deutschlands und Österreichs ab nur noch hemmungsloser sich der Eroberungs- und Ausbeutungspolitik hingeben können — daß sich die Staatenwelt unter ihrer Leitung noch entschiedener von der Überlieferung der großen konstitutionellen und völkerrechtlichen Epoche entfernt hat. Ja, wie sich die Lage bei Einstellung der Kampfhandlungen gegen die Mittelmächte, bei Zusammen-

1) Diese Stelle in der ursächlichen Verflechtung des ausländischen und des deutschen Parteilebens (oben S. 174) gehört zu denen, die der Anschauung der neutralen Nationen ebenso wie der der nach Objektivität strebenden Kritiker der feindlichen Nationen die meiste Schwierigkeit bereitet. Mit anderen Worten: in Deutschland erscheint ein annexionistischer Großkapitalismus nicht als einer der treibenden Faktoren zum Krieg, sondern als Produkt des Kriegs in Reaktion gegen den ausländischen. Das verkennt auch die deutsche Sozialdemokratie.

tritt der Friedenskonferenzen für die nächste Zukunft feststellte, mochte man denken, daß die Siegerstaaten sich als erstes Ziel eine einheitliche große Aktion zugunsten einer weltumfassenden Militär- und Wirtschaftsgewalt der verbündeten Großmächte und der ihnen „assoziierten" Mittelmächte setzen würden. Denn neben der Stabilisierung eines klassenmäßig geschlossenen Militarismus zu Land und zur See, einer Armee- oder Marineherrschaft größten Stils waren durch den langen Krieg überall zentralisierte und über die Grenzen der Staaten ineinandergreifende Systeme großkapitalistischer Unternehmergruppen gezüchtet worden, die Lieferungsgeschäfte der Rüstungsindustrien usw. monopolisiert hatten. Sie, die sich als die naturgemäßen Hauptgewinner des Kriegs betrachten, bemächtigen sich nunmehr erst recht des wirtschaftlichen Lebens, entfalten in der spekulatorischen Begierde zur Ausbeutung der besiegten Länder, ihrer Kohlen-, Erz-, Petroleum-, Kalilager, ihrer Wasserkräfte, Wasserstraßen, Eisenbahnen usw. im hyperkrophischen Maßstab den Trieb zu riesenhaften Bankgründungen, Rohstoffgewinnungs- oder Industrieunternehmungen und gehen zu diesem Zweck den engen Bund mit der leitenden Generalität und Admiralität und mit den führenden Politikern ein, die sich ihrer vor Ausbruch des Kriegs und während des Kriegs als ihrer Werkzeuge bedient haben, und die nunmehr unter der Herrschaft des Gelds und der Spekulation umgekehrt zu den Werkzeugen des Großkapitals herabsinken.

Freilich haben die großen Finanz- und Militärmächte gerade durch die Tatsache ihres Umsichgreifens den ihnen von altersher gegenüberstehenden gegnerischen Mächten den Antrieb gegeben, sich ebenfalls neu zu sammeln und verstärkt zu organisieren.

Einerseits weist der Krieg und seine Fortwirkungen auch die benachteiligten Schichten der Gesellschaft darauf hin, sich intensiver und in internationaler Fühlung zusammenzuschließen. Während das Aufkommen eines neuen, in Geschäftsgebarung und Genußsucht rücksichtslosen Reichtums die bisherige Kernschicht aller Nationen, die gewerbstätig oder in freien Berufen lebenden Mittelklassen überall, auch in den Siegerstaaten, zur Kümmerlichkeit des Daseins, ja, in großem Umfang zu langsamem Absterben verurteilt, wird das arbeitende Proletariat dadurch verbreitert und zugleich verstärkt angetrieben, sich aus der Not der Ernährungsschwierigkeiten und der Arbeitslosigkeit durch außergewöhnliche Kraftanstrengungen von neuem und wenn möglich endgültig herauszuringen. Der Augenblick für die Verwirklichung des Traums einer sozialen Weltrevolution, in die die Industriearbeiterschaft wie andere große Gruppen des vierten Standes durch ihre Doktrinen von lange her eingesponnen sind (oben S. 155), scheint gekommen, und die Errichtung der russischen Sowjetrepublik im letzten Stadium des Kriegs (oben S. 173) gibt beim Friedensschluß der nunmehr dort herrschenden proletarischen Klassendiktatur die Vorstellung einer Mission ein, als Zentrum einer extremkommunistischen Propaganda, als Leitorgan der „Moskauer Internationale", durch ihre Emissäre in allen Ländern, den besiegten wie den siegreichen, den Boden für den Umsturz der bürgerlich-kapitalistischen, militaristischen und bureaukratischen Gesellschaftsordnung vorzubereiten. Der Ausbruch der Revolution in Deutschland, Österreich, Ungarn unter den Folgen des Zusammenbruchs stellt sich ihnen als Beginn einer gesetzmäßigen Weiterentwicklung dar, und in der Tat scheinen sich in der Folge (1919/20) auch in Italien und Japan, ja sogar in England in immer wiederholten gewaltigen Streiks Versuche zur „Nationalisierung" von Fabriken, Bergwerken, Demonstrationen, Teile des sozialen Staats rasch durchsetzen zu wollen. In England kündigt sich an vielen Stellen gerade der mächtigsten Gewerkschaften die Verdrängung der bloß wirtschaftlichen Interessenvertretung durch den grundsätzlich marxistischen Geist der Internationale an. „Goldene" und „rote" Internationale treten sich anscheinend, alle nationalen Besonderheiten überbrückend, als zwei feindliche, annähernd gleichstarke kosmopolitische Konzerne oder Bünde gegenüber.

Und nun liegt es im Wesen der beiden rivalisierenden Machtprätendenten, daß sie nicht nur den einen Stützpfeiler der alten Staatsordnungen, den nationalen Gedanken, unterhöhlen, sondern auch den andern, den Rechtsgedanken. Denn von den beiden gegnerischen Systemen, die das politische Leben vom einseitigen Interessenstandpunkt einer Wirtschafts- und Gesellschaftsklasse aus zu konstruieren trachten, repräsentiert sowohl das eine, rechte Extrem, das plutokratische, wie das andere, linke, das proletarisch-kommunistische, in der großen Zahl ihrer Führer wie in den Massen ihrer Mitläufer die materialistische Willensrichtung, das Streben nach Verfügung über die sinnlichen Lebensgüter, das Streben, sie für eine oligarchische Klasse zu monopolisieren oder sie durch das Medium einer solchen, mit unbeschränkter Machtvollkommenheit ausgestatteten Klasse unter die demokratische Gesamtheit allmählich zu verteilen (vgl. oben S. 155). Jedes der beiden Extreme steht der Idee einer das Weltganze durchdringenden höchsten Vernunft, einer normsetzenden geistigen Autorität verständnislos gegenüber, und damit fehlt ihnen auch das Verständnis für das eigentlich beseelende Prinzip des Rechtsgedankens. In ihrer Vorstellung schrumpfen Recht und Gesetz, alle staatlichen Regeln nur zur Machtordnung ein, die der herrschende Machthaber den einzelnen durch seinen Willen setzt, also zu jener engen und äußerlichen Anschauung, mit deren Überwindung die Geltung der Rechtsidee als einer den Machtideen entgegenwirkenden geistigen Grundkraft des Staatslebens alle vollkommeneren staatlichen Bildungen erst beginnen (S. 6). Sie sind unempfänglich für die Erfassung der Normen, die aus dem schöpferischen Geist und der sittlichen Überzeugung der Einzelmitglieder des Volkes in das soziale Leben hineingetragen werden und dem staatlichen Gesetz seine wahrhafte und tiefe Aufgabe zuweisen, gerecht, d. h. in ausgleichender Abwägung zwischen ihnen den sämtlichen verschiedenen Lebenskreisen in wechselseitiger Achtung freie Entfaltung zu ermöglichen. Aber alle die gesellschaftlichen Schichten, die die Träger dieses Ideals gewesen sind, sind nunmehr unterdrückt, wirtschaftlich erstickt, politisch mundtot gemacht; — die nationalen Kirchen aller Art, die Sekten, die Universitäten und die von ihnen allen unmittelbar oder mittelbar gelehrten religiösen und geistesphilosophischen Systeme, die etwa in den Zeiten des Einsturzes der neuen Universalmonarchien (oben S. 137) geherrscht hatten. Als einzige geistige Macht behauptet sich neben der roten und goldenen Internationale die katholische Kirche, die unter den geistigen Mächten gerade die am meisten unduldsame und zugleich die dritte weltbürgerlich-unnationale, die „schwarze" Internationale verkörpert.

Die Zeit am Kriegsende stellt demnach gegen früher veränderte, rohere Probleme in den Mittelpunkt des Staatslebens. Diejenigen Kräfte und Ideen, die während der Blütezeit des Staatensystems Europas die treibenden gewesen sind, haben in dem zum Staatensystem der Erde erweiterten politischen Leben eine erschreckende Schwächung erfahren; das Streben nach einer Gemeinschaft gleichberechtigter und annähernd gleichmächtiger Staaten, die sich aus nationalen Volksgemeinschaften mit ausgebildeter Rechtsordnung zusammensetzen, mit geregelter Lebensordnung zwischen Staatsgewalt und Volk, zwischen Volksklasse und Volksklasse — dieses Streben ist so gut wie vollständig erloschen. Der Geist auswärtiger wie innerstaatlicher Gewalt- und Ausbeutungspolitik im Dienst des einseitigen Klassenegoismus, an der Wende des Jahrhunderts nur ein dunkler Hintergrund, ist breit und ohne Scheu in den Vordergrund getreten; und die Bewegungen, die für das Staatsleben der Völker die Richtung angeben, sind nicht mehr der Krieg um die nationale Selbstbestimmung und der Parteienkampf um den verfassungsmäßigen Ausgleich zwischen den Klassen (o. S. 151), sondern der internationale Eroberungskrieg und der Kampf um die Herrschaft der einen oder anderen Klasse. Es ist bezeichnend, daß in den Monaten der Versailler Friedensberatungen von den siegreichen Militärs angeblich der Plan leidenschaftlich empfohlen wurde, die Waffen nicht niederzulegen, mit den vereinigten Kräften aller Verbündeten, auch der Amerikaner, ganz Deutschland zu besetzen und in Rußland statt der Sowjetrepublik die bürgerliche Herrschaft wieder einzusetzen, also eine radikale Auseinandersetzung zwischen dem Weltkapitalismus und der kommunistischen Weltrepublik herbeiführen[1]) (S. 176). Tatsache ist, daß die Vereinigten Staaten und Japan 1920 eine Zeitlang die Unterwerfung der Sowjets durch eine gemeinsame militärische Expedition, vom Stillen Ozean aus gegen Sibirien gerichtet, betrieben haben. Dasselbe von Frankreich aus unternommen, würde Deutschland zum allgemeinen Schlachtfeld der Franzosen und Bolschewisten gemacht und den Zustand erneuert haben, durch den in der Merowingerzeit das ursprünglich germanische Volksgebiet von romanisierten Franken und Slawen in zwei unselbständige Hälften zerrissen war.

Es ist zweifelhaft, wieweit das abenteuerliche Ziel von ernsteren Politikern erstrebt worden ist. Jedenfalls hat es sich rasch verflüchtigt. Denn sehr bald entbrennt zwischen den fünf Hauptmächten, die „ausschließlich zur Sicherung der Freiheit und Gerechtigkeit" den Krieg gegen Deutschland und seine Waffengenossen geführt hatten, der durch keine offiziellen Phrasen zu verschleiernde Kampf um die Beute und noch mehr um alle die alten Streitobjekte, die man für die Dauer der europäischen Verwicklung zurückgelegt hatte, vor allem um die Hauptgebiete Asiens und Afrikas.

Zuerst ziehen sich die Vereinigten Staaten zurück, um ihre Aufmerksamkeit auf Ostasien zu konzentrieren, um dessentwillen sie überhaupt von Anfang an den Weltkrieg begünstigt, um dessentwillen sie in Wahrheit die scheinbar für den Weltkrieg bestimmte Heeres- und Marinerüstung geschaffen hatten (S. 174, Anm. 1). Haben sie während der Dauer des Kriegs zwischen ihrer Ost- und ihrer Westfront hin- und hergezogen notgedrungen Japan in China gewähren lassen müssen, so benutzen sie nun unverzüglich ihre neue Waffenmacht und vor allem die riesige Finanzmacht, die sie aus den Kriegslieferungen an die Entente davongetragen haben, um den Japanern ihre angemaßte Machtstellung über China wieder zu entreißen, wobei ihnen England unter Aufgabe der 30jährigen Bundesgenossenschaft mit Japan gefügig Helferdienste leistet. Sie sind bis zur Zeit von vollem Erfolg begleitet. China, kurz vor Ausbruch des Weltkriegs in eine verworrene Revolution, in Bürgerkrieg zwischen den Provinzen, Kampf um monarchische oder republikanische Staatsform hineingerissen, während des Kriegs hilflos zwischen nord- und südchinesischen, japanfreundlichen und nationalen Generalen hin- und hergeworfen und fast der Auflösung des Staats verfallen, begrüßt die Amerikaner, ihr Geld, ihre Bildung, ihre Technik als Befreier von den in ihren Augen unebenbürtigen und in allen Volksklassen tief verhaßten asiatischen Nachbarn. Seit 1922 hat Japan tatsächlich seine unmittelbar nach dem Frieden krampfhaft einsetzende Expansionspolitik gegen Sibirien (oben S. 177), wie gegen China und die Südsee sowie seine Rüstungen eingestellt und sich mit gewissen Vorbehalten der Wiederaufnahme des Prinzips der „offenen Tür" in China (oben S. 160) angeschlossen.[2])

1) Bestimmt behauptet in der auf Grund der Materialien des Präsidenten Wilson veröffentlichten Darstellung der Vorgänge bei den Friedenskongressen (Baker).

2) Entscheidend das auf der Konferenz von Washington (Dezember 1921) getroffene Pazifikabkommen, das allerdings China und Sibirien noch unberührt läßt und sich nur auf die Inseln des Stillen Ozeans erstreckt, aber mit Bezug hierauf ausdrücklich und damit tatsächlich allgemein den neuen Zustand schafft, daß Japan, anstatt sich wie bisher auf das Bündnis mit England stützen zu können, von den beiden angelsächsischen Mächten unter ihre Kontrolle gestellt wird. Japan begnügt sich mit einer Seemacht zweiten Ranges (im Verhältnis 5 : 5 : 3), gibt die Deutschland abgenommene Provinz Schantung mit Tsingtau an China zurück und eröffnet (unter Leitung Katos) eine passive Politik. Andererseits begründen die Vereinigten Staaten (1921) das neue „Chinakonsortium" der Mächte zu finanzieller Unterstützung und wirtschaftlicher Hebung bzw Ausbeutung. Während an dem älteren gleichartigen Konsortium nur Rußland, Frankreich, Deutschland und Japan vertreten gewesen waren, Amerika überhaupt nicht, wird nun Nord-

Aus anderen Gründen hat auch Rußland seine aggressiv-bolschewistische Haltung fallen lassen. Schon 1921 erkennt der Schöpfer des Sowjetsystems, Lenin, die von ihm organisierte Staats- und Wirtschaftsordnung als nicht lebensfähig — gemäß jener Unvereinbarkeit mit den psychologischen Gesetzen der menschlichen Gesellschaft, die einer besonnen-historischen Kritik des Kommunismus von jeher klar gewesen ist. Der Versuch zur Ausschaltung des gesunden Egoismus aus dem wirtschaftlichen Leben erweist sich auch in Rußland als mißglückt. In der Landwirtschaft hat man mit seiner Durchführung gar nicht erst begonnen, die Bauern vielmehr als Privateigentümer und selbständige Unternehmer einfach anerkannt. Im Gewerbe gibt die Regierung der Volkskommissare die kleinen Betriebe ebenfalls dem privaten Unternehmergeist wieder frei. Die großen Betriebe werden zwar als staatliche pro forma aufrechterhalten, aber vom Staat an Leiter auf eigenes Risiko für lange Zeit verpachtet und nur manche Wirtschaftszweige (Waffenindustrie, Auslandshandel u. a.) von Staatsorganen direkt weitergeführt. So steht die alte Kapitalistenklasse wieder auf, nur daß ihre Träger den Emporkömmlingen des früheren Proletariats entstammen, was zur Folge hat, daß die herrschenden Politiker vorläufig den Schein einer proletarisch-marxistischen Verfassung noch wahren können.[1]) Der despotische Druck des bolschewistischen Bureau-, Militär- und Polizeiregiments, die Unbildung und Apathie der Hauptmasse der Bevölkerung, der bäuerlichen, und das Hochgefühl des Industrieproletariats der Großstädte, „herrschende Klasse" geworden zu sein, hilft über diesen Zustand der Selbst- und Volkstäuschung hinweg. Aber für eine aktive Politik großen Stils fehlen dieser Republik, die auf eine primitive Form der Versorgung mit dem nötigen Lebensunterhalt der Massen zurückgesunken ist, vorläufig die Finanzmittel. Mit großer Mühe werden die an den verschiedenen Reichsgrenzen unternommenen Versuche ehemaliger Offiziere des alten Regimes unterdrückt, mit ihrer „weißen" Armee die alten Gesellschaftsklassen in ihre Herrschaft wieder einzusetzen. Nachdem die Sowjetrepublik diese Kämpfe, die sich bis zum Frühjahr 1923 hinziehen, bestanden hat, zieht sie sich auf die Behauptung ihrer engeren europäischen Machtzone zurück und vertauscht ihr ursprüngliches, anmaßendes Programm einer „Entfesselung der Weltrevolution" mit dem bescheideneren: „Behauptung der bolschewistischen Einheitsfront". Zu diesem Zweck formiert Moskau im Januar 1923 einen bolschewistischen Staatenbund, der auf einem Vertrag aller größeren sozialistischen Sowjetrepubliken des europäischen Rußland beruht und sein grundlegendes (wählendes) Organ in dem Kongreß der Verbündeten Republiken erhält.[2]) Russisch-Asien wird nur locker in Form von „autonomen Republiken und Territorien"[3]) angegliedert, die keine militärische und auslandspolitische Selbständigkeit und keine Vertretung am Sowjetkongreß besitzen, sich aber im wesentlichen ebenfalls selbst regieren, also die Stellung von Kolonialgebieten einnehmen. Aber

---

amerika nicht nur an Stelle Deutschlands Mitglied, sondern die führende Macht. Das Konsortium wird durch Lamont, den Bevollmächtigten Morgans, des Hauptes der herrschenden amerikanischen Finanzoligarchie, zustande gebracht.

1) Diese Umkehr zum verhüllt-kapitalistischen Systeme wird von Lenin selbst, ohne äußeren Bruch der Herrschaftstradition, im Lauf des Jahres 1921 vollzogen.

2) Der Bund besteht aus der russischen sozialistischen Sowjetrepublik (Moskau), Ukraine (Charkow), Weißrußland (Minsk), Kaukasien (Tiflis), das seinerseits eine eigene Föderation von drei Republiken bildet: Georgien (Tiflis), Armenien (Eriwan), Asserbeidschan (Baku). An dem von den Kongreßdelegierten gewählten Zentralexekutivkomitee von 371 Mitgliedern (Parlament, vgl. oben S. 173) nimmt Moskau mit 270, Ukraine mit 68, Weißrußland mit 7, Kaukasien mit 26 Vertretern teil. (Erster Kongreß November 1923.)

3) Die autonomen Republiken umfassen vorwiegend kleine eigenartige Völkerschaftskomplexe im europäischen Rußland; Tatarei (Kasan) u. a., vor allem aber die großen asiatischen Gebiete Turkestan (Taschkent), Kirgisistan, Republik der Bergbewohner (Ostsibirien, Wladikawkas). Turkestan wird keine Sowjetrepublik, sondern demokratische Republik.

auch in dieser unfesten Organisation behält der Staat sein Gewicht in der auswärtigen Politik. Durch die Virtuosität ihres während der Revolution ausgebildeten Systems der agitatorischen Bearbeitung der Massen hält die herrschende Klasse die Ländervielheit zusammen, macht sie sich den Nachbarländern in unausgesetzt beunruhigender Einwirkung fühlbar. Und wie ihre tatsächliche aktive Machtwirkung haben auch die neuen Herrschenden die Machtinstinkte und den politischen Ehrgeiz der alten Herrschenden in sich bewahrt, so daß das bolschewistische Rußland vor allem in Asien den übrigen Mächten, besonders der englischen, nicht weniger gefährlich, wo nicht gefährlicher gegenübertritt als das zaristische.

Die stärkste Erschütterung erleidet aber das Bundesverhältnis der Entente zwischen den beiden europäischen Westmächten. Hier ist — was freilich keinem Geschichtskundigen jemals zweifelhaft sein konnte — die alte Rivalität um die Vorherrschaft in Europa wieder hervorgebrochen.

Zunächst gehen England und Frankreich anscheinend in Einklang, solange es sich um die Knebelung Deutschlands und um die Auflösung Österreich-Ungarns, besonders aber solange es sich um die Aufteilung der Türkei handelt. Sie bemächtigen sich gemeinsam: England Mesopotamiens, Arabiens und Ägyptens, Frankreich Syriens, während Italien Teile des südlichen Kleinasien überantwortet erhält und Smyrna mit Umland an Griechenland zur Inbesitznahme überlassen wird.[1]) Da in dem von den Mächten gemeinsam besetzten Konstantinopel England als stärkste Seemacht naturgemäß das Übergewicht und damit auch den Einfluß auf den Sultan-Khalifen und die jungtürkische Regierung behauptet, so scheint sich die von England erstrebte Landverbindung nach Indien und die Schutzherrschaft über die gesamte islamische Welt Vorderasiens (oben S. 165) ungezwungen zu verwirklichen. England sucht diese Machtsphäre zu sichern, indem es (1919) auch auf Persien und Afghanistan, früher erworbene Rechte weiter ausbauend (S. 169), fester die Hand zu legen sucht.

Aber die Lage verändert sich, als (Sommer 1919) unter dem Eindruck des von England inspirierten Einrückens der griechischen Armee in Smyrna wider alles Erwarten die moslimische Bevölkerung Anatoliens unter Führung des während des Weltkriegs in leitender Stellung erprobten Mustafa Kemal die „Verteidigung der nationalen Rechte" ergreift und den griechischen Vormarsch hemmt. In Verbindung mit dem völligen Mißerfolg Englands in Afghanistan[2]) (1919), mit den bald darauf erfolgenden Ausbrüchen der leidenschaftlichen Unabhängigkeitsbewegungen in Indien und in Ägypten setzt die Politik Frankreichs ein, den Freiheitskampf der Türken diplomatisch und militärisch zu unterstützen. Kemal Pascha gibt ihm auch inneren Halt, indem er revolutionär die von der Entente abhängige Regierung in Konstantinopel abbricht und unter Aufhebung des alten internationalen Osmanenreichs durch Einberufung einer Nationalversammlung nach Angora (Januar 1920) die neue Basis für einen republikanischen Nationalstaat in Kleinasien schafft und mit ihr als Präsident der Republik eine provisorische Verfassung feststellt (Januar 1921). Auf dieser Grundlage gelingt es ihm, den Unabhängigkeitskrieg gegen Englands griechischen Bundes-

1) Der Friede von Sèvres (erst August 1920 abgeschlossen) läßt von dem osmanischen Reich von ca. 3 Mill. qkm mit 25 Mill. Bevölkerung als türkischen Staat nur die eng umgrenzte Mitte Kleinasiens von 300 000 qkm mit 5 Mill. Einwohnern übrig.

2) Die miliärische Expedition gegen Afghanistan mußte schon nach wenigen Monaten mangels gehöriger Vorbereitung und wegen Ausbruchs von Seuchen abgebrochen werden. Im Vertrag von Rawalpindi mußte die indische Regierung auf alle die Befugnisse wieder verzichten, die sie 1906 erzwungen hatte und die England in erster Linie den Weg zum Weltkrieg freigemacht hatten (oben S. 169). Afghanistan erhält seine uneingeschränkte Unabhängigkeit zurück, um diese in der Folge zu naher Kooperation mit den Türken und mit der Sowjetrepublik zu nützen.

genossen siegreich zu beenden (August 1922) und in zähen Verhandlungen die Räumung Anatoliens und die Herausgabe Konstantinopels zu voller Souveränität zu erreichen. Bündnisse mit der Sowjetrepublik und mit Afghanistan (Sommer 1921) geben dem neuen Staat Rückhalt, dessen Nachbarschaft naturgemäß die nunmehr bloß mit militärischen Mitteln gehaltene Stellung Englands im mesopotamischen Irak zweideutig und anfechtbar macht. Von seinem Erfolg teilt sich der gesamten Welt des Islam ein in neuerer Zeit so noch nie gefühltes Einheitsbewußtsein und Selbstgefühl mit. In Indien schließen sich die ehedem in ihrer Verfeindung schwachen beiden Hauptrassen, Moslimen und Hindu, zu der gemeinsam erhobenen Forderung einer eigenen Verfassung nach Art der großen weißen Dominien wie Kanada und Südafrika zusammen[1]), und Ägypten handhabt die ihr von England zugestandene Verfassung mit einmütiger Feindseligkeit.[2])

Erst an den orientalischen Dingen gemessen, läßt sich die fast groteske Verschiebung im Verhältnis Englands und Frankreichs in Europa übersehen.

In vier oder fünf schwierigen Positionen allein durch Asien beschäftigt und mit seinen Kräften und Interessen gebunden, hat sich England sofort nach Kriegsende durch Auflösung des Heeres in der Heimat zu entlasten gesucht. Es läßt sich also durch eine Rechtstradition wie seine nächsten häuslichen Sorgen denselben Mißgriff aufnötigen, zu der sich die deutsche Regierung am Kriegsende hat hinreißen lassen (S. 174), — die übereilte Entwaffnung und Abrüstung. Einerseits macht sich die überlieferte Abneigung gegen die Dienstpflicht außer im Falle der Not, andererseits die aus der Vorkriegszeit ungeklärt übernommene, durch den Krieg noch erheblich verschärfte Frage Irlands, und als neues Problem infolge der Stockung des Wirtschaftslebens ein ungeheures Anwachsen des arbeits- und erwerbslosen Proletariats geltend. Alles wirkt in der Richtung zusammen, daß die englische Politik, in auswärtigen Angelegenheiten durch Asien absorbiert, in Europa sich ausschließlich auf die inneren Angelegenheiten der Finanz-, Wirtschafts-, Sozialpolitik und auf die Verhältnisse Irlands konzentriert. Ein von beiden Seiten bis zur Wildheit gesteigerter Bürgerkrieg in Irland[3]), Lohnkämpfe von früher unbekanntem Aus-

---

1) Der Vizekönig Lord Chelmsford hatte (1919) die nationale Bewegung durch die Gewährung einer India Government Act zu beschwichtigen versucht. Sie hält die Autokratie der Regierung des Generalgouverneurs mit dem von ihm ernannten Staatsrat fest, stellt daneben nur gesetzgebungsberatend eine Volksvertretung mit nur 80 freigewählten Mitgliedern neben 64 ernannten oder in Kurien gewählten. Aber die (Januar 1924 nach ihrer zweiten Wahl zusammentretende) Versammlung erklärt die Verfassung als ungenügend und steigert die Forderung von „Swaraj" (Eigenregierung) unter Führung der eindrucksvollen Erweckerpersönlichkeit des Mahâtma (wörtlich „große Seele") Gandhi zu dem Verlangen nach Unabhängigkeit im Sinn eines Dominium.

2) Nach schweren Unruhen des durch die englische Baumwollindustrie ruinierten Kleinbauern des Niltals proklamierte England (Februar 1922) die Aufhebung des bei Kriegsanfang (1914) einseitig dekretierten Protektorats und die Unabhängigkeit Ägyptens als selbständiges Königreich (Fuad) mit nationalem Parlament. Aber die von dem ägyptischen Großgrundbesitz (Führer Adly Pascha) akzeptierten englischen Vorbehalte, ein Interesse des Suezkanals und des Sudan, werden von den mittleren und unteren Klassen, vereinigt in Wafd el Masri (Komitee von Ägypten: Führer Zagrul Pascha) zurückgewiesen. Bei Wahl des ersten Parlaments (Januar 1924) erhält Zagrul 176 von 214 Sitzen.

3) Die Homerulegesetzgebung d. J. 1913/14 und der Widerstand des protestantisch-angelsächsischen Nordirland (Ulster) gegen sie, die ein Mitanlaß des Weltkrieges gewesen waren (S. 172, Anm. 1), hatten im katholisch-keltischen Südirland die nationalistische Bewegung aus der bisherigen Homerulebewegung zur „Sinnfein"-Bewegung, d. h. zur Forderung der völligen politischen Unabhängigkeit der Insel von Großbritannien gesteigert (sinn fein gälisch = „wir selbst"). Die blutigen Kämpfe, die gegen Ende des Weltkrieges ausbrachen und sich unvermindert in die Friedenszeit fortsetzten, zwangen bei der zähen Ungebrochenheit des irischen Selbständigkeitswillens

maß[1]), auf der Arbeiterseite mit einem auf russisches Muster deutenden Radikalismus der Gesinnung geführt, sind in England die ersten Früchte des Sieges über Deutschland. Es gelingt nur mit Mühe, den irischen Konflikt beizulegen und das durch Zugeständnisse an die Autonomie der Insel, die ein Vielfaches von dem darstellen, was 1886 und 1893 verweigert und was 1913 beschlossen, aber als nicht durchführbar erwiesen worden war. Die Streitigkeiten um Beseitigung der Arbeitslosigkeit, Lohnerhöhung und Wiederherstellung des während des Krieges verlorenen Arbeitsschutzes dagegen dauern fort. Verursacht durch den bleibenden Verlust der englischen Absatzgebiete Englands auf dem Festland, besonders des deutschen, rollen sie notwendig die Frage nach Ersatz durch neue Absatzgebiete und damit die nach dem Verhältnis Englands zu seinen weißen Kolonien auf. Da diese im Kriege unwiderruflich an politischer Selbständigkeit gewonnen haben, strebt man nun wenigstens nach einem Ausgleich durch engere wirtschaftliche Verbindung. Die Frage eines Schutzzollsystems für das größere Britannien (S. 164) wird von neuem brennend. Da sie den liberalen und proletarischen Anhängern des Freihandels in erster Linie als Frage der Ernährungsverteuerung erscheint, so werden die inneren Fragen, während der siegreiche Politiker Lloyd George das während des Krieges zerrüttete Parteileben nach alter Gepflogenheit wieder im Sinne einer Koalition gemäßigt konservativer und gemäßigt liberaler Mittelgruppen zu reorganisieren strebt, umgekehrt wirksam, die Parteibildung nach den Außenflügeln zu drängen. Das Koalitionskabinett des im Moment des Sieges (Ende 1918) gewählten Unterhauses, erhält sich nicht regierungsfähig. Zwei Parlamentsauflösungen und Neuwahlen (Dezember 1922 und Dezember 1923) führen zuerst zu einer Regierung von rechtskonservativem Geist, dann in entgegengesetzter Richtung zu dem epochemachenden Ereignis einer Arbeiterführer-Regierung, enthüllen aber alles in allem, daß das stärkste Bollwerk gesunder Verfassungspraxis, die Überschaubarkeit und Berechenbarkeit der Parteiengliederung, in dem Auseinandertreten von 6—7 Hauptgruppen zerbröckelt ist, aus denen sich bis auf weiteres eine zur Kabinettsbildung geeignete kompakte Mehrheit überhaupt nicht zu formieren imstande ist.[2]) Den großen, von je beneideten Vorzug vor allen übrigen, das präzise Ineinandergreifen der bleibenden gewohnheitsrechtlichen Verfassungsgrundsätze mit den Gepflogenheiten der Verfassungshandhabung bei der wechselnden Situation der Regierungsbildung und Regierungsführung, hat der englische Staat auf absehbare Zeit eingebüßt. Statt der günstigen Chancen, sich für ihr Verhalten die Richtlinien der Popularität unmittelbar aus der öffentlichen Meinung, aus dem Volkswillen zu verschaffen, muß die Regierung sich wie anderswo tastend und ängstlich in Launen und Intrigen der Unterhauskoterien schicken.

---

die englische Regierung Lloyd George einzulenken. Von einer bloßen Erneuerung des früheren Homerulegesetzes (Ireland Government act 1920) muß die „Verfassung des irischen Freistaates" (Saorstat Eireann, Irish Freestate) vom 6. Dezember 1921, veröffentlicht Dezember 1922 dem Lande annähernd die Stellung einer der weißen Kolonien, die Dominionstellung zugestehen. Irland erhält eigenes Parlament in Dublin mit eigenem Kabinett, selbständige Armee und Marine. England behält die Überordnung nur im Träger der Krone und dessen Generalgouverneur und in gewissen Einflüssen auf Häfen, Eisenbahnen im Interesse seiner militärischen Sicherheit.

1) Die großen Lohnstreiks setzen sich ununterbrochen bis in die neueste Zeit fort.

2) Das Unterhaus tritt in die Friedenszeit auf Grund der Khakiwahlen von 1918 mit einer herrschenden Koalition von 320 Konservativen, 50 Unionisten, 120 nationalen Liberalen (Lloyd Georgianern) gegen 37 Unabhängige (Alt-)Liberale (Asquith), 65 Labour. Die Wahlen Dezember 1922 ergeben ungefähr 344 Konservative und Unionisten, 117 Liberale, 138 Labour, — die vom Dezember 1923 nur noch ca. 250 Konservative und Unionisten, 150 Liberale (nationale und unabhängige wieder vereinigt), 190 Labour. Premier des ersten Labour-Kabinetts Ramsay Macdonald.

Im stärksten Gegensatz zu England verstehen in **Frankreich** die Führer des Heeres, der Kammerparteien und der Wirtschaft die erste Siegesstimmung und die uralte kritiklos-triebmäßige Voreingenommenheit des Galliertums für militärischen Machtrausch zu benutzen, um sich vom ersten Augenblick an das unbestreitbare Übergewicht der Waffen auf dem Festland wieder zu verschaffen. Statt abzurüsten steigern sie die Friedensrüstung, versorgen damit zugleich die erwerbslosen Landeskinder, organisieren sie andererseits durch weitgreifende Aushebung kolonialer Söldner das neue westafrikanische und syrische Kolonialreich. Mit dem kriegsmäßig organisierten Heere kann nicht nur dem Geist des Friedensvertrags zuwider Saargebiet und linkes Rheinufer kriegsmäßig besetzt, im Westen Belgien zum Vasallen gemacht, im Osten Deutschlands das Gebiet des polnischen und tschechoslowakischen Staats zu Außenwerken Frankreichs gestaltet werden [1]). Vielmehr kann nach kurzer Pause auch der Krieg gegen das innere Deutschland wieder aufgenommen werden. Mit Hilfe der Formeln des Erwerbs von „Pfändern" für ausbleibende deutsche Entschädigungsleistungen und von „Sicherungen" gegen drohende deutsche Angriffe wird (1921) das rechte Rheinufer und (Anfang 1923) das Ruhrgebiet besetzt und der Weg einer Politik beschritten, die erwiesenermaßen den Plan verwirklichen soll, das höchstentwickelte Industriegebiet der Welt mit Rohstofflagern, Kohlenwerken und -vorräten, Industrieanlagen, Eisenbahnen dem deutschen Volk zu entreißen und es mit Erträgnissen, Zöllen und Steuern an das französische Wirtschaftsgebiet anzugliedern. Hierdurch wird gleichzeitig durch Zerreißung des feinen, nationalen Bandes zwischen dem überwiegend gewerbfleißigen deutschen Westen und dem überwiegend agrarischen deutschen Osten Deutschland selbst in der Einheit und dem inneren Gleichgewicht des deutschen Wirtschaftssystems zerstört, in der sozialen und finanziellen Unterlage des Staats unterwühlt, in Ernährung, Verkehrsleben, Steuer- und Währungssystem, schließlich in der seelischen Existenzfähigkeit des gesamten Volkes aufgelöst. Als letztes Ziel hat sich diese alle Ziele Ludwigs XIV. oder Napoleons weit überbietende, wahrhaft teuflische Politik eingestandenermaßen das gesteckt, die Zersetzung des deutschen Volkstums selbst herbeizuführen und es durch Hunger, Seelennot, Krankheiten oder Bürgerkrieg dahin zu bringen, daß das Mehr von 20 Millionen der deutschen Bevölkerung, durch das sich das seit 100 Jahren in seiner Fortpflanzung stabile oder rückwärtsschreitende Volk dank der antideutschen Hetze angeblich bedroht glaubt, möglichst gründlich und rasch unschädlich gemacht werde.

Durch die französische Zerstörungs- und Schreckensherrschaft in Rheindeutschland, wie sie sich zur Zeit ungescheut im Zustand des offiziellen „Weltfriedens" vor aller Augen entfaltet [2]), wird der politische Geist des Zeitalters in seiner machtpolitischen Einseitigkeit, von

1) **Polen** allein (von weniger als der halben Größe Deutschlands) wird von Frankreich genötigt, sein Friedensheer auf ca. 500000 Mann zu bringen (gegenüber 100000 Mann deutscher Reichswehr gemäß dem Friedensvertrag). März 1924 gliedert Frankreich auch **Rumänien** (S. 174) in diesen Vasallenbund ein.

2) Der ausschließlich ruinierende Charakter der französischen Politik wird ohne weiteres einleuchtend, wenn man die (nach französischer Behauptung ungenügenden) **Reparationszahlungen**, die Deutschland tatsächlich auf Grund des Friedensvertrages **bereits entrichtet hatte**, mit den **Schäden** vergleicht, die durch die Zwangsmaßregeln der französischen Militär- und Zivilbehörden angerichtet worden sind.

Nach einer von der **Reparationskommission** der **Entente veröffentlichten** Aufstellung sind Deutschland bis zum 31. Dezember 1923 insgesamt auf Reparationskonto 8,4 Milliarden Goldmark gutgeschrieben worden (1,9 auf Barzahlungen, 3,4 auf Naturalleistungen, 3,1 auf abgetretenes Staatseigentum, Schiffe usw.). Freilich sind hiervon bereits 2,6 Milliarden von den Kosten der Besatzungsarmeen und alliierten Kontrollkommissionen unproduktiv verschlungen worden.

Dagegen läßt sich der **Schaden der Ruhrbesetzung** vom 11. Januar 1923 nur allein für die Zeit bis September 1923 an industriellem Produktionsausfall Deutschlands auf ca. 3 Miljeder völkerrechtlichen oder staatsrechtlichen Regel sich emanzipierend am prägnantesten charakterisiert, — zwar in besonders krasser Form, aber mit dem Anspruch, als Typus der Wahrnehmung berechtigter Interessen der französischen Nation zu gelten.

Das Verhältnis Frankreichs zu Deutschland bezeichnet — noch dazu an einem der in der Kulturentwicklung und speziell in der staatlichen Entwicklung hervorragendsten und traditionsreichsten Länder der Welt — das heutige Niveau der Achtung vor dem Rechte, die nach Ausweis aller früheren Schilderungen ihrerseits den Maßstab jedes Zeitalters für den Grad der geistigen Reife, der inneren Gesundheit und Lebensfähigkeit, des Daseinswerts eines Staats abgibt. Während die militärischen und zivilen Maßregeln, die das Rhein- und Ruhrgebiet in eine französische Provinz, ihre Bürger in französische Untertanen umwandeln sollen, von der französischen Regierung als Akte im Dienst der Gerechtigkeit verkündet werden[1], verletzen sie in Wirklichkeit jeden Fundamentalsatz des öffentlichen Rechts, sowohl des Völkerrechts durch fortwährende Eingriffe in die Steuergewalt, in die Eisenbahnverwaltung, in die Polizeiverwaltung, in die Rechtspflege der besetzten Gebiete, — als auch die des Staatsrechts durch blind-willkürlichen Gebrauch der Schußwaffe gegen beliebige Teile der Bevölkerung, durch Verhaftung und Strafverurteilung von Beamten, Unternehmern, Arbeitern oder Geschäftsleuten, die den Besatzungsbehörden von persönlichen Feinden als nationalgesinnt denunziert werden, durch Ausweisung und Zwangsdeportation vieler Tausende von Einwohnern aller Volksklassen, durch Wegnahme und Zerstörung fremden Privateigentums, in letzter Linie durch Aufgebot unsauberster Elemente, verkommener Arbeitsloser, vorbestrafter Gewohnheitsverbrecher, zum Teil ausländischen Ursprungs, um sie als provisorische Regierung eines sich vom preußischen und deutschen Staate loslösenden Rheinlands einzusetzen und sie in dieser Eigenschaft als Werkzeuge wüster Verletzungen aller Grundrechte auf eine der kulturell höchststehenden Bürgerschaften loszulassen.

Aber hierzu kommt, daß diese abstoßende Erscheinung nicht nur einen abnormen Einzelfall betrifft. Sie entwickelt, behauptet, verschärft sich unter Teilnahme und Duldung fast aller europäischen Staaten, vor allem der Großmächte, Japan, Italien, England, je nachdem mit deren ausdrücklicher Zustimmung oder unter ihrem lauen Widerspruch, jedenfalls ohne irgendeinen energischen Schritt der Gegenwirkung oder auch nur des Protestes. Wenn auch zahlreiche Privatpersonen durch Reden oder Zeitungserklärungen ihre Mißbilligung zur Geltung zu bringen suchen, die Staatsregierungen oder anderen staatlichen Organe der fremden Mächte vermeiden eine entschiedene Stellungnahme. Und dies offenbar nicht nur aus Besorgnis vor der augenblicklichen militärischen Überlegenheit Frankreichs, sondern im Hauptgrund doch deswegen, weil der politische Geist der übrigen Staaten von dem französischen nicht grundsätzlich verschieden ist. England ist nicht in der Lage, das Verhalten der französischen Truppenchefs entrüstet bei seinem rechten Namen zu nennen, solange die englische Politik in der militärischen Besetzung des Irak um der mesopotamischen Petroleumquellen willen wesentlich die gleichen Wege geht wie die französische mit dem Ruhrgebiet wegen seiner Kohlenlager oder Koksvorräte. Und ein gleicher Drang, die Erschütterung aller Dinge

---

liarden Goldmark berechnen, durch unmittelbaren Eingriff in die Substanz der deutschen Wirtschaft (Beschlagnahme von Vorräten, Steuern, Zöllen, Erhebung von Strafgeldern usw.) auf ca. 1 Mill., insgesamt also auf 4 Milliarden. Dazu kommen die Aufwendungen, die das Reich machen mußte für Notstandsmaßnahmen zugunsten der mit physischem Zusammenbruch bedrohten Bevölkerung des besetzten Gebietes in Höhe von insgesamt 2 Milliarden. (Zusammenstellungen in der Frankf. Ztg. v. 11. Jan. 1924.) Und damit werden nur die in Geld abschätzbaren Folgen des „Ruhrabenteuers" bezeichnet. Für das zerstörte Familienglück und die vernichtete Berufsarbeit, für die Verbitterung und Verzweiflung in Tausenden tüchtiger Menschen, die aus diesen „friedlichen Sanktionen" erwachsen sind, gibt es keine Statistik.

zu auswärtigem Machterwerb zu benutzen und vor allem andern die eigene Großmachtstellung zu heben, ohne Rücksicht auf die Gleichberechtigung oder das bessere Recht des Nachbars den Machtkitzel des eigenen Volkes zu befriedigen, beherrscht in der Zeit seit dem Kriege auch fast alle anderen, zum Teil eben erst zu selbständiger Staatlichkeit gelangten Nationen, Belgien, Lettland, Polen auf Kosten Deutschlands, die Tschechei auf Kosten Deutsch-Österreichs, Griechenland auf Kosten der Türkei, Rumänien gegen Ungarn. Die Polonisierungspolitik in Deutsch-Oberschlesien, die Tschechisierungspolitik in Deutsch-Böhmen, die Italianisierungspolitik in Süd-Tirol, dem der Name des Landes, dessen Bevölkerung der Gebrauch der angestammten Sprache in der Schule, im Behördenverkehr in Widerspruch mit den Friedensverträgen entzogen wird, entsprechen vollkommen dem französischen Muster. Und auch die Motive sind die gleichen, die Eifersucht auf die Volkskraft, die Intelligenz und Arbeitsenergie der deutschen Bevölkerung, mit der man sich scheut, einen freien Wettbewerb in loyalen Formen aufzunehmen.

Das Darniederliegen der Rechtsautorität bei Gestaltung des Verhältnisses des Staates zum fremden Staat oder dessen Untertanen wirkt aber wie stets in der Geschichte (S. 82. 126) mit Notwendigkeit zurück auf die Bewährung des Staatsrechts innerhalb der eigenen Herrschaftssphäre, sei es im Verhältnis von Staatsgewalt und Untertanen, sei es im Verhältnis der Gewaltenträger. Die früher (S. 154) gewissenhaft beobachteten und geregelten Fragen der Gewaltenverteilung zwischen monarchischem oder republikanischem Staatshaupt, Kabinett, Volksvertretung und stimmberechtigtem Volk, schon in England nebelhaft geworden, sind erst recht in allen übrigen Staaten interesselos geworden. Das Organ, das im 19. Jahrhundert im Mittelpunkt des staatlichen Lebens gestanden, das Parlament, hat allgemein das Vertrauen eingebüßt. Mit Hilfe der in allen Staaten immer schematischer ausgebildeten „Parteimaschinen" amerikanischer und englischer Art (o. S. 157) hat es sich mit unbekannten, gesinnungslosen Geschäftspolitikern angefüllt, die ohne persönliche Überzeugung und ohne gemeinnützige Ideen ihr Mandat zur Gewinnung von Ämtern oder Geldvorteilen für sich und ihre Anhänger ausnützen und im Betrieb ihrer egoistischen Projekte mit den Mitgliedern der Gegenfraktionen „kameradschaftlich" gegen das Volk zusammenhaltend — darüber Blick und Sinn für die großen Lebensnotwendigkeiten der politischen Leitung verlieren. Statt dessen sieht man Einzelpersonen und Einzelgruppen — militärische, kapitalistische, journalistische — sich unbeengt von verfassungsmäßigen Schranken ihren eigenen Anhang schaffen, um damit das Parlament zu beherrschen, zu unterhöhlen und — auf irgendeine aktive Schicht des Volkes, in erster Linie die unversorgten Teilnehmer des Krieges, gestützt — eine Diktatur zu errichten[1]). In bemerkenswerter Form hat der frühere sozialistische Redakteur Benito Mussolini mit der scharf nationalistisch und imperialistisch gerichteten selbstgeschaffenen Organisation seiner „Faszisten" seiner ursprünglich revolutionären Herrschaft den äußeren Charakter der Verfassungsmäßigkeit zu verleihen gewußt.[2]) Aber auch Spanien, Griechenland, Ungarn leben in solchen permanenten Ausnahmezuständen.

---

1) Teilweise in Anlehnung an verfassungsmäßige Organe. Das ohnehin schon früher herrschende Organ der Vereinigten Staaten, der Senat, der Sitz der (außerparlamentarisch regierenden) Milliardäre hat (1920) die schwache Präsidentschaft Hardings benutzt, seine Macht noch zu befestigen (zum ersten Mal offizielle Mitwirkung des Senats bei der Bildung des Kabinetts des Präsidenten). In Frankreich hat bereits Clemenceau (1919), neuerdings (1924) Millerand den Plan propagiert, dem Präsidenten der Republik (in Abkehr von dem System d. J. 1877, o. S. 152) das Recht zur Entlassung des aus der Kammer gebildeten Kabinetts zu gewähren.

2) Die 1920 in bescheidener Stärke geschaffene Partei (ursprünglich genannt von ihren schwarzen Armbinden [fascia], dann umgedeutet auf das unlösbare Rutenbündel [fascio] der römischen Liktoren) nimmt sich der beim Kriegsende vernachlässigten jugendlichen Anhänger des Mittelstands gegen alle internationalen Kreise — Sozialisten, Klerikale, Kapitalisten — an. Anwachsend pak-

Das Unheilvollste ist, daß der vom militaristischen und kapitalistischen Klassenegoismus entfachten, von der internationalen Spekulation geschürten Machtpolitik fast nirgends ein wirksames Gegengewicht gegenübersteht. Man sucht nach Strömungen, die auch der Gleichberechtigung der nationalen Staaten, dem verfassungsmäßigen Innenausbau des Rechtsstaats frische Kräfte zuzuführen und damit den Geist der früheren Staatenwelt lebendig zu erhalten bestrebt sind. Aber wo solche Strömungen hervorgetreten sind, erscheinen sie schwach, unbestimmt und immer wieder zurückgedrängt durch einseitig gewaltsame Interessen der erobernden und ausbeuterischen Kräfte.

Dies Urteil trifft vor allem diejenige Schöpfung der Siegermächte, die die Zwiespältigkeit zwischen älterer und neuerer Zeit am deutlichsten zum Ausdruck gebracht hat, — den Völkerbund, dessen Satzung sie in dem ersten Teile des Friedensvertrags von Versailles aufgenommen haben. Er wird angeblich begründet in der Erwägung, daß es „zur Förderung der Zusammenarbeit unter den Nationen und zur Gewährleistung des internationalen Friedens" wesentlich ist, „die Gerechtigkeit herrschen zu lassen". Scheinbar wird am Völkerbund jedem Staat die Teilnahme als stimmberechtigtes Mitglied eröffnet. Aber in Wahrheit sind die über die Autorität der Staatengemeinschaft verfügenden Mächte nur die „alliierten Hauptmächte", der im Weltkrieg siegreich gewordenen Staaten. Wie sie einseitig die Satzung des Völkerbundes vorschreiben, haben auch sie den überwiegenden Einfluß auf die Willensbestimmung seiner Organe. Denn nur sie sind ständige Mitglieder im engeren Gremium des Bundes, im „Völkerbundsrat", der außer ihnen nur 4 (neuerdings 6) wechselnde Mitglieder aus den übrigen Mächten aufnimmt. Nur die „Völkerbundsversammlung", das weitere Kollegium, ist nach dem Prinzip der Gleichberechtigung zusammengesetzt. Aber die Kompetenz der Versammlung, die nur vorübergehend und selten zusammentritt, ist schwach.[1]) Alle maßgebenden Entschließungen liegen beim Rate, und deshalb bildet er in allen politischen Hauptfragen nur das Mundstück der Ententemächte; er wird aktionsunfähig, wo zwischen ihnen Uneinigkeit besteht.[2]) Es ist anzuerkennen, daß auf Gebieten, wo die großen Interessenfragen der Hauptmächte keine Rolle spielen, der Völkerbundsrat hie und da zu heilsamen Regelungen schwebender Konflikte[3]) oder zur Befriedigung internationaler Bedürfnisse mitgewirkt hat.[4]) Er hat es auch möglich gemacht, den schon früher bestehenden ständigen internationalen Schiedsgerichtshof im Haag (o. S. 166, Anm. 2) wieder in

---

tiert sie mit der Armee, zwingt dadurch den König und die Kammern, aus ihr ein Kabinett zu bilden (1922). Dessen Chef Mussolini oktroyiert ein neues Wahlgesetz, das in Wahrheit die Kammern zum Werkzeug einer Klassendiktatur im bolschewistischen Sinn, aber mit entgegengesetzter Einstellung zu machen bestimmt ist: Prinzip, daß zwei Drittel (356) der Kammermandate nach einer vom Ministerium zusammengestellten faszistischen Liste gewählt werden müssen (!). (Sie gelten als gewählt, wenn ein Viertel aller in Italien abgegebenen Stimmen auf sie gefallen ist.) In die übrigen (179) Mandate dürfen sich die anderen Parteien teilen.

1) Eine eingehendere Mitteilung über Organisation, Zuständigkeit und Wirksamkeit des Völkerbundes ist in diesem Rahmen nicht möglich. Zur Ergänzung vgl. Richard Schmidt, Einführung in die Rechtswissenschaft § 48, II (2. Aufl. 1923 S. 551 ff).

2) Am unverhülltesten zeigt sich der Völkerbund als bloßes Werkzeug bei der Verteilung der sogenannten „Mandate" zur Verwaltung der Gebiete, die den besiegten Staaten abgenommen werden sollten. Die Völkerbundsmandate über Syrien, Mesopotamien, Deutschkamerun, Ostafrika usw. (o. S. 180) bedeuteten einfache Annexion durch England, Frankreich usw.

3) In dem Streit zwischen Schweden und Finnland um den Besitz der wichtigen Alandinseln sprach er diese (1921) dem finnländischen Staat zu, und Schweden unterwarf sich der Entscheidung.

4) Nämlich im Umkreis derjenigen Funktionen, für die das Völkerrecht — im Gegensatz zu Beschränkungen eines Staates zugunsten eines anderen — der Staatenvielheit eine Pflicht zur Fürsorge für andere auferlegt oder eine solche ermöglicht (Hilfeleistung bei den Hungerkatastrophen in Rußland, Ordnung der zerrütteten österreichischen Währung).

Tätigkeit zu setzen. Aber im Vergleich zu dem Gebiet, wo die reine Machtpolitik der Großmächte schaltet, ist diese internationale Rechtsbewahrung und sein Träger etwas Untergeordnetes, Kümmerliches, das vielleicht in Zukunft als Keim kraftvollerer Gebilde bedeutsam werden wird, es zur Zeit noch nicht ist. Deutschland, Rußland bleiben vom Bunde ausgeschlossen. Die Vereinigten Staaten verweigern den Beitritt.

Unter der heutigen Gesamtlage läßt sich also für den Gedanken der friedlichen Konkurrenz selbständiger Nationen und für den Gedanken der nationalen und gerechten Selbstorganisation der Völker ein Fortschreiten nur erwarten aus der politischen Einsicht und Arbeitsenergie dieses oder jenes Einzelvolks. Und da liegt auf der Hand, daß im Terror der großen und kleinen Träger des internationalen Imperialismus ein Einzelvolk nur unter sehr günstigen Bedingungen die Kraft entwickeln kann, sein andersartiges politisches Ideal durchzusetzen. Dem irischen Volk (o. S. 181, Anm. 3), dem finnländischen, vor allem den islamischen Völkern Vorderasiens (S. 180) ist dieser Erfolg geglückt, obwohl auch für sie sich die Dauerhaftigkeit des Erfolgs noch bewähren muß. Dagegen zeigt sich in diesem Zusammenhang erst die volle Tragik im Schicksal Deutschlands. Hier war das ernsthafte Wollen des maßgebenden Teils der Nation unbezweifelbar darauf gerichtet, nach der Niederlage sich ebenfalls zu einem verfassungsmäßigen Nationalstaat neu zu konstituieren und ihre Kräfte auf friedliche wirtschaftliche und geistige Arbeit zu konzentrieren, wo sie aber in der Durchführung dieser Absicht durch die auswärtigen Verwickelungen immer von neuem unterbrochen worden ist.

Die Umwandlung des früheren monarchisch-föderativen Deutschen Reichs in eine Republik, die die RV. vom 11. 8. 1919 auf Grund der Beratungen der Nationalversammlung von Weimar vollzieht (o. S. 174), bildet unter den Konstitutionsakten, die im übrigen infolge der Umgestaltung Europas durch die Siegermächte in Polen, Lettland, Littauen, Tschechoslowakei, Südslawien usw. nötig werden, unverkennbar das originellste und durchdachteste Gedankenwerk[1]). Spätere Zeiten werden anerkennen, daß es eine Tat bedeutender Selbstzucht und Geistesstärke war, in kurzer Zeit zwischen den Reminiszenzen der Bismarckischen Reichsverfassung von 1871 und der überstürzten Räterepublik der Novemberrevolution von 1918 (o. S. 174) einen Ausgleich zu finden und ein Formensystem aufzubauen, — die durch ihre Leistungsfähigkeit erprobten Einrichtungen der alten Reichszeit mit den Idealen der nunmehr zu überwiegender Macht im Staat gelangten Parteien, der demokratischen, katholisch-konfessionellen und sozialistischen Parteien, bis zu gewissem Grade zu vereinigen.[2]) Deutschland hat unter dieser Verfassung jedenfalls trotz unsagbar harter Lebensbedingungen sein staatliches Weiterleben ermöglichen können. Es hat auf ihrer Grundlage sogar bedeutende gesetzgeberische Aufgaben in Angriff nehmen können. In der nach den richtunggebenden Bestimmungen der RV. erlassenen arbeitsrechtlichen Gesetzgebung ist ein noch unfertige aber energischer Versuch unternommen worden, das innerstaatliche Hauptproblem alle modernen Staaten nach dem Gedanken sozialer Gerechtigkeit das Verhältnis zwischen dem

---

1) Was für das deutsche Verfassungswerk gesagt wird, bezieht sich ohne weiteres auch auf die Umformung der früheren groß-österreichischen Grundgesetze in die Verfassung der neuen deutsch-österreichischen Republik (Bundesverfassungsgesetz vom 1. 10. 1920), nur daß sich die Neugestaltung nach der Zerreißung der österreichisch-ungarischen Monarchie auf ein verhältnismäßig kleines Territorium von 6—7 Millionen E., auf die zu einem Bundesstaat vereinigten Länder Ober- und Niederösterreich, Steiermark, Salzburg, Kärnten, Tirol, Vorarlberg, Burgenland beschränkt (auch die Stadt Wien wird mit dem Rang eines selbständigen Landes eingegliedert).

2) Für den, der sich diese eigenartige und sinnvolle Gedankenverarbeitung vergegenwärtigen will, verweise ich auf die zusammenfassende Darstellung bei Richard Schmidt, Einführung in die Rechtswissenschaft, 2. Aufl. 1923 (bes. § 8 und 15).

kapitalistischen Unternehmertum und dem proletarischen Industriearbeiterstand in ihrer privatrechtlichen und ihrer öffentlichrechtlichen Seite umfassend zu ordnen.[1])

Aber die Möglichkeit, sich in Ruhe einzubürgern und auszuwirken und deshalb auch auf die Außenwelt, besonders auf die Deutschland freundlich gesinnten neutralen Nationen den Eindruck zu üben, den sie beanspruchen können, ist den neuen politischen Lebensformen nicht gewährt worden. Zum Teil sind sie direkt durchkreuzt worden durch den offenen Kampf, den Frankreich zu Deutschlands völliger Vernichtung führt oder durch andere Maßregeln des Zoll- oder Wirtschaftsverkehrs der fremden Nationen, die ein Wiederaufsteigen der deutschen Industrie und damit die unerläßliche Vorbedingung für die menschenwürdige und sorgenfreie Existenz der 60 Millionen deutscher Bevölkerung nicht viel minder übelwollend als Frankreich verhindern möchten.[2]) Vor allem aber haben die ständigen Drangsalierungen von außen und die wirtschaftliche Notlage, in der das deutsche Volk ununterbrochen leben und hart arbeiten muß, mit ihrem zermürbenden und vergiftenden Einfluß im Volke die seelischen Vorbedingungen für die Autorität der Verfassung, den Sinn für den verfassungsmäßigen Zustand schwer beeinträchtigt. Großen Massen der Bevölkerung erscheinen in der Verworrenheit ungeschulten politischen Denkens die schweren gesellschaftlichen Schäden, die in Wahrheit die ausländische Raubpolitik und Beunruhigungstaktik mit sich bringt — Arbeitslosigkeit, Teuerung, Druck des Spekulantentums, Steuerdruck u. a. — als die Folge der schlechten *eigenen* Staatsordnung, und ihre Unzufriedenheit, die im Grunde nur eine instinktmäßige Reaktion gegen das Unrecht des Friedensvertrags und die an ihn anknüpfende Kette von Rechtsbrüchen der Auslandstaaten gegenüber Deutschland bedeutet, betätigt sich in der Bildung extremer Parteien, die im Reich und in den Ländern die ohnehin erschwerte Führung der Staatsgeschäfte hemmen und auf den Umsturz der mühsam geschaffenen und erhaltenen Kompromißverfassung hinarbeiten, obwohl klar ist, daß jede Änderung der *staatlichen Formen* unter jenen Verhältnissen für die Lebensbedingungen des *Volks* sinn- und wirkungslos bleiben müßte.

Freilich wird kein urteilsfähiger Deutscher verkennen, daß zu der krankhaften Lage auch die innere Unfertigkeit des Nationalcharakters beiträgt, die der Nation aus ihrem von früher her verworrenen und verschleppten Entwicklungsgang noch anhaftet (S. 134. 155). Mit dem verfassungspolitischen Gegensatz einer schroff monarchistischen und einer schroff republikanischen Parteiung verbindet sich noch immer der wirtschaftliche und soziale Gegensatz des landwirtschaftlichen, industriellen, kommerziellen Unternehmertums und des arbeitenden Proletariats (o. S. 155). Obwohl eine gute Gesetzgebung die Mittel zur Beilegung des Klassenkampfes gegeben hat, verstehen die beiden kämpfenden Teile sie noch nicht zu gebrauchen. Sie beargwohnen, sie hassen sich noch immer und geben damit erst dem Kampf um die

1) Vgl. speziell hierüber das in der vorigen Anmerkung genannte Buch (bes. über die universell-kulturhistorische Bedeutung des Arbeitsrechts S. 404ff.).

2) Die Verwerflichkeit des Systems zeigt sich besonders an dem für Deutschlands Neuordnung von Anfang an zentralen Problem, an der *Beschaffung umfassender auswärtiger Kredite*, ohne deren Mithilfe eine Gesundung seiner wirtschaftlichen Lage, eine rationelle Ingangbringung seiner Industrie, eine befriedigende Regelung der Lohnfrage der Arbeiter nicht denkbar ist. Während die Mächte für *Deutsch-Österreich* sehr rasch hierfür Bereitwilligkeit und Formen gefunden haben, sind *Deutschland* gegenüber alle offiziell angestellten Bemühungen immer wieder im Sande verlaufen, — angeblich, weil Frankreich die Mitwirkung versagt. Obwohl aber England und Amerika ohne weiteres in der Lage wären, Frankreich durch ihre wirtschaftliche Überlegenheit *zur Mitwirkung zu zwingen, haben sie es nie ernsthaft unternommen*. An diesem circulus vitiosus wird auch der englisch-amerikanische Zerstörungswille Deutschland gegenüber offenbar. Ob der neuestens mit Hilfe einer internationalen Sachverständigenkommission unternommene Versuch zur Stabilisierung der deutschen Währung und zur Wiederbelebung der deutschen Wirtschaftsarbeit zu einem ernsten Erfolg führen wird, bleibt abzuwarten.

Staatsform, der bei der militärischen Ohnmacht Deutschlands gegenüber dem Ausland sinnlos und gleichgültig ist, die persönliche Schärfe. Sie lähmen dadurch weiter den allein möglichen Weg der deutschen Auslandpolitik, der auf lange hinaus nur darin bestehen kann, auf Grund intensiver und zielbewußter Wirtschaftsarbeit die unvermeidlichen Zwangsleistungen an die Fremden zu erfüllen, aber allen Ausbeutungen und Bedrückungen ebenso geschlossenen inneren Widerstand entgegenzusetzen, wie ihn die nicht minder schwachen Irländer, Türken und Inder leisten konnten. Sie fördern endlich durch ihren unfruchtbaren Klassen- und Verfassungszwist die ungerechte Sache Frankreichs, das durch jenen Hader immer neu die raffiniert ausgenutzten Vorwände erhält, Deutschland als den Friedensstörer und als den unbotmäßigen Besiegten hinzustellen und so den wahren Kern der Lage zu verdunkeln. Die Tatsache, daß Deutschlands pathologischer Zustand einzig und allein aus der Unmöglichkeit auskömmlichen Lebens und geordneter Arbeit erwächst, die Frankreich und seine stillschweigenden Begünstiger in den andern Ländern nähren, wird von allen Völkern der Erde beständig offiziell ignoriert. Daß der englische Premierminister, der Führer der Labour Party Ramsay Macdonald sie neuerdings auszusprechen den Mut gehabt, ist zunächst ein vereinzelter Vorgang. Ihm steht gegenüber, daß sich gleichzeitig, als die verbrecherische Gewaltpolitik Poincarés die Finanzkraft Frankreichs zu untergraben und die Lage Deutschlands zu entlasten begann, der Beherrscher der Vereinigten Staaten, der Großbankier Morgan, sich beeiferte, die sinkende französische Währung zu stützen.

So macht die Lage Deutschlands im Frühjahr 1924 anschaulich, daß sich die Welt ebenso wie vor zehn Jahren beim Ausbruch des großen Kriegs noch nicht einmal darüber klar ist, wo die Ursachen der Verschiebung der allgemeinen Lage seit dem Sturz Napoleons vor hundert Jahren zu suchen sind, darin, daß die damals geschaffenen Grundsätze des Völkerrechts und Staatsrechts fallen gelassen worden sind, und daß der Hauptvertreter dieses rechts- und damit kulturzerstörenden Systems ebenso wie damals Frankreich ist.

Der Überblick über die gegenwärtige Lage der Staatenwelt bestätigt an den Schlußtatsachen der Gesamtübersicht noch einmal eindrucksvoll, daß der politische Betrachter sich die Bedeutung der selbsterlebten Zeit nur aus der geschlossenen Entwicklung aller älteren Zeiten erschließen kann. Im Weltkrieg und in den ihm unmittelbar vorausgehenden Ereignissen kann der Schlüssel zum Verständnis des Heutigen nicht gesucht werden. Die heutige Generation muß sich vielmehr darüber klar sein, daß sie von einer der in Abständen immer wiederkehrenden Bewegungen zur Ausdehnung der in sich zusammenhängenden Staatengruppe erfaßt worden ist, und daß solche Expansivbewegung für die Lebenden stets ein Unheil bedeutet, weil sie die innere Ausbildung der Staaten verflacht und vergröbert. Aber der Ausgangspunkt der Bewegung war nicht Deutschland. Deutschland war das Hemmnis, das sich ihr entgegenstellte, und das von den treibenden Mächten beiseite geschoben wurde. Nach seiner Beseitigung ist das Vorgehen der Welteroberer nur hemmungsloser, die Auflösung der ehemaligen Staatenordnung nur entschiedener geworden.

Die Entwicklung der Zukunft läßt sich deshalb nicht einmal vermutungsweise und nicht einmal in den allgemeinsten Grundlagen voraussagen.

Es ist nicht undenkbar, daß die Maßlosigkeit des Vorwärtsdrängens gerade bei den jetzt stärksten Staaten in verhältnismäßig naher Zeit zu einer rückläufigen Bewegung führen werde. Schon jetzt ist Japan, ist Rußland, ist selbst England an den verschiedensten Punkten auf Widerstand gestoßen. Es liegt nahe, daß das Vorgehen Frankreichs, in seiner mongolenhaften Methoden, dazu in seinen Ergebnissen völlig ideenlos und kulturell steril, erst recht solchem Widerstand begegnen werde, — zwar schwerlich in dem erschöpften Deutschland, eher vielleicht in seinen eigenen Kolonien und Nachbarländern. Selbst für die Vereinigten Staaten ist ähnliches nicht ausgeschlossen. Dann wäre möglich, daß die über die ganze Erde reichende, wechselseitige Verflechtung aller Staatenschicksale sich noch einmal löste, daß noch einmal eine Vielheit verschiedenartiger Ringe und Gruppen mit mehr lokalen Interessengegensätzen und Interessengemeinschaften entstehen werde, wie sie nach den großen Welthändeln des 13. Jh. dem Europa des 14. und 15. Jh. sein Gepräge gaben (S. 121 ff.).

Nicht minder denkbar ist aber auch, daß das heute robusteste und erfolgreichste Staatengebilde, das der Vereinigten Staaten, mit seiner kontinentalen Machtstellung die anderen Kontinente nötigen werde, sich zu ebenbürtigen Komplexen größerer Staatsverbindungen zusammenzuschließen, wie es beim russischen schon in der Tradition liegt und von Japan mit seinen „allasiatischen" Bestrebungen betrieben wird. Aber schon hier liegt das in weiter Ferne. Und gar bei West- und Mitteleuropa müßte eine „paneuropäische" Bewegung in der jetzigen Lage noch lange auf die schwersten Hindernisse stoßen. Als der Krieg zu Ende ging, mochte man denken, daß alle Vorbereitungen dafür getroffen seien, England in kürzester Zeit die Rolle des Hegemoniestaats eines föderativ verbundenen West- und Mitteleuropa ergreifend zu machen. Ganz besonders schien die starke Autonomie der eigenen weißen Kolonien wie von selbst das Schema darzubieten, nach dem sich auch die europäischen Großstaaten als Dominien in ein Kontinentalreich der seebeherrschenden Vormacht eingliedern ließen. Die nicht auszugleichende Gegensätzlichkeit und Verfeindung Frankreichs und Deutschlands wiesen England die Möglichkeit zu, das eine Land durch das andere zu beherrschen. Aber die klägliche Hilflosigkeit der Politik Lloyd Georges, Deutschland waffenlos zu machen und Frankreich tatenlos zu einer neuen Weltmacht großwachsen zu lassen, hat die glänzende Situation so gründlich verdorben, daß auf lange hinaus an ein Wiedergutmachen der schweren Fehler nicht zu denken ist.[1]) Seitdem sind in der allmählichen Wiedererhebung Rußlands, in der Unabhängigkeitsbewegung der islamischen Nationen u. a. immer neue Hindernisse hinzugekommen.

So wird sich die Staatslehre gegenüber der zur Zeit herrschenden Verworrenheit eines Urteils über die Aussichten der künftigen Entwicklung ganz zu enthalten haben.

Um so mehr ist es nötig, an der Staatsbildung der Vergangenheit den Blick für die künftigen Möglichkeiten einer Fortentwicklung zu schulen. Nur das Geschehene ist das Feste, für den Rückwärtsschauenden auf seine Bedingungen und Wirkungen Überschaubare und Berechenbare. Es ist das, wo sich der zum Leben in den verrotteten Verhältnissen der Gegenwart Verurteilte Trost für die Leiden der eigenen Zeit und Rat für die Pflichten zu holen hat, die er auf sich nehmen muß, um sie zu überwinden.

Einmal gibt die Ganzheit der Entwicklung die unbedingte Gewißheit, daß sich das Staatsleben der Völker zu höheren und reiferen Formen wieder durchringen wird. Denn jede Staatsform, die ihr Wesen erfüllt, die mehr oder weniger eine relativ vollkommene Vereinigung der verschiedenen Funktionen eines Gemeinwesens gewährleistet, kommt durch Wiederaufnahme der schon früher ausgebildet gewesenen Einrichtungen und Gedanken zustande,

---

1) Ebensowenig kann unter den gegebenen Umständen freilich der Gedanke eines „Pan-Europa" unter Ausschaltung wie Rußlands so auch Englands Realität beanspruchen. Ein solcher Bund „Vereinigte Staaten von Europa" wäre eben nur denkbar unter französischer Hegemonie, und diese bedeutete für alle außerfranzösischen Länder den unfehlbaren wirtschaftlichen und völkischen Ruin. Propagiert von dem österreichischen Grafen Coudenhove-Kalergi („Paneuropa" 1923), steht der Gedanke desselben ebenso aussichtslos wie der von Japanern vertretene Gedanke eines „allasiatischen" Bundes.

falls der Stand der zu ihrer Wiederbelebung fähigen Kräfte innerhalb einer menschlichen Gruppe günstig ist. Sowohl die Überlieferung des älteren Bestands an politischen Kulturgütern ist im menschlichen Gesellschaftsleben permanent vorhanden, wie die seelischen Fähigkeiten der Menschen, die den Wert seiner Einrichtungen und Gedanken erfassen und auch verwerten können. Die Behauptung, daß diese Fähigkeiten in der Menschheit oder auch nur in einem Teil der Menschheit, in einer „Rasse", in einer „Nation", in einer „Kulturgemeinschaft" erlöschen, daß diese Menschheitsgruppen „entarten" und ihrer geistigen, also auch ihrer politischen Kapazität, der Herrscherkraft, Wehrkraft, Selbstdisziplin usw. verlustig gehen können, ist eine unbewiesene und unbeweisbare Behauptung. Sie wird durch die Geschichte der bisherigen Kulturmenschheit direkt widerlegt.[1])

Das Ganze der staatlichen Entwicklung gibt aber weiter auch Klarheit darüber, warum das Staatsleben immer wieder vor die Tatsache des Verfalls der staatlichen Kultur und vor die Notwendigkeit gestellt wird, sich neu emporzuringen. Da die Bedingungen für eine Staatsbildung, die die verschiedenen staatlichen Aufgaben zu vereinigen weiß, örtlich und völkisch zu verschiedenen Zeiten auftreten (S. 22), kann sich solche Reife nur allmählich über größere Räume ausbreiten. Die Kraft, die erforderlich ist, solche Expansion zu bewirken, wirkt ungünstig auf Geltung und Lebenskraft der vollkommenen Staatsform da, wo sie bisher bestanden hat. So verkümmert sie an den Stellen, wo sie bisher ihren höchsten Stand erreicht hatte, um in reiferer und harmonischerer Bildung vielleicht an Stellen wieder hervorzutreten, wohin sie sekundär oder tertiär verpflanzt worden ist. Aber es ist wiederum von unberechenbaren Verhältnissen abhängig, wie und wo sich diese stufenweise Übertragung und Entwicklung vollzieht, ob und wann z. B. die Wiederbelebung höherer Formen auch an den Stätten ihres Ursprungs stattfindet. Vor allem in einem Zeitalter, in welchem, wie in dem heutigen die Staatsentwicklung zu einem gemeinsamen Vorgang der wechselseitigen Beeinflussung aller Länder des Erdkreises angewachsen ist, sind die Möglichkeiten der Wiederbelebung unbegrenzt. Für sie ist das nicht berechenbare Hervortreten schöpferischer Einzelpersönlichkeiten maßgebend.

Endlich zeigt die universalhistorische Betrachtung und nur sie auch die Kräfte an, von denen die Erneuerung der erprobten politischen Institutionen und Grundsätze vornehmlich abhängt.

Der Hervorhebung nicht noch einmal bedürftig ist die Bedeutung, die der Verteilung der Machtstärke zwischen den politischen Faktoren zukommt. Sowohl in den Beziehungen der Staaten im auswärtigen Verkehr wie in den Beziehungen der Parteien im innern Staatsleben ist ein geregelter Zustand und damit ein Zustand reifer und lebensfähiger politischer Kultur nur da möglich, wo eine Mehrheit machtbewehrter und machtbewußter, also herrschenskräftiger Staatsgebilde, eine Mehrheit aktionsfähiger Gesellschaftsgruppen einander gegenüber und untereinander in Wechselwirkung stehen. Denn nur wo einer Regierung bei Übergriffen über die Verteilung der wirtschaftlichen oder geistigen Kultursphären der Völker, wo einer herrschenden Gesellschaftsklasse bei Übergriffen über die soziale Lebenssphäre der anderen Klassen wirksamer Widerstand entgegengesetzt werden kann, werden sich die Herrschenden in eine harmonische Staatsgemeinschaft und Gesellschaftsordnung einfügen.

Aber es wäre kurzsichtig, wollte man von der Wiederkehr des alten Gleichgewichts der Macht für sich allein bereits eine Veredelung der Staatenwelt erwarten. Der jetzige Tiefstand der politischen Kultur erklärt sich allseitig erst aus einem andern, schwereren Schaden der Menschheitsgeneration dieses Zeitalters, — aus der Abstumpfung der in den Völkern Europas und Amerikas herrschenden Schichten für die geistigen Werte des Lebens. Besonders zu dem

1) Zusammenfassende Kritik dieser Vorurteile vgl. bei Bumke, Kultur und Entartung, 2. Aufl. 1923. S. 74ff. Ich trete ihr insbesondere auch in der negativ-ironischen Kritik der Konstruktionen Spenglers bei (o. S. 95).

Zweck sind dem Handbuch der Staatskunde diese Erinnerungen an die Entwicklung des Staats vorangeschickt worden, um den Sinn dafür zu schärfen, daß die Zeitalter der gewalttätig-egoistischen Eroberungs- und Ausbeutungspolitik des Staats oder die der staatlichen Auflösung bei anarchistisch-willkürlicher, wechselseitiger Vergewaltigung der Gesellschaftsgruppen in Wechselwirkung stehen mit dem Überwiegen der sinnlichen Werte des Daseins in den politischen Führern und ihrem Anhang, mit Zeiten von Ungläubigkeit oder bloß äußerlicher, gleichgültiger Kirchlichkeit. Die Epochen dagegen, die die reifen und vorbildlich gewordenen Staatsauffassungen erzeugen, in denen Macht und Recht sich die Wage halten (S. 9), stehen unter dem Einfluß oder der unmittelbaren Nachwirkung starker religiös-sittlicher Bewegungen, von denen gerade die verantwortlichen Staatsleiter mit ergriffen werden.[1]) Freilich gilt das nicht in dem beschränkten Sinne, daß der praktische Hauptgehalt der Gerechtigkeitsidee, die das belebende Prinzip wie alles Rechts so auch des Staatsrechts bildet, als logische Folge der religiösen Forderungen oder gar als solche der Dogmen eines bestimmten theologischen Systems, des christlichen oder eines älteren, gedacht werden könnte.[2]) Wohl aber besteht der Zusammenhang, daß die Hingabe der Seele an eine vernünftige und gütige Weltleitung, die durch gesteigerte religiöse oder ethische Erwecktheit gleichviel ob in primitiver oder durchdachter Form erzeugt wird, zugleich alle solche gehobenen Empfindungen hervorrufen oder kräftigen muß, die als Kern der spezifisch staatsmännischen oder staatsbürgerlichen Tugenden wirksam und politisch fruchtbar werden: Begeisterung und Opferwilligkeit für die Volksgenossen oder das Ganze, Bereitschaft zur Unterordnung unter den Befehl des Oberen oder des Gesetzes, zähes und pflichttreues Festhalten an gesteckten Zielen, Fähigkeit zum Verzicht auf flüchtige, egoistische Vorteile oder grobe Genüsse.

Eine seelische Empfänglichkeit solcher Art, die unvermeidlich eine asketisch-demütige Grundstimmung verbunden mit warmer, ja enthusiastischer Bewunderung der eigentlichen Werte menschlicher Kultur sein muß, muß in dem heutigen oder künftigen Zeitalter erst wieder einziehen und sich der Individuen und Gruppen bemächtigen, denen nach der sozialen Machtverteilung die oberen Organstellungen des Staats zufallen, damit der vielberufene Wiederaufbau aus dem jetzigen Chaos der Welt auch nur beginnen kann. Was in den heutigen europäischen Machthabern als Grundstimmung herrscht, ist das genaue Gegenteil. Nur in den Ländern

1) Ein Rückblick auf die vorstehende Darstellung gestattet das einfach nachzuprüfen. Abgesehen von der altchinesischen Idee eines vergeistigten Staats (S. 43) bildet der altbabylonische Justizstaat (S. 47) den Reflex der altbabylonischen Religionsbildung, von der die jüdische (S. 53) nur eine Weiterbildung darstellt, — die früh-persische Organisation (S. 54) ist eine indirekte Frucht der Zoroastrischen Glaubensgründung. Die klassischen Stadtstaatverfassungen des Griechentums (S. 56, 58) haben die theologischen und philosophischen Bewegungen des Frühgriechentums zur Voraussetzung. Die römische Verfassung der Republik (S. 71) geht aus dem Weiterwirken dieser Bewegung auf Italien und den römischen Staatskult hervor. Der innere Regenerationsversuch des römischen Staats in der Prinzipatsverfassung (S. 84) wird innerlich durch die stoisierende Aufklärung des Augustus ermöglicht (S. 90). Die fränkische Reichsorganisation (S. 99) folgt der Christianisierung Westeuropas (S. 100). Ganz besonders arbeitet an den Gebilden, die für die europäischen Staatsformen in ihren gesunden Entwicklungsstufen maßgebend geworden sind, intensiv eine religiöse Prädisposition mit: am mittelalterlichen Verfassungsstaat, dem Stadtstaat (Italien S. 110) und der Ständemonarchie (England S. 113) die Erweckungsbewegung der Bettelorden, — an den Anfängen der demokratischen Verfassungen (Genf, England, Schottland, Holland, Nordamerika, die kalvinische Staatskirchengründung S. 113,1, 130,1), — an der modernen Verarbeitung dieser älteren Formen und der modernen Staatenwelt des 18. und 19. Jh. die Geistesphilosophie der englischen und deutschen Aufklärung und des deutschen Idealismus.

2) In Indien ist der Führer der hinduistischen Nationalbewegung Gandhi (o. S. 181, Anm. 1), der zur Zeit die unbedingte Macht über die Gemüter seiner Landsleute zu besitzen scheint, zugleich der Apostel (Mahâtma) einer Weltanschauung, die die brahmanisch-buddhistische Tradition mit Elementen des Christentums und des Idealismus der westeuropäischen Philosophie zu vereinigen

Vorderasiens glaubt man Ansätze zu ihr wahrzunehmen, und es wäre deshalb nicht undenkbar, daß die staatsrechtlichen Gedanken und Formen, die ihre Ausbildung bisher fast ausschließlich im antiken und neueren Europa empfangen haben, ihre nächste Ausbildung in Zukunft bei den Nationen Asiens erfahren würden, die ihnen bisher unempfänglich gegenüber gestanden haben. Jedenfalls muß in Europa selbst die Arbeit an den rechtlichen Formen des Staats unfruchtbar bleiben, solange es an der gedachten Gesinnung in den führenden Schichten der Völker fehlt. Es ist wertlos, sich über die Vorzüge der Monarchie oder der Republik, über die freie Entfaltung der Persönlichkeit oder staatliche Sozialisierung oder über andere spezielle Verfassungsfragen zu erhitzen, solange überall Nationalismus und Klassengeist überwuchern. Diese beiden Hauptfeinde alles Staatslebens der Gegenwart aber, der Geist der Überheblichkeit einer Nation über andere Völker, und der Geist des Hasses einer Klasse gegen die anderen Klassen des eigenen Volkes lassen sich nur dann wirksam unschädlich machen, wenn sich die Überzeugung von dem Walten einer höheren Vernunft über allen Völkern und Klassen erneut in der Überzeugung der Menschheit Bahn gebrochen hat. Das ist gleichbedeutend mit dem erneuten Erwachen des Sinns für die geschichtliche Entwicklung des Staats; denn diese ist ohne jene Überzeugung nicht verständlich.

Literatur.

Die dem einführenden Beitrag dieses Werkes gestellte Aufgabe war es, auf eng begrenztem Raume eine Übersicht über die allen staatlichen Gebilden gemeinsamen Formen und über die Gestaltungen der in der Geschichte vorzugsweise politisch schöpferischen Staaten zu versuchen; so war es durch das mit dem Handbuch erstrebte Ziel gegeben. Allerdings mußten dabei gerade die dem deutschen Staat eigentümlichen Gedanken und Einrichtungen zurücktreten, da Deutschland innerhalb des staatlichen Gesamtlebens fast immer nur fremde Wirkungen empfangend, nicht Wirkungen ausstrahlend ist. Wer sich also in erster Linie vom Standpunkt des deutschen Staatslebens aus über die begrifflichen und geschichtlichen Anfangsgründe des Staats und Staatsrechts unterrichten möchte, nehme andere zusammenfassende Darstellungen zur Hand, etwa innerhalb Gerhard Anschütz' „Grundlagen des deutschen Staatsrechts" die „Begrifflichen und geschichtlichen Grundlagen" (Holtzendorff-Kohlers Enzyklopädie der Rechtswissenschaft, 7. Aufl., Bd. 4, 1914, S. 1—63) und Heinrich Brunners Grundzüge der deutschen Rechtsgeschichte (7. Aufl., bes. von Ernst Heymann 1919) oder auch die beiden Darstellungen der Deutschen Verfassungsgeschichte in Meisters und Hartungs „Grundriß der Geschichtswissenschaft" (1922) oder die „Grundlinien des deutschen Staatswesens" des Verfassers dieser Einführung (Quelle und Meyers Sammlung „Wissenschaft und Bildung", Nr. 153, 1919).

Aber auch die im vorstehenden Abriß als Hauptthema behandelten Gegenstände sollten nur in sehr gedrängter Form und für den dargestellt werden, der eine erste Einführung in die Lehre vom Staat und von den einzelnen Staatsgebilden sucht. Demgemäß kann auch zur Ergänzung und weiteren Ausführung einzelner Teile dieser Gedankengänge nur auf solche Schriften verwiesen werden, die den Stoff in gedrängter und gemeinfaßlicher Weise behandeln. Ein Nachweis der auf Spezialstudium beruhenden grundlegenden Literatur ist hier nicht möglich und nicht beabsichtigt. Man vergleiche etwa:

---

sucht. In der islamischen Welt sind indische Moslimen, Türken, Araber, Afghanen, Kaukasier, Ägypter im Begriff, sich unter dem Zeichen der religiösen Gemeinschaft auch zu politischer Kooperation gegen England und Frankreich zu sammeln. Die führende Nation, die türkische, hat soeben (März 1924) durch ihr souveränes Organ, die Nationalversammlung von Angora, den in seinen Wirkungen schwer berechenbaren Schritt getan, nicht nur die Dynastie Osman des Khalifats zu entkleiden (konsequent, weil sie die effektive weltliche Herrschaft, den Sultanat, eingebüßt hat, die ihr seinerzeit zum Khalifat verholfen hat, o. S. 122); sondern auch die Institution des geistlichen Primats, das Khalifat, selbst abzuschaffen — ebenfalls folgerichtig, weil die berechtigten Anwärter außer dem Haus Osman, die Sherifen von Medina unter englischem, der König Fuad von Ägypten (S. 181) unter französischem Einfluß stehen, also die national-politische Mission nicht erfüllen können.

Zu I. und II. Wesen des Staats:

Gemeinsame Bedingungen und Betätigungsformen des Staatslebens: Fritz Stier-Somlo, Politik, 2. Aufl. 1911 (Wissenschaft und Bildung Nr. 4). — Hermann Rehm, Allgemeine Staatslehre (Sammlung Göschen) 1907. — Hans Kelsen, Allgemeine Staatslehre (Enzyklopädie der Rechts- und Staatswissenschaft, herausgegeben von Kohlrausch und Kaskel, Nr. 23, im Erscheinen).

Organisationsformen und Lebensgestaltungen der Staaten in ihrer Mannigfaltigkeit: Richard Schmidt, Artikel „Politik als Wissenschaft" in Stengel-Fleischmanns Wörterbuch des Staats- und Verwaltungsrechts", 2. Aufl. 1914. — Hermann Rehm, Artikel: „Politische Parteien" in Elsters Wörterbuch der Volkswirtschaft, 2. Band (5. Aufl.). — Adolf Merkel, Fragmente zur Sozialwissenschaft (Grundlegung einer Parteienlehre) 1898.

Zu III. Entwicklung des Staats.

Otto Franke, Verfassung und Verwaltung Chinas in Hinnebergs Kultur der Gegenwart, Abteilung „Allgemeine Verfassungs- und Verwaltungsgeschichte" (1911) S. 87ff. — Karl Rathgen, Verfassung und Verwaltung Japans, ebenda, S. 114ff. — Hans Haas, Japan im Handbuch der Staatengeschichte, herausgeg. von R. Scholz. 21. Abschnitt, S. 123ff. — R. Stübe, Vorderindien, ebenda, 22. Abschnitt, S. 142ff.

Bruno Keil, Griechische Staatsaltertümer in: Einleitung in die Altertumswissenschaft. 2. Aufl., Band III, S. 309ff. (1915). — Theodor Mommsen, Abriß des römischen Staatsrechts (in Bindings systematischem Handbuch der deutschen Rechtswissenschaft, I. Abteil., 3. Teil) 1893. — Bruns-Lenel, Geschichte und Quellen des römischen Rechtes in Holtzendorff-Kohlers Enzyklopädie der Rechtswissenschaft, 7. Aufl., 1913, Band I, S. 305.

Für die einzelnen Staaten der neueren Staatenwelt: Richard Scholz, Handbuch der Staatengeschichte des Auslandes, 1921, insbesondere Brinkmann, England; — Scholz, Bitterauf und Höpke, Frankreich, Niederlande, Belgien; Schmeidler, Loevinson, Haebler, Italien, Spanien; Roth, Gerland u. a., Balkanländer; Daenell und Schäfer, amerikanische Länder usw.

Zur weiteren Orientierung über die Gesamtentwicklung: Ludo Moritz Hartmann, Weltgeschichte in gemeinverständlicher Darstellung, 1922.

Nachweis von geschichtswissenschaftlichen Spezialwerken über die Staatsbildung einzelner Länder oder Zeitalter oder von Einzeluntersuchungen spezieller Verfassungseinrichtungen in Richard Schmidts Allgemeiner Staatslehre, Band II (1903); die verschiedenen Formen der Staatsbildung (Abteil. 1, Ältere Staatsgebilde; Abteil. 2 Entstehung der modernen Staatenwelt).

Charakteristiken der staatsgründenden oder politisch-richtunggebenden Persönlichkeiten in der von Erich Marcks und Karl Alexander von Müller herausgegebenen Sammlung: „Meister der Politik", 3 Bände, 2. Aufl., 1923, unter anderem mit Bildnissen von Darius I. (Eduard Meyer), Cäsar und Augustus (Matthias Gelzer), Trajan und Hadrian (W. Weber), Konstantin (Eduard Schwartz), Karl dem Großen, Barbarossa (Karl Hampe), Calvin (Hans von Schubert), Karl V. (Erich Brandenburg), Cromwell (Arnold Meyer), Napoleon (Adalbert Wahl).

Entwicklung der Rechtsformen und Quellen der Verfassungen: Hans Plehn, Der politische Charakter des Matheus Parisiensis, Schmollers staats- und sozialwissenschaftliche Forschungen, Band 14, Heft 3 (1897). — Fritz Kern, Gottesgnadentum und Widerstandsrecht im früheren Mittelalter (1913). — Kurt Wolzendorff, Staatsrecht und Naturrecht in der Lehre vom Widerstandsrecht des Volkes gegen rechtswidrige Ausübung der Staatsgewalt in Gierkes Untersuchungen der deutschen Staats- und Rechtsgeschichte, Heft 126 (1916). — Richard Schmidt, Vorgeschichte der geschriebenen Verfassung 1916. — Georg Jellinek, Die Erklärung der Menschen- und Bürgerrechte (Heidelberger staats- und völkerrechtliche Abhandlungen I, 3, 1904, 3. Aufl., 1919). — Egon Zweig, Die Lehre vom Pouvoir Constituant, 1909.

Für den heutigen Stand der Verfassungsgesetzgebung in den Auslandstaaten: Hans Gmelin und Otto Koellreuter, Ausländisches Staatsrecht. (Zusammenfassende Darstellung der ausländischen Verfassungen in Kohlrausch-Kaskels Enzyllopädie der Rechts- und Staatswissenschaft, Abteil. 27, 1923.) — Rudolf Hübner, Die Stantsform der Republik (Vereinigte Staaten, Frankreich, Schweiz) 1920. — Hatschek, Allgemeines Staatsrecht, Teil I und II (Sammlung Göschen) 1909.

Text der ausländischen Verfassungen in: Altmann, Ausgewählte Urkunden zur außerdeutschen Verfassungsgeschichte seit 1776, 2. Aufl., 1913. Beschränktere Auswahl: Zuchardt, Die modernen Verfassungen 1919.

Völkerrecht und Völkerbund.

Von Christian Meurer.

I. Das Völkerrecht und die Völkerrechtsgemeinschaft.

Begriff des Völkerrechts. Völkerrecht ist die Gesamtheit der Rechtsnormen, welche die Beziehungen der organisierten Völker oder der Staaten zueinander regeln. (Internationales oder zwischenstaatliches öffentliches Recht.) Regelmäßig haben daher nur die Staaten völkerrechtliche Rechte und Pflichten, und die einzelnen finden im internationalen Leben Schutz durch den Heimatstaat.

Das Verhältnis der Staaten zueinander beruht nicht auf dem Übergewicht der rohen Kraft, und die selbstherrlichsten Staatsmänner berufen sich wenigstens auf einen Schein des Rechts.

Entwicklung des Völkerrechts. Das Völkerrecht ist ein Ergebnis der neueren Rechtsentwicklung. In alter Zeit galt jeder Fremde als Feind. Eine rechtliche Zwischenstaatsordnung war damit unmöglich, und die Völker lebten in gewollter Absonderung. Immerhin gab es schon politische Sonderbündnisse, und die Gesandten waren unverletzlich. Erst die christliche Religion einigte die Völker des Abendlandes zu einer großen Gemeinschaft und predigte die Liebe sogar dem Feind gegenüber. Die Kreuzzüge vermittelten die Bekanntschaft mit dem Osten, zu dem man in lebhafte Handelsbeziehungen trat. Schon am Ende des 13. Jh. erfolgte die Aufzeichnung des Seehandelsgewohnheitsrechts (consolato del mar). Die Erweiterung der völkerrechtlichen Ansätze zu einem geschlossenen Völkerrecht vollzog sich indes erst mit dem Beginn der Neuzeit, und Hugo Grotius, ein Holländer, der im Jahr 1625 ein grundlegendes Werk über das „Recht des Krieges und des Friedens" schrieb, das allerdings auf den Index der verbotenen Bücher gesetzt wurde, aber bis ins 18. Jh. gewissermaßen als Völkergesetzbuch Europas gegolten hat, wird als „Vater des Völkerrechts" bezeichnet. Nach dem westfälischen Frieden kommt es auch überall zu stehenden Gesandtschaften, die sich der Exterritorialität (Gerichtsfreiheit) und anderer Vorrechte erfreuen und neben denen weiter noch Konsulate — einfache Handels- wie auch Jurisdiktionskonsulate — tätig sind. Durch die stehenden Gesandtschaften und Konsulate ist anerkannt, daß zwischen den Staaten feste rechtliche Beziehungen bestehen und weiter ausgebaut werden sollen. Kein Staat findet bei sich alle Lebensbedingungen gegeben; jeder ist auf Ergänzung angewiesen, und je höher die

Kultur eines Staates ist, desto mehr empfindet er das Bedürfnis nach den Schätzen des Auslandes, die er sich in der Form Rechtens sichern möchte. Das Völkerrecht ist ein Bekenntnis zu dem Satz, daß das wahre Staatsinteresse eine Überwindung des kurzsichtigen Eigennutzes erfordert und im menschlichen Gesamtinteresse und Gemeinschaftsgefühl verankert sein muß.

Mängel des Völkerrechts. Das Völkerrecht als die jüngste Rechtsordnung zeigt noch die Mängel der Jugend. Die Unterwerfung mächtiger Staaten unter einen Gesamtwillen ist auch nicht so leicht wie die Beherrschung der Menschen durch die Staatsgewalt. Das Völkerrecht ist noch lückenhaft, gilt nicht gleichmäßig für alle Staaten und entbehrt der Zwangsgewalt. Der Völkerbund zeigt schon ein festeres Gefüge, aber dieser ist vorerst nur ein Sonderbund. Die Völkerrechtsgemeinschaft oder die Gesamtheit der Kulturmächte zeigt alle Mängel einer fehlenden Organisation, und die Leichtigkeit, welche dem Staat eignet bei der Schaffung und Durchführung der inneren Rechtsordnung, wird im zwischenstaatlichen Verkehr niemals erreicht werden. Aber deshalb soll man das Völkerrecht nicht gering achten, vielmehr um so mehr auf seine Fortbildung bedacht sein. Ohne ein Völkerrecht würde man wieder wie in der Vorzeit zwischenstaatliche Anarchie haben, es würde wieder die rohe Gewalt triumphieren. Das Völkerrecht aber schafft Bindung und gibt so auch dem kleinsten Staat das Gefühl der Sicherheit.

Wesen des Völkerrechts. Das Völkerrecht muß wie jedes Recht positiv sein oder sichtbare Existenz und Erscheinung gewinnen. Auch die begründetste Rechtsforderung eines hohen Geistes ist noch keine die Staaten verpflichtende Norm. Die geistigen Führer der Völker können kein Recht schaffen, wohl aber dessen Entstehung vorbereiten und fördern. Hugo Grotius war noch Naturrechtlicher. Diese sind die Schrittmacher des positiven Rechts. Indem sie etwas als Recht verkünden, was noch nicht Recht ist, obschon es wert sein würde, Recht zu werden, tragen sie mächtig zur Entstehung des Rechts bei.

Das Völkerrecht ist das Ergebnis der schöpferischen Kraft der in der Völkerrechtsgemeinschaft zusammengeschlossenen Kulturstaaten. Völkerrecht entsteht durch den übereinstimmenden Willen der Staaten, die sich über den Inhalt und Umfang ihrer gegenseitigen Bindung einigen. Das geschieht einmal – besonders in der älteren Zeit — durch dauernde Übung aus dem Gefühl des Verpflichtetseins heraus (opinio necessitatis); hier ist die Norm schon in Tätigkeit, und man spricht von einem Gewohnheitsrecht. Völkerrechtsgemeinschaft nennt man die Gesamtheit von Staaten, die wenigstens die ungeschriebenen Gesetze der Kultur für verbindlich erachten. Daneben gibt es engere und weitere Kreise, die über besondere rechtliche Bindungen Verträge schließen, die dann für das Völkerrecht dasselbe sind, was die Gesetze für das staatliche Innenleben bedeuten. Die rechtsbildenden Abkommen erfordern durchweg eine Beratung und Beschlußfassung auf Konferenzen, wo es aber keine Majorisierung gibt. Vertragliches Völkerrecht bindet nur die Staaten, welche den Vertrag geschlossen haben oder ihm später beigetreten sind. Die Bindung aber erfordert noch die Genehmigung (Ratifikation) der von den Unterhändlern unterzeichneten Beschlüsse durch die betreffenden Staatsoberhäupter und beginnt erst mit der Auswechslung der Ratifikationsurkunden. Je mehr Staaten mitmachen, desto mehr weitet sich der örtliche Geltungsbereich der Staatsverträge. Es gibt Kollektiv- und Spezialverträge. Sie betreffen — von den Verträgen kriegsrechtlichen Inhalts abgesehen — den Schutz der ideellen Interessen, des internationalen Verkehrs, des Handels und der Industrie, des Münz-, Maß- und Gewichtswesens, des Privatrechts und des Zivilprozesses, des menschlichen Lebens sowie der Tiere und Pflanzen u. a.

Entwicklungsbereich des Völkerrechts. I. Schutz ideeller Interessen:

1. Schutz religiöser Interessen:

Berliner Kongreßakte von 1878: Zusicherung der freien Religionsübung in der Türkei, Serbien, Rumänien, Bulgarien und Montenegro.

Kongoakte von 1885: Schutz der Religionsfreiheit im Kongobecken.

2. Schutz sittlicher Interessen:

Bekämpfung des Sklavenhandels:

Wiener Kongreßakte 1815 Quintupelvertrag 1841, Kongoakte 1885, Brüsseler Antisklavereiakte 1890.

Bekämpfung des Mädchenhandels:

Pariser Abkommen 1902 (Verwaltungsabkommen), 1910 (Rechtsabkommen).

Bekämpfung unsittlicher Publikationen:

Pariser Abkommen 1910.

Verbesserung der sittlichen und materiellen Lage der Eingeborenen in den Schutzgebieten: Kongoakte 1885, Antisklavereiakte 1890, Brüsseler Akte 1908.

Regelung des Armenwesens: Spezialverträge.

Regelung des Arbeiterschutzes: Berner Konvention von 1906: Verbot der Verwendung von weißem (gelbem) Phosphor bei Zündhölzern, Verbot der gewerblichen Nachtarbeit von Frauen. Die Verhandlungen 1913 betrafen das Verbot der Nachtarbeit für jugendliche Arbeiter und die Dauer des Arbeitstages für jugendliche und weibliche Arbeiter.

Zur Gleichstellung der beiderseitigen Arbeiter in Beziehung auf Arbeiterschutz und Arbeiterversicherung wurden auch viele Spezialverträge abgeschlossen.

3. Schutz wissenschaftlicher Interessen:

Im Kongobecken (Kongoakte 1885). Es wurde gegründet: eine internationale Gesellschaft für Erdmessung 1862, zur Erforschung der Meere 1901, für Erdbebenforschung 1903/5 sowie der vorwiegend volkswirtschaftlichen Interessen dienende Staatenverband zur Veröffentlichung der Zolltarife 1890. Weiter das Übereinkommen betr. die Vereinheitlichung der Handelsstatistiken 1913. Dagegen ist der vielfach angeregte Plan eines Verbandes zur Veröffentlichung sämtlicher Staatsverträge bis jetzt nicht verwirklicht worden. Der Vertrag vom 7. Juni 1905 begründete das internationale landwirtschaftliche Institut in Rom. Schon im Jahr 1885 war übrigens auch ein Abkommen betr. die Herstellung einer Normalstimmgabel abgeschlossen worden.

II. Schutz des internationalen Verkehrs:

Postverkehr: Weltpostverein 1878 (vorausgegangen war der allgemeine Postverein 1874). Mehrfach revidiert 1885, 1895, 1897, 1906. Jetzt ein Hauptvertrag und 6 Nebenverträge.

Telegraphenverkehr:

Es ging voraus der allgemeine Telegraphenverein 1865 (die erste völkerrechtliche Verwaltungsgemeinschaft). Heute der Petersburger Vertrag 1875 und die Übereinkünfte von 1885 und 1908. Dazu kommt der internationale Vertrag zum Schutz der unterseeischen Telegraphen-Kabel 1884 (mit Deklarationen von 1886 und 1887). Der Funkentelegraphenvertrag 1906 (Berlin), an dessen Stelle der Londoner Vertrag 1912 getreten ist. Dazu kommen viele Einzelverträge.

Eisenbahnverkehr:

Berner Abkommen 1886, ersetzt 1907. (Über Spurweite der Eisenbahnen, Beschaffenheit des rollenden Materials, zollsichere Einrichtung des Verschlusses.)

Im Berner Abkommen 1896 über den Eisenbahnfrachtverkehr mit Zusatzvereinbarungen. Ein entsprechendes internationales Abkommen über den Personenverkehr fehlt noch. Zu erwähnen ist noch der Gotthardbahnvertrag von 1869/78, ersetzt durch den Vertrag von 1909. Jetzt auch Versailler Friedensvertrag a. 365—375.

Automobilverkehr: Pariser Abkommen 1909.

Luftverkehr: Nachdem die Pariser Konferenz 1911 vorerst zu keinem Ergebnis geführt hat, nahm jeder Staat die Herrschaft über den Luftverkehr über seinem Ländergebiet in Anspruch. Ein Spezialvertrag zwischen Deutschland und Frankreich 1913. Ein Kollektivabkommen wurde nach dem Weltkrieg 1919 zwischen den Siegerstaaten abgeschlossen. Der Gegner dürfen erst nach dem Beitritt zum Völkerbund oder mit Zustimmung der a. a. Mächte beitreten, und zwar nach dem 1. Januar 1923 mit Einverständnis von $^3/_4$ der Vertragschließenden.

Schiffahrtsverkehr:

Beschränkungen der Meeresfreiheit (Anhaltung und Besichtigung der Schiffe), Bekämpfung der Seeräuberei oder der Piraterie (Internationales Gewohnheitsrecht und Staatsgesetze) sowie des Sklavenhandels (Brüsseler Generalakte 1890). Schutz der Nordseefischerei 1882. Schutz der unterseeischen Kabel 1884. Unterdrückung des Branntweinhandels in der Nordsee 1887.

Meerengen: Dardanellen: Verträge 1841, 1856, 1871, 1878. Belt und Sund: Vertrag 1857.

Kanäle: Suezkanal: Vertrag von 1888. Panamakanal: Verträge von 1850, 1900, 1903. Über den Kieler Kanal jetzt Versailler Vertrag a. 380—386.

Flüsse: Verträge von 1814, 1815 (Wiener Kongreß); hier besonders der Rhein. Weiter Rheinschiffahrtsakte 1831, 1868. Über die Donau: Verträge von 1856, 1857, 1865, 1871, 1878, 1881, 1883, 1911. Auch besondere Verträge über die anderen internationalen Ströme Deutschlands, die alle jetzt der Versailler Vertrag beherrscht (Teil XII, Kap. 3 und 4).

III. Schutz des Handels und der Industrie:

Im Vordergrund stehen hier die Handelsverträge (Zweiparteienverträge). Weiter der Brüsseler Kollektivvertrag über die Behandlung des Zuckers 1902.

IV. Münz-, Maß- und Gewichtswesen:

Lateinische Münzunion 1863, 1868, 1885, 1908. Skandinavischer Münzverband 1873, 1875. Internationale Meterkonvention 1875.

V. Privatrecht und Zivilprozeß:

Kollektivverträge über Urheber- und Erfinderrechte. Schutz des gewerblichen Eigentums (Pariser Konvention 1883; ergänzt 1891, revidiert Washington 1911). Schutz von Werken der Literatur und Kunst (Berner Konvention 1886; Zusatzakte 1896, revidierte Übereinkunft 1908, Berner Zusatzprotokoll 1914. Das Haager Abkommen zur Regelung von Fragen des internationalen Prozeßrechts 1896 (jetzt Abkommen über den Zivilprozeß 1905). Die drei Haager familienrechtlichen Abkommen 1900: 1. betr. das Recht der Eheschließung, 2. betr. das Recht der Ehescheidung, 3. betr. das Recht der Vormundschaft über Minderjährige. Dem folgten neben der bereits berührten Konvention über den Zivilprozeß 1905 zwei weitere familienrechtliche Abkommen 1. über die Wirkungen der Ehe auf die Rechte und Pflichten der Ehegatten in ihren persönlichen Beziehungen und auf das Vermögen der Ehegatten, 2. über die Entmündigung und gleichartige Fürsorgemaßregeln. Beabsichtigt sind Abkommen über Erbfolge und Konkurs. Internationales Handelsrecht enthält das schon erwähnte Abkommen über den Eisenbahnfrachtverkehr. Weiter die internationale Wechselordnung 1912. Zwei seeprivatrechtliche Abkommen 1910 betr. die einheitliche Feststellung von Regeln: 1. über den Zusammenstoß von Schiffen, 2. über die Hilfeleistung und Bergung in Seenot. Deutsches Ausf.-Gesetz 1913. Der Gedanke eines umfassenden Weltprivatrechts und eines Weltarbeitsrechts wurde schon vielfach erörtert.

Übrigens wurde auch das Auslieferungswesen und die Rechtshilfe in Strafsachen vertraglich geregelt, und zur Beilegung von internationalen Streitfällen wurden zahlreiche Schiedsverträge abgeschlossen.

VI. Schutz von Leben und Gesundheit:

Die Sanitätskonvention zur Bekämpfung der Cholera (1853), 1892, 1893, 1894/7. Die Sanitätsübereinkunft zur Bekämpfung der Pest 1897, 1900. Die internationale Übereinkunft betr. Maßregeln gegen Pest, Cholera und Gelbfieber 1903, 1912. Die Konvention zum Schutz des menschlichen Lebens auf hoher See 1914. Dagegen ist die Konvention zur Bekämpfung des Opiummißbrauchs von 1912 noch nicht ratifiziert. Vgl. aber jetzt den Versailler Vertrag a. 295. Dem Mißbrauch von Alkohol begegnet das bereits erwähnte Abkommen zur Unterdrückung des Branntweinhandels unter den Nordseefischern auf hoher See 1887 und dem Handel mit Spirituosen in Afrika, die gleichfalls schon erwähnte Antisklavereiakte von 1890 (1919). Schließlich Abkommen zur Vereinheitlichung pharmazeutischer Formeln für starkwirkende Gifte 1906.

VII. Schutz von Tieren und Pflanzen:

Die Reblauskonvention 1881. Abkommen zum Schutz der Fischerei in der Nordsee 1882, der Lachsfischerei am Rhein 1885, des Robbenfangs im Behringsmeer 1893; zum Schutz der Tierwelt in Afrika 1900 (nicht ratifiziert), zum Schutz der für die Landwirtschaft nützlichen Vögel 1902, an dem sich aber bedauerlicher Weise gerade Italien nicht beteiligte.

Das umfassende Vertragsnetz wurde durch den Weltkrieg leider zerrissen, und der Friedensvertrag zeigte sich der Aufgabe des Wiederaufbaus nicht gewachsen.

Die Einwirkung des Versailler Vertrages. Staatsverträge Deutschlands mit Neutralen blieben selbstverständlich unberührt, auch wenn a. a. Mächte beteiligt waren, aber sie blieben nur in Kraft zwischen Deutschland und den Neutralen. Dagegen für das Verhältnis Deutschlands zu den a. a. Mächten bleiben sie aufgelöst, soweit der Versailler Vertrag nicht selbst Ausnahmen vorgesehen hat. Dieser steht also auf dem Standpunkt der Enumerationstheorie. Und so hat denn der Versailler Vertrag im a. 282 eine allerdings recht erhebliche Anzahl von Kollektivverträgen schlechthin und in a. 283—288 andere Abkommen unter Bedingung wieder in Kraft gesetzt. Was dagegen die Spezialverträge anlangt, die Deutschland mit einer gegnerischen Macht abgeschlossen hatte, so erhielt jeder der letzteren durch a. 289 das Recht, von Deutschland die Wiederinkraftsetzung bestimmter von ihr namhaft zu machender Verträge zu verlangen, wobei aber diejenigen Einzelbestimmungen bezeichnet werden können, die nicht wieder aufleben sollen. Das Wiederaufleben steht also einzig bei dem Sieger.

Die steigende Anzahl der internationalen Abkommen in den letzten Jahrzehnten mußte als ein Triumph des Völkerrechts erscheinen. Trotzdem blieb vieles fraglich und unsicher. Der stärkste Gegner des Völkerrechts war und blieb der starre Souveränitätsgedanke der einzelnen Staaten, die in ihrem urwüchsigen Kraftgefühl nur schwer für eine Bindung zu haben sind und sich gern eine Hintertür offenhalten. Man wurde das Gefühl nicht los, daß man auf einem Vulkan lebt. Immer wurde irgendwo gekämpft. Das letzte Ziel allen Völkerrechts ist die Sicherung des Friedens der Staaten. Aber trotz aller Bemühungen kam man diesem Ziel nicht näher. Die Völkerrechtsgemeinschaft und die Verträge brachen im Weltkrieg zusammen.

II. Der Weltstaatsgedanke.

Man sollte meinen, daß die friedliche Weltordnung am besten in einem Weltreich verbürgt sei. Ein Völkerrecht erübrigt sich hier, und die Menschheitsinteressen sind im Staatsrecht geborgen. Aber die großen Weltreiche des Altertums wie das mittelalterliche Gottesreich beweisen das Gegenteil. Der glänzendste Vertreter der Weltreichsidee in der Literatur war Dante in seinem Buch „de monarchia“, das nach 1300, also in einer Zeit erschien, als sich nach dem Sturz der Hohenstaufen die Geschichte bereits bestimmt gegen den mittelalterlichen Weltstaat entschieden hatte. War dieser immerhin eine Verkörperung der sittlichen Einheit der Völker, ein Hort des Friedens nach außen und ein Behüter der christlicher Kultur im Innern, so fehlte doch auch dem mittelalterlichen Kaisertum der Charakter eines den Erdkreis umspannenden Weltreichs, und es vermochte nicht einmal die aufstrebenden Territorialherrschaften im Innern seiner Autorität zu unterwerfen. Schließlich aber wurde es ein Opfer des widerspruchsvollen Herrschaftsdualismus im Gottesreich, weil nun einmal kein Reich zwei Herren verträgt. Wir wissen heute: ein Weltstaat, wenn er auch nur im beschränkten Raum Erscheinung gewinnt, trägt den Grund des Zerfalls in sich selbst. Die nationalen Instinkte lassen ihrer nicht spotten, und die vielen Sonderinteressen wirken als Sprengkraft, wenn das Reich nicht schon seiner Eroberungssucht zum Opfer gefallen ist und sich in äußeren Kämpfen verbraucht hat. Ein Weltstaat kann den Weltfrieden nicht sichern. Aber vielleicht ein Völkerbund?

III. Die Völkerbundsidee.

Geschichte der Völkerbundsidee. Das Ideal des Völkerfriedens fand zu allen Zeiten und bei allen Völkern seine gelegentliche Verherrlichung; förmliche Systeme einer friedlichen Weltorganisation, oder Völkerbundspläne brachte aber erst das Mittelalter nach dem Zusammenbruch des Gottesstaats. Dabei konnte man jedoch sehen, daß ein Völkerbund ganz verschiedenartigen und fragwürdigen Zwecken zu dienen bestimmt sein kann.

Der hegemoniale Völkerbund. Der von Pierre Dubois, einem französischen Advokaten, nach 1300 in einer Reihe von Schriften entwickelte Völkerbundsplan war von bewußt hegemonialer Art, indem er nur ein Mittel in der Hand des französischen Königs Philipp des Schönen zur Aufrechterhaltung seiner Vorherrschaft werden sollte, für welche dieser durch den siegreichen Kampf mit Bonifaz VIII den Grund gelegt hatte. Dubois, in dessen Gehirn sich die widerspruchsvollsten Pläne kreuzten, stellte schließlich alle seine Ideen auf einen Punkt ein, nämlich Frankreich eine welt- und wirtschaftspolitische Vormachtstellung zu sichern. Diese nahm bei ihm anfangs sogar die Form einer französischen Universalmonarchie an, die das mittelalterliche Kaisertum ablösen sollte. Auch später noch (1306) entwarf er den Plan für eine Unterwerfung aller Staaten Europas und des Orients unter den französischen König als alleinigen Herrn; und 1308 forderte er diesen auf, das Kaisertum zu erwerben und in seinem Haus erblich zu machen. Dazwischen aber betonte er die Unmöglichkeit, daß ein Monarch die ganze Erde beherrsche; er bekämpfte die Weltreichsidee und befürwortete einen Völkerbund unter französischer Leitung. Er scheint die doppelte Buchführung geliebt zu haben. Dem Papst und dem Ausland gegenüber vertrat er den Völkerbund unter französischer Führung, im inneren Dienst aber, der Krone gegenüber zauberte er das verführerische Bild der französchen Weltherrschaft an die Wand. Er war der vorbildliche Typ des französischen politischen Advokaten und eine Reinkultur der gallischen Eitelkeit. Liegt doch nach Dubois Frankreich unter besonders günstigen Sternen und hat hier Paris die günstigste Lage. In der Umgebung von Paris sollen daher, so wünschte Dubois, alle Könige ihre Kinder zeugen, weil diese dann in körperlicher, geistiger und sittlicher Hinsicht alle anderen Menschen übertreffen. Der König von Frankreich ist nach Dubois der einzige Fürst, der seine Souveränität aus dem geschriebenen Recht beweisen kann. Frankreich gebührt die Oberherrschaft über die Fürsten; es soll sich durch Abtretung und Krieg ein Weltreich schaffen, das insbesondere auch schon das linke Rheinufer und das patrimonium Petri in sich schloß.

Die Erhaltung des Friedens wird einem allgemeinen Konzil anvertraut, das der König von Frankreich beantragen und der Papst einberufen soll und das aus Prälaten und Fürsten besteht Der Friedensbrecher wird vom Bund bekämpft und boykottiert, das besiegte Volk nach Paläftina ausgewiesen. Dubois sieht prophetischen Geistes auch schon den ständigen Schiedshof, den das Konzil, wie es scheint, nach dem Listensystem errichten soll, wobei jeweils drei geistliche und drei weltliche Mitglieder das Schiedsrichterkollegium bilden sollen, gegen dessen Spruch Berufung an den Papst zulässig ist.

Später haben auch noch andere eine Erneuerung des Weltstaates unter dem Past empfohlen, wobei an Stelle des Kaisers teilweis der König von Spanien oder auch von Frankreich trat und sich das Bild des Weltstaates mit dem des hegemonialen Völkerbundes berührte. So

Thomas Campanella (nach 1600), Sieurdela Noue (1614), Bacon (1622), François Savary de Brèves (1628), Landgraf Ernst v. Hessen-Rheinfeld (1660) Zur Beseitigung der Türkengefahr, die wiederholt Völkerbundspläne zeitigte, trat 1739 auch das Kardinalkollegium mit einer Denkschrift hervor, die die Bildung einer heiligen Liga empfahl. Vom Kardinal Alberoni stammten zwei Sonderprojekte dieser Art, nach denen insbesondere der deutsche Reichstag die Entscheidungsstelle für alle Rechtsstreitigkeiten sein und Vollstreckungsgewalt haben sollte. Der Völkerbund unter französischer Führung tritt uns aber vor allem noch einmal in dem „grand dessin“ des Herzogs von Sully 1638 entgegen. In diesem Plan einer europäischen Republik, der Heinrich IV. von Frankreich zugeschrieben wurde, der aber sicher erst nach dem Tod des Königs von dessen Exminister Sully diktiert worden war, als sich zu seinem Ärger die französische Politik Österreich näherte, feierte das Projekt von Dubois, das jetzt nur in das System des politischen Gleichgewichts eingestellt war, in Wahrheit aber die Vernichtung des Habsburger Herrscherhauses und die Vormachtstellung Frankreichs forderte, seine Wiederauferstehung.

Der demokratische Völkerbund. Einen Völkerbund auf demokratischer Grundlage zum Schutz gegen die Türken forderte vor allem der König Podiebrad von Böhmen 1460. Der „Ketzerkönig“ wollte in diesem ewigen Bund (congregatio) der christlichen Fürsten Europas den Papst wie den Kaiser und das Reich ausgeschaltet sehen; mit demokratischem Aufputz suchte der schlaue Hussite eine Rückendeckung gegen den Papst und Kaiser; seine politische Einkreisung sollte gesprengt werden.

Als Organ dieses Völkerbundes ist eine Bundesversammlung in Basel gedacht, die sich wie das vorausgegangene Baseler Konzil aus drei nationalen Gruppen zusammensetzen sollte. Jede Gruppe hat eine Stimme. Der Bund ist ein Schutz- und Trutzbündnis. Der Bund hat das Recht der Gesetzgebung und sieht ein Bundesgericht (consistorium, parlamentum) vor. Die erforderlichen Mittel soll der Bund durch die Säkularisation des kirchlichen Zehnts gewinnen, auch hat jeder Fürst und Untertan ein dreitägiges Einkommen in die Bundeskasse abzuführen.

Einen Völkerbund auf demokratischer Grundlage forderte 1623 auch de Lacroix (Crucé, Crucaeus). Den Mittelpunkt bildete hier ein gesandtschaftliches Schiedsgericht in Venedig.

Ein Hauptvertreter der demokratischen Richtung ist aber der Abbé St. Pierre 1716, der angeblich nur den Grand dessin Heinrichs IV. gefunden haben will, in Wahrheit aber eine eigene von hochfliegendem Humanismus beseelte Arbeit über das Problem der Weltorganisation auf dem Boden wirklicher Gleichberechtigung vorlegte, die, von der Politik losgelöst, nicht etwa einer Mächtegruppe Handlangerdienste leistet, sondern in das Reich des Absoluten emporsteigt und nur auf Vernunft und Ethik eingestellt ist.

An der Spitze dieses Bundes soll ein ständiger Kongreß oder Senat stehen, in den jeder der 24 Staaten einen Gesandten schickt. Der Bund besitzt gesetzgeberische, schiedsrichterliche und Vollstreckungsgewalt. Er verfügt über ein Bundesheer. Wie im Rousseauschen „contrat social" so entscheidet auch hier überall nur der von innen heraus gebildete Gesamtwille, zu dem jeder gleichmäßig beisteuert. Diesem Gesamtwillen traut St. Pierre die Kraft zu, sich durchzusetzen; er glaubt an die siegreiche Macht der Vernunft.

Bentham erweist sich in seinem „plan for an universel and perpetual peace", den er in sein großes gesetzespolitischen System einstellte (1786—1789) als Hauptvertreter des Freihandels und ist der Begründer des englischen Utilitarismus, der seine Forderungen nicht auf die Vernunft sondern den Nutzen oder die Zweckmäßigkeit gründet:

Seine Weltfriedensorganisation erfordert Opfer, insbesondere von den führenden Staaten Frankreich und England. Zur Verstopfung des friedenstörenden Wettbewerbs verlangt er den Verzicht der Staaten auf ihre Kolonien. Er ist ein Gegner der Handelsverträge, die immer nur einseitigen Vergünstigungen nachjagen, sowie der Bündnisse, die nur zum Krieg führen. Er verlangt Abrüstung, dabei aber soll England bezeichnenderweise so viel Schiffe behalten, wie drei Seemächte zusammen. Ein Schiedsgericht soll aus den Gesandten aller Staaten gebildet werden. Bei solcher Sachlage würden sich die Entscheidungen durch die ihnen innewohnende Kraft behaupten, und es würde kaum einer Zwangsvollstreckung bedürfen. Andernfalls genüge die Boykottierung, und erst ganz zuletzt kommt es zum Krieg gegen den Ausgestoßenen. Bentham fordert bereits Öffentlichkeit der Diplomatie.

Der eigentliche Herold einer demokratischen Weltfriedensorganisation ist aber ein Deutscher: der Königsberger Philosoph Immanuel Kant.

„Zum ewigen Frieden. Ein philosophischer Entwurf", 1795. „Die metaphysischen Anfangsgründe der Rechtslehre", 1798 (Teil II § 43—63).

Als in Nachwirkung der französischen Revolution die Welt in ihren Fugen krachte, verkündete Kant das absolute Moralgesetz und den kategorischen Imperativ der Pflicht. Wie Recht und Staat ist ihm auch ein Weltfriedensbund im Gegensatz zum englischen Utilitarismus ein reines Vernunftprodukt, einfach eine Verwirklichung der Gerechtigkeitsidee. Die praktische Vernunft spricht ihr unwiderstehliches Veto gegen den Krieg aus. Kants sechs Präliminar- und drei Definitivartikel sind moralische Forderungen, deren Verwirklichung in ihrer Gesamtheit den Weltfrieden ergeben müsse. Kant prägt dabei das Wort „Völkerbund", mit dessen Organisation sich die Definitivartikel beschäftigen, während die Präliminarartikel nur die notwendigen Voraussetzungen für einen Völkerbund schaffen wollen, in dem für Kriege kein Platz mehr ist. Der Völkerbund darf nach Kant beileibe kein Weltstaat sein, der die Gefahr des Zerfalls in sich trägt, sondern nur eine allgemeine Allianz, die am besten von einer mächtigen und geistig hochstehenden Nation angebahnt wird, in der die republikanische Idee am stärksten entwickelt ist. Die Zusatzartikel lassen freilich erkennen, daß auch Kant den Krieg als den tatsächlichen Naturzustand der Menschheit ansieht, der eben durch die Kultur überwunden werden muß; und er zeigt den Weg, auf dem man sich mehr und mehr einem dauernden und gesicherten Friedenszustand nähert, wenn das letzte Ziel wohl auch nie erreicht werden wird.

Die Spekulation über eine friedliche Weltorganisation hat in Kant ihren Höhepunkt erreicht. Der vielen Nachzügler zu gedenken, lohnt sich nicht mehr.

IV. Das System des politischen Gleichgewichts.

Das Aufkommen der Idee. Der Lauf der Welt wird nicht durch die Philosophie bestimmt. Die Völkerbundspläne und die sonstigen zahlreichen auf die Sicherung des Weltfriedens gerichteten Anregungen blieben papierne Kundgebungen, die selbst bei Vertretern der Theorie auf Gegnerschaft stießen. So machte Voltaire ein spöttiges Epigramm auf St. Pierre, und Kant fand neben begeisterter Zustimmung auch energische Abweisung.

Die Staatenpraxis ging ihre eigenen Wege. Älter und wirksamer als die Einsicht ist die Leidenschaft.

Die Staaten vertraten ihren einseitigen und kurzsichtigen Interessenstandpunkt und waren nur auf einen Machtvorsprung bedacht, den sie durch List und Gewalt zu gewinnen suchten. Souveränität wurde das Schlagwort für den Eigennutz, dem das Solidaritätsgefühl nur als Schwäche erschien. So vollzog sich die Zersetzung Europas.

Die Welt verlangt aber nun einmal nach einem Allheilmittel, und das glaubte man dann in einer gerechten Kräfteverteilung gefunden zu haben. „Politisches Gleichgewicht" („balance of power", équilibre) wurde und blieb die Forderung der Kabinette.

Das Wesen des politischen Gleichgewichts. Die Idee des politischen Gleichgewichts beruht darin, daß sich gegen einen Staat, der durch seine Übermacht eine Gefahr für andere Staaten geworden ist, ein Zusammenschluß der letzteren zur Behauptung ihrer Selbständigkeit vollzieht. Die Gleichgewichtsidee ist ein ganz natürlicher Gedanke, der zu allen Zeiten nach Verwirklichung rang und der sich nach dem Zusammenbruch der Weltmonarchie mit dem Erstarken der Einzelstaaten in typischer Form wiederholte, um sich schließlich zum politischen System zu versteinern. Als im 15. Jahrhundert die italienischen Staaten vom aufblühenden Venedig bedroht waren, vereinigten sie sich zur gemeinsamen Abwehr, und da warf Lorenzo von Medici das Wort „politisches Gleichgewicht" in die Diskussion und verlangte unter dem Hinweis auf das Gleichgewicht an der Wage auch die Erhaltung dds Gleichgewichts der Staaten. Wie die Ruhe der Wage, so sei auch der Friede Italiens abhängig von dem Gleichgewicht der Kräfte.

Die Idee des politischen Gleichgewichts bildet in der ganzen Neuzeit die Achse, um die sich die europäische Politik dreht. Sie fand auch ihren Niederschlag in einem reichen Schrifttum, das den Geist der Staatenpraxis festhielt, wobei natürlich die Ziele der Heimatspolitik die Farbenmischung bei dem Gleichgewichtsbild bestimmte.

Die Idee des politischen Gleichgewichts, so einfach und einwandfrei sie erscheint, ist aber keineswegs klar, und der Durchführung stehen Hindernisse entgegen, die sich ständig verschieben und steigern. Der Zerfall morscher Gebilde und das Aufstreben jugendkräftiger Staaten läßt sich nicht künstlich aufhalten. Es fehlt aber vor allem auch schon an einem sicheren Maßstabe zur Bemessung der Macht hüben und drüben. Wir haben immer eine mathematische Gleichung mit vielen Unbekannten. Die Idee des politischen Gleichgewichts rein als Problem aufgefaßt, dessen Lösung in objektiver Kräfteabschätzung und unverschleierter Zielsetzung angestrebt wird, ist ein überfeiner Mechanismus. Man wird an das Haus von Swift erinnert, von dem Kant berichtet, daß es in so vollendetem Gleichgewicht gebaut gewesen sei, daß es zusammenbrach, als sich ein Vogel auf sein Dach setzte. Aber bei der Zusammensetzung des feinen Werkes kommt nicht einfach das technische Können des Mechanikers zur Auswirkung, sondern einseitiges

Interesse, Übertreibung und Leidenschaft sprechen nur allzusehr das entscheidende Wort. Die durch verschiedenartige und oft sogar gegensätzliche Interessen geeinte Koalition läuft Sturm gegen eine Gefahr, um schließlich doch nur selbstsüchtige Pläne zu verwirklichen und an Stelle der angeblichen oder auch wirklichen Weltherrschaft eines anderen Staates oder einer anderen Staatengruppe nur die eigene Vormacht zu setzen. Das System des politischen Gleichgewichts ist ein zweischneidiges Schwert, das mehr zur Beschönigung unrechtmäßiger Eroberungen als zur Verteidigung einer guten Sache in die Wagschale geworfen wurde. Es wird leicht eine Maxime der politischen Beargwöhnung und eine Bedrohung des Friedens. Es wird in der Hand einer skrupellosen Geheimdiplomatie das Mittel, die Staaten in Machenschaften hineinzuzerren, das Mißtrauen zum Siedepunkt zu erhitzen, der Intrige Tür und Tor zu öffnen und mit den stolz aufgebauschten Segeln des Friedensbundes geraden Wegs in Konflikt und Krieg zu treiben. Seine Wirkung war bei jeder neuen Phase der Weltpolitik stets ein neues Bündnis und ein neuer Krieg, der besten Falles nur einen Weltherrschaftswechsel, aber keine Weltherrschaftsvernichtung zur Folge hatte. Eine handgreifliche Folge der Verankerung der Gleichgewichtsidee waren die stehenden Heere und die Koalitionskriege, die der Neuzeit das charakteristische Gepräge geben.

Die Auswirkungen der Idee. Von der italienischen Koalition unter Lorenzo von Medici war schon die Rede. Als später Franz I. von Frankreich, der selbst nach der Vorherrschaft in Europa verlangte, dem Kaiser Karl V. erlegen war, fand er Freunde überall, und der Kampf blieb deshalb trotz verschiedener Niederlagen Frankreichs schließlich unentschieden. Auch die Vormachtstellung von Philipp II. von Spanien scheiterte an dem Widerstand von England, Frankreich und Holland. Im Dreißigjährigen Krieg nach dem Tod von Gustav Adolf organisierte Frankreich, wie früher gegen die spanische, so jetzt gegen die habsburgische Dynastie den Widerstand. Hier setzten die Memoiren des Herzogs von Sully ein, und eine politische Broschürenliteratur ermutigte das französische Vorgehen, indem der König von Frankreich als der Retter des politischen Gleichgewichts gefeiert wurde. Die französische Politik siegte auf der ganzen Linie. Das mittelalterliche Herrschaftsideal ist endgültig abgetan, die habsburgische Dynastie zu Tode getroffen, die innere Reichseinheit und durch die Religionsfreiheit der Länder auch das letzte einigende Band zerrissen. Aber das Übergewicht hatte sich nur verschoben, die Wage hatte sich einfach nach der anderen Seite gesenkt.

Zum Friedensschluß nach dem Dreißigjährigen Krieg waren zum ersten Mal die europäischen Staaten zu einer internationalen Versammlung vereinigt. Man konnte an den Beginn einer neuen Zeit glauben. Was die Menschheit in zwei feindliche Lager zerrissen hatte: Die Religion sollte kein politischer Faktor mehr sein, und man fand sich mit der Vielheit von Religionsgesellschaften ab. Die Solidarität der Interessen fand kräftige Betonung.

Aber durch die Anerkennung einer Anzahl von kleinen Fürsten war das Reich ohnmächtig geworden, für die Einmischungsgelüste war die Tür weit geöffnet, und die Führerschaft Frankreichs war gesichert. Der Westfälische Friede hat Frankreich zum Herrn der Welt gemacht. Frankreich, das angeblich nur das Gleichgewicht herstellen und den Weltfrieden sichern wollte, trieb jetzt unter Ludwig XIV. und XV. eine brutale Eroberungspolitik und übte ein halbes Jahrhundert hindurch die unerträglichste Tyrannei, die z. B. auch darin sichtbaren Ausdruck fand, daß Ludwig XIV. in der ganzen Welt den ersten Gruß der Kriegsschiffe verlangte. Natürlich zeitigte die französische Hegemonie wieder Gegenbündnisse und Kriege.

Hatte der Herzog Rohan 1638, also in demselben Jahr, in dem der Herzog von Sully seine Denkwürdigkeiten herausgab, zur Herstellung des Gleichgewichts den Kampf Frankreichs gegen die habsburgische Dynastie gepredigt („Trutina Statuum Europae sive principum Christiani Orbis interesse"), so glaubte umgekehrt eine Schrift des österreichischen Diplomaten Franz Paul v. Lisola v. 1667 („Le bouclier d'état et de justice contre le dessin de la monarchie universelle") den Weltfrieden gegen Frankreich nur durch die Habsburger gesichert. Er rief zu einer Koalition gegen Ludwig XIV. auf, und die österreichisch-holländische Allianz von 1672 war sein Werk. Schon vorher hatte die durch Holland veranlaßte Tripelallianz (Holland, England und Schweden) Frankreich zum Frieden von Aachen 1668 gezwungen, aber Frankreich rächte sich an Holland, und als nun England in törichter und ungetreuer Abkehr von seiner alten Politik sich Frankreich anschloß, war dieses wieder im Vollbesitz seiner Weltherrschaft.

Auch die spanische Erbfolgefrage stand von Anfang an unter dem Zeichen des politischen Gleichgewichts. Die große Allianz der Seemächte mit dem Kaiser Leopold (1701) war gegen Frankreich gerichtet, das sich mit den Herzögen von Savoyen und Mantua sowie den Kurfürsten von Bayern und Köln verbündet hatte. Als Ziel der Allianz wurde bezeichnet „pour rétablir l'équilibre". Frankreich unterlag, und der Utrechter Friede von 1713, der zu einer neuen Aufteilung Europas führte, bestimmte, es dürften die Kronen von Spanien und Frankreich niemals auf einem Haupt vereinigt werden, wie es im Art. 11 heißt, „zur Sicherung eines rechten Gleichgewichts der Kräfte". Der Art. 2 bekannte sich erneut zum „iusto potentiae aequilibrio",

„quod optimum et maxime solidum mutuae amicitiae et duraturae undiquaque concordiae fundamentum est."

Zur Aufrechterhaltung des Utrechter Friedens wurde 1718 die Quadrupelallianz geschlossen. Dynastische Ansprüche auf Polen und Österreich führten unter neuen Koalitionen zum Polnischen und Österreichischen Erbfolgekrieg, die Abtretung Schlesiens an Preußen brachte den Siebenjährigen Krieg, in welchem die Nebenbuhlerschaft von Preußen und Österreich zur Entscheidung stand. Die Politik zeitigte immer neue Koalitionen, welche mit Waffengewalt das Gleichgewicht der Staaten sichern wollten. In besonderer Weise galt das auch vom Bayerischen Erbfolgekrieg. Ihren Höhepunkt aber erreichte die auf Sicherung des Gleichgewichts gerichtete Bündnispolitik in den Napoleonischen Kriegen. Die 4 Großmächte, welche die Napoleonische Weltherrschaft gebrochen hatten, gründeten sodann 1814 in Paris einen Bund zur Verteidigung der Selbständigkeit gegen das revolutionäre Frankreich, der sich indes schon im folgenden Jahr nach der Aufnahme Frankreichs die Verteidigung der Dynastien und der Legitimität zum Ziele setzte. Alle Verhandlungen, insbesondere auch der Wiener Kongreß 1815, der übrigens durch die Neuordnung der Gesandtschaftsklassen, das Verbot des Negerhandels und die Proklamation der Flußschiffahrtsfreiheit das Völkerrecht förderte, waren angeblich auf die Erhaltung des Gleichgewichts eingestellt. Ihre klassische Ausprägung fanden diese Bestrebungen in der „heiligen Allianz", die übrigens schon der Napoleonische Weltherrschaftsplan vorgesehen hatte. Die „heilige Allianz" hat mit dem freien Staatensystem oder der Idee der Selbständigkeit und Rechtsgleichheit der Staaten gebrochen und die Führerschaft der 5 Großmächte begründet. Ihre schwülstige Erklärung, daß sie sich als Glieder einer großen christlichen Familie betrachten und ihre Regierung auch in auswärtigen Angelegenheiten nur noch den Geboten der Gerechtigkeit, der Nächstenliebe und des Friedens einrichten würden, hinderte die Großmächte nicht, den übrigen Staaten ihren Willen aufzunötigen, deren vernünftige Verfassungsentwicklung zu hemmen und die Einmischung in die inneren Verhältnisse so weit zu treiben, daß der Weltfriede zur Unmöglichkeit wurde, bis England durch eine Depesche Cannings v. 28. Januar 1823 und insbesondere die nordamerikanische Union durch die Botschaft des Präsidenten Monroe v. 2. Dezember 1823 sich in aller Form von der aufdringlichen Interventionspolitik lossagte und wieder zu besseren Vorstellungen von der Selbständigkeit der Staaten überleitete. Gegen die russische Eroberungspolitik auf dem Balkan bildete sich eine neue Allianz, und es kam zum Krimkrieg. Auch die dauernde Neutralisierung der Schweiz 1815, Belgiens

1831—39 und Luxemburgs 1867 wollte nur sogenannte Pufferstaaten schaffen zur Beseitigung von Rivalitäten und Erhaltung des Gleichgewichts, während allerdings die Neutralisierung des Kongostaates lediglich der Sicherung des Handels in Afrika diente.

Das 19. Jh. ist vor allem durch die Nationalitätenkämpfe und den Ruf nach dem Selbstbestimmungsrecht der Völker gekennzeichnet. Das Gleichgewicht der Staaten und der ewige Friede wurde nach dem Vorbild des großen Plans von Sully vor allem von einer richtigen völkischen Besitzverteilung erwartet; aber die Aufteilungspläne und die damit zusammenhängenden Bündnisse waren wiederum nur der Auftakt zu Kriegen, und hinter hochtönenden Friedenskundgebungen lauerten Sonderinteressen, die nach Verwirklichung rangen. Die ganze Politik von Napoleon III. war durch den Nationalitätsgedanken beherrscht. Auf dem Balkan und in Italien wurde er der Beschützer der Einheitsbewegung und leistete Waffenhilfe. Nur gegenüber der deutschen Einheitsbewegung versagte seine Idee, die sich hier sogar ins Gegenteil kehrte. Als der deutsche Krieg 1866, der nur eine innerdeutsche Frage zur Entscheidung brachte, mit dem Sieg Preußen über Österreich geendigt hatte, erscholl in Frankreich der Ruf: „Revanche pour Sadowa". Thiers protestierte damals gegen ein deutsches Kaiserreich „im Namen des europäischen Gleichgewichts", und Napoleon meldete die altfranzösische Forderung auf das linke Rheinufer an. In einer tragischen Verkettung der Verhältnisse hat dann aber Napoleon durch seinen Sturz doch noch seiner Nationalitätsidee auch in Deutschland zum Sieg verholfen.

Die Idee des politischen Gleichgewichts in der Gegenwart. Steht nun aber in Wahrheit die Nationalitätentheorie mit dem politischen Gleichgewicht in einem organischen Zusammenhang? Sieht man genauer zu, so kümmert sich die Nationalität überhaupt um keine Abwägung der Rechte. Menschen- und Volksrechte spotten des künstlichen Gleichgewichts und verlangen Verwirklichung ohne Rücksicht auf andere Umstände, nur um ihrer selbst willen.

Umgekehrt beriefen sich die Vertreter des politischen Gleichgewichts auf den Nationalitätengedanken nur, wo er ihnen nützte, andernfalls schoben sie ihn geringschätzend bei Seite.

Die von Haus aus auf einen Zusammenschluß der Kleinstaaten eingestellte Gleichgewichtsidee mußte aber schließlich den Weltbrand entfachen, als sie zur gegensätzlichen Gruppierung der Großmächte führte, die auf der einen Seite auch noch die Mittel- und Kleinstaaten vor den Wagen ihrer Machtpolitik zu spannen wußte.

Man sucht nach dem Anstifter des Weltkrieges, und der Versailler Friedensvertrag baut sich in bewußter Beiseitesetzung des Wilsonprogrammes, auf das man sich doch bei den Vorverhandlungen beiderseitig festgelegt hatte, auf der durch Siegerdiktat festgestellten Alleinschuld von Deutschland auf (a. 231) und kommt von hier zu wahrhaft ungeheuerlichen Forderungen. Und doch hatte Wilson in einer Rede am 26. Oktober 1916, als ihn noch nicht die Pariser Atmosphäre vergiftet hatte, anerkannt, „daß keine einzelne Tatsache den Krieg hervorgerufen habe, sondern daß im letzten Grunde das ganze europäische System die Schuld am Kriege trage". Dabei erwähnte er als Kriegsursache namentlich „die Verknüpfung von Bündnissen und Verständigungen, ein verwickeltes Gewebe von Intrigen und Spionage, das mit Sicherheit die ganze Völkerfamilie in seinen Maschen fing". Aber so wenig hat man aus der Geschichte gelernt, daß die Welt kurz nach dem großen Krieg schon wieder in neuen Bündnissen starrt, die alle wiederum nur der Sicherung des Friedens dienen wollen, in Wahrheit aber nur die Bahn für die Expansionspolitik frei machen und insbesondere die französische Vormachtstellung sicherstellen sollen. Man wagt es, auch die neue Weltherrschaft der siegreichen Großmächte wiederum nur als Sicherung des Gleichgewichts zu bezeichnen.

V. Krieg und das Kriegsrecht.

Nachdem in der Neuzeit Krieg auf Krieg gefolgt war, kann man sich nicht wundern, daß die Völkerrechts-Politik dauernd auf den Krieg eingestellt blieb und das Vertragsvölkerrecht zum großen Teil Kriegsrecht war, dessen Ziel stolz mit dem Schlagwort: „Humanisierung der Kriege" bezeichnet wurde.

Die Petersburger Deklaration v. 1868 begann mit der Humanisierung der Handfeuerwaffen und brachte für die letzteren ein Verbot der Explosivgeschosse. Die Brüsseler Konferenz 1874 versuchte sich an einer Landkriegsordnung, die auf der 1. Haager Friedenskonferenz 1899 zur Tat wurde (revidiert 1907). Außerdem wurde 1899 der Geist der Petersburger Erklärung durch drei weitere Deklarationen fortgebildet. Die zweite Haager Friedenskonferenz 1907, die eine Kriegserklärung zur Eröffnung der Feindseligkeiten verlangte, wandte sich dem Seekriegsrecht zu, für das schon die Pariser Seekriegsrechtserklärung v. 1856 die Grundlage gelegt hatte.

Die einschlägigen Abkommen der zweiten Haager Konferenz betreffen

1. Das Indult der feindlichen Kauffahrteischiffe beim Ausbruch der Feindseligkeiten.
2. Die Umwandlung von Kauffahrteischiffen in Kriegsschiffe.
3. Die Legung von unterseeischen selbsttätigen Kontaktminen.
4. Die Beschießung durch Seestreitkräfte.
5. Die Beschränkungen in der Ausübung des Beuterechts im Seekrieg.

Das Abkommen über die Errichtung eines internationalen Prisenhofs sowie die zur Regelung des materiellen Prisenrechts vereinbarte Londoner Seekriegsrechts-Erklärung v. 1909 wurde nicht ratifiziert.

Die zweite Haager Friedenskonferenz von 1907 brachte auch zwei Neutralitätsabkommen, das eine für den Land-, das andere für den Seekrieg.

Dem Schutz der kranken und verwundeten Feinde diente die Genfer Konvention von 1864 (revidiert 1906), deren Grundsätze 1899 auch auf den Seekrieg angewandt wurden (revidiert 1907).

VI. Der Pazifismus und die friedliche Streitbeilegung.

Die Friedensbewegung. Die ewigen Kriege lösten als Gegenbewegung den Pazifismus aus; die bloße „Humanisierung" des Kriegs erschien als ungenügend und widerspruchsvoll. Die Forderung lautete: Krieg dem Krieg! rechtliche Organisation der Welt!

Die Völkerbundstheorien stießen sich an der Staatenpraxis: beide standen unvermittelt neben- und feindlich gegeneinander. Man sagte sich: Diese Gegensätzlichkeit kann nur durch das Recht überwunden werden, das die Staatenbunds-Theorie in Gesetzesform bringt und die Staatenpraxis in den richtigen Weg zwingt. Damit haben wir das neuzeitliche Problem, dessen Lösung durch eine ständig wachsende Friedensbewegung planmäßig betrieben wurde. Friedensgesellschaften nach dem Vorbild der 1815/16 in den Vereinigten Staaten und England gegründeten Peace Societies entstanden in der ganzen Welt. Seit 1843 veranstalteten diese auch private Friedenskongresse, und der 3. internationale Friedenskongreß tagte 1850 auf deutschem Boden in der Paulskirche in Frankfurt a. M. Die Friedensidee ergriff auch die Parlamente, und im Jahre 1888 wurde der Grund zur interparlamentarischen Union gelegt: es folgten interparlamentarische Konferenzen und Weltfriedenskongresse; auch in „pazifistischen" Zeitschriften und einem reichen Schrifttum aller Hauptsprachen wurde die Frage der Friedens-Sicherung erörtert und gefördert. Überall handelte es sich um Vorarbeiten und Pläne für eine die gegensätzliche Theorie und Praxis überbrückende friedensrechtliche Weltorganisation.

Die Friedensfreunde atmeten erleichtert auf, und die Zeit der rechtlichen Weltorganisation schien angebrochen zu sein, als unmittelbar nach dem spanisch-amerikanischen Präliminarfrieden der russische Außenminister Graf Murawiew am 24. August 1898 an die in Petersburg beglaubigten diplomatischen Vertreter der Mächte ein Rundschreiben richtete, in dem er das Problem der Rüstungsbeschränkung und Weltfriedenssicherung entwickelte. Und obschon sich der politische Himmel alsbald bedenklich verändert hatte, sprach die „pazifistische" Welt von Abrüstung und pries die einberufene Konferenz als „Friedenskonferenz", die eine Weltorganisation bringen und den Krieg unmöglich machen sollte.

Die Bezeichnung Friedenskonferenz wurde und blieb amtlich, obschon die Haager Konferenz v. 1899 in der Frage des Rüstungsstillstandes angesichts der technischen Schwierigkeiten eines solchen vollkommen versagte. Die fortdauernde Rechtfertigung für die hochtönende Bezeichnung, die sich auf der zweiten Haager Konferenz v. 1907 wiederholte, obschon diese noch mehr Kriegskonferenz war als die erste, entnahm man dem auf der ersten Haager Konferenz beschlossenen und auf der zweiten Haager Konferenz ergänzten Abkommen zur friedlichen Erledigung internationaler Streitfälle, das auch unstreitig als die Hauptleistung angesprochen werden darf, freilich die Bezeichnung Friedenskonferenz in keiner Weise rechfertigte.

Das friedensrechtliche Abkommen der beiden Haager Friedenskonferenzen v. 1899—1907 baute die friedlichen Streiterledigungsmittel institutsmäßig in folgender Weise aus.

Die Mittel friedlicher Streitbeilegung. An erster Stelle steht die Vermittlung einer befreundeten Macht, welche mit Willen beider Steitteile die Aufgabe übernimmt, durch ihren Rat ausgleichend zu wirken. Das war zwar kein neuer, aber immerhin ein guter Gedanke, dem nur zur Umsetzung in die Tat jede Unterstützung fehlte. Eine Vermittlungstätigkeit, die nicht sozusagen automatisch einsetzt und erst die Zustimmung der beiden Parteien erfordert, verfehlt leicht ihren Beruf. Dabei soll eine Vermittlung entweder angerufen oder angeboten werden. Aber die an sich schon unwahrscheinliche Anrufung, die leicht als Schwäche gedeutet wird, ist nur als Pflicht erklärt, „soweit dies die Umstände gestatten werden"; sie wird also ihres Pflichtcharakters wieder entkleidet. Das praktisch bedeutsamere Anerbieten einer Vermittlung aber wurde nur als „nützlich" erklärt, und die zweite Haager Konferenz glaubte noch ein übriges getan zu haben, als sie auf einem amerikanischen Antrag noch „wünschenswert" hinzufügte. Es handelte sich in Wahrheit also nur um eine Anpreisung der Vermittlung, und diese wurde durch die Einstellung der Umstandsklausel noch weiter abgeschwächt. Aber auch die bloße Empfehlung der Vermittlung im Abkommen wäre nicht zu erreichen gewesen, wenn man nicht entsprechend einem Antrag von Italien noch hinzugefügt hätte, daß die Vermittelung — unbeschadet entgegenstehender Vereinbarung — weder die Mobilmachung, noch andere den Krieg vorbereitende Maßnahmen unterbrechen, verzögern oder hemmen könne.

Im übrigen wurde festgestellt, daß die Vermittlung sowohl auf die Verhinderung wie auch die Beendigung eines Krieges eingestellt werden könne. So ging ja auch der Friedensschluß von Portsmouth v. 1905, der den Russisch-japanischen Krieg beendigte, auf amerikanische Vermittlung zurück. Die Hauptbestimmung ist vielleicht die, daß das Vermittlungsanerbieten niemals als unfreundliche Handlung angesehen werden kann, was aber nicht hinderte, daß die Entente im Weltkrieg jede Nachricht von einer beabsichtigten Vermittlung durch ihre Presse mit der Bemerkung abtun ließ, sie werde darin eine unfreundliche Handlung erblicken. Andererseits kann freilich auch die Ablehnung einer angebotenen Vermittlung nicht als unfreundliche Handlung angesehen werden; nur verzichtete man darauf, dies noch besonders festzustellen, weil das fast wie eine „invitation à refuser" geklungen hätte.

Das unendlich vorsichtig ausgebaute Vermittlungsrecht war nicht imstande, die bisherige Staatenpraxis wesentlich zu ändern und den Frieden zu sichern.

Als zweites Mittel friedlicher Streitbeilegung stellten die Haager Friedenskonferenzen die internationalen Untersuchungskommissionen ein. Man kannte solche bis jetzt nur als technische Kommissionen bei Feststellung streitiger Grenzen. Die Haager Konferenzen bauten sie in Gemäßheit eines russischen Antrags (v. Martens) aber als politische Stellen aus und benutzten sie zur Streitbeilegung, für die sie aber auch nur empfohlen wurden. Sie dienen lediglich der Aufklärung umstrittener Tatfragen, wenn die Streitigkeit nicht die Ehre oder wesentliche Interessen berührt. Die Untersuchungskommission, deren Bestellung wiederum das Einverständnis der Parteien voraussetzt, soll die Wahrheit in der Entstehung des Streits und die Wirklichkeit der Tatsachen erforschen. Sie soll nur Bericht erstatten, während die Entscheidung den Parteien vorbehalten bleibt. Der Bericht enthält keinerlei Schlußfolgungen, sondern stellt nur Tatsachen fest und läßt den Parteien volle Freiheit in Ansehung der Folge, die dieser Feststellung zu geben ist, und die sich nach Kenntnis der Tatsachen ja auch mehr oder weniger von selbst versteht. Im Huller- oder Doggerbankfall 1904 hat die Untersuchungskommission gut funktioniert.

Die internationalen Schiedsgerichte. Die Schiedssprechung betrifft zwar nur Rechts- und damit Fragen zweiter Ordnung, bedeutet aber die Stärkung des Rechtsgedankens in den zwischenstaatlichen Verhältnissen. Während die Vermittlung auf dem Gebiet der politischen Ordnung zu wirken berufen ist und bei jedem Interessenstreit Platz greifen kann, aber nur einen Rat bedeutet, blieb die Schiedssprechung auf streitige Rechtsfragen beschränkt, die im allgemeinen harmloser sind, ist hier aber wirksamer, weil sie mit einem Urteil abschließt, für das es indes keine Zwangsvollstreckung gibt. Die Haager Konferenzen hielten es nicht für möglich, diesen Mangel zu beheben. Der Wille zur Fortentwicklung betätigte sich nur in der Richtung einer notwendigen (obligatorischen) Schiedssprechung.

Die Schiedssprechung erfolgte bis jetzt auf Grund besonderen Schiedsvertrags nach ausgebrochenem Streit oder aber nach Maßgabe der Schiedsklausel, die in vielen besonderen und einigen allgemeinen Verträgen Aufnahme gefunden hatte.

Hier wollte nun die erste Haager Friedenskonferenz das Völkerrecht fortbilden.

Ein russischer Antrag wünschte, daß das sog. obligatorische Schiedsprinzip allgemein festgelegt, dafür allerdings auch Grenzen gesetzt würden.

Das Obligatorium sollte vor allem ausgeschlossen bleiben, wenn es sich um Lebensinteressen oder die Ehre eines Staates handelt. Unter dieser Voraussetzung war das Obligatorium aber weiter nur vorgesehen für Rechtsstreitigkeiten und selbst hier auf zwei Gruppen beschränkt:

1. auf Entschädigungsforderungen,
2. auf Auslegungsstreitigkeiten bei nichtpolitischen Verträgen von allgemeinem Charakter, über die eine Liste Aufklärung geben sollte.

Deutschland widersprach aber der ganzen auf Einführung eines Obligatoriums gerichteten Neuerung. Es wollte, wie der deutsche Delegierte erklärte, den Sprung ins Dunkle nicht mitmachen. Das hatte die Wirkung, daß die Konferenz die Schiedssprechung nur empfahl und sich demgemäß auf die Erklärung im Art. 16 beschränkte:

„In Rechtsfragen und in erster Linie in Fragen der Auslegung oder Anwendung internationaler Vereinbarungen wird die Schiedssprechung von den Signatarmächten als das wirksamste und zugleich der Billigkeit am meisten entsprechende Mittel anerkannt, um Streitigkeiten zu erledigen, die nicht auf diplomatischem Wege haben beseitigt werden können."

Weiter behielten sich nach Art. 19 die Staaten vor, neue Schiedsverträge abzuschließen, um nun auf dem Weg der Sonderaktion die Bahn für eine obligatorische Schiedssprechung frei zu machen. Das gab alsbald den Auftakt zu einer mächtigen Schiedsgerichtsbewegung, und die Maschen des Schiedsgerichtsnetzes zogen sich immer dichter von Nation zu Nation. Auch Deutschland schloß mit England am 11. Juli 1904 ein Schiedsabkommen ab, das aus folgenden 3 Artikeln besteht:

„Art. 1. Streitige Rechtsfragen und Streitfragen, die sich auf die Auslegung der zwischen den beiden vertragschließenden Teilen bestehenden Verträge beziehen, sollen, sofern sie nicht auf diplomatischem Wege haben erledigt werden können, dem durch Abkommen vom 29. Juli 1899 eingesetzten ständigen Schiedshof im Haag überwiesen werden. Dabei ist jedoch vorausgesetzt, daß solche Streitigkeiten nicht die vitalen Interessen, die Unabhängigkeit oder die Ehre der beiden vertragschließenden Staaten berühren und nicht die Interessen dritter Mächte angehen.

Art. 2. In jedem Einzelfalle sollen die h. v. T., bevor sie den ständigen Schiedshof anrufen, einen besonderen Schiedsvertrag abschließen, der den Streitgegenstand, den Umfang der Befugnisse der Schiedsrichter und die Fristen klar bestimmt, die für die Bildung des Schiedsgerichts und die verschiedenen Abschnitte des Verfahrens festzusetzen sind.

Art. 3. Das gegenwärtige Abkommen ist nur für einen Zeitraum von fünf Jahren, vom Tage der Unterzeichnung ab, geschlossen."

Das deutsch-amerikanische Schiedsabkommen vom 22. November 1904 scheiterte an der Haltung des amerikanischen Senates, der vor jeder schiedsgerichtlichen Erledigung also vor Abschluß des „besonderen Schiedsvertrags" um seine Zustimmung angegangen sein wollte. Auch in seine Handelsverträge nahm Deutschland von jetzt an die obligatorische Schiedsklausel auf.

Die zahlreichen Schiedsabkommen und Schiedsklauseln, die auf Grund des Art. 19 abgeschlossen wurden, wirkten wie eine Wiederherstellung des im Haag abgelehnten russischen Antrags. Aber ebenso richtig ist, daß diese Wiederherstellung nur nach der von Deutschland empfohlenen Methode des vorsichtigen Ausprobierens erfolgte.

Der Weltschiedsvertrag. Die Frage des Weltschiedsvertrags beschäftigte auch wieder die zweite Haager Friedenskonferenz.

Das Interesse der Staaten an der Frage des obligatorischen Schiedswesens verriet sich in einer ganzen Anzahl von Anträgen, von denen schließlich nur noch ein englisch- (Actes II 904) amerikanischer (Actes II 899) Entwurf zur Verhandlung stand, indem ein gemischtes System festgelegt werden sollte, wie es ähnlich übrigens auch Portugal (Actes II 881, 895) und mit einer Änderung auch Schweden (Actes II 885) beantragt hatte. Hier war das allgemeine Schiedsprinzip mit dem Vorbehalt der Lebensinteressen, der Unabhängigkeit, der Ehre und der Rechte dritter an die Spitze gestellt, doch bezeichnete eine Liste die Verträge, für welche im Streitfall auf die Geltendmachung einer derartigen Klausel verzichtet war. Daß auch diesem über den Entwurf der ersten Haager Friedenskonferenz hinausgehenden Antrag kein Erfolg beschieden war, ging wiederum hauptsächlich auf Deutschland zurück, das durch den Mund von Frh. v. Marschall und Dr. Kriege juristische Bedenken geltend machte (Actes II 54, 285, 289, 416, 473). Diese betrafen hauptsächlich die Rückwirkung der Schiedssprüche auf die einzelstaatliche Gesetzgebung, Rechtsprechung und Verwaltung sowie bei Auslegungsstreitigkeiten die Rückwirkung auf die nicht am Streit beteiligten Vertragsmächte (Interventionsfrage). Die Bedenken waren beachtlich, aber überwindbar. Auch Zorn (die Haager Friedenskonferenzen S. 86) bemerkt mit Recht, daß die juristische Kritik der deutschen Vertreter das Problem nicht erschöpft habe. Vergebens hatte Bourgeois die von Zorn auf der ersten Haager Konferenz namens der deutschen Regierung gemachte Zusage in Erinnerung gebracht, daß man auf Grund der Erfahrung der Frage des Weltschiedsvertrags später näher treten könne: man müsse sich fragen, ob dieser Augenblick nicht mittlerweile gekommen sei.

Deutschland war der Schiedsgerichtsbarkeit keineswegs feindlich gesinnt. Es hat auf der ersten Haager Konferenz durch die Ausschaltung des Sekretariats aus dem Art. 27 dafür gesorgt, daß in die Schiedssprechung nicht die Politik einzieht, wie auch die von ihm beantragte Notwendigkeit der Schiedsspruchbegründung (Art. 52) die Schiedssprechung erst auf die Höhe der Rechtssprechung erhob. Auf der zweiten Haager Konferenz trat Deutschland warm für die Porter-Konvention ein, welche die Anwendung der Gewalt bei der Eintreibung von Vertragsschulden von dem Fehlschlag der Schiedsgerichtsarbeit abhängig machte. Auch das Zwangskompromiß oder das Kompromißsurrogat im Art. 53, das eine vorvereinbarte Schiedssprechung gegen den nachträglichen Widerspruch eines Teiles sicherstellen soll, ging auf eine Anregung Deutschlands auf der 2. Haager Konferenz zurück; und als der begrüßenswerte Antrag gestellt wurde, neben den „ständigen Schiedshof", der aber in Wahrheit unständig ist, einen wirklich ständig besetzten „Schiedsgerichtshof" zu setzen, trat Deutschland sofort an die Seite von Amerika, England und Rußland, und Frh. v. Marschall begrüßte die geplante Neuerung als „wirklichen Fortschritt" (Actes II 323). Aber da die Großmächte in diesem „Schiedsgerichtshof" stets vertreten sein wollten, während sich die übrigen Staaten mit einer das Prinzip der Gleichberechtigung der Staaten verletzenden abwechselnden Teilnehmerschaft begnügen sollten, über die man sich nicht einigen konnte, blieb es beim bloßen Entwurf.

Daß die Weltschiedsvertragsbewegung wiederum im Sande verlief, hat das Konto Deutschlands ungebührlich belastet. Deutschlands Feinde gingen jetzt mit der Behauptung hausieren, die deutsche Regierung wolle keine Streitlösung durch das Recht, sondern stelle alles auf die Macht des Schwertes. Nichts war irriger als das; aber die Atmosphäre war vergiftet, und der Weltkrieg zeigte, wie sehr die Haager Verhandlungen dazu benutzt worden waren, das Mißtrauen gegen Deutschland zu schüren. Deutschland hätte 1907, als die Einkreisungspolitik eingesetzt hatte, die Gelegenheit benutzen müssen, den Gegnern den Wind aus den Segeln zu nehmen und die internationale Luft zu reinigen. Es war ein politischer Fehler der deutschen Regierung, daß sie dem Zug der Zeit kein Zugeständnis machte und die Imponderabilien des Lebens nicht genügend einschätzte. War die Vorsicht 1899 noch begreiflich, so war das starre Festhalten im Jahre 1907 ein politischer Mißgriff.

Gewiß hätte ein Weltschiedsvertrag ebensowenig den Ausbruch des Weltkrieges verhindert, als der deutsch-englische Vertrag eine entsprechende Wirkung geäußert hat oder auch nur hätte äußern können. Aber — ich wiederhole, was ich schon vor mehreren Jahren an anderer Stelle ausgeführt habe — warum mußte Deutschland überall als ehrlicher Michel die Hand auf die wunde Stelle legen und damit Schmerz erregen? Erschien die Schiedsgerichtsbarkeit den andern Staaten als Allheilmittel, so war es vorteilhafter für uns, sie wurden durch eigene Erfahrungen eines besseren belehrt, als daß sich Deutschland durch seine lehrhafte Kritik nur immer tiefer in das internationale Mißtrauen hineinarbeitete. Das Ausland konnte oder wollte es nicht glauben, daß Deutschland nur deshalb dem allgemeinen Obligatorium der Schiedssprechung widersprach, weil deren Leistungsfähigkeit für die Erhaltung des Friedens beschränkt und Deutschland keine unbegründeten Hoffnungen erwecken wollte. Da aber Deutschland keine besondere Garantieleistung zugemutet wurde, suchte man den Grund für die deutsche Ablehnung wo anders, und so wurde denn kräftig gegen die deutsche Friedenspolitik gehetzt.

Die Tätigkeit des Haager Schiedshofs. In anderer Beziehung hatten die Haager Konferenzen von 1899/1907 Erfolg: Die Welt erhielt eine Schiedsprozeßordnung und als wertvollstes Ergebnis der modernen Friedensbewegung den ständigen Schiedshof im Haag.

Doch waren die Leistungen oes Haager Schiedshofs nur mäßig. Es hatte Anstrengungen gekostet, ihn überhaupt in Tätigkeit zu setzen, und dann, seit dem 1. September 1902, wo er zum ersten Mal zusammentrat, kam es im Durchschnitt im Jahr auf einen Prozeß; im ganzen entschied das Haager Schiedsgericht 12 Streitfragen. (Vgl. meinen Artikel „Die ersten zehn Jahre des Haager Schiedshofs" in der Deutschen Juristenzeitung 1912 Nr. 18 S. 1145 ff. Diese Fälle sind bearbeitet in Schücking, „Das Werk vom Haag", 2. Serie: „Die gerichtlichen Entscheidungen", 3 Bde.) Man brachte die geringe Tätigkeit im Zusammenhang mit den Mängeln der Organisation, und so kam es, wie bereits erwähnt, auf der zweiten Haager Friedenskonferenz zu einem Entwurf über die Errichtung eines Schiedsgerichtshofs. Dieser war im Gegensatz zu dem in Wahrheit nicht ständigen alten Schiedshof, der nur eine Schiedsrichterliste mit einer Gerichtsschreiberei und einem Verwaltungsrat darstellt, als ein wirklich ständig besetztes Schiedsgericht und dabei als ein streng juristisches Kollegium gedacht.

Aber wie schon erwähnt, blieb es beim bloßen Projekt.

Die bedeutsamste Auswirkung der Haager Friedenskonferenzen war die große Anzahl von Schiedsgerichtsverträgen, die mit dem Ende des Jahres 1910 auf etwa 150 gestiegen waren. Diese enthielten zum Teil auch das vorbehaltlose Obligatorium: so insbesondere die Verträge Dänemarks mit Holland, Portugal und Italien, sowie Italiens mit Holland, Argentinien, Mexiko und die Verträge der zentralamerikanischen Staaten. Die Vereinigten Staaten von Amerika entfalteten eine beachtliche Tätigkeit. Die Taftschen (1911) und die Bryanschen Schiedsgerichtsverträge (1913) waren eine glückliche Verbindung des Untersuchungs- und des Schiedsgerichtsgedankens. Die ABC-Staaten (Argentinien, Brasilien und Chile) traten in nähere Beziehungen, und die 5 zentralamerikanischen Staaten Guatemala, Salvador, Nicaragua, Honduras und Costa Rica einigten sich 1907 (ratifiziert 1908) zunächst auf 10 Jahre über einen zentralamerikanischen Gerichtshof mit dem Sitz in Cartago (später San José), der zuständig war für alle Staatsstreitigkeiten untereinander sowie für Streitfragen von Privatpersonen im Hinblick auf Staatsvertragsverletzungen und Streitigkeiten zwischen Privaten und Regierungen.

Aber beim 6. und 7. Streitfall, als der Kanal von Nicaragua gebaut werden sollte, und hiergegen die anderen Zentralstaaten Protest erhoben (1916, 1917), bestand der Vertrag nicht die Belastungsprobe. Das unterlegene Nicaragua hat die beiden Schiedssprüche nicht angenommen; es wünschte keine Erneuerung des am 2. März 1918 abgelaufenen Schiedsgerichtsvertrag, und so fand der Gerichtshof im Weltkrieg, aber unabhängig von diesem ein unrühmliches Ende.

VII. Der Versailler Friedensvertrag und der Völkerbund.

Das Haager Friedensrecht konnte den Ausbruch des Weltkriegs nicht hindern, und das Kriegsrecht hat in diesem zum großen Teile versagt. Die Humanisierung des Kriegs erwies sich als Traum. Die Welt sprach mit einer begreiflichen Übertreibung bereits vom vollständigen Zusammenbruch des Völkerrechts. Da brachte uns der Versailler Friedensvertrag in seinem ersten Teil die Völkerbundssatzung und damit den Völkerbund. Die Hoffnungslosigkeit schlug bei vielen ins Gegenteil um: ein Phönix schien sich aus der Asche erhoben zu haben. Der Traum der Menschheit erschien verwirklicht. Man kann in der Tat die Errichtung des Völkerbundes nach dem langen und grausamen Weltkrieg als das hervorragendste internationale Ereignis bezeichnen. Aber wir wissen: ein Völkerbund kann sehr verschieden organisiert und den selbstsüchtigsten Zwecken dienstbar gemacht sein.

Auf die Art der Organisation und insbesondere auf das Ziel und den Geist kommt es an. Clemenceau hatte über den Völkerbundsgedanken zunächst nur die Lauge seines Witzes ausgegossen. Sollte sich sein Umschwung nicht so erklären, daß es ihm gelungen war, den Völkerbund zu einem Instrument der Ententepolitik zu machen und seinem Herzenswunsch entsprechend den Krieg nur mit anderen Mitteln fortzuführen, während der amerikanische Staatsphilosoph sich mit einem hochtönenden Namen abspeisen ließ?

Wollen wir darüber Klarheit gewinnen, so müssen wir die Organisation und Aufgabe des Versailler Völkerbundes kennen lernen und kritisch würdigen.

1. Die Organisation.

Die Gründung. Am 25. Januar 1917 trat in Paris unter dem Vorsitz von Wilson eine Kommission zur Ausarbeitung eines Völkerbundsentwurfs zusammen. Hierzu stellten die fünf siegreichen Großmächte je zwei Mitglieder, während im übrigen nur noch Belgien, Brasilien, China, Portugal und Serbien durch je ein Mitglied vertreten waren. Als das die anderen Staaten sonderbar fanden, wurde ihnen von Clemenceau einfach entgegengehalten: „il a été décidé“ Später durften auch Griechenland, Polen, Rumänien und Tschechien je einen Vertreter bestellen; die Großmächte hatten aber immer die Mehrheit. Wissenschaftliche Gesellschaften (so auch die deutsche Gesellschaft für Völkerrecht) und viele Gelehrte hatten ihr Interesse durch Ausarbeitung von Entwürfen bekundet; die Staaten waren diesem Beispiel gefolgt, so nicht bloß Deutschland, sondern auch die Schweiz, Holland und die nordischen Staaten. Aber der erste Pariser Entwurf vom 14. Februar 1919 hat sich um diese Entwürfe nicht gekümmert und war auch ohne jede Mitwirkung der Neutralen zustandegekommen. Zwar durften dann 13 neutrale Staaten ihre Vertreter nach Paris senden, die am 20. und 21. März von Delegierten der Pariser Konferenz „angehört“ wurden; und über das Ergebnis dieser Vernehmung wurde der Konferenz der Sieger in besonderer Sitzung Mitteilung gemacht. Aber es war den Neutralen bereits gesagt worden, daß große Veränderungen ausgeschlossen seien, und der Entwurf vom 28. April 1919, der in Abwesenheit der Neutralen beschlossen wurde, zeigt in der Tat nur unbedeutende Abweichungen. Das gilt erst recht vom dritten (Versailler) Entwurf vom 28. Juni 1919. Die deutschen Bemerkungen gegen diesen Entwurf wurden abgelehnt, und die endgültige Fassung der an die Spitze des Versailler Friedensvertrags gestellten Völkerbundssatzung enthält nur zwei stilistische Änderungen im Art. 1^{I} und 24^{I}. Den mangelnden Einfluß der Neutralen bei der Gründung suchte die Völkerbundssatzung, wie wir sofort sehen werden, durch die Fiktion einer ursprünglichen Mitgliedschaft wieder gut zu machen.

Die Mitgliedschaft. Die Mitgliedschaftsfrage ist im Art. 1. folgendermaßen gelöst. Ursprüngliche Mitglieder sind nicht einfach die Gründer: Deutschland ist Mitbegründer aber kein Mitglied. Umgekehrt konnten zu ursprünglichen Mitgliedern auch neutrale Staaten befördert werden, obschon diese nicht zu den Gründern gehören. Ursprüngliche Mitglieder, die nicht zu den Gründern zählen, sind aber nicht einfach alle neutralen Staaten, sie müssen vielmehr „eingeladen“ sein durch namentliche Erwähnung in der Anlage der Völkerbundssatzung. Es sind im ganzen 13 Staaten (6 aus Europa: Dänemark, Spanien, Norwegen, Holland, Schweden und die Schweiz; 1 aus Asien: Persien; 5 aus Südamerika: Argentinien, Chile, Columbien, Paraguay, Venezuela; 1 aus Zentralamerika: Salvador). Sie waren indes nicht schon Mitglieder kraft der Erwähnung in der Anlage, wohl aber konnten sie Mitglieder werden durch eine auf 2 Monate befristete vorbehaltlose Erklärung. Spätere Vorbehalte der Schweiz wurden jedoch zugelassen, und der nordamerikanischen Union gegenüber war man zu noch weitergehenden Zugeständnissen bereit. Die nicht annahme-, sondern nur empfangsbedürftige Erklärung braucht den anderen Mitgliedern nur mitgeteilt zu werden. Der Art. 1. spricht hier vom Beitritt: Das bedeutet Anschluß an eine Vereinbarung, bei deren Abschluß man nicht mitentscheidend beteiligt war, und insoweit ist die Bezeichnung in Ordnung. Aber obschon die eingeladenen Neutralen nur beitreten und die Mitgliedschaft nur durch eine Erklärung erwerben, werden sie ursprüngliche Mitglieder, ohne daß sie Mitbegründer waren.

Wer nicht ursprüngliches Mitglied ist oder wird, kann nur Mitglied werden durch Aufnahme, die der Abstimmung unterliegt. Das ist die Gruppe der gekürten oder ballotierten Mitglieder, die Klasse unterster Ordnung. Hierher gehören: Luxemburg, Montenegro, Albanien, Mexiko (das aber sofort ablehnte), Costa Rica, St. Domingo, Abessinien und Afghanistan sowie die Zwergstaaten Andorra, St. Marino, Liechtenstein und Monaco, welch letzteres durch Frankreich alsbald angemeldet wurde. Dazu kommen dann noch wegen der ungeklärten Rechtslage: Rußland, die Ukraine, Livland, Estland, Finnland und Georgien, vor allem aber die besiegten Staaten: Österreich, Ungarn, die Türkei, Bulgarien und Deutschland. Die einstweilige Ausschaltung Deutschlands rechtfertigte der oberste Rat in Paris mit den „Ereignissen der letzten 5 Jahre"

Schon auf der ersten Genfer Bundesversammlung 1920 wurden aufgenommen: Albanien, Bulgarien, Costa Rica, Finnland, Luxemburg und Österreich. Das ging weiter.

Voraussetzung der Aufnahme, die durch $^2/_3$ der Bundesversammlung ausgesprochen wird, ist nach Art. 1 II, daß die betreffenden Staaten

> „für ihre aufrichtige Absicht, ihre internationalen Verpflichtungen zu beobachten, wirksame Gewähr leisten und die hinsichtlich ihrer Streitkräfte und Rüstungen zu Lande, zur See und in der Luft von dem Bunde festgesetzte Ordnung annehmen."

Die Mitgliedschaft geht verloren nach zweijähriger Kündigung durch Austritt (Art. 1 III), beim Überstimmtwerden in einer Frage der Verfassungsänderung durch Ausscheiden (Art. 26) und beim Bruch einer aus der Völkerbundsatzung sich ergebenden Verpflichtung durch Ausschluß (Art. 16 IV).

Diese Ordnung der Mitgliedschaftsfrage kann wenig befriedigen.

Nach dem Entwurf der deutschen Gesellschaft für Völkerrecht sollte der Völkerbund allen unabhängigen Staaten mit konstitutioneller Verfassung offen stehen (Art. 5) und der Austritt nur mit Genehmigung des Völkerbundkongresses zulässig sein (Art. 6). Nach dem Entwurf der deutschen Regierung sollte der auf ewige Zeiten geschlossene Völkerbund umfassen (Art.. 3):

a) Alle kriegführenden Staaten einschließlich der während des Krieges neu entstandenen;

b) alle neutralen Staaten, die dem Haager Weltfriedensbund angeschlossen waren;

c) alle anderen, wenn sie von $^2/_3$ der bereits vorhandenen Bundesmitglieder zugelassen werden.

Voraussetzungen sind hier nicht aufgestellt, und Garantien werden nicht verlangt. Dabei wurde dem Päpstlichen Stuhl der Eintritt in den Völkerbund ausdrücklich vorbehalten, wie auch der Entwurf der deutschen Gesellschaft für Völkerrecht im Art. 5 die Bestimmung hat: „Der Päpstliche Stuhl wird eine seiner besonderen Bedeutung entsprechende Stellung im Völkerbund einnehmen." Nach der Fassung der Versailler Völkerbundssatzung aber können nur „Staaten" Mitglieder sein.

Organe des Völkerbundes, durch die sich dieser als völkerrechtliches Rechtssubjekt betätigt, sind:

I. Die im Art. 2 genannten Hauptorgane: die Bundesversammlung, der Rat und das ständige Sekretariat. Die Bundesversammlung, die „zu festgesetzten Zeitpunkten und außerdem dann, wenn die Umstände es erfordern", tagt (Art. 3 II), besteht aus den Vertretern der Bundesmitglieder, indem jeder Bundesstaat höchstens 3 Vertreter entsendet, wobei aber jeder Staat nur eine Stimme hat (Art. 3). Hier besteht also Rechtsgleichheit. Nur die 5 englischen Dominions haben neben dem Mutterland das Recht der Sondervertretung, wodurch sich die englischen Stimmen auf 6 erhöhen. Der Rat aber, der zwar auch nur nach Erfordernis der Umstände, jedoch zum mindesten einmal im Jahre zusammentritt (Art. 4 III), in Wahrheit aber bis jetzt sehr fleißig getagt hat, baut sich nach Art. 4 auf der Grundlage vollkommener Ungleichheit auf. Von Rechts wegen und ständig vertreten sind die 5 „alliierten und assoziierten Hauptmächte". Beschlußmäßige Erweiterung dieser Gruppe ist zulässig. Zu den ständigen Mitgliedern treten noch vier unständige, die von der Bundesversammlung auf Zeit gewählt werden. Auch hier kann beschlußmäßig eine Erhöhung eintreten. Jedes im Rat vertretene Mitglied hat nur eine Stimme, aber auch nur einen Vertreter. Das ständige Sekretariat, das als Vermittlungsstelle zwischen Bundesversammlung und Rat sowie zwischen Völkerbund und Völkerbundsstaaten gedacht ist, und das sich nach Art. 5 am Bundessitz (Genf) befindet, besteht aus einem Generalsekretär sowie den erforderlichen Sekretären und dem notwendigen Personal. Der Generalsekretär, der den Geist und die Kontinuität der Völkerbundstätigkeit repräsentiert, wurde erstmalig bereits durch die Anlage zur Völkerbundssatzung bezeichnet. Es ist das der Engländer Sir James Eric Drummond. England hat sich auf diese Weise von Anfang an den maßgebenden Einfluß gesichert.

II. Außer den im Art. 2 genannten Hauptorganen sind weitere Völkerbundsorgane: der nach Maßgabe des Art. 14 gebildete „ständige internationale Gerichtshof", die Völkerbunds-Kommissionen (z. B. die Abrüstungskommission Art. 9, die Mandatskommission Art. 22) sowie die zahlreichen alten und neuen Bureaus internationaler Verwaltungsgemeinschaften auf den oben S. 2ff. genannten Vertragsgebieten (Art. 24).

2. Die Aufgaben des Völkerbundes

ergeben sich aus der Präambel (Einleitung) der Völkerbundssatzung. Im besonderen treten päter folgende Aufgaben scharf hervor:

Die friedliche Streitbeilegung durch die Schiedsgerichtsbarkeit und Vermittlung (a. 12), wobei auch die Nichtmitglieder in den Bann gezogen werden (a. 17). Schiedsgerichtsfähige Streitigkeiten, bei denen es keinen Einlassungszwang gibt, sondern nach wie vor erst nach ein Kompromiß (besonderer Schiedsvertrag) der Parteien erforderlich ist, sind Streitfragen der Vertragsauslegung, des Völkerrechts und aus deliktischen Handlungen (a. 13 II). Hier ist nunmehr auch Zwangsvollstreckung ins Auge gefaßt, für die wiederum der allmächtige Rat Vorschläge machen soll (a. 13 IV), während der Entwurf der deutschen Gesellschaft für Völkerrecht, dem Vertrauenscharakter der Vollstreckungsangelegenheit entsprechend, hier einen ad hoc gebildeten Vollzugsausschuß betraute (a. 7), und der deutsche Regierungsentwurf die Zwangsvollstreckung dem Vermittlungsamt übertragen sehen wollte (a. 64). Die Vermittlung die nach wie vor in einen bloßen Vermittlungsvorschlag ausläuft, ist vorgesehen für nicht schiedsgerichtfähige Streitigkeiten (a. 15), soweit es sich nicht um reine Ermessensfragen handelt, für welch letztere aber der a. 15 VIII keine Grenze zu stecken vermag und alles auf die Anerkennung des Rates abstellt. Bei der Vermittlung besteht Einlassungszwang (a. 15 II); aber bedauerlich ist, daß auch hier, also bei politischen Streitigkeiten, wo das Vertrauen notwendig Voraussetzung ist, wiederum der Rat ein- für allemal Vermittlungsstelle ist, während der Entwurf der deutschen Gesellschaft für Völkerrecht ebenso wie der deutsche Regierungsentwurf hier besondere Vermittlungsämter (Einigungsämter) vorgesehen hatte, die von den Parteien bezw. ihren Wahlmännern im Streitfall gebildet werden.

Vermeidung des Krieges. Während die Entwürfe der deutschen Regierung und der deutschen Gesellschaft für Völkerrecht eine lückenlose Schlichtungsordnung vorsehen, hält die Völkerbundsatzung eine vollkommne Ausschaltung des Kriegs nicht für möglich; doch sucht sie ihm möglichst vorzubeugen, und jeder Krieg ist Bundesangelegenheit (a. 11).

Völkerrechtswidrig ist jeder Krieg, der in Verletzung des Schieds- und Vermittlungsrechts geführt, so vor allem der Überfallskrieg, der ohne Inanspruchnahme der pflichtmäßigen Schiedsgerichtsbarkeit bezw. Vermittlung oder auch vor Ablauf der hierfür gesetzten Frist geführt wird. Verboten ist ferner der Krieg gegen ein Bundesmitglied, das sich dem Schiedsspruch oder einem einstimmig gefaßten Vermittlungsbericht fügt. Das gilt auch für Nichtmitglieder, die in Mißachtung der Aufforderung zur friedlichen Streitbeilegung oder in Verletzung des Schieds- oder einstimmig gefaßten Vermittlungsspruchs zum Krieg schreiten (a. 17). Ein nach Maßgabe dieser Bestimmungen ungerechter Krieg ruft den ganzen Völkerbund auf den Plan; denn er gilt als eine kriegerische Handlung gegen alle Bundesmitglieder (a. 17). Alle sind jetzt unter Androhung des Ausschlusses verpflichtet, über den Rechtsbrecher unverzüglich den Boykott zu verhängen, die vom Rat vorgeschlagenen Streitkräfte zu stellen und den Durchzug durch ihr Gebiet zu erleichtern (a. 16). Hier machte allerdings die Schweiz aus ihrer erneut (a. 435) garantierten Neutralität heraus den nach einigen Weiterungen vom Rat auch angenommenen Vorbehalt: Befreiung der Schweiz von jeder militärischen Teilnahme an Völkerbundskriegen, Unverletzlichkeit der schweizerischen Gebiete, Verbot des Durchzugs durch die Schweiz, keinerlei militärische Vorbereitungen oder Kriegshandlungen vom schweizerischen Boden aus. In anderen Fällen lassen die Völkerbundssatzungen eine unsichere Lage. Ergeht z. B. in einem Konflikt von Bundesmitgliedern kein einstimmiger Vermittlungsbericht, so bleiben den (streitenden) Bundesmitgliedern die weiteren Maßnahmen vorbehalten (a. 15 VII). Weigern sich bei Streitigkeiten eines Bundesmitglieds mit einem Nichtmitglied beide Parteien, der Aufforderung des Bundes zur friedlichen Streitbeilegung Folge zu geben, so „kann der Rat alle zur Vermeidung von Feindseligkeiten und zur Schlichtung des Streits geeigneten Maßnahmen ergreifen und Vorschläge machen" (a. 17 IV).

Die Durchführung der Abrüstung. Eine weitere Aufgabe des Völkerbundes ist die Durchführung der Abrüstung (a. 8), zu der die Entwürfe der deutschen Gesellschaft für Völkerrecht (a. 22) und der Reichsregierung (a. 40—42) beachtliche Vorschläge gemacht hatten. Die Abrüstung Deutschlands (Friedensvertrag a. 159—213) sollte nur den Anfang einer allgemeinen Beschränkung der Rüstungen aller Nationen ermöglichen (Einl. zu a. 159), aber die Völkerbundssatzung trifft für die Durchführung einer allgemeinen Abrüstung nur ganz ungenügende Vorkehrung (a. 8). Der Rat soll Abrüstungspläne aufstellen, für jeden Staat getrennt, unter Berücksichtigung der geographischen Lage und der besonderen Umstände — die indes gerade für Deutschland die allerungünstigsten sind. Die Abrüstungspläne erfordern schon einstimmigen Beschluß des Rats, und die Prüfung sowie Entscheidung steht jeder beteiligten Regierung einzig und allein zu. Es soll auch den Unzuträglichkeiten der Privatrüstungsindustrie vorgebeugt werden; aber es ist nicht gesagt: wie? Kein Wunder, daß die bisherigen Abrüstungsverhandlungen in Genf keinerlei Ergebnis zeitigten. Die Washingtoner Konferenz packte das Problem energischer an und erreichte wenigstens, freilich zunächst nur auf dem Papier, eine Abrüstung der Marinestreitkräfte. Der Hauptgegner der Abrüstung ist Frankreich, das nicht müde wird, eine deutsche Kriegsgefahr an die Wand zu malen und nach der militärischen auch eine moralische Abrüstung zu verlangen, wobei es jedoch Deutschland immer wieder mit neuen Verdächtigungen, Drohungen und Sanktionen an die Kehle springt. Solange nicht eine allgemeine Abrüstung den Geist einer wirklichen Versöhnlichkeit verbürgt, bleibt der Völkerbund leider ein Phantom.

Die Mandate über die Kolonien. Im Widerspruch zum 5. Wilsonpunkt verlor Deutschland alle seine Kolonien mit dem gesamten Staats- und Privateigentum daselbst an die siegreichen Hauptmächte (a. 119). Die Kolonien kamen unter die Vormundschaft „fortgeschrittener Nationen",

die Mantelnote meinte: „Die deutschen Kolonien konnten nicht zurückgegeben werden, da die Eingeborenen dies nicht wollten und Deutschland nicht imstande sei, sie zu erziehen und zu bilden" (durch französischen Militärdrill?),

und diese Nationen haben die Vormundschaft als Mandatare des Bundes und in seinem Namen zu führen (a. 22). Dabei ist den neuen Regierungen das Recht vorbehalten, die Deutschen aus den Kolonien auszuweisen und die Niederlassungsbedingungen frei zu regeln (a. 122).

Eine dreistere Beschönigung, eine größere Heuchelei und eitlere Selbstgefälligkeit hat die Welt nicht gesehen. Die Mandatsform des Kolonialraubs sollte die neuen Erwerber hauptsächlich der Pflicht entheben, den ungeheuren Kolonialreichtum auf die Wiedergutmachung anzurechnen, die damit gegenstandslos geworden wäre.

Die Entwicklung der Welt zu einer wirklichen Kultur-, Wirtschafts- und Arbeitsgemeinschaft hätte sich vor allem auf dem Kolonialgebiet vollziehen können und müssen. Der

Völkerbundsgedanke verlangt Internationalisierung der Kolonialverwaltungen. Deutschland war damit einverstanden, und der Entwurf der deutschen Gesellschaft für Völkerrecht (a. 32) schlug bereits ein Weltkolonialamt sowie Völkerbundskonsulate vor. Deutschland hätte seine Kolonien dem Völkerbund zur Verfügung gestellt, wenn das auch die anderen Kolonialmächte getan hätten. Die Verteilung der Rohstoffe wäre ebenso gesichert gewesen wie die Hebung der sittlichen und wirtschaftlichen Lage der Eingeborenen aller Kolonialmächte.

Die Sieger fanden es aber für genügend, den Eingeborenen ihrer eigenen Kolonien platonisch durch einen Programmsatz gerechte Behandlung zuzusagen (a. 23 b).

Der Völkerbund müßte die Zentrale für völkerrechtliche Gesamtbestrebungen sein. Das ist aber nur unvollkommen verwirklicht. Die Gerichts- und Arbeitsgemeinschaft allerdings besteht, und der a. 23 bezeichnet die weiteren Kulturgebiete für die Betätigung des Völkerbundes. Es soll nicht verkannt werden, daß der Völkerbund hier auch schon Leistungen zu buchen hat. Aber vor allem hätte ein freies Verkehrs- und Handelsrecht geschaffen werden müssen, während die Völkerbundsakte a. 23 c und der Friedensvertrag in Teil X—XII sich damit begnügte, nur die Freiheit der Bundesmitglieder oder gar nur der Sieger zu verbürgen.

Zwar gewährleistet die Völkerbundsakte auch (a. 22 V) die Abstellung von Mißbräuchen wie Sklaven-, Waffen- und Alkoholhandel (vgl. auch a. 23 c und d) sowie die Gewissens- und Religionsfreiheit. Sie verbietet die Errichtung von Befestigungen oder von Heeres- bzw. Flottenstützpunkten sowie die militärische Ausbildung der Eingeborenen, soweit sie nicht lediglich polizeilichen oder Landesverteidigungszwecken dienen. Die Völkerbundssatzung verlangt weiter die gleiche Möglichkeit für Handel und Gewerbe; aber alle diese Forderungen beschränken sich auf die bisherigen deutschen Schutzgebiete und erschöpfen sich in der offenen Tür für „die anderen Mitglieder des Bundes" während z. B. der Entwurf der deutschen Gesellschaft für Völkerrecht bei allen Kolonien der Erde Zutritt, Handelsfreiheit, Abgabengleichheit und Abschaffung des Fremdenrechts zugunsten sämtlicher Nationen vorsah (a. 32). Der wahre Völkerbundsfreund sieht sich also auch in der Verkehrs- und Handels- insbesondere der Kolonialfrage wieder um eine schöne Hoffnung gebracht.

Die Aufsicht über die Staatsverträge. Dem Völkerbund sind weiterhin die Staatsverträge anvertraut. Diese sind beim Völkerbund anzumelden, der sie einzutragen und zu veröffentlichen hat (a. 18). Kein Staatsvertrag ist vor dieser Eintragung rechtsverbindlich. In Genf hat man indes an dieser Bestimmung bereits herumgedeutelt. Die bisherigen Verträge, die mit den Bestimmungen der Völkerbundssatzungen unvereinbar sind, werden aufgehoben und können nicht mehr abgeschlossen werden. Man wird dies in erster Linie auf die Bündnisverträge beziehen müssen, in denen wir die typische Kriegsursache der Vergangenheit zu sehen haben. Mit Recht hat daher der Entwurf der deutschen Gesellschaft für Völkerrecht im a. 2 gesagt: „Politische Sonderbündnisse und Geheimverträge sind verboten". Aber die Allianzpolitik ist neu gekräftigt aus dem Weltkrieg hervorgegangen.

Der a. 19 sieht ferner eine Nachprüfung der Staatsverträge vor, deren Anwendung nicht mehr in Frage kommt, sowie der internationalen Verhältnisse, deren Aufrechterhaltung den Weltfrieden gefährden könnte; und zwar ist es als ein Recht der Bundesversammlung erklärt, zu solcher Nachprüfung aufzufordern. Ob sich der Völkerbund einmal dazu aufschwingt, die Revision des Versailler Friedensvertrages anzuregen, der mit seinen schmachvollen und unerfüllbaren Bedingungen die eigentliche Quelle des unsäglichen Weltelends ist?

Die Schaffung eines Weltarbeitsrechts. Der a. 23 a der Völkerbundssatzung enthält nur die unbestimmte Verheißung eines Weltarbeitsrechts.

Die Berner Konferenz und der deutsche Regierungsentwurf a. 55 hatten hier schon eingehende Bestimmungen. Dafür enthält der Versailler Friedensvertrag einen besonderen Teil (XIII) über die „Arbeit", der ganz richtig damit begründet wird, daß „der Völkerbund die

Begründung des Weltfriedens zum Ziele hat und ein solcher Friede nur auf dem Boden der sozialen Gerechtigkeit aufgebaut werden kann." In den a. 387—427 wird gehandelt über die Organisation (Hauptversammlung und internationales Arbeitsamt) und das Verfahren (Geschäftsgang). Es folgen noch „allgemeine Vorschriften (A. 421—423) und Übergangsbestimmungen (Art. 424—426)" mit einer Anlage über die erste Tagung der Hauptversammlung in Washington 1919.

Das internationale Arbeitsrecht des Versailler Vertrags beruht auf gerechtem sozialem Empfinden; es steht nur an falscher Stelle. Auch war es verkehrt, daß Mitglieder des Arbeitsverbandes nur die Mitglieder des Völkerbundes sein können (Art. 987), was aber schon die Konferenz von Washington nicht hinderte, Deutschland als vollberechtigtes Mitglied einzuladen. Auch die allgemeinen Grundsätze des Art. 427 werden den Forderungen der Arbeiter nicht gerecht, was schon die deutsche Abordnung in Versailles gebührend unterstrich. Übrigens muß anerkannt werden, daß die bis jetzt abgehaltenen Hauptversammlungen sowie das Arbeitsamt eine erfreuliche Tätigkeit entfaltet haben.

Zum Schluß muß noch auf Lücken der Völkerbundsakte hingewiesen werden. Es fehlen nicht bloß Bestimmungen über die Verkehrsfreiheit, sondern auch über die Meeresfreiheit sowie über das Selbstbestimmungsrecht mit dem Nationalitäten- bzw. Minderheitsschutz.

3. Kritik des Völkerbundes.

Der bisherigen Einzelkritik soll noch eine Gesamtkritik angeschlossen werden.

Der Völkerbund wurde, wie die Einleitung zum Friedensvertrag betont, in und mit der Völkerbundssatzung errichtet, die durch „die hohen vertragschließenden Teile" beschlossen wurde. Der Völkerbund ist so ein Produkt, die Völkerbundssatzung ein Teil des Versailler Vertrags, und gleichzeitig mit diesem am 10. Januar 1920 in Kraft getreten. Eine anmaßende Zuständigkeitsauffassung, wenn zwei Kriegsparteien eine neue Weltordnung schaffen wollen, aber doppelt anmaßend, wenn die letztere schließlich nur ein Diktat des Siegers ist.

Lange hat man sich nach dem Völkerbund wie nach einem Messias gesehnt, und nun ist er doch zu früh gekommen. Man hätte warten sollen, bis die Kriegsstimmung abgeflaut, der Haß dem Friedensbedürfnis gewichen war. Es hätten dann alle Kulturmächte zur Beratung und Beschlußfassung zusammentreten müssen, wie das ja auch der 14. Punkt Wilsons vorgesehen hatte. Aber merkwürdiger Weise hatte gerade Wilson auf die Verbindung der Völkerbundssatzung mit den Friedensverträgen gedrungen. Er glaubte nicht, daß sich noch einmal eine gleich günstige Gelegenheit ergeben würde, und darin erblicken auch heute noch Gegner der unnatürlichen Verbindung eine genügende Rechtfertigung. Sie sehen nicht, daß notwendig eine Mißgeburt entstehen mußte, und daß der Völkerbund so auf eine Richtung eingestellt wurde, die sich immer mehr von dessen wahrem Ziel entfernen muß. Stärker als der vernünftige Widerspruch einiger Siegerstaaten wog eben in Paris der Wille der Großmächte, eine durch Neutrale verstärkte dauernde Gruppierung zur Sicherung der Siegerbeute, einen Vollstreckungsverband für die Friedensverträge ins Leben zu rufen. Die gerissenen Staatsmänner der Entente griffen deshalb den Plan des weltfremden Staatsphilosophen geschickt auf, und Frankreich insbesondere verteidigt auch heute noch hartnäckig die These, daß die Verbindung der Völkerbundsakte mit dem Friedensvertrag notwendig und unlösbar sei. Diese Verbindung kann aber für den Völkerbund noch sein Grab werden. Der Völkerbund erhält seine richtige Beleuchtung erst durch den Friedensvertrag, zu dem die Völkerbundssatzung den Auftakt gibt. Wie der Friedensvertrag weder den Frieden brachte noch ein wirklicher Vertrag, sondern ein brutales Diktat des Siegers ist, so ist der Völkerbund nur die Erweiterung und Fortsetzung des Kriegsbundes in den „Frieden" hinein. Der Völkerbund, in der Kriegsatmosphäre entstanden, ist in der Hauptsache nur der widerliche Aufputz des Siegermilitarismus; nebenher mag er auch

Friedliches leisten. So stehen denn auch bei der Machtverteilung im Rat „die alliierten und assoziierten Hauptmächte" an erster Stelle, wie wenn der Weltkrieg und sein Ausgang Ewigkeitsbedeutung hätte. Was in dem Entwurf der Reichsregierung (a. 3) nur ein Schönheitsfehler ist (vgl. oben S. 19), ist in der Völkerbundssatzung (a. 4) die Grundlage für eine Weltdiktatur der siegreichen Großmächte.

Beim Völkerbund ist alles verkehrt: seine Rechtsnatur und seine Form, sein Ziel und sein Geist.

Der Völkerbund ist kein „allgemeiner Verband der Nationen," wie es der 14. Punkt Wilsons gefordert hatte. Amerika blieb abseits; es hat sein Kind verleugnet. Die Besiegten wurden noch nicht als Mitglieder zugelassen; sie sind Mitbegründer ohne Mitgliedschaft, was ein juristisches Kuriosum ist; und auch viele andere Staaten müssen sich erst einem hochnotpeinlichen Verhör durch den Sieger unterziehen. Entscheidend ist nicht ihr Kulturwert, sondern ihre Parteistellung zu den a. a. Mächten. Der Völkerbund sollte nur die organisierte Völkerrechtsgemeinschaft sein. Die Tür des Völkerbundes müßte allen Kulturstaaten weit geöffnet sein. Als aber Argentinien zu Genf diesen Reformantrag stellte, unterlag es und zog sich schmollend zurück. Der Völkerbund ist kein Bund der Völker, sondern der Staaten bezw. der Staatsregierungen. Der Geist der modernen Demokratie blieb dem Völkerbund fremd; und so fehlt denn auch das für den demokratischen Gedanken wesentlichste: das Weltparlament, das vor allem der deutsche Regierungsentwurf (a. 5) gefordert hatte. Die hauptsächlichsten Organe sind die Bundesversammlung und der Rat, deren Zuständigkeit im a. 3 III und 4 IV auf dieselbe nichtssagende Formel gebracht ist. Die Versuche in Genf, die Zuständigkeit im Sinn der auch vom Entwurf der deutschen Gesellschaft für Völkerrecht (a. 7) festgelegten und im deutschen Regierungsentwurf unterstellten Überordnung der Bundesversammlung abzugrenzen, blieben erfolglos. Wo nicht kraft positiver Satzungsbestimmung der Bundesversammlung oder dem Rat ausschließende Zuständigkeit eignet, kann kein Organ die Entscheidungen des anderen ändern. Da aber der Rat öfter tagt, liegt der tatsächliche Schwerpunkt eben beim Rat, in dem alle siegreichen Großmächte vertreten sein müssen und die Mehrheit bilden. Der Rat ist im wesentlichen als Nachfolger des Pariser obersten Rates gedacht; er ist der Regierer im Völkerbund, das Weltdirektorium. Nur eine Handvoll Staaten hat etwas zu sagen. Das Schicksal der Welt wird in der Hauptsache durch die siegreichen Großmächte bestimmt, die den Völkerbund in erster Linie nur als Gerichtsvollzieher ihrer auf die Niederhaltung von Deutschland gerichteten Beschlüsse und Bestrebungen betrachten. Die Gewalt versteckt sich im Rechtsgewand. Das widerliche Schauspiel wiederholt sich in den durch a. 304 eingerichteten gemischten Schiedsgerichtshöfen, deren verhängnisvolle Tätigkeit schon in einer Reihe von wissenschaftlichen Artikeln und auf der Hauptversammlung der deutschen Gesellschaft für Völkerrecht in Hamburg (April 1922) scharf gegeißelt wurde.

Der Pariser Korrespondent der Frankfurter Zeitung führte 1922 Nr. 304 über diese gemischten Schiedsgerichtshöfe mit Recht folgendes aus:

„Aus trüben Quellen läßt sich kein reines Wasser schöpfen, zumal da auf der Gegenseite vom ersten Tage an die Auffassung vorherrschte, daß die Schiedsgerichte nicht dazu da seien, objektives Recht zu finden und zu künden, sondern daß sie lediglich Organe seien, um die Anwendung und Vollstreckung der wirtschaftlichen „Strafbestimmungen" des Friedensvertrags zu sichern. Das gilt ohne Ausnahme von allen auf Grund des Artikels 304 gebildeten Schiedsgerichten; es gilt aber in ganz besonderem Maße von dem deutsch-französischen, das in der Ungeheuerlichkeit seiner den elementarsten Rechtsgrundsätzen Hohn sprechenden Entscheidungen unstreitig an der Spitze marschiert."

Die neutralen Vorsitzenden der gemischten Schiedsgerichtshöfe haben im allgemeinen das in sie gesetzte Vertrauen ebenso wenig gerechtfertigt, wie sich die Hoffnung, daß die Neutralen im Völkerbund dessen Geist umstellen würden, erfüllt hat.

In erster Beziehung heißt es in Fortsetzung des eben erwähnten Artikels der Frankfurter Zeitung:

„Der äußere Schein von Objektivität, den der Friedensvertrag in der Bestellung neutraler Richter zu Vorsitzenden der Spruchkammern zu wahren versucht hat, hat sich nur zu bald als völlig unzulänglich erwiesen. Neutralität ist, das haben die Erfahrungen des Krieges zur Genüge bewiesen, ein sehr subjektiver und dehnbarer Begriff. Einer der im deutsch-französischen Schiedsgericht präsidierenden Neutralen hat ihn vor nicht allzu langer Zeit in einem in Paris gehaltenen öffentlichen Vortrag in Parallele gestellt zu der Objektivität des Strafrichters, der bei noch so gutem Willen zu absoluter Unvoreingenommenheit doch schließlich nicht verhindern könne, daß er mit seinen Sympathien dem Opfer und nicht dem Mörder zuneige! Auch den Einfluß der psychologischen Atmosphäre, den Paris als Sitz des Schiedsgerichts auf die neutralen Richter ausübt, wird man nicht gering veranschlagen dürfen. Selbst wenn diese den besten Willen haben sollten, unparteiisch und objektiv zu sein, die unter ihrem Vorsitz zustande gekommenen Urteile sind es jedenfalls nicht."

Auch in Genua, wo trotz der proklamierten Gleichberechtigung doch wieder zwischen Siegern und Besiegten unterschieden wurde, gewannen die Neutralen keinen Einfluß, was den regierungsoffiziösen norwegischen „Verdens Gang" zu einer äußerst scharfen Kritik veranlaßte:

„Es ist sicher zu einem großen Teil die eigene Schuld der Neutralen, wenn sie in Genua wie kleine Kinder behandelt werden. Sie waren schon früher allzu ängstlich. Als sie nach Genua eingeladen wurden, erörterten sie flüsternd ihren Standpunkt. Wenn je eine öffentliche Erörterung aller am Platze war, so diesmal. Denn wer gehört werden will, muß laut schreien. Die Neutralen hatten nichts zu verlieren, wenn sie ihren Standpunkt deutlich markierten. Wir hoffen, daß sie sich nicht damit begnügen werden, in Genua die Faust in der Tasche zu ballen, sondern ihre Forderung nach Behandlung auf gleichem Fuße mit den anderen so stark wie möglich geltend machen. Die Neutralen sind die natürlichen Friedensmakler in Europa. Sie können aber nicht erwarten, diese Rolle zu spielen, wenn sie in der Ecke stehen bleiben und den Großen zusehen."

Die Ziele des Völkerbundes sind in der Einleitung der Völkerbundssatzung so allgemein und weit gesteckt, daß nichts aus dem Zuständigkeitsrahmen zu fallen braucht. Der Schwerpunkt der Aufgabe liegt aber wohl in der Sorge, daß „alle Vertrags- (lies Friedensvertrags-) verpflichtungen" peinlichst beobachtet werden. Die Uferlosigkeit der Aufgaben muß verhängnisvoll werden. Weniger wäre mehr gewesen.

Die internationale Organisation der Arbeit (a. 287 ff.) bedeutet einen großen Fortschritt, und das Schieds- und Vermittelungsrecht erfährt eine erfreuliche Fortbildung. Der a. 12 liest sich wie ein schieds- und vermittlungsrechtliches Obligatorium; doch handelt es sich mehr um die Befristung der Kriegserklärung. Die bedeutsamste Leistung, die der Völkerbund bisher vollbracht hat, ist die Schaffung des im a. 14 vorgesehenen wirklich **„ständigen internationalen Gerichtshofs"**, an dem sich die II. Haager Friedenskonferenz erfolglos abgemüht hatte. Die Besetzungsschwierigkeiten wurden so gelöst, daß die nationalen Wahlgruppen des Haager Schiedshofs eine Gesamtliste zusammenstellen, aus der dann die Wahl durch Bundesversammlung und Rat erfolgt. Leider bringt die Wahl durch den Bund wieder ein politisches Moment in die Sache. Direkte Wahl durch die nationalen Gruppen der Schiedshofsliste wäre besser gewesen.

Die Zuständigkeit bestimmt sich nach a. 12—14 des Friedensvertrags. Aber England und Frankreich widersprachen scharf dem Obligatorium, und keine Großmacht hat der sogenannten Obligatioriumsklausel zugestimmt, nach welcher durch Sonderakt eine Verpflichtung zur schiedsgerichtlichen Streitaustragung übernommen werden soll. Das wirft ein bezeichnendes Licht auf die Kritik, welche die Gegner Deutschlands an dessen Verhalten auf den Haager Friedenskonferenzen geübt hatten. Man hörte, wie der Belgier Lafontaine sagte, im Genfer Konferenzsaal die Sporen des Frhrn. v. Marschall klirren.

Der Völkerbund glaubt nicht an die Möglichkeit, den Krieg vollständig auszuschalten zu können, will aber gegen ungerechte Kriege mit einer Gegenwirkung der Welt antworten. Die Kriege der Polen und Griechen zeigen aber, was man davon zu halten hat.

Der Völkerbund setzt sich die Aufgabe der Kriegsverhütung, die aber auf kein Kriegsverbot hinauskommt, und will ein Schutz- und Trutzbündnis sein, das nicht bloß in Gemäßheit des 14. Wilsonpunktes die territoriale Unversehrtheit und politische Unabhängigkeit der Bundesmitglieder gegen jeden Angriff sicherstellt, sondern nach a. 10 der Völkerbundsakte soll der Staat auch schon bei einer „Angriffsgefahr" sein Machtwort sprechen. Die französische Politik im besetzten Gebiet zeigt aber, was man alles als Angriffsgefahr ausspielen kann.

An dem Art. 10 hat sich daher vor allen Amerika gestoßen. Es paßte ihm nicht, die in Mißachtung das Selbstbestimmungsrechts zustande gekommene neue Landkarte mit seiner Autorität zu decken und die hinter einer angeblichen deutschen Gefahr verborgenen französischen Machtgelüste zu stärken. Amerika befürchtet vom Völkerbund mit Recht ein Mitregieren bei inneren Angelegenheiten und damit die Erneuerung der Interventionspolitik, die in der Sanktionspolitik ihre Orgien feiert. Die bereits beträchtlichen und entwicklungsfähigen Machtmittel des Völkerbunds in Verbindung mit seiner straffen, auf die Großmachtpolitik eingestellten Organisation lassen den Völkerbund, der zwar seiner juristischen Natur nach nur ein Staatenbund ist, bereits in die Sphäre des Über- oder Weltstaates emporrücken. Amerika aber will in Gemäßheit der Monroedoktrin einesteils nicht in europäische Händel hineingerissen werden, andernteils aber auch Herr in seinem Hause bleiben. Der Völkerbund ist bis jetzt kein Hort des Rechts, sondern ein Instrument der Ententepolitik.

Der Friedensvertrag und der oberste Rat haben dem Völkerbund Aufgaben zugewiesen, bei deren Lösung er enttäuschte. Wir brauchen uns nur an Eupen und Malmedy, Oberschlesien Wilna sowie die Mandats-, Saar-, Abrüstungs- und Minderheitsschutzfrage zu erinnern. Auch gegen die rechtswidrige Sanktionspolitik fand der Völkerbund kein Wort. Sind aber die Großmächte mit gegensätzlichen Forderungen einmal am toten Punkt angelangt, so ist der Völkerbundsrat ungemein hellsichtig in der Auffindung der Machtdiagonale und bringt das geschädigte Uhrwerk der Allianzpolitik wieder in Gang. Sein Ziel ist nicht Schutz der Schwachen und Rechtsbedrängten, sondern Wahrung und Stärkung der Siegerinteressen. Der Völkerbund ist ein reiner Hegemonialbund. Zielsetzung und Geist sind noch vorwiegend kriegerisch. Die Völkerbundsakte, ein Erzeugnis siegestrunkener Überhebung, steht an der Spitze eines unerfüllbaren Friedensvertrags, der den Besiegten zum Sklaventum verurteilt und erniedrigen will. Die Völkerbundsakte starrt uns so in frostiger Kälte entgegen, und der Glaube fällt schwer, ob es insbesondere im Hinblick auf die grundsätzliche Notwendigkeit einer einstimmigen Beschlußfassung, die Columbien in Genf trotz seiner Anstrengungen nicht beseitigen konnte, nachträglich möglich sein wird, dem Völkerbund eine Seele einzuhauchen und ihn von den Zielen der Pariser „Friedenskonferenz" abzulenken. Den Völkerbund beschäftigt in der Hauptsache nur die Sorge um die Friedensvertragsrechte. Zu dem Zwecke wurde er auch geschaffen und deshalb ist schwer eine Besserung zu erwarten.

Man hat zur Entschuldigung der Verbindung der Völkerbundsakte mit dem Friedensvertrag auch gemeint, der Völkerbund hätte ohne diese Verbindung besonders im Anfang keine genügende Arbeit gehabt. Nun an Arbeit fehlt es jetzt allerdings nicht; aber sie liegt in einer durchaus einseitigen Richtung.

Der Völkerbund fühlt sich nur als Garant der Friedensvertragserfüllung, aber gegen Vertragsverletzungen der Sieger findet Deutschland kein Gehör. Ebensowenig ist es dem Völkerbund zum Bewußtsein gekommen, daß er in a. 19 auch zur Nachprüfung der unanwendbar gewordenen Verträge und solcher internationaler Verhältnisse aufgefordert ist, deren Aufrechterhaltung den Weltfrieden gefährden können. Er sieht immer noch nicht, daß die letzte Ursache des jetzigen Weltelends in den Friedensverträgen zu suchen ist, deren Revision er erstreben müßte. Solange der Völkerbund hier immer noch auf die Zwangserfüllung und nicht auf Vertragsänderung eingestellt ist und im Widerspruch zum a. 18 der friedensfeindlichen Allianzpolitik freie Bahn läßt, kann er unser Vertrauen nicht finden.

Die Streitfrage, ob der Völkerbund lebt, ist müßig. Gewiß lebt er; seine ausgedehnten Verwaltungsräume in Genf und seine mittlerweile auf 313 gestiegenen und über die ganze Welt verteilten Organisationen beweisen es. Aber er ist krank und lebt ein falsches Leben, dabei nur auf unsere Kosten. Man spricht entschuldigend davon, daß einmal ein erster Schritt gemacht werden mußte. Aber das hat nur einen Sinn, wenn weitere Schritte — Fortschritte — zu erwarten sind. Ob dabei der alte Völkerbund — etwa nach amerikanischen Wünschen — durch einen neuen ersetzt wird, oder der Völkerbund sich selbst reformierend umgestaltet und dabei mit wirklichem Völkerbundsgeiste erfüllt, ob also der Weg der Revolution oder der Evolution beschritten wird, kann uns gleich sein.

Ein richtiger Völkerbund ist und bleibt das Ideal aller Gutgesinnten; er stellt den Höhepunkt völkerrechtlicher Entwicklungsmöglichkeit dar.

Der Machtgedanke hat schließlich immer noch Schiffbruch erlitten; das zur völligen Ohnmacht verurteilte Deutschland zumal muß seine ganze Hoffnung auf das Recht setzen. Aber uns betört nicht das Wort; lieber keinen Völkerbund als einen mißratenen, welcher das Werk des Kronos verrichtet, der seine eigenen Kinder verschlang. Was wir erstreben, ist ein richtiger Völkerbund, nach Form, Inhalt und Geist.

Der Friedensvertrag baut das Völkerbundsideal von außen auf und bleibt in der Form stecken, die aber selbst schon ein Fehlgriff ist. Der bedeutsamste Mangel jedoch ist das vollkommene Fehlen des Völkerbundsgeistes, der allein das Haus hätte bauen können. Die Sieger sprechen fortwährend von Gerechtigkeit und Versöhnung, die allein in der Tat die Erlösung bringen kann; aber ihre Taten atmen Haß, Mißtrauen und Überhebung. Es fehlt auf der Gegenseite eben der Mut, unter die ganze sinnlose Rechnung einen dicken Strich zu machen.

Literatur.

I. Für das gesamte Völkerrecht zu empfehlen ist v. Liszt, Das Völkerrecht (11. Aufl.), 1918. Eine gute Einführung gibt Strupp, Grundzüge des positiven Völkerrechts, 1921.

II. Über den Pazifismus handelt erschöpfend und grundlegend Fried, Handbuch der Friedensbewegung, 2 Teile (2. Aufl.), 1911/13.

III. Für die geschichtliche Entwicklung der Völkerbundsidee kommen vor allem in Betracht: Schücking, Die Organisation der Welt. Festgabe für Laband 1908. Bd. I, S. 533—614. Redslob, Das Problem des Völkerrechts, 1917. Valentin, Geschichte des Völkerbundsgedankens in Deutschland, 1920. Schneider, Die Völkerbundsidee, 1921.

IV. Die Völkerbundssatzungen erhielten ihren Kommentator in Schücking und Wehberg, Die Satzung des Völkerbunds, 1921. Von konstruktiver Art sind Kraus, Vom Wesen des Völkerbunds, 1920, Körling, Die Rechtsnatur des Völkerbundes. Vorwiegend kritisch gehalten sind: Goetz, Nation und Völkerbund, 1920. Horn, Der Völkerbund, 1919. Meurer, Die Grundlagen des Versailler Friedens und der Völkerbund, 1920. Perels, Der Friede von Versailles und der deutsche Staat, 1920. v. Thadden, Völkerrecht und Völkerbund, 1920. Lukas, Deutschland und die Idee des Völkerbundes, 1921. Wolzendorff, Volksheer und Völkerbund, 1921.

V. Völkerbund enquête, veranstaltet von der österr. Völkerbundliga, 1922. Umfrage über Deutschlands Eintritt in den Völkerbund in der Friedens-Warte Juni 1923, Jahrgang XXIII, 178ff.

Geschichte der Staatstheorien.

Von Max Layer.

Einleitung. Das spekulative Denken über den Staat dreht sich von altersher um gewisse Grundprobleme, in deren Mittelpunkt das Verhältnis zwischen Staat und Individuum steht. Schon da klafft ein scharfer Gegensatz zwischen der kollektivistischen (universalistischen) und der individualistischen (egoistischen) Grundanschauung, zwischen denen es an Vermittlungsversuchen nicht gefehlt hat. Je nach dem einen oder dem anderen Standpunkt wird auch die in allen Staatstheorien wiederkehrende Idee der Gerechtigkeit, so wie die mit ihr in engster Verbindung stehenden Ideen der Freiheit und Gleichheit verschieden gefaßt und darnach die Postulate gegenüber dem Staate formuliert. Aber nicht nur die von politischen Strebungen erfüllte, sondern auch die rein theoretische Betrachtungsweise, die die Lösung der Grundprobleme aus der Erkenntnis des Wesens des Staates selbst erstrebt, hat schon deshalb zu sehr verschiedenen Resultaten geführt, weil diese Erkenntnis selbst ein zwar viel erörtertes, aber nicht eindeutig gelöstes Problem darstellt. Auch die damit nahe zusammenhängenden Fragen nach der Entstehung des Staates, nach den Zwecken sowie nach den Staatsformen, insbesondere im Sinne der „besten" Staatsform, haben höchst verschiedenartige Theorien gezeitigt.

Die Geschichte der Staatstheorien führt demnach zwar auf einen reichen und wissenschaftlich wertvollen Gedankeninhalt, nicht aber zu einer allseitig anerkannten und feststehenden Wahrheit, vielmehr auf eine Fülle von Meinungen und Überzeugungen, die letzten Endes auf verschiedenen Weltanschauungen beruhen.

I. Die antike Staatslehre.

Vorsokratiker und Sophisten. Schon die Antike weist höchst bedeutsame Erscheinungen auf dem Gebiete der Staatsphilosophie auf. Von anderen, für die europäische Kulturwelt ohne direkten Einfluß verbliebenen Geistesprodukten abgesehen, ist es vor allem die Staatslehre der Griechen, die, obwohl nur teilweise erhalten, für das Abendland und damit für die ganze Kulturwelt zu epochaler Bedeutung erwuchs. Während die ältere griechische Philosophie vorwiegend Naturphilosophie war und in der Betrachtung des Staates einem auf dem Götterglauben beruhenden unbedingten Konservativismus huldigte, beginnt im 5. Jh. v. Chr. vorwiegend in Athen jene Evolution der Geister, die, vorerst getragen von den Sophisten, neue Ideen schafft und hierbei die traditionellen konservativen Anschauungen in ihrer Wurzel angreift. Als radikale Kritiker der bestehenden Einrichtungen stellen die Sophisten — wenigstens teilweise — dem Glauben an die Göttlichkeit der Gesetze ihre Auffassung als rein menschlicher Satzungen gegenüber, der angeblichen göttlichen Weisheit ihre Erklärung als Ausfluß der Machtverhältnisse; sie bekämpfen das staatliche Recht mit dem natürlichen Recht, die kollektivistische Anschauung mit einem zersetzenden Individualismus.

Sokrates. Das Auftreten der Sophisten aber rief die mit Sokrates beginnende Reaktion anderer und tiefer veranlagter Geister hervor, die die griechische Philosophie überhaupt und mit ihr auch die Staatslehre zur höchsten Blüte führten. Von dem sokratischen Satz, daß die richtige Erkenntnis notwendig auch das richtige d. i. tugendhafte Handeln zur Folge habe, ausgehend, wird das begriffliche, auf die Erkenntnis des unsinnlichen Wesens der Dinge gerichtete Denken zur methodischen Grundlage des wissenschaftlichen Verfahrens, das sich vorwiegend der Logik, Metaphysik, Ethik und durch die Ethik der Staatslehre zuwendet.

Plato. Auf dieser Grundlage des begrifflichen Denkens, die von ihm zur Ideenlehre fortgebildet wird, stellt Plato (427—347 v. Chr.) die erste systematische Staatslehre auf, eine Lehre vom Idealstaat. Als natürlicher Organismus aufgefaßt, erscheint dieser Staat als die den ganzen Menschen erfassende sittliche und Erziehungsanstalt, die ihm seine Aufgabe in der Gemeinschaft nach seinen Fähigkeiten und seiner Tugend zuweist. In der richtigen Verteilung, die fordert, daß die Weisen den Staat beherrschen, die Tapferen ihn verteidigen, die Banausen ihn ernähren, liegt die natürliche Gerechtigkeit. Platos Idealstaat ist der Gipfelpunkt des Kollektivismus, reiner Wohlfahrtsstaat, wo jeder nur als Glied des Ganzen Aufgaben für das Ganze zu erfüllen hat in Gehorsam gegen die obersten Lenker des Staates, die ohne Gesetze, nach freiem Ermessen, regieren. (Erst in seinem letzten Werk, dem „Staat der Gesetze" hat sich Plato mit der Institution der Gesetze wegen der Unvollkommenheit der menschlichen Natur abgefunden.) Daß die Archonten aber ihre unbeschränkte Regierungsgewalt lediglich im Gemeininteresse ausüben, wird garantiert durch ihre staatlich geordnete Erziehung, ihre Befreiung von der Notdurft des Lebens und durch Abtötung der egoistischen Triebe, da ihnen Sondereigentum und Sonderehe versagt sind. Den anderen Staatsformen, die er der seit den Sophisten üblichen Dreiteilung (Monarchie, Oligarchie, Demokratie) folgend, insbes. im „Staatsmann" erwähnt, schenkt Plato geringe Beachtung, da sie ihm dem Idealstaat gegenüber nur als Entartungen erscheinen.

Aristoteles. In vielen Punkten stimmt auch die Staatslehre des Aristoteles (384 bis 322 v. Chr.) mit der Platos überein. Es ist dieselbe kollektivistische Grundauffassung, die er aus dem menschlichen Geselligkeitstrieb begründet, der das Leben im Staat nicht nur zur Sicherheit und Erhaltung, sondern auch zur Vollkommenheit und Glückseligkeit des Lebens als notwendig erscheinen läßt; dieselbe eudämonistische Auffassung, wonach ihm der Staat wie bei Plato eine Erziehungsanstalt zur Tugend ist, im Grunde auch dieselbe Auffassung der Gerechtigkeitsidee: Zuteilung der Güter und Interessen an die einzelnen im Verhältnis ihrer Leistung für den Staat, d. i. proportionale oder geometrische Gleichheit, die die Negation der Demokratie bedeutet; daher auch dieselbe Verachtung der Banausie, die wie bei Plato von der Bürgerschaft, d. i. der Teilnahme an Volksversammlung und Volksgericht ausgeschlossen sein soll. Aber als Empiriker und Realist hat Aristoteles auch die anderen, minder vollkommenen Staatsformen bezüglich der Möglichkeit ihres Bestandes und der Erfordernisse ihrer Einrichtung eingehend erörtert, wobei er — überhaupt ein Freund der goldenen Mittelstraße — besonderes Gewicht darauf legt, daß der Schwerpunkt des Staates im Mittelstand liegt und Maßnahmen einer Mittelstandspolitik besonders in agrarpolitischer Beziehung befürwortet. So gelangt er zu einer gemäßigten Demokratie (Politie) als einer relativ guten Staatsform. Aristoteles hat übrigens ebenso wie Plato als echter Grieche seinen staatswissenschaftlichen Erörterungen ausschließlich den griechischen Klein(Städte-)staat zugrunde gelegt.

Kyrenäiker und Kyniker. Bezeichnen Plato und Aristoteles den Höhepunkt der von Sokrates ausgehenden Staatsphilosophie, so haben sich neben ihren noch andere Schulen entwickelt, die, in manchen Punkten an die Sophisten anknüpfend, ganz entgegengesetzte Ansichten über den Staat vortrugen. Es sind dies zunächst die von Antisthenes (440—380 v. Chr.) begründete kynische und die von Aristipp begründete kyrenäische Schule. Kyniker und Kyrenäiker sind vorwiegend Ethiker; sie legen der wissenschaftlichen Erkenntnis nur soweit Wert bei, als sie sich unmittelbar auf das praktische Handeln bezieht, dessen Ziel die Glückseligkeit ist. Der Zustand der Gesinnung und des Verhaltens, der diese Glückseligkeit, d. i. die Autarkie (des Individuums!) herbeiführt, ist die Tugend. Daß bei den Kynikern die Tugend in der asketischen Bedürfnislosigkeit liegt, während sie bei den Kyrenäikern in dem durch Einsicht geleiteten möglichst hohen Lebensgenuß besteht, macht für ihre Stellung zum Staat keinen wesentlichen Unterschied aus; beide weisen dieselbe Gleichgültigkeit gegen Staat und Vaterland auf. So stehen schon in Hellas einer geradezu extrem kollektivistischen ebenso extrem individualistische und kosmopolitische Anschauungen gegenüber. Und während weder die von Plato gegründete Akademie noch die peripatetische Schule auf dem Gebiete der Staatstheorie wesentlich neue Gedanken hervorbrachten, schlug die Fortbildung der staatsphilosophischen Ideen nach Aristoteles eine Richtung ein, die mehr Anknüpfung an die kynischen und kyrenäischen Ideen als an die kollektivistischen Grundgedanken jener aufwies.

Die stoische Schule. Die stoische Schule, begründet von Zeno aus Citium († 270 v. Chr.) stellte in den Mittelpunkt ihrer Ethik wieder den selbstgenügsamen Weisen, der durch seine Bedürfnislosigkeit und seine freiwillige Unterwerfung unter das Naturgesetz über die äußeren Verhältnisse erhaben ist. Von diesem durchaus individualistischen Standpunkt aber sind die Stoiker auf Grund ihrer monistisch-pantheistischen Weltanschauung zu teilweise neuen Gedanken über den Staat gelangt. Indem der Mensch sich selbst als Teil des Weltganzen und die übrigen Menschen als verwandte, gleichartige und gleichberechtigte Wesen erkennt, umschlingt alle vernünftigen Wesen ein Band der Gemeinschaft. Zunächst wird wohl auf den Staat als die nächste Gemeinschaft hingewiesen, aber darüber steht die höhere Gemeinschaft aller Vernunftwesen, der Weltstaat, in dem die einzelnen Staaten nur „Häuser" sind und in dem alle Menschen als Glieder und Bürger durch Wohlwollen und Gerechtigkeit verbunden erscheinen. Dieser Weltstaat der Stoiker ist der Gipfelpunkt des Kosmopolitismus. Dieser Gedanke sowie der humanistische Zug, der das erstemal den Menschen statt des Staatsbürgers als Teilhaber der Gerechtigkeit und der höheren Gleichheit anerkennt, sind stoische Ideen, die nachhaltig gewirkt und dem Christentum vorgearbeitet haben. Und noch eines ist von Wichtigkeit: das unbedingt verbindliche Recht in dem Kosmos der Stoiker sind die ewigen, unabänderlichen Weltgesetze, d. i. das Naturrecht; sowie nur das Recht sein kann, was sich den Weltgesetzen einfügt, so ist der einzelne nur gerecht oder tugendhaft, indem er mit Bewußtsein sich dem Weltgesetz unterwirft. Das Naturrecht ist somit Fundament und Ausgangspunkt der ganzen Rechtsauffassung der Stoiker.

Die epikuräische Schule. In scharfem Gegensatz hierzu steht die Lehre Epikurs († 270 v. Chr.) und seiner Schule. Obzwar auch sie wie die stoische Schule vom Individuum ausgeht, konnte Epikur von seinem atomistisch-materialistischen Standpunkt aus keinen gotterfüllten Kosmos, sondern nur ein mechanisches Weltgebäude annehmen, in dem keine Teleologie, sondern nur das Gesetz der mechanischen Kausalität herrscht, daher auch keine natürliche Gemeinschaft und kein natürliches Recht. Der Staat ist bei den Epikuräern vielmehr nur eine des Nutzens wegen, zur Vermeidung von Übel und zum Schutz vor Verletzungen künstlich geschaffene Einrichtung, in der keine anderen Normen herrschen als die, welche die Menschen zu jenen Zwecken erlassen haben. Hierin muß einerseits — wenigstens im Keime — die Lehre von der Entstehung des Staates durch Vertrag, andererseits die Verwerfung des Naturrechtes und Betonung des rein positiven Charakters des Rechtes erblickt werden; auch liegt hierin eine Andeutung des wechselnden Charakters und einer Fortbildung des Rechtes. Für das Verhalten des einzelnen gegenüber dem Staate aber wird wohl der Gehorsam gegen die Gesetze verlangt, weil man sich sonst Strafe, also ein Übel zuzieht, im übrigen aber wird dem Weisen, der sich selbst genug ist, empfohlen, sich vom Staatsleben fernzuhalten.

Skepsis, Eklektizismus, Neoplatonismus. Mit den genannten Schulen sind die originellen Leistungen der griechischen Philosophie auf dem Gebiete der Staatslehre im wesentlichen erschöpft. Weder die von Pyrrho aus Elis († 270 v. Chr.) begründete skeptische Schule noch der aus dem Verkehr der Schulen hervorgehende und seit der 2. Hälfte des 2. Jh. v. Chr. herrschend gewordene Eklektizismus hat wesentlich neue staatsphilosophische Gedanken hervorgebracht, und das gleiche gilt von der seit dem 1. Jh. n. Chr. bei den Neupythagoräern und der jüdisch-griechischen Philosophie hervortretenden theosophischen Richtung, die im 3. Jh. n. Chr. von Plotin im Neuplatonismus zu einem System ausgebildet wird, das alle übrigen verdrängt. Die griechische Philosophie überhaupt und die Staatsphilosophie insbesondere hatte sich innerlich ausgelebt und verschwindet seit der Schließung der neuplatonischen Schule im 6. Jh. n. Chr. als selbständige Erscheinung, während ihr unvergänglicher Gedankeninhalt in Verbindung mit anderen Bildungsformen seine Bedeutung bis auf die Gegenwart bewahrt.

Die römische Staatsphilosophie. Über die römische Staatsphilosophie ist nur wenig zu sagen. Die Römer sind in der Staatstheorie immer die Schüler der Griechen geblieben. Alle Schulen fanden in Rom Verbreitung, besonders der Stoizismus (Epiktet, Seneca,

Marc Aurel) und der Epikuräismus; die verbreitetste Richtung aber war der Eklektizismus, der in Cicero seinen bedeutendsten Vertreter fand. Aber seine Staatsphilosophie ist im wesentlichen doch nur eine Generalisierung römischer Staatseinrichtungen. Auch das Naturrecht erhielt in römisch-rechtlicher Auffassung einen römisch-nationalen Anstrich. Selbst nach Umbildung der Verfassung in eine Monarchie vermochten die Römer keine den geänderten Verhältnissen angepaßte Staatstheorie zu schaffen, dagegen sind in der späteren Kaiserzeit asiatische Einflüsse, die sich z. B. in der Vergötterung des Caesars zeigen, unverkennbar.

II. Das Christentum und sein Verhältnis zum Staat.

Dualismus von Staat und Kirche. Eine neue Gedankenwelt hebt mit dem Christentum an. Obzwar zunächst eine rein religiöse Erscheinung, bedeutet doch das Christentum auch für das Denken über den Staat eine neue Epoche. Das Christentum ist kosmopolitisch, die christliche Religion ohne Zusammenhang mit dem Staat; die christliche Ethik läuft der antiken in vielen Punkten schnurgerade entgegen: sie ist auf das Jenseits gerichtet, die antike Bürgertugend erscheint ethisch wertlos; an ihre Stelle tritt Frömmigkeit und Askese. Zwar hat das Urchristentum dem heidnischen Staat Gehorsam gezollt, hat doch der Apostol Paulus gelehrt, daß jede Gewalt von Gott sei, und den Gehorsam gegen den Fürsten und die weltliche Obrigkeit eingeschärft (Brief an Titus); aber der Gehorsam findet eine Grenze an der religiösen Pflicht. Es ist das erstemal in der Geschichte, daß dem Staat die Allseitigkeit seiner Kompetenz bestritten, das religiöse Gebiet aus ihr ausgeschaltet und eine staatsfreie Sphäre des Individuums (Glaubensfreiheit) verlangt wird — ein neuer Gedanke von großer Tragweite. Aber noch mehr: Das Christentum organisiert sich, so daß schon Paulus (I. Korinther Brief) die von der Antike übernommene organische Staatsidee in christlich-mystischer Form auf die Christengemeinde (corpus mysticum Christi) anwendet. So löst sich der religiöse Verband vom Staat; an Stelle der antiken Einzigkeit des Staates tritt der Dualismus zweier verschiedener Zweckorganisationen: Staat und Kirche, und damit ist auch das nicht mehr aus der Weltgeschichte verschwindende Problem des Verhältnisses beider entstanden.

Der hl. Augustinus. Vom Standpunkte der Kirche konnte es keinem Zweifel unterliegen, daß der Staat, der nur weltliche Zwecke verfolgt, der Kirche gegenüber, die den Gläubigen Ewigkeitswerte vermittelt, nur eine untergeordnete Stellung beanspruchen könne. Diesen Gedanken hat zuerst in prinzipieller und systematischer Weise der hl. Augustinus (353 bis 430) in seinem Werke De civitate Dei entwickelt. Hier wird dem weltlichen Staat, der ein Produkt der Erbsünde und sittlich wertlos ist, in scharfer Antithese der Gottesstaat gegenübergestellt, der, von Gott gestiftet und von ihm durch die Priester regiert, alle Frommen — auch die Seelen der Abgeschiedenen — umfaßt. Das Verhältnis beider aber wird dahin bestimmt, daß der weltliche Staat den Makel seiner sündhaften Herkunft dadurch tilgen müsse, daß er sich in den Dienst des göttlichen Gemeinwesens stellt. Damit ist das Programm der kirchlichen Staatsidee für das ganze Mittelalter aufgestellt. Und dieses Programm war zur Zeit Augustins bereits in Erfüllung begriffen. Seit der Erhebung des Christentums zur Staatsreligion war der Staat in fortschreitende Abhängigkeit von der Kirche geraten und unter ihrem maßgebenden Einfluß vor Aufgaben gestellt, die dem antiken Staat fremd waren. Freilich mußte die Kirche ihrerseits eine starke staatliche Bevormundung in Kauf nehmen; man spricht nicht mit Unrecht von Cäsaropapie, umgekehrt allerdings auch von Papocäsarie. Gleichwohl war es doch nur ein enges Bündnis zweier nach Ziel und Interessen verschieden bestimmter Gewalten, das darum auch die Möglichkeit eines Konfliktes in sich barg.

III. Die mittelalterliche Staatslehre.

Die theokratische Idee. Das ganze mittelalterliche Denken über den Staat ist erfüllt von der theokratischen Idee, die mit der Christianisierung des römischen Reiches siegreich geworden und in seiner west- und mitteleuropäischen Erneuerung, dem Hl. Römischen Reiche Deutscher Nation, übernommen und fortgebildet wurde in dem Gedanken der christlichen Weltmonarchie unter den beiden zusammengehörigen Mächten, Kaiser und Papst. Eine theoretische Behandlung entsteht aber erst im Gefolge der geschichtlichen Ereignisse, in deren Mittelpunkt auf lange Zeit der Streit zwischen Kaiser und Papst steht. Sie ist darum auch zunächst keine allgemeine, sondern auf die konkrete Hauptfrage beschränkt. Die Kirche beherrschte das Terrain, denn sie besaß gelehrte Kräfte, ein festes Ziel und eine ausgebildete Methode in ihrer scholastischen Philosophie. Aber auf die Formulierung der Streitfragen haben germanische Staatsgedanken in ihrer zeitgemäßen Erscheinungsform, insbesondere die rechtsstaatliche Idee einen maßgebenden Einfluß geübt. Die kirchliche Theorie wollte nur der kirchlichen Gewalt die unmittelbare göttliche Einsetzung zuerkennen, die weltliche aber nur mittelbar durch die Kirche von Gott verliehen betrachtet wissen. Diese Auffassung wurde bekanntlich durch die Bulle Unam sanctam Bonifaz' VIII. kanonisiert.

Thomas von Aquin. Die endgültige wissenschaftliche Form erhielt aber die kirchliche Staatslehre durch den hl. Thomas von Aquin (1227—1274), besonders in seinem Werke de regimine principum. Wie Augustinus von Plato ist Thomas von Aristoteles inspiriert, dessen Staatslehre er in kirchlichem Sinne umwandelt, ausgehend von der göttlichen Einsetzung der Kirche und ihres Oberhauptes, dem, weil er der Menschheit die letzten Ziele weist, alle anderen Gewalten, die nur auf beschränkte irdische Ziele gerichtet sind, untertan sein müssen. Die hohe Autorität Thomas' in der katholischen Kirche sichert seiner Lehre eine besondere Bedeutung bis auf die Gegenwart. Die antikurialistische Theorie vermochte, insolange sie den gleichen Ausgangspunkt wie die Gegner — die theokratische Idee — festhielt, nur mit Mühe ihren Standpunkt der Gleichberechtigung der weltlichen mit der kirchlichen Gewalt mit der Begründung der gleich unmittelbaren göttlichen Einsetzung beider zu vertreten. Dante insbesondere hat diesen Standpunkt in seinem Werke De monarchia verfochten. Der Erfolg aber war zunächst auf Seite der Kirche, und auch von den deutschen Rechtsbüchern anerkannte das jüngere, der Schwabenspiegel, den kurialistischen Standpunkt.

Die Anfänge der Idee des Volkssouveränität. Gefährlicher wurde der kirchlichen Theorie eine andere Richtung der Staatslehre, die den Rechtstitel der weltlichen Herrschaft überhaupt anderswo suchte und fand, nämlich im Willen des Volkes. Mochte dabei noch immer der göttliche Wille als causa remota zugegeben werden, unmittelbar erschien damit die Gewalt des weltlichen Herrschers auf ein neues von der Kirche unabhängiges Fundament gestellt. Wenn aber die Herrschaft vom Volke ausgeht, so heißt das Volkssouveränität, ein Gedanke, der vorerst noch vereinzelt bei Mangold von Lauterbach (um 1085) sich findet, aber zusehends, wohl unter dem wachsenden Einfluß der Antike, an Verbreitung gewinnt und zu einer der belangreichsten politischen Ideen sich entwickelt. Die juristische Form der Übertragung der Herrscherrechte war meist gedacht als Vertrag, dessen Inhalt von der älteren Glosse als vollständige Veräußerung (Translationstheorie), von der jüngeren Glosse überwiegend als bloße Übertragung der Ausübung (Konzessionstheorie) gefaßt wird. Die Tendenz ging immer mehr dahin, das Volk nicht bloß als Quelle aller Staatsgewalt, sondern auch als Inhaber aufzufassen, dem eine oberste Entscheidungsgewalt in den wichtigsten Angelegenheiten, das Recht der Kontrolle und der Absetzung des vertragswidrig regierenden Herrschers zustehe. In diesem Sinne wurde die Lehre insbesondere von Marsilius von Padua (1270—1340) in seinem Defensor pacis und von Nicolaus von Cues fortgebildet.

Der Gedanke der Volkssouveränität hat noch in anderer Weise das mittelalterlich-theokratische Staatssystem unterwühlt. Von diesem Ausgangspunkt war die Idee der christlichen Weltmonarchie unter einem weltlichen Oberhaupt, dem Kaiser, nicht haltbar gegenüber dem Unabhängigkeits- und Gleichberechtigungsanspruche der anderen, ihre Herrschaft auf den gleichen Rechtstitel stützenden Fürsten. So haben denn schon Johann von Paris, Occam u. a. die Unterordnung der anderen weltlichen Fürsten unter den Kaiser bestritten und die politischen Verhältnisse gaben ihnen Recht.

Ist der mittelalterliche Gedanke der Volkssouveränität immerhin einigermaßen der analogen Auffassung der Antike adäquat, so gehören andererseits der mittelalterlichen Staatsauffassung noch andere leitende Gedanken an, die keine Parallele zur Antike aufweisen und aus den eigenartigen und andersgestalteten staatlichen und sozialen Verhältnissen sich ergaben.

Die föderalistische Idee. Die eine dieser Ideen ist die föderalistische. Der Staat des Mittelalters ist keineswegs wie der antike Städtestaat einziger und Universalverband; schon die Natur des ausgebreiteten Flächenstaates brachte es mit sich, daß das soziale Leben sich in eine Menge lokaler, territorialer und beruflicher Verbände in mehrfachen Abstufungen mit Sonderzwecken und Sonderinteressen gliedert, deren Bestand und Selbstbestimmung innerhalb der Harmonie des Ganzen von der Theorie (insbesondere Nikolaus von Cues) namentlich unter Heranziehung der organischen Idee in christlicher und antikisierender Form nachdrücklich betont wird.

Die Repräsentatividee. Nicht minder hängt mit den Verhältnissen des Großstaates die im Mittelalter sich entwickelnde und zu einer dauernden Errungenschaft heranwachsende Repräsentatividee zusammen. Im praktischen Staatsleben wohl am sinnfälligsten und in kontinuierlicher Entwicklung in England angewendet, wird diese Idee theoretisch, und zwar in ganz bestimmter juristischer Form in der kanonistischen Doktrin auf Grund der römisch-kanonistischen Korporationslehre formuliert, in systematischer Weise auf alle Gemeinschaften, insbesondere auch den Staat, zuerst, wie es scheint, von Johann von Salisbury in seinem Policraticus (1159) verwendet. Der Repräsentativgedanke wurde in der Folge zur Begründung der Rechtsstellung des Konzils und des Kardinalkollegiums innerhalb der Kirche, der ständischen Versammlungen, des Kurfürstenkollegiums, der städtischen Bürgerkollegien usw. im Staate herangezogen. Leopold von Bebenburg, Johannes Althusius und Nikolaus von Cues haben ihn eingehend behandelt, und insbesondere der letztgenannte hat in seiner concordantia catholica eine ganze systematische Organisation dafür entworfen.

Das mittelalterliche Naturrecht. Von allen den Staat betreffenden Ideen des Mittelalters aber war vielleicht keine von gleich nachhaltiger und eigentümlicher Wirkung als die naturrechtliche Idee. Gerade dem germanischen Denken war nicht nur die Vorstellung ein Bedürfnis, den Staat auf das Recht zu gründen und von ihm die Verwirklichung des Rechtes zu erwarten (Rechtsstaatsidee), sondern auch der weitere Gedanke, daß das Recht über dem Staat stehe, ein rechtswidriger Befehl daher keine Gehorsamspflicht begründe und seine zwangsweise Durchführung als Gewaltakt das Recht des Widerstandes auslöse. Das rechtliche Denken des Mittelalters ist kein formalistisches, sondern ein idealistisches, das die unabänderliche Rechtsidee als höheres Prinzip sucht und daran den Wert der positiven Vorschriften bemißt. Und dieses höhere unwandelbare Rechtsprinzip ist eben das Naturrecht.

Das christliche Mittelalter suchte die Quelle dieses überstaatlichen Rechtes begreiflicherweise zunächst in der göttlichen Offenbarung. Das war auch der Standpunkt der Kirche, die im jus divinum das Fundament des kirchlichen und weltlichen Rechtes erblickt. Für den Staat ergab sich daraus die bedenkliche Folgerung, daß der Kirche als Verkünderin und Interpretin der göttlichen Offenbarung mit der Entscheidung über die obersten Rechtssätze auch die Kompetenz zufiel, staatliche Gesetze und Einrichtungen als gegen das Naturrecht verstoßend zu verwerfen, die Untertanen vom Gehorsam zu entbinden, und die Superiorität der Kirche ist nicht zum mindesten auf jene theologische Auffassung des Naturrechtes zurückzuführen. Schon einer der obersten anerkannten Sätze des Naturrechtes, daß keine Norm etwas gegen den christlichen Glauben oder die Religionsübung verordnen dürfe, gab der Kirche eine wirksame Waffe in die Hand. Im übrigen weisen die allgemein anerkannten obersten Sätze des Naturrechtes hauptsächlich germanischen Charakter auf, wie er dem individualistisch orientierten Denken dieses Volkes entspricht: Unverletzlichkeit der erworbenen Rechte und Unverbrüchlichkeit der Verträge. Aus beiden wurden staatsrechtlich wichtige Folgerungen abgeleitet; aus ersterem unter anderen insbesondere die Unzulässigkeit der Besteuerung; aus dem letzteren erklärt sich die Bevorzugung des Vertrages als Form der Rechtsbegründung — besonders wichtig bei Verleihungen, Privilegien, Freiheitsbriefen — und die Vorliebe für die vertragsmäßige Begründung der Staatsgewalt selbst. Die Annahme eines Vertrages zwischen Volk und Fürsten bot auch die Handhabe, dem Fürsten wegen Verletzung des Vertrages den Gehorsam zu kündigen und ihm Widerstand entgegenzusetzen bis zur äußersten Konsequenz der Absetzung und des Tyrannenmordes. Letzterer bildete seit Johann von Salisbury ein vielerörtertes Thema. Aber überhaupt waren die Folgerungen aus den Naturrechtssätzen unabsehbar, zumal das ganze Rechtssystem damit auf eine Grundlage gestellt war, für welche eine formale Erkenntnisquelle fehlte und der gleichwohl — ungeachtet der seit Thomas von Aquin hinsichtlich der weiteren Folgesätze zugestandenen Abschwächung — im großen Ganzen Unabänderlichkeit und Unwandelbarkeit, gleichzeitig aber auch der Charakter eines wirklichen geltenden Rechtes zugeschrieben wurde. Im Naturrecht lauerte stets ein revolutionärer Geist gegen die Staatsgewalt und ihr positives Recht

IV. Die Staatsideen der Renaissance.

Die Bedeutung der Renaissance. Es ist nicht zu verkennen, daß die leitenden staatspolitischen Ideen des Mittelalters der Konsolidierung der Staaten nicht förderlich waren, sondern eher zersetzend wirkten. Dies gilt von der theokratischen und föderalistischen Idee, selbst von der Volkssouveränität und nicht zum mindesten vom Naturrecht. Aber gegen Ende des Mittelalters, insbesondere durch zwei epochale geistige Strömungen, Renaissance und Reformation verursacht, trat ein Umschwung im staatlichen Denken ein.

Was man Renaissance nennt, ist nicht nur eine Wiedergeburt der antiken Kunst und Literatur, sondern auch der antiken Ethik und Staatsphilosophie. Mit der Popularisierung der antiken Literatur, angebahnt durch die zeitgenössischen Dichter Dante, Petrarca, Boccaccio, wirkte der antike Geist, unmittelbar aus den Quellen geschöpft, viel mächtiger als durch die nur in kirchlich rezipierter und zensurierter Form verbreiteten Schriften Platos und und Aristoteles'. Die antike Ethik und ihre treibenden Kräfte, Ruhm-, Ehr- und Vaterlandsliebe, nationales Empfinden und Staatsgefühl, welche die Kirche gebannt zu haben glaubte, wurden wieder lebendig und fanden an der Kirche selbst keinen Widerstand, standen doch an ihrer Spitze Männer, die ganz von den Ideen der Renaissance erfüllt waren, wie Julius II., Leo X., Alexander VI. Die hohe Wertschätzung des Staates als höchster menschlicher Gemeinschaftsform in antikem Sinne brach sich Bahn und verlangte vom Staat Machtentfaltung und Machtbewußtsein und die Ausdehnung seiner Zwecke für die Wohlfahrt seiner Bürger. Und als Träger dieser Evolution der Staatsidee erschienen die Fürsten; sie fühlen sich berufen, im Gemeininteresse eine höchste obrigkeitliche Gewalt im Lande und über alle Personen auszuüben. Ein mächtiger Bundesgenosse hierbei war das in fortschreitender Rezeption begriffene römische Recht, denn es war das Recht eines absoluten Staates, und dem römischen Recht entnommene Sätze, wie „princeps legibus solutus", „quod principi placuit, legis habet vigorem" usw. gewannen jetzt ernste staatsrechtliche Bedeutung.

Das vielseitige und wandlungsfähige Naturrecht begleitete auch diese Wendung und suchte — allerdings nicht ohne Widerspruch — die neuen Theorien in sich aufzunehmen. Es fiel ihm umso leichter, als das Naturrecht mehr und mehr in ein römisch-rechtliches Gewand schlüpfte und das hohe Ansehen des römischen Rechts dazu benutzte, den Gedankeninhalt desselben als das wahre Naturrecht hinzustellen. Man begann die Hoheitsrechte ausdehnend zu interpretieren und neue zu erfinden — so das ius politiae und das ius eminens — die auch den Titel für Eingriffe in erworbene Rechte abgaben, alles auf Grund der höheren Rechtfertigung durch die Erfüllung des Gemeinwohles, in dem die naturrechtlichen Grenzen der Herrscherrechte verschwammen. Das Aufsteigen der fürstlichen Macht, vielfach unterstützt durch nationale Unabhängigkeits- und Konzentrationsbestrebungen, führt zum Kampf des Zentralismus gegen den Föderalismus, des Fürstentums gegen die selbstberechtigten Gewalten, Vasallen, Stände, Städte, Korporationen, aber nicht zum mindesten auch gegen die Kirche. Nicht mehr Unabhängigkeit des Staates von der Kirche, sondern Unterordnung der Kirche unter den Staat — die schon Marsilius von Padua gelehrt hatte — ist jetzt das Ziel der weltlichen Politik gegen die Kirche und tritt in Erscheinung in der Einführung der Besteuerung des Klerus, Beschränkung des privilegium fori, dem staatlichen Bischofseid, Begünstigung des Episkopalsystems, den Amortisationsgesetzen, dem Placetum und Recursus ad principem.

Macchiavelli. Unter den Staatsschriftstellern der Renaissance ist die hervorstechendste Persönlichkeit Niccolò Macchiavelli (1467—1527), der die neuen (und doch eigentlich alten, nämlich antiken) Ideen mit unerhörter Schärfe und Rücksichtslosigkeit vorträgt. Für Macchiavelli, dessen staatswissenschaftliche Hauptwerke die Discorsi sopra la prima deca de Tito Livio und Il principe sind, ist der Staat die höchste, ja ausschließliche Gemeinschaft. Seine Macht und Größe ist das einzige Ziel, das mit allen zweckdienlichen Mitteln anzustreben ist, die Staatsraison (ragione di Stato) ist die einzige Richtschnur. Theologische und naturrechtliche Hemmungen existieren für ihn nicht, denn die Religion kommt für ihn nur als Mittel der staatlichen Herrschaft in Betracht — darum greift er die christliche Religion als staatlich wertlos an und gibt der heidnischen den Vorzug — und das Recht ist ihm ausschließlich eine Zweckmäßigkeitsschöpfung des Staates. Obwohl im Herzen Anhänger der Republik, die er in den Discorsi als die beste Staatsform erklärt, gibt er gleichwohl im Principe dem Fürsten eine Anleitung zur Erlangung und Festigung seiner Macht. Hier spricht aus ihm der nationale Gedanke, der die Herstellung der nationalen Einheit und Beseitigung der Fremdherrschaft nur von einer gewalttätigen skrupellosen Herrschernatur erwartet. Ungeachtet alles Tadels, den Macchiavelli erfuhr, waren doch seine Theorien von zündender Wirkung, und die realistische Machtpolitik, der er das Wort redet, ist zum leitenden Gedanken der Politik geworden.

Monarchomachen. Der theoretische und namentlich der praktische Vorstoß des Absolutismus löste natürlich auch eine Gegenströmung aus. Eine Richtung ist verkörpert in einer Gruppe von Schriftstellern größtenteils aus dem 17. Jh., die unter dem Namen Monarchomachen zusammengefaßt werden (Buchanan, Junius Brutus, Boucher, Rossaeus, Hotoman, Salomonius, Danaeus, Mariana, Bellarmin, Suarez u. a.; auch Johannes Althusius und Milton werden dazu gerechnet). Sie bilden keine einheitliche Schule, vertreten aber gleiche Tendenzen, und zwar Volkssouveränität, vertragsmäßige Begründung der Herrschergewalt, Auffassung der Herrscherstellung als Amt, Widerstandsrecht und Tyrannenmord gegen den pflichtvergessenen König — alte Thesen, aber in neuer Form mit den Mitteln verfeinerter, vorzugsweise römisch-rechtlicher Konstruktionskunst sehr wirksam vertreten.

Thomas Morus. Literarisch interessanter ist eine andere Richtung, die neue Gedanken und zugleich eine neue Form der politischen Literatur einleitete: die Staatsromane, deren erster und bedeutendster die Utopia (vollständiger Titel: De optimo statu rei publicae deque nova insula Utopia) von Thomas Morus (1516) ist. Die Darstellungsform der Staatsromane bezweckt immer eine Kritik der bestehenden Staats- und Gesellschaftsordnung durch die Gegenüberstellung idealer, mehr oder minder phantastisch ausgemalter staatlicher Einrichtungen, die bei Thomas Morus wie auch bei den Nachfolgern kommunistischer Natur sind. Auf die Einzelheiten kann hier nicht eingegangen werden, aber unstreitig finden sich bei Morus Ideen, an die viele Spätere wieder angeknüpft haben, so die Grundgedanken der Verelendungstheorie und des Akkumulationsprinzipes, der Arbeitspflicht und insbesondere auch der Gedanke einer bürgerlichen, nur wenige dogmatische Sätze enthaltenden Staatsreligion mit dem Recht der Glaubensfreiheit in den übrigen Belangen.

Jean Bodin. Der eigentliche Klassiker der trotz aller Opposition zum Siege gelangten staatsrechtlichen Anschauungen aber erstand in dem Franzosen Jean Bodin (1530—1596), dem Schöpfer der Souveränitätslehre, der in seinem Hauptwerk: Six livres de la république (1577, lateinische Übersetzung 1586) die wissenschaftlichen Fundamente der neuen Staatslehre legte. Sein Grundgedanke ist die Hervorhebung der puissance souveraine als wesentlichen Merkmales der Staatsgewalt, d. i. Unabhängigkeit nach außen und höchste Herrschaft im Innern — absolut, unbeschränkbar, unbefristet, unteilbar und unveräußerlich. Indem Bodin der Souveränität auch einen Inhalt an Kompetenzen zu geben sucht, zählt er, von der Stellung der französischen Könige zu seiner Zeit abstrahierend und diese generalisierend die Hoheitsrechte (droits de s., jura majestatica) auf, die für den Begriff und damit für die Staatsgewalt wesentlich sind: Gesetzgebung, Entscheidung über Krieg und Frieden, Beamtenernennung, oberste Gerichtsbarkeit, Begnadigungs- und Münzrecht. Träger dieser Rechte ist je nach der Verfassungsform der Monarch (Monarchie), eine Minderheit (Aristokratie) oder die Gesamtheit (Demokratie). Eine Mischung der Staatsformen sei aber nicht möglich, denn dies würde eine Teilung der Souveränität bedeuten. — In dieser Souveränitätslehre lag ein Programm, das vor allem der Monarchie auf den Leib geschrieben war; der demokratische Zug, der auf die Beugung der Großen und die Hebung der unteren Schichten und auf die Herstellung der Gleichheit aller vor dem Gesetz und dem „Souverän" zielte, war so recht im Sinne der absolutistischen Bestrebungen, und die Berufung auf ihre „Souveräntität" wurde ein beliebtes Schlagwort der Landesfürsten gegenüber den Ständen. Daß Bodin die Monarchen an das Naturrecht, Ethik und Religion gebunden erklärt, hat nicht viel zu bedeuten, da er ein Widerstandsrecht als mit der Souveränität unvereinbar leugnet.

V. Die Staatsanschauungen der Reformation.

Luther, Calvin, Heinrich VIII. Hat die Renaissance das mittelalterliche Lehrgebäude erschüttert und das staatliche Denken insbesondere in den oberen Schichten in neue Bahnen gelenkt, so hat die Reformation als eine viel tiefere Volksbewegung eine völlige Umwälzung hervorgebracht. Von den verschiedenen Richtungen der Reformation ist keine ohne politischen Einschlag. Die Luthersche Richtung war in ihrem Ursprung am reinsten religiös, die Reformation Heinrich VIII. rein politisch, die von Zwingli und Calvin eingeleiteten Bewegungen von Anfang an beides. Luther, Zwingli und Calvin haben die Weihe verworfen und damit den Klerus beseitigt. Der geistliche und der weltliche Stand sollten „ein Körper der Christenheit sein"; darum hat auch „der weltliche Staat allein zu herrschen und ihm kommt allein die Gewalt zu". Tatsächlich wurde die weltliche Gewalt die Erbin aller bisher kirchlichen Kompetenzen und gelangte durch die Beseitigung ihres stärksten Widerpartes zur Alleinherrschaft. Bei den vorgenannten Reformatoren war dies eine Konsequenz ihrer Lehre, in England, wo zunächst keine dogmatische Neuerung, sondern lediglich ein Schisma vorlag, war es der unmittelbar angestrebte Zweck. Selbst in den katholisch verbliebenen Staaten machte sich die Wirkung im Sinne einer Staatsabhängigkeit der Kirche und eines staatskirchlichen Systems geltend.

Der Demokratismus Calvins. So hat die Reformation die absolute Staatsgewalt gefördert, u. zwar in England und Deutschland die fürstliche Macht. Nur einer der nachhaltig wirkenden Reformatoren, Calvin, hat ein ausgesprochen demokratisches Programm entwickelt. Seine Staatsform, wie er sie in Genf verwirklichte, ist die bürgerlich-demokratische Republik mit Repräsentativverfassung; in kirchlichen Dingen aber ist die Gemeinde, in deren Vertretungsorgan, der Synode, Geistliche und Laien gleichberechtigt sind, souverän. Der demokratische Einschlag der Lehre Calvins ist von besonderer Bedeutung nicht nur für das ursprüngliche Verbreitungsgebiet seiner Lehre, sondern vor allem auch für England, da der Zug der englischen Emigranten zur Zeit der Religionswirren vornehmlich in die Schweiz und Holland ging, von wo aus durch die Rückkehrenden die calvinische Lehre in England Eingang fand. Die folgenden Kämpfe gegen die absolutistischen Neigungen des Königtums, wobei die Puritaner — im wesentlichen Calviner — eine hervorragende Rolle spielten, geben hiervon Zeugnis.

Die Idee der Glaubens- und Gewissensfreiheit und andere Folgeideen der Reformation. Aus der Reformation entsprangen aber unmittelbar und mittelbar noch andere politische und gesellschaftliche Ideen, die für die staatliche Entwicklung bedeutsam wurden. Zunächst die Idee der Glaubens- und Gewissensfreiheit. Die Reformatoren hatten diese Forderung erhoben, aber nach dem Siege freilich wieder verleugnet und selbst den Glaubenszwang mit Hilfe der Staatsgewalt etabliert. Aber dennoch lag in der protestantischen Lehre, insbesondere in der Betonung des individuellen Verhältnisses zu Gott, ein Moment, das früher oder später zur Glaubensfreiheit führen mußte. Es bedurfte freilich erst langer und blutiger Religionskämpfe bis sich schließlich der Gedanke der Glaubensfreiheit durchzusetzen vermochte. Der von vorgeschrittenen Geistern wie Bodin, Milton, Locke, Spinoza, Pufendorf, Leibniz, Thomasius u. a. erhobene Ruf nach Glaubensfreiheit verhallte vorerst erfolglos. Glücklicher war die Idee jedoch auf dem jungfräulichen Boden der Neuen Welt, wo sie zuerst in der Puritanerkolonie Rhode Island 1606 noch in beschränkter Weise, aber umfassend für alle christlichen Bekenntnisse in der Quäkerkolonie Pennsylvanien 1632 verfassungsmäßig verwirklicht wurde und von da in die anderen Kolonien eindrang, so daß bei der Unabhängigkeitserklärung alle unierten Staaten den Grundsatz der Glaubens- und Gewissensfreiheit in ihre Verfassung aufnahmen.

Protestantischen Ursprungs ist auch die Forderung der Freiheit der wissenschaftlichen Lehre. Wohl hatte ihr die nominalistische Richtung der Scholastik vorgearbeitet, und der Aufschwung der Naturphilosophie hatte sie unmittelbar veranlaßt, unter der Einwirkung der Reformation aber wird sie zu einem politischen Postulat gegen die Bevormundung durch die Theologie. Darum ist es kein Zufall, daß die Entwicklung der freien wissenschaftlichen Forschung vor allem in den protestantischen Ländern einsetzte und staatliche Förderung erfuhr.

Nicht minder wurzelt der Gedanke der Preßfreiheit im Protestantismus, denn die Einführung der Zensur erfolgte direkt wegen der Ausbreitung der reformatorischen Ideen zuerst 1486 durch den Kurfürsten von Mainz, durch Alexander VI. für ganz Deutschland 1501 und Leo X. für die ganze Kirche. Die deutsche Reichsgesetzgebung folgte mit dem Wormser Edikt 1521 und dem Nürnberger Reichsabschied 1524. Der Kampf um die Zensur ist zuerst ein Kampf um die Bibel, die die Kirche verboten hatte, und erhebt sich ins Allgemeine wegen der Mißbräuche der Zensur, wobei der Sänger des verlorenen Paradieses in seiner Schrift Areopagitica vorangeht.

Wirtschaftliche Konsequenzen. Nicht zu unterschätzen ist auch der Einfluß der Reformation auf die wirtschaftsphilosophischen und wirtschaftspolitischen Ideen. Schon die Verwerfung der Askese, die Abkehr vom mittelalterlich-kirchlichen Standpunkt der ethischen Wertlosigkeit der Arbeit, die Betonung der ethischen Pflicht zur Arbeit („wer nicht arbeitet, soll auch nicht essen") bedeutet eine ganz andere Auffassung der Erwerbstätigkeit. Am weitesten ging in dieser Hinsicht Calvin, der — im Gegensatz zu Luther und Melanchthon — auch für die Berechtigung des Handels und die Zulässigkeit des Zinsnehmens eintrat. Und seine Ansichten wurden die herrschenden.

VI. Die nachreformatorische Naturrechtslehre.

Hugo Grotius. Stark beeinflußt wurde durch die Reformation auch das Naturrecht. Es blieb zwar vorläufig trotz Machiavelli die unbedingt geltende Grundlage des ganzen rechtlichen Denkens, aber es machte einen Umwandlungs- und Fortbildungsprozeß durch, an dem hervorragende Geister Jahrhunderte arbeiteten. Die theologische Grundlage des Naturrechtes war infolge des Sturzes der kirchlichen Autorität nicht mehr haltbar. Hugo Grotius (1583—1642; Hauptwerke: De jure belli ac pacis, Mare liberum) tat den entscheidenden Schritt, indem er die Quelle des Naturrechtes in die menschliche Natur verlegte. Das Individuum erscheint demnach kraft seiner Vernunft berufen, das richtige Recht zu erkennen, dem naturrechtswidrigen Gebot die Anerkennung zu versagen — ein höchst revolutionärer Gedanke. Weniger selbständig ist Grotius in anderen Fragen, wie bezüglich der Entstehung des Staates, wo er die mittelalterliche Vertragslehre mit aristotelischen Anschauungen zu vereinigen sucht, und in der Lehre von den Staatszwecken, wo er sich eng an Aristoteles anschließt. Bedeutsamer ist seine Lehre vom dominium eminens, womit er eine Formel zur Rechtfertigung des Enteignungsrechtes fand. Bahnbrechend aber ist H. Grotius auf dem Gebiete des Völkerrechtes, als dessen Schöpfer er anzusehen ist, indem er die „natürlichen" Rechtsgrundsätze auch auf den Verkehr der Staaten untereinander anwendete.

Die absolutistische Richtung: Hobbes und die Lehre vom Staatsvertrag. Eine ganz eigenartige Stellung nimmt der englische Philosoph Thomas Hobbes (1588—1679; Hauptwerke: Elementa philosophica de cive, Leviathan) ein. Sein Ausgangspunkt ist die epikuräische Naturphilosophie, und von seiner atomistisch-materialistischen Weltanschauung aus versucht er, alle Wissenschaften in Physik überzuführen. Auch der Staat ist nur ein künstlicher Körper, ein Mechanismus, den die Atome, d. i. die Individuen durch Vereinigung und Unterwerfung ihres Willens unter den Willen eines Herrschers schaffen. Der Grund für diese Vereinigung ist der Selbsterhaltungstrieb, da im Naturzustand der bellum omnium contra omnes herrscht und jeden mit Vernichtung bedroht. Diese Vereinigung der Menschen erfolgt durch den Gesellschafts- oder Sozialvertrag. Er meint dies aber nicht als historischen Hergang, sondern rationalistisch-konstruktiv. Der Sozialvertrag ist kraft Naturrechtes unbedingt bindend und unauflöslich. Durch die Vereinigung entsteht die civitas, die sich aber nur betätigen kann, wenn ein Haupt da ist. Darum ist in der Vereinigung das Versprechen aller zur unbedingten schrankenlosen Unterwerfung unter das Oberhaupt enthalten, das selbst nicht am Vertrag teilnimmt, sondern nur die tatsächliche Unterwerfung der Gesamtheit entgegennimmt. So entsteht ein gewaltiges Ganzes, ein „Deus mortalis" oder „Leviathan", das die natürliche Freiheit verschlingt; denn dieser Staat ist logisch notwendig ein absoluter Staat, eine schlechthin erhabene Autorität, dessen Gebote Recht sind; im Staate gibt es kein anderes Recht. Nur wo das Gesetz schweigt, beginnt die Freiheit der Bürger. Der Herrscher selbst ist nicht gebunden, da er keinen Vertrag geschlossen hat;

auch wenn er ungerecht regiert, ist dies kein Unrecht, denn er bricht keinen Vertrag; aber der einzelne, der sich empören wollte, würde seinen Vertrag mit den anderen brechen. Aber freilich, das Volk in seiner Gesamtheit ist mangels eines Vertrages mit dem Fürsten auch nicht gebunden und kann ihn ohne Rechtsbruch wieder entfernen. Hobbes' Lehre ist somit keineswegs legitimistisch, sondern beruht doch auf dem Gedanken der Volkssouveränität wie denn auch Hobbes und Rousseau durch starke geistige Bande zusammenhängen. Da die Herrschaft im Staate eine absolute ist, umfaßt sie bei Hobbes alle Seiten des menschlichen Lebens, auch die religiöse. Religion ist nur, was der Staat zu glauben gebietet, Aberglaube, was er verbietet. Freilich wird sich der Herrscher mit der äußeren Beobachtung seiner Glaubenssätze begnügen, ohne in das Gewissen einzudringen. Daraus ergibt sich im wesentlichen der Satz, daß durch das religiöse Bekenntnis den staatsbürgerlichen Pflichten kein Abbruch geschehen darf.

Die Theorien Hobbes' haben in der Literatur stark nachgewirkt; seine Erklärung des Staates aus dem Gesellschaftsvertrag ist von nahezu allen Naturrechtslehrern übernommen worden, sein korporativer Staats- und sein Souveränitätsbegriff wurden zum Fundament der folgenden Staatslehre.

Neben Hobbes sinken die anderen Vertreter der absolutistischen Richtung zu recht bescheidenen Größen herab, so der Engländer Robert Filmer und die Franzosen Pascal Fénélon und der stilgewandte Bossuet, die alle über die biblisch-theokratische Begründung ihres Standpunktes nicht hinausgekommen sind.

Spinoza. Nur einer der Zeitgenossen kommt Hobbes an Tiefe der philosophischen Grundlegung gleich: Baruch Spinoza (1632—1677). Aus seiner monistisch-pantheistischen Metaphysik ergab sich für ihn die Einheit der „mathematischen" (= Kausalitäts-) Gesetze für die Ideen- und Körperwelt und die Anerkennung alles natürlichen Geschehens als berechtigt. Das Recht jedes einzelnen geht so weit als seine Macht; Recht ist Macht. In seinem wichtigsten staatsphilosophischen Werke, dem Tractatus theologico-politicus, folgt Spinoza Hobbes in der Annahme eines Naturzustandes und des Sozialvertrages. Aber bei ihm ist der Vertrag nicht kraft Naturrechtes bindend, sondern nur soweit als eine Macht hinter ihm steht. Darum hat der Vertrag im Staat bindende Kraft, außerhalb des Staates aber nur, wenn ein ausreichendes Motiv dafür vorhanden ist; und dieses Motiv besteht in der Überzeugung der Menschen, daß sie den Staat brauchen, um ihre höchsten Zwecke zu verfolgen. Der Staatsvertrag selbst ist daher nur die Anerkennung des objektiv Notwendigen. In dem späteren (unvollendeten) Tractatus politicus ist der Staatsvertrag ganz fallen gelassen und die Entstehung des Staates auf die mit unerbittlicher Notwendigkeit wirkenden psychischen Kräfte zurückgeführt. Das natürliche Gesetz hört aber im Staat nicht auf zu wirken, daher wird die wirkliche Kraft nur da vorhanden sein, wo sie auf der stärkften Kraft, dem Volkswillen, ruht. Darum ist die dauerhafteste Gestalt des Staates die Demokratie.

Die liberal-demokratische Richtung: John Locke. Spinozas Philosophie gehört zweifellos zu den dauernd nachwirkenden Erscheinungen des Geisteslebens, aber weder der grandiose Absolutismus Hobbes' noch der tiefsinnige Machtstaat Spinozas waren darnach angetan, eine populäre politische Strömung auszulösen; das vermochte nur eine Theorie, die dem volkstümlichen Wünschen und Sehnen entgegenkam und seine Postulate in eine Formel zu fassen wußte, die sie als im Naturrecht begründet erscheinen ließ. Hierfür den Schlüssel gefunden zu haben, ist das Verdienst des englischen Staatsphilosophen John Locke (1632—1704; staatswissenschaftliches Hauptwerk: Two treatises on civil government). An Geschlossenheit des Systems nicht an Hobbes oder Spinoza hinanreichend, hat Locke gleichwohl, einen die vorgenannten weit übertreffenden politischen Einfluß geübt. Auch bei Locke liegt der Ausgangspunkt der Staatsbetrachtung in der Annahme eines Sozialvertrages, wodurch der vorstaatliche Naturzustand sein Ende findet. Er hat sogar darunter wirklich einen historischen Vorgang gemeint. Die Lehre vom Staatsvertrag steht überhaupt seit Hobbes im Mittelpunkt des naturrechtlichen Konzeptes, weil diese Lehre der individuellen Auffassung weiten Spielraum gab und die Möglichkeit gewährte, je nach dem Inhalt, den man dem ursprünglichen Konsense supponierte, nicht nur die Entstehung des Staates überhaupt zu rechtfertigen, sondern zugleich eine bestimmte Staatsform als die einzig richtige aus dem Vertrage selbst abzuleiten. So ist denn Locke vom gleichen Ausgangspunkt wie Hobbes im Gegensatz zu diesem zur Naturrechtsgemäßheit des beschränkten Staates gelangt und zum wissenschaftlichen Ahnherrn des politischen Liberalismus geworden. Davon ausgehend, daß schon im vorstaatlichen Zustand der Mensch „natürliche" Rechte besitzt, und zwar persönliche Freiheit und Eigentum, fällt die Staatsgründung unter den Gesichtspunkt des Zweckes, dadurch Freiheit und Eigentum zu schützen. Der Staat hat daher von vornherein eine beschränkte Aufgabe: Schutz von Freiheit und Eigentum, und der Mensch tritt in den Staat ein ausgestattet mit angeborenen, ewigen, unveräußerlichen Rechten, in welche der Staat nicht eingreifen darf.

Die Menschen- und Bürgerrechte. Die ganze naturrechtliche Lehre von den Menschen- und Bürgerrechten, wie sie später in Amerika, Frankreich und dann in fast allen Staaten kodifiziert wurden, beruht gedankenmäßig auf der Lockeschen Formulierung. Da er zudem den Fürsten selbst am Vertrag teilnehmen läßt, erscheint auch dieser dem Volk gegenüber gebunden, während die souveräne Gewalt (Gesetzgebung) dem Volk, d. i. der Gesamtheit der Teilnehmer am Staatsvertrag bezw. ihrer Vertretung, dem Parlament, zusteht. Dem Könige weist er zu die Exekutivgewalt, die Vertretung nach außen (Föderativgewalt) und die Prärogativgewalt, d. i. die Kompetenz, in Dingen, wo die Gesetze nicht ausreichen, nach Billigkeit zu verfügen. Das ist die Gewaltenteilungstheorie Lockes, von den englischen Staatseinrichtungen abstrahiert, die bei dem großen Einfluß Lockes zur Popularisierung der englischen Verfassungseinrichtungen beigetragen hat.

Wirtschaftliche Freiheit, Shaftesbury und die Physiokraten. Nicht gering ist auch Lockes Einfluß auf die wirtschaftlichen Ideen der Zeit einzuschätzen. Der wirtschaftliche Liberalismus ist das Korrelat zum staatsrechtlichen Liberalismus. Seine individualistische Grundlage wurde von dem stark von Locke beeinflußten Shaftesbury (1661—1713) in Anknüpfung an die epikuräische Philosophie durch die Anerkennung der Berechtigung des Egoismus ethisch zu rechtfertigen gesucht, und über die Übertreibungen Mandvilles (1690—1733; Bienenfabel) hinweg wurden die Ideen des wirtschaftlichen Liberalismus in der Wirtschaftslehre der Physiokraten und Adam Smiths zu einem ökonomischen System verarbeitet. Seine leitenden Ideen wurden vom Naturrecht unter Einfluß der zeitgenössischen Naturphilosophie (Newton) wie „natürliche" Gesetze, die die Harmonie der Interessen verbürgen, betrachtet und von diesem Standpunkte aus der Kampf gegen die staatlichen Eingriffe in das Wirtschaftsleben, den Merkantilismus überhaupt, die Zollschranken, Handelsbeschränkungen, die Zünfte und das Konzessionssystem eröffnet.

Pufendorf und die deutsche Naturrechtsschule; Thomasius, Leibniz. In der 2. Hälfte des 17. Jh. beginnt auch Deutschland, sich in der naturrechtlichen Staatslehre einen hervorragenden Platz zu erobern. In Samuel Pufendorf entsteht daselbst der Meister, der zwar weniger durch Originalität der Gedanken als durch Vertiefung, Systematisierung und juristische Durchbildung der Naturrechtslehre sich internationalen Ruf erwarb. Der Form, die er dem Staatsvertrage durch Zerlegung in drei Akte (Unions-, Verfassungs- und Unterwerfungsvertrag) gab, entsprach ein in der Volkssouveränität wurzelnder, gemäßigt absoluter Staat. Pufendorf ist auch einer der ersten Vertreter der sog. Aufklärungsepoche, die in Christian Thomasius (1655—1728) und Gottfried Wilhelm Leibniz (1646—1716) weitere

Führer fand. Von **Leibniz** ist für die Staatslehre besonders seine Evolutionsidee fruchtbar geworden, wonach die Bestimmung des Menschen in der geistigen und sittlichen Vervollkommnung liegt, die nur im Staat zu erreichen ist. Der Staat ist ihm demnach eine Kulturgemeinschaft und ein sittliches Institut, dessen Aufgabe es ist, für die Vervollkommnung der Staatsbürger zu sorgen, ein Gedanke von großer Werbekraft, an dem sich Generationen begeisterten.

Die eudämonistisch-polizeistaatliche Theorie: Wolff, Justi, Sonnenfels. Für die Staatslehre wurde der Evolutionsgedanke insbesondere durch Christian Wolff (1679—1754) in seinem höchst einflußreichen Werk „Vernünftige Gedanken vom gesellschaftlichen Leben usw." — gewöhnlich „Politik" von Wolff genannt — in ganz eigentümlicher Weise verarbeitet. Die staatliche Vervollkommnungsmission, die die Erfüllung des öffentlichen Interesses bedeutet, faßte er als Aufgabe des Landesfürsten, durch geeignete Vorschriften auf allen Lebensgebieten für das zeitliche und ewige Wohl der Untertanen zu sorgen mit Hilfe der Polizei, ungehemmt durch die Rechte der einzelnen. So ist Wolff, obgleich vom Prinzip der Volkssouveränität, der Freiheit und Gleichheit, ausgehend, zum Hauptverfechter des „aufgeklärten" Absolutismus und zum Begründer der Polizeistaatstheorie geworden. Ganz im Sinne Wolffs wirkte ferner in Preußen Justi, der Begründer der Kameralwissenschaft, dem in Österreich Sonnenfels an die Seite gestellt werden kann.

Kant und die Rechtsstaatstheorie. Die Übertreibungen des Polizeistaates, der sich zwar selbst auf das Naturrecht stützte, aber schließlich dessen Grundideen, Recht und Freiheit, verleugnete, riefen notwendig eine Gegenbewegung hervor, als deren geistiges Haupt Immanuel Kant (1724—1804) anzusehen ist. Aus Kants Zusammenfassung von Ethik und Recht in der Sittlichkeit ergab sich die sittliche Notwendigkeit des Staates und der Abschluß des Staatsvertrages kraft des kategorischen Imperatives, des sittlichen Willens; innerhalb des Staates aber aus der sittlichen Würde des Menschen, derzufolge er Selbstzweck ist, die Freiheit des einzelnen, soweit sie mit jedermanns Freiheit zusammen bestehen kann, und die Beschränkung des staatlichen Zwanges auf den die Freiheit hindernden. Nur die Konsequenz davon ist, daß der Staat notwendig Rechtsstaat sein muß, weil sein Beruf nicht über das Gebiet rechtlicher Anordnung hinausgeht und sein äußerer Zwang nur so weit eintreten darf, als er mit jedermanns Freiheit und Menschenwürde vereinbar ist. Eine Ausdehnung über dieses Gebiet würde die Sittlichkeit, die Grundlage des Staates selbst, verletzen. In dieser reinen Rechtsstaatstheorie liegt die vollständige Ablehnung des Eudämonismus und des Polizeistaates. Was die Staatsform anbelangt, so hat Kant, vom Volkssouveränitätsgedanken ausgehend, ein entschiedenes Bekenntnis zur Republik abgelegt, wobei er unter Republik jeden Staat mit Volksvertretung versteht. Sehr bedeutsam ist Kants Behandlung des Natur- und Vernunftrechtes, das, da es bei ihm nur eine Form für die höchsten Prinzipien der Sittlichkeit darstellt, für die Frage der Gültigkeit des positiven Rechtes nicht in Frage kommt und demgemäß aus der Rechtswissenschaft ausscheidet und zur reinen Rechtsphilosophie wird. Am stärksten wirkte die auf Zurückdrängung des Polizeistaates zielende Rechtsstaatsidee. In diesem Sinne wirkten in Deutschland noch manche andere, insbesondere Schlözer, Fichte in seinen älteren Werken und W. v. Humboldt, in Frankreich der Marquis d' Argenson und Graf Destutt de Tracy. Das war freilich eine Theorie, die teilweise von ihren hervorragendsten Vertretern selbst in anderer Richtung um- und fortgebildet wurde, so von Fichte, auf den, abgesehen von den politischen Ereignissen, auch die intensive Beschäftigung mit Macchiavelli nicht ohne Eindruck geblieben war im Sinne einer größeren Wertschätzung des nationalen Machtstaates. Humboldt aber bewies durch seine Tätigkeit als praktischer Staatsmann und durch seine Schriften aus späterer Zeit (insbesondere die Denkschrift über Preußens ständische Verfassung 1819) bei allem Festhalten an dem Ideale der Hebung des individuellen Lebens und der Steigerung der Macht der Nation einen gesunden Wirklichkeitssinn und die Fähigkeit der Anpassung an das Erreichbare.

Die freisinnige Richtung beschränkte sich überhaupt nicht darauf, die Freiheit des Individuums vom Staat zu betonen, die Aufhebung der Beschränkungen des Polizeistaates und des Merkantilismus zu fordern, sondern verlegte die Forderung nach Freiheit auch im antiken Sinne aktiver Freiheit in den Staat. Volkssouveränität und Staatsvertrag erhielten dadurch eine neue und unmittelbar auf Veränderung der Staatsform zielende Bedeutung. Der „Staatsvertrag" wurde als Verfassungsgesetz aufgefaßt, das vom souveränen Volk erlassen, darum der Volksabstimmung unterzogen und kodifiziert werden müsse (Pouvoir constituant). Der Ruf nach der „Verfassung" bedeutet aber nicht bloß die Forderung einer Kodifikation des Grundgesetzes, sondern auch einen bestimmten Inhalt: eine konstitutionelle Verfassung im Sinne der Teilnahme der Bürger an Gesetzgebung und Verwaltung.

Die Vorläufer der Franz. Revolution: Montesquieu und die Gewaltenteilungslehre. So arbeitete die jüngste Richtung des Naturrechtes theoretisch dem Umsturz der absolutistischen Staatsform vor; ihre literarische Ergänzung und revolutionsprogrammatische Vollendung aber erhielt sie durch die beiden unter sich so verschiedenen und doch gemeinsam als Vorläufer der Französischen Revolution erscheinenden Autoren: Montesquieu und Rousseau. Montesquieu (Charles de Secondat, Baron de la Brède et de M. 1689—1755) steht etwas außerhalb der eigentlichen naturrechtlichen Schule, indem er den „Geist der Gesetze" (Titel seines Hauptwerkes) aus den Lebensbedingungen eines Volkes, seiner psychischen Veranlagung, Verfassung, Klima, Größe, geographischen Lage, Religion, Sitte usw. ableitet und damit den „natürlichen" Gesetzen einen relativen, örtlich und zeitlich wechselnden Inhalt zuschreibt. Auch die verschiedenen Staatsformen sucht er aus verschiedenen psychologischen Motiven zu erklären. Als Hauptzweck des Staates bezeichnet er die Gewährleistung der Freiheit der Bürger, die er in England verwirklicht sieht. Diese Freiheit besteht vornehmlich darin, daß der Bürger nur den Gesetzen zu gehorchen verpflichtet ist. Damit dies aber verbürgt sei, muß der Staat gewisse Verfassungseinrichtungen aufweisen, die er in seiner Lehre von der Gewaltentrennung auseinandersetzt. Die drei Gewalten im Staate, die gesetzgebende, vollziehende und richterliche müssen voneinander unabhängig sein und sich das Gleichgewicht halten. Das wird durch ihre Trennung hinsichtlich ihrer Träger erzielt. Die gesetzgebende Gewalt steht dem Volke zu, das sie durch Repräsentanten ausübt, wobei er für das Zweikammersystem eintritt. Die vollziehende Gewalt steht am besten einem Monarchen zu, der, selbst unverantwortlich, sie durch verantwortliche Minister ausübt. Die Unabhängigkeit der richterlichen Gewalt wird erzielt durch die Wahl der Richter durch das Volk (Geschworene). Jede Gewalt hat gegen Machtüberschreitungen der anderen ein Interzessionsrecht, insbesondere der König ein Veto gegen Parlamentsbeschlüsse. Der Mangel eines Selbstversammlungsrechtes, eines Selbstprorogationsrechtes und kurze Sessionen sollen das Parlament hindern, seine Macht auszudehnen; der Mangel eines stehenden Heeres und kurze Steuerbewilligungen dienen dem gleichen Zweck hinsichtlich der vollziehenden Gewalt. Im wesentlichen sind es die — teilweise allerdings nicht ganz richtig wiedergegebenen — englischen parlamentarischen Einrichtungen, die M. rationalisiert und generalisiert. Sein Einfluß war ein tiefer und nachhaltiger, ja er stieg in der Folge noch wesentlich, während er in der unmittelbaren Wirkung verdunkelt wurde durch den überragenden Einfluß Rousseaus.

Rousseau und die Franz. Revolution. Jean Jacques Rousseau (1712—1778) steht ganz auf dem Boden des Naturrechtes. Auch bei ihm ist der Staatsvertrag (Contrat social ist der Titel seines staatswissenschaftlichen Hauptwerkes) das Fundament, aber der Inhalt dieses Vertrages ist bei Rousseau anders gefaßt als bei Hobbes, Pufendorf und Locke.

Nach Rousseaus Annahme verspricht jeder jedem auf die natürliche Freiheit vollständig zu verzichten und sich ganz dem Willen der Gesamtheit zu unterwerfen; und da diese Hingabe von allen vollzogen wird, sind alle in der gleichen Lage, alle sind Glieder und Teilhaber des Gesamtwillens (volonté générale). So wird unmittelbar durch den Sozialvertrag schon der Staat begründet; die Verfassung — eine demokratische Republik — ist durch die gleiche Stellung aller von selbst gegeben. Jeder einzelne ist als Untertan (sujet) dem Willen des Gemeinwesens unterworfen, nimmt aber als Bürger (citoyen) an seiner Bildung teil. Darin besteht die bürgerliche Freiheit, die an Stelle der aufgegebenen natürlichen Freiheit tritt. Es gibt kein pactum subjectionis gegenüber irgendeinem Herrscher, denn das wäre Veräußerung der Freiheit, diese ist aber unveräußerlich, denn sie ist gleichbedeutend mit Menschentum. Der Staat, obwohl mit absoluter Gewalt ausgestattet, kann kein Interesse haben, das dem seiner Bürger entgegengesetzt ist, denn es ist unmöglich, daß der Körper seinen Gliedern schaden wolle; darum bedarf es in diesem Staate keiner Garantien gegen den Mißbrauch der souveränen Gewalt. Ganz anders als bei Montesquieu ist bei Rousseau auch das Verhältnis der Gewalten im Staat. Nur das Gesetz als Ausdruck der volonté générale ist ein wahrer Souveränitätsakt. Darum kann die gesetzgebende Gewalt nur dem Volke zustehen, und zwar unmittelbar; Rousseau verwirft jede Repräsentation. Stellung und Aufgabe der Regierung kann nur die sein, das Gesetz auszuführen. Die Glieder des Regierungskörpers, mögen sie Magistrate, Könige, Fürsten heißen, sind nur Beauftragte, Diener des Souveräns, der ihre Vollmacht jederzeit beschränken oder zurücknehmen kann. Rousseau ist auch nach bekannten Vorbildern für eine bürgerliche Staatsreligion einaetreten, nicht ohne Ausfälle gegen das Christentum.

Rousseau ist, obgleich er nicht zur Revolution aufrief, der eigentliche Prophet der Französischen Revolution; die zündende Wirkung seiner Schriften war um so unmittelbarer, als die bedeutendsten Politiker der Revolutionszeit, Mably, Siéyès, Condorcet und Robespierre erfüllt waren von Rousseauschen Ideen. Die Verfassungsgesetzgebung der Französischen Revolution, die wie keine andere ganz ein Werk der Theorie ist, trägt denn auch in vielen Beziehungen das Gepräge der Rousseauschen Leitsätze an sich.

VII. Reaktion und Kampf gegen die naturrechtliche Theorie.

Die konservative Staatslehre: Burke. Der Sieg der naturrechtlichen Ideen auf dem Gebiete der praktischen Politik, der in der furchtbaren Umwälzung der Französischen Revolution äußerlich in Erscheinung trat, rief eine Gegenbewegung hervor, die sich gegen das Naturrecht selbst kehrte.

Edmund Burke, der bedeutendste englische Staatsphilosoph des 18. Jh. griff in seiner „Reflection of the revolution in France" (1791), teilweise im Gegensatz zur öffentlichen Meinung des intellektuellen England, die Ideen der Französischen Revolution und ihre naturrechtliche Basis an, insbesondere die „Sophisterei" des Staatsvertrages und der Volkssouveränität und stellt den „natürlichen" Rechten die legalen verfassungsmäßigen als die einzig wahren Rechte, der „natürlichen" Gleichheit die Gleichheit vor dem Recht des Staates gegenüber. Gegen den umstürzenden Radikalismus des Naturrechtes betont er den Wert des historisch Gewordenen und die Pflicht des Staatsmannes, das Vorhandene zu erhalten und nur mit äußerster Vorsicht unerträglich gewordene Zustände zu reformieren. In gleichem Sinne wirkte auf dem Kontinente Friedrich Gentz (1769—1832), der auch die antirevolutionären Schriften Burkes übersetzte.

Die romantische Staatslehre. Für die Gegenströmung gegen die Französische Revolution in Deutschland ist charakteristisch die starke Anlehnung an die katholische Kirche, die als die allerkonservativste Macht im Vordergrunde der Gegner der naturrechtlichen Umsturzideen stand. Die katholisierende, reaktionäre, wegen ihrer Vorliebe für mittelalterliche Einrichtungen auch die **romantische** genannte Richtung knüpft sich insbesondere an die Namen des **Marquis von Bonald**, des **Grafen de Maistre** und des **Priesters Lamennais** in Frankreich, **Karl Ludwig von Haller**, **Adam Heinrich Müller** und **Josef Görres** in Deutschland. Ihr Kampf gilt dem Vernunftrecht vom Standpunkt der göttlichen Autorität der Kirche, dem naturrechtlichen Individualismus vom Standpunkte der organischen Staatsauffassung (insbesondere Bonald), der Gleichheitsfiktion und dem „mathematischen und mechanischen System der modernen Volksvertretung" (Görres) vom Standpunkt des historischen Ständerechtes. Der wissenschaftlich bedeutendste dieser Gruppe ist **Haller** (1768—1854), nach dessen Hauptwerk „Die Restauration der Staatswissenschaft" die ganze Gruppe ihm geistig verwandter Schriftsteller als „Restaurationspolitiker" bezeichnet wird. Dennoch ist es nicht richtig, Haller geradezu zum Propheten der Restauration zu stempeln; seiner Auffassung ist vielmehr der politische Grundgedanke der Restauration, die Legitimitätsidee, fremd. Seine eigene Staatstheorie läuft auf eine Anerkennung der tatsächlichen Macht hinaus; der Staat ist ihm die „höchste Gradation natürlicher Dienst- und Sozietäts- oder sog. Privatrechtsverhältnisse, die sich von anderen nur durch die Unabhängigkeit oder höhere Macht und Freiheit ihres Oberhauptes unterscheidet". Dennoch ist ihm der Patrimonialstaat der natürliche, gewissermaßen der Idealstaat. Die Hauptstärke seines Werkes liegt in der Kritik des Naturrechtes, dessen willkürlichen Konstruktionen gegenüber er sich mit Geschick auf den Verlauf der Geschichte beruft.

Die konservative Staatslehre in Deutschland und die Legitimitätsidee: H. Leo, F. J. Stahl. Eine Fortbildung erfuhr die religiös-konservative Richtung durch **Heinrich Leo** (1799—1878) und **Friedrich Julius Stahl** (1802—1861). Leo war hauptsächlich Historiker und versuchte in seinen „Studien und Skizzen zu einer Naturlehre des Staates" die Fundamente einer neuen Staatslehre auf religiöser Grundlage und unter Verwertung der organischen Idee zu legen. Ungleich größeren Einfluß aber übte **Stahl**, der bedeutendste Vertreter der auf theokratischer Grundanschauung fußenden konservativen Richtung. Seine „Philosophie des Rechtes" wirkte epochemachend durch die geschickte Kritik der bisherigen Staats- und Naturrechtslehre, die er mit ihren Folgen, Liberalismus und Revolution, heftig bekämpft. In seiner eigenen Rechts- und Staatslehre „auf Grundlage christlicher Weltanschauung", die einigermaßen von **Schellings** religiöser Spätphilosophie beeinflußt, aber doch durchaus selbständig aufgebaut ist, stellt er dem Vernunftrecht das göttliche Recht, der Volkssouveränität das monarchische Prinzip, der Majorität die Autorität, der Revolution die Legitimität als die Grundfesten des Staates gegenüber. Er ist der theoretische Begründer der **Legitimitätsidee** und von ihm rührt die Formulierung des **monarchischen Prinzipes** her, das er auch historisch als das **deutsche** im Gegensatze zum englischen parlamentarischen Prinzip zu begründen sucht.

Die nationale Idee. Ein anderer gefährlicher Gegner erwuchs der naturrechtlichen Staatstheorie in der politisch äußerst wirksamen **nationalen Idee**. Von dieser Seite wird speziell das **universalistische, kosmopolitische** Wesen des Naturrechtes, das gerade in der Französischen Revolution in dem Gedanken einer Universalrepublik hervorgetreten war, angegriffen. Die nationale Idee erfaßt die Nation als natürliche und geistige Einheit und fordert für sie staatliche Einheit. In Deutschland ist **Herder** der Bahnbrecher der nationalen Idee; ihren mächtigen Aufschwung zur Zeit der Befreiungskriege förderte auch Gentz, aber auch bei **Fichte** und selbst bei Konservativen wie **Görres** und besonders dem Historiker **Niebuhr** wird sie kräftig betont. Der nationale Gedanke hat sich in der Folge als einer der stärksten staatsbildenden Ideen erwiesen; die Freiheitskämpfe der Balkanvölker, die Einigung Italiens und Deutschlands sind praktische Auswirkungen der nationalen Idee.

Das nationale Staatsprogramm hat Mazzini um die Mitte des 19. Jh. in die knappe Form gekleidet: jede Nation ein Staat, die ganze Nation nur ein Staat. Aber die Entwicklung der Idee und der Weg zum Nationalstaat war speziell in Deutschland ein schwieriger und vielfach verschlungener. In Frankreich und England war der nationale Einheitsstaat auf dem Boden alter Kulturnationen erwachsen, und als in Frankreich das ancien régime zusammenbrach, war die neue Demokratie trotz aller individualistischer und kosmopolitischer Ideen der Revolutionszeit durchaus national. Viel schwieriger standen die Dinge schon wegen der staatlichen Zersplitterung in Italien und Deutschland. Die ersten Regungen eines gesamtdeutschen Nationalbewußtseins sind umsponnen von humanistisch-universalistischen Tendenzen, wie bei Humboldt, oder von religiös-kosmopolitischen, wie bei den Romantikern, und selbst bei Fichte ist die nationale Einigung, für die er energisch eintritt, ein Mittel zum Zweck für die höhere Aufgabe für das ganze Menschengeschlecht. Immerhin war seit den Befreiungskriegen die nationale Idee auch in Deutschland volkstümlich geworden, stieß aber hierbei auf festgefügte Staatsgewalten, insbesondere auf zwei Großmächte, von denen der eine, Preußen, schon ein nationaler Staat war, während der andere, Österreich, begreiflicherweise allen nationalen Einheitsbestrebungen ablehnend gegenüberstand. Eine Richtung des Nationalstaatsgedankens, die im Südwesten Deutschlands Ursprung und Sitz hatte und insbesondere von den beiden Gagern, Pfizer, Rümelin, Droysen, Dunker, Hagen u. a. vertreten wurde, verband sich mit dem naturrechtlichen, liberal-demokratischen Programm: der Einheitswille der Nation solle auf Kosten der im Wege stehenden, mehr oder minder absolutistischen Einzelstaatsgewalten in einem konstitutionellen Gesamtstaat seine Erfüllung finden; insbesondere von Preußen, der stärksten Einzelmacht, wird hierfür das Opfer der staatlichen Einheit verlangt. Aber auch die konservative Richtung, die an die Romantiker anknüpfte, verschloß sich den nationalen Postulaten nicht, aber sie sah den Weg der Erfüllung in der inneren Nationalisierung der geschichtlich gewordenen Einzelstaaten. So hat vor allem Ranke den nationalen Staatsgedanken aufgefaßt, und mit manchen Abweichungen im einzelnen durchzieht der gleiche Grundgedanke das Wirken der Brüder Gerlach, Stahls und schließlich Bismarcks. Der ganze Gegensatz der Grundanschauungen trat beim Versuch der Reichsgründung (1848) in dem Gegensatz Frankfurt—Berlin offen zutage. Vom konservativen Standpunkt schien der Einheitswille der Nation nur zu verwirklichen durch die Annäherung der Staatsgewalten, wobei Preußen selbstverständlich die Führung zufiel. Die Tiefe der Meinungsverschiedenheiten vereitelte zunächst das Einheitswerk, aber nach 1866 kam die nationale Vereinigung zustande, mehr im konservativen Sinne unter Führung Preußens, nachdem Bismarck die Formel für eine lebensfähige Ausgleichung der Gegensätze in der bundesstaatlichen Verfassungsform des Reiches gefunden hatte. Als der ausgesprochenste Vertreter der nationalen Idee in der deutschen Literatur kann in neuerer Zeit v. Treitschke gelten, der unter dem mächtigen Eindruck Bismarcks und der Reichsgründung in scharfem Gegensatz zu dem Kathedersozialismus mit eindrucksvollem Pathos den nationalen Gedanken unter starker Betonung des Antisemitismus verfocht.

Die rechtshistorische Schule. Diejenige wissenschaftliche Theorie aber, der es beschieden war, endgültig die Herrschaft des Naturrechtes zu brechen, war die mit der Romantik in den Wurzeln zusammenhängende rechtshistorische Richtung. In der Gegnerschaft gegen die aprioristischen Annahmen des Naturrechtes und der Wertschätzung des Gewordenen hat sie ihre Vorläufer in Justus Henning Böhmer († 1749), in Justus Möser (1720—1794) und dem Romanisten Hugo; aber ihren unbestrittenen Schöpfer und Führer verehrt sie in Friedrich Karl v. Savigny (1779—1861). Das wissenschaftliche Programm der historischen Rechtschule ist am klarsten in der Schrift Savignys „vom Beruf unserer Zeit für Gesetzgebung und Rechtswissenschaft" (1814) ausgesprochen. Unter völliger Verwerfung der naturrechtlichen Abstraktionen, die sich anmaßten, für alle Zeiten und Völker gültige Normen aufzustellen, wird das Recht als organisches Produkt der Volksseele, somit als Produkt nationalen Geistes aufgefaßt, das nicht willkürlich gemacht werden kann, sondern mit der Entwicklung des Volkes wächst wie Sprache und Sitte. Die legitimste Form der Entstehung des Rechtes ist demnach die Gewohnheit, die sich aus der Rechtsüberzeugung des Volkes ergibt, deren Sprachrohr der Gesetzgeber zu sein hat. Die Gründer der rechtshistorischen Schule hatten freilich zunächst nur das Privatrecht im Auge, aber die Zertrümmerung der Autorität des Naturrechtes mußte auch auf die Staatslehre, die ganz auf seinen Prinzipien aufgebaut war, zurückwirken. Allerdings bot hier die Vielgestaltigkeit der Verfassungsentwicklung der Staaten ein Hindernis für jene systematische Betrachtungsweise, wie sie im Privatrecht an der Hand des römischen Rechtes geläufig war, und infolgedessen zeigt sich hier eine gewisse Unsicherheit und ein längeres Festhalten an naturrechtlichen Konzeptionen.

Die liberal-konstitutionelle Doktrin. Das Naturrecht selbst änderte aber auch seinen Charakter einigermaßen und entfernte sich von den Rousseauschen Lehren. Den Enderfolg der Französischen Revolution hatte das zu politischer Berechtigung und wirtschaftlicher Freiheit gelangte Bürgertum eingeheimst, und seinen Interessen entsprach das extrem demokratische Prinzip nicht. Das wandelbare Naturrecht legte demgemäß seinen Radikalismus zum Teile ab. Unter der Gewaltherrschaft Napoleons hatte die nationale Begeisterung alles übrige vergessen lassen, und als die Restauration kam, war das satte Bürgertum mit der „Konstitution“ zufrieden, gab sie ihm doch Ruhe, Sicherheit und politische Rechte. Die „konstitutionelle Monarchie“ erschien jetzt als die ideale Staatsform; die Charte von 1815 wirkte als Musterverfassung, und in den Staaten, die noch keine „Konstitution“ hatten, galt es sie zu erringen. Benjamin Constant (1767—1830) ist der klassische Vertreter der konstitutionellen Theorie. Im wesentlichen kann man in seinen Werken eine zeitgemäße Fortbildung der Montesquieuschen Theorien erblicken, wobei Constant insbesondere die Notwendigkeit der monarchischen Gewalt als „pouvoir neutre“, d. i. als Vermittler und Regulator der drei anderen Gewalten im Sinne eines ungestörten Zusammenwirkens in der Einheit des Staates geschickt verteidigt.

Von den Deutschen waren in ähnlicher Richtung besonders Karl (Rodecker) von Rotteck (1775–1840) und Karl Theodor Welcker (1790—1869) tätig. Der erstere, hauptsächlich durch seine liberal gefärbte Weltgeschichte, sein Lehrbuch des Vernunftrechtes und der Staatswissenschaften und die mit Welcker herausgegebene Enzyklopädie der Staatswissenschaften bekannt, war der radikalere von beiden, noch mehr von der Gemeingültigkeit des Vernunftrechtes durchdrungen; man wird unschwer Rousseausche Gedanken bei ihm erkennen. Gleichwohl tritt er für die konstitutionelle Monarchie ein, bekämpft aber das „monarchische Prinzip“ und will die Regierungsgewalt nur als eine vom Volk übertragene gelten lassen. Welcker neigt mehr dazu, seine vernunftrechtlichen Sätze durch geschichtsphilosophische Betrachtungen zu begründen und erblickt im modernen Repräsentativstaat mit seiner Mischung von monarchischen, aristokratischen und demokratischen Elementen eine höhere Staatsbildung gegenüber der Antike.

Die Publizisten historischer Richtung. Zu den Publizisten, die am entschiedensten die rechtshistorische Methode auch auf die Staatslehre übertrugen, gehört in erster Linie F. C. Dahlmann, der in seiner „Politik, auf den Grund und das Maß der gegebenen Zustände zurückgeführt“ (1835; unvollendet) die Staatsidee nicht aus abstrakten Axiomen herleitet, sondern in ihrer Verkörperung historischer Staaten unter zahlreichen Hinweisen namentlich auf die englische Verfassungsentwicklung aufzeigt. Es folgen Georg Waitz (Grundzüge der Politik 1862) und insbesondere Rudolf Gneist, der in echt historisch-wissenschaftlicher

Weise seine grundlegenden Werke über englisches Verfassungs- und Verwaltungsrecht schuf.

Die Staatsphilosophie: Hegel, Schelling und Schleiermacher. Auch die eigentliche Staatsphilosophie wandelte seit der Wende des 19. Jh. wohl in Anknüpfung an Kant aber auch in Umgestaltung seiner Ideen neue Bahnen. Joh. Gottlieb Fichte (1762 bis 1814) steht mindestens im Anfang seiner Entwicklung ganz auf dem Boden des Naturrechtes des 18. Jh. und trat von diesem Standpunkte auch für die Französische Revolution ein. In seinem „Naturrecht" (1796) vollzog er einerseits die Trennung von Kant, andrerseits legte er hier die Grundlagen seiner eigenen Rechts- und Staatsphilosophie. Charakteristisch ist hierfür die Trennung des Rechts- vom Sittengesetze und die Verbindung des ersteren mit der staatlichen Realität. Demnach gibt es für ihn kein allgemein gültiges Natur- oder Vernunftrecht, sondern nur ein von der Wirklichkeit der staatlichen Ordnung abhängiges Recht. Denn aus dem Begriff des Rechtes als des Verhältnisses freier Wesen zueinander, d. i. der notwendigen Beschränkung der eigenen Freiheit zur Aufrechterhaltung der Freiheit der anderen gleichberechtigten Vernunftwesen folgt die Notwendigkeit des staatlichen Zwanges. Erst durch die staatliche Gesetzgebung tritt der einzelne in die Urrechte, und zwar in den Formen, die ihnen die Ordnung des Staates verleiht. So sind Staat und Recht nicht mehr bloß Schutzanstalt für das Individuum, sondern ihr Zweck ist die Gemeinschaft als solche. Damit wandelt sich aber der individualistische Grundgedanke des Vernunftrechtes in einen durchaus kollektivistischen, und Fichte ist auf dieser Bahn fortschreitend in seinem „geschlossenen Handelsstaat" (1800) zum Staatssozialismus gelangt. Unter dem Drange der politischen Ereignisse hat Fichte in den „Grundzügen des gegenwärtigen Zeitalters" und in den „Reden an die deutsche Nation" (1808/9) seinem Staatsgedanken die Grundlage einer idealen Geschichtsphilosophie und den Inhalt einer Erziehungs- und Kulturanstalt im Sinne Platos gegeben.

Noch näher der historischen Richtung steht Georg Wilhelm Friedrich Hegel (1770—1831). In seiner Weltanschauung nehmen Staat und Recht als Grundlage des gesamten sittlichen Lebens einen wichtigen Platz ein. Die „Entwicklung der Idee", die er auch im Recht konstruiert, führt vom Individuum durch den Staat zur Menschheit. Der Staat ist ihm nicht eine willkürliche Menschenschöpfung durch Vertrag, sondern eine natürliche Bildung, die der einzelne nicht erzeugt, sondern in die er hineingeboren wird. Im Staat entwickelt sich die Freiheit des Geistes oder der Wille der Persönlichkeit, mit dem aber in der zusammenhängenden Rechtsordnung eine entsprechende Pflicht verbunden ist, die die Zugehörigkeit zur Rechtsordnung auferlegt, woraus der überwiegende Wert der Rechtsordnung und die Überordnung des Staates als autonomen, allein eine Gesamtpersönlichkeit repräsentierenden Willens sich ergibt. So konnte Hegel den Staat als „die Wirklichkeit der sittlichen Idee" definieren. Aber seinem in seiner Geschichtsphilosophie begründeten Entwicklungsgedanken entsprach der durchaus geschichtliche Charakter der einzelnen Staaten als Glieder und Stufen der Selbstentwicklung des Geistes. Wenn er daher auch, am „Vernunftrecht" festhaltend, nur das in der Staatsverfassung und im Recht als gültig anerkannt wissen will, was nach dem Recht der Vernunft anzuerkennnen ist, hat andrerseits sein der geschichtlichen Wirklichkeit zugewandter Blick in dem wirklichen Staat des historischen Geschehens eine Schöpfung der objektiven Vernunft gesehen. So konnte Hegel zu dem Satze kommen: „Was vernünftig ist, ist wirklich, und was wirklich ist, ist vernünftig", worin man eine Synthese der naturrechtlichen und der rechtshistorischen Anschauung finden kann. Freilich ist auch bei Hegel dieses Natur- oder Vernunftrecht nicht mehr ein unveränderliches, sondern ein durch den geschichtlichen Werdegang und die Entwicklung des Geistes in Fortbildung begriffenes System.

Weniger für die Staatslehre von Bedeutung ist Schelling, der vorwiegend Naturphilosoph war und in seinen letzten Werken in theologischen Mystizismus einlenkte. Insoweit er sich mit Staat und Recht beschäftigte, betonte er stark den historischen Standpunkt. Weniger theologisch gefärbt sind die Ansichten Schleiermachers. Als Staatsphilosoph faßte auch er den Staat nicht als eine willkürliche Menschenschöpfung, sondern als natürliche Bildung auf, die mit dem gesteigerten Staatsbewußtsein in verschiedenen Staatsformen sich fortbildet. Die von ihm angenommene weltgeschichtliche Stufenfolge: Demokratie — Aristokratie — Monarchie erscheint zwar willkürlich, aber seine Ausführungen über die Entwicklung des einheitlichen Staatsbewußtseins und über den Beruf des Staates zur Erziehung haben seinerzeit ihren Eindruck nicht verfehlt.

Vermittlungsversuche zwischen der historischen und naturrechtlichen Schule. Die eklektische Methode. Die Erschütterung des naturrechtlichen Systems, rief noch andere Richtungen bei der Behandlung staatswissenschaftlicher Probleme hervor; zunächst Vermittlungsversuche zwischen den sich bekämpfenden Schulen, wie bei Ancillon und Radowitz. Dann eine Richtung, die sich eingehender mit dem positiven Staatsrecht befaßt und in Fragen der allgemeinen Staatstheorie eine eklektische Methode befolgt. Als Repräsentant dieser Richtung erscheint Carl Salomo Zachariae (1769—1843; Hauptwerk: Vierzig Bücher vom Staat), der in zahlreichen Schriften in gründlicher und rechtsvergleichender Darstellung die staatlichen Institutionen mit offensichtlicher Vorliebe für Monarchie und Erbadel beschreibt und hierbei mit Geschick, ohne sich in allzu sichtliche Widersprüche zu verwickeln, neben der Kantischen Philosophie auch Machiavellistische und Rousseausche Gedanken, theokratische und geschichtsphilosophische Ideen zu verwerten weiß. Zur eklektischen Richtung ist auch Schmitthenner zu zählen, von dessen auf 12 Bände veranlagtem „Allgemeinen Staatsrecht“ jedoch nur 6 erschienen sind.

Die kritische Richtung. Wieder eine andere Richtung ist die vorwiegend kritische, die zwar auch zu einem gewissen Eklektizismus neigt, aber, einerseits skeptisch gegen die rein spekulative Methode des Naturrechtes, andrerseits mißtrauisch gegen die Vortrefflichkeit der historisch überkommenen Institutionen, durch eingehende Prüfung und Beobachtung des Gegebenen sowie der politischen Ideen und ihrer Rückwirkungen auf die staatlichen Einrichtungen Wahres und Falsches zu scheiden sucht. Voran steht unter dieser Gruppe Robert v. Mohl (1799—1875), dessen „Geschichte und Literatur der Staatswissenschaften“ von unvergänglichen Wert ist. In seinen sonstigen zahlreichen staatswissenschaftlichen Werken vertritt Mohl — unter Einfluß Kants — den rechtsstaatlichen Standpunkt. Mohl gehört auch zu den ersten deutschen Gelehrten, die die selbständige Bedeutung und Notwendigkeit einer „Gesellschaftswissenschaft“ als Ergänzung der Staatslehre erkannt haben. Zur vorwiegend kritischen Richtung ist auch das berühmte Werk des Ungarn Baron Josef Eötvös (1813—1871), „Der Einfluß der herrschenden Ideen des 19. Jh. auf den Staat“ zu zählen, das eine eingehende und geistvolle Kritik der Ideen der Freiheit, Gleichheit und Nationalität sowie der Mängel der Rousseauschen Staatslehre enthält. Im übrigen tritt Eötvös für ein System der Selbstverwaltung als Gegengewicht gegen übertriebene Zentralisation und zum Schutze der persönlichen Freiheit ein. In mancher Beziehung berühren sich seine Gedankengänge mit denen Alexis de Tocquevilles (1805—1859), dessen feinsinnige Werke „Démocratie en Amérique“ und „L'ancien régime et la révolution“ zu den Perlen der staatswissenschaftlichen Literatur zählen.

Der kritischen Richtung nahestehend aber doch ganz eigenartig ist die Stellung des Engländers Jeremias Bentham (1748—1832). Der Ausgangspunkt seiner Staatsphilosophie ist ein rein rationalistischer, vernunftgemäßer, hat aber nichts mit dem gangbaren Inhalt der Naturrechtslehre gemein. Der axiomatische Obersatz, von dem er seine ganze Staatslehre ableitet, ist der auf Epikur hinweisende, von Priestley ausgesprochene, übrigens auch von

David Hume und Beccaria in ähnlicher Weise formulierte Satz, daß der Zweck aller Moral und Gesetzgebung nichts anderes sei als die Herbeiführung des größtmöglichen Nutzens der größtmöglichen Zahl. Dieses Prinzip wurde von Bentham zum Fundament einer geschlossenen Weltanschauung, des sog. Utilitarismus, gemacht. Da er neben dem Utilitätsprinzip als zweites oberstes Prinzip das sog. Principle of self-preference aufstellt, des Inhaltes, daß das Selbstinteresse des Individuums die stärkste Triebkraft seiner Handlungen bilde, und daraus die logische Folgerung zog, daß die Staatseinrichtungen so beschaffen sein müssen, daß das Selbstinteresse zum wirksamsten Förderer des größtmöglichen Nutzens gemacht werde, was dann der Fall ist, wenn nicht eine Minderheit, sondern die große Mehrheit im Staate herrscht, so ergab sich aus jenen zwei Prinzipien die Notwendigkeit der Demokratie als einzig berechtigter Staatsform. Der praktische Einfluß Benthams wurde deshalb sehr bedeutend, weil er sich keineswegs damit begnügte, eine Theorie aufzustellen, sondern in stetem Hinblick auf die Wirklichkeit bis ins Detail von seinen Prinzipien aus die englichen Staatseinrichtungen einer Kritik unterzog und in zahlreichen Werken, Schriften und Zeitungsartikeln ein auf alle Zweige des Staatslebens sich erstreckendes Reformprogramm aufstellte und so direkt zum Gründer und geistigen Führer des englischen politischen Radikalismus wurde, dessen Ziel die Reform und Demokratisierung der englischen Staatseinrichtungen war. Tatsächlich wurde die englische Reformgesetzgebung und auch das System der modernen inneren Verwaltung Englands von niemandem tiefer inspiriert als von J. Bentham.

Die juristisch-dogmatische Richtung. Schon die letztgedachten Richtungen in der Staatswissenschaft bedeuten eine intensive Pflege des positiven Staatsrechtes. Wohl hat es auch früher tüchtige Werke gegeben, die die Bearbeitung des geltenden Verfassungsrechtes sich zur Aufgabe setzten, wie die Arbeiten Joh. Jakob Mosers, Friedrich Mosers, Stefan Pütters, die durch naturrechtliche Spekulationen kaum berührt waren. Aber jetzt, nachdem durch die Entthronung des Naturrechts die allgemeine Staatstheorie ihre Schwungkraft eingebüßt hatte, die Herstellung der Verfassungen überall vollzogen und teilweise neue Staatsformen aufgekommen waren, wandte sich die wissenschaftliche Betrachtung des Staates überwiegend der Dogmatik des Staatsrechtes zu, wo es galt, das System der Staatsrechtswissenschaft mit den Mitteln vorgeschrittener juristischer Technik in bewußter Trennung von Politik und Philosophie auszubauen. Es genügt hier, als Bahnbrecher der juristischen Methode des Staatsrechtes in Deutschland auf die Namen v. Gerber, Laband, Max von Seydel u. a. hinzuweisen.

VIII. Der Anarchismus.

Verhältnis zum extremen Liberalismus. Es erübrigt, noch einige Theorien zu erwähnen, die nicht eigentlich Staatstheorien sind, weil ihr unmittelbarer Gegenstand nicht der Staat ist, die aber gleichwohl sich mit dem Staatsproblem auseinandersetzen und auch manche Anknüpfungspunkte mit den Staatstheorien aufweisen.

Hierher gehört zunächst der Anarchismus. Er ist keine eigentliche staatstheoretische Richtung, weil er dem Staate gegenüber auf dem Standpunkt der Negation steht. Der theoretische Anarchismus steht im Zusammenhang mit dem naturrechtlichen Liberalismus, mit dem er insofern übereinstimmt, als auch er den Staat als bewußte Menschenschöpfung betrachtet, die man auch wieder abschaffen kann. Auch in der Betonung der natürlichen Freiheit ist der Ausgangspunkt der gleiche, aber der Anarchismus verlangt schrankenlose Freiheit und verwirft jede Zwangsgewalt, weil jede Gewalt unsittlich sei und mißbraucht werde. Der Zusammenhang beider Theorien tritt insbesondere bei Schriftstellern wie W. v. Humboldt („Idee zu einem Versuch, die Grenzen der Wirksamkeit des Staates zu bestimmen") hervor, die den **staatlichen** Zwang — zum Schutze der Freiheit — gegenwärtig noch für notwendig halten, vom **Staate selbst** aber erwarten, daß er sich mit der Zeit überflüssig machen werde.

Der Mutualismus. Die anarchistische Theorie aber hält ihn schon gegenwärtig für überflüssig und schädlich; allerdings sind nicht für alle Anhänger dieselben Gründe maßgebend. Die einen meinen, wenn Staat und Zwang aufhören, werde der Zustand der Brüderlichkeit unter den Menschen seinen Einzug halten; freiwilliges Zusammenwirken (Mutualismus) werde in besserer und sittlich höher stehender Weise die Zwangsorganisation ersetzen. Zu diesen „Optimisten" in verschiedener Schattierung gehören Proudhon, Moses Heß, Karl Grün, Tucker, Bakunin, Elisée Reclus, Fürst Peter Krapotkin, John Makay, Tolstoi u. a.

Stirner und Nietzsche. Max Stirner und Friedrich Nietzsche dagegen bekämpfen den Staat nicht deshalb, weil er Gewalt übt, sondern weil er sie zu dem Zweck gebraucht, um das in der Natur begründete Recht des Stärkeren zu hindern. Nietzsches Philosophie des Übermenschen, des Willens zum Leben und zur Macht, bedeutet eine Verwerfung der bisherigen Ethik, und er vollzieht die „Umwertung aller Werte" im Sinne der „Herrenmoral". Die Herrenmenschen stehen jenseits von Gut und Böse, denn diese heutigen Begriffe sind aus dem Instinkt der Herden- und Sklavenseelen erwachsen, die den berechtigten Herrschaftstrieb der Starken als böse stigmatisieren. Daher weg mit dem Staat, der die Starken hindert, ihre natürlichen Rechte zu gebrauchen.

Die „Propaganda der Tat". Immerhin ist auch das noch friedlicher Anarchismus im Gegensatz zu der berüchtigten von dem Russen Netschajew begründeten Richtung der „Propaganda der Tat", deren theoretischer Hintergrund — soweit man davon sprechen kann — der Gedanke ist, daß die Aufgabe der gegenwärtigen Generation die Zerstörung des Bestehenden, die Beseitigung aller Autoritäten sei, während der Aufbau der Zukunft der künftigen Generation zufalle. Die Taktik der Morde, Attentate, Putsche, Krawalle — auch lediglich als Mittel der Propaganda — hat mit der Staatstheorie wohl nichts mehr zu tun.

IX. Sozialismus und Kommunismus.

Die naturrechtliche Richtung im Sozialismus. Während der Anarchismus heutzutage weder theoretisch noch praktisch eine nennenswerte Rolle spielt, ist der Sozialismus und Kommunismus theoretisch zu einem durchgearbeiteten wissenschaftlichen System und praktisch zu einer ungeheuren politischen Macht herangewachsen. Sozialismus und Kommunismus werden heute in gleichem Sinne gebraucht und bedeuten einen Gesellschaftszustand, bei dem mit den Mitteln der Gesamtheit gewirtschaftet wird; von Kommunismus in prägnantem Sinne spricht man speziell, wenn hierbei das Privateigentum völlig beseitigt werden soll.

Es muß hier genügen, die neuere sozialistische Bewegung zu erwähnen, zumal mit ihr die antiken und mittelalterlich-asketischen kommunistischen Tendenzen keine direkte Gedankenverbindung aufweisen. Die neuzeitlichen sozialistischen Theorien beginnen im Zeitalter des Humanismus zunächst in der Form der Staatsromane mit Thomas Morus' Utopia. Sie beruhen auf einer der Antike und dem Mittelalter fremden Wertschätzung der produktiven Arbeit und knüpfen direkt an das Naturrecht an, dessen Gerechtigkeits- und Gleichheitsidee sie auf das wirtschaftliche Leben ausdehnen. Der innige Zusammenhang mit dem Naturrecht tritt auch noch bei Jean Meslier († 1729; nachgelassenes Werk: Le testament de J. Meslier) und insbes. bei Morelly hervor, von dem der „Code de la nature" (1755) stammt, der Entwurf eines Verfassungsgesetzes für den im radikalen naturrechtlichen Sinn unter Aufhebung des Privateigentums umgestalteten Staat.

Die kommunistischen Ideen in der Franz. Revolution. Die kommunistischen Ideen Mesliers und Morellys fanden in der Französischen Revolution einen fruchtbaren Boden

Marat, Boissel u. a. entfalteten eine kommunistische Agitation, die Mehrheit des Jakobinerklubs war zeitweise kommunistisch gesinnt, und mit großem demagogischem Erfolg wurden die Ideen von Baboeuf propagiert. In seinem von Sylvain Maréchal inspirierten Programm finden sich alle zugkräftigen Schlagworte der kommunistischen Maximen, die größtenteils dem Testament Mesliers und dem „Code de la nature" entnommen sind: Allgemeine Arbeitspflicht und Fixierung der Zahl der Arbeitsstunden, Leitung der Produktion durch eine vom Volk gewählte Gewalt, Zuteilung der Arbeit an die Bürger nach ihrer Fähigkeit und der Güter nach den Bedürfnissen usw.

Die Bewegung verflachte ohne dauernde Erfolge, wurde aber neu angefacht im 1. Drittel des 19. Jh. durch Charles Fourier und den Grafen St. Simon. Beide waren nicht eigentliche Kommunisten, denn sie griffen das Privateigentum in seinem Bestande nicht an, aber sie förderten die Bewegung der unteren aufstrebenden Klassen und trugen wichtige Bausteine zur sozialistischen Doktrin bei. Fouriers Lehre ist auf dem Gedanken des Rechtes auf Arbeit und auf den Genuß ihrer Früchte als eines Menschenrechtes — also naturrechtlich — aufgebaut, während St. Simon von dem gesellschaftlichen Gegensatz der (geistig und körperlich) Arbeitenden (industriels) und der „Drohnenexistenzen" ausgehend, den Gedanken der allgemeinen Arbeitspflicht voranstellte und zur Durchführung ein Bündnis des Königtums mit den „Industriellen" gegen das arbeitslose Kapital befürwortete. Von seinen Nachfolgern griff Armand Bazard besonders das Erbrecht an und formulierte das „Recht auf den vollen Arbeitsertrag", während Barthélémy Prosper Enfantin Eigentum und Privatkapital selbst bekämpfte. Nicht minder wurde die kommunistische Gleichheitsidee von Etienne Cabet, dem Verfasser des Staatsromanes „Reise nach Ikarien" vertreten. Für den Fourier-St. Simonschen, auch von den Cabetisten unterstützten Gedanken der Errichtung von Produktivassoziationen der Arbeiter mit Staatshilfe wurde im Jahr 1848 von Buchez und namentlich Louis Blanc mit anfänglich praktischem Erfolge wirksam agitiert. Es erfolgte die Errichtung der Nationalwerkstätten in Paris, die jedoch schon am 2. Juni 1848 wieder geschlossen wurden.

Inzwischen waren sozialistische Theorien auch in Deutschland und England aufgetreten. In Deutschland trat der Romanist Hugo in ausgesprochener Gegnerschaft gegen das Kantsche Vernunftrecht in seinem „Naturrecht als Philosophie des positiven Rechtes" (1798) gegen das Privateigentum auf, während Fichte in seinem „geschlossenen Handelsstaat" (1801) und dann im „System der Rechtslehre" (1812) in Fortbildung der Naturrechtslehre dem Staatsvertrag die Deutung gab, daß die Gesamtheit die Verbindlichkeit übernimmt, dem einzelnen das notwendige Eigentum zu verschaffen, damit er produktiv arbeiten kann, und ihm gegen Erfüllung der Arbeitspflicht im Genuß und Eigentum des Erarbeiteten schützt. Demgemäß müsse die ganze Güterproduktion durch den Staat geleitet und die Bürger in die einzelnen Berufszweige eingeteilt werden.

Die neben dem Recht auf Arbeit vorwaltenden Thesen des bisherigen, hauptsächlich naturrechtlich orientierten Sozialismus: Recht auf Existenz, Recht auf den vollen Arbeitsertrag und Abschaffung des Erbrechtes, bilden auch den Hauptinhalt der Lehre des Engländers William Godwin (on property 1793), während etwa 20 Jahre später sein Landsmann Robert Owen in Fortbildung der Benthamschen Utilitäts-Ethik zum Kommunismus gelangte, ihn aber auf genossenschaftlicher Basis durch Produktivassoziationen einzelner Fabrikationen, in der weiteren Folge aber ganzer Gemeinden verwirklicht wissen wollte.

Der ökonomisch-wissenschaftliche Sozialismus. Thompson, Rodbertus, Lassalle. Der vom Naturrecht losgelöste, wesentlich ökonomisch-wissenschaftlich begründete Sozialismus aber beginnt mit dem Engländer William Thompson und kulminiert in Karl Marx.

Von Thompson († 1833) stammt insbesondere die später von Marx übernommene Theorie vom Mehrwert (surplus-value, additional value), die das Rückgrat der antikapitalistischen Lehren bildet. Eine nicht unwesentliche Fortbildung verdankt die sozialistische Doktrin Johann Karl Rodbertus (1805—1875). Seine Hauptstärke liegt in der kritischen Analyse der volkswirtschaftlichen Verhältnisse; aber auch seine Wertlehre und das von ihm formulierte „Gesetz der fallenden Lohnquote" sind trotz mancher Einflüsse St. Simons und Proudhons durchaus selbständig. Dabei ist Rodbertus, wie auch seine Reformvorschläge beweisen, national und monarchisch gesinnt; sein Sozialismus ist Staatssozialismus. Rodbertus hat auf den späteren Sozialismus wesentlichen Einfluß geübt, am unmittelbarsten auf Ferdinand Lassalle (1825—1864), dessen idealistische, stark von Hegel inspirierte Auffassung des Rechtes und nationaler, im Staatsbewußsein verankerter Sinn ihn ebenso Rodbertus näherte, wie von Karl Marx trennte. Lassalle ist bedeutend und originell als Rechtsphilosoph (bes. „System der erworbenen Rechte"), weniger als sozialistischer Theoretiker, und auch seine praktischen Vorschläge — Arbeiterassoziationen mit Staatshilfe — sind nicht neu. Die Hauptbedeutung Lassalles aber liegt in seiner agitatorischen Kraft, mit der er die Arbeiterbewegung von dem von ihm begründeten allgemeinen deutschen Arbeiterverein aus entfachte und die Lehren Karl Marx' und Rodbertus' verbreitete und popularisierte.

Der tiefste Denker des Sozialismus und geistige Beherrscher der sozialistischen Doktrin bis auf den heutigen Tag aber ist Karl Marx (1808—1883), der die kommunistische Lehre auf breiter philosophischer Grundlage systematisch aufbaute. Sein Standpunkt ist ein rein materialistischer: die sozialen Gebilde, die ganze Gesellschaft, sind ein Produkt materieller Vorgänge; die verschiedenen Epochen, Feudalismus, Kapitalismus, sind historische Kategorien des unendlichen Entwicklungsprozesses, der nicht geleitet wird von einer transzendentalen Idee (wie bei Hegel), sondern durch die Ideen der Menschen selbst, die wieder ihrerseits ausschließlich das Produkt der ökonomischen Verhältnisse und ihrer Entwicklung sind. Auch alle Äußerungen des geistigen, sozialen, religiösen, kulturellen, politischen Lebens sind auf jene als einzige kausale Ursache zurückzuführen (materialistische Geschichtsauffassung). Die ökonomische Formation der Gesellschaft aber wird in der ganzen Geschichte durch den Klassengegensatz bestimmt: herrschende und beherrschte, ausbeutende und unterdrückte Klasse. Staat und Recht sind nur der äußere Ausdruck dieses jeweiligen Verhältnisses, die Organisation der Macht der Herrschenden, die ihren Willen den Unterdrückten aufgezwungen haben. Jede ökonomische Verfassung aber entwickelt aus sich heraus Produktivkräfte, die mit der bisherigen Gesellschaftsordnung nicht vereinbar sind; daher bedingt der Klassengegensatz den Klassenkampf, der entweder mit dem Untergang oder aber mit der Sprengung der Gesellschaftsordnung endigt, indem die bisher unterdrückten Klassen den Sturz der bisher herrschenden Klassen bewirken und eine neue Gesellschaftsordnung errichten. Das ist nach Marx ein naturgesetzlicher Vorgang, kraft dessen durch Revolutionen und den Sieg der stärkeren Klasse die gesellschaftliche Entwicklung sich vollzieht. In der kapitalistischen Gesellschaftsordnung der Gegenwart kommen nur zwei Klassen in Betracht: Die Besitzenden (Bourgeois) und die Besitzlosen (Proletariat). Die Herrschaft der Besitzenden aber führt durch die Aneignung des Mehrwertes zur Verelendung der Nichtbesitzenden und vermöge des Akkumulationsprinzipes zur Anhäufung des Kapitals bei vergleichsweise wenigen Kapitalmagnaten, während eine immer größere Zahl ins Proletariat herabsinkt. So wird schließlich das Proletariat vermöge seiner ungeheuren Überzahl zur stärkeren Klasse, und dann ist der Moment der Revolution gekommen, der „Expropriation der Expropriateure" Die neue Gesellschaftsordnung ist notwendig eine kommunistische; sie beseitigt endgültig die Quelle aller Ausbeutung und Unterdrückung, das Privatkapital, hebt die Klassengegensätze auf und stellt eine neue (endgültige?) Gesellschaftsordnung her.

Marx hat seine Lehren in zahlreichen Schriften niedergelegt; am wichtigsten ist „Das Kapital", 3 Bände, der 2. und 3. erst nach dem Tode Marx' herausgegeben; die Theorie über den Mehrwert, aus dem nachgelassenen Manuskript „Zur Kritik der polit. Ökonomie", herausgegeben von Kautsky; sein politisches Programm ist prägnant zusammengefaßt in dem mit F. Engels verfaßten Manifest der Kommunistischen Partei (1848).

Die Parteiprogramme. Nach Lassalles frühem Tode gelangten die Marxistischen Prinzipien innerhalb der Sozialdemokratischen Partei bald zur Alleinherrschaft, die sich schon in dem auf dem Gothaer Parteitag (1875) angenommenen Gothaer Programm ankündigte und auf dem Erfurter Parteikongreß (1891) durch die Annahme des sog. Erfurter Programms besiegelt wurde. Dieses durch 30 Jahre dem deutschen Sozialismus zur Richtschnur dienende Programm enthält im 1. Teil die allgemeinen theoretischen Grundsätze, im 2. Teil die Forderungen der Sozialdemokratie an die heutige Gesellschaft und den heutigen Staat, also das taktisch-politische Programm. Je nach der Auffassung über das Verhältnis beider Teile, insbesondere je nach der Anschauung, ob mit der Anwendung des taktischen Programms sich von selbst und auf friedlichem Wege auch die Erfüllung der Grundsätze ergeben werde, oder ob die Erfüllung des ersteren lediglich eine Abschlagszahlung darstellt, die Herstellung des grundsätzlichen Kommunismus aber nur durch Katastrophen zu verwirklichen sei, scheiden sich die Richtungen innerhalb der Partei, eine Erscheinung, die in gleicher Weise auch in anderen Ländern zutage tritt. Aber wie immer sich die Parteien nennen und so sehr sie sich auch untereinander bekämpfen mögen, darüber besteht kein Zweifel, daß alle auf gemeinsamer Grundlage, d. i. der marxistischen Lehre, dem gleichen Endziel, nämlich der Verwirklichung des Kommunismus auf internationaler Basis zustreben. Hieran hat auch die auf dem jüngsten Parteitag in Görlitz (20. 11. 1921) beschlossene Revision des Programms (Görlitzer Programm) nichts geändert. Die äußere Anlage des neuen Programms ist die gleiche wie beim Erfurter: Eine allgemeine prinzipielle Erklärung und eine Reihe einzeln formulierter Forderungen. Die erstere enthält im wesentlichen die alte Verurteilung des Kapitalismus nebst der Forderung der Sozialisierung der Produktionsmittel, das Festhalten am Klassenkampf; daneben, den Zeitverhältnissen entsprechend, einige Bemerkungen über die den Kapitalismus fördernden Wirkungen des Weltkrieges, die Betonung der Internationale, Schaffung eines Bundes gleichberechtigter Völker und das Bekenntnis zur demokratisch-republikanischen Regierungsform. Größer ist der Unterschied in den besonderen Forderungen, was sich daraus erklärt, daß seinerzeit das Erfurter Programm in der Ungewißheit der künftigen Entwicklung sich auf Forderungen gegenüber dem „Gegenwartsstaat" beschränkt hatte, die wohl demokratisch und sozialpolitisch waren, aber im Grunde nichts zur Überleitung der bestehenden Gesellschaftsordnung in die sozialistische enthalten, während die Sozialdemokratie nunmehr, wo die Postulate des Erfurter Programms größtenteils erfüllt, teilweise (z. B. Erziehung zur allgemeinen Wehrhaftigkeit, Beseitigung der Verbrauchssteuern) unpraktisch geworden sind, Richtlinien für die schrittweise Umgestaltung und Überführung der Gesellschaftsordnung in den Kommunismus aufzustellen unternimmt. So begegnet man im Görlitzer Programm neben einigen aus dem Erfurter Programm übernommenen und noch nicht verwirklichten Forderungen (z. B. Kontrolle des Reiches an dem kapitalistischen Besitz an Produktionsmitteln, Selbstverwaltung und Demokratisierung der Staatseinrichtungen, Abschaffung der Todesstrafe, Erklärung der Religion als Privatsache, Trennung von Staat und Kirche, Unentgeltlichkeit des Unterrichtes) auch neu formulierten Punkten (Expropriation von Grund und Boden, der Bodenschätze und natürlichen Kraftquellen, die der Energieerzeugung dienen, Ausgestaltung des wirtschaftlichen Rätesystems, Beteiligung der öffentlichen Gewalt am Vermögen der kapitalistischen Erwerbsunternehmungen, staatliches Erbrecht bei entfernteren Verwandtschaftsgraden und Pflichtteilsrecht des Staates; ferner Sicherung der demokratischen Republik und Festigung der Reichseinheit,

Ausbau des Reiches zum organisch gegliederten Einheitsstaat, Einschränkung des Staatsaufsichtsrechtes über Gemeinden, reichsgesetzliche Freigabe der kommunalen Sozialisierung, Überwindung der herrschenden privatrechtlichen durch eine soziale Rechtsauffassung, entscheidende Mitwirkung von Volksrichtern in der Justiz, Übertragung der Justiz an das Reich, Schutz- und Erziehungs-, nicht Vergeltungsstrafrecht, Umwandlung der Schulen in Lebens- und Arbeitsgemeinschaften der Jugend mit weitgehender Selbstverwaltung). Schließlich wird, abgesehen von einem pazifistischen Programm für den Völkerbund, in dem die Parlamente der Länder vertreten sein sollen, und der Revision des Friedensvertrages von Versailles, ganz besonders wieder die Erneuerung des internationalen Zusammenschlusses der Arbeiterklasse auf demokratischer Grundlage betont.

Die Internationalen. Damit ist auch der letzte und für die Staatslehre wichtigste Punkt der herrschenden sozialistischen Doktrin berührt. Schon bei Marx und seinem getreuen Gefährten Engels (insbes. „Der Ursprung der Familie, des Privateigentums und des Staates", sowie „Anti-Dühring") tritt mit Rücksicht auf ihre Auffassung des Staates, der nur ein Ausdruck der Klassenherrschaft, das Produkt der Unversöhnlichkeit der Klassengegensätze ist, eine ausgesprochene Abneigung gegen den Staat (im Gegensatz zu Lassalle) hervor, die ihren tieferen Hintergrund durch die ausgesprochen internationale Tendenz des Marxistischen Sozialismus erhält. Zum deutlichsten Ausdrucke kam diese Tendenz schon auf dem Londoner Meeting (1864), dem Marx eine Inauguraladresse vorlegte, die in das Losungswort ausklang: „Proletarier aller Länder vereinigt Euch!". Dem entsprang seit 1866 die Abhaltung internationaler Arbeiterkongresse (zuerst in Genf, dann Lausanne usw.). Diese sog. I. Internationale war jedoch nicht von langem Bestand und löste sich formell 1876 auf. Aber die Vereinheitlichung der sozialistischen Idee in allen Ländern infolge des fortschreitenden Siegeszuges der Marxistischen Ideen schuf seit dem Jahre 1889 eine neue (II.) Internationale durch das Inslebentreten von internationalen sozialistischen Kongressen, die von den Parteien der verschiedenen Länder beschickt wurden (der erste in Deutschland abgehaltene in Stuttgart 1907) und deren Beschlüsse für die Parteien der einzelnen Länder bindend sein sollten. Die Verbindung gestaltete sich noch aus durch die Errichtung eines internationalen soz. Bureaus (Paris 1900) und einer interparlamentarischen soz. Kommission (seit 1902). Der Weltkrieg zerriß die II. Internationale, und als in Rußland die extremen Kommunisten (Bolschewiki) zur Herrschaft gelangt waren, formulierten sie das Programm des internationalen Sozialismus neu auf dem Kongreß in Moskau, von dem sich die III. Internationale datiert, der jedoch die Parteien aus den anderen Ländern bisher nur in geringem Maße und zögernd beigetreten sind.

Lenin. Die Stellung des Kommunismus zum Staat ist gerade in dieser jüngsten Phase durch Lenin, den Führer der russischen Sowjetrepublik, in helles Licht gerückt worden. In seiner Schrift „Staat und Revolution" (1918) knüpfte er an eine Stelle aus Engels „Anti-Dühring" an, wo dieser ausführt, daß der Staat, d. i. die Organisation der ausbeutenden Klasse, durch die Verwirklichung des Kommunismus, indem dieser alle Klassenunterschiede und jeglichen Klassengegensatz aufhebt, als Staat aufhört. „Mit der Besitzergreifung der Produktionsmittel im Namen der Gesellschaft wird das Eingreifen der Staatsgewalt in gesellschaftliche Verhältnisse überflüssig und er schläft dann von selbst ein; der Staat wird nicht abgeschafft, er stirbt ab.

Das hat Lenin ausdrücklich unterstrichen. Somit stellt sich das Programm dar: Zuerst Übernahme der Staatsgewalt durch die bisher unterdrückte Klasse, das Proletariat: Diktatur des Proletariates. Diese führt die „Expropriation der Expropriateure", d. i. die Vergesellschaftung der Produktionsmittel durch und beseitigt damit den Klassengegensatz, auf dem Wesen und Begriff des Staates beruht. Was dann weiter geschieht, hat Lenin in längeren auseinandersetzungen geschildert: Durch die Registrierung und Kontrolle des Produktionsprozesses durch bewaffnete Arbeiter wird die erste Phase der kommunistischen Gesellschaft hergestellt. Alle Bürger werden Angestellte und Arbeiter eines Staatssyndikates des Gesamtvolkes; die ganze Gesellschaft wird ein Bureau und eine Fabrik mit gleicher Arbeit und gleichem Lohn. So werden alle lernen, den Staat und die gesellschaftliche Produktion selbständig zu leiten, und die Einhaltung der einfachen Grundregeln wird bald infolge der Notwendigkeit zur Gewohnheit werden. Dann wird das Tor zum Übergang von der ersten Phase der kommunistychen Gesellschaft zur höheren Phase und somit auch der Weg zum völligen Absterben des Staates offen stehen.

Die Erreichung des letzten Zieles beruht somit auf einer optimistischen Hoffnung: Herstellung der kommunistischen Arbeitsgemeinschaft auf internationaler Basis, beruhend auf der stets auf das Gesamtinteresse gerichteten und zur Gewohnheit gewordenen ethischen Willensstimmung aller Menschen, welche schließlich jede Kontrolle, jeden Zwang, jede Repression überflüssig macht. So begegnet sich der Kommunismus mit dem Anarchismus in einem und demselben utopistischen Zukunftstraum.

X. Die Gesellschaftslehre (Soziologie).

Ihre Vorläufer. Zum Schlusse ist noch der Gesellschaftslehre (Soziologie) zu gedenken. Sie hat nicht unmittelbar den Staat zum Gegenstande, hat auch zunächst keine politischen Ziele, sondern will lediglich die verschiedenen Formen der menschlichen Vergesellschaftung erklären, und zwar auf Grund der naturwissenschaftlichen Methode. Ihre Anfänge reichen bis in das Altertum zurück; schon bei den Sophisten, bei Aristoteles und später bei Polybius finden sich Erörterungen, die die Staatsform auf die Wirkung natürlicher Faktoren zurückführen. Der Gedanke konnte in dem Sinne weitergeführt werden, nicht bloß die Entwicklung des Staates, sondern der Menschheit überhaupt als Produkt eines naturgesetzlichen Prozesses zu erfassen. Wohl der erste, der in dieser Weise zur Annahme von Naturgesetzen als Entwicklungsgesetzen der Menschheit gelangte, war Giambattista Vico (1668—1744) in seinen Principj di una scienza nuova d'intorno alla commune natura delle nazioni, worin er die Aufeinanderfolge von drei großen Weltaltern (theokratisch-heroisch-menschlich) annahm, wobei die Entwicklung nicht geradlinig, sondern in einer Spirale verläuft, aber schließlich von der Ungleichheit zur Gleichheit führt. Auch Montesquieu hat den „Geist der Gesetze" als das Produkt der natürlichen Verhältnisse der Bevölkerung aufgefaßt, und ähnliche Erwägungen finden sich auch bei Turgot und den Anhängern der physiokratischen Schule, in besonders eingehender Weise und origineller Form bei Condorcet (1743—1794), der die Lehre von den statistischen Massenbeobachtungen entwickelte und die Mathematik — insbes. die Wahrscheinlichkeitsrechnung — auf die Erscheinungen des wirtschaftlichen sowie des geistigen Lebens anwendete. Seine Idee von der unbegrenzten Vervollkommnungsfähigkeit des Menschengeschlechtes suchte er durch geschichtliche Betrachtungen zu stützen und entwickelte eine Lehre der gesellschaftlichen Dynamik. Der Engländer Adam Fergusson (1728—1781) suchte die Naturgesetze der Entwicklung der Menschheit in der psychischen Veranlagung, den angeborenen Empfindungen des Wohlwollens einerseits, des Hasses andererseits; aus ersteren erklärt sich die Staatenbildung, aus letzteren die getrennten Nationen und Parteien, durch deren Kämpfe die wertvollen Eigenschaften gefördert und der Fortschritt erzielt wird.

Die verschiedenen Richtungen. In diesen Anfängen hatte die Gesellschaftslehre weder einen eigenen Namen, noch ein gemeinsames Ziel und Methode; aber auch in der Folge lassen sich deutlich verschiedene Richtungen unterscheiden, die namentlich hinsichtlich ihrer Stellung zum Staate differieren.

Die Betrachtung wendet sich teils der Menschheitsentwicklung zu, worin der Staat wohl auch einen Platz, aber doch nur den einer Entwicklungsform und nicht einmal der wichtigsten einnimmt, teils der Bildung, Entwicklung und den natürlichen Lebensprinzipien der einzelnen gesellschaftlichen Gruppen und ihrem Verhältnis zueinander und zum Staat.

In letzterer Hinsicht ist es insbesondere der Sozialismus seit St. Simon, der die Klassen der Bevölkerung, ihre Gegensätze und inneren Triebkräfte, speziell die wirtschaftlichen Grundlagen — Besitzende und Besitzlose — in den Vordergrund stellt, während R. v. Mohl (die Staatswissenschaften und die Gesellschaftswissenschaft 1851) eine Menge verschiedenartiger und sich durchkreuzender „Interessengemeinschaften" anerkennt, deren Gesamtheit in einem bestimmten Umkreise er als Gesellschaft bezeichnet. Lorenz Stein (Sozialismus und Kommunismus im heutigen Frankreich 1847/48, und Gesellschaftslehre 1856) vertiefte den Gesellschaftsbegriff unter stärkerer Betonung der Gesellschaft als wirtschaftlichen Organismus. In diesem Zusammenhang wären auch zu nennen Hermann Post (Das Naturgesetz des Rechtes, 1867, Einleitung in die Naturwissenschaft des Rechtes, 1872) und Konstantin Frantz (Physiologie der Staaten, 1857, Naturlehre des Staates, 1870). Ersterer will der Staats- und Rechtswissenschaft eine empirische Basis auf Grund geschichtlichen Materials geben und den Staat aus dem Kampf zwischen den individualistischen Trieben, die die Wirtschaft beherrschen und dem höheren Gattungsprinzip, das sich im Recht ausprägt, erklären. Frantz sucht die Staatengründung — ein Hauptthema der Gesellschaftslehre — abzuleiten aus der Vereinigung differenter und inkohärenter Elemente, der Verschmelzung eines höheren mit einem niedrigeren Stamm. Allem „Vernunftrecht" abhold, will er neben Recht und Sitte auch die Herrschaft von Naturgesetzen im Staate anerkennen. Noch intensiver auf den Staat zugeschnitten sind die anonym erschienenen „Grundsätze der Realpolitik", 1853, deren Verfasser Gustav Diezel ist. Sein Forschungsziel ist die Wirksamkeit der gesellschaftlichen Kräfte und ihr gegenseitiges Verhältnis im Staat. In dem Gesetz der Kraft glaubt er ein ähnliches Grundgesetz für das soziale Leben gefunden zu haben, wie das Gesetz der Schwere für die Körperwelt darstellt; das Gesetz äußert sich auch im Repräsentativsystem, wo weder das Recht, noch das Interesse, noch die Zahl, sondern einzig und allein die Kraft Anspruch auf Vertretung gewährt.

Comte. In großartiger und universalistischer Weise hatte inzwischen Auguste Comte (1798—1857) das Programm der Soziologie vorgezeichnet und ist damit zum eigentlichen Begründer der modernen Soziologie geworden. Der in seiner „philosophie positive" entwickelte Grundgedanke ist: Erhebung der Politik zum Range einer exakten Wissenschaft und geistige Reorganisation der Gesellschaft. Das Gesetz der Entwicklung des menschlichen Geistes, von dem er ausgeht, ist das Fortschreiten von der theologischen zur metaphysischen und von dieser zur positiven Wissenschaft, je nachdem die Erkenntnis auf Glaubenssätzen, auf aprioristischen abstrakten Begriffen oder auf Beobachtung der Tatsachen beruht. Die Wissenschaft der sozialen Erscheinungen muß erst in die 3. Phase eintreten und damit zur sozialen Physik oder, wie er es später nennt, Soziologie werden. Von den einzelnen Gesetzen der sozialen Erscheinungen entwickelte er näher nur das „Gesetz des Fortschrittes (loi de la progression sociale) und suchte es auf biologisch-anatomischer Basis zu begründen. Der Staat erscheint ihm als einer der mächtigsten Antriebe des sozialen Fortschrittes, sowohl des intellektuellen als des materiellen, der sich auch in drei Stadien vollzieht: der militärischen, der legistischen und der industriellen Phase. In der dritten Phase werden im Staat die Männer der Wissenschaft die geistige Leitung übernehmen (pouvoir spirituel). Was er sonst auf dieser Stufe an Staatseinrichtungen eingeführt wissen will, klingt einigermaßen phantastisch.

Spencer. Hat Comte nur die Einheit der Methode auf allen Gebieten verlangt, so hat sein Nachfolger Herbert Spencer in seinem umfassenden philosophischen System es unternommen, die Einheit der auf allen Gebieten waltenden Weltgesetze nachzuweisen. Das grundlegende Weltgesetz ist die ewige Verschiebung der Materie, Bewegung, Entwicklung und Auflösung: Integration und Disintegration. So erfolgt die Umwandlung homogener in heterogene Körper, so entwickeln sich aus dem Urnebel die Gestirne, Planeten, Organismen, Pflanzen und endlich die menschliche Gesellschaft. Die Gesellschaft erscheint demnach als ein höherer Organismus, in dem die dauernden Beziehungen zwischen den Teilen analog sind denen zwischen den Teilen eines lebenden Körpers. Dies sucht Spencer durch ausgedehnte biologische Analogien zu erweisen. Der Staat ist nichts anderes, als die höhere Stufe der organisierten Gesellschaft, die sich von den anderen dadurch unterscheidet, daß sie aus der bewußten Verfolgung öffentlicher Zwecke hervorgeht. In einer Artikelserie der Contemporary-Review (1884), die unter dem Titel „The man versus the State" besonders herausgegeben wurde, nahm Spencer auch zur praktischen Politik Stellung. Die Entwicklung im Staat geht nach Spencer vom „militärischen" zum „industriellen" Typus, in dem sich die Verfassung immer mehr der Demokratie nähert und das individuelle und gesellschaftliche Leben immer größere Freiheit von dem früher allein herrschenden Staat erlangt. Spencer hat sich hierbei ganz auf den Boden des Liberalismus gestellt und dem Staat jede Befähigung und Mission bestritten, soziale Übel zu heilen.

Schäffle. Mit Spencer berührt sich in manchen Punkten der deutsche Soziolog und Sozialpolitiker August Schäffle (Hauptwerk: Bau und Leben des sozialen Körpers, 1. Aufl. 1875—1878). Es sind im wesentlichen ebenfalls biologische Analogien, die Schäffle für die Aufstellung der Gesetze des „sozialen Körpers" verwertet. Dem Staat aber, der „Universalkorporation" oder „Korporation der Korporationen", legt er viel größere Aufgaben bei. Er ist ihm „regulativer Zentralapparat der Koordination aller Teile der sozialen Gesamtbewegung und Organ des positiven Eingriffes im Interesse der Gesamterhaltung". Darum ist ihm die Begrenzung des Staatszweckes auf die Verwirklichung des Rechtes zu eng, der eudämonistische Gedanke aber zu weit, weil der „soziale Stoffwechsel" auch durch nichtstaatliche Organisationen besorgt wird. Für die bisherige Staatsentwicklung glaubt er fünf Verfassungsstufen unterscheiden zu können, die zugleich der allgemeine Gradmesser für die soziale Entwicklung sind; die Richtung aber, in der die politische Machtbildung entwicklungsgesetzlich fortschreitet, sei die Demokratie.

Ward. In wichtigen Punken ist der amerikanische Soziologe Lester F. Ward gegen Spencers Lehre in Gegensatz getreten. Während Spencer die soziale Entwicklung lediglich als eine biologische auffaßt, weist Ward im Entwicklungsprozeß der Menschheit dem menschlichen Intellekt als einer selbständigen Kraft auch eine selbständige Rolle zu und sucht nachzuweisen, daß die soziale Entwicklung der Form und Richtung nach anders geartet ist als die biologische. Bezüglich des Staates findet Ward im Gegensatz zu Spencer, daß die „soziale Integration", d. i. die Entwicklung im Sinne des Kollektivismus, zu einer stetig wachsenden Macht des Staates als natürlichem Ergebnis der fortschreitenden Zivilisation führe. Ward führt allerdings die Entwicklung noch über den Staat hinaus im Sinne der Ausbildung einer einheitlichen Weltrasse als Ziel der Menschheit.

In der kollektivistischen Grundanschauung steht Ward nahe F. H. Giddings, der den entscheidenden Faktor der Kulturentwicklung im menschlichen Gattungsbewußtsein erblickt, das zu einer Vereinigung der „geistigen Menschheit" aller Rassen und Klassen führt und dem Ziele zustrebt, die Demokratie auf der Erde zu verbreiten. Adolph Coste dagegen lehnt die Rassentheorie ab und sieht das Ziel der Entwicklung überhaupt nur in der wirtschaftlichen Evolution: Haus-, Gewerbe-, Handels-, Weltwirtschaft.

Als Endziel erscheint die Ersetzung der kapitalistischen Unternehmungen durch freie Assoziationen.

Andere Soziologen, wie Kidd und Hauriou haben wieder die Religion in den Mittelpunkt der gesellschaftlichen Entwicklung gerückt.

Einfluß der Darwinschen Theorie. Unverkennbar ist die Förderung der Soziologie durch die Darwinsche Selektionslehre. Direkt unter ihrem Einflusse und den Kampf ums Dasein auf die Nationen und Rassen übertragend, begründete der englische Nationalökonom Walter Bagehot (1826—1877) in seinem Werke „Physics and Politics (1863), die Entstehung und das Leben der Nationen, ihren Kampf, den „Zuchtwahlprozeß", aus dem sich der Fortschritt der Menschheit ergibt — ohne alle organischen Analogien, aber mit den Mitteln der naturwissenschaftlichen Methode. Auch die italienische Soziologie zeigt teilweise den gleichen Einfluß; manche Autoren, wie Vadalà-Papale versuchten schlechthin die Darwinschen Lehren auf das soziale Gebiet zu übertragen. Andere, wie Achille Loria und insbes. M. Angelo Vaccaro (la lotta per l'esistenza e i suoi effetti nell' umanitá, 1886, le basi del diritto e dello Stato, 1893) betrachten dagegen keineswegs das Überleben der „Besten" im sozialen Kampfe als eine ausgemachte Sache. Vaccaro hat auch auf den Unterschied der natürlichen Auslese in der Tierwelt, die organische Vervollkommnung bewirkt, und in der sozialen Welt, wo sich die Auslese vor allem auf die intellektuellen Fähigkeiten bezieht, hingewiesen. Er macht auch geltend, daß die Anpassung an die Umwelt auch zu einer Entartung führen kann, wie die Unterdrückung der Armen durch die Reichen und andere soziale Übelstände beweisen. Dennoch glaubt er an die Entwicklung zu einer besseren Zukunft.

Die Rassenkampftheoretiker. Der Kampf um das Dasein ist auch die Grundlage der von Ludwig Gumplowics und Gustav Katzenhofer repräsentierten Richtung, die sich im übrigen besonders intensiv mit dem Staate beschäftigt. Die Gründung des Staates sehen sie ausschließlich in der Unterjochung einer Horde durch eine andere, wodurch ein Herrschaftsverhältnis, soziale, politische und individuelle Ungleichheit entsteht und damit eine Ordnung dieser Verhältnisse, d. i. das Recht. Recht, Sitte und Moral entstehen erst im und durch den Staat. Das gesellschaftliche Leben aber führe zu fortschreitender Differenzierung der gesellschaftlichen Gruppen, deren Kampf nicht nur außerhalb, sondern auch innerhalb des Staates weiter geht. Das ist der „Rassenkampf" (Gumplowics), wobei unter Rasse keineswegs genealogische Einheiten gemeint, sondern die heterogenen sozialen Gebilde verstanden werden. Jeder Staatsmann erscheint lediglich als Exponent des Herrschaftsstrebens der Gruppe, der er angehört, jedes Gesetz als der Wille der stärkeren Gruppe, den sie der schwächeren aufdrängt, oder als ein Kompromiß zwischen den kämpfenden Parteien. Darin besteht die Politik: Lebensäußerung der gesellschaftlichen Verbände mit Bezug auf ihre Macht und ihren Einfluß im Staate und in der Gesellschaft. In diesem Kampfe gibt es naturgesetzlich keinen Stillstand, sondern nur eine Vernichtung, Amalgamierung oder Auslese. Ratzenhofer bezeichnet als Grundprinzip dieses sozialen Kampfes die Blutliebe zur eigenen Gesellschaft, die Blutfeindschaft gegen andere, die Feindseligkeit der Nationalitäten und den Brotneid; die absolute Feindseligkeit aller Persönlichkeiten (= gesellschaftlichen Gebilde) untereinander aber beruht auf dem jedem derselben innewohnenden Interesse der Befriedigung der unentbehrlichen materiellen Bedürfnisse, denn dieses ist das einzige absolute politische Interesse. Alle Ziele eines idealen Aufschwunges der politischen Kämpfe sind nur Entwicklungs- und Veredlungsformen, aber in der tierischen Natur liegt der wahre Beweggrund des Kampfes um das Dasein.

Die Namen der soziologischen Schriftsteller ließen sich noch reichlich vermehren; es dürfte aber diese Auslese genügen, wobei speziell diejenigen hervorgehoben wurden, die zum Staatsproblem Stellung genommen haben. Eine merkwürdige Erscheinung hierbei ist, daß die „naturwissenschaftliche Methode" die Soziologen zu so grundverschiedenen Auffassungen über den Staat und staatspolitische Ziele geführt hat. Dem Spiritualismus Comtes steht der Materialismus der sozialistischen Vertreter der Gesellschaftslehre gegenüber, dem Individualismus Spencers die gemäßigt wohlfahrtsstaatlichen Anschauungen Schäffles, der Kollektivismus Wards und der Kommunismus Marx', Ferris und Colojannis, dem Optimismus Vaccaros der Pessimismus Gumplowics' und Ratzenhofers. Manche, wie der bedeutende deutsche Soziolog Simmel, haben sich einer Stellungnahme zu politischen Programmen ganz enthalten.

Politische Geographie. Als zur Soziologie im weiteren Sinne gehörig sind noch einige Richtungen zu nennen, die speziell ein oder das andere Moment, das die gesellschaftliche und staatliche Entwicklung beeinflußt, wissenschaftlich auszuwerten bestrebt sind. Hierher gehört vor allem die politische Geographie, als deren Schöpfer Friedrich Ratzel (1844—1904) anzusehen ist. Wohl hat er Vorläufer und ähnliche Ziele verfolgende Zeitgenossen, aber keiner hat so sehr den Staat im Auge, den er als „bodenständigen Organismus" auffaßt und dessen Entwicklung nichts anderes sei, als die fortschreitende Organisierung des Bodens durch immer engere Verbindung mit dem Volk. „Das Volksganze will ein Naturganzes werden." Ratzel verfolgt weiter den Gegensatz von „territorialer" und „unterritorialer" Politik und die Richtung der geschichtlichen Bewegung, d. i. die durch die geographische Lage diktierte Richtung der territorialen Entwicklung des Staates. In neuester Zeit hat die politische Geographie insbesondere durch den schwedischen Forscher Rudolf Kjellén eine geistvolle und anregende Fortbildung erfahren; in seinem Werk „Der Staat als Lebensform" hat Kjellén entschieden in die organische Staatslehre eingelenkt.

Politische Anthropologie. Eine andere Richtung. die politische Anthropologie, die von Gobineaus Werk „Essai sur l'inégalité des raçes" angeregt wurde, will den Staat als Produkt der Rassen und die ganze Menschengeschichte als einen Rassenzüchtungsprozeß auffassen, wobei die physiologische Überlegenheit einzelner Rassen den Sieg erringt. Die Theorie hat in neuerer Zeit Ludwig Woltmann im Sinne einer Bevorzugung der germanischen Rasse fortgebildet. Im übrigen weist diese Richtung zur Staatslehre nur mehr eine lose Verbindung auf.

Literatur.

A. Allgemeines. Ein den gesamten Staat umfassendes und allseitig befriedigendes Werk existiert nicht. Von den Gesamtdarstellungen, die sich auf alle Zeiten oder größere Epochen erstrecken, sind hervorzuheben: R. v. Mohl, Die Geschichte und Literatur der Staatswissenschaften, 3 Bd., Erlangen 1855—1858; wegen der Überfülle des Stoffes — es behandelt nicht nur die Literatur des Staatsrechtes, sondern auch des Völkerrechtes, der politischen Ökonomie, der Bevölkerungslehre und Statistik — nicht leicht zu gebrauchen; J. C. Bluntschli, Geschichte des Staatrechtes und der Politik seit dem 16. Jahrh. bis zur Gegenwart, München 1864; geschmackvolle, leicht lesbare Darstellung für die Zeit nach Hugo Grotius; Sir Frederick Pollock, Kurze Geschichte der Staatslehre, deutsche Übersetzung von Scott uud Boenigk, Leipzig, Reclams Univ.-Bibl. 1893; gut aber kurz und hauptsächlich England berücksichtigend; H. Rehm, Geschichte der Staatswissenschaft (Handbuch des öffentlichen Rechtes), 1896, eingehend, in den einzelnen Abschnitten etwas ungleichmäßig, vorwiegend juristische Darstellung; L. Gumplowics Geschichte der Staatstheorien, Innsbruck 1905; eines der übersichtlichsten Werke, aber einseitig vorzugsweise auf die soziologische Betrachtungsweise eingestellt; Sam. Max Mélamed, Die Staatslehre im Wandel der Jahrtausende, Studien zur Geschichte des Staatsgedankens, Stuttgart 1910; stark tendenziös, daher mit Vorsicht zu gebrauchen. Vorzügliche Einzeldarstellungen der Lehren deutscher Autoren finden sich in dem großen Werke von R. Stintzing, Geschichte der deutschen Rechtswissenschaft, fortgesetzt von E. Landsberg, 3 Bd., 1880—1898, doch sind der Anlage des Werkes entsprechend einerseits nur deutsche Schriftsteller, anderseits aber nicht bloß Theoretiker der Staatslehre, sondern der ganzen Rechtswissenschaft behandelt. — Vieles findet sich ferner in den Werken über die allgemeine Staatslehre von Richard Schmidt, 1901—1903, und Georg Jellinek, 3. Aufl., 1914, herausgegeben von Walther Jellinek; desgleichen in den Darstellungen der Geschichte der Philosophie von A. Schwegler, Fr. Überweg-Heinze, Windelband, Wundt u. a., sowie in dem Band „Geschichte der Philosophie" der Kultur der Gegenwart, herausgegeben von Hinneberg, 1909.

B. Zu den einzelnen Abschnitten im Text kommen außer den sub A genannten allgemeinen Werken aus der schier unübersehbaren Literatur allenfalls in Betracht:

I. Antike Staatslehre: Ed. Zeller, Die Philosophie der Griechen in ihrer geschichtlichen Entwicklung, 5 Bd., 7. Aufl., 1876ff.; kürzer: Derselbe, Grundriß der Geschichte der griechischen Philosophie, 7. Aufl., 1905; Theodor Gomperz, Griechische Denker, 1903ff. (2 Bd. und einige Lieferungen, unvollendet).

II. Christentum und Staat: K. J. Neumann, Der römische Staat und die allgemeine Kirche bis auf Diokletian. „Geschichte der christlichen Religion" in die Kultur der Gegenwart, herausgegeben von Hinneberg, Abt. I, 4, 1.

III. Mittelalterliche Staatslehre: Otto Gierke, Johannes Althusius und die Entwicklung der naturrechtlichen Staatstheorie, 2. Aufl., 1902: Hans Kelsen, Die Staatslehre des Dante Alighieri, Wiener staatswissenschaftliche Studien, 1905; Baumann, Die Staatslehre des hl. Thomas von Aquino, 1873.

IV. Renaissance: G. Voigt, Die Wiederbelebung des klassischen Altertums, 2. Aufl., 1880. Über Macchiavelli besteht eine große Spezialliteratur; das Fundamentalwerk ist: P. Villari, Macchiavelli e i suoi tempi, illustrati con nuovi documenti, 3 Bd., 3. Aufl., Florenz 1895—1897 (auch in englischer und deutscher Übersetzung). Über Macchiavellis Zusammenhang mit der Antike: Ellinger, Die antiken Quellen der Staatslehre Macchiavellis, Zeitschrift für die Staatswissenschaft B XLIV. — Über die Monarchomachen: Treumann, Die Monarchomachen (staats- und völkerrechtliche Abhandlungen, herausgegeben von Jellinek und Meyer, 1895); über Morus und die Staatsromane: Mohl in der Geschichte und Literatur etc.; Derselbe, Die Staatsromane, Zeitschrift für die ges. Staatswissenschaft, B II; Kleinwächter, Die Staatsromane, Wien 1891.

V. Reformation: E. Jäger, Die politischen Ideen Luthers und ihr Einfluß auf die innere Entwicklung Deutschlands (Preußische Jahrbücher, 1903); Kampschulte, Calvin, sein Staat und seine Kirche, Leipzig 1869—1899; Schultheß-Rechberg Gustav, Luther, Zwingli und Calvin, ihre Ansichten über das Verhältnis von Staat und Kirche (Züricher Beiträge zur Rechtswissenschaft, 1909). Über die wirtschaftlichen Konsequenzen der Reformation insbesondere Max Weber im Archiv für Sozialwissenschaft und Sozialpolitik XX und XXI.

VI. Nachreformatorische Naturrechtslehre: G. Falter, Die Staatsideale unserer Klassiker, Leipzig 1911; Ferd. Tönnies, Hobbes' Leben und Werke, Stuttgart 1896; Erwin Ruck, Die Leibnizsche Staatsidee, 1909. Über Montesquieu besteht eine große Literatur: eine Reihe von Kommentaren von Zeitgenossen, Voltaire, Destutt de Tracy, d'Alembert, zusammengefaßt in der Gesamtausgabe von Montesquieus Werken von Parelle, 8 Bd., Paris 1826/27. Aus neuerer Zeit: Barckhausen, Montesquieu, ses idées et ses oeuvres d'après les papiers de la Brède, Paris 1908. Über Rousseau: Liepmann, Die Rechtsphilosophie des J. J. Rousseau, 1898; Haymann, J. J. Rousseaus Sozialphilosophie, Leipzig 1898; ferner: Redslob, Die Staatstheorien der französischen Nationalversammlung von 1789, Leipzig 1910; allgemeiner: Hans Maier, Die geistesgeschichtlichen Grundlagen der konstitutionellen Theorie, Tübingen 1917.

VII. Reaktion und Kampf gegen das Naturrecht. Besonders Bluntschli, Geschichte etc. siehe oben unter A. Friedrich Meinecke, Weltbürgertum und Nationalstaat, 1917; J. Redlich, Englische Lokalverwaltung, Leipzig 1901 (über Bentham).

VIII. Anarchismus: Artikel „Anarchismus" im Handwörterbuch der Staatswissenschaften (Adler) mit weiteren Literaturangaben; Bernatzik, Der Anarchismus, Jahrbücher für Gesetzgebung und Verwaltung XIX.

IX. Sozialismus und Kommunismus: Aus der unübersehbaren Literatur wären hervorzuheben als vorwiegend geschichtlich: Georg Adler, Geschichte des Sozialismus und Kommunismus, 1899; Bernstein, Kautsky u. a., Geschichte des Sozialismus in Einzeldarstellungen, 1895ff. Zur Übersicht dienen: Artikel „Sozialismus und Kommunismus" im Handwörterbuch der

Staatswissenschaften (Adler), Artikel „Sozialismus" im Wörterbuch der Volkswirtschaft (Grünberg); ferner: A. Menger, Das Recht auf den vollen Arbeitsertrag, 3. Aufl., 1904; W. Sombart, Sozialismus und soziale Bewegung, 7. Aufl., 1919; derselbe, Grundlagen und Kritik des Sozialismus, Berlin 1919 (Anthologie der Wissenschaften). Speziell für die Marxistische Lehre ist die Bibliographie zusammengestellt von W. Sombart im Archiv für Sozialwissenschaft B. XXI.

X. Für die Soziologie gibt einen Überblick über die Geschichte und die Hauptwerke: Gumplowics, Grundriß der Soziologie, 2. Aufl., Wien 1905. Eine eingehende Analyse der wichtigsten Theorien bietet Small, General Sociology, Chicago und London 1905.

Über viele der im Texte genannten Autoren gibt das Handwörterbuch der Staatswissenschaften unter dem Namensschlagwort eine Darstellung der Lehre, der Werke und der einschlägigen Literatur.

Volk und Staat.

Von Rudolf Laun.

Inhalt. Einleitung. I. Volk und Staat in der Geschichte: Altertum. Mittelalter. Die neuere Zeit. Das Zeitalter des nationalen Gedankens. — II. Das gegenwärtige Verhältnis von Volk und Staat: Die Gebietsfrage. Der Schutz nationaler Minderheiten. Das Auslandsdeutschtum. Die Aufgabe der deutschen Schule. — Literatur.

Einleitung. Seit der Gründung des Deutschen Reiches 1870/71 hat sich vielfach der Sprachgebrauch eingebürgert, als „Deutsche" nur die Reichsangehörigen zu bezeichnen, diese aber auch dann, wenn sie etwa — im alten Reiche — polnischer, dänischer, französischer Nationalität waren. Dieser Sprachgebrauch entspricht einer Auffassung, die den Staat in den Mittelpunkt der Betrachtung stellt. Man ging in dieser Auffassung vielfach so weit, von jenen fremdsprachigen Reichsangehörigen deutsches Nationalgefühl zu verlangen, und war geneigt, sie sittlich zu verurteilen, wenn sie ein solches nicht hatten. Dagegen nicht als „Deutsche" betrachtete man die Deutschen außerhalb der Reichsgrenzen, so vor allen die Deutschösterreicher und Deutschschweizer. Mochten diese im einzelnen wie immer über ihr deutsches Volkstum denken, sie waren eben nichts als „Ausländer". Die staatliche Auffassung kennt beispielsweise nur den „Schweizer", gleichgültig, ob er deutsch oder wälsch ist. Sie kannte auch in bezug auf das alte Österreich nur den „Österreicher" als einen im Gegensatz zum „Deutschen" stehenden Ausländer und warf hierbei die Deutschen, Tschechen, Polen, Ruthenen, Rumänen, Slowenen, Kroaten, Italiener dieses Staates in einen Topf. Auch heute noch meinen die deutschen Gesetze bloß die „Reichsangehörigen", wenn sie von „Deutschen" sprechen, und scheinen so anzudeuten, daß die verlorenen Deutschen in Elsaß-Lothringen, Polen, Danzig usw. keine Deutschen mehr seien. Auch heute noch können viele Reichsdeutsche zwischen dem deutschen und dem nichtdeutschen Ausländer nicht unterscheiden.

Aber jetzt beginnt man nach und nach, das Einseitige und Mangelhafte dieser Auffassung, die Volk und Staat in unzulässiger Weise zusammenwirft, einzusehen. Viel Haß und Unglück wäre Deutschland erspart geblieben, wenn es früher auf die Denkungsart und das volkliche Empfinden seiner französisch, polnisch, dänisch sprechenden Reichsangehörigen besser eingegangen wäre, statt einfach zu sagen, sie seien „Deutsche". Heute sagen die Franzosen, Polen, Dänen, Tschechen usw., die von ihnen zwangsweise annektierten Deutschen seien einfach „Franzosen", „Polen", „Dänen", „Tschechoslowaken" usw., und mit dieser Begründung wird, wovon unten noch zu sprechen ist, namentlich in Elsaß-Lothringen, Polen und der Tschechoslowakei unter dem Deckmantel demokratischer Mehrheitsherrschaft eine raffinierte Entnationalisierungspolitik gegen alles Deutsche ins Werk gesetzt, wie sie der alte deutsche oder gar der alte nationslose österreichische Autoritätsstaat trotz nichtdemokratischer Verfassung gegenüber seinen volklichen Minderheiten niemals gekannt hat.

Im ganzen sind, wenn wir nur geschlossenes deutsches Siedelungsgebiet ins Auge fassen und alle Sprachinseln und verstreuten Minderheiten außer Betracht lassen, mehr als 12 Millionen Deutscher, mit den Sprachinseln und Minderheiten mehr als 15 Millionen Deutscher der beiden ehemaligen Zentralmächte gewaltsam der Fremdherrschaft unterworfen worden. Dies wird unter II näher dargelegt. Wer Staat und Volk identifiziert, für wen „Deutsche" nur die „Reichsangehörigen" sind, der gibt diese Millionen von Volksgenossen preis, für den sind Straßburg und Danzig, Tondern und Bozen verloren. Denn bis vielleicht in Zukunft ein deutscher Machtstaat diese Stätten mit Gewalt wiedererobern könnte, würden deren Bewohner, wenn das deutsche Volk sie in der Zwischenzeit als „Franzosen", „Polen", „Dänen", „Italiener" geistig im Stich gelassen hätte, zum Teile auch wirklich zu solchen geworden sein, wie wir es in Elsaß-Lothringen vor 1870 gesehen haben.

Daher ist es eine der wichtigsten Aufgaben der deutschen Volkserziehung, die Kenntnis der volklichen Zusammenhänge ebensosehr wie die Kenntnis des Staatsaufbaues zu verbreiten und nebst dem Staatsbewußtsein das Volksgefühl zu pflegen. In den Dienst dieses Strebens mögen auch die folgenden theoretischen Ausführungen über das Verhältnis von Volk und Staat gestellt werden.

I. Volk und Staat in der Geschichte.

Das Altertum. Über die Staatenbildung in der ältesten Zeit sind wir auf Hypothesen angewiesen, auf die an dieser Stelle nicht eingegangen werden kann. Wir müssen aber wohl annehmen, daß ethisch-politische Forderungen über die Staatenbildung etwa nach Art der heutigen völkischen Idee, des Nationalitätenprinzips oder der „Selbstbestimmung der Völker" nicht ins Bewußtsein getreten sind. Der Staat ist nicht wie ein künstlicher Mechanismus nach vorher erfaßten Prinzipien erfunden und konstruiert worden, sondern er hat sich organisch aus den gesellschaftlichen Bedürfnissen der Menschen entwickelt. Diese Entwicklung des Staates hat sich entweder innerhalb natürlich gegebener volklicher Einheiten oder im Wege kriegerischer Unterwerfung, Unterdrückung und Versklavung oder Ausrottung der besiegten Rasse vollzogen.

So sehen wir denn auch die entwickelten Staaten des Altertums im allgemeinen entweder als wirkliche oder doch — verglichen mit heutigen Anschauungen — scheinbare nationale Einheiten auftreten. Der Staat ist entweder — im großen und ganzen — von Angehörigen einer einzigen Völkerschaft bewohnt, oder es bewohnen ihn neben dem herrschenden Volk, dem Staatsvolk, zwar auch andere Völker, aber deren Angehörige sind nicht Bürger des Staates, sie sind politisch rechtlos oder minderberechtigt, sei es nun als „Fremde", als Sklaven oder in welcher Form immer. Im ersten Falle ist der Staat im Sinne unseres Sprachgebrauches etwa als national einheitlich zu bezeichnen; im zweiten Fall erscheint er unserem demokratisch geschulten Blick nicht als „Nationalstaat", sondern als „Nationalitätenstaat". Der aristokratischen Auffassung des Altertums jedoch, dem selbst in der sogenannten Demokratie die Sklaverei und die Rechtlosigkeit der Fremden selbstverständlich sind, ist eine solche Unterscheidung unbekannt. Man kennt nur Staaten, Staatsbürger und Staatsunterworfene, aber keine davon klar geschiedenen Begriffe der Nationalität und der nationalen Zugehörigkeit in unserem heutigen Sinn. Nationale Gegensätze bestehen vielfach in voller Schärfe, aber sie kommen im allgemeinen nicht als solche, sondern als staatliche, religiöse, soziale Gegensätze ins Bewußtsein. Vereinzelt gelangen auch bereits Gedanken zum Durchbruch, welche über die nationalen und staatlichen Gegensätze hinaus nach dem Ideal der menschlichen Solidarität streben und den sittlichen Wert der Nationalität leugnen. Derartige Gedankengänge finden wir beispielsweise bei den Zynikern, bei den Stoikern, bei Epikur.

Gegen das Ende des Altertums werden die nationalen Gegensätze durch die kosmopolitischen Ideen des römischen Weltbürgertums und des Christentums allmählich immer mehr und mehr abgeschwächt. Namentlich das Christentum sucht diese Gegensätze zu überwinden, indem es alle Menschen als vor Gott gleich hinstellt und selbst den Feind, den Nationsfremden, zu lieben gebietet, während das Nationalgefühl im Gleichnis vom Turmbau zu Babel als zum Hochmut führend ethisch mißbilligt wird.

Das Mittelalter. Der eben erwähnte kosmopolitische und antinationale Geist des Christentums kam am schärfsten in der katholischen Kirche zum Ausdruck und stützte sich hier ganz besonders auf die durch das römische Weltreich begründete, gleichfalls antinational wirkende Universalherrschaft der lateinischen Sprache. Er hat dem ganzen Mittelalter das Gepräge gegeben. „Die Art und Weise, wie die katholische Kirche in einer rohen und gewalttätigen Zeit die nationalen Gegensätze auf ein Minimum herabzudrücken verstand, wird immerdar eines der größten politischen Kunstwerke aller Zeiten darstellen" (Bernatzik).

Die Könige und Fürsten des Mittelalters waren, wenigstens der Idee nach, Lehensleute des römisch-christlichen Kaisers. Aber dieser selbst war ja als Christ und Laie dem Priester unterworfen, konnte daher gegenüber dem Papst keine ebenbürtige Stellung behaupten und ist auch tatsächlich im Kampfe gegen das Papsttum mit Bannflüchen besiegt worden. Der wahre Herrscher konnte im mittelalterlichen Welt-Gottesstaate nur der Papst, der Stellvertreter Gottes auf Erden sein, und eine solche Weltherrschaft wurde auch von den größten Päpsten des Mittelalters beansprucht. Diesen Ideen gegenüber mußten die Grenzen der einzelnen Königreiche, Fürstentümer und sonstigen Territorien als etwas ganz Nebensächliches zurücktreten.

Die neuere Zeit. Die Idee des mittelalterlichen christlichen Weltreichs ist dem Ansturm der deutschen Reformation erlegen. Auf dem Boden dieses Weltreiches entstanden die modernen Staaten, und zum Teil steht an ihrer Wiege eine Reaktion volklichen Empfindens gegen die bisherige nationslose Organisation der Welt. Voran gingen die Könige von Frankreich. Sie beanspruchten Selbstherrlichkeit, „Souveränität"; darunter verstand man vollständige Unabhängigkeit vom Papste und vom Kaiser und schrankenlose Herrschergewalt gegenüber den eigenen Untertanen. Andere Fürsten folgten. Aber die Lehre von der Fürstensouveränität führte dazu, daß die Herrscher mit ihren Ländern schalteten wie ein Eigentümer mit seinem Eigentum. Man verkaufte oder verpfändete ganze Provinzen, gab sie einer Prinzessin als Heiratsgut, teilte sie im Erbgang unter mehrere Kinder. Was die betroffenen Völker dazu sagten, danach fragte man nicht; die waren eben Zubehör zum Lande, wie der leibeigene Bauer oder das Vieh zum Grundstück.

Immerhin haben zielbewußte Herrscherhäuser und vom Glück begünstigte Völker bereits frühzeitig ihren künftigen Nationalstaat aufgebaut. Einige westliche Länder, Frankreich, England, Spanien, Portugal, treten allmählich im großen und ganzen volklich geeint auf den Plan der Weltgeschichte. Als sich in der Französischen Revolution zum erstenmal ein Volk im Namen der Volkssouveränität gegen die Fürstensouveränität erhob, da fiel in Westeuropa die staatliche Gliederung zu einem großen Teil mit der volklichen zusammen.

Die Französische Revolution selbst kann zwar nicht als eine nationale Bewegung bezeichnet werden, da Frankreich im wesentlichen bereits einen nationalen Einheitsstaat bildete, aber sie zog Freiheitsbewegungen und kriegerische Verwicklungen nach sich, die im Endergebnis die Entwicklung des Nationalgefühls mächtig förderten und seine staatsbildende Kraft erhöhten. Noch glaubten Napoleon und dann der Wiener Kongreß, das Nationalgefühl der Völker mit Füßen treten zu können. Aber die Folge war schließlich ein ungeheures Erstarken dieses Gefühles. Als in der Mitte des 19. Jahrhunderts das Werk des Wiener Kongresses zusammenbrach, war die nationale Bewegung da. Zuerst gewann sie namentlich bei den Italienern und Tschechen rasch an Boden, griff aber bald auf die verschiedensten Völker Europas über.

Das Zeitalter des nationalen Gedankens. Die zweite Hälfte des 19. und der bisher abgelaufene Teil des 20. Jahrunderts haben — man kann vielleicht sagen, in immer steigendem Maße — unter der Herrschaft des Nationalitätsprinzips gestanden. „Nationalitätsprinzip" nennt man die Forderung: jede Nationalität ein Staat, die ganze Nationalität ein Staat. Vollständig verwirklicht wurde dieses Prinzip allerdings nicht, aber doch seiner Verwirklichung allmählich nähergebracht. Zwei große Völker Europas, das italienische und das deutsche, haben ihre Einigung vollzogen. Die Balkanvölker gelangten im wesentlichen zu nationalen Staatenbildungen. In der letzten Geschichtsperiode vor dem Weltkrieg gab es in Europa nur noch drei übernationale Staaten, Österreich, die Schweiz und Belgien; dazu traten drei Staaten, in denen zwar eine Nationalität auf Grund einer undemokratischen Verfassung die Vorherrschaft hatte, die aber von mehreren Nationalitäten bewohnt waren, Rußland, Ungarn und — bis zu den Balkenkriegen, oder wenn wir Vorderasien in die Betrachtung einbeziehen, auch noch über die Balkankriege hinaus — die Türkei. Abgesehen von diesen sechs Staaten und von einigen verhältnismäßig weniger umfangreichen Abweichungen, wie den polnisch, dänisch und französisch sprechenden Angehörigen des Deutschen Reiches, war das Nationalitätenprinzip in Europa verwirklicht.

Im Weltkrieg ist die nationale Frage schon vom Anfang an von entscheidendem Einfluß gewesen. Die Zentralmächte haben sie gegen Rußland, die Westmächte gegen die Zentralmächte ausgespielt. Damit waren die Westmächte in dem diplomatischen Ringen, das neben dem militärischen und wirtschaftlichen Kampf geführt wurde, die unvergleichlich stärkeren, denn sie waren national geeint. Sie konnten angeben, für die „Befreiung der kleinen Völker" zu kämpfen. Als dann, namentlich seit der russischen Revolution von 1917, das Programm der „Selbstbestimmung der Völker" das ältere Programmwort des „Nationalitätsprinzips" verdrängte und die Westmächte versprachen, die „Selbstbestimmung der Völker" zu verwirklichen, da war ihr endgültiger Sieg im Hinblick auf die bunte nationale Zusammensetzung Österreichs-Ungarns und der Türkei und auf die polnisch, dänisch und französisch sprechenden Gebietsteile des Deutschen Reiches auch durch die größten militärischen und wirtschaftlichen Wunder kaum mehr aufzuhalten.

II. Das gegenwärtige Verhältnis von Volk und Staat.

Die Gebietsfrage. Das Ergebnis des Weltkrieges ist, daß die Staatenkarte in zahlreichen weiteren Punkten der Nationalitätenkarte angepaßt worden ist. Aber es ist nur dort geschehen, wo dies den Interessen der siegreichen Großmächte entsprochen hat. So ist Polen wieder vereinigt worden, das in der neuen Machtkonstellation gewissermaßen an Stelle Rußlands treten soll, damit Deutschland zwischen zwei Fronten in Schach gehalten werde. So sind ferner Österreich und Ungarn zerteilt worden, die als Bundes- und Schicksalsgenossen Deutschlands gefährlich schienen. Dagegen ist das Nationalitätsprinzip und das Prinzip der Selbstbestimmung der Völker ohne jede Rücksicht verletzt worden, wo die siegreichen Großmächte eine andere Regelung vorziehen zu müssen glaubten.

Die Zerstückelungen. Vor allem ist die Einigung des deutschen Volkes nicht geduldet worden, im Gegenteil, es wurden von dem bereits zum Reiche gehörenden zusammenhängenden deutschen Sprachgebiete Teile gewaltsam abgetrennt und ebenso gewaltsam nationaler Fremdherrschaft unterworfen, so in Elsaß-Lothringen, in Eupen und Malmédy, in Nordschleswig, in Danzig und in den an Polen abgetretenen Teilen Preußens. Die großen Verluste an deutschem Sprachgebiet und an Deutschen überhaupt, die Deutschland durch Abtrennungen erlitten hat, sind unten im Zusammenhang mit dem Auslandsdeutschtum zusammengestellt. Dazu treten weiter die Verluste, die sich aus der gewaltsamen Verhinderung der Vereinigung der fast zehn Millionen Deutschen des ehemaligen Österreich mit dem Reiche ergeben. Auch diese Verluste wie das Verhältnis dieser zehn Millionen Deutscher zum Reiche sind unten zur Darstellung gebracht. Im ganzen ist nun das zusammenhängende deutsche Sprachgebiet, wenn man von der Schweiz, Luxemburg und Liechtenstein absieht, unter elf Staaten aufgeteilt: das Deutsche Reich, Frankreich, Italien, Deutschösterreich, Jugoslawien, Ungarn, die Tschechoslowakei, Polen, Danzig, Dänemark und Belgien.

Aber auch andere Völker, die sich der Gunst der Sieger nicht erfreuten, sind in ähnlicher Weise zerstückelt worden. So sind mehrere Millionen Ukrainer vom polnischen, fast eine halbe Million vom tschechoslowakischen Staat annektiert worden. Das erstere ist hauptsächlich im Interesse polnischer Slachzizen und Großgrundbesitzer verfügt worden, das letztere, um dem tschechoslowakischen Staat eine Verbindung mit Rumänien zu schaffen. Ebenso sind rund eine Million Magyaren der Tschechoslowakei und weitere bedeutende magyarisch sprechende Gebiete Jugoslawien und Rumänien gewaltsam einverleibt worden, um das Gebiet dieser Staaten abzurunden, usw. usw.

So sehen wir in den Ergebnissen des Weltkriegs nur an Teilen der europäischen Karte einen Fortschritt zu der Verschmelzung von Volk und Staat, dagegen mehrfach bedeutende Rückschritte. Frankreich und Italien, bisher nationale Einheitsstaaten, haben weit mehr fremdnationales als konnationales Gebiet gewaltsam und ohne Befragung der Bevölkerung erworben und sich zu mehrnationalen Staaten gewissermaßen degradiert. Der jugoslawische, der griechische, der „großrumänische" Staat umfassen nationale Fremdkörper in stärkerem Maße, als dies mit dem Prinzip der Selbstbestimmung in Einklang gebracht werden kann. Ganz besonders stark aber verstoßen Polen und die Tschechoslowakei gegen die von der Entente während des Krieges verkündeten nationalen Grundsätze. Beide Staaten sind — offenbar hauptsächlich aus militärischen, gegen Deutschland gerichteten Gründen — so zusammengesetzt worden, daß das „Staatsvolk", dort die Polen, hier die Tschechen, nicht sehr viel mehr als 50% der Bevölkerung bilden, so daß die Zahl der Streiter, die in der polnischen und tschechischen Armee, fast durchwegs unter französischen höheren Offizieren, kämpfen würde, auf Kosten anderer Nationalitäten fast verdoppelt würde. Um sich eine Vorstellung von dem Maß des nationalistischen Imperialismus zu machen, der sich in dieser Regelung ausspricht, muß man sich vorstellen, daß das Verhältnis dasselbe wäre, wenn etwa Deutschland ganz Frankreich und Belgien annektiert hätte oder Frankreich die Hälfte von Deutschland. Die nationale Frage ist demnach in einem großen Teile Europas noch ungelöst und harrt ihrer Lösung in der Zukunft.

Die Möglichkeiten einer Lösung der nationalen Frage. Diesen Tatsachen gegenüber muß die Frage aufgeworfen werden, ob das Völkerrecht einen Weg kennt, ohne neuen Krieg und neue Gewalt den national zerrissenen und verstümmelten Völkern ihre staatliche Vereinigung zu ermöglichen, die Einheit von Staat und Volk herzustellen.

Das gegenwärtige Völkerrecht beruht auf dem Grundsatz der „Souveränität" der Staaten und der Unverletzlichkeit ihres Gebietes. Es gibt keinen Richter, vor dem ein zerstückeltes Volk die Nachbarstaaten auf Herausgabe seiner Volksgenossen verklagen könnte, und kein Mittel, selbst noch so berechtigte Ansprüche gegen einen widerstrebenden Staat durchzusetzen als einen siegreichen Krieg. Der 1919 geschaffene Völkerbund hat zwar die „Souveränität" seiner Mitglieder mit Ausnahme der fünf — infolge des Nichteintrittes Amerikas vier — ohne ihre Einwilligung zu nichts verpflichteten Großmächte, England, Frankreich, Italien, Japan, eingeschränkt. Aber gerade in der entscheidendsten aller Fragen, in der Gebietsfrage, hat er nicht nur keinen Weg einer friedlichen Korrektur der Grenzen vorgesehen, sondern er will im Gegenteil, wie eine neue „Heilige Alliance", die 1919 geschaffene Staatenkarte verewigen. Art. 10 des Völkerbundstatuts ordnet nämlich an: „**Die Bundesmitglieder verpflichten sich, die Unversehrtheit des Gebiets und die bestehende politische Unabhängigkeit aller Bundesmitglieder zu achten und gegen jeden äußeren Angriff zu wahren.**" Art. 16 und 17 bedrohen nicht nur die Mitglieder, sondern sogar Nichtmitglieder (z. B. Deutschland oder Rußland), die sich etwa dem Diktat des Bundes nicht fügen und zur Selbsthilfe schreiten sollten, mit dem Krieg seitens des ganzen Bundes. Der Genfer Völkerbund ist daher im wesentlichen eine Alliance der Großmächte mit anschließendem Protektorat der Hilfsvölker zur Niederhaltung der Unterjochten. Von ihm ist keine Rettung zu hoffen.

Dennoch wäre es nach dem heutigen Stande der Forschung möglich, friedliche Grenzänderungen vorzusehen, um die Lösung der nationalen Frage ohne neuen Krieg zu ermöglichen, und dies ist offenbar der Weg, den die auswärtige Politik der zerstückelten Völker, voran des deutschen Volkes, zunächst einschlagen muß, was immer die fernere Zukunft bringen mag. Diesen Weg bietet der Grundsatz der Volksabstimmung. Die Volksabstimmung ermöglicht den Individuen, auf Grund ihres freien nationalen Bekenntnisses über die staatliche Zugehörigkeit des von ihnen bewohnten Gebietes zu entscheiden, oder aber, historische, wirtschaftliche oder andere Zusammenhänge freiwillig über das Nationalitätsprinzip zu stellen, wie dies z. B. polnisch sprechende Oberschlesier und slowenisch sprechende Kärntner bei den jüngsten Abstimmungen (1921 und 1920) in großer Zahl getan haben und wie es heute die große Mehrzahl der deutschen Schweizer wahrscheinlich tun würde, wenn sie etwa zwischen Deutschland und der Schweiz zu wählen hätte. Das Prinzip der Volksabstimmung ist bereits hie und da in früheren Friedensverträgen und nun auch in einzelnen Punkten der Friedensverträge von 1919 angenommen worden; aber fast durchwegs wurde die Abstimmung in derartig willkürlich abgegrenzten Gebieten und nach derartig willkürlichen Prinzipien zugelassen, daß das Ergebnis von vornherein stark zugunsten des Siegers oder des Stärkeren beeinflußt war, und daher, wo es dann wirklich zu dessen Gunsten ausgefallen ist, nichts über den wahren Willen der Bevölkerung beweist.

Um diesen Fehlern zu entgehen, muß die Volksabstimmung erstens frei von jedem militärischen Druck unter ausschließlich neutraler Leitung erfolgen. Zweitens aber muß nach einzelnen Gemeinden getrennt abgestimmt und das Ergebnis nach einzelnen Gemeinden getrennt berücksichtigt werden. Ergeben sich hierbei sogenannte „Enklaven", d. h. Gemeinden, die dem Staate A angehören wollen, aber ganz vom Staate B umschlossen sind, so ist, falls die beiden beteiligten Staaten sich nicht anderweitig friedlich einigen, meines Erachtens nur eine derartige Aufteilung beiderseits unanfechtbar, daß die nationalen Opfer zu beiden Seiten der Grenze gleich groß sind („Linie der gleichen Opfer"). Für das Prinzip der Volksabstimmung nach Gemeinden als einen allgemeinen Rechtssatz der anzustrebenden gesamten neuen Völkerrechtsordnung habe ich zum erstenmal auf Konferenzen der Zentralorganisation für einen dauernden Frieden (Haag) in Christiania und Bern, Juli und Oktober 1917, einzutreten versucht, für das Prinzip der Linie der gleichen Opfer, das ich erst später formuliert habe, auf der Internationalen Völkerbundkonferenz, Bern, März 1919. Beide Prinzipien wurden von der letztgenannten Konferenz einstimmig angenommen und der Pariser Friedenskonferenz, allerdings erfolgslos, empfohlen. Die deutsche Regierung hat sich in den Friedensverhandlungen zu diesen beiden Grundsätzen bekannt und in ihrem Gegenvorschlag vom 29. Mai 1919 deren gleichmäßige Anwendung auf alle Staaten gefordert, leider gleichfalls ohne Erfolg. Der Deutsche Schutzbund für die Grenz- und Auslandsdeutschen und die Deutsche Liga für Völkerbund haben auf ihrer gemeinsamen Tagung zu Berlin, Pfingsten 1920, die beiden Prinzipien einstimmig zum Beschluß erhoben, in dem Sinne, daß dieser Beschluß ein Programm für die künftige deutsche Außenpolitik darstellen soll.

Der Schutz nationaler Minderheiten. Wie immer die Grenzfragen jedoch geregelt werden, immer werden nationale Minderheiten in den einzelnen Staaten zurückbleiben. Selbst bei einer Gebietsverteilung, die vollkommen der ethisch-politischen Forderung der „Selbstbestimmung der Völker" angepaßt, also den eben erörterten Grundsätzen der Volksabstimmung nach Gemeinden und der Linie der gleichen nationalen Opfer gemäß gestaltet wäre, würden immer noch an manchen Stellen der Staatenkarte Teile eines Volkes unter die Mehrheitsherrschaft eines fremden Volksstammes, unter nationale Fremdherrschaft, geraten. Die nationalen Minderheiten würden voraussichtlich auf das möglichst geringste Maß herabgedrückt, aber nicht beseitigt. Denn die Sprachgrenzen verlaufen nicht immer scharf, sondern sind häufig durch gemischtsprachige Gebiete, Sprachinseln und verstreute Minderheiten verwischt; dazu kommt die schon erwähnte Möglichkeit, daß Teile eines Volkes sich freiwillig für einen anderen Staat als für den ihrer eigenen Nationalität entscheiden.

Eine noch ungleich größere Bedeutung haben die nationalen Minderheiten in der willkürlichen Ordnung der Friedensverträge von 1919. Die siegreichen Großmächte haben sich daher genötigt gesehen, ihren während des Krieges gemachten Versprechungen über die „Befreiung der unterdrückten Nationen", wenn schon nicht in bezug auf ihre eigenen nationalen Minderheiten, so doch wenigstens insoweit Rechnung zu tragen, als sie ihren Vasallenstaaten in Europa und den kleineren besiegten Staaten einen „Schutz nationaler Minderheiten" aufgenötigt haben. Deutschösterreich, Ungarn, Bulgarien und die Türkei mußten die bezüglichen Bestimmungen in den Friedensverträgen unterzeichnen, mit Polen, der Tschechoslowakei, dem südslawischen Staat, Rumänien, Griechenland sind besondere Minderheitsschutzverträge geschlossen worden. Alle diese Vertragsbestimmungen haben im wesentlichen den gleichen Inhalt und sind unter den Schutz des Völkerbundes gestellt worden. Außerdem haben Estland, Lettland, Litauen und Albanien Erklärungen an den Völkerbund über Minderheitsschutzbestimmungen unterzeichnet, und Finnland hat dem Völkerbund ein Memorandum über die Rechte der Minderheiten nach der finnischen Verfassung unterbreitet.

Alle diese Vertragsbestimmungen sind zweifellos ein Fortschritt gegenüber der früher im Völkerrecht ausnahmslos herrschenden Auffassung, welche die Völker und Volksteile der schrankenlosen „Souveränität" der Staaten aufopferte. Aber das ganze System dieser Bestimmungen erreicht den Zweck nicht, die Minderheiten wirksam zu schützen. Es gibt den Großmächten Gelegenheit, sich nach Wunsch in innere Angelegenheiten der mit dem Minderheitsschutz belasteten Staaten zu mengen. Aber erstens haben die Großmächte sich wohl gehütet, sich selbst eine völkerrechtliche Schutzpflicht zugunsten ihrer Minderheiten (Irland, Elsaß, Deutsch-Südtirol und das von Südslawen bewohnte, von Italien annektierte ehemals österreichische Küstenland) aufzuerlegen. Auch der Völkerbund kann ihnen nach seiner Verfassung einen solchen Schutz ohne ihre Einwilligung nicht auferlegen. Zweitens bewahrt jenes System auch in den belasteten Staaten die Minderheiten infolge seiner gänzlich unzureichenden Bestimmungen weder vor wirtschaftlicher Ausbeutung noch vor planmäßiger Entnationalisierung durch die Mehrheitsnation, das „Staatsvolk", wie wir dies in geradezu erschütternder Weise an den Millionen von Deutschen und anderen Minderheiten in Polen und in der Tschechoslowakei sehen.

Das Auslandsdeutschtum. Das deutsche Volk in Europa zählt auf seinem geschlossenen Siedlungsgebiet, also ohne die Sprachinseln, deren es z. B. an der Wolga und in Siebenbürgen sehr bedeutende gibt, ferner ohne die zum Teil national von uns wegstrebenden Deutschen in der Schweiz, Luxemburg, Liechtenstein und in dem schon vor 1914 belgischen Gebiet zusammen weit über 70 Millionen Deutsche. Dieses geschlossene deutsche Sprachgebiet umfaßt 625964 qkm. Von den über 70 Millionen dieses Gebietes sind mehr als 12 Millionen auf 11 Staaten gewaltsam aufgeteilt. Unter diesen 12 Millionen nehmen die $1^1/_2$ in Elsaß-Lothringen insofern eine Sonderstellung ein, als sie heute in ihrer großen Mehrheit nicht mit dem Deutschen Reich, aber auch nicht mit Frankreich vereinigt zu sein, sondern ein selbständiges Land zu bilden wünschen, während die übrigen $10^1/_2$ Millionen sich auch politisch als Deutsche schlechtweg fühlen und in ihrer erdrückenden Überzahl in der Vereinigung mit dem Deutschen Reich ihr höchstes politisches Ziel sehen. Diese 12 Millionen Deutscher bilden die Hauptmasse des Auslandsdeutschtums. Der Rest des zusammenhängenden Sprachgebietes, $59^1/_2$ Millionen, bildet das heutige Deutsche Reich. Stellt man nicht bloß das zusammenhängende Sprachgebiet, sondern auch die deutschen Inseln und Minderheiten in dem verlorenen nichtdeutschen Sprachgebiet des Deutschen Reiches vor 1918 und des ehemaligen Österreich-Ungarn in Rechnung, so erhöht sich das Deutschtum in Mitteleuropa, das durch die Friedensverträge unter fremde Botmäßigkeit gelangt ist, von 12 auf 15 Millionen.

Eine nähere Prüfung ergibt folgende

Übersicht der gewaltsam von Deutschland getrennten Deutschen.

	1. Deutsche sind insgesamt gefallen an	2. Davon gehören zum geschlossenen deutschen Siedlungsgebiet	3. Dieser Teil des geschlossenen deutschen Siedlungsgebietes hat einen Flächenraum in qkm von
I. Deutsche, die bis 1918 zum Deutschen Reich gehörten			
1. an Frankreich	1634260	1614000	etwa 13500
2. an Belgien	50387	50387	„ 830
3. an Dänemark	40139	18000	„ 650
4. an Polen	1363019	586622	„ 13500
5. an das Memelgebiet	71114	71114	2447
6. an den Freistaat Danzig	315705	315705	1932
7. an die Tschechoslowakei	6519	—	—
Summe von I	3481143	2655828	32859
II. Deutsche des ehemaligen Österreich-Ungarn			
1. an Deutschösterreich	6003524	6003524	83707
2. an die Tschechoslowakei	3740943	3122839	26869
3. an Ungarn	365228	53938	743
4. an Jugoslawien	1010000	50299	971
5. an Rumänien	493256	—	—
6. an Polen	136891	—	—
7. an Italien	258764	228447	7318
8. an Fiume	2315	—	—
Summe von II	12010921	9459047	119608
Gesamtsumme des gewaltsam von Deutschland getrennten mitteleuropäischen Auslandsdeutschtums	15492064	12114875	152467

Die Zahlen in Spalte 1 dieser Tabelle sind der vollständigen Übersicht halber beigesetzt. Die Zerstückelung des geschlossenen Deutschtums kann nur aus den Spalten 2 und 3 ersehen werden. Setzt man die hier erhaltenen Gesamtsummen, nämlich über 12 Millionen auf 152467 qkm, ins Verhältnis zu den entsprechenden Zahlen für das heutige Deutsche Reich, $59^1/_2$ Millionen auf 474304 qkm, so ergibt sich, daß nicht viel weniger als ein Viertel des ganzen deutschen Landes und Volkes gewaltsam vom Deutschen Reich getrennt ist. Um die Parallele zu ziehen und das Ausland aufzuklären, denke man sich den umgekehrten Fall, daß wir ein ganzes Viertel von England oder Frankreich gewaltsam annektiert hätten.

Das ganze Deutschland harrt seiner Einigung, wobei das heutige Deutsche Reich offenbar berufen sein wird, den Kern zu bilden, wie Preußen bei der Einigung von 1870/71.

Die Lage der vom Deutschen Reiche gewaltsam getrennten Deutschen ist überwiegend eine sehr beklagenswerte. Eine planmäßige Entnationalisierungspolitik wird namentlich gegen die Deutschen in Elsaß-Lothringen, Polen und der Tschechoslowakei ins Werk gesetzt. Deutsche Beamte und deutsche Schulen werden auch im rein deutschen Sprachgebiet massenweise durch französische, polnische, tschechische ersetzt. Wo die deutsche Schule nicht ganz beseitigt werden kann, wird nach Möglichkeit der deutschsprechende nichtdeutsche Lehrer als Pionier der Entnationalisierung gefördert und der deutsche Lehrer unter nichtdeutscher Kontrolle gehalten. Die bisherige Selbstverwaltung in Gemeinden und anderen Körperschaften wird den Deutschen verkümmert oder gänzlich erdrückt. Allenthalben werden die Deutschen zurückgesetzt und die

Angehörigen des „Staatsvolkes“ begünstigt, z. B. bei Vergebung von Ämtern, ja selbst bei der Verteilung öffentlich bewirtschafteter Lebensmittel. Die Deutschen werden zum Militärdienst in Armeen gezwungen, die fast nur zu dem einzigen Zwecke da sind, Deutschland dauernd auf seiner heutigen Stufe des Ausgebeutetwerdens und Unterjochtseins zu erhalten. Zu all diesen Zwecken und zu vielem anderen, was gegen die Deutschen gerichtet ist, werden die deutschen Steuergelder verwendet. In Deutschböhmen werden deutsche Grundstücke „sozialisiert“ oder im öffentlichen Interesse „beschlagnahmt“, um urdeutsches Land mit tschechischen Ansiedlern zu bevölkern usw. usw. Das unbeteiligte Ausland wird durch eine systematische Propaganda und durch tendenziöse Volkszählungen über all dies hinweggetäuscht. Auch die beiden kleineren deutschen Staaten, die mit Gewalt vom Reiche getrennt sind, seufzen unter schwerstem Drucke fremder, dem deutschen feindlich gesinnter Völker. Danzig und Deutschösterreich sind nur dem Namen nach selbständige Staaten. Danzig steht tatsächlich unter polnischer Botmäßigkeit und unter der Oberhoheit des Genfer Völkerbundes, der gänzlich von den Deutschland feindlichen Großmächten beherrscht wird. Die deutschen Gebiete des ehemaligen Österreich, und zwar nicht nur die heutige „Republik Österreich“ der deutschen Alpenländer, sondern auch Deutschböhmen und die übrigen deutschen Länder der heutigen Tschechoslowakei haben beim Zerfall Österreichs im Oktober 1918 durch ihre parlamentarischen Vertreter einstimmig die Republik Deutschösterreich konstituiert und nach dem Ausbruch der deutschen Revolution mit Beschluß vom 12. November ebenso einstimmig, von der äußersten Rechten bis zur äußersten Linken, erklärt, daß diese Republik ein Bestandteil des Deutschen Reiches sei. Die Entente hat jedoch die Vereinigung verboten und das Land, soweit es nicht von der Tschechoslowakei, Jugoslawien und Italien annektiert wurde, wirtschaftlich derart zugrunde gerichtet, daß es heute, seit den Verträgen vom Dezember 1921 und Oktober 1922, tatsächlich kaum eine andere Stellung einnimmt, als die einer Ententekolonie, eines gänzlich unfreien Vasallenstaates. Allein das Bekenntnis zum Deutschtum und der Wille zur schließlichen Vereinigung mit dem Deutschen Reich lebt in allen Teilen, in der „Republik Österreich“ wie in den annektierten Gebieten, in allen Schichten und politischen Parteien fort.

So führt uns die gegenwärtige Lage den Gegensatz von Volk und Staat deutlich vor Augen. Sie zeigt uns aber auch die große Bedeutung, die das Ideal von der Vereinigung jedes Volkes in einem einzigen Staate für das Empfinden der heutigen Menschen besitzt, wie immer auch sonst deren politisches und wirtschaftliches Denken auseinandergehen mag.

Die Aufgabe der deutschen Schule. Als Deutschland nach 1806 scheinbar hoffnungslos darniederlag, hat einer seiner größten Männer darauf hingewiesen, daß nur die Erziehung zu etwas gänzlich Neuem das deutsche Volk retten könne: es war Fichte in seinen Reden an die deutsche Nation, 1808, und das Neue, das er forderte, war die Erziehung des Volkes zum Nationalgefühl. Er hat damit das ganze Volk aufs tiefste aufgerüttelt und eine geistige Bewegung ausgelöst, die zur Erhebung und Befreiung von 1813 geführt hat.

So hat das deutsche Volk einmal in seiner Geschichte einen großen und erfolgreichen Anlauf genommen. Aber was ist daraus geworden? Der Wiener Kongreß, die Herrschaft der Metternichschen Gedanken und des Polizeiknüppels. Die Fürsten waren vor allem auf ihre „Souveränität“ bedacht und bekämpften das Nationalgefühl, von dem sie sich bedroht sahen oder glaubten. So wurde der Deutsche in den Schulen hier zum kaiserlich österreichischen, da zum königlich preußischen, dort zum Patriotismus für Reuß ältere oder jüngere Linie erzogen, aber nicht zum Deutschen. Auch Bismarck, sicherlich einer der größten Staatsmänner aller Zeiten, hat über diese Erziehung des deutschen Volkes nicht hinauskönnen. Er hatte mit der Souveränität der Fürsten zu ringen und was er zustandegebracht hat, war ein Bund der Fürsten. Fortan erhob sich über den Einzelstaaten noch ein Oberstaat, das Reich, über den Königen und Fürsten ein noch höherer Monarch, der Kaiser, über dem Landespatriotismus noch ein Reichspatriotismus. Eine Erziehung zum deutschen Nationalgefühl aber hat das deutsche Volk bis zum heutigen Tage nicht erhalten. Durch seine einseitig staatliche Einstellung, die den Ausgangspunkt unserer Einleitung gebildet hat, hat es sich die Polen, Franzosen und Dänen im Reich zu erbitterten Feinden gemacht, sich viereinhalb Millionen Deutscher in der Schweiz, im Elsaß und in Luxemburg politisch entfremdet, zehn Millionen Deutscher im alten Österreich der fanatisch deutschfeindlichen slawischen Mehrheit und der anationalen Hausmachtpolitik der Habsburger aufgeopfert. Auch heute noch ist ein sehr großer Teil des deutschen Volkes sein eigener Feind, indem er fünfzehn Millionen Auslandsdeutscher, weil sie eben „Ausländer" sind, mit Gleichgültigkeit ihrem Schicksal überlassen will.

Und doch steckt im Nationalgefühl und in dem Streben nach Vereinigung mit den Volksgenossen ein höchster sittlicher Wert. Denn die Liebe zum eigenen Volk ist etwas ebenso Heiliges und Unvergleichbares wie die Liebe zu den eigenen Eltern oder Kindern, und ihre Pflege muß daher gefordert werden, wie immer man parteipolitisch, wirtschaftlich und sozial eingestellt ist. Darum müssen wir meines Erachtens heute von neuem den Ruf erheben, den vor mehr als hundert Jahren Fichte zum erstenmal erhoben hat: Wenn Ihr Deutschlands Errettung aus Erniedrigung, Ausbeutung und Knechtschaft wollt, so erzieht das deutsche Volk zum Nationalgefühl, zur innigen hingebenden Liebe zum ganzen deutschen Volk.

Literatur und Nationalitätenkarten.

Allgemeines. Die Literatur über die nationale Frage ist fast unübersehbar groß und auf viele Sprachen verteilt. Zur Einführung und als erste Grundlage für ein weiteres Studium eignen sich vielleicht am besten die einschlägigen Aufsätze im Handbuch der Politik, 3. Aufl., Berlin, Rotschild, 1920ff., insbesondere Bd. I, S. 59ff. (Einfluß des Nationalitätsprinzips auf die Staatenbildung), Bd. II, S. 308ff. (die Gebietsveränderungen nach dem Friedensvertrag), 338ff. (der Friedensvertrag mit Deutschösterreich), 351ff. (der Friedensschluß mit Ungarn, Bulgarien und der Türkei), Bd. V, 266ff., 326ff. (Auslandsdeutschtum, nebst zwei nationalitätenstatistischen Anhängen); dazu verschiedene Aufsätze über Einzelgebiete, so Bd. II, S. 1ff. (Deutschlands Machtstellung vor dem Kriege), 22ff. (Österreich vor 1914), 60ff. (Panslawismus), 325ff. (Polen), 346ff. (Tschechoslowakei; dieser Aufsatz, aus nicht deutscher Feder, wird der ungeheuren Bedeutung der nationalen Frage in dem dargestellten Gebiet nicht gerecht), 365ff. (Irland), 369ff. (Indien), Bd. V, S. 300ff. (Danzig), 309ff. (Deutschösterreich) u. a. Über den Begriff der Nationalität G. Jellinek, Allgemeine Staatslehre, 3. Aufl., Berlin, Häring, 1914, S. 116ff. Über die neueste Geschichte und die völkerrechtliche Seite des nationalen Problems Strupp, Wörterbuch des Völkerrechts und der Diplomatie, Berlin 1922, Artikel Nationalitätenfrage einschließlich des Minderheitsrechts. Alle diese Schriften enthalten weitere Literaturangaben. 1923 ist eine bedeutend kleinere und sehr billige Winklersche Karte, „Völker und Staaten Mitteleuropas", vom Hilfsverein für Deutschböhmen in Wien VIII, Fuhrmanngasse 18a, herausgegeben worden.

Zu I Volk und Staat in der Geschichte: Handbuch der Politik, 3. Aufl., Bd. I, S. 59ff.; Bernatzik, Die Ausgestaltung des Nationalgefühls im 19. Jahrhundert, Hannover, Helwing 1912.

Zu II Das gegenwärtige Verhältnis von Volk und Staat: Zur Gebietsfrage s. vor allem Dr. Wilhelm Winkler, Sprachenkarte von Mitteleuropa, Wien, Hermann Goldschmiedt, 1921. Diese Karte zeigt gleichzeitig die ethnographischen und die neuen staatlichen Grenzen und dadurch die ungeheuren nationalen Vergewaltigungen, die auf den übrigen Karten nicht ersichtlich sind. In den Ententeländern sind vielfach unrichtige Nationalitätenkarten verbreitet worden, z. B. die Karte von Gabrys, Lausanne, oder die Karte des tschechoslowakischen Staates nebst Legende in World's Magazine 1919.

Von Aufsätzen vgl. die bereits oben zitierten im Handbuch der Politik, 3. Aufl., Bd. II, S. 308ff. (über die Gebietsfragen des Friedensvertrages von Versailles), 338ff. (über den Vertrag von St. Germain mit Deutschösterreich), 351ff. (über die Friedensschlüsse mit Ungarn, Bulgarien und der Türkei), Bd. V, S. 291ff. und 295ff. (über die Nationalitätenstatistik der abgetretenen Gebiete und neugebildeten Staaten). Über die allgemein-politische und völkerrechtliche Würdigung der Gebietsfragen vgl. Strupp, Wörterbuch des Völkerrechts und der Diplomatie, Berlin, 1922, Artikel Nationalitätenfrage, Abschnitte I, II, IV und V.

Zu den Möglichkeiten einer Lösung der nationalen Frage vgl. den eben zitierten

Aufsatz bei **Strupp**, Abschnitt III. Die Vorschläge der deutschen Regierung vom 29. Mai 1919 sind abgedruckt in „Der Kampf um den Rechtsfrieden“, herausgeg. von der Deutschen Liga für Völkerbund, Berlin, Engelmann, 1919, und zwar S. 172, 173. Zu dem näheren Inhalt der dargestellten Vorschläge vgl. den Aufsatz „Die nationale Frage im künftigen Völkerrecht“ in der Zeitschrift „Deutsche Arbeit in Österreich“, herausg. von Dr. **Hermann Ullmann**, 18. Jahrgang 7.—8. Heft, April—Mai 1919, S. 199ff.; über die Berner Völkerbundkonferenz noch Heft 2 der „Schriften über Minderheitenschutz“, herausg. vom Deutschen Schutzbund für die Grenz- und Auslanddeutschen, Berlin, Carl Heymanns Verlag, 1920, S. 19ff.; den Beschluß des Deutschen Schutzbundes und der Liga für Völkerbund, Pfingsten 1920, in der Zeitschrift „Das Vereinsleben“, Mitteilungsblätter des Deutschen Schutzbundes, 1. Jahrgang Nr. 7, vom 15. Juli 1920, S. 6.

Zum **Schutz nationaler Minderheiten** namentlich Dr. **Franz Bordihn**, das positive Recht der nationalen Minderheit, Heft 2 der Schriftenfolge „Das Selbstbestimmungsrecht der Deutschen“, herausg. von Johannes Tiedje, Berlin, Engelmann, 1921; ferner den Artikel „Nationalitätenfrage einschließlich des Minderheitsrechts in Strupps Wörterbuch des Völkerrechts und der Diplomatie Abschnitt VI; **Epstein**, Der nationale Minderheitsschutz als internationales Rechtsproblem Berlin, Engelmann, 1922; dazu die fortlaufenden Mitteilungen in der Rubrik „Minoritäten“ bezw. „Schutz der Minderheiten“ der monatlich erscheinenden Publikation „Die Tätigkeit des Völkerbundes“, Verteilungsstelle für Deutschland: Deutsche Liga für Völkerbund Berlin. Der oben dargestellte Zustand ist der vom 1. August 1922. Es werden sich voraussichtlich den genannten Verträgen noch einige weitere anreihen.

Über das **Auslandsdeutschtum** Handbuch der Politik, 3. Aufl., Bd. V, S. 266ff. (Deutsche Gebiete unter Fremdherrschaft“) und 326ff. Ferner ist vor allem wichtig die schon zitierte Sprachenkarte von Mitteleuropa von Dr. **Wilhelm Winkler**, Goldschmiedt, Wien 1921, eine Karte, welche in allen Schulen Deutschlands verbreitet sein sollte, damit das heranwachsende Geschlecht über die Bedeutung der nationalen Frage für das deutsche Volk aufgeklärt werde. Die deutsche Liga für Völkerbund und der Deutsche Schutzbund haben auf ihrer gemeinsamen Tagung für Minderheitenrecht zu Berlin im Oktober 1920 auf meinen Antrag einstimmig den folgenden Beschluß gefaßt: „Die Tagung für Minderheitenrecht fordert ferner die deutsche Regierung auf, dafür zu sorgen, daß im gesamten Schulunterricht im ganzen Reiche von der Volksschule aufwärts sowie durch Massenverbreitung einer vollkommen wahrheitsgemäßen Nationalitätenkarte von ganz Mitteleuropa und auf andere geeignete Weise dem deutschen Volke eine angemessene Kenntnis über alle dem Ausland geopferten Teile des deutschen Sprachgebietes und deren kulturelle, wirtschaftliche und politische Bedeutung vermittelt werde, und zwar in gleicher Weise, ob diese Gebiete bis 1919 dem Deutschen Reiche angehört haben oder nicht.“ (Abgedruckt in der Zeitschrift „Neue Brücken“, 1920, Nr. 10/11, S. 3.)

Die im Text mitgeteilten Ziffern stützen sich auf Dr. **Wilhelm Winkler**, Statistik des Grenzlanddeutschtums, in der Zeitschrift „Deutsche Arbeit“, 20. Jahrg., Heft 8 v. Mai 1921, S. 345ff.; doch habe ich die seither in Oberschlesien und in Deutschwestungarn eingetretenen Gebietsveränderungen sowie eine Korrektur bezüglich Jugoslawiens in der Tabelle durchgeführt (vgl. auch Handbuch der Politik, 3. Aufl., Bd. V, S. 297).

Über Elsaß-Lothringen bes. König, Der Sprachen- und Schulkampf in Elsaß-Lothringen in Nr. 22 der Hamburger Stimmen, Wochenblatt für Politik, Wirtschaft und Kultur, 1922. Über die Lage der Deutschen in Polen und der Tschechoslowakei vgl. vor allem deren Tagespresse, Zeitschriften und mehrfache Denkschriften an die Mächte und den Völkerbund; es wäre kaum möglich, hier aus der Fülle des Materials über diese Millionen von Deutschen einzelnes zu zitieren. Über die Beschlagnahme von Grundstücken zu Zwecken der Entnationalisierung die Beschwerde der deutschen Großgrundbesitzer an den Völkerbund, Prag, Selbstverlag der Deutschen Völkerbundliga in der tschechoslowakischen Republik, Sept. 1922, in welcher Schrift die einzelnen Enteignungsfälle namentlich und mit allen Daten aufgezählt sind. Über die Volkszählung die Wechselrede Winkler-Mildschuh im Deutschen Statistischen Zentralblatt XIII, 1921, Heft 1/2 und 5/6. Über Danzig Handbuch der Politik, 3. Aufl., Bd. V, S. 300ff. Über Deutschösterreich ebenda S. 309ff. (Geschichte des Verhältnisses Deutschösterreichs zum Reiche von den Karolingerzeiten bis zum Zusammenbruch Österreichs) und 314ff (staatsrechtliche Bemerkungen); **Schücking**, Kommentar zum Friedensvertrage, Vorveröffentlichung „Deutschösterreich im Friedensvertrag von Versailles“, Berlin, Vahlen, 1921 (enthält die Geschichte des Zerfalls Österreichs, der Konstituierung Deutschösterreichs, der Verhandlungen mit dem Deutschen Reich über den Anschluß und des Verbots der Entente, ferner völkerrechtliche Bemerkungen zum Ententeverbot); **Ludo Moritz Hartmann**, Großdeutsch oder kleindeutsch Gotha, Perthes, 1921 und meine Rede Deutschland und Deutschösterreich, Berlin, Engelmann, 1921 (die beiden letztgenannten Broschüren enthalten politische und wirtschaftliche Bemerkungen zur Anschlußfrage).

Gesellschaft und Staat.

Von Hermann Heller.

Inhalt. Gesellschaftsbegriff. Gesellschaftswissenschaft. Die vergesellschaftenden Kräfte. Gesellschaftliche Machtverhältnisse. Entstehung von Recht und Staat. Verhältnis von Recht und Staat zur Gesellschaft. Widerspruch zwischen Recht und Macht. Masse und Führer. — Literatur.

Gesellschaftsbegriff. Der Mensch, der religiös-metaphysischen Lebensform entrungen, scheidet sein inneres allerpersönlichstes Erlebnis der Religion von jedem äußeren Geschehen, macht jenes von diesem völlig unabhängig. Umgekehrt verzichtet er aber auch bei der Deutung der ihn außen umgebenden Natur und der Kultur, in der er selbst befangen ist, auf die Heranziehung religiös-metaphysischer Kräfte. Er will dieses Reich der Kultur als seine eigene Schöpfung begreifen, sucht nach einem Schöpfer, einem Zusammenhange, einer gemeinsamen Grundlage, als deren Erzeugnisse Staat und Wirtschaft, Kirche und Kunst, Sprache und Wissenschaft, Moral und Recht begriffen werden können; diese vorgestellte allgemeine Grundlage aller Kulturerscheinungen nennen wir G e s e l l s c h a f t. Solche mit der Gesamtentwicklung des Menschengeschlechts zusammenfallende Gesellschaft bietet jedoch einer kritischen Wissenschaft wenig fruchtbare Erkenntnismöglichkeiten; nur ein Gott könnte diese Gesamtentwicklung in ihrem Verlaufe, ihren Bedingungen und Aufgaben objektiv übersehen. Die Gesellschaft in diesem Sinne ist ein wertvoller wissenschaftlicher Gesichtspunkt, eine höchst fruchtbare Betrachtungsweise der Wissenschaft, einen realen Erkenntnisgegenstand der Wissenschaft bildet sie nicht. Einen solchen findet die wissenschaftliche Betrachtung erst in einer der konkreten G e s e l l s c h a f t e n, die sie nun als Soziologie (Gesellschaftswissenschaft) zu untersuchen hat. So verstanden umfaßt der Gesellschaftsbegriff jede durch irgendwelche bewußte oder unbewußte, organisierte oder nichtorganisierte, dauernde oder flüchtige Interesseneinheit zusammengefaßte Personenvielheit.

Gesellschaftswissenschaft. Eine besondere Wissenschaft von der Gesellschaft ist erst die Forderung des 19. Jh. und auch heute noch mehr Forderung als Erfüllung geblieben. In ihr will sich der Mensch selbst erkennen, und allein schon der in Zeit und Raum schier unendliche Wechsel der Völkerschicksale, der gesellschaftlichen Gefühlshaltungen und Denkformen macht die Gesellschaftserkenntnis zum schwierigsten aber auch vornehmsten Wissensproblem. Das Mittelalter hatte jedes Gesellschaftsgebilde, vor allem den Staat, auf göttlichen Willen zurückzuführen, die Gesellschaft theologisch zu deuten versucht. Seit der Renaissance beginnt sich die Anschauung durchzusetzen, daß der Mensch in allen Kulturerscheinungen an sich selbst arbeite, und zwar nach der (allerdings oft nur dahin mißverstandenen) Meinung des Naturrichts ist es der einzelne, der mit vernünftigem, freiem Willen ausgestattete und auch so handelnde Mensch, der das geschichtlich-gesellschaftliche Leben macht. Die Gesellschaft sollte rationalistisch erklärt werden. Der Widerspruch dieses individualistisch-rationalistischen Gesellschaftsbildes zur geschichtlichen Wirklichkeit ließ im 19. Jh. die soziologische Deutung des gesellschaftlichen Lebens entstehen. Nicht ein überirdischer Wille und nicht die freie Vernunft des einzelnen, sondern der vergesellschaftete Mensch erscheint nun als Schöpfer aller Kultur. Gruppen, geschichtlich sich entwickelnde Gemeinschaften treten in den Vordergrund der Bühne, das Individuum bekommt eine untergeordnete Rolle, ist immer nur Repräsentant und Exponent einer Gruppe, sie fühlt, denkt, handelt im Individuum.

Die vergesellschaftenden Kräfte. Der vergesellschaftete Mensch, die Gruppe, arbeitet somit in Staat, Wirtschaft, Kirche, Kunst usw. an sich selbst. Welches sind aber die den einzelnen vergesellschaftenden Kräfte? In den primitiven Formen der Gesellschaft sehen wir die nicht weiter erklärbare gemeinsame Abstammung, Gemeinsamkeit der geographischen und klimatischen Bedingungen (Nachbarschaft) sowie die mehr rationale, eine Gesellschaft auch vertikal gliedernde, wirtschaftliche Interessengemeinschaft als die erkennbarsten sozialen Bande. Auf ihnen sich aufbauend, einander wechselweise bedingend und voneinander bedingt entwickelt sich aus diesen Grundgemeinsamkeiten Blut, Nachbarschaft und Wirtschaft die Gemeinsamkeit des Kultes, der Sprache, des geschichtlichen Schicksals und aller jener unendlich mannigfaltigen Erscheinungen einer entwickelten Kultur, die nach Jakob Burckhardt sich darstellt „als Prozeß der Umwandlungen des Rassenmäßigen zum Reflektierten". Kriege, Völkerwanderungen und friedliche Durchdringungen mischen die Völkerstämme durcheinander. Der Kampf der menschlichen Vernunft gegen die Natur zwingt auch einem ungünstigen Boden und Klima Kultur ab. Die ursprüngliche Blutsgemeinschaft und Nachbarschaft der Natur treten zurück, und ausschlaggebender wird die Gemeinschaft der Kultur. In einer entwickelten Kultur sind ursprüngliche Naturanlage und die sie umgestaltenden späteren gesellschaftlichen Einflüsse nicht mehr unterscheidbar. So ist auch die Nation wesentlich keine Gemeinschaft des Blutes — es gibt kein „reinrassiges" Volk —, sondern eine Volksgemeinschaft mit höheren eigenartigen Kulturleistungen und dadurch gewonnener eigener Wesensart (als Beispiel diene die aus den verschiedensten Rassen vor unseren Augen entstandene Eigenart der nordamerikanischen Nation). Die gleichen, eine Mehrheit zu gesellschaftlicher Einheit verbindenden Kräfte wirken in der Regel nur innerhalb dieser Gruppe bindend, nach außen aber meist abwehrend oder gar abstoßend, ungesellschaftlich. Dies gilt ebenso für eine geistige wie besonders für natürliche oder gar wirtschaftliche Interessenverbundenheit und in umso höherem Grade, je enger die Verbindung ist (der bis zu Haß und Verachtung anderer entwickelte Stolz von Familien, Nationen, Klassen usw.).

Gesellschaftliche Machtverhältnisse. Die verschiedenen und in ihrer Wechselwirkung verschieden stark wirkenden vergesellschaftenden Kräfte einerseits sowie die natürlichen und geistig-sittlichen Verschiedenheiten der Gruppen und Individuen andererseits bewirken überaus mannigfaltig gegliederte gesellschaftliche Abhängigkeits- oder Machtverhältnisse. Geographisch-klimatisch begünstigte Völker beherrschen die weniger begünstigten, die von Natur aus Schwachen und Kranken sehen wir in Abhängigkeit von Stärkeren und Gesunden. Willenskraft, Begabung zur Herrschaft, geistige Bildung geben Völkern und Individuen Macht über andere. Natürliche Unterschiede werden außerordentlich verstärkt, aber auch bekämpft, durch gesellschaftliche Entwicklungen. Der Jahrtausende währende Kampf der menschlichen Gesellschaft gegen die Natur hat jener ein Arsenal von gesellschaftlichen Waffen verschafft, welche sehr wohl geeignet sind, viele, wenn auch längst nicht alle natürlichen Unterschiede einerseits zu mildern, andererseits aber auch zu verstärken, ja sogar die natürliche Überlegenheit durch eine gesellschaftliche zu ersetzen. Die weitaus stärkste gesellschaftliche Macht verschafft der Besitz. Es war Lorenz von Stein, der es zum ersten Male in Deutschland aussprach: „Jede Abhängigkeit der einen Klasse von der anderen beruht auf dem Besitze." Sicherlich ist es wahr, „daß einzelne machtvolle Persönlichkeiten stets diesen Grundsatz für sich aufheben werden; allein der Regel nach wird der Besitz durch die Verschiedenheit seines Umfanges auch eine Verschiedenheit der individuellen Entwicklung bedingen" So war es bereits in einer geburtsständischen Gesellschaftsordnung, und seitdem diese durch den Absolutismus und die liberaldemokratischen Revolutionen des Bürgertums so gut wie aufgelöst ist, ist die Besitzverteilung und die sie bedingende Wirtschaftsverfassung in noch weit höherem Maße zur Grundlage der gesellschaftlichen Machtverteilung geworden.

Entstehung von Recht und Staat. Wenn wir nun annehmen, daß eine ursprüngliche Besitzverteilung durch gewaltsame Landnahme erfolgt ist, und durch die günstigeren Entwicklungsbedingungen für diese Besitzer aus der ersten Gewalt sich allmählich ein Machtverhältnis, d. h. neben dem materiellen Besitz auch das geistige Vermögen zu gesellschaftlicher Leitung sich entwickelt hat, wie ist dann noch jemals eine Gegenwehr oder gar ein Mächtigerwerden der Wenigerbesitzenden und Beherrschten denkbar? Neben dem Nachlassen der natürlichen Lebenskraft der Herrschenden wird diese Wandlung durch die eigenen Daseinsbedingungen der gesellschaftlichen Macht bewirkt. Denn keine, sei es individuelle oder Gruppenmacht, steht allein in der Welt, keine ist autarkisch oder gar allmächtig. Wenn deshalb auch Gewalt als Herrschaft über tote Sachen, wenigstens der Idee nach, schrankenlos zu sein vermag, so muß jede gesellschaftliche Macht, als Herrschaft über menschliche Gefühle und Willen, wenn sie nicht zur Vernichtung der Menschen übergeht, also zur Gewalt wird, allein ihrer Selbsterhaltung wegen irgendeine Mindestgrenze haben in dem Fühlen und Wollen der von ihr Beherrschten, da sie ja in irgendeiner Weise von diesen mitgetragen ist. In jedem Machtverhältnis entspricht dem physischen Können des Mächtigen eine im Willen der Beherrschten verankerte, wenn auch noch so tiefe Genze des Dürfens der Macht. Die Grenze dieses Dürfens wird zunächst abhängen von dem Grade innerer Verbundenheit von Herrscher und Beherrschtem, also von der Gnade des ersteren und der Gefolgschaft des letzteren. Aber selbst in diesem Falle, wo sich die beiden nicht gleichgültig sind, müssen sich auf die Dauer gewohnheitsmäßige Regeln des Zusammenwirkens der verschiedenen Willen, des Forderns und Gebens ausbilden. Solche feste Regeln werden unumgänglich dort, wo eine gesellschaftliche Macht einer fremden, ihr gleichgeordneten Macht oder ihr innerlich fremden Unterworfenen gegenübertritt. In demselben Maße, als bei den an einem Machtverhältnis Beteiligten sich die Vorstellung einwurzelt, daß ihr physisches Können ein Grenze hat an ihrem Dürfen, entsteht das Recht. Es ist also einmal die Regel zweckmäßiger, d. h. möglichst reibungsloser Organisation der Macht nach innen und außen. Als solches muß es in jedem Machtverhältnis die Grundformen des Zusammenwirkens der Kräfte regeln, ist also die absolut notwendige Erscheinungsform einer jeden Macht. Weil aber jede gesellschaftliche Macht Ausdruck physischer und geistiger Kräfte ist und gerade auf der Entwicklung aller dieser sie bildenden Werte beruht, muß jedes Recht des Herrschenden zu einem Rechte des Beherrschten werden. Denn das Interesse der Macht steht in Wechselwirkung mit dem Interesse aller in diesem Machtverhältnis, sei es als untergeordnete, sei es als gleichgeordnete Beteiligten. Auch die Unterworfenen berufen sich auf das Recht und seine Logik; das Recht verselbständigt sich, und die herrschende Macht wird die Geister, die sie rief, nicht mehr los. Die Rechtsform der Demokratie, im 18. Jh. vom Bürgertum als seinen eigenen Interessen dienend gefordert, wirkt in der Arbeiterbewegung auch gegen das bürgerliche Interesse weiter. Die Pflicht wird so zum Korrelat des Rechtes. Die Regelmäßigkeit der Befolgung von Recht und Pflicht hängt zunächst von dem regelmäßigen Eintritt eines Gleichklangs der Interessen ab, ist aber auch dann gegeben, wenn über widersteitenden Interessen eine Macht die regelmäßige Befolgung überwacht; sie muß zu diesem Zwecke die Normen zum Ausdruck bringen und garantieren, nach welchen sich die Gebiete menschlicher Macht bestimmen sollen, und diese mächtigste Organisation der Gesellschaft ist der Staat. Das von ihm garantierte Recht wird deshalb weit regelmäßiger befolgt als das von keiner organisierten gesellschaftlichen Macht (immerhin aber von nichtorganisierten Mächten!) garantierte Völkerrecht.

Verhältnis von Recht und Staat zur Gesellschaft. Staat und Recht beseitigen keineswegs die gesellschaftlichen Abhängigkeitsverhältnisse, sie setzen ihnen nur Grenzen, die je nach den Epochen und Kulturkreisen sehr verschieden sind. Durch diese Grenzsetzung sanktionieren Staat und Recht geradezu die herrschenden Machtverhältnisse und sind ihnen dienstbar. Die Sklaverei war eine Rechtseinrichtung, und immer werden Eigentum, Schuld, Familie, Gemeinde und Staat in erster Linie als gesellschaftliche Machtverhältnisse und dann erst als Rechtseinrichtungen aufzufassen sein. Denn jeder Rechtsbegriff führt zunächst nur ein abstraktes Dasein. Damit der Staat zu lebendiger Wirkung komme, muß er durch lebendige Individuen als seine Organe handeln. Diese wirklichen Individuen sind aber alle von gesellschaftlichen Einflüssen bedingt, mehr oder weniger alle in die Machtkämpfe der Gesellschaft verstrickt und bringen ihr besonderes gesellschaftliches Fühlen, Wollen und Denken in die staatliche Gesetzgebung, Verwaltung und Rechtsprechung mit. Auch Staat und Recht sind eben gesellschaftliche Gebilde, haben keinen in der Transzendenz gelegenen archimedischen Punkt außer und über der Gesellschaft, und wir werden gezwungen, die Herrschaft der Gesellschaft über Staat und Recht zu erkennen. Das Wesen der Politik besteht nun darin, daß jede Gruppe (Partei, Klasse) im Staate dahin strebt, die Staatsgewalt zu erobern, d. h. ihre gesellschaftliche Macht in staatliches Recht umzusetzen. In diesem Belang besteht kein Unterschied zwischen Monarchie und Republik; auch der Monarch hat seine besonderen gesellschaftlichen Interessen, und muß sich, um seine Macht zu erhalten, auf eine besondere gesellschaftliche Gruppe stützen. Daß es trotzdem falsch wäre, den modernen Staat einfach als ausbeuterisches Klasseninstrument zu bezeichnen, hat selbst Kautsky schon lange eingesehen. In seinen Erläuterungen zum Erfurter Programm der Sozialdemokratischen Partei sagt er: „Von den heute bestehenden gesellschaftlichen Organisationen gibt es nur eine, die den nötigen Umfang besitzt, daß man sie als Rahmen benutzen könnte, um innerhalb derselben die sozialistische Genossenschaft zu entwickeln, das ist der moderne Staat."

Es liegt eben, wie schon angedeutet, im Wesen von Recht und Staat, daß sie, wie alles Geistige, zwar ihre Entwicklung dem Kampfe gesellschaftlicher Interessen verdanken, ihren göttlichen Funken aber damit erweisen, daß sie immer strebend sich bemühen, sich aus dieser Verhaftung mit Interessenkämpfen zu lösen, sich zu verselbständigen von einseitigen Ansprüchen, gerecht zu werden, d. h. Interessen ohne Ansehen des Übergewichts einer gesellschaftlichen Macht abzuwägen. Die zum Zweckmäßigkeitsgedanken hinzutretende Justitia wird mit der Binde um die Augen und der Wage in der Hand dargestellt. Und dieses Streben ist dem Staate um seinetwegen notwendig. Denn einzig und allein auf diesem Wege vermag er seine zentrale, ihn von allen anderen Gesellschaftsgebilden unterscheidende und nur ihm eigene Aufgabe der Erfüllung zu nähern: das Zusammenwirken der vielfältigen und sich bekämpfenden gesellschaftlichen Mächte auf einem bestimmten Erdgebiet einheitlich und planmäßig zur Ermöglichung der Kulturentfaltung zu leiten. So liegt im Staate als Rechtsordnung ein allerdings nur in der Unendlichkeit völlig zu erfüllendes Sollen, das mit dem Sein der gesellschaftlichen Macht des Staates und seinem positiven Rechte in dauernder Spannung lebt. Soweit in der positiven Staats- und Rechtsordnung der Gedanke der Zweckmäßigkeit und Gerechtigkeit herrschend und anerkannt ist, sehen wir auch eine Herrschaft von Staat und Recht über die Gesellschaft. Die heutige Rechtswissenschaft, die sich nur mit der logischen Systematisierung und Auslegung des positiven Rechtes befaßt, stellt die Vermutung auf, dieses zu einem juristisch-logischen System verselbständigte positive Recht sei stets gerechtes und zweckmäßiges Recht; sie vermag deshalb nur die Herrschaft von Staat und Recht über die Gesellschaft und nicht auch die Umkehrung dieses Verhältnisses zu sehen.

Widerspruch zwischen Recht und Macht. Alles Recht strebt nach Ausschaltung der Gewalt und nach einem möglichst reibungslosen Entfalten aller gesellschaftlichen Werte und Mächte. Es wird deshalb meistens und in groben Umrissen eine Spiegelung der allerdings in stetem Wandel begriffenen Machtverhältnisse sein, diese aber nie vollständig getreu abbilden können. Wird nun die Selbständigkeit des positiven Rechtes zum Gegensatz gegen die gesellschaftlichen Mächte, das positive Recht also nicht mehr als zweckmäßig und gerecht empfunden, so kann die auch sonst vorhandene Spannung zur Explosion werden: Der Widerspruch zwischen Recht und tatsächlichen Machtverhältnissen erzeugt die Revolution.

Der Rechtsbruch der Macht vermag dann neues verbindliches Recht zu schaffen, im Völkerrecht häufiger als im Staatsrecht, im Staatsrecht häufiger als im innerstaatlichen, am seltensten im Privatrecht. Hier ist die Weite der Spannung zwischen Recht und Macht am größten. Rechtsbildung und Rechtsdurchsetzung hängen nämlich ab von der Fülle und der gesellschaftlichen Kraft der den beteiligten Gruppen (Staaten und Klassen) gemeinsamen Interessen und Wertvorstellungen. Je stärker diese Gemeinschaft, desto umfangreicher die Rechtsbildung, desto sicherer auch die Bildung derjenigen gesellschaftlichen Organe (Gerichte im Staat und zwischen Staaten, Völkerbund), welche die Rechtsanwendung überwachen.

Masse und Führer. Die Gesellschaft ist also nicht nur horizontal gegliedert nach Kulturkreisen, Rassen, Nationen, Staaten, Kirchen und Wirtschaftsgruppen, sondern innerhalb dieser Gruppen und diese oft überschneidend auch vertikal differenziert nach Ständen und Klassen (Internationale des Adels, der Handelswelt, des Proletariats). Alle diese gesellschaftlichen Gruppen erscheinen uns als Schöpfer und Träger der Kultur, die Kultur also als Produkt von Massenwirkungen. Damit aber eine unverbundene Menge zur schöpferischen Masse werde, bedarf sie des Führers. Das Verhältnis von Masse und Führer ist dasjenige von Inhalt und formender Form. Jeder Führer ist „Repräsentant des Menschengeschlechts", richtiger Repräsentant seines Volkes, seiner Klasse und der durch diese hindurchgehenden Epoche. Die Individuen in der Masse sind die „bewußtlose Innerlichkeit", die ihnen „die großen Männer zum Bewußtsein bringen" (Hegel). Zur schöpferischen Masse und zur gesellschaftlichen Macht wird die Menge durch Führung, Organbildung, Organisation. Unorganisierte Menge ist unproduktive Gewalt. Die Organisation der Masse kann entweder nur eine innere oder innere und äußere sein. Innerlich organisierte (organische) Masse ist die Gruppe, deren Fühlen, Denken und Wollen eine starke innere Verbundenheit zeigt; ihre Organisation bedarf als Organ ihrer Verhandlungsfähigkeit des Geistes- oder Wortführers (religiöse, künstlerische, Modeführer). Äußerlich ist eine Masse dann organisiert, wenn sie als bewußten Ausdruck ihrer stärkeren und schwächeren Verbundenheit einen Tatführer bestellt und anerkennt, der das Organ ihrer Handlungsfähigkeit darstellt. Führerlose Menge wäre unartikulierter Schrei oder ungeordnete Schlägerei. Auch dem Problem Masse und Führer ist nur mit der Kategorie der Wechselwirkung beizukommen. Eine nur-individualistische Geschichtsauffassung, welche die Masse lediglich zum Material des Führers stempelt, ist ebenso einseitig wie eine nur-kollektivistische Historie, welche am Kulturbau nur die Werkleute sieht und nicht das Genie, in dem die neue Stufe der Welt zum ersten Mal durchbricht, Gedanke und Tat wird und in die schöpferische Masse zurückstrahlt.

Literatur.

Diese notwendig höchst unzulänglichen Ausführungen sind unbedingt durch die Literatur zu vertiefen: Spann, Gesellschaftslehre 1914. Vierkandt, Gesellschaftslehre 1923. Ders., Staat und Gesellschaft in der Gegenwart (Wissenschaft und Bildung). Sehr Wertvolles zur Einführung in der „Erinnerungsgabe für Max Weber" 1923.

Verfassungsleben des Auslandes.

Von A. Mendelssohn Bartholdy.

Inhalt. Einleitung. Berechtigung des Studiums nichtdeutscher Verfassungen. Die Erfahrungen der Vor- und Nachkriegszeit. — I. Die Verfassung des britischen Reichs. Gesamtumfang des Weltreichs. Gruppierung des Kolonialbesitzes. Das Verfassungsrecht des indischen Reichs. Die Entwicklung der Verfassungsgemeinschaft. Die Kenya-Frage. Die Entscheidung über Singapore. Organisation der Zentralverwaltung. Das Beamtentum. — II. Die Verfassung der Schweiz. Die alte Bundesverfassung. Die Verfassung von 1874. Die Gemeinde. Der Bundesrat und die Bundesversammlung. Der Bundespräsident. Die Volksentscheidungen. Das allgemeine Wehrrecht. — III. Die Verfassung Frankreichs. Staat als Herrschaft. Grundprinzip der Verfassung. Der Präsident. Das Parlament. Der Senat. Die Deputiertenkammer. Die Trennnng der Gewalten. — IV. Die Verfassung der Vereinigten Staaten von Nordamerika. Rußland und Italien. Die Vereinigten Staaten. — Literatur.

Einleitung.

Berechtigung des Studiums nichtdeutscher Verfassungen. Kann die Kenntnis des Lebens einer fremden Verfassung uns helfen, rechte Bürger des eigenen Volks zu sein, oder schickt sie sich nur für den weltbürgerlich Gesinnten, der aus den vielen verschiedenen nationalen Puppenzuständen den besten erlesen will, aus dem dann das vollkommene Gebilde des einen und ewigen Menschheitsstaates sich entbände und zur Sonne des Alls aufstiege? Gibt es für die Form, die wir dem eigenen politischen Wesen, jeder zu seinem Teile, wo nicht zu schaffen, so doch täglich zu bessern verpflichtet sind, Beispiele und Lehren in der europäischen Nachbarschaft oder gar in der Neuen Welt, ermutigende oder abschreckende Beispiele, von denen wir mehr hätten als Befriedigung unserer Wißbegierde? So gewiß die Völker oder, politischer gesprochen, die Wählerschaften der Staaten, einander heute im Nachrichtendienst näher gekommen sind und so gewiß sich die wechselseitigen Abhängigkeiten durch die französischen Friedensverträge für alle vermehrt und verwickelt haben — für die Sieger die Abhängigkeit von der Nichterfüllung und dem angeblichen schlechten Willen des Feindes nicht weniger als für den Unterlegenen die Abhängigkeit von der äußeren Gewalt des übermächtig gewordenen Nachbarn und für den Alliierten die Abhängigkeit von unbeglichenen Rechnungen, Dankesschulden und uneingelösten Versprechungen der Kriegszeit — ebenso gewiß ist auch, wieder zum Teil durch die Schuld des Krieges, daß die Völker alle früher vorhandene Bereitschaft, voneinander zu lernen, abgelegt haben. Wer heute daran zurückdenkt, wie sich vor eineinhalbhundert Jahren die Glaubenssätze der Französischen Revolution dem geistigen Leben der Nachbarvölker mitteilten, wie später, in der Restaurationszeit, die strenge Handhabung der Staatspolizei eine gemeinsame Angelegenheit der großen Mächte wurde oder wie wiederum gegen die Mitte des vorigen Jahrhunderts der englische Konstitutionalismus als Vorbild galt, das überall freudig empfangen und mit mehr oder weniger Glück nachgelebt werden sollte (oder, wenn ein noch neueres Beispiel erwünscht ist, wie das Vorgehen der Schweiz, Deutschlands, Belgiens in der Sozialgesetzgebung von der Welt achtungsvoll verfolgt und als verpflichtendes Vorbild angesehen wurde), der muß betroffen sein von dem Unterschied, den die gegenwärtige Zeit zu diesen Gesamtbeziehungen europäischen Verfassungslebens bietet. Man sieht auf das Ausland, sofern man nicht den Blick ganz davon, wie von etwas Unreinem, abwendet, nur mehr mit Furcht und Sorge, ob von dort eine Welle käme, gegen die es sich zu schützen gilt. Man trifft Maßregeln, um den Ausländern die Teilnahme am Geistesleben der eigenen Nation zu erschweren; man bedingt sich in Staatsverträgen das Unterbleiben der

Propaganda aus, die revolutionäre oder diktatorische Gedanken über die Grenze tragen möchte. Die Besinnung auf sich selbst, die immer das Ende bleiben muß, hat zum Mittel nicht mehr den Vergleich oder gar die Berührung mit dem Ausland, sondern die Abschließung.

Wird dennoch hier der Versuch gemacht, das Verfassungsleben des Auslandes an einigen Beispielen großer und geistig stark bewegter Staaten unserer Welt zu beschreiben, so dient dem der allgemeine Satz der Politik zur Rechtfertigung, daß wir in ihr nie für den Augenblick, nicht einmal für die Zeit unseres eigenen Lebens tätig zu sein hoffen können, sondern für die Nachkommenschaft arbeiten. Wer Politik treibt, der erntet nicht; er säet. Wer in Verfassungen denkt und damit in Wahrheit mehr für das politische Wesen seiner Nation zu tun meint, als durch das Einwerfen eines Stimmzettels in den Wahlkasten, der wird sich von jener Ungeduld frei wissen, die auf ein Wahlresultat fieberhaft gespannt ist, um dann sofort in Gleichgültigkeit gegen das gewählte Parlament zu verfallen; er wird wissen, daß sein geistiges Tun langsam wirkt.

Die Erfahrungen der Vor- und Nachkriegszeit. Nicht einmal die schleunige Heilung so grober praktisch-politischer Fehlerfolgen, wie wir sie aus der Unkenntnis des Verfassungslebens unserer Nachbarstaaten in dem vergangenen kritischen Jahrzehnt haben hervorgehen sehen — anfangend mit der Meinung, das britische Weltreich werde an der Kriegserklärung zerbrechen, während in Wirklichkeit gerade die am stärksten auf Autonomie gegenüber dem Mutterland drängenden Dominions Südafrika und Australien zugleich die bittersten Gegner der deutschen Kolonialpolitik und längst auf gewaltsame Aneignung der ihnen so dicht benachbarten deutschen Kolonien bedacht waren —, nicht einmal die Heilung dieser Fehlerfolgen werden wir in naher Zukunft erwarten können. Und jene „dezisionistische" Schule von Staatstheoretikern, deren Schriften uns einladen möchten, der sprichwörtlichen Warnung vor dem „vorgetan und nachgedacht" unser Ohr zu verschließen und eine falsche Handlung immer für besser zu erachten als eine richtige Überlegung, die unverwirklicht bleibt, wird von ihrem Standpunkt aus sicherlich das genaue, etwa gar in nonum annum zu reiflichster Überprüfung zurückgelegte Kennen des Auslands als eine der schädlichsten Hemmungen der starken Hand erblicken müssen, die das Inland zu seinem Glück über sich fühlen müsse. Ja, es läßt sich denken, daß eine Regierung, die im Innern streng und hart verfährt und dabei an den Wirklichkeitssinn des Volkes, an seine Einsicht in die Notwendigkeit dieser Härte appelliert, gerade deshalb — zum Trost, und weil man doch eine „Sehnsucht" oder vielleicht auch nur einen Zorn und eine Gelegenheit zum Schimpfen braucht — die Illusionen über das Ausland so bestehen läßt oder sogar nährt, wie man es im Krieg für erlaubt hielt. Einer solchen Politik mit allen Kräften entgegenzuarbeiten, wäre dann allerdings für jeden Vaterlandsfreund geboten. Gerade die Erfahrungen, die Europa in den ersten fünf Jahren nach der Beendigung des Kriegs mit den im Krieg künstlich getriebenen Wahnvorstellungen über fast alle Auslandstatsachen machen mußte, warnen vor der Fortsetzung oder Wiederholung ähnlicher politischer Rüstungen. Die Propaganda, die in den feindlichen Ländern gegen Deutschland eingesetzt wurde, hat zum Gewinnen des Krieges fast nichts, aber viel zu seiner Verbitterung und alles zum Verderben des Friedens getan. Die mangelnde Kenntnis des deutschen Verfassungslebens, der Kräfteverteilung zwischen Reich und Ländern und der staatsbürgerlichen Gesinnung unserer großen Parteien ist eines der starken, sogar für den guten Willen, wo er vorhanden ist, schwer zu überwindenden Hindernisse für die Wiederherstellung einer friedlichen Ordnung in Mitteleuropa; um es zu beseitigen, in seiner Ursache zu beseitigen, muß aber, ohne daß sich der unschuldige Teil durch die faule Ausrede des „Que Messieurs les Assassins commencent" vom ersten Schritt zurückhalten ließe, auf beiden Seiten der ehemals Kriegführenden, muß nicht weniger auch bei den Völkern, die sich im Krieg die Neutralität bewahrten und dadurch auch abgeschlossen und in sich selbst zurückgetrieben wurden, eine Anstrengung ungewöhnlicher Kraft und Dauer zum ruhigen Kennenlernen des anderen unternommen werden.

Die fremden Verfassungen, deren gegenwärtiges Leben hier beschrieben werden soll, sind drei an Art wie an Zahl:

eine ungeschriebene Verfassung größter Macht, in der sich vor unseren Augen die innere Wandlung vollzogen hat, der die Formen nun allmählich nachwachsen; die Verfassung zugleich eines Reiches, das weder eine Regierung, noch ein gesetzgebendes Parlament, das nur einen Monarchen als Ausdruck seiner Einheit hat: die Verfassung des britischen Reiches;

dann eine vereinbarte Verfassung eines kleinen, auf die Selbständigkeit seiner Glieder streng bedachten Bundesvolks, eine geschriebene Verfassung, die aber durch das unmittelbare Gesetzgebungsrecht der Bürgerschaft doch frische Lebendigkeit behalten hat: die Verfassung der Schweiz;

und endlich eine starre, oktroyierte Verfassung, deren Wesen ganz im Parlament beschlossen ist und die den größten staatlich zentralisierten Bereich der ganzen Welt beherrscht: die Verfassung Frankreichs.

I. Die Verfassung des britischen Reichs.

Gesamtumfang des Weltreichs. Das „britische Gemeinwesen der Nationen" umschließt alle Weltteile. Von seinen 436752000 Untertanen leben in Europa 48, in Asien über 323, in Afrika 47, in Amerika und Westindien 11 und in Australien $7^1/_2$ Millionen. Zwei Königreiche, England und Schottland, das Fürstentum Wales, der Freistaat Irland, das Kaiserreich Indien, die „sich selbst regierenden Dominions" Kanada, Südafrika, Australien, Neuseeland und Neufundland, und eine in ihrem Verfassungszustand fast unübersehbar bunte Menge von Kolonien und Protektoraten, neuerdings auch die Mandatsgebiete in Afrika, Asien und Australien bilden dieses Reich, in dem aber deutlich die vier Teile zu unterscheiden sind, die sich durch den Grad der Souveränität differenzieren: das Mutterland mit voller Souveränität, jetzt auf Großbritannien beschränkt; die sechs Dominions, in allen inneren Angelegenheiten souverän, jedoch nach außen an die Zugehörigkeit zum Reich in dem Sinne gebunden, daß eine Loslösung als Rebellion behandelt würde; Indien, im Übergangsstadium von der englischen Herrschaft zur Selbstverwaltung der Dominions begriffen, und der Rest des Reichs ohne jede Souveränität, wenn auch zum Teil mit Selbstverwaltungskörpern ausgestattet und von Weißen bevölkert; hier herrscht Großbritannien durch sein Kolonialamt.

Gruppierung des Kolonialbesitzes. Schon die Zahl der Kolonien und Protektorate zuverlässig anzugeben, ist schwer, weil einige von ihnen bald einzeln, bald in Gruppen gezählt werden (die Windward-Inseln, die Föderierten Malaiischen Staaten, die Länder der „südafrikanischen Oberkommission") und bei manchen die Zugehörigkeit zu Indien oder, unmittelbar, zum Reichsverband zweifelhaft ist (Aden, Nepal, Bhutan); aber es sind ihrer zwischen fünfzig und sechzig, und von diesen sind kaum zwei oder drei verfassungsrechtlich völlig einander gleich. Politisch kann man sie wohl in fünf größere Gruppen teilen: die befestigten Häfen und Flottenstationen wie Aden, Malta, Gibraltar, Singapore, Weihaiwei; die Inseln, die, vermöge der britischen Seeherrschaft, zum Reich gehören, von St. Helena bis zu den Seychellen, von der Tristan da Cunha-Gruppe bis zu den Antillen, von den Falklandsinseln bis Fiji; die Sultanate, die unter einem eingeborenen Herrscher mehr oder weniger Selbstbestimmungsrecht für ihre inneren Angelegenheiten haben, in denen aber ein englischer „Berater" des Sultans sitzt und die keine unmittelbaren Beziehungen zu anderen souveränen Staaten haben dürfen, also suzerän sind; als Beispiel dafür kann das Sultanat von Kelantan gelten, einem der malaiischen nichtföderierten Staaten, von dem in einem Zivilprozeß zwischen einer englischen Landausbeutungsgesellschaft und der Regierung von Kelantan (im Oberhaus am 10. April 1924 entschieden) festgestellt wurde, daß nach amtlicher Auskunft des Auswärtigen Amtes der Sultan und sein Staat als souverän zu gelten hätten und deshalb nicht vor Gericht gezogen werden können, zugleich aber auch, daß tatsächlich der Sultan nicht nur völkerrechtlich Suzerän der englischen Krone ist (da er sich, als er mitsamt seinem Land von Siam, im Vertrag von Bangkok, an England abgetreten worden war, verpflichtet hat, keine politischen Beziehungen zu irgendeiner fremden Macht, außer durch die Vermittelung des Königs von England zu haben), sondern auch innerpolitisch in allen Angelegenheiten mit Ausnahme der Kultus- und Religionsfragen den „Rat" des britischen Aufsehers zu befolgen hat. (Hierher wird auch Irak-Mesopotamien zu rechnen sein.) Die vierte Gruppe bilden die afrikanischen Landkolonien, zu denen man jetzt auch die früheren deutschen Gebiete unter den B-Mandaten des Völkerbundsstatuts zählen muß, so daß ein zusammenhängendes Kolonialreich Ostafrika vom Sudan und Somaliland bis zur Nordgrenze der Südafrikanischen Union (Kap-Kairo) mit den unwesentlichen Enklaven Italiens und Portugals und im Westen den vier Enklaven Nigerien-Kamerun, Goldküste-Togoland, Sierra Leone und Gambia im französischen Besitz sich zu einem großen Gebiet vereinigen, dem bei aller sonstigen administrativen Verschiedenheit die Treuhänderstellung Englands zu den Eingeborenen — mit der Aufgabe, sie zur lokalen Selbstverwaltung zu entwickeln — gemeinsam ist, damit aber zugleich auch ein gewisser Gegensatz gegen das Zwischenvolk der indischen Händler. Diese haben unleugbar viel zur Erschließung des Landes getan, sie gelten aber, ganz abgesehen vom Sklavenhandel, als nicht-produktive Elemente; der weiße Siedler will ihnen das Wahlrecht zum Provinzialrat der Kolonie nicht zugestehen, das sie in ihrer Eigenschaft als britische Reichsbürger beanspruchen; er will sie in getrennten Stadtvierteln und auf dem Lande in bestimmten Reservaten halten, während er für sich selbst die gesünderen Hochlagen beansprucht; bei alledem findet er sich mit den Eingeborenen zusammen, die jetzt noch mit den tropischen Reservaten, mit der Beschränkung des Wahlrechts auf Kurien und mit starrer Einwanderungskontrolle durch die britischen Behörden sehr zufrieden sind.

Übrig bleibt neben diesen vier großen Gruppen noch der alte britische Kolonialbesitz in Südamerika und Mittelamerika (Guyana und Honduras), der nur aus Gründen der Überlieferung erhalten bleibt; Palästina (Mandat) und Cypern, als Stützen des englischen Einflusses in Vorderasien; die indischen Glacisstaaten Nepal, Bhutan, Tibet, Straits Settlements und Föderierte Malaiische Staaten, und zuletzt das reine Ausbeutungsmandat, das sich Großbritannien zusammen mit Australien und Neuseeland für die Phosphatinsel Nauru verschafft hat.

Das Verfassungsrecht des indischen Reichs. Ebenso vielfältig ist aber dann auch das Verfassungsrecht des indischen Reichs. Denn hier scheiden sich zunächst die „Provinzen, Staaten und Agenturen" von den Fürstentümern. Dann scheiden sich unter den 15 Provinzen und 18 Staaten diejenigen, in denen das Duarchie-System durchgeführt ist, von den zurückgebliebeneren; während die letzteren in jeder Hinsicht im Kolonialstand sich befinden, ist die Provinzialregierung der ersteren für gewisse unpolitische Verwaltungszweige (wie etwa Landbau, Forsten, Wege, Kultus, Schulen) unter Ausschluß der englischen Herrschaft gewählten Lokalparlamenten verantwortlich, damit so die Bevölkerung zur Selbstverwaltung erzogen werde. Die 86 Fürstentümer, von den größten Staaten mit ihren 21 Salutschüssen für den Maharadschah oder Nizam bis zu den kleinsten dreizehnschüssigen Rajahgebieten von 20000 Einwohnern und 200 Quadratmeilen Umfang, sind verfassungsmäßig von den

Provinzen streng getrennt, nicht nur durch ihr monarchisches und vielfach absolutistisches Regime, sodann auch dadurch, daß sie nicht unter der Gesetzgebungsgewalt der indischen Zentralregierung und ihres Parlamentes stehen und auch eigene Gerichtsbarkeit besitzen; sie sind den Sultanaten des Kolonialreichs ähnlich, in ihrer wirklichen Selbständigkeit aber natürlich äußerst verschieden, vom Vasallen, der nur aus Lehenstreue dem Souverän von England folgt, bis herab zum niedrigsten Söldling, der beständig in Gefahr ist, weggejagt zu werden (das Recht, die Fürsten abzusetzen oder von der Herrschaft auf Zeit zu suspendieren, steht der Zentralregierung des Reiches zu). Eine dritte Gruppe endlich umschließt die an Indien grenzenden oder ihm östlich und westlich vorgelagerten Suzeränstaaten, Kolonien und Häfen, deren wichtigste: Nepal, die Straits Settlements, Singapore und Aden zu den stärksten Stützen des britischen Reiches gehören.

Die Entwicklung der Verfassungsgemeinschaft. Vor 50 Jahren war Name und Wesen dieser Verfassungsgemeinschaft noch das Reich. Empire und Imperialismus gingen zusammen. Das Ausland spürte die Anzeichen einer Wandlung, die sich unter dem Vortritt Kanadas schon längst innerlich vorbereitet hatte, zuerst in den achtziger Jahren des vorigen Jahrhunderts, Deutschland besonders, als es seine ersten Kolonien in der Nachbarschaft der Kapkolonie und Australiens gewann und hier auf die zunächst diplomatisch nicht greifbare Gegnerschaft der Kolonien stieß. Bismarck erklärte damals, da diese Kolonien keine diplomatischen Vertretungen hätten, existierten sie auch völkerrechtlich nicht, und er halte sich allein an das englische Auswärtige Amt; dieses aber erklärte — wie sich dann später zeigte, wahrheitsgemäß — daß es in Fragen, die dem geographischen Bereich der Kolonien näher stehen als dem des Mutterlandes, nicht über den Willen der Kolonien weggehen könnte, und der liberale Imperialist Sir Charles Dilke warnte das deutsche Auswärtige Amt förmlich vor Australien.

Die Richtung der Entwicklung läßt sich am besten in den umstehenden vier Diagrammen zeigen, die der Morning Post vom 4. Juli 1907 entnommen sind (daher die Selbständigkeit Irlands und die Mandatsgebiete nicht vorherzusehen waren). Das erste zeigt das Verfassungsbild des alten Reichs: die Kolonien einschließlich der heutigen Dominions sind von der Regierung des Vereinigten Königreichs Großbritannien abhängig; das Kolonialamt regiert Kanada wie Malta, Indien wie die Goldküste, St. Helena wie Cypern. Auf dem zweiten Bild ist, unter der Krone, Großbritannien in eine Reihe mit den vier Dominions gerückt; von Großbritannien hängen Indien und die anderen Kolonien ab. Noch ein oder zwei Schritte weiter und auch die Kolonien und das indische Reich wollen nicht mehr mittelbar, sondern unmittelbar unter einer Reichsgewalt stehen, die als Bundesregierung alle Reichsteile, das Mutterland, wie die jüngste und kleinste Kolonie, gleichmäßig regiert.

Der neue Dominionstand, nach der im Mutterland unwidersprochen gebliebenen Anschauung Südafrikas und Kanadas eine Bundesmitgliedschaft selbständiger Staaten unter gemeinsamem König (der in den Dominions durch einen Vertreter der Königswürde, ohne Regierungsgewalt, dargestellt wird), ist im Völkerbundsstatut zuerst völkerrechtlich anerkannt; die Mitglieder des englischen Reichsbundes sind im Völkerbund als selbständige Staaten vertreten und Großbritannien (das heißt jetzt England-Schottland-Wales ohne Irland) hat nur den Vorzug, als Großmacht einen ständigen Sitz im Rat zu haben. Die spätere Zulassung Irlands zum Völkerbund hat das bestätigt; sie ergab sich daraus, daß Irland in der von den irischen Freistaatsparteivertretern mit der Ulsterregierung und der englischen Regierung vereinbarten neuen Verfassung den Dominionstand zugebilligt bekam — ein „halfway-house" zwischen der bisherigen Zugehörigkeit zu Großbritannien und der von irisch-Irland erstrebten Errichtung eines von der englischen Krone gelösten republikanischen Staates.

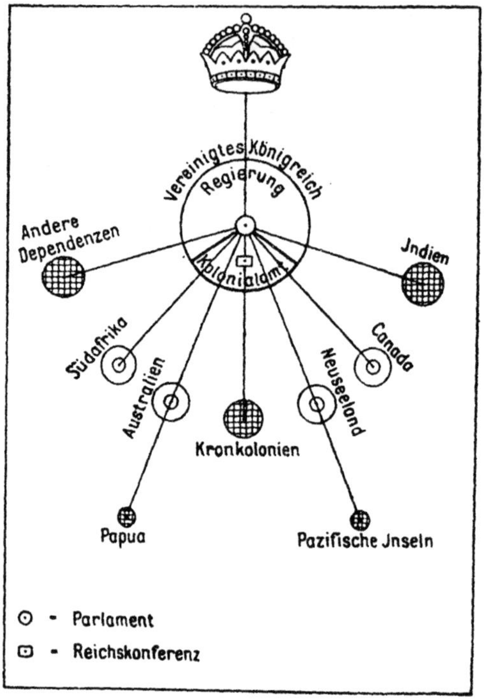

1. Abhängigkeit der Kolonien. („Unsere Kolonien.)

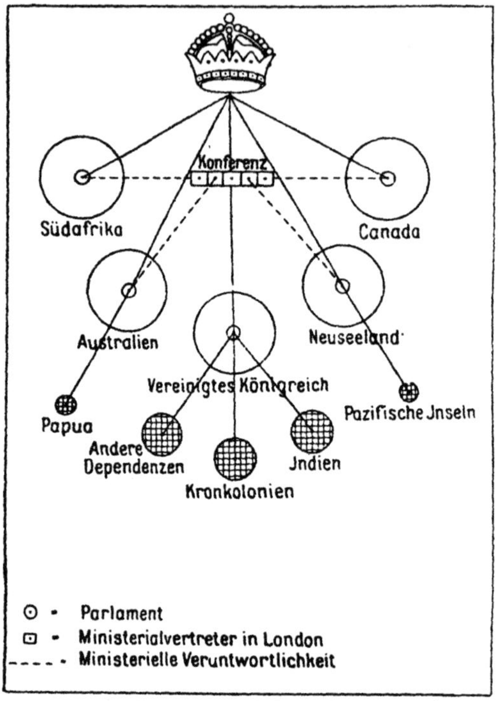

2. Britannischer Bund. („Fünf freie Nationen.")

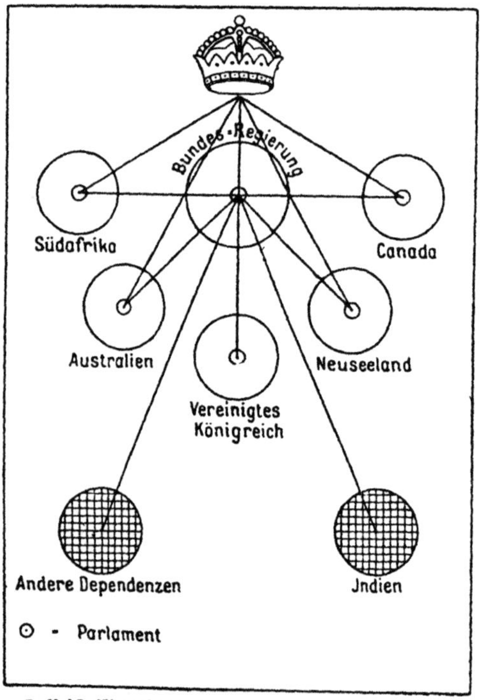

3. Reichsföderation (mit unterworfenen Dependenzen).

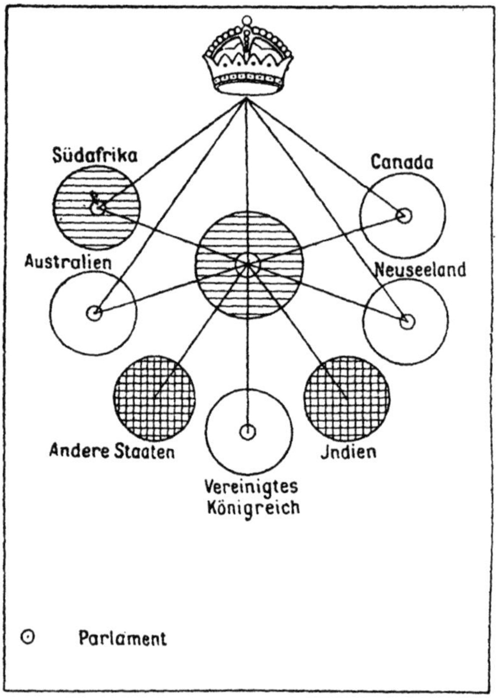

4. Reichsföderation (mit Gleichheit der Rassen).

Bei allen Diagrammen ist Neufundland zu Canada gerechnet.

Die Kenya-Frage. Die erste politische Probe hat der britische Reichsbund in seiner neuen Verfassung durch die Kenya-Frage zu lösen bekommen, bei der sich zeigen mußte, ob den Angehörigen eines britischen Reichslandes, in diesem Falle I n d i e n s, in jedem anderen Reichsteil, in diesem Fall einerseits der Kolonie Kenya, anderseits der Dominion Südafrika, die v o l l e p o l i t i s c h e G l e i c h b e r e c h t i g u n g mit den Angehörigen der betreffenden Dominion selbst zukomme. Die Frage war, wie man sieht, dadurch verwickelt, daß an ihr die vier verschiedenen Gebietsarten im englischen Weltreich teilnahmen: das Mutterland, die Dominions, Indien (durch die Expektanz auf Dominion-Status über die anderen Kolonien erhoben) und die dem Londoner Kolonialamt unterstellten sonstigen Reichsgebiete, die man kurz Kolonien nennen kann. Außerdem war die Frage doppelt gestellt, einmal für Kenya, wo der Selbstverwaltungskörper der Kolonien zu bilden war und man vor der Frage stand, ob britische Europäer, Dominionangehörige und Inder gleiches Stimmrecht haben, oder ob sie in getrennten Kurien, mit gesicherter Mehrheit der europäischen Abgeordneten, wählen sollten, und zum zweiten für Südafrika, wo die Regierung darauf besteht, Gesetze zu ungunsten nichtweißer Rassen nicht nur gegenüber ihren eigenen Eingeborenen, sondern auch gegenüber den eingewanderten Indern erlassen zu dürfen. Indien behauptet demgegenüber, der Reichsgedanke, wie er sich im Krieg und dann im Völkerbundstatut gezeigt, bringe erstens mit sich, daß das englische Kolonialamt in den ihm anvertrauten Gebieten (übrigens auch den afrikanischen Mandatsgebieten) alle Reichsangehörigen gleichstelle, und zweitens, daß auch jede Dominion in ihrer Gesetzgebung nicht zwischen Angehörigen ihrer selbst, des Mutterlandes, der Dominions oder anderer Reichsteile diskriminieren dürfe. Endlich ist aber, ehe man die Antwort auf diese Frage findet oder beurteilt, auch noch zu bedenken, daß in Afrika vielfach eine politische Beschränkung der Inder gerade zum Schutz der afrikanischen Eingeborenen gefordert wird, da ihre Ausbeutung durch den Handel, ja gerade durch den Sklavenhandel, vorwiegend von Indern zu befürchten sei.

Für die Kenya-Kolonie ist die Regelung vorläufig (1923) so erfolgt, daß nach dem Wunsch der weißen Siedler die Wahl zum Verwaltungsrat in K u r i e n erfolgt („communal system of representation", nicht zu verstehen als Kommunalwahlrecht im Sinne unseres Landrates; die „Gemeinde", die hier zusammen wählt, ist die Rassengemeinschaft), einer britisch-europäischen, einer indischen, einer arabischen, einer afrikanischen: die erste wählt elf, die zweite fünf, die dritte einen Vertreter, während für die vierte ihr Interesse von einem ernannten Mitglied, das Missionar sein muß, wahrgenommen wird; in der Regierung der Kolonie (Executive Council) sitzen zur Zeit mit den Beamten, die das Kolonialamt ernennt, zwei Europäer und ein Inder als eine Art Minister ohne Portefeuille zur Vertretung ihrer Rasseninteressen; sowohl im gesetzgebenden Rat als selbstverständlich in der Regierung überwiegen immer die ernannten Vertreter (Denkschrift des Kolonialamtes für die Reichskonferenz 1923, Cmd. 1987, Appendices S. 137). Der Herzog von D e v o n s h i r e hat auf der letzten Reichskonferenz all diese Maßnahmen mit der grundsätzlichen und dauernden Auffassung der Regierung über ihren afrikanischen Kolonialbesitz begründet: „Bei der Verwaltung von Kenya, wie in den anderen afrikanischen Kolonien und Protektoraten, sehen wir uns als Träger einer Treuhänderschaft für die afrikanische Bevölkerung an. Jede Maßregel, die wir ergreifen, müssen wir in ihrer Beziehung zu dieser ersten, anderen vorgehenden Pflicht betrachten." Indien sieht diese Lösung nicht als endgültig an, wie es ja überhaupt noch im Kampf um seine vollen Standesrechte im Weltreiche steht.

Für die südafrikanisch-indische Frage ist ebenfalls der Streit noch nicht ausgetragen. Doch hat G e n e r a l S m u t s auf der Reichskonferenz 1923 den Standpunkt der südafrikanischen Regierung so bestimmt, daß die übrigen Dominions sich ihm wohl anschließen werden, und auch die großbritannische Regierung beim dringendsten Wunsch, Indien am

Gefühl der Reichszugehörigkeit festzuhalten, nichts gegen die Smutssche Theorie und Praxis tun kann. Smuts geht davon aus, daß es ein „britisches Bürgerrecht“, wie es die Inder ihrem Anspruch zugrundelegen, nicht gibt. Der Satz, daß in einem Reich mit einem gemeinsamen Monarchen alle Untertanen die gleichen politischen Rechte haben müßten, ist falsch; vollends falsch, wenn er bedeuten soll, daß ein Reichsangehöriger, der in seinem Geburtsland keine oder nur mindere politische Rechte hatte, die volle Gleichberechtigung mit den besser gestellten Angehörigen eines anderen Landes im Reich bekommen soll, sobald er in dieses Land einwandert. Es gibt, sagt Smuts, „keine Gleichheit im britischen Bürgerrecht über das ganze Reich hinweg. Im Gegenteil, es herrscht die denkbar größte Verschiedenheit. In einem Teil des Reichs haben britische Untertanen gar keine politischen Rechte, in einem anderen wieder Rechte dieser oder jener Art, in einem dritten volle politische Souveränitätsrechte; in einem und demselben Land leben britische Untertanen mit politischen Rechten und ohne politische Rechte nebeneinander.“ Das ist so und soll, nach der Ansicht der Dominionregierung, so bleiben. Ja, je mehr die neue Auffassung des britischen Reichs als eines kleineren Völkerbundes, einer Gesellschaft (partnership) freier und gleicher Nationen unter einem gemeinsamen erblichen Souverän sich durchsetzt, desto größer werden die Verschiedenheiten der Gesetzgebung in den Staaten werden. Das Reich hat keine Gesetzgebung; das Reich kann auch die Reichsangehörigkeit nicht regeln. Jeder Reichsteil bestimmt souverän, wer in ihm, für ihn, das Bürgerrecht besitzt, das man dann allgemein als „britisches“ bezeichnet. Das ist seine „häusliche Angelegenheit“. „The common Kingship is the binding link between the parts of the Empire; it is not a source from which private citizens will derive their rights. They will derive their rights simply and solely from the authority of the State in which they live.“

Indien hat mit Vergeltungsmaßregeln gegen Angehörige der südafrikanischen Union gedroht, falls die Union ihren Widerstand gegen die politische Gleichberechtigung der Inder nicht aufgibt, genauer gesagt, auf ihrem Recht besteht, die Inder als Rasse in Südafrika Rechtsbeschränkungen zu unterwerfen, denen andere, nicht südafrikanische britische Reichsbürger nicht unterworfen sind (colour bar). Darauf erwiderte Südafrika, daß man hier nicht von Vergeltung oder Talion sprechen sollte, sondern von der Gegenseitigkeit, die zwischen souveränen Staaten im Frieden völkerrechtlich üblich ist. Indien stehe es vollkommen frei, mit den Angehörigen der Dominions auf der Grundlage voller Gegenseitigkeit zu verfahren, ohne daß daraus sich Kränkungen und Verfeindung ergäben (Denkschrift für die Reichskonferenz 1923, vom 18. Oktober 1923. The Position of Indians in the British Empire). Indien erkennt das natürlich nicht an; die verfassungsrechtliche Darlegung ist ihm nur der Vorwand, unter dem Inder unterdrückt werden sollen. Die Gefährlichkeit des Problems liegt eben darin, daß es bisher keine allgemeine und gleiche Praxis durchgemacht hat, sondern nur an dem einen Fall der Inder in Südafrika und den afrikanischen Kolonien aufgetreten ist. Australien und Neuseeland, und im geringen Maße Kanada, sind ebenfalls für die Aufrechterhaltung der Rassenschranke; sie sind gleichfalls der Meinung, daß die Einwanderung und die Erlangung des Bürgerrechts keine Reichssache, sondern innere Angelegenheit des Aufnahmestaats ist; aber das richtet sich doch bei ihnen praktisch nur gegen Reichsfremde, Ostasiaten oder Einwanderer aus verarmten europäischen Staaten; Inder sind bisher in keine der anderen Dominions eingewandert als nach Südafrika. In Neuseeland verbringen sie in größerer Zahl Jahre der Ausbildung, aber sie lassen sich hier auch nicht dauernd nieder und beanspruchen weder politische Rechte noch einen Anteil an der Wirtschaft.

Daß der südafrikanische Standpunkt sich behauptet, kann kaum zweifelhaft sein. Das englische Verfassungsleben ist von keinem Fehler so frei wie von schematischem Zentralisieren, und auch in den größten politischen Fragen — wie in der des Bündnisses mit Japan — hat die großbritannische Regierung lieber das von ihr erkannte Interesse des Reichsganzen geopfert, als daß sie sich einem klaren aktiven Bedürfnis eines einzelnen Mitglieds an seinem Ort versagt hätte.

Die Entscheidung über Singapore. Die freie Beweglichkeit der Reichsverfassung hat sich auch bei der Beratung und Entscheidung über die neu zu errichtende Flottenbasis von Singapore gezeigt. Auf der Reichskonferenz von 1923 war der Plan des Ausbaus von Singapore, den besonders Australien und Neuseeland betrieben, in günstigem Sinn besprochen worden. Dieser Stützpunkt der englischen Heimatflotte für einen von ihr in den ostasiatischen Gewässern zu führenden Krieg (Ceylon als Pivot der Seestellung, Singapore als Außenfort) ermöglichte den Südseedominions die Beruhigung beim Washingtoner Abrüstungsabkommen und das Zurückstellen ihrer Forderungen darauf, daß die Reichsflotte entweder verstärkt oder nach Osten hin disloziert würde. Das Kabinett Baldwin-Curzon hätte, wenn ihm die Mehrheit geblieben wäre, den Plan durchgeführt. Das Kabinet Macdonald-Chelmsford glaubte dagegen den Abbau der Rüstungsausgaben gerade bei dieser noch nicht begonnenen neuen Verstärkung der Reichsverteidigung anfangen zu müssen. Das entschied sich in pectore Mitte Februar 1924; Mitte März 1924 sollte der Marineetat im Unterhaus zur Verhandlung kommen. In der Zwischenzeit, also vor der Befragung des Unterhauses, aber nachdem ein Kabinettsausschuß sich für die Einstellung des Hafenbaues ausgesprochen hatte, wurden die Dominions konsultiert („im Hinblick auf die Diskussionen, die im vorigen Jahr auf der Reichskonferenz stattfanden, und auf das große Interesse einiger Teile des Reichs an der Angelegenheit habe ich das Gefühl, daß ich den Kabinettsbeschluß nicht bekannt geben sollte, ehe Sie und die anderen Premierminister volle Gelegenheit bekommen haben, ihre Ansichten zu äußern". Telegramm des Premierministers von Großbritannien an die Premierminister der Dominions, vom 20. Februar 1924). Auf diese Anfrage erklärten Kanada und Irland sich für nicht unmittelbar beteiligt und gaben daher keine Meinung ab; Südafrika stimmte dem Fallenlassen des Planes zu; Neufundland, Australien und Neuseeland dagegen traten dem neuen Kabinettsbeschluß aufs entschiedenste entgegen („unberechenbarer Schaden wird dem Ansehen des Reichs zugefügt, das Zutrauen kleiner Nationen erschüttert, die Ambitionen anderer Mächte gesteigert, und im ganzen Reich wird tiefes Mißtrauen erzeugt werden" — Australien. „Wenn der Plan aufgegeben werden soll, weil die Regierung auf das Zusammenarbeiten mit dem Völkerbund Gewicht legt, dann wäre es besser, der Völkerbund wäre nicht gegründet worden" — Neufundland). Indessen zeigte sich nun wieder, daß der Rat der Premierminister (also die Reichskonferenz im schriftlichen Votum) keine Beschlußgewalt hat und keine Exekutive des Reichs darstellt, sondern nur der Aussprache dient; die Entscheidung muß das großbritannische Kabinett dem Unterhaus als dem bewilligenden Parlament gegenüber allein verantwortlich treffen. Das Kabinett Macdonald hat seinen Entschluß, der, von drei Dominions mißbilligt, nur von einer gebilligt war, dennoch ausgeführt, zugleich aber für Unterhaus und Land den Schriftwechsel mit den Premierministern veröffentlicht (Weißbuch Cmd. 2083). Der Premierminister von Australien hat in einer Rede Anfang Februar ausdrücklich bestätigt, daß die großbritannische Regierung an die Beschlüsse der Reichskonferenz nicht gebunden sei; weder das Mutterland noch die Dominions könnten einem Gremium, das als solches niemandem verantwortlich ist, die Bewilligung von Ausgaben überlassen, die dann von den Steuerzahlern des Reichs zu tragen wären. Er hat aber auch hervorgehoben, daß durch die Nichtausführung des Singapore-Plans die Reichsverteidigungs-Frage in ihrem Zusammenhang mit dem Abkommen von Washington wieder eröffnet sei. Diese Zweideutigkeit bleibt — vielleicht nicht ohne Absicht und sicher nicht ohne Vorteil —

in der Reichsverfassung: die Dominions, die der großbritannischen (Reichs-)Regierung die von ihnen gewünschten Maßnahmen der Reichsverteidigung, der Rüstung und allgemein der auswärtigen Politik nicht aufzwingen können, behalten sich vor, die Vertretungsmacht der Reichsregierung nach außen hin, die im allgemeinen stillschweigend angenommen wird, nicht anzuerkennen und sich zum Beispiel vom Abkommen von Washington oder von den Verpflichtungen des Lausanner Vertrags in der Meerengenfrage nicht gebunden zu fühlen. Das kann freilich nur ein Übergangsstadium sein. Die Kontrahenten des englischen Reichs werden künftig fordern, daß Abkommen und Verträge auch von den Dominions unterzeichnet werden.

Organisation der Zentralverwaltung. Wer sind inzwischen die wirklichen Leiter des Weltreichs? Die Staatsverwaltung und in ihr das Auswärtige Amt wird von den ständigen Beamten geführt, die nicht mit der Parteiregierung wechseln. Sie sind vom Parlament durch die Regierung beaufsichtigt und kommen so nicht in die Versuchung, ihre Macht zu überschätzen. Sie sind aber auch zugleich durch das Parlament gegen die Regierung gedeckt; ein Eingriff der Regierung in den steten Verwaltungsgang ist also auch nicht zu befürchten, denn während im übrigen das Parlament in den letzten Jahrzehnten immer mehr von seiner Selbständigkeit gegenüber der Regierung eingebüßt hat, ist ihm bis heute die Möglichkeit geblieben, jede mißfällige Verwaltungstätigkeit der Regierung wirksam zu tadeln, indem es einen gerade laufenden Bewilligungsantrag der Regierung (Estimate of Expenditure) streicht. Diese Anträge kommen fortwährend an den „Ausschuß des gesamten Hauses", d. h. an das Plenum, das ohne den Sprecher und unter Aufhebung gewisser Formregeln der Debatten tagt. Wenn ein solcher Posten vom Parlament abgelehnt wird, muß die Regierung entweder ihre Entlassung geben und dem König empfehlen, ein anderes Kabinett aus dem Unterhaus zu bilden, oder sie muß sich vom König die Auflösung des Parlaments bewilligen lassen. Das muß man nicht vergessen, wenn man davon spricht und schreibt, daß auch das englische Parlament sich seine Macht von einer tätigen kleinen Gruppe habe nehmen lassen müssen, und daß die Mehrheit nur das eingepeitschte Stimmvieh des Ministeriums sei. Bei der Gesetzgebung ist das Parlament in der Tat meist nur der Ort freier Aussprache; der Wille wird anderswo gebildet. Aber bei den Geldbewilligungen, aus denen sich die verfassungsmäßigen Gewalten des Unterhauses und seiner Mehrheitsregierung entwickelt haben, ist heute noch der Wille des Unterhauses selbst frei tätig.

Das wird durch die Dreiparteien-Lage im heutigen Unterhaus wieder deutlicher, als es die letzten Jahre hindurch war. Das ehrliche Bestreben aller Parteien, die parlamentarische Regierungsform durch diese schwerste Probe bewährt hindurchzuführen, wird die beiden Oppositionsparteien davon zurückhalten, gesetzgeberischen Vorschlägen der Minderheitsregierung oder gar ihrer außenpolitischen Tätigkeit besondere Schwierigkeiten zu machen. Die alte do ut des-Weisheit des Zweiparteiensystems: loyale Opposition zu machen und loyale Rücksicht auf die Opposition zu nehmen, weil man sonst bei vertauschter Rolle mit der selbstgebundenen Rute gezüchtigt werden würde, überträgt sich auch auf die Dreiparteien-Lage, da die kleinste Partei von einer rücksichtslosen oder gar schikanösen Ausnutzung ihrer Zünglein-an-der-Wage-Stellung sich keinen dauernden Vorteil versprechen könnte; wenn sie sich in der Opposition um der Opposition willen gefiele, würde sie von den Wählern bei der nächsten Gelegenheit vertilgt werden; sie muß danach streben, den zweiten oder ersten Platz wieder zu gewinnen und wird dann von den an die zweite oder dritte Stelle gerückten Parteien das gleiche Maß von fair play erwarten dürfen, dessen sie sich vorher erfreute. Aber damit läßt sich wohl vereinbaren, daß die Liberalen, die zur Zeit an dieser dritten Stelle stehen, der Arbeiterpartei einschärfen, wie leicht sie, von Woche zu Woche, bei den Geldbewilligungen eine Regierung zu Fall bringen können, die entgegen dem Herkommen in die Ständigkeit der Verwaltung eingriffe, um nach dem Muster anderer großer Demokratien eine Wahlbeute für ihre Parteifreunde verteilen zu können.

Das Beamtentum. Bei dem Amtsführungsbeginn der ersten Arbeiterpartei-Regierung ist auch besonders deutlich zu bemerken gewesen, daß man mit dem Beamtentum als solchem, mit dem Civil Service, offen als einer festen Macht im Staat rechnet. Von den Richtern ist heute weniger als bei früheren Gelegenheiten in diesem Zusammenhang gesprochen worden; ihre Unabhängigkeit von den Wechselfällen der Politik ist mit diesem Stillschweigen genug bekräftigt. Dem Civil Service hat aber diesmal nicht nur die bürgerliche Presse Lob gezollt, sondern der Premierminister hat sehr demonstrativ durch die Tat bekundet, daß er hier kein neues Regime will: die Privatsekretäre der Minister sind zum großen Teil von den neuen Kabinettsmitgliedern übernommen worden, vollends sind die übrigen Ministerialbeamten und das Personal des auswärtigen Dienstes unbeeinträchtigt von der neuen politischen Gesinnung in ihrer Routine geblieben. Man hat dabei wieder die Auffassung bestätigt, die uns in Deutschland (wo das Schlagwort der „Fachminister" einmal fast die Verfassung zertrümmert hätte) fremd ist[1]): daß es „dem Geiste der Verfassung ebenso sehr widerspreche, einen ungeschulten ständigen Unterstaatssekretär in einem Departement zu haben, als einen Sachverständigen — oder noch schlimmer einen Halbsachverständigen — an der Spitze; eines kann so gut wie das andere den ruhigen Gang der Maschine stören" (Times, Leitartikel vom 1. Februar 1924). Die Trägheit, die Verstocktheit, die eingeschlossene Luft einer zu sehr eingefahrenen Bureaukratie ist hier keine ernste Gefahr; ihr wirkt eben der Aktivismus eines gesunden Parlaments und die Menschenverstandsaufsicht des Ministers, der ein Dilettant ist, entgegen. (Beiläufig sieht man hier einen Nutzen der vielen „kleinen Anfragen" im englischen Parlament; der Minister, der sie beantworten muß — und sie werden natürlich von der Opposition so gestellt, daß sie schwer zu beantworten sind —, bekommt die Antwort von seinen ständigen Beamten und liest sie vor, muß sie aber dann debattierend verteidigen; gelingt ihm das nicht, so wird er die Schläge, die er bekommen hat, seinen „Permanenten" weitergeben, wird vielleicht auch nun nachsehen, was in seiner Abteilung fehl ist.)

Man hat in England die Tüchtigkeit der Beamtenarbeit nicht für gefährdet gehalten wenn ein Beamtenrat gebildet würde; er ist, als National Council für den Civil Service im ganzen Staat eingerichtet und bringt die Vertreter aller Schichten des Beamtenvolks zu einer Beratung zusammen, in der es keine Vorgesetzten und Untergebenen gibt; neuerdings gehören auch die Mitglieder des Parlaments ex officio diesem Nationalrat der Beamten an, um alles, was sie in ihm zu hören bekommen, lebendiges Bewußtsein des Parlaments werden zu lassen. In diesem Rat verkörpert sich auch der Standesstolz der Beamten, die im übrigen, wie in anderen Ländern auch, an den „großen Preisen" des öffentlichen Lebens keinen Teil haben und sich am Lebensende mit der Genugtuung wohlgetaner Arbeit trösten müssen, wenn ein untüchtiger Parteischwätzer oder ein geschickter Syndikus Ruhm und Macht erntet.

So ist das britische Reich die größte Staatsgemeinschaft der heutigen Welt, die, wenn sie sich auch in Wahrheit einen Bund freier Nationen nennen kann, doch ohne alle

---

1) Der Premierminister wird gelobt, wenn er bei der Bildung seines Kabinetts die „Spezialisten" von ihren Steckenpferden trennt, um sie auf wirkliche Pferde zu setzen und ungesattelt reiten zu lassen. Es würde kein sehr guter Stil sein, einen früheren Vizekönig von Indien in das India Office zu setzen: er wird Marineminister. Ein Offizier, der sich im Krieg ausgezeichnet hat, kommt nicht ins Kriegsministerium. Die Ausnahme wird zugunsten der Juristen gemacht: Lordkanzler, Generalanwalt, Generalnotar, Lordadvokat müssen erfahrene Juristen sein, weil sie kraft ihres Amtes selbst praktizieren müssen.

Mitwirkung der Völker, ohne Bürgschaften einer festen Verfassung — es sei denn die Sicherheit der Krone — und vor allem ohne Parlament durch eine kleine, sehr fähige, technisch aufs beste geschulte Zahl ständiger Beamter, im Kolonialamt und im Auswärtigen Amt in London, regiert wird.

II. Die Verfassung der Schweiz.

Stellen wir sogleich ihr Entgegengesetztes neben sie: die Verfassung der Schweiz. In ihr lebt und ist Wirklichkeit nicht nur an Festtagen und zur Kriegs- und Revolutionszeit, sondern am friedlichen Werktag das Volk, das sich selbst sein Gesetz gibt und regiert.

„Unter den modernen Demokratien, die wahre Demokratien sind", so sagt der große Kenner des Weltverfassungslebens, James Bryce, „hat die Schweiz den höchsten Anspruch darauf, daß man sie studiere."

Die alte Bundesverfassung. Die Verfassung der Schweiz ist ehrwürdig durch ihr Alter. Denn der Bund der Kantone, die schweizerische Eidgenossenschaft, geht zurück auf jenen Bundbrief vom Jahre 1291, in dem sich die Landgemeinden von Uri, Schwyz und Unterwalden nach Rudolf von Habsburgs Tod „Hilfe und Rat für Personen und Gut innerhalb und außerhalb der Täler gegen alle, die ihnen irgend Gewalt, Mühsal und Unrecht zufügen würden, aus allen Kräften und auf eigene Kosten unter eidlicher Bestärkung, doch unbeschadet den Verpflichtungen, die ein jeder nach seinem Stande seinem Herrn in Dienst und Leistungen zu erfüllen hat," angelobten und, neben anderer Art der Rechtshilfe, festsetzten, „daß sie bei Uneinigkeit über die Pflicht zu gegenseitiger Hilfeleistung durch Spruch der Wägsten und Besten aus den Ländern schlichten wollen und alle anderen gegen den, der sich solcher Richtung nicht fügen sollte, dem Rechte Nachachtung verschaffen werden" So ist der Bund geblieben in allen Wandlungen seiner Verfassung, und die ursprüngliche Notwendigkeit dieser Staatsform hat sich deutlichst in der kurzen Zeit der „Helvetik" (1789 bis 1803) erwiesen, als von Frankreich her dem Schweizer Volk eine in Paris hergestellte Einheitsstaatsschablone aufgedrungen worden war, die nach fünf Jahren innerer Zerklüftung und äußerer Ohnmacht vom Volke abgeworfen wurde, einer jener Fälle in der Staatengeschichte, in denen man wohl von einer akuten Krankheit und Wiedergenesung eines Staatswesens wie bei einem menschlichen Körper sprechen kann. Sogar der Sonderbundstreit der vierziger Jahre mit seinem gefährlichen Einschlag des konfessionellen Gegensatzes hat, als im Jahre 1848 der an sich überall zum Zentralisieren neigende Liberalismus obgesiegt hatte, das Verhältnis des Bundes zu den Kantonen nicht ungebührlich verrückt und keine Zentralregierung geschaffen, die sich kraft irgendeines eigenen Rechts göttlicher Einsetzung oder rationalistischer Zweckmäßigkeit über das Volk hätte stellen wollen. Vielmehr ist der alte Landsgemeindegedanke stark geblieben, verbunden mit der dem Schweizer Volk in seinen deutschen, welschen und grisonischen Kantonen zu seinem Glück gleichmäßig eigenen, bescheiden-stolzen Klarheit darüber, daß gerade in dieser kleinsten staatlichen Form der Gemeinde, die hier ein Land von mehreren Tälern, einen „Ort" (Bund der alten acht Orte Uri, Schwyz, Unterwalden, Luzern, Zürich, Zug, Glarus, Bern) von Stadt und Land umfaßt, eine besondere Kraft der Selbstbehauptung und zugleich zu nachbarlichem Vertragen liegt.

Die Verfassung von 1874. Auch nach der Verfassung vom 29. Mai 1874, die dem Heerwesen der Schweiz die völlige Einheit brachte, ist die Schweiz ein Bund demokratischer Republiken, der 22 Kantone, ein Staatswesen, in dem das Schweizer Volk seine Souveränität doppelt übt, in der öffentlichen Gewalt des Kantons und in der öffentlichen Gewalt des Bundes, sich auch die Macht zuerkennt, die Abgrenzung zwischen diesen Gewalten zu ändern — immer unter dem natürlichen Vorbehalt, der für jeden Bund gelten muß, daß bei einer gewaltsamen Zertrümmerung nicht die Glieder verschwinden und der Gesamtkörper bleiben könnte, sondern beim Verlorengehen des Bundes die kleineren Einheiten wieder in ihrer vollen Souveränität hervorträten.[1])

Die Gemeinde. So kann der Staatsrechtslehrer der schweizerischen Gegenwart, Fritz Fleiner, in seinem Bundesstaatsrecht mit Recht sagen: „Das Heimatgefühl bildet die Grundlage des Staats- und Nationalgefühls. Das Nationalgefühl steigt in der Schweiz von unten herauf aus den engen Kreisen des politischen Lebens und wird gefördert durch die in dem Bürger jeden kleinen Staates lebendige Überzeugung von der Notwendigkeit, zusammenzuhalten und alle Kräfte zum Wohle des Heimatstaates zusammenzuschließen." Und „in drei Stufen steigt die politische Organisation auf: Gemeinde, Kanton, Bund. Die Gemeinde ist der engste und jedem Schweizer notwendige Lebenskreis. Jeder Schweizer muß einer bestimmten Gemeinde als Gemeindebürger angehören." Der kleinste Kanton der Schweiz zählt rund 14000 Seelen; es ist der Urkanton Nidwalden: „Wir sind die ersten auf dem Platz, wir Unterwaldner" (Wilhelm Tell, II. Aufzug, 2. Szene). Der volkreichste Kanton Bern schließt 675000 Seelen ein, Stadt, Flachland, Gebirgstal, deutsche und französische Sprache.

So war es möglich, daß Bern und Zürich die beiden größten Dichterschilderer des Volkslebens im Staat gehabt haben, die wir in der europäischen Literatur kennen, Jeremias Gotthelf in seinem Wunderwerk vom bernischen Bürger und Bauern der Mitte des 19. Jahrhunderts, und Gottfried Keller in den Zürich-Seldwyler Novellen, in Martin Salander und reiner noch in seinen Festgedichten, die wohl auch dem fremden Betrachter zurufen dürfen:

Drum weilet, wo im Feierkleide
ein rüstig Volk zum Feste geht
und leis' die feine Bannerseide
hoch über ihm zum Himmel weht!

Wie aber hat sich das Schweizervolk im Bund, der doch vier Millionen Menschen umfaßt (von denen nur ein kleiner Teil „Proletariat" im Sinne einer demagogisch und blindlings lenkbaren Masse ist), im Bund, der Großstädte und Bauernschaften, befahrenste Weltstraßen des Verkehrs und unzugänglichste Gebirgstäler, Menschen vierer Sprachen und allerlei Glaubens, hochentwickelte Industrie und beschränkteste Einzelwirtschaft umfaßt, der, von einer Bundesstadt aus geleitet, der ihn rings umschließenden Welt der europäischen Großmächte standgehalten hat und standhalten muß — wie hat sich das Schweizer Volk im Bund diese Volksregierung gestaltet?

Der Bundesrat und die Bundesversammlung. Hier hat die Eigenart der Schweiz im Bundesrat ihren guten Ausdruck gefunden, der in der Welt als Regierung einzig und vorbildlich dasteht, ein in leidenschaftlichen Zeiten leicht überhörtes, aber im Stillen bei den Nachdenklichen im Lande fort und fort wirksames Gegenargument gegen die Meinung derer, die im Staat nur den Dualismus des Herrschers und der Untertanen erkennen wollen.

Der Bundesrat ist aus der Bundesversammlung herausgestellt, wie die Regierung der parlamentarischen Staaten aus dem Parlament. Aber die Bundesversammlung besteht aus zwei Kammern, dem Nationalrat und dem Ständerat, dem aus gewählten Abgeordneten des schweizerischen Volks — je einer für 20000 Seelen — gebildeten Repräsentantenhaus (dreijährige Dauer, Verhältniswahl, Nachrücken der späteren Listenmänner beim Ausscheiden eines Vormannes während der Parlamentsdauer) und dem Haus der Kantone, in das sie, der kleinste wie der größte, jeder zwei Abgeordnete senden nach dem Wahlrecht,

1) So denn auch nach der Bundesverfassung: der Bund hat die Kompetenzen, die ihm die Verfassung ausdrücklich zuschreibt; alle staatlichen Kompetenzen aber, die nicht so dem Bund übertragen sind, haben die Kantone.

das sie selbst belieben. Nationalrat und Ständerat stehen in gleichem Recht; für die Mitglieder beider Kammern ist, wenn sie gewählt sind, keine Instruktion ihrer Wählerschaften oder Heimatkantone, sondern nur die Verantwortung, ihres Gewissens vor dem Volk die Richtschnur. Diese Bundesversammlung hat aber nicht nur die gesetzgebende Gewalt; sie übt auch Herrschaftsrechte der Staatsverwaltung aus; sie verfügt über das Heer; ihr stehen in Notständen die außerordentlichen Vollmachten zu, die anderwärts der Präsident übt, und sie hat die Oberaufsicht über die Rechtspflege und über die Verwaltung der Eidgenossenschaft zu führen, wie ihr auch die Begnadigung im Bund zusteht. Sie wählt sich, als „oberste vollziehende und leitende Behörde der Eidgenossenschaft" den siebenköpfigen Bundesrat, das Ministerium. Sie wählt ihn auf drei Jahre, dieselbe Zeit, auf die der Nationalrat gewählt ist. Aber die Regel des politischen Lebens ist die Wiederwahl derer, die nicht freiwillig ausscheiden.

Der Bundesrat ist nun aber nicht, wie man darnach meinen möchte, ein Exekutivausschuß der Parlamentsmehrheit, sie sei eine Partei oder eine Koalition von Parteien oder Gruppen. Keineswegs! Ein Mitglied des Bundesrats kann nicht Mitglied der Bundesversammlung sein. Ist er es bis zu seiner Wahl, so scheidet er durch sie aus dem Parlament aus. Der Bundesrat hängt weder insgesamt, noch hängen seine einzelnen Mitglieder vom Willen der Bundesversammlung, von ihren Beschlüssen oder gar von Beschlüssen einer Partei ab. Sie sind Politiker in dem Sinn, daß man sie wählt als politisch tätige, erfahrene bewährte Männer; sie werden meist in ihrer Laufbahn durch die Parteizugehörigkeit gehen und der eine oder der andere mag auch Parteiführer gewesen sein; und wie man bei der Zusammensetzung des Bundesrats darauf achtet, daß die Volksteile und Landschaften der Schweiz, ohne Pedanterie, etwa gleichmäßig vertreten seien, so läßt man auch den verschiedenen Parteien gern, ihrer Stärke entsprechend, Sitze im Bundesrat. Aber das alles fällt nicht ins Gewicht gegenüber dem Bewußtsein, daß der einmal Gewählte sein Amt nun überparteilich, im Dienst des Volkes, zu führen hat.

Der Bundespräsident. Ist das nun nicht stärkere Ministerialgewalt als selbst die konstitutionelle Monarchie des alten Deutschland sie kannte? Wird der Minister, im Gefühl dieser Unabhängigkeit vom Parlament und im Vertrauen auf die feste Sitte seiner Wiederwahl, nicht zum Autokraten in seinem Departement? Davor schützt das einfachste Mittel: das Umgehen der Ministerien[1]) unter den sieben Mitgliedern, zusammen mit dem Umgehen der Stellung als Bundespräsident. Denn dieser Bundespräsident, der dem Ausland gegenüber, wo es Repräsentation gibt, an des Souveräns Stelle steht, wird von der Bundesversammlung aus den Mitgliedern des Bundesrats auf ein Jahr gewählt, und im nächsten Jahr kann derselbe weder Präsident noch Vizepräsident sein. Auch als Bundespräsident ist er zugleich Minister, steht einem Departement als Verwaltungschef vor. Das bringt beständigen Wechsel, verhütet die Gefahr einer Überschätzung des „Fachministers", der vor den Bäumen seines Ressorts den Wald des Staates nicht zu sehen vermag, und läßt, auf die einfachste Art von der Welt, von der höchsten Würde des Staats alles das abfallen, was ihr auch in demokratischen Republiken, ja in sozialistischen und kommunistischen Staaten an Verdacht persönlichen Ehrgeizes und vor allem an Argwohn der Patronage anhaftet. Daß die Schweizer Form der Demokratie die gesündeste ist, das verdankt sie — neben ihrer klugen Beschränkung auf Gemeinschaften, in dem die Bürger sich in ihrem öffentlichen Leben wirklich kennen, auf dem Markt, im Thing vor allem Volk stehen — dieser Gestalt ihrer höchsten Behörde.

---

1) Politisches Departement (Äußeres), Inneres, Justiz, Militär, Finanz, Volkswirtschaft, Post und Eisenbahn.

Die Verwaltungsaufgaben sind im Bund dieselben wie in einem anderen Mittelstaat, erschwert durch die Mehrsprachigkeit und durch die besonderen Schwierigkeiten des Fremdenrechts. Aber die Schweiz widerstrebt, im innersten Wesen des Volks, dem Berufsbeamtentum. Sie hat mit dem besten Teil der englischen Staatsverwaltung die gute Sitte gemein, für die Geschäfte des öffentlichen Wesens die Arbeitskraft erfahrener, durch Alter, befestigten Besitz oder andere Umstände der Notwendigkeit des Erwerbs enthobener Bürger in Anspruch zu nehmen. Sie stellt auch den eigentlichen Beamten nur auf eine feste Amtszeit an, bei den Bundesbeamten regelmäßig auf drei Jahre mit der Möglichkeit, ja der Aussicht auf Wiederwahl, aber ohne Recht auf sie. Nur mit äußerstem Widerstreben läßt man hie und da bei einem Hochschulprofessor die Anstellung auf Lebenszeit zu. Auf der anderen Seite ist die Gehorsamspflicht nicht so absolut wie in den meisten anderen Staaten; dem Untergebenen ist die Prüfung erlaubt, ob der Dienstbefehl an ihn zulässig ist.

Die Volksentscheidungen. Gewährleisten diese Einrichtungen eine wahrhaft demokratische, ohne „Führertum" und Demagogie wirksam geführte Verwaltung der öffentlichen Angelegenheiten, so zeigt sich doch am sinnfälligsten, mit fast körperlicher Greifbarkeit, die Selbstbeherrschung des Volks in seinen unmittelbaren Sachentscheidungen, die es durch Referendum und Initiative trifft. Der Schweizerbürger ist nicht nur Wähler — und wo er Wähler ist, hat er klugerweise den Gewählten jeweils zum selbständigen Mann des Vertrauens, nicht zum Knecht eines imperativen Mandats gemacht —, er ist auch Gesetzgeber. Er ist es nicht nur im Kanton, wo überall, in den alten Landgemeindekantonen sogar in öffentlicher Abstimmung, das obligatorische Verfassungsreferendum und das Gesetzesreferendum wie die Verfassungs- und Gesetzesinitiative als Volksrecht bestehen; er ist es auch im Bund. Im Bund muß jede Änderung der Bundesverfassung, nachdem sie im Parlament beschlossen ist, dem Volk und den Ständen zur Abstimmung vorgelegt werden. Über einfache Gesetze des Bundes und über Bundesbeschlüsse, die nicht dringlich sind, kann von 30000 Schweizerbürgern oder von acht Kantonen die Volksabstimmung verlangt werden. 50000 stimmberechtigte Schweizer können im Weg der Initiative die Änderung der Bundesverfassung, d. h. die Vorlage solcher Änderung an das Schweizervolk zur Abstimmung verlangen. — Das ist noch im Fortgehen. Die Gesetzesinitiative für den Bund wird kommen, wenn sie auch ihre vorsichtig gezogenen Grenzen an der Selbständigkeit der Kantons-Souveränität haben muß. Den letzten Fortschritt hat die Partialrevision der Bundesverfassung vom Jahre 1921 gebracht (Art. 89, Abs. 3): Staatsverträge mit dem Ausland müssen, wenn sie für längere Dauer als 15 Jahre abgeschlossen sind, dem Volk zur Annahme oder Verwerfung unterbreitet werden, wenn 30000 Bürger oder acht Kantone es fordern. Verwirft das Volk, so wird der Beschluß der Bundesversammlung, der den Vertrag ratifiziert hatte, hinfällig. So hat das Schweizervolk den Vertrag verworfen, den der Bundesrat unter dem Druck Frankreichs und seiner im Versailler Vertrag und im Völkerbundsstatut gesicherten Vormachtstellung mit der französischen Regierung über die Neuregelung ihrer Grenzrechte in Hoch-Savoyen und der Landschaft Gex im August 1921 geschlossen hatte. „Obwohl keine politische Partei die Sammlung von Unterschriften in die Hand nahm, kam das Referendumsbegehren gültig zustande. Innerhalb der gesetzlichen Frist von 90 Tagen wurden über 56000 gültige Unterschriften eingereicht. Die Volksabstimmung fand am 18. Februar 1923 statt. Das Abkommen wurde mit 414305 gegen 93092 Stimmen, also mit gewaltigem Mehr, verworfen." Dieser 18. Februar 1923 ist ein großer Tag in der Geschichte des Weltverfassungsrechts.

Das allgemeine Wehrrecht. Solche Verantwortung auch zu außenpolitischen Entschlüssen kann das Volk selbst allerdings nur übernehmen, wenn zu allen politischen Freiheiten und besonders zum allgemeinen Wahlrecht auch das freie und allgemeine Wehrrecht des

Volkes tritt. Darin zeigt sich ein letzter gründlicher Unterschied zu den westlichen Demokratien: In der Schweiz ist das Recht des Bürgers im Staat, das Recht des „commoner“ nie auf die Geldbewilligung im Parlament, nie auf die Gleichung taxation = representation gestützt worden; es gründet sich vielmehr auf die in den Landgemeinden alt erprobte Fähigkeit des Mannes zum Rat, die sich aufs engste mit seiner Wehrfähigkeit zur Vaterlandsverteidigung verbindet. Das Schweizervolk fühlt sich in seinem bäuerlich-kleinbürgerlichen Kern durchaus sicher gegen kommunistische Anwandlungen, aber es ist auch nie kapitalistisch in dem Sinne gewesen, daß Vermögen oder Steuerleistung für politische Zwecke hätten maßgebend sein dürfen. „Big business“ spricht nicht mit; auch der Einfluß des Gastwirtgewerbes, der am ehesten deutlich wurde, hat sich bei wirklichen Volksentscheiden immer dem Gesamtwohl unterordnen müssen. Dazu trägt die allgemeine Wehrpflicht das Wesentlichste bei. Sie ist Heimatpflicht des Schweizers. Das Söldnerwesen für das Ausland ist durch das Bundesverbot der Militärkapitulationen beseitigt. Die Werbung für fremden Kriegsdienst auf Schweizergebiet steht unter Strafe. Der Schweizer, der seine Wehrpflicht im Land erfüllt, übt währenddessen seine Bürgerrechte aus, und man kann es als Gegenstück dazu ansehen, daß er nach der Militärdienstzeit seine militärische Ausrüstung, die ihm der Bund stellt und die im Eigentum des Bundes bleibt, mit in sein bürgerliches Haus nimmt, um sie dort in feldtüchtigem Zustand zu erhalten. Das Volk ist Miliz.

III. Die Verfassung Frankreichs.

Staat als Herrschaft. Die Gründe dafür, daß das Verfassungsleben Frankreichs von dem der anderen Demokratien so offensichtlich verschieden verläuft, sind nicht in der Natur des Landes oder in seiner Geschichte zu finden. Diese Verfassung ist von den Menschen politisch ausgerechnet, gewollt. Zuerst von einer Handvoll bedeutender Staatsmänner und Herrscher des 18. und 19. Jahrhunderts — bis auf den großen Napoleon — dem Volk aufgezwungen, ist sie im 19. Jahrhundert von diesem Volk mehr und mehr für richtig erkannt worden und ist heute in ihrer Formel des zentralisierenden Parlamentarismus in Frankreich unbestrittener als irgendeine andere Verfassungsform eines großen Staates der Jetztzeit ist.

Durchaus ist sie dem französischen Volk nicht an der Wiege seines nationalen Daseins gesungen worden. In Frankreich sind die natürlichen Unterschiede der Landschaft, des Stammes, der Wirtschaftsform zwischen Nord und Süd, zwischen atlantischer Küste, und Vogesen-Jura-Provinz, ebenso groß wie in irgendeinem anderen Land. Die ursprüngliche politische Kraft, das politische Bewußtwerden und Bewußtsein des Landes lag in den Provinzparlamenten; Paris hatte kein natürliches Recht, für Frankreich mehr zu werden als London für England, Newyork für die Vereinigten Staaten, Rom für Italien ist. Aber seit 200 Jahren hat, entgegen dem Lauf der Dinge, der menschliche Verstand und Wille daran gearbeitet, den Staat als eine einheitlich starke Herrschaft über das Land zu gestalten. Nomen est omen. Man kann von Staatsdienst und Staatsverwaltung sprechen, wenn man an die politischen Leiter der Geschäfte denkt: Ministerium, Administration, Reichskanzlei. Man kann von einem Lenken und Führen des Staates sprechen: Regierung. In Frankreich spricht man von der Herrschaft schlechthin: Gouvernement. Die in Amerika und England heute fast entschuldigend gebrauchte Formel vom „government by consent“ liegt dem französischen Denken nicht. Man herrscht, weil Herrschaft sein muß, nicht weil man mit der Aufgabe des Herrschens betraut worden ist. Plebiszit und Revolution sind als ultimae rationes zugelassen, beide durchaus dramatisch, auf den Staat als Macht gerichtet; Referendum und Initiative sind dagegen dem französischen Verfassungsleben fremd, ja zuwider;

auch der Rätegedanke, die ständische Gliederung der Vertretungen, ist in Frankreich nicht eingedrungen. Die Republik war seit ihrer wirklichen Errichtung im Jahre 1875 nur zweimal bedroht: durch den Boulangismus, der aus den Mißbräuchen der Grévyschen Präsidentschaft entstanden war, und durch den Dreyfus-Streit, beide Male nicht aus sachlichen Gründen, sondern um der Personen willen.

Grundprinzip der Verfassung. Die französische Verfassung ist eine starre Verfassung; nicht nur, daß sie geschriebenes Recht ist, sie ist auch gegen Änderungen durch bloße Parlaments- oder Wählermehrheit vermauert. In ihr steht als Souverän das Parlament, Senat und Deputiertenkammer. Das Parlament wählt den Präsidenten der Republik. Das Parlament (als Nationalversammlung) kann die Verfassung im einzelnen ändern: nur das Grundprinzip der Verfassung, eben diese Parlamentsherrschaft, kann auch das Parlament selbst nicht antasten (Verfassungszusatz von 1884). Das Parlament stellt dem Präsidenten die Minister und stürzt sie durch sein Votum. Das Parlament kann durch die Deputiertenkammer die Staatsanklage gegen den Präsidenten erheben und durch den Senat über ihn zu Gericht sitzen. Es ist wahr, daß der Präsident die Deputiertenkammer auflösen kann, aber er bedarf dazu der Zustimmung des Senats, und sein Recht ist fast außer Übung gekommen. Das Parlament entscheidet über Krieg und Frieden.

Der Präsident der Republik hat kein Vetorecht. Er präsidiert dem Ministerrat, aber die wichtigen politischen Entschlüsse werden, soweit sie nicht ein herrischer Ministerpräsident allein ergreift, im Kabinettsrat gefaßt, dem der Premierminister vorsitzt, und an dem der Präsident nicht teilnimmt. Der Ministerpräsident, der in den letzten Jahren die Geschicke Frankreichs fast allmächtig geleitet hat, war als Präsident der Republik zur Zeit des Krieges und des Friedensschlusses zu einer Ohnmacht verdammt, die er selbst öffentlich bitter beklagt hat. Ob er durch die Wahl eines neuen Premierministers Gelegenheit bekommt, Einfluß zu üben, das ist Zufall. Nur einem schwachen Premierminister kann er bei der Bildung eines Kabinetts einzelne Minister aufdrängen oder ihm mißliebige Kandidaten ablehnen. Wir erinnern uns der Vorgänge beim Sturz Delcassés im Jahre 1905: der Außenminister stand bei seiner Politik im Einvernehmen mit dem Präsidenten der Republik; der Ministerpräsident aber, gestützt von den übrigen Kabinettsmitgliedern, zwang Delcassé zum Ausscheiden. Der Gegensatz der Stellungen hat sich eher verschärft. Heute hofft ein Präsident der Republik auf Wahlen, die ihm helfen sollen, sich gegen den Ministerpräsidenten durchzusetzen, und der Ministerpräsident richtet sein Wahlprogramm weniger auf die Stimmung im Land als auf die taktischen Gegenzüge gegen die Zukunftsberechnung des Präsidenten ein.

Das Parlament. Wie wird nun die Parlamentsherrschaft dem Land erträglich? Man könnte kurz antworten: durch den Stolz des ganzen Landes auf Paris, eine merkwürdige, in keinem anderen Land wiederkehrende Erscheinung — in Deutschland ist sie in ihr Gegenteil verkehrt. Dieser Stolz auf Paris ist aber nicht irrational; er ist auch keineswegs nur der Stolz auf die Fahne — auf Paris als Frankreichs Fahne — dem Ausland gegenüber. In ihm steckt die Erfahrung und Berechnung, daß jeder begabte Provinziale in dieser Hauptstadt, zu der beständig die Provinz hinzieht, viel raschere und glänzendere Aufstiegsmöglichkeiten hat als eine Kantons- oder Grafschafts- oder Kleinstaatshauptstadt ihm bieten könnte. Damit hängt es zusammen, daß Frankreich an seinen Einzelwahlkreisen zu Senat und Deputiertenkammer festhält. Der Abgeordnete ist auch in den Wandelgängen des Palais Bourbon „unser Deputierter" für den Wahlkreis; er ist dem Wahlkreis zu beständiger Fürsorge verpflichtet, ja, man sieht ihn geradezu als den Agenten an, der Bewilligungen für Kreiszwecke, Beförderungen, Staatsregieposten, Auszeichnungen für seine Kreiseingesessenen erwirken muß. So glaubt man in der Provinz mit der Zentralisierung auf seine Rechnung zu kommen. Was für die Deputiertenkammer der Wahlkreis, das ist für den Senat das Departement; hier werden die örtlichen Bindungen, die „Kirchturms"-Einflüsse durch den Modus der indirekten Wahl verstärkt: der Senator kommt aus den Wahlurnen der Generalräte, Bezirksräte und Gemeindevertretungen nach dem Luxembourg-Palast; und wenn ihn, in der Regel einen älteren Herrn, der seine Laufbahn hinter sich hat und (abgesehen von den wenigen, die nach der Präsidentschaft streben) nicht sehr auf Wiederwahl erpicht ist, die Gunst der Wählerschaft und deshalb auch die Patronage weniger kümmert als den Deputierten, so ist er doch ebenfalls in seinem Wahlkreis zuhause und erscheint nicht als Pariser, sonder als einer der Provinzialen, die in Paris über Frankreich herrschen.

Der Senat. Das Zweikammersystem funktioniert im allgemeinen gut, da es ja auf dem richtigen Grundgedanken beruht, die gleiche Wählerschaft sich in den beiden Häusern des Parlaments auf verschiedene Weise vertreten zu lassen (oder vertreten glauben zu lassen). Das Finanz(Etat-)vorrecht der Deputiertenkammer hat ihr wie in England das Vorrecht des Ministerstürzens verschafft; im übrigen steht der Senat in der Gesetzgebung heute stärker da als das englische Oberhaus; er kann zum mindesten jede ihm nicht genehme Gesetzgebung lähmen. Das ist deshalb von nicht geringer Bedeutung, weil im Senat viel mehr als in der Deputiertenkammer eine Partei der absoluten Mehrheit nahe kommt: das „linke Zentrum", eine republikanische, antiklerikale, von der Notwendigkeit der kapitalistischen Wirtschaft überzeugte Bürgerpartei, die in der Deputiertenkammer von 1919 unter den Gruppen der Républicains de Gauche, der Gauche Républicaine, der Action Républicaine und der Radicaux verteilt war und von den 626 Abgeordneten höchstens 150 zu sich zählen konnte.

Die Deputiertenkammer. In der Deputiertenkammer fällt die Menge der Parteigruppen auf: bei den Wahlen im Mai 1924 zählte man 14 Parteiprogramme, wobei die verschiedenen Sonderlingsgruppen gar nicht beachtet sind; die letzte Kammer schied sich in zehn Gruppen mit zahlreichen Untergruppen. Dabei war sie im Zeichen des „Nationalen Blocks" gewählt, dem sich der Block der Linken entgegengestellt hatte. Diese Zersplitterung trifft nur die Mittelparteien; die Flügelparteien der Rechten und der Kommunisten bleiben geschlossen für sich, was ihnen aber bedeutsamerweise nichts hilft; sie hatten zusammen im letzten Parlament 38 Abgeordnete; die übrigen 600 gehörten zu den politischen Auffassungen, die in Deutschland von der deutschen Volkspartei über Zentrum und Demokraten zur verbürgerlichten Sozialdemokratie hin gelten.

Auch diese Zersplitterung, dieses große-Parteien-nicht-aufkommen-Lassen, ist eine von den Sicherheitsvorrichtungen, die gegen die Zentralherrschaft des Parlaments nötig sind und mit gesundem politischem Instinkt gefunden werden. Man wählt nicht eine Partei und man stimmt nicht für ein Programm, man wählt einen Abgeordneten, von dem man neben seinem Wirken für das Gemeinwohl noch ganz bestimmte Leistungen für den Bezirk, ja für den einzelnen Wähler selbst erwarten kann. Müßte man solche Leistungen von einer großen Partei einzutreiben suchen, so würde man von einem Bureau zum andern geschickt und wäre nichts und niemand; an einen Abgeordneten aber kann man sich halten, Mann zu Mann. In diesem Sinne ist es richtig, was ein so wohlwollender Beurteiler und aufrichtiger Freund Frankreichs wie James Bryce in der Summe seiner Betrachtungen sagt, daß Frankreich durch Patronage regiert wird.

Der Kammer selbst erlaubt die Gruppenzersplitterung ein viel freieres Spiel mit den Ministern als es in Staaten mit weniger großen Parteien oder gar unter dem Zweiparteiensystem mit seiner fast absoluten Kabinettsherrschaft über das Parlament möglich ist. Auch die kleinste Gruppe, durch wenig mehr als die Anhängerschaft an einen demnächst „ministrablen" Führer zusammengehalten, kann zur Mehrheitsbildung so wesentlich sein, daß man bei einer nächsten Gelegenheit den Führer wirklich in das Kabinett nimmt, was denn auch für die Gruppe nicht ohne Vorteil zu sein pflegt. Die Politik ist hier mehr als anderswo Geschäft; man darf das nicht nur im schlechten Sinne nehmen. Sie ist etwas, was von dem, der es treibt, verstanden sein will und wovon sich die anderen, die es nicht verstehen, sagen, daß man es den Sachverständigen überläßt. Die Gleichgültigkeit, die man oft dem für Frankreich so wichtigen Bauern- und Kleinbürgerstand nachsagt, ist sehr nahe verwandt mit dem Gedanken, der bei uns als Forderung nach „Fachministern" aufzutreten pflegt.

Die Trennung der Gewalten. Dieser Geist des französischen Verfassungslebens, von dem hier gesprochen wird, hat auch die Lehre von der Trennung der Gewalten in Frankreich praktisch werden lassen wie nirgendwo sonst, auch in den Vereinigten Staaten nicht. Den Angelsachsen bleibt das Gericht der natürliche Beschützer des Einzelrechts gegen Übergriffe einer staatlichen Gewalt, die ihre Grenzen nicht gekannt oder gar böswillig sich nicht in ihnen gehalten hat. In Frankreich aber bedeutet die reinliche Scheidung von Justiz und Verwaltung eher die Freiheit der letzteren von aller privatrechtlichen Bindung. Daß dennoch Gerichte wie Verwaltungsbehörden in Frankreich angesehen ihres Amtes walten, die beiden Stände im allgemeinen tüchtig und ehrenhaft dastehen, ja die Ziviljustiz in ihrer strengen Gerechtigkeit sogar einen besonders hohen Ruf genießt, das gereicht dem Volk zum hohen Lob, zumal die Gehälter der Beamten und Richter immer recht niedrig zu nennen waren, wenn man die gute Vorbildung zum Amt, die sie haben müssen, in Anschlag brachte. Der Unterschied zur Schweiz läßt sich, wenn man auf die Beamten sieht, fast in Zahlen ausdrücken: hier will man möglichst wenig Beamte und unter diesen möglichst wenig ständig angestellte; dort, in Frankreich, scheint man im Gegenteil darauf bedacht zu sein, für jede Amtsaufgabe auch den technisch geschulten, vom Staat angestellten Beamten zu haben — so ist der Lehrerstand dem Beamtenkörper eingegliedert, und nur die scharfe Zentralisierung zwingt für eine Gruppe von Stellen zur Nichtständigkeit ihres Amts: die Präfekten und Unterpräfekten, die in ihrem Kreis während ihrer Amtsdauer fast unbeschränkten Herren der Verwaltung, können, wie ihre Ernennung außerhalb der gewöhnlichen Laufbahn erfolgt, so auch jederzeit vom Minister des Inneren entlassen werden.

So ist zuletzt auch das Heer vom Volk getrennt, so gut das bei allgemeiner Wehrpflicht möglich ist. Es ist das militärische Instrument der Politik, nicht der Träger eines eigenen vaterländischen Wollens.

Kein Wunder, daß dieses Land sich dann auch noch die Trennung des Staates von der Kirche, die Ausscheidung des Religiösen aus dem öffentlichen Leben zumutete und sie mit einem so glatten Schnitt durchführte, daß die Wunde sich bald und ohne Entzündung schließen konnte.

Einem französischen Herrscher wurde einst das Wort in den Mund gelegt, das die durchdrungenste Einheit von Staat und Volk bezeichnen sollte: Der Staat bin ich (der ich in mir das Volk verkörpere) — der Franzose ist Frankreich. Heute hat sich das gewandelt. Der Staat ist dem Bürger Frankreichs, dem Bauern, dem Arbeiter, selbst dem feingeistigsten Patrioten, den Anatole France schildert, etwas durchaus anderes als er selbst ist, etwas in seiner „Gewalt" vom Volksganzen wie vom einzelnen Getrenntes. Im britischen Reich hat sich seit der Zeit, als Palmerston sein Civis Romanus sum nicht ohne eine deutliche Spitze gegen die Königin und den fremdländischen Prinzgemahl ins englische Volk warf, die imperialistische Zusammengehörigkeit aller Reichsstände weiter gefestigt, zugleich aber ist auch das unmittelbare Teilhaben jedes Reichsbürgers an der Krone als neue Form der Einheit von Staat und Volk in das Gefühl für die ungeschriebene Reichsverfassung übergegangen.

In keinem anderen Land aber kann so wie in der Schweizer Demokratie heute jeder das Bewußtsein haben, das wir, wie im Religiösen ein wahrhaft geglaubtes „In mir ist Gott“, so im Staatlichen für den besten Sinn der Verfassung halten: „In mir ist das Vaterland.“

IV. Die Verfassung der Vereinigten Staaten von Nordamerika.

Den drei Verfassungen, die wir uns selbst als Beispiele und zum Vergleich auswählen, die aber insofern ruhend oder passiv erscheinen, als sie, bei aller inneren Triebkraft ihrer Säfte, doch nichts Aufdringliches haben und offenbar mehr dem Staatswohl dienen als ihre Welt (oder gar die ganze Welt) beherrschen wollen, treten heute drei andere Verfassungen ganz anderen Wesens gegenüber: Verfassungen, die schlechthin beanspruchen, die besten zu sein, und somit im eigentlichen Sinn katholisch sind; Verfassungen, die sich ihrer Lebendigkeit und Energie, ja geradezu ihres aggressiven Willens rühmen; Verfassungen endlich, die einer Literaturmode unserer Zeit schmeicheln, indem sie, der parlamentarischen Regierungsform auf eine oder die andere Art abgeneigt, sich der Diktatur (oder dem Dezisionismus) nähern. Wir müssen sie nennen, schon um nicht der Angst vor diesem Gespenst verdächtig zu sein, und müssen derjenigen unter ihnen, die vorangegangen ist und sich in mehr als hundertjähriger Erfahrung prüfen läßt, eine nähere Betrachtung widmen.

Dies sind die drei Verfassungen der Vereinigten Sowjetrepubliken Rußlands, des Königreichs Italien seit der faszistischen Revolution und der Vereinigten Staaten von Nordamerika.

Rußland und Italien. Ein Vergleich oder gar eine Brauchbarkeitsprüfung der beiden ersteren verbietet sich heute noch. Wir können nur feststellen, daß sie die Erwartungen über ihre Dauerhaftigkeit schon in den wenigen Jahren ihres Bestehens enttäuscht haben, da der russischen neuen Verfassungsform von vornherein aus Westeuropa aufs bestimmteste erklärt worden war, sie könne keine paar Monate, keine vierzehn Tage mehr aushalten — eine Erklärung, die nach dem Tode Lenins sofort wiederkehrte —, sie aber in Wirklichkeit im fünften Jahr ihres Bestehens die de iure-Anerkennung fast aller Mächte erreicht hat und dringend zum Eintritt in den Kreis der Völkerbundsverfassungen eingeladen ist, während andererseits die faszistische Diktatur von den meisten Betrachtern als endgültige Heilung der Mängel und Schäden des italienischen Verfassungslebens begrüßt und die Opposition gegen sie als die verlorenste Sache von der Welt bezeichnet wurde, heute aber gerade die Verfassung des Faszismus teils zusammengebrochen, teils völlig gewandelt ist und nur noch eine Person das neue System zu tragen scheint. Ein tieferes Urteil über das Wesen dieser beiden Verfassungen ist noch nicht möglich. Rußland hat eine starke Probe auf die Rechtmäßigkeit seiner neuen Verfassung dadurch gegeben, daß es eine Gerichtsordnung festgesetzt hat. Die Eingliederung der ländlichen Selbstverwaltung in die Räteverfassung, die zunächst industriell-intellektualistischen Ursprungs war, steht noch dahin, wenn auch die Berichte ihr Gelingen voraussehen lassen. In Italien sollte die Befestigung der neuen Verfassung zunächst durch ein Wahlgesetz erfolgen, dessen Bestimmungen der relativ stärksten Partei eine große absolute Mehrheit der Abgeordneten im Parlament sichern. Dabei ist nicht bedacht worden, daß erfahrungsgemäß übergroße Mehrheiten schwerer zusammenzuhalten sind und größere Absplitterungsgefahr bieten als eine Mehrheit, die beständig um ihre Vormacht kämpfen muß, weil sie klein ist; eigene Erfahrungen hat das neue italienische Wahlrecht noch nicht machen können: Die wirkliche Probe auf das Bestehen der Staatsordnung wird hier durch die Auflösung der faszistischen Parteigarden oder ihre Eingliederung in das Nationalheer zu machen sein.

Die Vereinigten Staaten. Wie Sowjetrußland und Faszio-Italien behaupten auch die Vereinigten Staaten von Nordamerika, im Besitz der gerechten und gesunden Verfassung schlechthin zu sein. Den Schöpfern dieser Verfassung, den „Vätern", wird vom Volk heute noch lebhafte Verehrung gezollt, und die große Stellung, die „Amerika" — wie man ja vielfach die Vereinigten Staaten in Europa nennt — in der Welt einnimmt, wird häufig mehr einer geradezu magischen Kraft dieser Verfassung als der geschäftlichen Tüchtigkeit und dem einfach-gesunden Leben ihrer Bürger zugeschrieben.

Zum Teil ist diese Wirkung der amerikanischen Verfassung auf die Vorstellung des eigenen Volkes und weiterhin auch der übrigen Welt dem Umstand zuzuschreiben, daß die Verfassung sich selbst als ewig und unabänderlich — der Regel nach — gewollt, Änderungen und Zusätze an besonders schwere Form geknüpft (Initiativbeschluß des Kongresses, zu dem Zweidrittelmehrheit erforderlich ist, und Volksabstimmung durch das Mittel der Staatsparlamente oder eigener Verfassungskonventionen in den Staaten, wobei sogar Dreiviertelmehrheit der annehmenden Staaten nötig ist) und die Prüfung der Verfassungsmäßigkeit jedes Bundes- oder Staatsgesetzes den Gerichten übertragen hat. So ist sie das, was man eine „starre" Verfassung nennt, nicht nur ein geschriebenes Gesetz, sondern auch ein Gesetz, das viel schwerer zu ändern ist, als es zu schaffen war. Einen zweiten Grund zum Stolz auf ihre Verfassung entnehmen die Amerikaner mit Fug und Recht daraus, daß sie in dieser starren Form die gewaltigsten Veränderungen überdauert hat, die man sich im Wesen einer Nation denken kann. Sie hatte, hervorgegangen aus den Konföderationsartikeln von 1778 und der Unabhängigkeitserklärung der dreizehn Staaten von 1776, seit ihrer endgültigen Fassung vom März 1789 mit den zehn Grundrechteartikeln von 1791 bis zum Ausbruch des Krieges nur sieben Zusatzartikel erhalten, von denen keiner an ihre Grundsätze rührte, und auch das 18. und 19. Amendement (von 1919 und 1920: Prohibition und Frauenstimmrecht) fügt sich, so radikal sein Inhalt scheint, der alten Verfassung ohne Schwierigkeit ein. Dabei hat sich aber das Volk und Land nach Größe und Art von einem Extrem zum andern entwickelt. Bryce hat Anfang und gegenwärtigen Stand der Entwicklung in aller Schärfe gegenübergestellt (Moderne Demokratie, Kapitel 39):

„Die politischen Institutionen der Vereinigten Staaten sind geschaffen worden
- für ein Gebiet, von dem nur ungefähr hunderttausend Quadratmeilen bewohnt waren;
- für eine weiße Bevölkerung von wenig über zwei Millionen;
- für eine Bevölkerung, von der fünf Sechstel auf dem Land oder in Kleinstädten wohnten;
- für ein Volk fast rein britischer Abstammung (es gab etwa 150000 Deutsche in Pennsylvanien, die anderen kleinen nicht-britischen Elemente waren aber im Jahre 1798 schon ziemlich gründlich amerikanisiert);
- für ein Volk, in dem es so gut wie keine Reichen und fast gar keine Armen gab;
- für ein Volk, das hauptsächlich von Ackerbau, Fischerei und Kleinhandel lebte.

Diese Institutionen werden heute angewandt
- auf ein Gebiet von 2974000 Quadratmeilen, von denen drei Viertel ziemlich dicht bevölkert sind;
- auf eine Nation von über 110 Millionen Menschen;
- auf eine Bevölkerung, von der über ein Drittel in Städten mit mehr als 25000 Einwohnern lebt;
- auf ein Volk, in dem britisches Blut nicht ganz zur Hälfte lebt und von dem ein Zehntel afrikanischer Herkunft ist;
- auf ein Volk, das mehr ungeheuer reiche Leute zählt, als man sie in ganz Europa finden kann;
- auf ein Volk, dessen größere Hälfte in Industrie, Bergbau oder Großhandel (einschließlich des Verkehrswesens) tätig ist."

Dabei muß freilich bedacht werden, daß schon in dem kleinen Pioniervolk der Unabhängigkeitserklärung eine Reihe von Widersprüchen des inneren Wesens steckte, die fast so stark sind wie der Gegensatz, den Bryce hier dargestellt hat. Denn schon in jenen Vätern des heutigen Vereinigten-Staaten-Amerika ging die puritanische Strenge und Kargheit der Gesittung mit einem Erwerbssinn zusammen, der oft geneigt war, die Früchte einer sharp practice als Segen Gottes für den Angehörigen dieser auserwählten Gemeinde anzusehen; schon bei ihnen galt ein einfaches, im Durchschnitt gleiches Leben aller als das rechte Leben, zu gleicher Zeit aber Kommunismus als etwas Undenkbares, ja geradezu zu Verabscheuendes; schon damals wohnte dicht bei der Gesetzesstrenge die Neigung zu Ausbrüchen von „lawlessness", von Pöbeljustiz, und schließlich war schon damals mit der entschiedenen Abneigung gegen das Beamtentum, die aus England stammen mochte, eine durchaus nicht englische Unfähigkeit oder Unwilligkeit zur ehrenamtlich besorgten Selbstverwaltung vorhanden — woraus sich notwendig ein unansehnlicher, wo nicht gar korrupter Stand von Stellenjägern und berufsmäßigen Ausbeutern der Ämter, mit kurzer Amtsdauer und dementsprechend rücksichtslosem Abwirtschaften des Amtes, ergeben mußte. Erst seit den 80er Jahren des vorigen Jahrhunderts ist wenigstens im Bund diesem Übel dadurch entgegengewirkt worden, daß man gewisse Beamtengruppen, indem man für sie besondere Berufsausbildung verlangt, mit ständiger Amtshaltung beliehen und sie der parteipolitischen Patronage dadurch teilweise entzogen hat.[1])

Die eigentümlichen Züge dieser Verfassung sind:

1. Der Präsident, der vom Volk für vier Jahre zum Herrscher der Vereinigten Staaten gewählt wird, indem das Volk durch Wahlmännerwahlen innerhalb der Staaten sich für eine der großen Parteien mit absolutem Mehr (nicht der Wählerstimmen, sondern der Wahlmännerstimmen) entscheidet. Dann wird Präsident der Nominierte dieser Partei; die Nomination ist auf dem Wahlkonvent der Partei erfolgt, ehe die Wahlbewegung selbst beginnt; sie wird mit allen Mitteln der Parteitechnik betrieben — unehrliche Mittel gibt es da nicht, oder, besser gesagt, es gibt als einziges Kriterium für die Zulässigkeit eines Mittels seine Wirksamkeit, den Erfolg. Die Parteigeschäftsführer, denen unter den rivalisierenden Gruppen innerhalb der Partei regelmäßig die Entscheidung zufällt, haben bei der Nomination zweierlei zu überlegen: einmal die Anziehungskraft (oder Abstoßungskraft) des Kandidaten auf unsichere Wählerschaften in den Staaten, deren Mehrheit nicht festliegt (dies allerdings nur, wenn der Ausgang der Wahl zwischen den Parteien ernstlich streitig ist), und sodann die Zuverlässigkeit des Kandidaten und die Versprechungen, die er dem Parteigeschäft für den Fall seiner Wahl gegeben hat. So ist die von einem guten Kenner der wirklichen Zustände aufgestellte Behauptung, die Präsidentschaftskandidatur werde in den Kulissen der Partei-

---

1) An dieser Stelle mag bemerkt werden, daß die Verfassungen der einzelnen Staaten die Bundesverfassung im kleinen nachbilden. Dem Präsidenten entspricht der Gouverneur; das Staatsparlament hat Senat und Volkshaus, beide auf mehrere Jahre vom Volk unter dem Parteiensystem gewählt, beide mit nicht unbeträchtlichen Diäten der Mitglieder; die Verfassungen sind wie die des Bundes „vom Volk gegeben", starr, unter der Kontrolle der Gerichte; die Trennung der Gewalten gilt auch hier. Die Richter sind meist vom Volk gewählt und in manchen Staaten kann das Volk sie abrufen; die Beamten sind ebenfalls meist vom Volk gewählt. Die politischen Beamten sind in den Staaten so wenig wie im Bund dem Parlament verantwortlich.

In der Verwaltung der Staaten, mehr freilich noch in der Gemeindeverwaltung (die „Ringe"!) ist der Herd des „Karnevals von Korruption und Ämterschacher", von dem ein so wohlwollender Betrachter wie Bryce auch in seinem letzten großen Werk (Modern Democracies, II, 86) noch spricht, besonders anläßlich der „Private Bill"-Gesetzgebung, deren Hauptfälle die gesetzliche Erlaubnis zu Enteignungen und die gesetzliche Verleihung von Konzessionen sind.

konvente an den Meistbietenden versteigert, wohl zu schroff, enthält aber einen richtigen Kern, wenn man nur den gebotenen Preis nicht als Geld nimmt (die reichsten Bürger der Union sind gerade wegen ihres Reichtums von der Präsidentschaftskandidatur praktisch so gut wie ganz ausgeschlossen), sondern als Zusage des **Wirkens für die Partei im Amt**. Es würde gegen den Mißbrauch, der damit getrieben werden kann, wirken, wenn der Präsident grundsätzlich nach einer Amtsdauer aus dem Kreis der Wählbaren ausschiede; in Wirklichkeit ist aber neuerdings mehr und mehr das Streben nach Wiederwahl für die Amtsführung bestimmend geworden. Der Präsident, der sich wieder wählen lassen will, muß aber vor allem dafür sorgen, daß er wieder nominiert wird; er ist von der Parteimaschine abhängig, wenn er nicht mächtig genug ist, um in der kurzen Zeit von drei Jahren, bis zum nächsten Konvent, die Parteimaschine umzugestalten, so daß sie von ihm abhängt — ein fast aussichtsloses Beginnen, da der Präsident sterblich, die Partei aber unsterblich ist.

Kommt bei der Wahl keine absolute Wahlmännermehrheit für eine Partei heraus, so **wählt das Repräsentantenhaus** (Volkshaus) des Kongresses den Präsidenten, darf aber nur einen der Nominierten der drei stärksten Parteien wählen. Man sieht hier eines der Sicherheitsventile, in denen sich die Verfassungen Englands und der amerikanischen Union einen guten Teil ihres Erfolgs gesichert haben: wenn auch das Zweiparteiensystem zunächst durchaus mit der Verfassung verwachsen, in den Vereinigten Staaten sogar gesetzlich mittelbar anerkannt ist, so läßt die Verfassung doch dem Volk das Gefühl, daß es seiner Unzufriedenheit mit den gegenwärtigen zwei Parteien wirksam Ausdruck geben und dadurch diese Parteien zur Ordnung rufen kann; es läßt bei der Wahl eine dritte Partei erscheinen, die so stark ist, daß sie eine absolute Mehrheit der einen Hauptpartei hindert. Dann steht die Entscheidung über den Präsidenten (und damit über einen erheblichen Teil der Staatsämter und der indirekten Vorteile aus dem Staatsvermögen) beim Abgeordnetenhaus, das heißt einer Körperschaft, die von der Parteimaschine viel unabhängiger ist als der Parteikonvent und die in ihrem Selbständigkeitsgefühl durch die Volksstimme gestärkt ist, so daß es keineswegs unwahrscheinlich ist, daß sie den Kandidaten der dritten Partei wählt. Kommt die Wahl im Repräsentantenhaus nicht zustande (das Haus stimmt in Staatengruppen ab und die Mehrheit der Staaten entscheidet), so tritt der von Volk oder Senat gewählte Vizepräsident sogleich die Präsidentschaft an.

Mit dem Präsidenten wird der **Vizepräsident** nominiert und gewählt, der dem Präsidenten nachrückt, falls dieser während seiner Amtsdauer ausscheidet. Er gehört derselben Partei an. Ihn wählt, wenn keine absolute Mehrheit der Wahlmänner gegeben ist, der **Senat** (Staatenhaus) des Kongresses.

Der Präsident steht mit seiner Amtsgewalt allein über der „Trennung der Gewalten", die sonst in der Verfassung der Vereinigten Staaten mit doktrinärer Strenge durchgeführt ist.

Er ist der **Träger der Staatssouveränität** nach außen, und in dem Maß, in dem das Volk der Vereinigten Staaten sich als das größte und edelste, wenn auch nicht älteste Volk der Welt fühlt, ist es geneigt, die Stellung seines Souveräns auch vor der Welt groß erscheinen zu lassen. Der Präsident ist bei der Ernennung der diplomatischen Vertreter um so weniger gebunden, als die Union keine Berufsdiplomatie hat und der Einfluß der ständigen Beamten im Staatssekretariat des Auswärtigen gering ist; die Zustimmung des Senats zu der Ernennung ist nur eine Form. Beim Abschluß von Staatsverträgen bedeutet die Zustimmung des Senats eine wirkliche Bindung des Präsidenten; er muß auch bei der Leitung der auswärtigen Politik, in der er verfassungsmäßig unbeschränkter waltet als irgendein anderes Staatsoberhaupt, tatsächlich auf gute Meinung des Senats, genauer des Senatsausschusses für die auswärtigen Angelegenheiten, bedacht sein, weil ihm sonst die Staatsverträge, die er zu schließen für notwendig hält, im Senat nicht genehmigt werden. Es besteht kaum ein Zweifel darüber, daß der Senat sich durch Erwägungen der Machtpolitik gegenüber dem Präsidenten mehr als durch sachliche Vorzüge oder Nachteile eines Staatsvertrags bei seinem Entschluß über die Zustimmung beherrschen läßt.[1])

Der Präsident ist das Haupt der Exekutive. Das Kabinett wird von ihm, ohne daß sich ein Ministerpräsident dazwischenschöbe, ernannt; er ist bei dieser Ernennung nicht an Willen und Meinung des Parlaments gebunden. Die Minister sind nur dem Präsidenten, nicht dem Parlament verantwortlich; kein Mißtrauensvotum des Kongresses kann sie stürzen; nur der Präsident kann jederzeit sie alle oder einzelne von ihnen entlassen. Auch die anderen wichtigsten Verwaltungsämter des Bundes besetzt der Präsident, und mittelbar steht ihm, durch seine Staatssekretäre, die gesamte Patronage im Bund zu.

An der Gesetzgebung, die dem Kongreß in grundsätzlich gleichem Recht der beiden Häuser, des vom Volk in annähernd gleicher Wahl gewählten Repräsentantenhauses und des aus je zwei Vertretern aller Unionsstaaten bestehenden Senats zusteht, nimmt der Präsident durch seine Botschaften an den Kongreß und durch sein Vetorecht teil. Jene Botschaften ermahnen das Parlament zu gesetzgeberischer Tätigkeit in bestimmter Richtung und bilden insofern einen Ersatz dafür, daß die Regierung keine formulierten Gesetzesvorschläge macht; einen Zwang üben diese Botschaften nur dadurch, daß der Kongreß häufig in ihnen die Stimme der öffentlichen Meinung hört, der er sich, als dem eigentlichen Souverän, untertänig fühlt. Man kann die Botschaften mit der Volksinitiative vergleichen, und dann wird zu sagen sein, daß einerseits der Präsident sich natürlich leichter über die wirkliche Meinung des Volkes — etwa im Unterschied zu dem was die Zeitungen sagen und was in den politischen Klubs der Großstädte verhandelt wird — täuschen kann als die Veranstalter einer Initiative mit ihren notwendigen Unterschriften, daß aber andererseits das Parlament durch die Botschaften des Präsidenten viel leichter angetrieben werden kann als durch das schwerfällige Mittel der Volksäußerung selbst. Das Veto des Präsidenten ist die Zurücksendung eines im Kongreß angenommenen Gesetzentwurfs innerhalb von zehn Tagen. Der Kongreß kann mit Zweidrittelmehrheit in beiden Häusern über das Veto hinweggehen; dann wird der Entwurf ohne die Unterschrift des Präsidenten Gesetz. Das Vetorecht ist aber in Wirklichkeit, besonders gegen den Schluß der Kongreßsession zu, ein ziemlich wirksames Machtmittel des Präsidenten, weil Repräsentantenhaus und Senat häufig parteiverschiedene Mehrheiten haben und selten, außer gegenüber einem schwachen und unpopulären Präsidenten[2]), die übereinstimmende Zweidrittelmehrheit des wirklich souveränen Parlaments aufbringen.

Mit der richterlichen Gewalt endlich ist der Präsident dadurch verbunden, daß er (mit Zustimmung des Senats) die Bundesrichter ernennt, nicht nur für den Supreme Court der Bundeshauptstadt, sondern auch für Amts-, Land- und Oberlandesgerichte im ganzen Bereich der Union. Da den Gerichten des Bundes die besondere Aufgabe zufällt, über die Gültigkeit der Gesetze — sowohl über die Verfassungsmäßigkeit der Bundesgesetze als über die Kompetenzgrenzen der einzelstaatlichen Gesetze — zu wachen, so ist die Besetzung der

1) Daß das Recht der Kriegserklärung dem Kongreß vorbehalten ist, bedeutet praktisch fast nichts; die Politik, die zur Kriegserklärung führt oder von ihr wegführt, hat der Präsident und nicht der Kongreß gemacht.

2) Schwach und unpopulär ist dabei fast gleichbedeutend: das Volk verlangt in den Vereinigten Staaten vom Präsidenten den Ruf und Anschein eines kräftigen Willens, den es nebst gesundem Menschenverstand und einfacher Lebensführung für den besten amerikanischen Typ und deshalb auch für den rechten Präsidentencharakter hält. Die Kunst der Vermittlung und des Ausgleichs wird nicht vom Präsidenten erwartet; er hat sie bei seinen Funktionen nicht nötig.

Gerichte ein staatspolitischer Akt von höchster Bedeutung. Die eigentliche Patronage des Präsidenten ist aber dadurch eingeschränkt, daß die Richter auf Lebenszeit ernannt werden; das Freiwerden von Richterstellen während der Amtszeit eines Präsidenten ist also vom Zufall abhängig. Der höchste Gerichtshof zählt nur neun Richter.

2. Das Bundesparlament der Vereinigten Staaten, der Kongreß, weist die Teilung in zwei Häuser auf, die allen großen Demokratien eigentümlich ist und deren Beseitigung — aus doktrinären Mißverständnissen neuerdings hier und da beliebt — immer zum raschesten Kräfteverfall des Parlamentarismus geführt hat.

Der Kongreß zeigt aber eine Besonderheit darin, daß das „Oberhaus" hier dem „Unterhaus" an politischem Einfluß und Ansehen weit überlegen ist. Das Repräsentantenhaus, die eigentliche Volksvertretung, deren Mitglieder in Wahlkreisen annähernd gleicher Wählerzahl (zehnjähriger Zensus) nach e.nem durch Staatengesetz bestimmten Wahlrecht (angeblich gleichem Wahlrecht, in den Südstaaten unter praktischem Ausschluß der schwarzen Bürger) auf zwei Jahre gewählt sind, genießt weder Ansehen, noch macht es Anstrengungen, solches Ansehen zu verdienen. Sein geistiger und sittlicher Durchschnitt bleibt, nach der übereinstimmenden Meinung fast aller Beobachter, unter dem der europäischen Parlamente. Es nimmt an der Gesetzgebung, insbesondere durch die Beratungen seiner Ausschüsse, teil; aber nicht einmal bei der Etatsberatung und -beschlußfassung hat es eine Vormacht vor dem Senat. Wenn die Mehrheit des Repräsentantenhauses nicht mit der des Senats übereinstimmt, ist das Haus zu jeder Aktivität unfähig und kann nur verhindern, daß Senat und Präsident ein von ihnen gewünschtes Gesetz durchbringen; wenn die Mehrheit, stimme sie auch mit der des Senats überein, keine feste Zweidrittelmehrheit ist, so kann auch der Präsident allein mit seinem Veto über sie hinweggehen. Einigen Einfluß besitzt durch seine parlamentarische Stellung der Vorsitzende des Finanzausschusses, gewöhnlich der Führer der Mehrheitspartei. Als Durchgangsstadium zu anderen politischen Stellungen und zu Staatsämtern ist die Abgeordneteneigenschaft nützlich, indessen auch hierin nicht mit der Senatorenstellung zu vergleichen.

Denn der Senat übt wirkliche Macht. Er hat nicht nur die sachliche Aufgabe der Gesetzgebung, deren Erfüllung ihn nicht volkstümlich machen könnte; er hat auch bei der dem Volk allein unmittelbar Eindruck machenden Ämterverteilung mitzuwirken; er arbeitet nicht nur, recht und schlecht; er ist auch „spectacular", er „stellt etwas vor" (wobei es nicht so sehr darauf ankommt, was dahinter ist). Nach der Verfassung wählen die Bürger jedes Staates in unmittelbarer Wahl (seit 1913) zwei Senatoren auf die Dauer von sechs Jahren, so daß nach drei Jahren die Hälfte der Senatsmitglieder neu gewählt wird.[1]) Wiederwahl ist nicht selten. Durch die längere Amtsdauer haben die Senatoren eine stärkere politische Stellung; dadurch, daß sie Vertrauensleute eines ganzen Staates sind, vielleicht eines der großen, volkreichen Staaten, gewinnen sie an Ansehen in der übrigen Union, und die kleine Zahl der Senatoren (heute 96) läßt den einzelnen häufiger zum Wort kommen und seine Stimme bei zweifelhaften Voten mehr ins Gewicht fallen als in irgendeinem andern Parlamentshaus eines großen Staates. Dem Veto des Präsidenten gegenüber hätte der Senat an sich keine stärkere Macht als das Repräsentantenhaus; der Präsident muß aber, besonders wenn er die auswärtige Politik wirklich führen will, dem Senat gegenüber do ut des-Politik treiben; auch zur Besetzung der wichtigsten Ämter braucht er den guten Willen (oft nicht nur der Mehrheit) des Senats.

---

1) Man beachte die Häufigkeit der Wahlen: Alle vier Jahre der Präsident, alle drei Jahre der halbe Senat, alle zwei Jahre das Repräsentantenhaus, dazu die entsprechenden Wahlen im Staat.

3. Das Volk selbst handelt politisch regelmäßig durch die beiden großen Parteien. Sie stehen in den Vereinigten Staaten an der Stelle alles dessen was in der Alten Welt dem Volk die Gliederung in Stände und Klassen politisch, im Guten wie im Schlechten, bedeutet. Das Zweiparteiensystem verdankt seine nun fast hundertjährige unbestrittene Geltung in der Union offenbar dem praktischen Instinkt des Volkes, der, beim Fehlen sachlicher Unterschiede, bei einer von vornherein gegebenen Demokratie einen periodischen Wechsel der Macht um seiner selbst willen für richtig hält und dazu eine derzeitige Mehrheitspartei (zugleich künftige Opposition) und eine derzeitige Oppositionspartei (mit der Anwartschaft auf künftige Mehrheitsstellung) braucht. Man nennt diese beiden Parteien Republikaner und Demokraten; daß die ersteren aus den Whigs, also den Liberalen Englands, und die letzteren aus den Tories, den Reaktionären entstanden sind, ist fast vergessen; daß die einen mehr nordstaatlich, die anderen mehr südstaatlich waren, ist ebenfalls zum großen Teil dadurch überholt, daß der Unterschied zwischen Westen und Osten (wirtschaftlich) die Parteien durchschneidet und die Bedeutung des „Middle West" für die politische Stimmung (öffentliche Meinung) der Union ebenfalls von der Parteientrennung unabhängig ist. So ist der Sprachgebrauch für das Programm und den Grundsatz der Partei bezeichnend: „platform" und „plank" weisen auf die Tribüne hin, von der die eine Partei so gut wie die andere ihre Agitation im Land betreibt und zu wirken sucht; daß man auf der Planke und Plattform fest stehen und von ihr weit vernehmbar sprechen kann, ist das Kriterium für die Güte des Programmsatzes.

Unmittelbar wird das Volk in den Primaries politisch tätig, den Urwählerklubs der Parteien.[1]) Sie werden in verhältnismäßig kleinen Bezirken gebildet und haben in der Hauptsache die doppelte Aufgabe 1. für die Ämter des Bezirks selbst die Kandidaten der Partei zu nominieren, und 2. Delegierte zu Parteikonventionen zu wählen, in denen die Nomination für die höheren Ämter, zuletzt, mittelbar, auch die Nominierung des Präsidenten selbst stattfindet. Auf die Parteileitung haben die Primaries also dadurch Einfluß, daß sie ihr bei diesen Nominierungen bequeme oder unbequeme Leute schicken können; deshalb sucht die Parteileitung auf die Zusammensetzung der Primaries ihrerseits möglichst stark einzuwirken. Daher dann die allgemeine Klage darüber, daß in den Primaries sich meist die schlechteren Elemente der Wählerschaft einfänden. Auf das Parteiprogramm steht den Primaries keinerlei Einfluß zu.

In den Staaten ist neuerdings vielfach (in mehr als einem Drittel der Staaten) zum Mittel der Initiative, des Referendums und des Volksabrufs (Recall) gegriffen worden — nicht wie in der Schweiz in der Erinnerung an ursprüngliches Volksrecht, das nur durch doktrinären Konstitutionalismus eine Zeitlang verdunkelt war, sondern als eine ausgedachte Sicherheit des Volks gegen die Mißbräuche der Parteiwirtschaft. Die Erfahrungen, die damit gemacht worden sind, erlauben noch kein Urteil. Man klagt natürlich über geringe Beteiligung (und, in einigem Widerspruch damit, über zu häufigen Gebrauch dieser außerordentlichen Mittel). Der Vorteil der direkten Volksgesetzgebung liegt aber sicherlich in der Erziehung des Volkes zur politischen Sachlichkeit, zur Bildung einer eigenen Meinung über etwas anderes als über Personen. Gerade daran hat es in Amerika, wie vielfach auch in England, gefehlt; man rühmt nicht mit Unrecht den Bürgern der Union ein sehr sicheres Urteil über den Wert der Persönlichkeiten ihres politischen Lebens nach, vermißt aber meist den ernstlichen Willen zur Beschäftigung mit sachlichen Fragen (ein Gegenbeispiel bietet freilich die Prohibitionsfrage). Das Recht des Volkes zum Abruf mißliebiger Beamter (in der

1) So sind wenigstens die „geschlossenen" Primaries anzusehen, zu denen nur das eingeschriebene, d. h. von der Parteileitung zum Einschreiben zugelassene Parteimitglied Zutritt hat. Ob sie von den „offenen" Primaries, zu dem jeder Wähler Zutritt hat, verdrängt werden können, muß die Zukunft zeigen.

Praxis besonders städtischer Beamter) während ihrer Amtsdauer ist eine Weiterbildung der Volkswahl dieser Beamten; ernstliche Bedeutung gewinnt dieser Recall, wenn er sich gegen Richter wendet, die einer vom Volk gewünschten Gesetzesänderung die Verfassungsmäßigkeit aberkannt und sie für ungültig erklärt haben; denn hier wird der Grundsatz der Trennung der Gewalten und Suprematie der richterlichen (überpolitischen) Gewalt auf einem Umweg durchbrochen.

So lockt in Wirklichkeit die Verfassung der Vereinigten Staaten nirgends zur Nachahmung. Daß das Volk unter ihr keinen ernstlichen Schaden genommen hat, das liegt nicht an ihren Bestimmungen, sondern daran, daß Ehrfurcht — hier die Ehrfurcht vor den Schöpfern und ersten Gestaltern dieser Verfassung und vor den besten Präsidenten — für ein Volk stets zum Guten dient und daß die Größe der diesem Volk von der Natur gestellten Aufgaben — das Erschließen des ungeheuern Landes und das Zusammenballen der Einwanderergruppen zu einem Volk — ihm ungewöhnliche Geduld und Zähigkeit gegeben haben. Man mag den Satz: „Kleider machen Leute" auch auf die Verfassungskleider der Völker übertragen; aber man bedenke dabei, daß er für junge Leute nicht gilt, denen der natürliche Wuchs ihrer Glieder zur einzigen Schönheit dient. So ist es auch mit den jungen Völkern, so mit der Verfassung der Vereinigten Staaten.

Literatur (nur deutschsprachige).

Allgemein. James Bryce, Moderne Demokratien. München, Drei-Masken-Verlag 1923 bis 1924. — Walther Schotte, Der Weg zur Gesetzlichkeit. Die demokratischen Verfassungen der Welt im deutschen Wortlaut. Berlin, Engelmann, 4. Tausend 1919. — O. Koellreutter und H. Gmelin, Ausländisches Staatsrecht (in Enzyklopädie der Rechts- und Staatswissenschaft) 1923. (Vollständige Übersicht; mit Ausnahme von Großbritannien und den Vereinigten Staaten sehr kurz gehalten.)

Britisches Weltreich. A. L. Lowell, Die englische Verfassung. 2 Bde. Leipzig, Veit & Co. 1913. — Hatschek, Das Staatsrecht des vereinigten Königreichs Großbritannien-Irland. Tübingen, Mohr 1914. (Das öffentliche Recht der Gegenwart, Bd. XXV.) — Sidney Low, Die Regierung Englands. Tübingen, Mohr 1908. — Handbuch der Politik, Bd. V: Beiträge von S. Förster, H. Schnee und M. Schmitt. Berlin, W. Rothschild 1923. — B. Murray Wrong, Das Britische Reich und die auswärtige Politik. Europäische Gespräche, Jahrgang 1, Nr. VI. — Dr. Karl Löwenstein: Das Problem des Föderalismus in Großbritannien. München, Berlin, Leipzig 1922. — A. Mendelssohn Bartholdy, Die neue Verfassungsform im Britischen Weltreich. Archiv für öffentliches Recht, Bd. XLI, Heft 1. — Wilhelm Dibelius, England. Stuttgart, Berlin, Leipzig, Deutsche Verlagsanstalt 1923.

Schweiz. A. Heusler, Schweizerische Verfassungsgeschichte. Basel, Frobenius 1920. — F. Fleiner, Schweizerisches Bundesstaatsrecht. Tübingen, Mohr 1922. — Max Huber, Der schweizerische Staatsgedanke. Zürich 1916. — E. v. Waldkirch, Versailler Vertrag, Bern 1914. — Derselbe, Europäische Gespräche, Hamburg 1923.

Frankreich. André Lebon, Das Verfassungsrecht der französischen Republik. Tübingen, Mohr 1909. (Das öffentliche Recht der Gegenwart, Bd. VI.) — Raymond Poincaré, Wie Frankreich regiert wird. Berlin, Erich Reiß, 2. Aufl, 1913.

Vereinigte Staaten von Amerika. James Bryce: Amerika als Staat und Gesellschaft (The American Commonwealth). 2 Bde. Leipzig 1924. — Ernst Freund, Das öffentliche Recht der Vereinigten Staaten von Amerika. Tübingen 1911. (Das öffentliche Recht der Gegenwart. Bd. XII.) — Lenel, Das amerikanische Regierungssystem. 1922. — Woodrow Wilson, Der Staat. Elemente historischer und praktischer Politik. Berlin-Leipzig 1913.

Der Vertrag von Versailles.

Von E. Rosenbaum.

I. Vorgeschichte.

1. Ursachen des deutschen Zusammenbruchs.

Der Vertrag, den die Bevollmächtigten des Deutschen Reiches am 28. Juni 1919 mit 27 Staaten abschließen mußten, kann in seinen geschichtlichen Wurzeln nicht verstanden werden, wenn man ein mehr oder weniger bestimmtes Datum aus dem Jahre 1918 herausgreift, den Zustand um jene Zeit als eine feste Gegebenheit ansieht und von ihm aus die Ereignisse bestimmt, die zum Zusammenbruch der Mittelmächte führten. Tatbestände von solch unerhörter Verdichtung und Verknotung des Geschehens erwachsen aus einer schwer überschaubaren Verwobenheit von Schicksal und Wille, gegebenen Lebensbedingungen und bewußter Lebensgestaltung, so daß ihre Erklärung nicht im fahlen Licht des letzten Aktes der Tragödie gesucht werden darf.

Für eine geschichtliche Forschung, die der notwendigen Ehrfurcht vor dem Gang des Völkerlebens nicht ermangelt, sind deshalb alle jene Deutungen, wie sie durch parteiisch eingestellte Kurzschlüsse angeboten werden, nur selbst wieder Rohstoff der wirklichen Erkenntnis, besonders deutliche Anzeichen jener stofflichen und seelischen Zersetzung, die beim Ende des Krieges in der politischen und sozialen Zerrissenheit Europas grell zum Ausdruck kam.

Die politischen Gruppen, die den Zusammenbruch Deutschlands auf einen „Dolchstoß" zurückführen wollen, den die Heimat dem kämpfenden Heer versetzt habe, sind die genaue Ergänzung jener Gruppen, die den Satz von der alleinigen Schuld Deutschlands am Kriege von 1914 noch in den qualvollen Beratungen um den Versailler Vertrag in der deutschen Nationalversammlnng zu vertreten wagten: beide ein Beweis für die Labilität des deutschen Nationalgefühls.

Sieht man den Krieg von 1914 als eine aus der Gesamtentwicklung Europas hervorbrechende Katastrophe an, die unabwendbar gewesen sein mag, so sind die Wurzeln der deutschen Niederlage, soweit das Geistige in Frage steht, wesentlich in einem Mangel an Klugheit zu suchen, dies Wort im weitesten Sinne als ein sicheres Gefühl für Grenzen des Wollens, für Einklang mit den Kräften der Wirklichkeit, aufgefaßt. Dieser in Einzelnen entwickelte, dem Volk als Willensgesamtheit fehlende Instinkt für das Erreichbare und das Notwendige führte zu einer tiefen Unsicherheit in der Strategie des Land- und Seekrieges, zu einer Überschätzung der seelischen Druckfestigkeit unter moralischer und materieller Not, zu einer Unterschätzung der Gewalten, die ihren Ring um Mitteleuropa zogen. Wer die Gründe für die Niederlage nur den Ereignissen der zweiten Hälfte des Jahres 1918 entnehmen will, darf daran erinnert werden, daß der mit Deutschland eng verbundene Schweizer Stegemann „die strategische Sonnenwende" des Krieges bereits in den Juli 1916 verlegt. Und wer den von Osten kommenden, das Nationale angeblich wie eine Säure lösenden Lehren des Bolschewismus entscheidende Bedeutung beimißt, darf über die sehr bestimmten Hilfen nicht hinwegsehen, die Reichsregierung und Oberste Heeresleitung der Bewegung geleistet haben, als sie Ljenin und seinen Vertrauten freien Durchzug von der Schweiz durch Deutschland gewährten.

Deshalb möge, bis eine abgelöst von den Verwirrungen des Tages arbeitende Forschung ihr Werk getan hat, als nächste Ursache des Zusammenbruchs auf die von Tiessen aufgestellte geopolitische Endbilanz des Krieges verwiesen werden, aus deren erdrückender Wirkung die deutschen Staatenlenker das Land nicht durch rechtzeitige Ergreifung oder Herbeiführung von Friedensmöglichkeiten zu befreien verstanden haben.

Von 54 Staaten der Erde standen Deutschland beim Friedensschluß 27 gegenüber, davon 11 Führerstaaten (9 europäische, 1 asiatischer 1 amerikanischer) und 16 mit mehr oder weniger Druck zusammengebrachte Gefolgstaaten (1 europäischer, 3 asiatische, 1 afrikanischer, 11 amerikanische). „Jenes Konglomerat der ‚Alliierten und Associierten Mächte' vertrat etwa 90 Millionen qkm oder 70 v. H. der bewohnten Erdoberfläche und rund 1375 Millionen Menschen oder 77 v. H. Erdbevölkerung!" Mit Einschluß Rußlands wäre das geographische Mißverhältnis noch stärker gewesen.[1])

2. Waffenstillstand und Vorvertrag.

Unter dem Druck militärischer Ereignisse und des sich in gespanntem Meinungsaustausch vorbereitenden Zerwürfnisses der Mittelmächte prüften Reichsregierung und Heeresleitung seit Mitte August 1918 ernsthafter die möglichen Wege zum Frieden. Der selbständige Vorstoß Österreich-Ungarns in Form einer offenen Note an alle kriegführenden Mächte, die Auflösung der bulgarischen und türkischen Fronten gaben der Frage in der zweiten Septemberhälfte noch erhöhte Dringlichkeit, zumal die Anrufung neutraler Vermittlung keinen Erfolg mehr hatte. Es wurde deshalb beschlossen, den Friedenswunsch dem Präsidenten der Vereinigten Staaten selbst zu übermitteln, als dem gegnerischen Staatsmann, der gewisse annehmbare Grundsätze für das Kriegsende verkündet hatte. Auf kategorisches Verlangen der Obersten Heeresleitung mußte entgegen allen politischen Einwänden der Reichsregierung der geplante Friedensschritt mit dem Ersuchen um Herbeiführung sofortigen Waffenstillstandes verbunden werden, das vom Gegner nur als Eingeständnis einer völligen Erschöpfung der Widerstandskraft aufgefaßt werden konnte.

Die entsprechende Note vom 3. Okt. 1918 beantwortete Wilson am 8. Oktober mit Rückfragen, die die Wilsonpunkte, die Räumung sowie die staatsrechtliche Stellung der Reichsregierung betrafen. Nachdem Deutschland sich in einer zweiten Note noch entschiedener zu dem Friedensprogramm Wilsons bekannt sowie die Bereitschaft zur Räumung der besetzten Gebiete erklärt hatte, kam unverzüglich aus Washington eine Antwort, in der die Ausschaltung jener Macht verlangt wurde, „welche bis jetzt das Schicksal der deutschen Nation bestimmt hat". Deutschland erläuterte in der Note vom 20. Oktober den Charakter der neuen

---

[1]) Ernst Tiessen, Versailles und Fortsetzung. Eine geographische Studie. Berlin 1924, S. 14ff, mit wirksamer kartographischer Darstellung.

parlamentarischen Regierung, erhielt aber am 23. Oktober eine Entgegnung, deren Sinn im Ausland, in Deutschland und nach eigenen Zeugnissen auch vom Kaiser selbst dahin aufgefaßt wurde, daß sie ihm die Abdankung zwecks Erreichung besserer Waffenstillstandsbedingungen nahelegte. Kennzeichnend für die Lage war, daß die bayrische Regierung schon am Tage nach Bekanntwerden dieser Note ihren Gesandten in Berlin anwies, durch offene Darlegung des Sachverhaltes auf einen kaiserlichen Thronverzicht hinzuwirken. Da ein solcher nicht erfolgte, konnte Deutschland nur nochmals den demokratischen Charakter seiner Staatsform betonen. Die als „Lansingnote" bezeichnete Mitteilung vom 5. November 1918 machte endlich den Weg zu näheren Verhandlungen frei. Sie enthält die Erklärung, daß die alliierten Regierungen zum Friedensschluß auf Grund der Wilsonpunkte bereit seien, daß sich jedoch Deutschland zur Wiederherstellung der besetzten Gebiete und somit zum Ersatz des der Zivilbevölkerung zugefügten Schadens verpflichten müsse. Daß diese Note den Sinn eines für den Friedensschluß bindenden Vorvertrages hatte, wurde von den Alliierten noch im Ultimatum vom 16. Juni 1919 ausdrücklich erklärt.

Der am 11. Nov. 1918 abgeschlossene und 6 Stunden nach Unterzeichnung in Kraft getretene Waffenstillstand enthielt als wichtigste Bestimmungen: Rasche Räumung der besetzten Gebiete und des linken Rheinufers, also vor allem Preisgabe Elsaß-Lothringens noch vor den Friedensverhandlungen, Ablieferung von 5000 Kanonen, 25000 Maschinengewehren, 3000 Minenwerfern, 1700 Jagd- und Bombenflugzeugen, 5000 Lokomotiven, 150000 Eisenbahnwagen sowie de fakto Preisgabe aller Güter, die bei der überhasteten Räumung nicht mitgeführt werden können. Sofortige Freigabe aller Kriegsgefangenen ohne Gegenseitigkeit. Verzicht auf die Ostfriedensverträge von Bukarest und Brest-Litowsk, Auslieferung sämtlicher U-Boote, der 50 neuesten Torpedoboote sowie des Kerns der eigentlichen Hochseeflotte, bei Nichterfüllung Besetzung von Helgoland. Der Rest der Flotte ist in den Kriegshäfen zu entwaffnen. Die Blockade Deutschlands bleibt bestehen, deutsche Handelsschiffe auf dem Meere sind der Kaperung ausgesetzt, dagegen sind die von Deutschland gemachten Prisen sofort zurückzugeben. Eine Reihe finanzieller Bestimmungen greift bereits in Rechtsfragen ein, die Fragen eines Friedens und nicht eines Waffenstillstandes darstellen.

Der Waffenstillstand war auf 36 Tage geschlossen. Da die Alliierten langwierige Beratungen hielten, um die Grundlage eines Vertrages festzulegen, konnte der von Deutschland gewünschte Präliminarfriede nicht erreicht werden. Die Erneuerung des Waffenstillstillstandes mußte jeweils mit harten Bedingungen erkauft werden, da von deutscher Seite, nach Auflösung und Entwaffnung des Heeres in den Wirren des Zusammenbruchs der alten Staatsgewalten und Herrschaftsklassen, nicht einmal der Versuch eines gewissen Widerstandes unternommen oder diplomatisch wirksam vorgetäuscht werden konnte. Die Verlängerungen erfolgten durch die Trierer Abkommen vom 13. Dez. 1918, 16. Januar 1919, und zuletzt am 16. Februar 1919 zeitlich unbefristet, mit dem Recht für die Alliierten, den Waffenstillstand 3 Tage nach entsprechender Ankündigung aufzuheben. Besonders verhängnisvoll waren die Verhandlungen vom 17. Januar 1919, in denen der deutsche Vertreter in fahrlässiger Weise die Herausgabe der deutschen Handelsflotte an die Alliierten zwecks Teilnahme an der deutschen Lebensmittelversorgung zugestand. Ihre genauere Regelung fanden diese und verwandte Fragen in dem Brüsseler Abkommen vom 14. März 1919, das abermals durch seine finanziellen Klauseln, insbesondere durch Heranziehung der auswärtigen Kapitalanlagen Deutschlands, dem eigentlichen Friedensvertrag vorzugreifen suchte.

3. Gang der Pariser Verhandlungen.

Zwischen Deutschland und den Alliierten war über die Grundlagen des Friedens Einverständnis erzielt worden, so daß nach dem Wortlaut der ersten Wilsonnote vom 8. Okt. 1918 nur übrig blieb, „sich über die praktischen Einzelheiten ihrer Anwendung zu verständigen". Dies wäre eine technisch immer noch umfangreiche, gleichwohl in der Sache klare und geradlinige Aufgabe gewesen. Die Pariser Konferenz war jedoch in Wahrheit nicht auf die reine Mathematik der politischen Grundsätze Wilsons eingestellt, sondern auf die dunkle Wirklichkeit der europäischen Kabinettspolitik, die sich durch zahlreiche geheime Verträge zu Leistungen untereinander verpflichtet hatte, deren Erfüllung in scharfem Gegensatz zu den auch von den Alliierten ausdrücklich angenommenen Wilsonpunkten stand. Aus diesen Punkten seien die folgenden hervorgehoben:

Offene Friedensverträge, die aus offenen Verhandlungen hervorgehen, ohne geheime internationale Vereinbarungen irgendwelcher Art. — Austausch ausreichender Garantien für allgemeine Herabsetzung der Rüstungen. — Freie, weitherzige und unbedingt unparteiische Schlichtung aller kolonialen Ansprüche. — Berichtigung der Grenzen Italiens nach den klar erkennbaren Linien der Nationalität. — Sicherung der Souveränität für die türkischen Teile des Osmanischen Reiches, der Autonomie für die übrigen; international gewährleistete freie Schiffahrt durch die Dardanellen. Besonders wichtig sind aus den allseitig als Friedensbasis anerkannten Erklärungen des Präsidenten noch zwei Punkte der Kongreßrede vom 11. Februar 1918, welche fordern, „daß Völker und Provinzen nicht von einer Souveränität zur andern verschachert werden dürfen, gerade als ob sie bloße Gegenstände oder Steine in einem Spiele wären, sei es auch in dem nunmehr für immer des Ansehens beraubten Spiele des Mächtegleichgewichts; sondern ... daß jede durch diesen Krieg aufgeworfene territoriale Regelung im Interesse und zugunsten der beteiligten Bevölkerungen getroffen werden muß, und nicht als Teil eines bloßen Ausgleiches oder eines Kompromisses der Ansprüche rivalisierender Staaten".

Als mit Wilson am 13. Dezember 1918 zum ersten Male ein amtierender Präsident der Vereinigten Staaten den Boden Europas betrat, brachte er außer seinen Grundsätzen und zahlreichen Spezialisten weder einen Plan für die wirkliche Regelung der europäischen Fragen noch ein Gefühl für die aus älterem Blut genährten Leidenschaften mit, in deren Glut und Gier dieser engräumige Kontinent seine Konflikte auszutragen pflegte. Überdies fehlte ihm eine genaue Kenntnis der interalliierten Geheimverträge, von denen der Chronist der Mission Wilsons, R. St. Baker, mit einer an modernste Psychologie erinnernden Ausdrucksweise sagt: „... these secret treaties represented the real views, the real desires, the real necessities of the various Governments. For what a man or nation desires secretly is the reality; what he says is the appearance". Mit diesem Nachsatz wird zugegeben, daß Wilsons rational-demokratisches Programm nicht nur die Methoden, sondern den innersten Gehalt der Politik Europas verwandeln wollte, ohne doch durch letztes Wissen oder durch die Fähigkeit des Hineinwachsens in diese Aufgabe legimitiert gewesen zu sein.

Die Geheimverträge, zu deren Durchführung, Verschleierung, Verdrehung und Unterschiebung unter die Wilsonpunkte die Konferenz einen außerordentlichen Aufwand an wirklicher Arbeit und Ränke, echter und gespielter Leidenschaft verbrauchte, waren vor allem folgende:

1. Russisch-Englisch-Französisches Abkommen vom 20. März 1915, das Rußland die Dardanellen mit Konstantinopel, England erhöhten Einfluß in den Ölgebieten Persiens zusichert.

2. Londoner Vertrag vom 26. April 1915 zwischen Italien einerseits, England, Frankreich, Rußland andrerseits. Er versprach Italien für die Teilnahme am Krieg unter anderem: das Trentino und Triest; Tirol mit über 200000 Deutschen; istrisch-dalmatinische Küstengebiete mit

überwiegend slavischer Bevölkerung; den Hafen Valona und das Recht, die auswärtigen Angelegenheiten Albaniens zu führen; Anteil an Kriegsentschädigung und Aufteilung der deutschen Kolonien.

3. Vertrag vom 18. August 1916 zwischen Rumänien einerseits, den Alliierten andrerseits, unter Geheimhaltung auch vor Serbien. Er versprach für die Teilnahme am Kriege das Banat, Transsylvanien (Siebenbürgen) und die Bukowina.

4. Abkommen vom 11. März 1917 zwischen Frankreich und Rußland über die künftigen Grenzen Deutschlands. Es verspricht Frankreich: Rückgabe Elsaß-Lothringens mit einer neuen strategischen Grenze, die alle Erzgebiete Lothringens und die Saarkohlengebiete einzuschließen hat; völlige Loslösung der linksrheinischen Gebiete vom Deutschen Reich und Umwandlung in einen selbständigen Staat, der von französischen Truppen bis zur Erfüllung aller Friedensbedingungen durch Deutschland zu besetzen ist. Rußland erhält dafür volle Freiheit für Gestaltung seiner Westgrenze in militärischer und wirtschaftlicher Hinsicht.

5. Vertrag vom 16. Februar 1917 zwischen Japan einerseits und den Alliierten andrerseits. Für die Teilnahme an der Bekämpfung der deutschen U-Boote im Mittelmeer erhält Japan einen Rechtsanspruch auf das deutsche Pachtgebiet in der chinesischen Provinz Schantung, sowie auf die deutschen Südsee-Kolonien nördlich vom Äquator, während England die südlichen zugesprochen werden.

6. Das Lansing-Ishii-Übereinkommen zwischen den Vereinigten Staaten und Japan vom 2. November 1917, durch welches Japan zwar gewisse nachbarrechtliche Sonderinteressen in China zuerkannt werden, jedoch festgelegt wird, daß keine Antastung der Souveränität Chinas oder Einschränkung des Grundsatzes der „offenen Tür" erfolgen darf. Bei wortgetreuer Auslegung ist dieser Vertrag mit den Wilsonpunkten im Einklang, dagegen nicht mit den 21 Forderungen Japans an China vom 18. Januar 1915, von denen dieses die Mehrzahl nach einem Ultimatum am 7. Mai 1915 unterzeichnete.

7. Der Sykes-Picot-Vertrag vom 16. Mai 1916 zwischen Großbritannien, Frankreich und Rußland zur weiteren Aufteilung der Türkei; er gab Frankreich die Herrschaft über Syrien, England über Mesopotamien, während Rußland schon in einem russisch-französischen Vertrag vom 26. April 1916 die armenischen Gebiete zugesprochen waren.

8. Das St.-Jean-de-Maurienne-Abkommen vom 17. April 1917 zwischen England, Frankreich und Italien, um diesem einen Anteil an der türkischen Beute zu geben. Italien sollte Smyrna und eine umfangreiche anatolische Einflußsphäre erhalten.

Bedenkt man, daß zu diesen Verträgen noch eine Fülle von alle Grade staatsrechtlicher und diplomatischer Verbindlichkeit umfassenden Abmachungen ähnlicher Art zwischen immer anders zusammengesetzten Sondergruppen der großen und kleinen Staaten gehört, so hat man ein Bild der Pariser Atmosphäre, deren gespenstische Leidenschaftlichkeit von Keynes in seinem ersten Buche endgültig geschildert und von allen nach Wahrheit strebenden Darstellungen immer wieder bestätigt worden ist. Der Friedensschluß mit Deutschland war also nur Teilgegenstand eines großen Spiels, daß den gesamten Erdkreis umfaßte, und das gerade deshalb nicht in diskutierenden Plenarversammlungen, sondern in einem sich immer mehr verengenden Kreis ausgetragen wurde, der schließlich nur noch den Rat der Vier: Clemenceau, Wilson, Lloyd George und Orlando als die vermessenen „Geschäftsführer des Weltgeistes" umfaßte.

Nach mannigfachen Krisen war die Herstellung des Vertragstextes so weit fortgeschritten, daß am 18. April 1919 eine Einladuug an die Deutschen ergehen konnte, Beauftragte zum Empfang der Präliminarien des Friedens zu entsenden. Nachdem durch weiteren Notenwechsel von den Gegnern der Glaube erweckt wurde, daß wirkliche mündliche Verhandlungen stattfinden würden, ernannte die Reichsregierung zu Delegierten den Reichsminister des Auswärtigen Graf Brockdorff-Rantzau, Reichsjustizminister Landsberg, Reichspostminister Giesberts, Präsident der Preußischen Landesversammlung Leinert, Dr. Melchior, Prof. Dr. Schücking. Die Delegation traf am 30. April 1919 in Versailles ein, jedoch erfolgte die Überreichung der Friedensbedingungen erst am 7. Mai, da in der Zwischenzeit noch die Krisen um Fiume und Schantung beigelegt werden mußten. Am 6. Mai 1919 fand die sechste Vollversammlung der Friedenskonferenz statt, in der den Delegierten nicht etwa der Text des Vertrages gegeben, sondern von André Tardieu eine Zusammenfassung verlesen wurde. In der sehr kurzen Diskussion nimmt Foch zu den ihm nur „gerüchtweise" bekannt gewordenen militärischen Bedingungen das Wort, um den Rhein selbst, nicht die Rheinlande als die strategische Ostgrenze Frankreichs zu fordern: „Quand on n'est pas sur le Rhin, on a tout perdu."

Am 7. Mai 1919 wurden die Bedingungen des Friedens der Deutschen Delegation überreicht. Clemenceau erklärte in seiner Ansprache, die in ihrem ersten Absatz schon deutlich den Charakter eines Ultimatums hatte, das keine mündliche Erörterung vorgesehen sei, Einwendungen vielmehr schriftlich innerhalb von 15 Tagen zu erfolgen hätten. Diese Frist wurde wiederholt verlängert, so daß sich der Austausch von Noten bis zur abschließenden Antwort der Alliierten vom 16. Juni 1919 hinzog, die nun in aller Form eine ultimative Drohung darstellte.

Für die einzelnen Abschnitte dieses in schriftlichem Verfahren zäh geführten Kampfes müssen die Quellenwerke herangezogen werden. Er war zur Zeit, da er stattfand, keineswegs so aussichtslos, wie er der deutschen Öffentlichkeit damals erschienen sein mag. Es bestanden auf der Seite der Alliierten auch nach der Überreichung noch außerordentliche Spannungen. Clemenceau wollte den vollen Wortlaut des Vertrages nach dem 7. Mai veröffentlichen, um damit die unveränderte Annahme als Prestigefrage zu erzwingen, während Wilson und Lloyd George für weitere Geheimhaltung eintraten, um Änderungen des Textes, denen sie an sich nicht abgeneigt waren, nicht als Erfolge der deutschen Diplomatie erscheinen zu lassen.

Hätte die deutsche Öffentlichkeit Kraft und Disziplin genug besessen und die Forderungen der von Brockdorff-Rantzau geführten Delegation mit einem leidenschaftlichen Sinn für Mut und Ehre unterstützt, so wäre von ihnen wahrscheinlich ein sehr erheblicher Teil erfüllt worden. Lloyd George hatte schon durch seine große Denkschrift vom 25. März 1919 vor einem Gewaltfrieden gewarnt: „injustice, arrogance displayed in the hour of triumph, will never be forgotten or forgiven". Wilson war vor allem an dem Abschluß des Völkerbundes gelegen, und auch Italien hatte Raum für Zugeständnisse. Solche wurden sogar in den kritischen Tagen von der großen Pariser Presse mit soviel Nachdruck empfohlen, daß die französische Regierung zu schärferer Anwendung der Zensur schritt.

Die endgültige Wendung zur Androhung einer Wiederaufnahme kriegerischer Maßnahmen erfolgte erst, als man den Zerfall der öffentlichen Meinung in Deutschland unter Führung der Unabhängigen sozialdemokratischen Partei beobachtete. Außerdem muß nahezu mit Gewißheit angenommen werden, daß die Denkschrift Erzbergers, in der er nach Gegenüberstellung aller Gründe und Gegengründe die Unterzeichnung des Vertrages empfahl, wenige Tage nach ihrer am 3. und 4. Juni erfolgten Beratung im Berliner Kabinett zur Kenntnis der Pariser Konferenz gelangt ist. Diese Erörterungen haben den Gegendruck der Alliierten erzeugt und die Stimmen der klugen Mäßigung kraftlos gemacht, die durchgedrungen wären, wenn Deutschland bis zuletzt zu dem „Unannehmbar" des Ministeriums Scheidemann gestanden hätte.

In der 40. Sitzung der verfassunggebenden Deutschen Nationalversammlung am 22. Juni 1919 wurde in namentlicher Abstimmung mit 237 gegen 138 Stimmen Unterzeichnung des Vertrages mit einem Vorbehalt hinsichtlich der Ehrenpunkte (Artikel 227 bis 231) beschlossen. Am folgenden Tage wurde nach Ablehnung dieses Vorbehalts und Androhung unverzüglichen Einmarsches durch die Alliierten mit einfacher Stimmenmehrheit festgestellt, daß die der Absicht, aber nicht dem Wortlaut nach nur für bedingte Unterzeichnung gegebene Ermächtigung an die Regierung vom 22. Juni auch für die unbedingte Unterschrift gelten solle. Diese erfolgte am 28. Juni 1919 durch neue deutsche Bevollmächtigte, da die Versailler Delegation nebst allen Sachverständigen als Gegner der Unterzeichnung ihren Auftrag zurückgegeben hatte.

II. Wesen und Inhalt des Vertrages.

1. Der Vertrag als Bestandteil deutschen und internationalen Rechts.

Der Vertrag wurde als wesentliche Anlage eines Gesetzes über den Friedensschluß zwischen Deutschland und den alliierten und assoziierten Mächten am 16. Juli 1919 im Reichsgesetzblatt veröffentlicht und ist also ein Teil des deutschen Staatsrechtes; ergänzt wurde er durch die Ausführungsgesetze vom 31. August 1919. Rechtskraft im zwischenstaatlichen Verkehr erlangte er durch das in Paris am 10. Januar 1920 errichtete Ratifikationsprotokoll; von diesem Tage an laufen daher alle Fristen, die mit dem Inkrafttreten des Vertrages beginnen sollen.

Trotz dieser unbezweifelbaren tatsächlichen Geltung wird vielfach die Auffassung vertreten, daß die Vereinbarung von Versailles nicht als ein „Vertrag" angesehen werden könne, daß sie vielmehr ein unter Zwang herbeigeführtes, an sich nichtiges Rechtsgeschäft sei. Gegenüber dieser Ansicht, die an schwierige Grundfragen des Rechts rührt, wird hier, ohne daß Raum für ausführliche Begründung wäre, der folgende Standpunkt für richtig gehalten.

Der Vertrag ist durch eine Nationalversammlung und eine Regierung angenommen und unterzeichnet worden, die in staatsrechtlich gültiger Weise zur Vertretung des Deutschen Reiches befugt waren. Beide Staatsorgane standen zwar unter dem seelischen Druck des von der Gegenseite ausgesprochenen Ultimatums, jedoch nicht unter einem auf äußerliche Weise unmittelbar ausgeübten Zwang, etwa in Form militärischer Besetzung des Sitzes der Regierung. Die am 20. und 21. Juni getroffenen Entscheidungen wählten mit Bewußtsein statt der Wiederaufnahme des Kriegszustandes den Vertrag, dessen rechtliche Mängel schon in diesem Augenblick vollkommen bekannt waren: auf beiden Seiten bestand somit Einigkeit des Willens darüber, Frieden zu machen.

Der Vertrag ist jedoch in wesentlichen Bestimmungen *anfechtbar*, weil er zu ungunsten Deutschlands über den in der Lansingnote vom 5. November 1918 enthaltenen Vorvertrag weit hinausgeht. Die hieraus erwachsenen Ansprüche sind unverjährbar, zumal auch ein Friedensvertrag seiner Absicht und Form nach zeitlich unbefristet ist; sie sind jeweils geltend zu machen, sobald die politische Lage es gestattet.

Aus dieser Auffassung des Versailler Friedens als eines Vertrages, in dem der Wille *beider* Parteien enthalten sein soll, ergibt sich auch, daß für seine Auslegung in Zweifelsfällen keineswegs maßgebend ist, was die Sieger sich bei einer Bestimmung gedacht oder in ihren Protokollen darüber niedergelegt haben, sondern der Wortlaut ist auch in Verbindung mit dem Willen des Besiegten, wieder im Zustand des Friedens zu leben, anzusehen. Wo durch Auslegung nicht zu überbrückende Lücken vorhanden sind, ist die Ergänzung im Sinne der Wilsonpunkte und unter dem Gesichtspunkt, daß es sich nicht um ein Strafurteil, sondern eben um einen Frieden handeln soll, nach altem Völkerrecht zugunsten des Unterlegenen vorzunehmen. Jedes andere Verfahren schafft neues Unrecht und neue, unverjährbare Revisionsansprüche Deutschlands, die den Frieden Europas und die Grundlagen des zwischenstaatlichen Rechtes bedrohen, solange ihnen nicht Genugtuung widerfährt.

Im übrigen kann man mit gutem Grund den Vertrag als Diktatfrieden, Erpressungsakt, Formalfrieden bezeichnen, aber das sind moralpolitische Urteile, keine staatsrechtlichen Begriffe.

2. Inhalt des Vertrages.

Die hier folgende Übersicht schildert die Deutschland am 7. Mai 1919 überreichten Friedensbedingungen und die auf Grund der Verhandlungen vorgenommenen Veränderungen dieser. Die Darstellung folgt den im Wortlaut nicht völlig gleichlautenden französischen und englischen Zusammenfassungen, die am 6. Mai abends durch Kabel nach Amerika und durch Funkspruch ab Lyon über Mitteleuropa gesandt wurden. Diese Fassungen haben historische Bedeutung einmal wegen ihres amtlichen von Tardieu und Baker, dem Pressechef Wilsons, selbst überwachten Wortlautes, sodann, weil sie die einzige Form sind, in der der Vertrag der öffentlichen Meinung bis lange nach der Unterzeichnung zugänglich war. Dabei waren die Zusammenziehungen keineswegs frei von Fehlern und Entstellungen. Allerdings kamen schon Mitte Mai deutsche Ausgaben des vollen Wortlautes nach Paris und London und wurden dort im „Schleichhandel" eifrig begehrt, aber nicht in der Tagespresse verbreitet.

Teil I. Völkerbund. Artikel 1–26.

Aufgabe. Um internationale Zusammenarbeit zu ermöglichen und den Weltfrieden zu gewährleisten, wird ein Bund errichtet, dessen Hauptaufgaben wie folgt umschrieben sind: Verpflichtung, nicht zum Kriege zu schreiten, offene, ehrliche und gerechte Beziehungen zwischen den Staaten zu unterhalten, das Völkerrecht als die unumstößliche Regel für das Verhalten der Staaten untereinander anzusehen und alle durch Vertrag übernommenen Verpflichtungen in gewissenhaftester Weise innezuhalten.

Mitglieder. Ursprüngliche Mitglieder des Bundes sind die Unterzeichner des Vertrages, außer Deutschland, sowie folgende 13 zum Beitritt eingeladene Staaten: Argentinien, Chile, Columbien, Dänemark, Niederlande, Norwegen, Paraguay, Persien, Salvador, Spanien, Schweden, Schweiz, Venezuela. Die Aufnahme neuer Mitglieder, auch abhängiger Staaten mit Selbstregierung, ist zulässig. Bei Verletzung der Satzung kann Ausschließung des schuldigen Mitgliedes erfolgen.

Organe. Die Geschäfte des Bundes, der seinen Sitz in Genf hat, werden geführt: durch die Bundesversammlung, in der jeder Staat drei Sitze, aber nur eine Stimme hat; durch den Rat aus 9 Mitgliedern, und zwar den Vertretern der fünf Hauptmächte Britisches Reich, Frankreich, Italien, Japan, Vereinigte Staaten von Amerika (nicht beigetreten) und vier weiteren Staaten, zuerst Belgien, Brasilien, Griechenland, Spanien; durch das Sekretariat in Genf. Dem Bund werden die schon früher zur Durchführung internationaler Abmachungen gegründeten Verwaltungen unterstellt. Beschlüsse von Rat und Versammlung bedürfen, soweit nichts anderes vorgesehen ist, der Einstimmigkeit.

Rüstungsbeschränkung. Da Hauptziel des Bundes die Erhaltung des Friedens ist, sind alle Rüstungen auf das Mindestmaß dessen einzuschränken, was mit der militärischen Sicherheit und den besonderen geographischen Bedingungen eines jeden Staates vereinbar ist. Die Bundesmitglieder verpflichten sich zu uneingeschränkter gegenseitiger Auskunft über Umfang und Absichten ihrer militärischen Rüstung.

Gegenseitige Bürgschaft. Die Mitglieder verpflichten sich: zu gegenseitigem Schutz gegen Angriffe von außen, zur Aufrechterhaltung ihrer territorialen Unversehrtheit und ihrer gegenwärtigen politischen Unabhängigkeit.

Streitschlichtung. Im Falle eines drohenden oder ausgebrochenen Krieges trifft der Bund alle Maßnahmen zur Erhaltung des Friedens. Alle Streitfragen zwischen Mitgliedern sind der Schiedsgerichtsbarkeit oder der Prüfung durch den Rat unterworfen. In keinem Falle darf eher als drei Monate nach Fällung des Schiedsspruches oder Erstattung des Prüfungsberichtes zum Kriege geschritten werden. Gegenstand schiedsrichterlicher Regelung sind insbesondere: Streitfragen über Auslegung von Verträgen, über Grundsätze und Tatbestände des Völkerrechtes, seine Verletzungen und die sich hieraus ergebenden Schadenansprüche. Funktioniert der Rat statt eines Schiedsgerichts, so ist seinem einstimmig gefaßten Beschlusse zu folgen; bei mangelnder Übereinstimmung behält jedes Mitglied seine Handlungsfreiheit. Behauptet ein Mitglied, daß eine Streitfrage nach internationalen Recht zur ausschließlichen Zuständigkeit des Staates selbst gehört, und stimmt der Rat dem zu, so begnügt er sich mit dieser Feststellung, ohne eine Lösung vorzuschlagen. Der Rat kann jeden Streitfall auch vor die Versammlung bringen, deren Verfahren entsprechend geregelt ist.

Der Bund kann in Streitfragen auch dann eingreifen, wenn nur einer oder auch keiner der Beteiligten sein Mitglied ist. Wird Unterwerfung unter seinen Spruch abgelehnt, so kann der Rat alle zur Beendigung des Konfliktes geeigneten Schritte tun. Schreitet ein Bundesmitglied entgegen den übernommenen Verpflichtungen zum Krieg, so gilt dies ohne weiteres als kriegerische Handlung gegen sämtliche Bundesmitglieder. Diese haben alsbald alle wirtschaftlichen Beziehungen zu ihm abzubrechen, sich den vom Rat empfohlenen Maßnahmen anzuschließen und zur Aufstellung einer bewaffneten Macht beizutragen, die den Bundespflichten Geltung verschafft.

Gerichtshof. Der Rat hat einen Entwurf für die Errichtung eines ständigen internationalen Gerichtshofes aufzustellen, der für alle internationalen Streitfragen zuständig ist.

Internationale Abmachungen. Internationale Verträge sind erst rechtskräftig nach Eintragung in ein beim Bundessekretariat geführtes öffentliches Verzeichnis. Alle früheren mit den Bundeszielen nicht vereinbaren Verträge sind aufzuheben. Jedoch sind frühere zwischenstaatliche Verträge, wie Schiedsverträge, oder Verständigungen über Ländergebiete, wie die Monroedoktrin, nicht als den Bundeszielen abträglich anzusehen.

Internationale Mandate. Für Kolonien und Gebiete, die infolge des Krieges der Souveränität eines Staates entzogen sind und eine Bevölkerung haben, die ihre Geschicke noch nicht selbst führen kann, sind besondere Verwaltungsformen vorgesehen. Die Vormundschaft über diese Gebiete wird als Mandataren des Bundes Staaten übertragen, die hierzu nach Erfahrung und geographischer Lage besser geeignet sind. Art und Umfang des Mandats dürfen nach dem Entwicklungsstand der Bevölkerung und den sonstigen Besonderheiten eingerichtet werden. Der Mandatsstaat hat dem Bund alljährlich Bericht zu erstatten.

Allgemeine Bundesaufgaben. Der Völkerbund überwacht: die Arbeitsbedingungen, die Behandlung eingeborener Völkerschaften, den Handel mit Opium und anderen schädlichen Drogen, den Waffenhandel, die Freiheit von Verkehrswegen und der Durchfuhr, den Kampf gegen Krankheiten, die Entwicklung der Einrichtungen des Roten Kreuzes.

Teil II. Grenzen Deutschlands. Artikel 27—30.

Gegen Belgien. Nordöstlich des Gebietes von Moresnet, östlich des Kreises Eupen, westlich des Kreises Monschau (alte Grenze), nordöstlich und östlich des Kreises Malmedy bis zur luxemburgischen Grenze.

Gegen Luxemburg. Die Grenze von 1914.

Gegen Frankreich. Zwischen Luxemburg und der Schweiz die Grenze vom Juli 1870; die Zollgrenze verläuft im Osten des Saargebietes.

Gegen die Schweiz. Die gegenwärtige Grenze.

Gegen Österreich. Die Grenze von 1914 bis zur Tschecho-Slowakei.

Gegen die Tschecho-Slowakei. Die Grenze von 1914 zwischen Böhmen und Schlesien bis zum Vorsprung östlich von Neustadt.

Gegen Polen. Vom Punkt östlich Neustadt nach östlich von Falkenberg, Grenze zwischen Ober- und Mittelschlesien, Westgrenze der Provinz Posen, Lauf der Bartsch, Grenze zwischen den Kreisen Guhrau und Glogau, Grenze zwischen Lissa und Fraustadt, südwestlich von Konitz, westlich von Bentschen, Nordspitze des Chlopsees, Grenze zwischen den Kreisen Schwerin und Birnbaum, Filehne und Czarnikau, westlich und nördlich von Schneidemühl, eine Linie 8 Kilometer westlich der Eisenbahn Schneidemühl—Konitz bis westnordwestlich von Konitz. Grenze zwischen den Kreisen Konitz und Schlochau, Grenze von Westpreußen bis 8 Kilometer südöstlich von Lauenburg, östlich von Hohenfelde und Chottchow, Ostseeküste nordöstlich von Chottchow.

Diese Festsetzungen erfuhren durch den Vertrag selbst wesentliche Änderungen: für Oberschlesien wurde die Abstimmung zugelassen; der weitere Grenzverlauf ließ den Kreis Guhrau bei Preußen, ebenso die Stadt Schneidemühl mit dem größten Teil der Bahn nach Konitz. Dagegen erhielt Polen noch den Kreis Filehne sowie die Ausbuchtung westlich der Bahnstrecke Konitz—Raduhn.

Gegen Dänemark. Grenzverlauf nach besonderen Bestimmungen.

Grenzen Ostpreußens. Ostseeküste nördlich von Pröbbernau, Biegung der Fahrrinne nach Elbing, Lauf der Nogat und der Weichsel, Südgrenze der Kreise Marienwerder und Rosenberg, Grenze zwischen West- und Ostpreußen, Grenze zwischen den Kreisen Osterode und Neidenburg, Lauf der Skottau und der Neide bis westlich von Bialutten, alte russische Grenze bis östlich von Schmalleningken, Fahrrinne der Memel, Skierwitharm des Deltas bis zum Kurischen Haff, über die Kurische Nehrung 4 Kilometer südwestlich von Nidden. Diese Abgrenzung kann noch Veränderungen durch die vorgesehenen Abstimmungen erfahren.

Teil III. Politische Bestimmungen über Europa. Artikel 31—117.

Belgien. Die Verträge von 1839 werden aufgehoben. Deutschland erkennt die belgische Souveränität über Neutral-Moresnet an und überläßt Belgien Preußisch-Moresnet, Eupen und Malmedy.

Luxemburg. Deutschland verzichtet auf alle Verträge mit Luxemburg und stimmt seinem Austritt aus dem Zollverein zu.

Linkes Rheinufer. Deutschland entmilitarisiert und entfestigt das linke Rheinufer sowie einen 50 Kilometer breiten Streifen auf dem rechten. Eine Verletzung dieser Bestimmung gilt als beabsichtigte Störung des Weltfriedens und kriegerische Handlung gegen die Unterzeichner des Vertrages.

Saargebiet. Als Gegenleistung für die Zerstörung der Kohlengruben in Nordfrankreich und als Pfand für die Reparationspflichten überträgt Deutschland an Frankreich das lastenfreie Eigentum an den Kohlengruben des Saargebietes und trifft die zu ihrer Ausbeutung durch Frankreich notwendigen rechtlichen und wirtschaftlichen Maßnahmen. Das Saargebiet umfaßt nach der vorgesehenen Grenzziehung 161000 Hektar mit 647000 Einwohnern. Das Gebiet wird einer vom Völkerbund zu ernennenden fünfköpfigen Kommission unterstellt, der die Ausübung der deutschen Souveränitätsrechte übertragen wird. Die Einwohner behalten ihre Staatsangehörigkeit, können jedoch unter Verlust dieser eine neue ohne Beeinträchtigung ihrer politischen Rechte erwerben. Das Gebiet wird in die französische Zollverwaltung einbezogen, wird aber für fünf Jahre im zollfreien Verkehr mit Deutschland bleiben. Dem Umlauf französischen Geldes dürfen keine Schwierigkeiten bereitet werden.

Nach 15 Jahren hat die Bevölkerung abzustimmen, ob die bisherige Verwaltungsform beibehalten, ob das Gebiet an Deutschland oder Frankreich fallen soll. Fällt die Entscheidung für den Verbleib bei Deutschland, so muß dieses die Kohlengruben innerhalb 6 Monaten zu einem von Sachverständigen festgesetzten Goldbetrag zurückkaufen. Ist es hierzu nicht imstande, so wird das Gebiet endgültig französischer Souveränität unterstellt. — Diese Bestimmung konnte im Vertrag selbst nicht aufrechterhalten werden; sie wurde dahin abgeändert, daß die Reparationskommission Deutschland die Ablösung des Grubeneigentums notfalls zu erleichtern hat.

Elsaß-Lothringen. Zur Aufhebung des Unrechts, das Deutschland 1871 an den Rechten Frankreichs wie an denen der Bewohner Elsaß-Lothringens verübt hat, stimmen die Vertragsmächte der Wiedervereinigung (réintégration) dieser Gebiete mit Frankreich zu. Die Übertragung erfolgt frei vom jeglichem Anteil an deutschen Staatsschulden und unter Übereignung allen Staatseigentums an Frankreich ohne Entschädigung. Die französische Staatsangehörigkeit wird den Personen gewährt, die sie 1871 verloren haben, und ihren Abkömmlingen; Personen, die zwischen dem 15. Juli 1870 und dem 3. August 1914 zugewandert sind, können die Naturalisierung beantragen, haben aber keinen Anspruch auf Einbürgerung. Die Güter von Reichsdeutschen und solchen, denen Naturalisierung und Aufenthaltserlaubnis verweigert ist, werden beschlagnahmt. Die seit dem 3. Juli 1914 im Reichsland gefällten Gerichtsurteile unterliegen einer Nachprüfung; Strafurteile gegen Elsaß-Lothringer sind aufgehoben.

Die Rheinbrücken werden französisches Eigentum. Der Hafen von Kehl wird auf sieben Jahre unter einem französischen Direktor mit dem Hafen Straßburgs zu einer organisatorischen Einheit verbunden. Der Warenverkehr mit Deutschland bleibt für fünf Jahre in beiden Richtungen zollfrei für Mengen, die nach dem Durchschnitt des Verkehrs der Jahre 1911—13 festgesetzt werden. Frankreich kann jede Beteiligung Deutscher an wirtschaftlichen Unternehmungen in Elsaß-Lothringen verbieten.

Österreich. Deutschland erkennt die Unabhängigkeit Österreichs an, deren es sich nur mit Zustimmung des Völkerbundes entäußern darf.

Tschecho-Slowakei. Deutschland erkennt die Unabhängigkeit dieses Staates einschließlich des autonomen Gebietes der Ruthenen südlich der Karpathen an. Deutschland tritt der Tschecho-Slowakei das Hultschiner Land sowie den südlichen Teil des Kreises Leobschütz ab, diesen jedoch laut Zusatz im endgültigen Vertrage nur, wenn er durch die Abstimmung in Oberschlesien seinen Zusammenhang mit dem deutschen Gebiet verlieren sollte.

Polen. Deutschland verzichtet zugunsten Polens auf alle Gebiete zwischen seiner neuen Ostgrenze und der alten russischen Grenze, mit Ausnahme des Gebietes von Danzig. Die Bewohner erwerben die polnische Staatsangehörigkeit, die ihnen jedoch versagt werden kann, wenn sie sich dort nach dem 26. April 1886 angesiedelt haben. Polen verpflichtet sich zum Abschluß von Verträgen zum Schutz nationaler und religiöser Minderheiten und zur Aufrechterhaltung freien wirtschaftlichen Verkehrs.

Erst der Vertrag selbst fügte in diesen Abschnitt den Artikel 88 mit Anlage, der die Abstimmung in Oberschlesien festsetzt und regelt.

Ostpreußen. In einer Zone an der Südgrenze des Gebietes, sowie in einer Zone, die die Kreise Stuhm und Rosenberg, und einen Teil der Kreise Marienburg und Marienwerder umfaßt, finden Abstimmungen statt, die über die künftige Zugehörigkeit zu Deutschland oder Polen entscheiden.

Memel. Deutschland verzichtet auf die Souveränität über dieses Gebiet. (Dieser Abschnitt fehlt im offiziellen englischen Résumé.)

Freie Stadt Danzig. Deutschland verzichtet zugunsten der alliierten und associierten Hauptmächte auf die Stadt Danzig und das um diese abgegrenzte Gebiet. Auf diesem Gebiete wird unter Mitwirkung der Einwohner und eines Völkerbundskommissars eine Freie Stadt errichtet und unter den Schutz des Völkerbundes gestellt. Sein in Danzig residierender Kommissar wird den Abschluß von Verträgen mit Polen fördern, um Danzig außer einem Freihafen in das polnische Zollgebiet einzubeziehen, um Polen die Nutzung des Hafens und aller Verkehrsmittel zu gewährleisten, ihm die Wahrung der auswärtigen Angelegenheiten

Danzigs zu übertragen, und um jede Benachteiligung polnischer Staatsangehöriger im Gebiet von Danzig zu verhüten. Das dortige deutsche Staatseigentum wird den Hauptmächten ausgeliefert, die es nach ihrem Ermessen auf Polen oder Danzig übertragen.

Schleswig. Die deutsch-dänische Grenze wird gemäß den Wünschen der Bevölkerung festgesetzt. Zu diesem Zweck wird in drei Zonen abgestimmt, von denen die südlichste durch eine Linie von der Schleimündung bis zur Mündung der Eider begrenzt wird. Auf Grund der deutschen Einwände verzichtet der Vertrag auf die Abstimmung in der dritten Zone, so daß die Südgrenze des strittigen Gebietes durch eine Linie von der Flensburger Förde bis Sieltoft an der Küste der Nordsee gebildet wurde.

Helgoland. Die Festungswerke, Kriegshäfen und andere militärische Einrichtungen sind unter Kontrolle der Alliierten von Deutschland auf seine Kosten zu zerstören und dürfen nicht wieder hergestellt werden.

Rußland. Deutschland erkennt die unveräußerliche Unabhängigkeit aller Teile des ehemaligen russischen Reiches an. Es ist mit der Nichtigkeitserklärung des Vertrages von Brest-Litowsk und aller von ihm mit der Bolschewiki-Regierung (Gouvernement maximaliste) geschlossenen Verträge einverstanden. Die Alliierten machen für Rußlands Ansprüche auf Reparationen im Sinne dieses Vertrages jeglichen Vorbehalt.

Teil IV. Deutsche Rechte und Interessen außerhalb Deutschlands. Artikel 118–158.

Deutschland entsagt allen Rechten auf Gebiete außerhalb seiner europäischen Grenzen und verzichtet überall auf irgendwelche sonstigen Rechte gegenüber den Unterzeichnern des Vertrages, mit deren im folgenden gekennzeichneten oder später daraus folgenden Maßnahmen es sich einverstanden erklärt.

Deutsche Kolonien. Deutschland verzichtet zugunsten der Hauptmächte auf alle seine Rechte und Ansprüche hinsichtlich seiner überseeischen Besitzungen. Alles deutsche Staatseigentum geht auf die künftigen Regierungen der Gebiete über, die auch über Ausweisung oder Verbleib, Handelsbefugnisse usw. deutscher Staatsangehöriger entscheiden werden. Deutschland ersetzt nach Maßgabe einer von Frankreich aufgestellten und von der Reparationskommission anerkannten Berechnung alle Schäden, die französische Staatsangehörige in Kamerun und der Grenzzone vom 1. Januar 1900 bis 1. August 1914 durch Handlungen Deutscher erlitten haben. Deutschland verzichtet auf alle Rechte aus den Verträgen mit Frankreich vom 4. November 1911 und 28. September 1912 (sog. Marokko-Abkommen über Äquatorial-Afrika).

China. Deutschland verzichtet zugunsten Chinas auf alle Vorrechte und Vorteile aus dem Pekinger Protokoll vom 7. September 1901 und seinen Ergänzungen. Es tritt an die chinesische Regierung sämtliches bewegliche und unbewegliche deutsche Staatseigentum in Tientsin und Hankau und anderen Teilen Chinas ab, und gibt dieser die 1900 und 1901 fortgeführten astronomischen Instrumente zurück. Deutschland stimmt der Aufhebung der Verträge über die Pachtgebiete von Hankau und Tientsin zu, die von China dem internationalen Handel geöffnet werden. Deutschland verzichtet auf die Geltendmachung irgendwelcher Ansprüche für die Schäden, die seine Staatsangehörigen durch chinesische Maßnahmen gegen ihre Person oder ihr Eigentum erlitten haben.

Siam. Deutschland betrachtet seine Staatsverträge mit Siam als mit dem 22. Juli 1917 erloschen. Eigentum des deutschen Staates fällt an Siam, Eigentum seiner Angehörigen wird liquidiert, die überdies keine Ansprüche aus irgendwelchen vermögensrechtlichen Schäden haben.

Liberia. Deutschland verzichtet auf alle Rechte aus internationalen oder zweiseitigen Verträgen mit Liberia. Deutsches Privateigentum wird liquidiert,

Marokko. Deutschland verzichtet auf alle Rechte aus der Algeciras-Akte vom 7. April 1906, aus den deutsch-französischen Verträgen vom 9. November 1909 und 4. November 1911 sowie auf alle Verträge mit dem cherifischen Reich. Deutsches Eigentum geht entschädigungslos auf den Machzen über, deutsches Privateigentum wird liquidiert; dies gilt namentlich auch für Bergrechte. Deutschland liefert, gegen Gutschrift auf Reparationskonto, seinen Anteil an der marokkanischen Staatsbank aus. Marokkanische Waren sind bei der Einfuhr nach Deutschland französischen gleichzustellen.

Ägypten. Deutschland erkennt das am 18. Dezember 1914 verkündete Protektorat Großbritaniens über Ägypten an, verzichtet auf die Kapitulationen und alle sonst bestehenden Staatsverträge. Deutsches Staatseigentum fällt entschädigungslos an die ägyptische Regierung, Privateigentum wird liquidiert. Ägyptische Waren sind bei der Einfuhr nach Deutschland britischen gleichzustellen.

Türkei und Bulgarien. Deutschland verpflichtet sich, allen Verfügungen der Alliierten über Rechte des deutschen Staates oder seiner Angehörigen in der Türkei und Bulgarien zuzustimmen.

Schantung. Deutschland verzichtet zugunsten Japans (nicht Chinas, das deshalb den Vertrag nicht unterzeichnete), auf alle durch den Pachtvertrag vom 6. März 1898 ihm gewährten Rechte in der Provinz Schantung. Die deutsche Eisenbahn von Tsingtau nach Tsinanfu, die Seekabel nach Shanghai und Tschefu, und das Reichseigentum im Pachtgebiet gehen entschädigungslos und lastenfrei an Japan.

Teil V. Bestimmungen über Landheer, Seemacht und Luftfahrt. Artikel 159–213.

Um die Einleitung einer allgemeinen Rüstungsbeschränkung aller Nationen zu ermöglichen, verpflichtet sich Deutschland, die im folgenden niedergelegten Bestimmungen über das Landheer, die Seemacht und die Luftfahrt genau innezuhalten. (Dieser Vordersatz steht nur im officieusen englischen, nicht im französischen Résumé.)

Landheer. Das deutsche Heer wird auf den Umfang einer Sicherheitstruppe herabgesetzt, die mit Offizieren 100000 Mann umfassen darf; die Verminderung hat in zwei Monaten zu erfolgen. Die Zahl der Zivilbeamten der Heeresverwaltung wird erheblich herabgesetzt. Der große Generalstab wird aufgelöst. Alles Kriegsmaterial ist auszuliefern; neues darf nur in genau begrenztem Umfang in Fabriken hergestellt werden, die der Überwachung durch die Alliierten unterliegen. Die allgemeine Wehrpflicht wird abgeschafft. Das deutsche Heer besteht aus Freiwilligen; die Mannschaften müssen sich zu zwölfjähriger, die Offiziere zu fünfundzwanzigjähriger Dienstzeit verpflichten. Die zugelassenen Heeresschulen dürfen sich mit militärischen Fragen nicht befassen. Alle Maßnahmen zur Vorbereitung oder Durchführung einer Mobilmachung sind untersagt. Das linke Rheinufer wird, wie schon einmal festgelegt, entmilitarisiert; die Festungswerke sind innerhalb dreier Monate zu schleifen. In der 50-Kilometer-Zone dürfen auch keine Manöver gehalten werden.

Durch den endgültigen Vertrag wurden einige Fristen verlängert, dagegen blieb alles Grundsätzliche bestehen.

Seemacht. Nach einer Frist von 2 Monaten darf die deutsche Flotte nur noch folgenden Höchstbestand umfassen: 6 Schlachtschiffe der „Deutschland"- oder „Lothringen"-Klasse, 6 kleine Kreuzer, 12 Zerstörer, 12 Torpedoboote. Unterseeboote dürfen nicht in den Dienst gestellt oder gebaut werden, auch nicht für Handelszwecke. Der Personalbestand der Flotte darf 15000 Mann nicht übersteigen; die Mannschaften haben sich für 15, die Offiziere für 25 Jahre zu verpflichten. Alle Überwasserfahrzeuge der Flotte, einschließlich der Hilfsschiffe sowie alle Unterseeboote sind dem Alliierten auszuliefern. Im Bau begriffene Schiffe sind zu zerstören. Neubau von Kriegsschiffen darf lediglich zum Ersatz nach festgelegten Fristen erfolgen. Deutschland hat bei der Entfernung der Seeminen mitzuwirken. Die Befestigung der Küsten ist teilweise einzuschränken teilweise ganz zu beseitigen. Die Zugänge zur Nord- und Ostsee müssen unbefestigt bleiben. Die drahtlosen Stationen in Berlin, Nauen und Hannover dürfen während dreier Monate nur Handelsnachrichten unter Überwachung durch die Alliierten befördern.

Luftfahrt. Deutschland darf keinerlei Luftfahrzeuge für militärische Zwecke des Heeres und der Flotte unterhalten. Lenkluftschiffe dürfen auch für Handelszwecke nicht unterhalten oder gebaut werden. Alle Flugzeuge und Luftschiffe sind auszuliefern und die Hallen sowie sonstige Hilfsbauten sind zu zerstören. In den Grenzzonen dürfen keine Lufthäfen neu angelegt werden.

Überwachung. Die Bestimmungen dieses Abschnittes sind von Deutschland unter Überwachung durch interalliierte Kommissionen durchzuführen. Solange der Vertrag in Kraft bleibt, ist Deutschland verpflichtet, jede Untersuchung zu dulden, die der Rat des Völkerbundes durch Mehrheitsbeschluß für notwendig erachtet.

Teil VI. Kriegsgefangene und Grabstätten: Artikel 214—226.

Kriegsgefangene. Die deutschen Kriegsgefangenen sollen nach Inkrafttreten des Vertrages (im französischen Résumé aber: après la signature) so rasch als möglich freigelassen werden. Ausnahmen können hinsichtlich solcher gemacht werden, die sich schwerer Verfehlungen schuldig gemacht haben. Die Heimschaffungskosten trägt die deutsche Regierung.

Gräber. Deutschland und die Alliierten verpflichten sich zu gegenseitigem Austausch von Listen über Tote, Vermißte und Grabstätten. Sie verpflichten sich gegenseitig, die Kriegsfriedhöfe mit Achtung zu behandeln und sie instand zu halten.

Teil VII. Strafbestimmungen: Artikel 227—230.

Wilhelm II. wird unter öffentliche Anklage gestellt wegen schwerster Verletzung der internationalen Sittlichkeit und der Heiligkeit von Verträgen. Er wird vor einen besonderen Gerichtshof gestellt werden, dessen 5 Richter von den alliierten und assoziierten Hauptmächten ernannt werden. An Holland wird das Ersuchen um Auslieferung ergehen.

Deutschland räumt den Alliierten das Recht ein, Personen, die sich einer Verletzung der Gesetze und Gebräuche des Krieges schuldig gemacht haben, vor ihre Militärgerichte zu ziehen; es wird die Angeschuldigten zu diesem Zwecke ausliefern und alle notwendigen Schriftstücke und Auskünfte zur Verfügung zu stellen.

Teil VIII. Reparationen (amtlich Wiedergutmachungen): Artikel 231—247.

Grundsatz. Deutschland und seine Verbündeten erklären sich verantwortlich für alle Verluste und Schäden, die die alliierten und assoziierten Mächte erlitten haben, und Deutschland verpflichtet sich zum Ersatz aller Schäden, die der Zivilbevölkerung und ihren Gütern verursacht sind.

Schadensarten. Entschädigungspflicht besteht für folgende Fälle: Schäden von Zivilpersonen an ihrer Person oder ihrem Leben durch Kriegshandlungen; auch die Ansprüche unterhaltsberechtigter Hinterbliebener gehören hierher. Schäden von Zivilpersonen durch Gewalt, Grausamkeit, Mißhandlung. Schäden von Zivilpersonen, auch auf deutschem Gebiet, durch Verletzung von Gesundheit, Arbeitsfähigkeit, Ehre. Schäden aus jeder Art schlechter Behandlung von Kriegsgefangenen. Schäden der Völker aus Pensionen und ähnlichen Vergütungen an die militärischen Opfer des Krieges und an Personen, deren Ernährer diese Opfer waren. Kosten der Fürsorge für kriegsgefangene Angehörige der alliierten und assoziierten Mächte und für Unterstützung ihrer Familien. Kosten der Fürsorge für die Familien der zum Heeresdienst eingezogenen Angehörigen der alliierten und assoziierten Mächte nach Maßgabe des französischen Tarifs. Schäden von Zivilpersonen, die Deutschland ohne angemessene Vergütung zwangsweise zur Arbeit herangezogen hat. Schäden an allem nichtmilitärischen Eigentum der alliierten und assoziierten Mächte oder ihrer Staatsangehörigen, gleichviel wo belegen, durch deutsche Maßnahmen oder Kriegshandlungen. Schäden der Zivilbevölkerung durch Auflagen, Bußen oder Beitreibungen von seiten Deutschlands.

Eine interalliierte „Reparationskommission" wird Deutschland vor dem 1. Mai 1921 den noch unübersehbaren Betrag seiner Gesamtverpflichtungen mitteilen. Diese Summe ist ab 1. Mai 1921, vorbehaltlich anderer Bestimmungen, mit 5% zu verzinsen.

Bedeutung der Reparationskommission. Die Kommission besteht aus Vertretern Frankreichs, Großbritanniens, der Vereinigten Staaten und Italiens, sowie mit geringeren Befugnissen versehenen Vertretern Belgiens, Japans und Serbiens. Ihr Amtssitz ist Paris. Sie hat ausgedehnte Vollmachten zur Vorbereitung und Durchführung aller die Reparationszahlungen betreffenden Handlungen. Sie hat insbesondere dafür zu sorgen, daß Deutschland alle seine finanziellen Hilfsmittel in den Dienst der Reparation stellt, und daß der Steuerdruck in Deutschland mindestens ebenso schwer ist als bei dem Vertragsteilnehmer, der seine Staatsangehörigen am höchsten belastet. Alle Entscheidungen der Kommission, insbesondere über Zahlungsnachlaß, sind einstimmig zu treffen. Führt Deutschland die übernommenen Verpflichtungen nicht aus, so wird die Kommission den Mächten die notwendigen Maßregeln vorschlagen, die Repressalien ökonomischer oder finanzieller Art oder sonstigen Inhalts sein können; Deutschland verpflichtet sich, sie nicht nicht als feindliche Akte anzusehen.

Rücklieferungen. Deutschland wird alles an fortgeführten Tieren, Gütern und Geldbeträgen zurückliefern (Vorleistung). Noch vor Festsetzung des endgültigen Betrages zahlt Deutschland 20 Milliarden Goldmark in Gold, Waren, Schiffen, Wertpapieren oder sonstigen Gegenständen; auf den Betrag werden zunächst die Besatzungskosten verrechnet sowie die Beträge für Rohstoffe und Nahrungsmittel, die Deutschland zur Erfüllung der Reparationspflichten benötigt.

Sicherheiten. Deutschland stellt Schatzscheine in Höhe von 20 Milliarden Goldmark aus, die gegen die Vorleistung verrechnet werden; weitere 40 Milliarden Anweisungen, die von 1921—26 mit 2½%, dann mit 5% und 1% für Tilgung zu verzinsen sind. Ferner ist eine schriftliche Verpflichtung auszuhändigen zur Ausgabe einer weiteren Serie von 40 Milliarden gleicher Anweisungen, sobald die Kommission dies verlangen sollte.

Sachleistungen zu Zahlungszwecken. Als Zahlungsmittel sollen oder können die folgenden Gegenstände dienen: Deutschland erklärt sich nach dem Grundsatz „Tonne für Tonne" haftbar für die Verluste der gegnerischen Handelsflotten. Es liefert alle Handelsschiffe über 1600 Bruttoregistertonnen aus, die Hälfte der Schiffe zwischen 1000 und 1600 Bruttoregistertonnen, ein Viertel der Fischdampfer, ein Viertel sonstiger Fischereifahrzeuge, bis zu 20% der Flußschifftonnage, und auf Anfordern 5 Jahre jährlich bis zu 200 000 Tonnen Neubauten an Handelsschiffen.

Deutschland liefert Tiere, Maschinen, Werkzeuge und andere im Handel erhältlichen Waren, insbesondere Stoffe für den Wiederaufbau, als Gegenleistung für verbrauchte, nicht mehr rücklieferbare Gegenstände. An Farbstoffen und chemisch-pharmazeutischen Erzeugnissen liefert es die Hälfte der Vorräte und für 5 Jahre ein Viertel der Jahresproduktion aus. An Kohlenderivaten liefert Deutschland an Frankreich auf 3 Jahre jährlich 35 000 Tonnen Benzol, 50 000 Tonnen Steinkohlenteer, 30 000 Tonnen schwefelsaures Ammoniak. An Kohlen erhält Frankreich für 10 Jahre je 7 Millionen Tonnen, dazu jährlich 20 bis fallend auf 8 Millionen Tonnen als Ersatz für den Förderausfall der zerstörten nordfranzösischen Gruben; Belgien erhält 10 Jahre je 6 Millionen Tonnen, Italien 10 Jahre je 4½—8½ Millionen

Tonnen, Luxemburg wird der Bezug der Vorkriegsverbrauchs gewährleistet. Die Kommission bestimmt die Preise aller Lieferungen, die auf Reparationskonto verrechnet werden.

Unterseekabel. Die Deutschland gehörigen Unterseekabel sind an die alliierten Mächte abzutreten unter Verrechnung ihres Gegenwertes auf Reparationskonto.

Teil IX. Finanzielle Bestimmungen. Artikel 248—263.

Vorrecht. Der gesamte Besitz und die Einnahmequellen des deutschen Reiches und seiner Länder haften an erster Stelle für die Bezahlung der Reparationsschuld. (Der endgültige Vertrag ließ Ausnahmen zu, sofern die Reparationskommission sie billigen sollte.) Jede einzelne der alliierten und assoziierten Mächte behält das Verfügungsrecht über deutsche Guthaben und sonstige Vermögensteile im Bereiche ihrer Gerichtsbarkeit.

Verzicht auf Verträge. Die deutsche Regierung verzichtet auf alle Vorteile aus den Verträgen von Bukarest und Brest-Litowsk, und den seit 1. August 1914 mit Polen, Finnland und den baltischen Staaten geschlossenen Verträgen. Sie verzichtet auf jede Teilnahme an internationalen finanziellen Verwaltungseinrichtungen in den Gebieten der alliierten und assoziierten Mächte, Österreich-Ungarns, Bulgariens, der Türkei und Rußlands.

Deutsche Auslandsanlagen. Binnen einem Jahre kann der Reparationsausschuß fordern, daß Deutschland alle Rechte erwirbt und ihm überträgt, die deutsche Staatsangehörige an gemeinnützig-öffentlichen Unternehmungen oder Konzessionen in Rußland, China, Österreich-Ungarn, Türkei, Bulgarien, in abhängigen Gebieten dieser Staaten oder in Mandatsgebieten besitzen. Deutschland tritt den Alliierten alle Forderungen an seine ehemaligen Verbündeten ab sowie Depots jeglicher Art, die es von diesen im Besitz hat.

Zugelassene Währungen. Alle deutschen Geldverpflichtungen sind nach Wahl der Gläubiger in Goldmark, in Sterling, in Dollar, in Franken oder in Lire zu bezahlen. Nur die Besatzungskosten können teilweise in Mark zum Tageskurs erstattet werden.

Abtretung von Staatseigentum. Die Staaten, denen deutsche Gebietsteile abgetreten werden, übernehmen alles darin befindliche Eigentum des Reiches oder seiner Länder; der Wert wird Deutschland auf Reparationskonto gutgeschrieben; für das Staatseigentum in Elsaß-Lothringen erfolgt keine Gutschrift.

Schuldenübernahme. Grundsätzlich übernehmen die Mächte, die deutsche Gebietsteile erhalten, einen Anteil der deutschen Staatsschuld, der nach dem Vorkriegsverhältnis der Einnahmen des Gebietes zu den Gesamteinnahmen Deutschlands ermittelt werden soll. Da Deutschland jedoch 1871 für Elsaß-Lothringen die Übernahme eines Anteils an der Staatsschuld Frankreichs verweigerte, so erhält dieses das Gebiet jetzt lastenfrei; Polen darf Abzüge entsprechend den Aufwendungen der preußischen Ostmarkenpolitik machen. Auf die Mandatsgebiete, die ehemaligen deutschen Kolonien, werden keinerlei Staatsschulden übernommen.

Teil X. Wirtschaftliche Bestimmungen. Artikel 264—312.

Handelsbeziehungen. Deutschland verpflichtet sich, jedem der verbündeten Staaten ebenso günstige Bedingungen einzuräumen, wie irgendeinem anderen Staat, mit dem es in Handelsverkehr steht. Dieser Grundsatz erstreckt sich auf alle Arten von Ein-, Aus- oder Durchfuhr, Abgaben von Steuern, Waren und Verkehrsmittel.

Während eines Zeitraumes von 5 Jahren genießen die aus Elsaß-Lothringen stammenden Waren in Deutschland Zollfreiheit; Deutschland wird dem Veredelungsverkehr von Textilwaren nach diesem Gebiete keine Schwierigkeiten bereiten. Die aus den ehemals deutschen Gebieten Polens stammenden Waren sind für die Dauer von 3 Jahren keinem deutschen Einfuhrzoll unterworfen. Für Luxemburg können ähnliche Vorrechte für eine Zeit von 5 Jahren beansprucht werden.

Während einer Frist von 3 Jahren ist Deutschland in dem Rechte, seine Zolltarifsätze nach eigenem Ermessen zu bestimmen, beschränkt.

In bezug auf Fischerei, Küsten- und Schleppschiffahrt sind die Fahrzeuge der alliierten und assoziierten Mächte in den deutschen Hoheitsgewässern denen der meistbegünstigten Nation gleichzustellen. An der Ausübung der Fischereipolizei in der Nordsee nimmt Deutschland nicht mehr teil. Es erklärt sich bereit, alle Schiffspapiere der ehemaligen Gegner als vollwertig anzuerkennen, auch Flaggenatteste und Registerhäfen solcher Staaten, die keinen Anteil an der Meeresküste haben.

Deutschland verpflichtet sich, unter Gewährung der Gegenseitigkeit, durch alle Rechtsmittel am Kampfe gegen unlauteren Wettbewerb teilzunehmen, insbesondere irreführende Ausstattung von Waren zu verhüten sowie namentlich bei Weinen und Spirituosen Benennungen, die eine falsche Vorstellung von der geographischen Herkunft erwecken können.

Deutschland verpflichtet sich, die Staatsangehörigen der alliierten und assoziierten Mächte hinsichtlich der Berufsausübung und Besteuerung nach dem Grundsatz der Meistbegünstigung zu behandeln. Deutschland wird in seinen Städten und Häfen den von den Mächten ernannten konsularischen Vertretern die Anerkennung erteilen.

Soweit die vorgenannten handelspolitischen Bestimmungen einseitige Bindungen Deutlands darstellen, erlöschen sie nach fünf Jahren, sofern der Rat des Völkerbundes ihre Geltung nicht um den gleichen Zeitraum verlängert.

Verträge wirtschaftlichen Inhalts. Eine größere Anzahl mehrseitiger Verträge, an denen das Deutsche Reich beteiligt war, wird wieder in Kraft gesetzt. Jedoch muß Deutschland bei einigen Abmachungen auf dem Gebiete des Post- und Telegraphenwesens im voraus Abänderungen zustimmen, deren Fassung ohne seine Mitwirkung festgelegt werden wird. Bei zweiseitigen Verträgen kann der Partner von Deutschland das Wiederaufleben verlangen, hiervon jedoch nach seiner Wahl einzelne Bestimmungen aus solchen ausschließen. Deutschland wird die Angehörigen der alliierten und assoziierten Mächte an allen Rechten und Vorteilen teilnehmen lassen, die sich aus Verträgen zwischen ihm und seinen ehemaligen Verbündeten oder neutralen Staaten ergeben.

Gewerbliches Eigentum. Die Konventionen von Paris (1883) und Bern (1886) treten wieder in Kraft. Alle Rechte in bezug auf gewerbliches, literarisches und künstlerisches Eigentum werden gegenseitig wieder hergestellt. Jedoch behalten die während des Krieges gegen Deutschland getroffenen Sondermaßnahmen ihre Gültigkeit; auch künftig können deutsche Schutzrechte zur Ausübung in Anspruch genommen werden, soweit ein öffentliches Interesse des betreffenden Landes dafür vorliegt. Fristen im Bereich des gewerblichen Rechtsschutzes werden durchweg so verlängert, daß die aus der Dauer des Krieges erwachsenen Rechtsnachteile beseitigt oder gemildert werden. Soweit Deutsche durch Gebietsabtretungen eine neue Staatsangehörigkeit erhalten, sollen ihnen gleichwohl die gewerblichen Eigentumsrechte, die sie vorher innehatten, gewahrt bleiben.

Schulden. Innerhalb einer festgesetzten Frist werden in Deutschland und den Staaten, die sich dem Verfahren anschließen, Ausgleichsämter errichtet, durch deren Vermittlung allein private Vorkriegsschulden und bestimmte andere geldliche Verpflichtungen abgewickelt werden dürfen; der unmittelbare Verkehr zwischen Schuldnern und Gläubigern ist untersagt. Zahlungen zugunsten Angehöriger der alliierten Staaten haben in der Währung des Gläubigerlandes zu erfolgen, auch wenn der ursprüngliche Vertrag etwas anderes vorsah. Soweit Schuldner nicht zahlungsunfähig sind, übernehmen die Staaten eine Bürgschaft für den Eingang der Forderung. Streitigkeiten über Rechtsgrund, Gültigkeit und Umfang von Forderungen sind allein von den gemischten Schiedsgerichtshöfen zu entscheiden.

Güter, Rechte, Interessen. Deutschland hat sofort alle außerordentlichen Kriegsmaßnahmen betreffend Güter, Rechte und Interessen von Angehörigen der alliierten Staaten aufzuheben und die Betreffenden entweder durch Wiedereinsetzung in ihre Rechte oder durch Geld zu entschädigen. Die verbündeten Mächte behalten sich dagegen das Recht zur Fortsetzung aller Kriegsmaßnahmen gegen deutsches Eigentum vor sowie der weiteren Ausdehnung, wo Beschlagnahme und Liquidation noch nicht eingeleitet sein sollte. Der Erlös wird dem Reparationskonto zugeführt, während die Entschädigung der davon Betroffenen Deutschland obliegt.

Verträge. Grundsätzlich sollen Verträge zwischen Privaten als an dem Tage aufgelöst gelten, an dem die Staaten, denen sie angehören, Feinde wurden. Jedoch können die alliierten und assoziierten Staaten die Aufrechterhaltung bestimmter Verträge mit ihren Angehörigen verlangen, wenn sie hierfür ein allgemeines Interesse als vorliegend ansehen. Besondere Bestimmungen regeln die verschiedenen Arten von Versicherungsverträgen.

Verjährung. Verjährungsfristen, die die geschilderten Vertragsverhältnisse berühren könnten, sind in ihrem Lauf für die Dauer des Krieges und bis drei Monate nach der Ratifikation des Friedens gehemmt.

Urteile. Ist während des Krieges von einem deutschen Gericht ein Urteil gegen einen Angehörigen der gegnerischen Staaten gefällt worden, ohne daß er die Möglichkeit hatte, seine Sache zu verteidigen, so hat er Anspruch auf eine Entschädigung, die der gemischte Schiedsgerichtshof festsetzt.

Gemischter Schiedsgerichtshof. Für alle Streitfragen aus der Regelung der privaten Rechtsbeziehungen sind besondere Schiedsgerichtshöfe zuständig, die jeweils aus einem Angehörigen des interessierten Staates, einem Deutschen, und einem von beiden Staaten oder vom Völkerbund zu ernennenden neutralen Vorsitzenden bestehen. Soweit die Gesetze der alliierten und assoziierten Staaten entsprechendes bestimmen, kann auch eines ihrer Gerichte oder das eines neutralen Staates zuständig sein.

Teil XI. Luftfahrt. Artikel 313—320.

Luftfahrzeuge der verbündeten Mächte haben innerhalb deutschen Hoheitsgebietes volle Flug- und Landungsfreiheit und werden hinsichtlich des Durchgangsverkehrs sowie Benutzung deutscher Flughäfen wie die meistbegünstigte Nation behandelt. Sie können dabei nur solchen Vorschriften unterworfen werden, die in gleicher Weise auch für deutsche Fahrzeuge gelten. Deutschland erkennt die von den verbündeten Staaten ausgestellten Befähigungszeugnisse und ähnliche Dokumente als den deutschen gleichwertig an. Die Bestimmungen dieses Abschnittes gelten bis zum 1. Januar 1923 oder einem etwaigen früheren Beitritt Deutschland zu einem internationalen Abkommen über die Luftfahrt.

Teil XII. Häfen, Wasserstraßen, Eisenbahnen. Artikel 321—386.

Freiheit der Durchfuhr und der Schiffahrt. Deutschland gewährt auf seinen Eisenbahnen und Wasserwegen dem Verkehr von Personen, Gütern, Schiffen, Booten und Eisenbahnwagen der alliierten und assoziierten Staaten freien Durchgang und gleiche Behandlung, wie sie in diesen Hinsichten deutsche Staatsangehörige genießen. Alle zu erhebenden Abgaben müssen gleichmäßig sein, dürfen eine vernünftige Höhe nicht überschreiten, keine Durchgangszölle oder unterscheidende Flaggen- und Richtungszuschläge enthalten. Die Beeinflußung des Auswandererverkehrs und die Erstellung kombinierter Tarife für Eisenbahn- und Schiffahrtsverkehr zugunsten deutscher Schiffahrtsgesellschaften ist verboten; ebenso die Begünstigung der deutschen Seehäfen durch nur für diese gültige Ausnahmetarife.

Die deutschen Freihäfen sind aufrecht zu erhalten; Hafenabgaben müssen dem Grundsatz der reinen Kostendeckung entsprechen.

Schiffe mit den Flaggen der alliierten und assoziierten Länder genießen in den Hoheitsgewässern und auf den Binnenwasserstraßen Deutschlands die gleichen Rechte wie deutsche Fahrzeuge.

Internationale Ströme: Elbe, Oder, Memel, Donau. Zu internationalen Strömen werden erklärt: die Elbe von der Mündung der Moldau, die Moldau ab Prag; die Oder von der Mündung der Oppa; die Memel ab Grodno; die Donau ab Ulm. Die Grundsätze der Schiffahrtsfreiheit finden auf diesen Wasserstraßen Anwendung. Deutsche Schiffe können zwischen Flußhäfen in Gebieten der alliierten und assoziierten Mächte nur mit Zustimmung der Uferstaaten verkehren. Bis zum Abschluß eines internationalen Abkommens, dessen Inhalt Deutschland schon im Vorwege annimmt, dürfen Schiffahrtsabgaben nur der Unterhaltung und Verbesserung des Fahrwassers dienen; beides obliegt den Uferstaaten. Über Vernachlässigen wacht der Völkerbund. Die Elbe wird verwaltet von einer internationalen Kommission aus 10 Mitgliedern (4 Deutsche, 2 Tschecho-Slowaken; je 1 Engländer, Franzose, Italiener, Belgier); die Oderkommission umfaßt 7 (im endgültigen Vertrag 9) Mitglieder (1 Pole, je 1 Preuße, Tschecho-Slowake, Engländer, Franzose, Däne, Schwede, dazu 2 weitere, im endgültigen Vertrag Preußen bewilligte Stimmen); der Memelausschuß wird später aus Vertretern der Uferstaaten und des Völkerbundes gebildet.

Die europäische Donaukommission nimmt ihre Tätigkeit wieder auf; die Mittelmächte gehören ihr nicht an. In einer daneben zu bildenden Donaukommission sind die deutschen Uferstaaten durch 2 Mitglieder vertreten. Auf Donau, Elbe, Oder und Memel tritt Deutschland Schleppdampfer, Flußschiffe und anderes Material zum Betrieb der Binnenschiffahrt an die alliierten und assoziierten Mächte ab, die jeweils Uferstaaten sind; den Umfang bestimmt der Spruch eines amerikanischen Schiedsrichters.

Internationale Ströme: Rhein und Mosel. Bis zu einer allgemeinen internationalen Regelung bleibt für den Rhein die Mannheimer Akte von 1868 in Kraft, jedoch mit folgenden Änderungen. Die Rheinschiffahrtskommission, deren Präsident von Frankreich ernannt wird, und die ihren Sitz von Mannheim nach Straßburg verlegt, besteht aus 19 Mitgliedern: 1 Präsident, 2 Holländer, 2 Schweizer, 4 Deutsche, 4 Franzosen, 2 Engländer, 2 Italiener, 2 Belgier. Den Fahrzeugen aller Flaggen stehen auf dem Rhein die gleichen Rechte zu.

Deutschland wird Frankreich nach Maßgabe eines amerikanischen Schiedsspruches Binnenschiffahrtsmaterial abtreten; außerdem Umschlagseinrichtungen in Rotterdam. Frankreich und Belgien haben das Recht, das Wasser des Rheines zur Speisung vorhandener und geplanter Kanäle zu verwenden. Frankreich darf auf dem deutschen Ufer die hierfür nötigen Bauten anlegen. Es hat ferner das alleinige Recht zur Ausnutzung der Wasserkraft auf der Rheinstrecke, die die deutsch-französische Grenze bildet. Deutschland ist, vorbehaltlich der Zustimmung Luxemburgs und der Schweiz, schon jetzt einverstanden, daß die Zuständigkeit der Rheinkommission auf den Oberlauf der Mosel und auf den Rhein zwischen Basel und dem Bodensee ausgedehnt wird.

Tschecho-slowakische Pachtgebiete in deutschen Häfen. Deutschland verpachtet der Tschecho-Slowakei auf 99 Jahre in den Häfen Hamburg und Stettin Gebiete, die als Freizonen behandelt werden. Die Regelung erfolgt durch eine Kommission aus je einem Deutschen, Engländer und Tschecho-Slowaken.

Eisenbahnen. Deutschland gewährt fremden Gütern und Personen auf seinen Bahnen die günstigsten Bedingungen, die für den Verkehr auf diesen bestehen. Es unterstützt durch die Gestaltung des Fahrplans, des Wagenumlaufs, der technischen Einrichtungen den internationalen Verkehr auf jede Weise. Es erklärt sich schon im Vorwege mit geplanten neuen internationalen Abmachungen auf dem Gebiet des Eisenbahnwesens einverstanden. Einzelne der Deutschland einseitig verpflichtenden Bestimmungen fallen nach 5 Jahren gegenüber den Staaten fort, die keine Gegenseitigkeit gewähren.

Kieler Kanal. Die Durchfahrt durch den Kanal steht den Kriegs- und Handelsschiffen aller Staaten zu, mit denen Deutschland im Frieden lebt. Personen, Güter und Schiffe haben gleichmäßigen Anspruch auf die günstigsten Bedingungen. Die Abgaben dürfen nur der Erhaltung des Kanals und seiner Verbesserung dienen. Bei Meinungsverschiedenheiten kann der vom Völkerbund zu errichtende Gerichtshof angerufen werden; in erster Instanz entscheidet eine von Deutschland einzusetzende lokale Behörde.

Teil XIII. Arbeit. Artikel 387–427.

(Dieser Abschnitt war ebenso wie der Teil über den Völkerbund der Öffentlichkeit bereits im vollen Wortlaut bekannt gegeben worden; beide haben zu dem eigentlichen Inhalt eines Friedens mit Deutschland kaum irgendeine Beziehung, boten aber ein für die öffentliche Meinung eindrucksvoll-großartiges Bild der „hohen Ideale", denen der Vertrag gerecht zu werden vorgab.)

Dem Völkerbund wird eine ständige Einrichtung, das internationale Arbeitsamt, angegliedert, um über das physische, moralische und intellektuelle Wohlergeben der Lohnarbeiter zu wachen, das von wesentlicher Bedeutung für das internationale Leben ist. Wenngleich die Unterschiede des Klimas, der Sitten und Gebräuche die sofortige Herbeiführung völliger Gleichheit der Arbeitsbedingungen unmöglich machen, so lassen sich doch gewisse einheitliche Grundsätze für diese aufstellen. Unter diesen wird man den Folgenden eine besondere Bedeutung beimessen dürfen. Die Arbeitskraft soll nicht einfach als eine Ware angesehen werden; allen Arbeitnehmern und Arbeitgebern soll das Koalitionsrecht für Zwecke, die den Gesetzen nicht widerstreiten, zustehen; die Arbeiter haben Anrecht auf einen Lohn, der ihnen einen auskömmlichen Lebensunterhalt sichert. Überall soll der Achtstundentag oder die 48-Stundenwoche eingeführt werden, mit einer einmaligen wöchentlichen Arbeitsruhe von 24 Stunden, möglichst am Sonntag. Kinderarbeit soll verboten, die der Jugendlichen soweit eingeschränkt werden, daß ihnen die Möglichkeit körperlicher und geistiger Fortbildung bleibt. Für gleiche Arbeit soll, ohne Unterscheidung der Geschlechter, gleicher Lohn gezahlt werden. In jedem Staat sollen die Arbeitsverhältnisse durch Behörden überwacht werden, in deren Dienst auch Frauen mitwirken. Zur Durchführung und Fortbildung der geschilderten Grundzüge eines internationalen Arbeitsrechts wird neben dem ständigen Arbeitsamt eine jährlich zusammentretende Arbeitskonferenz tätig sein. Jeder Staat entsendet vier Vertreter, von denen er zwei selbst ernennt, während je einer von den Organisationen der Arbeitnehmer und Arbeitgeber benannt wird; die Vertreter aus einem Staate können ihre Stimmen unabhängig voneinander in verschiedenem Sinne abgeben.

Teil XIV. Bürgschaften für die Durchführung. Artikel 428–433.

Westeuropa. Als eine Bürgschaft für die Ausführung des Vertrages bleiben die westrheinischen Gebiete Deutschlands, mit Brückenköpfen auf dem rechten Rheinufer, 15 Jahre besetzt. Werden die Bedingungen von Deutschland getreulich erfüllt, so wird nach 5 Jahren das Gebiet um den Brückenkopf von Köln, nach 10 Jahren das Gebiet um Coblenz und nach 15 Jahren das Gebiet um Mainz geräumt. Stellt während der Besetzungszeit oder nach Ablauf der 15 Jahre die Reparationskommission eine Nichterfüllung durch Deutschland fest, so kann Wiederbesetzung schon geräumter Gebiete erfolgen. Genügt Deutschland schon vor Ablauf der 15 Jahre allen ihm durch den Vertrag auferlegten Verpflichtungen, so werden die Besetzungstruppen sofort zurückgezogen. Auch nach Ablauf der 15 Jahre kann die Räumung verzögert werden, wenn die Verbündeten sich gegen einen willkürlichen deutschen Angriff nicht hinreichend gesichert glauben.

Osteuropa. Die noch in den ehemals russischen Randstaaten stehenden deutschen Truppen haben dort so lange zu verbleiben, als die Verbündeten dies zum Schutz der dortigen Regierungen gegen das bolschewistische Rußland für notwendig erachten; sie haben sich jedoch aller Beitreibungen und ähnlicher Zwangsmaßnahmen zu enthalten.

Teil XV. Verschiedene Bestimmungen. Artikel 434–440.

Deutschland verpflichtet sich im voraus zur Anerkennung der Verträge, die die alliierten und assoziierten Mächte mit Deutschlands ehemaligen Verbündeten schließen werden. Es stimmt insbesondere den Verfügungen über die Gebiete dieser Staaten zu und erkennt die Grenzen der neuen Staaten an, die in diesem Zusammenhange festgesetzt werden.

Deutschland nimmt Kenntnis von den Verträgen, die Frankreich mit der Schweiz über die Genfer Freizonen und mit dem Fürstentum Monako über sein Verhältnis zu Frankreich geschlossen hat.

In den Ausschüssen dieses Vertrages soll bei Stimmengleichheit dem Vorsitzenden eine weitere Stimme (casting vote) zustehen.

Deutsche religiöse Missionen bleiben bei Betätigung in Gebieten der alliierten und assoziierten Mächte einer besonderen Beaufsichtigung durch diese unterworfen.

Deutschland verpflichtet sich, gegen keine der Signatarmächte des Vertrages irgendwelche finanziellen Ansprüche wegen einer vor dem Inkrafttreten des Vertrages liegenden Tatsache geltend zu machen.

Deutschland erkennt alle von Prisengerichten der Vertragsgegner getroffenen Entscheidungen als endgültig an. Die alliierten und assoziierten Mächte behalten sich das Recht einer Nachprüfung der Entscheidungen deutscher Prisengerichte vor.

Der gegenwärtige Vertrag ist, unter Hinterlegung der entsprechenden Urkunden in Paris, zu ratifizieren. Der französische und der englische Wortlaut sind beide maßgebend.

III. Anwendung und Wandlung des Vertrages von 1919 bis 1925.

1. Die deutschen und fremden Durchführungsmaßnahmen.

Allgemeine Rechtsfragen. Während Friedensverträge nach früherem völkerrechtlichen Brauch sich nur auf Rechtsverhältnisse zwischen den Staaten als solchen beziehen, greift der Vertrag von Versailles mit zahlreichen Bestimmungen unmittelbar in private Rechtsverhältnisse ein. Er beschränkt den einzelnen in der Verwendung gewisser Vermögensrechte, er zieht der Verwertung bestimmter industrieller Anlagen Grenzen, er verbietet deutschen Staatsangehörigen einzelne Betätigungsarten, z. B. den Dienst in ausländischen Heeren (freilich nicht den in der französischen Fremdenlegion). Es wurde deshalb notwendig, neben der öffentlichen Verkündigung des Vertrages noch eine Reihe von Gesetzen zu erlassen, die teils der Regierung bestimmte Befugnisse erteilen, teils sich unmittelbar an die Staatsangehörigen wenden.

Das „Deutsche Ausführungsgesetz zum Friedensvertrage" vom 31. August 1919 (R.G.Bl. S. 1530) regelt eine Anzahl wichtiger Fragen. Die Abwicklung von Geldverbindlichkeiten mit Angehörigen der gegnerischen Staaten außerhalb des durch Artikel 296 vorgesehenen Zwangsverfahrens wird verboten und unter hohe Strafe gestellt. Die Reichsregierung wird ermächtigt, zur Ausführung des Vertrages Leistungen wirtschaftlicher Art gegen angemessene Vergütung anzufordern. Die im Vertrag vorgesehene Ordnung der gewerblichen Schutzrechte wird besonders verkündet. Die Rechtsverhältnisse von Hypothekenbanken, soweit die Pfandobjekte in abgetrenntem Gebiet liegen, werden geklärt. Der Reichsminister der Finanzen wird ermächtigt, die in Artikel 232 des Vertrages vorgesehenen Schuldverschreibungen sowie die in Artikel 244 geforderten über 100 Milliarden Goldmark auszustellen. Die Herstellung von Kriegsmaterial entgegen den einschlägigen Bestimmungen des Vertrages wird verboten und unter Strafe gestellt. Mit Auflösung bedroht werden private Vereine und Unterrichtsanstalten, die der Entwaffnungsabsicht des Artikel 177 zuwiderhandeln. Schließlich wird der Regierung eine allgemeine Ermächtigung zum Erlaß weiterer Durchführungsverordnungen während einer Vertagung der Nationalversammlung erteilt.

Gleichzeitig wurde das „Reichsgesetz vom 31. August 1919 über Enteignungen und Entschädigungen aus Anlaß des Friedensvertrages zwischen Deutschland und den alliierten und assoziierten Mächten" (R.G.Bl. S.1527) erlassen, durch das der Regierung ein unmittelbarer Zugriff auf deutsches Privateigentum ermöglicht wurde. Die in § 6 enthaltene Zusage angemessener Entschädigung ist, soweit das deutsche Auslandseigentum in Betracht kam, unter dem Druck der sonstigen finanziellen Lasten des Reiches nicht erfüllt worden. Die auf die Enteignungen von Auslandsvermögen und den zwangsweisen Ausgleich von Forderungen bezügliche sehr verwickelte Gesetzgebung ist im Zusammenhange mit den wirtschaftlichen Wirkungen des Vertrages noch genauer zu erörtern.

Von allgemeinpolitischer Bedeutung ist der noch vor dem Inkrafttreten des Vertrages einsetzende diplomatische Kampf um die Auslieferung deutscher Staatsangehöriger, denen die Begehung von sehr allgemein umschriebenen „Kriegsverbrechen" vorgeworfen wurde. Der Verlauf zeigte, daß auch in der gegenwärtigen Zeit nicht nur materielle Forderungen auf Grenzen der Erfüllbarkeit stoßen, sondern daß es wohl noch schwerer ist, selbst einen geschlagenen Gegner des Rechtsgutes der nationalen Ehre zu berauben.

Durch eine Note vom 5. November 1919 wies die deutsche Regierung darauf hin, daß schon die ordnungsmäßige Verabschiedung eines die an sich verfassungswidrige Auslieferung Deutscher gestatteten Sondergesetzes durch die Volksvertretung kaum möglich sein werde, daß aber bei der Durchführung eines solchen Gesetzes zweifellos entschiedenster aktiver Widerstand der Bevölkerung zu erwarten sein werde. Die Regierung schlug deshalb Verhandlungen gegen die Beschuldigten vor deutschen Gerichten und Mitwirkung fremder Anklagevertreter vor und sagte strenge Unparteilichkeit der Verhandlungsführung zu. Da diese Note unbeantwortet blieb, wurde sie am 25. Januar 1920, 15 Tage nach Inkrafttreten des Vertrages, erneut in Erinnerung gebracht, mit dem Ergebnis, daß gleichwohl am 3. Februar dem deutschen Bevollmächtigten in Paris ein Auslieferungsbegehren für etwa 900 Personen, darunter die bekanntesten Heerführer, überreicht wurde. Freiherr von Lersner erklärte die Weitergabe dieses Schriftstückes als mit der Ehre eines deutschen Beamten unvereinbar, gab die Note unverzüglich zurück und stellte gleichzeitig der deutschen Regierung sein Amt zur Verfügung.

Aus dem Echo dieser spontanen Tat in Deutschland wurde für die Alliierten deutlich, daß hier der Übermut dem Frevel nahegekommen und Nachgiebigkeit notwendig war, sollte nicht die immerhin auch ihnen erwünschte Beendigung des Kriegszustandes ernsthaft in Frage gestellt werden. Es kam auf Grund des deutschen „Gesetzes zur Verfolgung von Kriegsverbrechen und Kriegsvergehen" vom 18. Dezember 1919 (R.G.Bl. S.2125) und seiner Ergänzung vom 24. März 1920 (R.G.Bl. S.341) zu einem Ausgleich, kraft dessen Anfang Mai 1920 eine Liste von 45 Personen übersandt wurde, die vor dem Reichsgericht in Leipzig zur Untersuchung zu ziehen seien. Die alsbald einsetzenden Verhandlungen wurden trotz noch immer starker Erregung der deutschen Öffentlichkeit mit großer Strenge durchgeführt. Dennoch erklärte die Botschafterkonferenz durch Note vom 23. August 1922, nachdem die Franzosen schon im Juli 1921 ihre Delegation aus Leipzig abberufen hatten, das Verfahren vor dem Reichsgericht für unzulänglich, so daß nunmehr Artikel 228 wieder uneingeschränkt in Kraft zu setzen wäre. Diese und ähnliche Vorgänge müssen jedoch immer im Zusammenhang mit der allgemeinen Lage des Reparations- und Entwaffnungsproblems, als Einzelzüge einer noch lange gegen Deutschland geübten Repressalienpolitik betrachtet werden.

Die Auslieferung des Kaisers wurde am 15. Januar 1920 von den Niederlanden verlangt, von diesen jedoch unter würdig-fester Berufung auf alte, geheiligte Grundsätze des Völkerrechts dreimal, zuletzt am 5. März 1920, abgelehnt. Die Alliierten wurden damit von einer ernsthaften Sorge befreit, da vor allem in den Ländern mit monarchischer Verfassung einem etwaigen Strafverfahren mit Unruhe entgegengesehen wurde.

Der Anschluß Österreichs. Nachdem im Spätherbst 1918 der von Deutsch-Österreich begehrte Anschluß an das Reich aus mangelnder Entschlußkraft unterlassen worden war, sah die Verfassung des Deutschen Reiches vom 11. August 1919 (R.G.Bl. S. 1383) eine gewisse Teilnahme Österreichs an der deutschen Gesetzgebung vor. Artikel 61, Abs. 2 der Verfassung lautet: „Deutsch-Österreich erhält nach seinem Anschluß an das Deutsche Reich das Recht der Teilnahme am Reichsrat mit der seiner Bevölkerung entsprechenden Stimmenzahl. Bis dahin haben die Vertreter Deutsch-Österreichs beratende Stimme.“ Durch eine Note vom 2. September 1919 erklärten die Alliierten den Artikel für unvereinbar mit Artikel 80 des Vertrages, der die Unabhängigkeit Österreichs sicherstellte. Sie verlangten innerhalb einer Frist von 14 Tagen Kraftloserklärung des Artikels 61,2, andernfalls müßte eine Ausdehnung der rechtsrheinischen Besetzung befohlen werden. In ihrer Antwort vom 5. September 1919 wies die Deutsche Regierung darauf hin, daß rechtliche Einwendungen gegen den Artikel nicht erhoben werden könnten, da Deutschland keineswegs die Absicht habe, die für eine Vereinigung beider Länder erforderliche Zustimmung des Völkerbundsrates zu umgehen; eine Ausdehnung der Besetzung entbehre im übrigen jeder Grundlage in dem (noch nicht einmal rechtskräftig gewordenen) Vertrag. Die Antwortnote der Alliierten vom 11. September 1919 wiederholt ihre Forderungen in noch schärferem Tone; in ihrer würdelosen Erregtheit ist sie das genaueste Anzeichen für den Grad bösen Gewissens, mit dem die mit dem Wilsonprogramm schlechthin unvereinbare Bestimmung über den Nichtanschluß Österreichs vertreten wurde. Deutschland verbat sich unter nochmaliger Darlegung seines Standpunktes den Verhandlungston der Gegner, mußte aber am 22. September 1919 in Versailles ein Protokoll über die Rechtsungültigkeit des Artikel 61, Abs. 2 unterschreiben, dem die Nationalversammlung am 18. Dezember 1919 zustimmte; eine Veröffentlichung im Reichsgesetzblatt erfolgte nicht.

Österreich seinerseits hat sich unter dem Druck der Kriegsgegner durch Gesetz vom 21. Oktober 1919 den Namen „Republik Österreich“ gegeben, und durch Artikel 3 gleichzeitig die historisch denkwürdige Bestimmung vom 12. November 1918 für kraftlos erklärt, deren Wortlaut war: „Deutsch-Österreich ist ein Bestandteil des Deutschen Reiches“.

Die Entwaffnung. Zu den Bestimmungen, die eine Einschränkung der deutschen Souveränität wenigstens so lange bedeuten, als nicht allgemeine, auf Gegenseitigkeit beruhende Abrüstungsverträge geschlossen werden, gehören die Vorschriften über das Heer- und Marinewesen. Ihre Durchführung war nicht eine einfache Angelegenheit der Verwaltung, sondern vollzog sich unter schweren sozialen Erschütterungen und seelischen Spannungen.

Am 10. Januar 1920 bestand das deutsche Heer noch aus 12058 Offizieren und 277000 Mann. Da die fristgerechte Rückbildung nicht nur die zu erwartenden Schwierigkeiten bot, sondern auch der Aufstand unter Führung Kapp's im März 1920 eng zusammenhing mit den Widerständen aus dem Heere selbst, stellte Deutschland an die vom 19.—26. April in San Remo tagenden Alliierten den Antrag, ihm ein Heer in Stärke von 200000 Mann zu belassen. Dieses Gesuch blieb unbeantwortet. Gleichzeitig besetzte Frankreich im Einvernehmen mit Belgien die Städte Frankfurt a. M. und Darmstadt nebst einen Schutzrayon, da Deutschland zur Niederwerfung kommunistischer Unruhen Reichstruppen im neutralisierten rechtsrheinischen Gebiet verwendet hatte. Erst im Laufe der Konferenz von Spa, Juli 1920, wurde ein geringes Entgegenkommen insofern gewährt, als das Heer erst bis zum 1. Januar 1921 den Normalbestand von 100000 Mann erreicht zu haben brauchte. Dafür wurde jedoch gründliche Entwaffnung der Zivilbevölkerung und schärfere Durchführung vieler Bestimmungen hinsichtlich der Polizei, Marine und des Luftverkehrs verlangt.

Deutschland erließ am 7. August 1920 das „Gesetz über die Entwaffnung der Bevölkerung" (R.G.Bl. S. 1553), über dessen Durchführung ein mit weitgehenden Vollmachten der Reichsregierung ausgestatteter Entwaffnungskommissar wachte. Die vorgeschriebene Änderung im Charakter der Wehrmacht vollzog das „Gesetz über die Abschaffung der allgemeinem Wehrpflicht und die Regelung der Dauer der Dienstverpflichtung", vom 21. August 1920 (R.G.Bl. S. 1608), während die eigentliche Verfassung von Heer und Flotte durch das „Wehrgesetz" vom 23. März 1921 (R.G.Bl. S. 329) festgelegt wurde.

Die Vernichtung von Kriegsgerät und Rüstungsbetrieben, von Maschinen zur Herstellung von Waffen, wurde von der interalliierten Kontrollkommission mit größter Schärfe und unter möglichst erweiternder Auslegung des Begriffes „Kriegsgerät" vollzogen. Dennoch gelang es auch hier nicht, so wenig wie auf dem Gebiete der Reparationen, selbst in einem Zeitraum von 5 Jahren, einen Zustand des Ausgleichs aller Ansprüche und Pflichten herbeizuführen. Vielmehr wurde seit März 1921 der Gedanke einer abschließenden Generalbesichtigung erörtert, nach deren Erledigung die Kontrollkommission aufzulösen wäre. Nach vielen, immer mit dem Wechsel der großen Politik in Verbindung stehenden Erörterungen, hat die Deutsche Regierung am 30. Juni 1924 einer letzten solchen Überprüfung zugestimmt, die am 8. September 1924 begonnen und am 25. Januar 1925 beendet wurde. Diese noch schwebende Schlußuntersuchung bot den Vorwand, die an sich am 10. Januar 1925 fällige Räumung der Kölner Zone noch zu verzögern. Die Nichträumung unter Bezugnahme auf gewisse schon feststehende Ergebnisse der Untersuchung wurde der Regierung erst durch Note vom 5. Januar 1925 angezeigt, während die eigentliche Formulierung dessen, „was von Deutschland noch erwartet werden muß, damit seine Verpflichtungen auf militärischem Gebiete gemäß den Bestimmungen des Artikel 429 als getreulich erfüllt betrachtet werden können", erst durch eine Kollektivnote der Alliierten vom 4. Juni 1925 erfolgte. Der Zusammenhang dieses Verhaltens mit der Ruhrbesetzung und den seit 1924 gepflogenen Erörterungen über einen Sicherheitsvertrag ist dabei deutlich. Denn nur als ein Teilzug in diesem größeren Spiele kann den geringfügigen und mühsam herbeigequälten Nörgeleien des Entwaffnungsberichtes irgendeine Bedeutung zuerkannt werden. Nach Unterzeichnung des Vertrages von Locarno (vergl. S. 73) wurde die Räumung der Kölner Zone eingeleitet und am 30. Januar 1926, nachmittags 3 Uhr, durch Niederholung der britischen Flagge beendet.

2. Veränderungen des Reichsgebietes durch Annexionen, Abstimmungsergebnisse und Zwischenzustände.

Elsaß-Lothringen. Das Reichsland Elsaß-Lothringen wurde mit Wirkung vom 11. November 1918 unter die Herrschaft Frankreichs gestellt. Die tatsächliche Besitzergreifung war in unmittelbarem Anschluß an den Waffenstillstand erfolgt; am 21. November 1918 wurde auf dem Straßburger Münster die Trikolore gehißt. Im übrigen ging Frankreich in der — von der deutschen Delegation vergeblich bekämpften — Zurückdatierung der Abtretung noch weiter, in dem es später gewisse Privatrechtsfragen so behandelte, als ob einzelne Bewohner des Reichslandes auch schon vorher „virtuell" Franzosen gewesen seien. Die deutsche Friedensdelegation hatte in ihrer zusammenfassenden Stellungnahme vom 29. Mai 1919 auf die Losreißung des Gebietes vom alten Deutschen Reich durch französische Angriffskriege hingewiesen, war aber vom Standpunkt heutiger Rechtsauffassung aus bereit, die 1871 unterlassene Befragung der Bevölkerung nachzuholen. Frankreich entschied sich für die bedingungslose Herausreißung aus dem deutschen Volksverbande, dem das Gebiet „nach Sprache und Art mit 87 v. H. seiner Bewohner angehört".

Unmittelbar nach der Besetzung begannen die Franzosen mit jener bekannten, aus Furcht, Rachsucht und anderen Instinkten trübe gemischten Methode den persönlichen und wirtschaftlichen Kampf gegen das nicht altansässige Deutschtum. Vom November 1918 bis 1. Oktober 1920 wurden 95415 Vertriebene und Flüchtlinge (29083 Männer, 29492 Frauen, 36840 Kinder) amtlich gezählt; die Gesamtzahl muß aber auf 112000 angenommen werden, die größtenteils alles Besitzes in unwürdiger Weise beraubt wurden und nur mühsam und unzulänglich in das Erwerbsleben Altdeutschlands eingeordnet werden konnten. Das abgetretene Gebiet umfaßt 1452180 Hektar, auf dem am 1. Dezember 1910 eine Bevölkerung von 1874014 Einwohnern gezählt wurde.

Danzig. Das zu 96,5 v. H. von einer rein deutschen Bevölkerung bewohnte Gebiet von Danzig (191422 Hektar, 330630 Einwohner am 1. 12. 1910) wurde mit Wirkung vom 10. Januar 1920 an die alliierten und assoziierten Hauptmächte abgetreten und deren Kommissar, Sir Reginald Tower, am 11. Februar 1920 übergeben. Auf Grund einer im Sommer 1920 ausgearbeiteten Verfassung wurde Danzig am 15. November als eine unter dem Schutz des Völkerbundes stehende Freie Stadt konstituiert, für die Polen gewisse öffentlichrechtliche Angelegenheiten auftragsgemäß zu besorgen hat.

Memel. Das überwiegend von Deutschen bewohnte Gebiet (265667 Hektar, 141238 Einwohner am 1. XII. 1910), das auch von Seiten der litauisch Sprechenden nie den Wunsch geäußert hatte, vom Reich getrennt zu werden, wurde rechtlich am 10. Januar 1920 abgetreten, am 15. Januar 1920 einer französischen Verwaltung übergeben. Diese ließ sich das Gebiet im Januar 1923 durch einen Einbruch der Litauer entreißen, worauf die Pariser Botschafterkonferenz am 16. Februar 1923 beschloß, diesen durch Gewalt geschaffenen Zustand gutzuheißen und Memel der Gebietshoheit Litauens zu unterstellen.

Hultschiner Land. Mit rechtlicher Wirkung vom 10. Januar 1920 und tatsächlicher Übergabe am 4. Februar 1920 wurde ein Teil des Kreises Ratibor (28618 Hektar, 45396 Einwohner am 1. XII. 1910) an die Tschecho-Slowakei abgetreten. Die Bewohner waren mit der Abtrennung vom Deutschen Reiche nicht einverstanden.

Posen, Westpreußen. In den ohne Abstimmung Polen zugesprochenen Teilen des Deutschen Reiches erfolgte die rechtliche Abtretung mit dem Inkrafttreten des Vertrages von Versailles, also am 10. Januar 1920, nachmittags 4^{15}. Die tatsächliche Übergabe der Regierungsgewalt ist aber in sehr ungeregelter Weise erfolgt, da große Teile durch den am 27. Dezember 1918 in Posen einsetzenden Aufstand von Preußen losgerissen wurden, zu dessen Ausbruch der am Tage vorher erfolgte Einzug Paderewskis das Zeichen gegeben hatte. Am 4. Januar 1919 übernahm der polnische Oberste Volksrat die Herrschaft über die Provinz Posen. Es schlossen sich Abwehrkämpfe, Zeiten des Waffenstillstandes und erneuter Unruhen an, die erst durch die deutsch-polnischen Abkommen vom 25. November 1919 und vom 11. Januar 1920 ihr Ende erreichten.

Abstimmung Eupen-Malmedy. Das Gebiet (103359 Hektar, 60000 Einwohner am 1. Dezember 1910) ging am 10. Januar 1920 rechtlich und tatsächlich in belgischen Besitz über. Die anschließende Kundgebung des Volkswillens war ein würdeloses Spiel, dem gegenüber offene Annexion gestützt auf das Gewaltrecht des Siegers zweifellos klarere Verhältnisse geschaffen hätte. Wer den Verbleib des Gebietes unter deutscher Souveränität wünschte, hatte noch 6 Monate Gelegenheit, dies durch Eintragung in offen ausgelegte Listen bekannt zu geben. Mit Rücksicht auf die Nachteile, die sich hieraus im Verwaltungswege für Leben und Eigentum der sich also Entscheidenden ergaben, wiesen die Listen nur 271 Namen auf, so daß der Völkerbundsrat die erwartete endgültige Zustimmung zur Übertragung an Belgien am 20. September 1920 geben konnte. Deutschland hat gegen Verfahren und Ergebnis Einspruch erhoben.

Abstimmung Nordschleswigs. In dem Bestreben, allen Ansprüchen aus dem Siege eine „Rechtsgrundlage" zu geben, haben die Alliierten in dem Ultimatum vom 16. Juni 1919 behauptet, Deutschland habe § 5 des Prager Friedens von 1866 unausgeführt gelassen, in dem mit Österreich — nicht mit Dänemark — vereinbart wurde, daß der Bevölkerung der nördlichen Distrikte Gelegenheit zur Abstimmung gegeben werden solle. „Malgré les demandes réitérées de la part des habitants, aucune mesure n' a jamais été prise par la Prusse ou l' empire allemand pour tenir cette promesse." In Wahrheit sind die vornehmlich von Bismarck immer wieder aufgenommenen Versuche, zu einer Regelung der Frage zu kommen, daran gescheitert, daß von Dänemark der erforderliche Schutz deutscher Minderheiten nicht zu erlangen war. Durch ein deutsch-österreichisches Abkommen vom 16. Januar 1879 (13. April — 11. Oktober 1878) wurde der bezügliche Teil des Prager Friedens außer Kraft gesetzt, womit eine Rechtslage geschaffen war, der auch Dänemark später tatsächlich zugestimmt hat.

Die Verwaltung des Abstimmungsgebietes wurde am 10. Januar 1920 von einer internationalen Kommission, bestehend aus je einem Engländer (Vorsitz), Franzosen, Schweden und Norweger übernommen.

Die am 10. Februar 1920 in der ersten Zone erfolgende Abstimmung ergab bei 109745 Stimmberechtigten

für Deutschland 25329,
für Dänemark 75431 Stimmen.

Da für diese Zone die Abstimmung über das Gesamtgebiet entscheiden sollte, so wurde sie mit einer erheblichen deutschen Minderheit Dänemark zugewiesen. Eine andere südliche Abgrenzung, nach dem Vorschlag Tiedje's (Tiedje-Linie) würde die mit der dänischen (Clausen-) Linie verbundene Ungerechtigkeit erheblich gemindert haben.

Die Abstimmung in der zweiten Zone, mit den Städten Flensburg und Husum, am 14. März 1920 ergab eine entscheidende Mehrheit für Deutschland. Von 71893 Stimmberechtigten entschieden sich

für Deutschland 51724,
für Dänemark 12800 Stimmen.

Am 28. Mai 1920 entschied die Botschafterkonferenz, daß diese Zone bei Deutschland verbleiben solle. Die Grenze wurde durch eine Note vom 15. Juni 1920 festgelegt und das Gebiet in der Nacht vom 14. zum 15. Juni 1920 den zuständigen Staaten von der internationalen Kommission zurückgegeben. An Dänemark fielen 441800 Hektar mit 191000 Einwohnern am 8. Oktober 1919. Durch einen Pariser Vertrag vom 5. Juli 1920 wurden Dänemark die Hoheitsrechte von den alliierten Mächten zugesprochen, so daß also ein unmittelbar deutsch-dänisches Vertragsverhältnis über das Abtretungsgebiet einstweilen nicht besteht. Für Übernahme deutschen Reichsbesitzes sowie eines Anteils der deutschen Staatsschuld hatte Dänemark den Alliierten 65 Millionen Goldmark zu zahlen, die als Teil der unbegrenzten Reparation vereinnahmt wurden.

Abstimmung Ostpreußen, Westpreußen. Die übermäßige Geneigtheit der Pariser Konferenz, Ansprüchen von irgendwie konstruierten Minderheitsgruppen immer dann statt zu geben, wenn sich hiervon eine Abbröckelung deutschen Gebietes erhoffen ließ, führte zu der seltsamen Volksabstimmung in überwiegend deutsch besiedelten Gebieten im Osten des Reiches.

Vergeblich hatte die deutsche Delegation am 29. Mai 1919 hervorgehoben, daß sich kleine Minderheiten mit besonderer Sprache selbst in den ältesten Einheitsstaaten fänden: „es sei auf die Bretonen, Walliser und Basken verwiesen." Das Vorhandensein so kleiner Minoritäten ist nach dem Programm des Präsidenten kein Grund zur Anzweiflung des nationalen Charakters eines Gebiets; andernfalls würde das Programm zur Auflösung jeglicher Staatsordnung führen.

Das ostpreußische Gebiet (577000 Einwohner am 8. Oktober 1919) wurde am 14. Februar 1920, das westpreußische (164000 Einwohner am 8. Oktober 1919) am 17. Februar 1920 von einer interalliierten Kommission übernommen. Die Abstimmung erfolgte in beiden Gebieten am 11. Juli 1920.

In Ostpreußen entschieden sich von 422067 Stimmberechtigten

für Deutschland 363159,
für Polen 7924 Stimmen,

in Westpreußen von 121176 Stimmberechtigten

für Deutschland 96895,
für Polen 7947 Stimmen.

Trotz des eindeutigen Ergebnisses hat auch hier die Botschafterkonferenz unklare Verhältnisse entstehen lassen, indem sie Polen einige Ortschaften und einen Streifen am rechten Weichselufer zusprach. Deutschland hat gegen diese Entscheidung Verwahrung eingelegt. Im übrigen wurde das Abstimmungsgebiet am 16. August 1920 den deutschen Behörden wieder übergeben.

Abstimmung Oberschlesien. Das Begehren Polens nach Oberschlesien war so offensichtlich schwach gestützt, daß das Verlangen Deutschlands, zum mindesten eine Abstimmung vorzunehmen, nicht zurückgewiesen werden konnte. „Oberschlesien hat überhaupt nur 164 Jahre, und zwar bis 1163, infolge von Eroberung unter Herrschaft des alten Polenreiches gestanden. 1336 sind im Vertrage von Trentschin die letzten lockeren Beziehungen zwischen Polen und Schlesien gelöst worden. Lloyd George hatte also allen Grund, sich über die ganze historische Beweisführung lustig zu machen und den Franzosen einige peinliche Vergleiche aus ihrer eigenen Geschichte unter die Nase zu reiben. Im 12. Jahrhundert zerfiel Schlesien in eine Reihe halb selbständiger Territorien unter Kurfürsten, die im Laufe der Zeit zwanglos zu Deutschen wurden. Nach ihrem Aussterben ging es in böhmischen Besitz über. Mit Böhmen zusammen kam es dann im 16. Jahrhundert an die Habsburger, um 200 Jahre später von Friedrich dem Großen erworben zu werden. Sieht man von diesen innerdeutschen Besitzstreitigkeiten ab, so hat Oberschlesien also fast 8 Jahrhunderte hindurch ununterbrochen unter deutscher Hoheit gestanden." (Max Hildebert Boehm, Die deutschen Grenzlande, Berlin 1925, S. 213.)

Demgemäß gab es auch, obwohl der sogenannte wasserpolnische Dialekt weit verbreitet war, keine national-polnische Bewegung, wie in großen Teilen der Provinz Posen. Das Abstimmungsergebnis war daher für Polen Gegenstand größter Besorgnis. Vor allem nach der einmütigen Willenskundgebung Ost- und Westpreußens.

Am 11. Februar 1920 übernahm eine interalliierte Kommission unter dem Vorsitz des französischen Generals Le Rond die Verwaltung des Gebietes. Sie zeigte sehr schnell unter überwiegend französischem Einfluß große Duldsamkeit gegenüber der polnischen Agitation und das deutliche Bestreben, den wirtschaftlichen und staatsrechtlichen Zusammenhang des Gebietes mit dem Deutschen Reich noch vor der Abstimmung zu lockern. Dem ersten, durch deutsche Truppen rasch niedergeschlagenen Polenaufstand vom 17. August 1919 folgte am

17. August 1920 ein zweiter, der sich von Kattowitz über Beuthen, Tarnowitz, Rybnik, Pleß und Lublinitz ausbreitete und die Hälfte des Abstimmungsgebietes in einen Zustand der Rechtlosigkeit versetzte, gegen den die Abstimmungskommission nichts Ernsthaftes unternahm. Zur gleichen Zeit wurde von Polen und Frankreich versucht, ein für Deutschland ungünstigeres Abstimmungsverfahren durchzusetzen; die Beschränkung des Stimmrechts auf solche, die vor dem 1. Januar 1904 ihren Wohnsitz in Oberschlesien hatten, war ein Teilerfolg.

Die Abstimmung wurde am 20. März 1921 durchgeführt, äußerlich ruhig, jedoch unter polnischem Terror namentlich in den Kreisen Pleß, Rybnik und Tarnowitz. Überdies hatten die Drohungen und Tätlichkeiten manchen deutschen Stimmberechtigten zurückgehalten, da in den nicht von Engländern und Italienern besetzten Bezirken auf Schutz der Deutschen nicht gerechnet werden konnte. Gleichwohl entschieden sich von 1215573 Stimmberechtigten

für Deutschland 702045,
für Polen 479232 Stimmen.

Auf Grund dieses Ergebnisses und unter Berücksichtigung der Vorschrift des Vertrages (§ 5 der Anlage zu Art. 88), daß die Grenzziehung „unter Berücksichtigung sowohl der Willenskundgebung des Einwohner als auch der geographischen und wirtschaftlichen Lage der Ortschaften" erfolgen soll, forderte Deutschland den Verbleib des in sich einheitlich organisierten Gebietes beim Reich. Polen schlug die sog. Korfanty-Linie vor, die ihm das gesamte Industriegebiet und den größten Teil der ländlichen Kreise gegeben hätte.

Da Polen fürchtete, mit diesem Anspruch unter Englands Einfluß abgewiesen zu werden, entfachte es am 3. Mai 1921 unter erneuter Billigung Frankreichs einen dritten Aufstand zur Besetzung der von ihm erstrebten Grenzlinie. Deutscher Selbstschutz vermochte jedoch solche Erfolge zu erringen, daß die polnischen Aufständischen, unter Mitwirkung der interalliierten Kommission, zum Verlassen des Gebietes gezwungen wurden, das alsdann auch die deutschen Verteidiger wieder räumten.

Die Tagung des „Hohen Rates" im August 1921 in Paris führte zu einem ernsten Konflikt zwischen Lloyd George, der Polen nur die Kreise Rybnik und Pleß zusprechen wollte, und Briand, der die polnische These vertrat. Da eine Einigung trotz verzwicktester Teilungsarithmetik der „Sachverständigen" nicht erreicht wurde, wählte man am 12. August den Ausweg, den Völkerbundsrat um einen schiedsrichterlichen Vorschlag zu ersuchen, welche Grenzlinien die alliierten und assoziierten Mächte bestimmen sollten. Damit war jedoch nur eine Verlängerung des politischen Intriguenspiels erreicht. Der Völkerbundsrat überwies die Frage seinen „unparteiischen" Mitgliedern, den Vertretern von Brasilien, Spanien, Belgien und China. Nach offenbarer Bevorzugung polnischer und Nichtanhörung deutscher Sachwalter fällte der Rat am 12. Oktober 1921 einen Spruch, der dem französisch-polnischen Standpunkt entsprach, und also die Einheit des Landes zugunsten Polens zerriß. Die wirtschaftliche Wirkung ist an anderer Stelle erörtert. Die Pariser Botschafterkonferenz nahm am 20. Oktober 1921 den Vorschlag an und teilte ihn in ultimativer Form Deutschland und Polen mit. Deutschland hat gegen die Entscheidung durch eine Note vom 27. Oktober 1921 Rechtsverwahrung eingelegt, die am 7. November durch eine Erklärung des Reichskanzlers vor dem Reichsrat und am 15. Mai 1922 durch den deutschen Bevollmächtigten beim Abschluß des deutsch-polnischen Oberschlesienvertrages in Genf mit größter Bestimmtheit wiederholt wurde. Deutschland hat somit die oberschlesische Grenze gegen Polen nicht anerkannt; die Frage bleibt für weitere Entwicklungen offen.

Die Entscheidung der Alliierten verpflichtete Deutschland und Polen, die staatsrechtliche Trennungslinie durch einen höchst verwickelten Vertrag alsbald wieder soweit zu schließen, daß Polen eine Umstellungsfrist von 15 Jahren zur Eingliederung dieses fremden Bestandteils in seine Wirtschaft gewahrt blieb.

Die Gebietsübernahme durch Deutschland und Polen erfolgte am 15. Juni 1922. Die geographischen Folgen ergeben (nach einer auf amtlichen Quellen ruhenden Darstellung Dr. Stratil-Sauers) das nachstehende Bild:

	Deutsch geblieben	Polen zugesprochen
Flächeninhalt in qkm	973000	332000
Bevölkerung (8. X. 1919)	1300000	980000
deutschsprachig (1910)	614000	264000
polnischsprachig	582000	585000
zweisprachig	75000	43000
deutsch gesinnt (20. III. 1921)	925000 (= 71 %)	420000 (= 44 %)
polnisch gesinnt (20. III. 1921)	375000 (= 29 %)	550000 (= 56 %)
evangelisch (1910)	132000	56000
katholisch	1130000	827000
Juden	9700	8500

Deutschland verlor 95% der Kohlenvorräte, alle Eisengruben und 80% der schwerindustriellen Unternehmungen.

Saargebiet. Das Saargebiet wurde Ende November 1918 im Anschluß an den Waffenstillstand von französischen Truppen besetzt, wobei diese den vergeblichen Versuch machten, ähnliche Empfänge durch die Bevölkerung, wie im Reichsland, zu inszenieren. Der Völkerbund ernannte in seiner Eigenschaft als Treuhänder am 13. Februar 1920 die aus fünf Mitgliedern bestehende Regierungskommission, die am 26. Februar 1920 ihren Amtsantritt feststellte, jedoch eine Übergabe des Gebietes durch die deutschen Behörden ausdrücklich ablehnte. Gleichwohl bleibt — auch nach dem Versailler Vertrag — das künstlich umgrenzte Saargebiet ein Teil des Deutschen Reiches, dessen Souveränität nicht aufgehoben ist, sondern lediglich ruht, bis die Abstimmung von 1935 eine klare Entscheidung ermöglichen wird.

Die rechtliche Sonderstellung wird durch Art. 45 des Vertrages damit begründet, daß Deutschland als Entschädigung für die Zerstörung der nordfranzösischen Schächte die Saargruben an Frankreich abzutreten habe, das in Nutzung dieses Eigentums durch Fortbestehen der deutschen Landeshoheit beeinträchtigt sein würde. Diese Begründung, welche die Menschen entgegen allem „Selbstbestimmungsrecht" als Zubehör der Kohle behandelt, ist tief unwahrhaftig, da in Anhang 5 zu Teil VIII des Vertrages Deutschland bereits ausreichende Lieferungsverpflichtungen an Reparationskohle auferlegt worden sind.

In Wirklichkeit ist die Lösung ein trüber Kompromiß zwischen den Wünschen Frankreichs, die offen auf Annexion gingen, und dem von Lloyd George unterstützten Widerstand Wilsons, der Anfang April 1919 bei der hieraus erwachsenen Spannung mit dem Abbruch der Pariser Konferenz drohte.

Die deutsche Stellungnahme vom 29. Mai 1919 hebt die gefährliche Ungerechtigkeit der geplanten Lösung scharf hervor. „Der Wiederaufbau der nordfranzösischen Bergwerke wird allerhöchstens nach 10 Jahren beendet sein. Der jährliche Förderausfall, zu dessen Deckung Deutschland verpflichtet ist, wird nach Angaben der französischen Regierung selbst in den ersten Jahren äußerstenfalls 20 Millionen Tonnen pro Jahr erreichen. Die Kohlenvorräte der nordfranzösischen Gruben sind durch die Zerstörung überhaupt nicht vermindert worden. In den Saargruben sind mit Sicherheit über 11 Milliarden Tonnen Kohlen nachgewiesen, eine Menge, die ungefähr für 1000 Jahre ausreicht".

Der Völkerbund hat es mit seiner Stellung als Treuhänder wenn nicht Deutschlands, so doch wenigstens der Bevölkerung für vereinbar gehalten, diese einem ausschließlich von französischem Interesse bestimmten Gewaltregiment zu unterstellen. Es gibt vermutlich nicht eine einzige Bestimmung des im Vertrag von Versailles umschriebenen Saarstatuts, die nicht fortgesetzt zu Ungunsten der deutschen Bevölkerung aufs schwerste verletzt worden wäre. Es ist nicht möglich, hier einen auch nur kurzen Überblick über die Rechtsbrüche in bezug auf die staatsrechtliche Stellung des Gebietes, die bürgerlichen Freiheiten der Bewohner, Schulverhältnisse, Währungsfragen usw. zu geben. Bezeichnend ist, daß Frankreich gegen jegliches Recht, selbst ohne einen Scheinauftrag vom Völkerbund, Truppen, darunter Farbige, dort beließ, da die geplante Aufstellung einer lokalen Gendarmerie sich nicht so rasch durchführen lasse. Ein unparteiischer englischer Jurist (Bischopp) bemerkt hierzu: „If it was possible for Great Britain to raise and train an army of 5,000000 men within a year, it certainly need not take twenty years for raising a constabulary of 4000 men".

Frankreich unternimmt den systematischen Versuch, das Gebiet mit geschlossen organisierter französischer Gewalt politischer, kultureller und wirtschaftlicher Natur zu durchsetzen, und das deutsche Element durch Niederhaltung freier Meinungsäußerung, Enteignung, Ausweisung zu zerstören. Das Bild, das man sich in Deutschland vom Völkerbund macht, erhält notwendig durch den Schiedsspruch über Oberschlesien und durch sein Verhalten gegenüber der in seinem Namen geübten Willkürherrschaft im Saargebiet die entscheidenden Züge.

Das Gebiet umfaßt 247546 Hektar mit etwa 700000 Bewohnern (633036 am 1. Dez. 1910), die zu $99\frac{1}{3}$% deutschen Ursprungs sind und sich zur deutschen Sprache bekennen. Die Bevölkerung ist besonders fest mit dem Boden verwurzelt und ländlicher Kleinbesitz ist auch in der Industriearbeiterschaft so verbreitet, daß ein fremder Beobachter die Saar als eine große „industrielle Gartenstadt" bezeichnet. Eine Saarfrage gab es vor 1918 nicht. „Sie wurde durch den Friedensvertrag geschaffen, und zwar auf Anstiften der Delegierten Frankreichs" (Bischopp).

3. Die Entwicklung der Reparationsfrage.

Unter der Bezeichnung „Reparation", für die das moralisierende Wort „Wiedergutmachung" keine geeignete Übersetzung ist, werden die gegnerischen Ansprüche auf wirklichen, von Deutschland im Waffenstillstand zugesagten Schadenersatz ebenso zusammengefaßt, wie die darüber hinausgehenden Forderungen, vor allem für die Pensionen der Kriegsteilnehmer und Hinterbliebenen, von denen jetzt auch kein Gegner, der auf Rechtskenntnis und Anstand hält, mehr behauptet, daß Deutschland zu ihrer Erstattung rechtlich verpflichtet sei.

Der Vertrag von Versailles hat jedoch die Kriegsentschädigung nicht mit einer festen Summe angesetzt, sondern mit Deutschland gleichsam einen Kontokorrentverkehr eröffnet, auf dessen Debetseite eine in jedem Falle übermäßige Belastung eingesetzt erscheint. Zur Abtragung dieser ungemessenen Schuld wurden im Vertrage eine Reihe von Schadensarten bezeichnet, aus denen unmittelbar Ansprüche an Deutschland erwachsen sollten; ferner eine Fülle von Forderungen und Verbindlichkeiten, die so gefaßt waren, daß sie den Alliierten eine Handhabe boten, bereits in ihren Herrschbereich gelangtes Eigentum des deutschen Staates oder seiner Angehörigen einzubehalten und einen — von ihnen einseitig zu bestimmenden — Gegenwert auf Reparationskonto „gutzuschreiben". Daneben entstanden für Deutschland weitere finanzielle Lasten, die seine Reparationsfähigkeit beeinträchtigten, aus den vertraglichen und darüber hinaus erpreßten Besatzungskosten, Kosten für Zerstörungen von Kriegsgerät und kriegstechnisch nutzbar zu machenden Einrichtungen, auch im Besitz Privater, ferner aus den sehr erheblichen Aufwendungen zahlreicher, zu Zuständigkeitsüberschreitungen neigenden Überwachungskommissionen. Der wirtschaftliche Umfang der sofortigen Vermögensübertragungen und Minderungen der deutschen Produktivkraft soll, um Wiederholungen zu vermeiden, im folgenden Hauptabschnitt dargestellt werden; hier ist nur eine Übersicht über die Entwicklung der Rechts- und Ausführungsformen des Reparationsproblems beabsichtigt.

Artikel 233 bestimmt, daß die Reparationskommission den Betrag der Schäden, für die Deutschland haftet, zusammenstellt und prüft, wobei auch der Deutschen Regierung „nach Billigkeit" Gehör zu geben ist, und dann dieser am 1. Mai 1921 das Ergebnis bekannt gibt, „comme représentant le total de ses obligations".

Diese Bestimmung enthielt zugleich die Ablehnung des von der deutschen Friedensdelegation am 29. Mai 1919 gemachten Angebots einer Leistung von 100 Milliarden Mark Gold, zahlbar in einer Vorleistung von 20 Milliarden und sodann in Jahresraten, die in den ersten 10 Jahren je eine Milliarde Gold nicht überschreiten sollen. Die deutsche Kritik dieses Angebots läßt durchweg unbeachtet, daß zu seinen eigens hervorgehobenen Voraussetzungen wirtschaftliche Bewegungsfreiheit nach innen und außen gehörten, sowie der Verbleib Danzigs, Oberschlesiens beim Deutschen Reich und die mandatarische Verwaltung seiner Kolonien durch Deutschland selbst.

Immerhin wurde wenigstens der Grundsatz einer gewissen Mitwirkung Deutschlands bei Aufstellung der Schadensumme im Ultimatum der Alliierten vom 16. Juni 1919 anerkannt. Deutschland wird aufgefordert, innerhalb von vier Monaten nach Inkrafttreten des Vertrages Vorschläge zu machen, und zwar für eine Gesamtsumme, für eigentliche Wiederaufbauarbeit auf französischem Boden, für Lieferung technischen Bedarfes. Die Alliierten verpflichten sich, Deutschland rechtzeitig die nötigen Unterlagen für solche Angebote zu liefern, verlangen aber, daß Deutschland über die Schadensarten selbst, für die es haften soll, die Erörterung als abgeschlossen betrachtet. Diese Erklärung der Gegner erhielt ihr staatsrechtliches Gewicht durch Zusammenfassung in Ziffer 5 des gleichzeitig mit dem Vertrag unterzeichneten Protokolls.

Ein deutscher Vorschlag hätte bis zum 10. Mai 1920 vorgelegt werden müssen. Das Deutsche Reich befand sich jedoch in einer so krisenhaften Verfassung, die Staatsgewalt war durch den ungeheuren außenpolitischen Druck so sehr ihrer Kraft und Würde beraubt, daß die entschlossene Zusammenfassung aller politischen und gesellschaftlichen Faktoren, die hinter einem solchen Angebot hätten stehen müssen, nicht gelang. Überdies ist anzunehmen, daß angesichts der aus Wahlpropaganda geweckten Begehrlichkeit der Steuerzahler des feindlichen Auslandes kein Staatsmann gewagt haben würde, einen mit den wirtschaftlichen Tatsachen in Einklang stehenden Plan Deutschlands auch nur als Verhandlungsgrundlage in Erwägung zu ziehen.

So erhielt die Reparationsfrage ihre ersten Anstöße und Hemmungen nicht aus wirtschaftlichen Gegebenheiten, sondern aus politischen Vorstellungen, Ängsten und Leidenschaften. Dies kennzeichnet die Entwicklung bis zum Dawesplan 1924. Die geschichtliche Gesamtlage trieb Deutschland, den Beweis der Übermäßigkeit des Geforderten durch die tatsächliche Zerrüttung seiner Wirtschaft zu führen, da für gedankliche Darlegungen bei allen Beteiligten keine hinreichende Aufnahmebereitschaft bestand.

Jedoch kam schon auf der ersten der zahlreichen interalliierten Vollstreckungskonferenzen die innere Unsicherheit der Gegner hinsichtlich der Reparationslast und der grundsätzlichen Richtigkeit der dieser Frage gegebenen wirtschaftlichen Unform zum Ausdruck. Auf der vom 19. bis 26. April in San Remo gehaltenen Konferenz verlangte England die Zurückziehung der französischen Truppen aus den Städten Frankfurt und Darmstadt, und versuchte gleichzeitig, unterstützt durch den italienischen Ministerpräsidenten Nitti, eine Nachprüfung der Deutschland auferlegten Lasten zu erreichen. Er vermochte jedoch nur den Beschluß durchzusetzen, Deutschland zu einer Konferenz mit mündlicher Verhandlung, die in Versailles bekanntlich vermieden war, einzuladen. Ein entsprechendes, aus wohlwollenden Wendungen und brutalen Drohungen eigentümlich gemischtes Schreiben wurde am 26. April 1920 an den Reichskanzler gerichtet. Gleichzeitig gaben die vier Ministerpräsidenten vor den betreffenden Volksvertretungen Erklärungen über das Ziel der in Spa geplanten Konferenz ab, die bei eifriger Betonung der interalliierten Übereinstimmung doch schon erkennen ließen, daß die Linien ihrer Politik nicht mehr gleich gerichtet waren. Lloyd George hob (29. April 1920) die innerpolitischen und wirtschaftlichen Schwierigkeiten Deutschlands hervor und erklärte, daß man Vorschläge auch nach dem 10. Mai 1920 noch annehmen werde; Nitti (9. Mai 1920) schob allen Völkern einen Teil der Verantwortung am gegenwärtigen Zustand Europas zu und traf den Kern des Problems mit den Worten: „Die wirtschaftliche Wiederherstellung der besiegten Völker liegt im Interesse Gesamteuropas"; Millerand äußerte sich (28. April 1920) am schärfsten, indem er betonte, daß es sich auch bei Konferenzen immer nur um Anwenwendung, nie um Revision des Vertrages handeln dürfe; Jaspard dagegen versuchte eine leise Dämpfung übertriebener Erwartungen, als er bei einem Presseempfang sagte: „La fixation définitive de la dette allemande aboutira peut-être à une réduction sur nos espérances, mais pas sur les réalités".

Zur Vorbereitung der, wegen schwerer Regierungskrisen, auf deutschen Wunsch vom 25. Mai auf den 4. Juli verschobenen Konferenz von Spa erwiesen sich noch vier interalliierte Zusammenkünfte als notwendig. In Hythe wurde am 15. Mai der Grundsatz festgelegt, daß eine rasche Bestimmung der deutschen Schuld der internationalen Beruhigung dienen werde; es seien deshalb Sachverständige mit den notwendigen Arbeiten zu betrauen. Gleichzeitig wurde der Gedanke einer Erhöhung deutscher Leistungen nach Maßgabe seiner wirtschaftlichen Kräftigung ins Auge gefaßt; dies entspricht dem im Dawesplan vorgesehenen Indexsystems, vorher von Deutschland als sogenannter „Besserungsschein" wiederholt vorgeschlagen. Nach einer zweiten kurzen Besprechung in Hythe (am 19. Juni 1920) fand am 21. Juni eine entscheidende Konferenz in Boulogne statt, in welcher der nach ihr genannte „Boulogner Zahlungsplan" erdacht wurde. Seine endgültige Fassung erhielt er bei einer abermaligen Zusammenkunft der Premierminister in Brüssel am 2. und 3. Juli 1920.

Der Plan wurde in neun Artikel zusammengefaßt, jedoch den Deutschen weder in Spa noch später amtlich mitgeteilt und blieb auch in der wissenschaftlichen Literatur in seinen Einzelheiten unbekannt. Er ist immerhin in zweifacher Hinsicht wichtig. Einmal wegen der noch völlig unsinnigen Höhe der Gesamtforderung, die, wenn man die „Schonzeit" mit nur drei Milliarden Jahreszahlung auf das Ganze verrechnet, einen Tribut von je sechs Milliarden Goldmark für die Dauer von 42 Jahren vorsah. Sodann aber enthielt er nach der technischen Seite einige Absichten, die immer wieder aufgenommen worden sind. Dahin gehören: Zusammenfassung aller Pflichten Deutschlands in eine feste Summe; Recht Deutschlands durch eine internationale Anleiheaktion die Schuld in verkürztem Zeitraum unter Kapitalisierung nach einem von 8% bis 5% gestaffelten Zinsfuß abzutragen; zugunsten des Dienstes einer solchen Anleihe darf die Reparationskommission auf die Vorrechte aus Artikel 248 verzichten; Reich, Länder und Kommunen dürfen ausländische Kredite und Anleihen nur mit Genehmigung der Reparationskommission aufnehmen; als Pfänder stellt Deutschland, außer den Zöllen, Industriepapiere bis zur Höhe von 5 Milliarden Goldmark zur Verfügung, die bei Zahlungsverzug für Deutschlands Rechnung veräußert werden sollen; bei Annahme des Verfahrens verzichtet die Reparationskommission auf die Anwendung solcher Artikel des Vertrages, die ihr gestatten, in das wirtschaftliche und finanzielle Leben Deutschlands einzugreifen. Das Verhältnis zu Polen soll besonderer Regelung vorbehalten bleiben.

Am 5. Juli 1920 begann die Konferenz von Spa, bei der zum ersten Male mit den Kriegsgegnern mündlich verhandelt wurde. Die deutsche Delegation stand unter Führung des Reichskanzlers Fehrenbach, der fast von allen Ministern, General von Seeckt und einigen Sachverständigen für Wirtschafts- und Finanzfragen begleitet wurde.

Die Hauptarbeit der Konferenz erstreckte sich auf die militärischen Fragen, auf die schon im vorigen Abschnitt hingewiesen wurde. Dagegen wurde über die Reparation als ein Gesamtproblem, obwohl sie als zweiter Punkt auf der Tagesordnung stand, nicht eigentlich verhandelt. Das Hauptinteresse galt hier der mittelbar mit ihr zusammenhängenden Frage der Kohlenlieferungen. Es gelang zwar in Verhandlungen, die ihr besonderes Gesicht durch die Mitwirkung von Hugo Stinnes und des Bergarbeiterführers Otto Huë erhielten, den nominellen Anspruch aus dem Vertrag (Artikel 236 und Anlage V zu Teil VIII) von 41 Millionen Tonnen Jahresleistung auf 24 Millionen Tonnen herabzusetzen. Angesichts der deutschen Versorgungslage (vgl. den nächsten Abschnitt) hielten die Sachverständigen dies jedoch für eine noch immer so zerstörende

Belastung der Wirtschaft, daß sie sich zur Ausarbeitung eines mit bestimmten Zahlen ausgestatteten Reparationsplanes noch nicht entschließen konnten, und somit das Deutschland eingeräumte Vorschlagsrecht ungenutzt blieb.

Der Reichsminister des Auswärtigen Simons entwickelte aber in der Sitzung vom 10. Juli 1920, daß nach Auffassung der deutschen Regierung die Lösung auf drei Arten vorzunehmen sei. Festsetzung einer Jahresleistung (Annuität), einer Endsumme und eines Verfahrens, „in welcher Weise die Gläubiger Deutschlands an einer etwaigen künftigen Besserung der wirtschaftlichen Lage Deutschlands zu beteiligen sein werden"; Ausgestaltung eines geschäftlich, und nicht verwaltungstechnisch geregelten wirksamen Sachlieferungsverfahrens; unmittelbarer Einsatz deutscher Arbeit in den zerstörten Gebieten Nordfrankreichs. Besonderer Wert wurde von deutscher Seite darauf gelegt, daß die Jahreszahlung alle Leistungen, einschließlich der Besatzungskosten umfasse, und daß die Verpflichtungszeit, gemäß dem Vertrage, auf 30 Jahre begrenzt bleibe. In der Schlußsitzung am 16. Juli 1920 wurde beschlossen, innerhalb weniger Wochen in Genf eine Sachverständigenkonferenz aus je 2 Delegierten der sechs beteiligten Mächte zusammentreten zu lassen. War diese Gesamtfrage somit in einer wenigstens der Form nach befriedigenden Weise behandelt worden, so darf doch die Drohung nicht übersehen werden, die das über die Kohlenlieferungen unterzeichnete Protokoll enthielt. Ziffer 7 lautete: „Wenn am 15. November 1920 festgestellt werden sollte, daß die Gesamtsumme der August-September-Oktober Lieferungen des Jahres 1920 6 Millionen Tonnen nicht erreicht hat, so würden die Alliierten zur Besetzung eines neuen deutschen Gebietsteils, des Ruhrgebiets oder irgendeines anderen, schreiten". Die deutschen Bevollmächtigten haben ihre Unterschrift unter ausdrücklicher Ablehnung des Artikels 7 erteilt, dessen Rechtsgültigkeit von Simons in bündigen Ausführungen bestritten wurde.

Die in Genf geplante Konferenz wurde auf Betreiben Frankreichs verschoben und unter wechselnden Stimmungslagen der großen Politik kam erst am 11. November 1920 ein neuer Beschluß Frankreichs und Englands zustande, daß eine allgemeine Sachverständigenberatung und eine anschließende internationale Ministerbesprechung der Reparationskommission die Grundlagen für eine endgültige Entscheidung bieten sollten. Demgemäß trat am 16. Dezember 1920 in Brüssel eine Konferenz zusammen, an der hohe Beamte, Sachverständige, Vertreter der Reparationskommission und der britische Botschafter in Berlin teilnahmen. Die Verhandlungen wurden mit großem sachlichen Ernst und in den Formen geführt, auf die auch ein besiegter Staat Anspruch hat. Die genauen Aufschlüsse, die die deutschen Vertreter über die Lage ihres Landes gaben, veranlaßten die Sachverständigen, bei der am 22. Dezember erfolgten Vertagung der Konferenz auf den 10. Januar 1921, eine Reihe für Deutschland wichtiger Fragen zwecks weiterer erfolgversprechender Verhandlungen offen zu halten. Darunter waren die Festlegung der Besatzungskosten und des Verhältnisses von Bar- und Sachlieferungen; die Frage der Schiffsauslieferung und Schiffsneubauten; die Handhabung der Repressalienklausel des § 18 der Anlage II zu Teil VIII des Vertrages, der Einziehung der deutschen Auslandsvermögens, schließlich die allgemeine handelspolitische Benachteiligung Deutschlands durch die ehemaligen Kriegsgegner.

Mit diesem Ergebnis schienen die Verhandlungen dem Entscheidungspunkt nahe zu kommen.

Aber gerade damit wuchsen auch die Widerstände des amtlichen und des von der sogenannten öffentlichen Meinung bewegten Frankreich, das fürchtete, mit der endgültigen Regelung der Reparationsschuld auf dem Boden des wirtschaftlich Möglichen eine Gelegenheit preiszugeben, die ihm keine Zukunft wieder bringen würde. Auch fürchtete die Regierung sich vor dem Augenblick, da dem französischen Steuerzahler offen gesagt werden mußte, daß die Finanznot Frankreichs durch deutsche Zahlungen allein nicht zu beheben sei.

Deutschland wurde deshalb am 7. Januar 1921 von Frankreich ein Provisorium für fünf Jahre vorgeschlagen, mit Raten von je drei Milliarden Goldmark, überwiegend in Sachlieferungen zahlbar. Noch während der Verhandlungen über diesen Vorschlag, dessen Annahme auch der englische Geschäftsträger in Berlin empfahl, und über den ernsthaft zu beraten die deutsche Regierung durchaus bereit war, (deutsche Note vom 26. Januar 1921) kam in Frankreich die Verschärfung der politischen Lage in einem Wechsel des Ministeriums zum Ausdruck. Die neue Regierung ging jetzt der Form nach auf die englische These der endgültigen Festsetzung ein, verlangte aber, daß nicht gegriffene Zahlen, wie in Boulogne, sondern angeblich aus den tatsächlichen Schadensaufnahmen errechnete zugrunde gelegt würden. Die von den Brüsseler Sachverständigen ausgearbeiteten Berichte, die ein wahrheitsgemäßes Bild der deutschen Lage gaben, wurden unterdrückt und erst später durch neue den gleichen Sachverständigen abgeforderte Berichte ersetzt, die auftragsgemäß die gewünschte politische Verzerrung des Tatsächlichen enthielten.

Durch die übliche geschickte Verquickung der Reparationsfrage mit dem Problem der französischen Sicherheit gelang es Frankreich, den zunächst sehr lebhaften Widerstand Englands gegen diese Pläne zu beschwichtigen. Die in Paris ab 25. Januar 1921 tagende Konferenz der alliierten Minister faßte am 29. Januar die sogenannten Pariser Beschlüsse, die der deutschen Regierung am gleichen Tage mit der schon zu einem Schema erstarrten begleitenden Drohnote übersandt wurden. Diese enthielt am Schlusse die Einladung, Ende Februar mit Bevollmächtigten der alliierten Regierungen in London zusammenzutreffen. Die Beschlüsse umfaßten militärische Bestimmungen über Reichswehr und Marine, Selbstschutz und Polizei, Zerstörung von Kriegsmaterial, Verwendung von Luftfahrzeugen, und als Hauptstück eine „Vereinbarung zwischen den alliierten Mächten zur Regelung gewisser Fragen hinsichtlich der Ausführung des Vertrages von Versailles". Artikel 1 bestimmte, Deutschland habe außer den Rücklieferungen gemäß Artikel 238 und außer allen anderen Verpflichtungen des Vertrages zu zahlen:

1. Feste Annuitäten von

je 2	Milliarden	RM.	vom	1. Mai 1921 bis 1. Mai 1923
„ 3	„	„	„	1. Mai 1923 bis 1. Mai 1926
„ 4	„	„	„	1. Mai 1926 bis 1. Mai 1929
„ 5	„	„	„	1. Mai 1929 bis 1. Mai 1932
„ 6	„	„	„	1. Mai 1932 bis 1. Mai 1963

2. 42 Annuitäten, welche vom 1. Mai 1921 zu laufen beginnen, je 12 v. H. des Wertes der deutschen Ausfuhr gleichkommen, von dem Ertrage dieser Ausfuhr vorweg erhoben werden und in Gold zwei Monate nach Ablauf jeden Halbjahrs zu zahlen sind. Artikel 2 und 3 enthalten Bestimmungen über Mobilisierung und vorzeitige Ablösung der Schuld durch Kapitalhingabe, Artikel 4 schränkte die Finanzhoheit von Reich, Ländern und Gemeinden gemäß dem Boulogner Plan ein, Artikel 5 bestimmte die deutschen Zölle als Spezialpfand und enthielt Hinweise auf das, was die Alliierten im Falle ungenügender Zahlungen zu unternehmen gedächten.

Die deutsche Regierung nahm die Einladung zu der auf den 1. März 1921 in London angesetzten Konferenz durch Note vom 9. Februar 1921 an, jedoch unter der Voraussetzung, „daß die Verhandlungen der Konferenz sich auch auf die noch zu übermittelnden Vorschläge der deutschen Regierung erstrecken werden". Über diese Vorschläge fanden in Berlin Beratungen statt, deren Ergebnis jedoch zunächst nur eine von bedeutenden Unternehmern gezeichnete Denkschrift über „Die wirtschaftlichen Wirkungen der Pariser Beschlüsse" war. Sie kam mit teils richtigen, teils methodisch fragwürdigen Begründungen zu dem an sich einwandfreien Ergebnis, daß der deutsche Produktionsapparat die ihm zugemutete Leistung nicht aufbringen könne, und daß schon der Erfüllungsversuch unter notwendig unmenschlicher Überspannung der deutschen Arbeitsleistung eine fortgesetzte krisenhafte Störung des Weltmarktes hervorrufen würde. Dagegen fehlte zunächst ein ökonomisch möglicher und für das Anschauungsbedürfnis der Gegner hinreichend geformter Gegenvorschlag, der auf diplomatischem Wege zur Vorbereitung der öffentlichen Konferenz hätte erörtert werden müssen. In dieser verneinenden Haltung der „Sachverständigen" wird man einen Mangel an schöpferischem Mut erblicken müssen, der Deutschland um die kühne Ausnutzung einer großen politischen Möglichkeit gebracht hat. In dem Reichsaußenminister Dr. Walter Simons stand ein Führer bereit, dessen herber Männlichkeit und unbestechlicher Rechtlichkeit vom Gegner hohe Achtung entgegengebracht wurde. Es war von „der Wirtschaft" ein schwerer psychologischer Fehler, gerade diesen Staatsmann unzulänglich zu unterstützen; die Zurückhaltung der Wirtschaft in diesem Augenblick leitete jene Entwicklung ein, die schließlich zu ihrer unmittelbaren Haftbarmachung durch die Industriebelastung des Dawesgutachtens führte. In der Londoner Konferenz vom 1. bis 7. März 1921 kam stärker als in jeder anderen die tragische Zerrissenheit Europas zum Ausdruck, da sich auf keiner die Gegensätze so nahe der Verständigungslinie waren, um sich dann freilich mit der Heftigkeit des bösen Willens und des verstockten Irrtums wieder rasch von dieser zu entfernen.

In der ersten Sitzung trug der Reichsaußenminister den endgültig erst während der Fahrt nach London formulierten deutschen Vorschlag vor. Dieser ging von den Pariser Beschlüssen aus, diskontierte diese mit dem dort nur für die Raten bis 1. Mai 1923 vorgesehenen Satz von 8 v. H. auf einen Gegenwartswert von 50 Milliarden Goldmark, auf den mit 20 Milliarden die von Deutschland seit dem Waffenstillstand gemachten Sachleistungen angerechnet werden sollten. Eine verbleibende Reparationsschuld von 30 Milliarden wollte Deutschland in Höhe von 8 Milliarden durch eine internationale Anleihe sofort mobilisieren, während der Rest von 22 Milliarden, notfalls mit einem Aufschub von 5 Jahren, von Deutschland in 30 Jahren zu verzinsen und zu amortisieren wäre. Lloyd George bezeichnete diese Vorschläge als ungenügend und leitete die Gesamtstimmung der Konferenz unter französischem Einfluß durch Erörterungen über die Schuldfrage und Übertreibung der Zerstörungen in Nordfrankreich auf jene demagogische Haltung über, in der man sich zur Rechtfertigung von Gewaltakten auf die erregte öffentliche Meinung zu berufen pflegte, die ein scharfes Vorgehen gegen den säumigen Schuldner erwarte. In der Sitzung vom 3. März stellte Lloyd George für die Annahme der Pariser Beschlüsse ein bis zum 7. März mittags befristetes Ultimatum. Er kündigte an, daß bei ablehnender Haltung Deutschlands die Gegner „under the Treaty of Versailles" beschlossen hätten: 1. Besetzung der Städte Duisburg, Ruhrort und Düsseldorf. 2. Einbehaltung eines Teils des Preises der von Deutschland nach Ententeländern verkauften Ausfuhrwaren zugunsten der Reparationskasse. 3. Errichtung einer Zollgrenze zwischen besetztem und unbesetztem Gebiet Deutschlands und Einbehaltung aller Zollerträge im Machtbereich der Besatzungsarmee. In der Schlußsitzung vom 7. März 1921 lehnte Dr. Simons die Pariser Beschlüsse vom 29. Januar ab, erneuerte aber den Vorschlag, auf das von Paris am 7. Januar angebotene fünfjährige Provisorium einzugehen, unter der Voraussetzung, „daß Oberschlesien auf Grund der Abstimmung bei Deutschland verbleibt, und daß die uns auferlegten Beschränkungen im Welthandel fallen". Er wies im übrigen die unbedingte Rechtswidrigkeit der angedrohten Strafen (Sanktionen) nach, zumal Deutschland auch nach dem Vertrage frühestens ab 1. Mai 1921, an welchem Tage ihm der Betrag seiner Schuld mitgeteilt werden müsse, im Zahlungsverzug sein könne, auch für die laut Artikel 233 zu leistenden 20 Milliarden. In seiner Entgegnung wiederholte Lloyd George die allgemeinen politischen Vorwürfe gegen Deutschland, fand aber immerhin nicht den Mut, eine Rechtsbegründung für die Sanktionen vorzubringen, auf deren Durchführung die französischen Militärkreise mit Ungeduld warteten. Schon am 8. März wurden die wichtigen Zugänge zum Ruhrgebiet, Duisburg, Ruhrort und Düsseldorf besetzt und erst im Sommer 1925 wieder geräumt. Die entgegen dem klaren Sinn des Artikel 270 vorgenommene Errichtung einer Zollinie, die vom 8. April bis zum 1. Oktober 1921 bestand, bedeutete einen überaus störenden Eingriff in den Arbeitszusammenhang der deutschen Wirtschaft. Die reparationstechnisch bemerkenswerteste Folge dieses ersten Londoner Ultimatums war aber die „German Reparation (Recovery) Act" vom 24. März 1921 durch die die englische Regierung die Ermächtigung erhielt, bis zu 50% vom Werte der deutschen Ausfuhr nach England für Reparationszwecke in Anspruch zu nehmen; durch Verordnung wurde der Satz auf 26% festgesetzt. Der deutsche Verkäufer erhielt nur wirkliche Zahlung für 74% seiner Rechnung, für den Rest nur eine Bescheinigung, gegen die ihm eine deutsche Amtsstelle das Fehlende in Papiermark auszahlte; in der Zeit sinkenden Markkurses waren damit große Verluste verbunden. Diese Abgabe, Beispiel einer nüchtern geschäftlichen Pfänderpolitik, zeitweilig auf 5% ermäßigt, behielt England auch nach Einführung des Dawesplanes bei, als eine ihm praktisch erscheinende Form der realen Befriedigung, die zugleich die Aufgabe eines Schutzzolles gegen übermäßige deutsche Einfuhr zu erfüllen geeignet war.

Im Anschluß an das negative Ergebnis der Londoner Konferenz arbeitete die Reparationskommission, ganz im französischen Sinne geleitet, an Herrichtung der endgültigen Schadenrechnung, während Deutschland erhebliche diplomatische Anstrengungen machte, um bis zum kritischen Termin des 1. Mai 1921 einen neuen Ausweg zu finden. Insbesondere wurde versucht, eine Vermittlung durch die Vereinigten Staaten zu erreichen. Durch Note vom 23. März 1921 weist Deutschland auf die wiederholten, von Frankreich aber stets abgewiesenen Angebote des unmittelbaren Wiederaufbaus der zerstörten Gebiete hin, es betont die exporttechnischen Schwierigkeiten großer Reparationszahlungen, erbietet sich, an der Abtragung der alliierten Schulden gegenüber den Vereinigten Staaten teilzunehmen, und bittet schließlich, in jene ernsthafte Prüfung seiner ökonomischen Leistungsfähigkeit einzutreten, auf die es durch den Vertrag Anspruch hat. Auf die amerikanische Antwort vom 29. März 1921, die den aufrichtigen und unzweideutigen Erfüllungswillen der deutschen Regierung anerkennt, entgegnet Deutschland am 20. April 1921 durch ein offizielles Ersuchen um Vermittlung, in welchem es die Zusicherung gibt, den Reparationsbetrag zu zahlen, den der Präsident der Vereinigten Staaten nach sorgfältiger Prüfung für gerecht halten wird. Die Vereinigten Staaten lehnen — am 22. April — die Rolle des Schiedsrichters ab, bieten aber ihre guten Dienste zur Weitergabe eines formulierten deutschen Angebotes an. Darauf übersandte Deutschland am 24. April 1921 jenes Angebot, von dem Keynes urteilt, daß es sorgfältig und klar formuliert war und wahrscheinlich bis zum vollen Höchstmaß deutscher Leistungsfähigkeit, wenn nicht gar darüber hinaus ging.

Deutschland erbot sich, eine Reparationsschuld von 50 Milliarden Goldmark Gegenwartswert, ohne Anrechnung der Vorleistungen, zu übernehmen, und sofort eine Teilmobilisierung durch eine von ihm mit aufzubringende internationale Anleihe zu versuchen. Es verpflichtete sich zur sofortigen Zahlung von einer Milliarde Goldmark, zu einer indexmäßig zu berechnenden Beteiligung der Mächte an einer Besserung seiner Finanz- und Wirtschaftslage, und zum aktiven Wiederaufbau bestimmter Städte, Dörfer und Flecken im Zerstörungsgebiet auf eigene Kosten, also außerhalb der Annuitäten. Es erklärte sich bereit, fremden Geldgebern Pfänder öffentlich-rechtlicher Art zu stellen, machte aber zur Bedingung dieses Vorschlages die Freigabe des deutschen Privatvermögens im Ausland. Der Reparationskommission hatte Deutschland am 22. April einen technisch genau durchgearbeiteten Plan für die tätige Anteilnahme am Wiederaufbau der zerstörten Gebiete übersandt.

Alle Bemühungen blieben vergeblich. Am 3. Mai 1921 wird dem amerikanischen Geschäftsträger in Berlin mitgeteilt, daß die Regierung in Washington die Möglichkeit einer Vermittlung nicht gefunden habe, da die Alliierten die deutschen Vorschläge auch als Verhandlungsgrundlage nicht in Betracht ziehen könnten.

Damit war ein Weg für ein Vorgehen nach dem Buchstaben des Vertrages frei. Die Reparationskommission hatte die Schadenmeldungen gesammelt, die nach dem Neuyorker Kurs umgerechnet eine Summe von rund 186 Milliarden Goldmark ergaben. Hiervon entfielen allein 78,6 Milliarden auf Pensionen und Familienunterstützungen, deren Einrechnung nach jetzt allgemeiner Überzeugung einen Rechtsbruch darstellt. Aber auch alle „Berechnungen" über Sachschäden waren in höchstem Grade übersetzt; die französische Aufstellung kam für den Wert eines von Kleinbauern oder Bergleuten bewohnten Hauses auf den Durchschnittsbetrag von 45000 RM. für das Haus und 23600 RM. für die innere Einrichtung. Die Reparationskommission, die nach einem für Deutschland ungünstigeren Kurse rechnete, bezifferte die Gesamtmeldungen auf 223,5 Milliarden Goldmark, setzte aber dann, besonders unter englischem Druck, die Schuldsumme durch Entscheidung vom 27./30. April 1921 auf 132 Milliarden Goldmark unter Anrechnung der Vorleistungen fest, mit Ausschluß der Vergütungen an Belgien und noch zu bewirkender Restitutionen. Vorher schon hatte die Reparationskommission, zur Vorbereitung von „Verfehlungsfeststellungen" die deutsche Kriegslastenkommission in Paris durch Noten vom 15. und 24. März darauf hingewiesen, daß von der Vorleistung in Höhe von 20 Milliarden (Artikel 235) nach der Rechnung der Alliierten noch $12^1/_2$ Milliarden rückständig seien, auf die bis zum 22. März 1921 eine Anzahlung von einer Milliarde Goldmark gefordert wurde. Am 18. April wurde sogar das Ansinnen gestellt, den Goldbestand der Reichsbank zu Pfandzwecken auf die Niederlassungen in Köln oder Koblenz zu übertragen. Deutschland wies demgegenüber auf sein Angebot vom 24. April hin, und wurde durch Entscheidung der Reparationskommission vom 3. Mai 1921 als im Zahlungsverzuge befindlich erklärt. Zu dieser technischen Vorbereitung trat die politische auf einer Zusammenkunft zwischen Lloyd George und Briand in Lympne am 23. und 24. April, bei der die Franzosen versuchten, Englands Unterstützung für sofortige territoriale und wirtschaftliche Strafmaßnahmen zu erreichen. Lloyd George bestand jedoch darauf, daß Deutschland zunächst die Pariser Abmachungen zur Unterschrift vorgelegt würden.

Dies geschah in Form der als „Londoner Ultimatum" bezeichneten Beschlüsse der Alliierten vom 5. Mai 1921. Ausgehend von der Behauptung, daß Deutschland im Erfüllungsverzug sei hinsichtlich der Entwaffnung, der Vorleistung aus Artikel 235, der Aburteilung der Kriegsverbrecher und gewisser wirtschaftspolitischer Bestimmungen, forderten sie Deutschland auf, seinen Verpflichtungen durch bedingungslose Annahme eines Zahlungsplanes, einer Überwachungskommission und anderer Forderungen nachzukommen. Die Erklärung endete mit der Drohung, die Alliierten hätten beschlossen, „falls die deutsche Regierung die vorstehenden Bedingungen nicht bis zum 12. Mai erfüllt, zur Besetzung des Ruhrgebietes zu schreiten, und alle etwa sonst erforderlichen militärischen Maßnahmen zu Lande und zur See zu treffen. Diese Besetzung wird so lange andauern, als Deutschland mit der Erfüllung der Bedingungen im Rückstande ist." Nach einer innerpolitischen Krisis, die zum Rücktritt des Kabinetts Fehrenbach-Simons und zur Übernahme der Kanzlerschaft durch Wirth führte, stimmte der Reichstag um Mitternacht vom 10. zum 11. Mai 1921 der Annahme des Ultimatums in namentlicher Abstimmung mit 220 gegen 172 Stimmen zu. Die Entscheidung stand zweifellos unter dem Eindruck des dritten oberschlesischen Aufstandes, der nach der für Deutschland günstigen Abstimmung unter offener Förderung Frankreichs die Festlegung der Korfanty-Linie für Polen erstrebte. Die deutsche Annahmeerklärung erfolgte in Form einer von Wirth gezeichneten diplomatischen Note. Dagegen wurden die Londoner Erklärungen nicht Bestandteil der deutschen Gesetzgebung, sondern nur ein auf die Reparation bezüglicher Teil am 3. Juni als der Reichsregierung übergeben bekannt gemacht (R.G.Bl. 1921, S. 716), ohne eine Aussage über die staatsrechtliche Bedeutung dieses Schriftstückes.

Es ergaben sich nun folgende Verpflichtungen. Deutschland erkennt die Schuld von 132 Milliarden Goldmark durch Übergabe dreifach verschiedener Schuldverschreibungen an:

Serie A: 12 Milliarden, ab 1. Mai 1921 mit 5% zu verzinsen und 1% zu tilgen.

Serie B: 38 Milliarden, ab 1. November 1921 mit 5% zu verzinsen und 1% zu tilgen.

Serie C: 82 Milliarden, zu verzinsen und zu tilgen erst nach Sicherung des Dienstes der Serien A und B.

In nur losem Zusammenhang mit dieser Verpflichtungsgrundlage wurde ein Zahlungsplan aufgestellt, der vorsah eine feste Jahresleistung von 2 Milliarden Goldmark, eine veränderliche in Höhe von 26% des Wertes der deutschen Ausfuhr. Außerdem war bis zum 31. August 1921 eine Milliarde Goldmark in bar zu zahlen.

Ein Garantiekommitee, das ein Aufsichtsrecht über bestimmte, wichtige deutsche Staatseinnahmen erhielt, wurde von der Reparationskommission nach Berlin delegiert; es hatte nicht die Befugnis zu unmittelbaren Sicherungs- und Vollstreckungsmaßnahmen.

Realpolitisch betrachtet, bedeutete das Londoner Ultimatum, abgesehen von den rechtswidrigen Formen seiner Durchsetzung, eine Rückkehr zu den Verfahrensvorschriften des von Deutschland unterzeichneten Vertrages, und gleichzeitig eine erste Annäherung an eine wenigstens diskutable Festsetzung der Gesamtschuld auf den Betrag von 50 Milliarden Goldmark. Denn auch die Empfänger der Serie C waren sich darüber klar, daß sie mit diesen Schuldverschreibungen nur Schaustücke für ein historisches Museum erhielten; sie wagten nicht einmal den Versuch, die Serie A durch eine internationale Anleihe ganz oder teilweise alsbald zu mobilisieren.

Deutschland versuchte in der Folgezeit die Erfüllung der übernommenen Verpflichtungen auf Kosten des Zusammenhanges seiner Wirtschaftsverfassung. Außer der Barzahlung in Höhe von einer Milliarde Goldmark, deren Übertragung die deutschen Wechselkurse bis zum Herbst verdreifachte, aber auch die Währungen der Hauptmächte angriff, wurden vom 1. Mai bis 31. Oktober 1921 Sachlieferungen im Werte von etwa 300 Millionen Goldmark geleistet. Bereits am 30. September 1921 konnte das Garantiekomitee feststellen, daß die am 15. November zuerst fällige variable Annuität von 250 Millionen Goldmark gedeckt sei.

In der politischen Entspannungspause, die durch den Versuch buchstäblicher Erfüllung der Londoner Protokolle geschaffen wurde, gelang es, auch über die Frage des Reparationsvollzugs ein Abkommen mit Frankreich zu schließen. Die von Rathenau und Loucheur gezeichneten **Wiesbadener Protokolle** vom 6. und 7. Oktober 1921 legen ein bündigeres und geschäftsmäßigeres Verfahren für die Lieferung von Baustoffen fest, und setzen an Stelle der noch nicht erledigten Rücklieferungen die Anfertigung von Ersatzstücken durch die deutsche Industrie. Ein Fortschritt zur Verständigung war die schiedsgerichtliche Festsetzung der Preise, über die bisher der Gegner einseitig zu bestimmen hatte. Da in der Zeit vom 1. Okt. 1921 bis 1. Mai 1926 Lieferungen bis zum Höchstbetrag von 7 Milliarden Goldmark vorgesehen waren, von denen nur 35% auf Reparationskonto geschrieben, dagegen 65% der französischen Industrie von der deutschen gestundet werden sollte, so sah man in diesem Versprechen, auch in Deutschland, einen gewissen Widerspruch zu den deutschen Darstellungen über die Leistungsschwäche der eigenen Wirtschaft. Die Reparationskommission stimmte durch Entscheidung vom 20. Okt. 1921 zwar dem Grundgedanken des Abkommens zu, hielt es in seinen Einzelheiten aber für eine Abweichung vom Vertrag von Versailles, so daß die Entscheidung von den Signatarmächten selbst getroffen werden müßte.

Das Abkommen fand im übrigen bei der französischen Industrie aus Furcht vor dem Wettbewerb, bei der deutschen aus Abneigung gegen den „planwirtschaftlichen" Charakter des Verfahrens Widerspruch. Diesen letzten Einwand beseitigten die ein ungebundenes Bestell- und Lieferverfahren vorsehenden Abkommen, die im Jahre 1922 mit **Belgien** (Cuntze-Bemelmans Vertrag vom 2. Juni 1922) und mit **Frankreich** (Ruppel-Gillet Verträge vom 21. März, 28. Mai und vom 3. und 6. Juni 1922) geschlossen wurden. Auf dieser Grundlage entstanden Abmachungen der privaten Industrie, so das für eine veränderte politische Haltung (Erfüllungsbereitschaft) besonders kennzeichnende zwischen Stinnes und Lubersac vom 30. August / 4. Sept. 1922. Eine entscheidende Wandlung des teils versteckten, teils offenen Annahmeverzugs der französischen Volkswirtschaft wurde aber auch durch diese Rahmenverträge zwischen Unternehmergruppen nicht erreicht.

Die Darstellung kehrt zur Lage im Herbst 1921 zurück. Die schon besprochene Entscheidung der Botschafterkonferenz über **Oberschlesien** vom 20. Oktober 1921 hatte außerhalb ihrer sachlichen Bedeutung einen starken Einfluß auf den seelischen Zustand Deutschlands. Sie ließ in erschreckender Weise die Ungemessenheit der Deutschland angesonnenen Leistungen erkennen und schuf damit jene fatalistische Stimmung, die zusammen mit den objektiven Faktoren die weitere Entwicklung des Reparationsproblems beherrschte.

Von Unruhe ergriffen, traf die Reparationskommission am 9. Nov. 1921 zu mündlichen Besprechungen und persönlicher Untersuchung der Lage in Berlin ein. Als Ergebnis übersandte sie am 2. Dez. der Reichsregierung eine Note, in der sie den Anspruch auf Zahlungen in ausländischer Währung am 15. Jan. und 15. Febr. 1922 aufrecht erhielt, und im übrigen der Überzeugung Ausdruck gab, „daß die Schwierigkeiten, auf welche die deutsche Regierung gestoßen ist, Schwierigkeiten, welche mit dem kürzlichen heftigen Sturz des Markkurses in engster innerlicher Beziehung stehen, eher finanzieller als wirtschaftlicher Natur sind. Zu beträchtlichem Teile sind sie der Tatsache zuzuschreiben, daß die deutsche Regierung es verabsäumt hat, zur rechten Zeit die zur Herstellung des Gleichgewichts im Staatshaushalt erforderlichen Mittel zu ergreifen, was zur Folge hatte, daß die Staatsausgaben in immer wachsendem Umfange durch die der Regierung von der Reichsbank bewilligten Kredite sowie durch das infolge dieser Kredite eintretende Anwachsen des Papiergeldumlaufes gedeckt worden sind". Dieser Einwand war durchaus nicht falsch. Er übersah nur, daß geordnete Finanzen abhängig sind von der Fähigkeit des Staatswillens, sich Geltung zu verschaffen, daß aber Staatshoheit und -wille Deutschlands durch die Außenpolitik der Gegner so zerrüttet wurden, daß einer straffen Innenpolitik die Möglichkeit des Vollzuges fehlte. Gleichzeitig wurde aber auch die äußere Kreditfähigkeit Deutschlands als Staat zerstört, und damit seine Macht gegenüber den Wirtschaftskreisen, die noch ausländische Hilfe erhalten konnten, weiter herabgedrückt.

Am 14. Dez. 1921 mußte der Reichskanzler die Reparationskommission um teilweisen Aufschub der am 15. Jan. und Febr. 1922 fälligen Zahlungen ersuchen und gleichzeitig mitteilen, daß die Bank of England auf ein Kreditgesuch erwidert habe, daß unter der Herrschaft des Londoner Zahlungsplanes weder kurzfristige noch langfristige Anleihen für Deutschland auf dem englischen Markte unterzubringen seien. In ihrer Antwort vom 16. Dez. stellte die Reparationskommission war „ihr Erstaunen" über diese Mitteilungen sowie das Fehlen neuer deutscher Vorschläge fest, gleichwohl aber war die Gegenseite auf die Notwendigkeit einer abermaligen „Lösung" der

Reparationsschwierigkeiten durch Besprechungen zwischen Rathenau und Lloyd George vorbereitet worden.

Vom 18. bis 22. Dez. 1921 fand in London eine Konferenz der französischen Minister Briand und Loucheur mit der britischen Regierung statt. Man nahm einen Zahlungsnachlaß für Deutschland in Aussicht, wollte aber als Gegenleistung eine Erhöhung der Kohlenpreise und öffentlichen Einnahmen fordern, sowie die Loslösung der Reichsbank aus der engen Verbindung mit den deutschen Staatsfinanzen. Gleichzeitig wurde in einer amtlichen Mitteilung an die Presse vom 23. Dez. 1921 erklärt, daß die Minister die Einberufung einer allgemeinen europäischen Wirtschaftskonferenz planten, um die einzelnen Staaten zu befähigen, durch Zusammenarbeit eine Neuordnung des Wirtschaftslebens zu bewirken.

Vom 6. bis 13. Januar 1922 tagten die alliierten Ministerpräsidenten in Cannes, um über die Sicherheitsfrage, die Reparation und die europäische Konferenz zu beraten. Über diese wurde rasch ein Einvernehmen erreicht; sie sollte etwa Anfang März in Genua stattfinden, unter Hinzuziehung aller mittel- und osteuropäischen Staaten sowie unter Einladung der Vereinigten Staaten. Dagegen konnte über die Reparation nur ein vorläufiges Abkommen geschlossen werden, da Briand am 11. Januar durch den Präsidenten Millerand nach Paris zurückgerufen wurde, um von der Kammer geforderte genauere Aufschlüsse über die von ihm eingeleitete Politik des Erreichbaren in den Fragen der Sicherheit und der Reparation zu geben. Schon am folgenden Tag gab er seine Entlassung und am 13. wurde der seit langem auf seine Stunde wartende Advokat Poincaré mit der Ministerpräsidentschaft betraut.

Die Konferenz arbeitete jedoch in veränderter Zusammensetzung weiter; deutsche Delegierte waren bereits nach Cannes gerufen; die Reparationskommission wurde hinzugezogen, da der „Oberste Rat" nicht mehr vollzählig war. Am 11. Januar hatte Rathenau (damals nicht mehr Wiederaufbau- und noch nicht Außenminister), noch in Anwesenheit Briands, eine auch von den Zuhörern bewunderte Rede über die Lage Deutschlands, das Problem Europa und die ökonomischen Zusammenhänge von Arbeitskraft, Ausfuhrüberschuß und internationalem Handel gehalten. Weitere Ansprachen ergänzten die öffentliche Beratung. Die im Dezember 1921 ausgearbeiteten Bedingungen eines Moratoriums, die ein britischer Entwurf vom 10. Jan. 1922 zusammenfaßte, wurden Deutschland zwar bekannt, aber nicht amtlich zugestellt. Vielmehr gab der „Oberste Rat" der Reparationskommission die Möglichkeit eines vorläufigen Beschlusses, der der deutschen Delegation am 13. Jan. ausgehändigt wurde.

Für die am 15. Jan. und Febr. fälligen Zahlungen wurde, soweit Deckung fehlte, ein Aufschub unter folgenden Bedingungen gewährt: 1. Deutschland zahlt ab 18. Jan. alle zehn Tage 31 Millionen Goldmark in zugelassenen Devisen. 2. Deutschland unterbreitet binnen 15 Tagen einen angemessenen Reform- und Garantieplan betreffend Finanzen, Geldwesen und Reparation. 3. Die vorläufige Verzugsfrist endet, sobald die Gegenseite über solche Pläne eine Entscheidung getroffen haben wird.

Die deutsche Regierung nahm die Entscheidung an und begann alsbald die vorgeschriebene Ausarbeitung eines Sanierungsprogramms. Die Stimmung für dessen Aufnahme hatte sich allerdings erheblich verändert: am 19. Jan. 1922 hatte Poincaré in seiner Programmrede deutlich genug auf die Notwendigkeit von Pfändern, Garantien sowie einer Finanzkontrolle über Deutschland hingewiesen.

Am 28. Jan. legte Deutschland vor: „ein Reformprogramm für den Haushalt und den Notenumlauf mit geeigneten Garantien, ein vollständiges Programm für Barbezahlungen und Sachleistungen für das Kalenderjahr 1922". Unter Hervorhebung der Verpflichtung, angesichts der politischen Notwendigkeiten erheblich mehr zu wagen, als die Rücksicht auf Wirtschafts- und Finanzkraft gestatten würde, erklärte sich die deutsche Regierung bereit, 1922 insgesamt 720 Millionen Goldmark in bar zu zahlen und Sachleistungen bis zum Betrag von 1450 Millionen Goldmark aufzubringen. Hinsichtlich der Besatzungskosten begnügte sie sich mit der Forderung, daß nur die in fremder Währung zu leistenden auf den Barbetrag von 720 Millionen angerechnet und die Papiermarkzahlungen bedeutend ermäßigt werden sollten. Sie erklärte aber, daß das Angebot die

Heranziehung ausländischen Kredites notwendig mache, der nur dann erhältlich sei, wenn Deutschland die Möglichkeit wirtschaftlicher Kräftigung gelassen werde.

Während die deutschen Vorschläge geprüft wurden, begannen in Paris erneut Verhandlungen über die Verrechnung der deutschen Leistungen zwischen den Alliierten, die schon oft Gegenstand unbequemer und fruchtloser Unterhaltungen gewesen war. Am 11. März 1922 wurde ein Einvernehmen erzielt. Die Besatzungskosten wurden auf 220 Millionen Goldmark begrenzt, dem Wiesbadener Protokoll sowie künftigen ähnlichen Verträgen mit anderen Reparationsempfängern wurde zugestimmt, jedoch die Wiederausfuhr von Reparationsgütern — im Sinne einer deutschen Anregung, die aber auch England unterstützte — verboten; Frankreich erhielt den von ihm gegen früheres Abkommen heftig verlangten Anteil an der von Deutschland im Herbst 1921 gezahlten Goldmilliarde. Die Saargruben wurden Frankreich mit 300 Milliarden Goldmark gutgeschrieben, im übrigen verfügt, daß weitere Streitfragen über die Berechnung von Reparationsgütern bei der Verteilung der „C"-Serie von Schuldverschreibungen, an deren inneren Wert niemand glaubte, zur Erledigung kommen sollten.

Nach dieser internen Einigung war wie üblich der Weg frei, um sich gemeinsam Deutschland wieder zuzuwenden. Am 15. März übersandten die französischen Vertreter ein von Poincaré beeinflußtes Memorandum über das deutsche Stundungsgesuch, das alle deutschen „Verfehlungen" aufzählte, und in mechanischer Übertragung privatrechtlicher Begriffe auf das Verhältnis von Staaten die Pfändung des säumigen Schuldners, jedenfalls aber seine scharfe Überwachung forderte. Unter starker Anlehnung an diese französischen Vorschläge erging am 21. März 1922 die Entscheidung der Reparationskommission. Für 1922 waren gemäß dem vorläufigen Bescheid von Cannes 720 Millionen Goldmark in bar und 1450 in Waren, davon für 900 Millionen an Frankreich, zu leisten. Die Kosten der Besatzung sollen in erster Linie gegen die Sachlieferungen verrechnet werden.

Für den Fall des Leistungsverzuges wurde in Artikel I, letzter Absatz eine Bestimmung getroffen, deren Anführung im Wortlaut notwendig ist, da sie von Poincaré bei der juristischen Vorbereitung der R u h r b e s e t z u n g durch Konstruktion von „Verfehlungen" in trügerischer Weise verletzt wurde:

„Si la commission des Réparations constatait au cours de l'anneé 1922 que des livraisons en nature demandées par la France ou ses ressortissants, ou par toute autre puissance ayant droit aux Réparations ou leurs ressortissants, suivant la procédure prévue par le Traité ou en vertu d'une procédure approuvée par la Commission des Réparations et dans les limites des chiffres indiqués ci-dessus, n'était pas effectuées par suite d'une obstruction du Gouvernement Allemand ou de ses organismes ou par suite d'infractions à une procédure approuvée par la commission des Réparations, d e s p a i e m e n t s s u p p l é m e n t a i r e s é q u i v a l e n t s s e r o n t e x i g é s d e l'A l l e m a g n e à l a f i n d e l'a n n é e 1922 e n r e m p l a c e m e n t d e s l i v r a i s o n s n o n e f f e c t u é e s."

Diese „Entscheidung Nr. 1841" wurde begleitet von einer weiteren Note, die scharfe Forderungen hinsichtlich der Reichsfinanzen enthielt. Deutschland sollte alle Finanzreformen bis zum 30. April durchgeführt haben. Bis zum 31. Mai sollte es eine neue Einnahme in Höhe von 60 Milliarden Papiermark (damals etwa 800 Millionen Goldmark) gesichert haben, von der Zweidrittel im Laufe des Jahres 1922 eingehen müßten. Deutschland wurde aufgefordert, die Möglichkeit einer automatischen Anpassung der Steuersätze an den Grad der Reichsverschuldung oder die Verminderung der inneren Kaufkraft der Mark in Betracht zu ziehen. Die Kontrolle sollte durch die Garantiekommission in einer Weise ausgeübt werden, die es gestattete, in jedem Augenblick Gesetzesanwendung und Höhe der Steuereingänge überwachen zu können. Auch sollte die Garantiekommission Vorschläge machen können, deren Nichtannahme durch Deutschland zu „als ausreichend angesehenen" Gegenmaßnahmen der Alliierten führen würde.

In einer Antwort vom 7. März 1922 lehnte die deutsche Regierung eine bis in die Gesetzesanwendung vordringende Kontrolle ab. Sie brachte überdies eine neue Wendung in die Verhandlungen, insofern sie auch das Leistungsprogramm angesichts des Währungsverfalls nicht mehr annahm, sondern gemäß Artikel 234 Nachprüfung der Leistungsfähigkeit Deutschlands unter Hinzuziehung neutraler Sachverständiger beantragte. Die Möglichkeit einer Auslandsanleihe und der inneren Aufbringung weiterer Mittel wurde bestritten. Am 13. April erwiderte die Reparationskommission, jedoch mit dem ausdrücklichen Hinweis, daß der Fortgang der Erörterung ihre Entscheidung vom 21. März nicht aufhöbe oder zeitweilig außer Kraft setze. Sie verwies Deutschland zur Aufbringung neuer Mittel auf die Form der inneren Zwangsanleihe; erst eine Ordnung des Reichshaushaltes werde die Vorbedingung für eine Auslandshilfe bieten. Die Finanzkontrolle werde nicht weiter gehen, als mit den Grundsätzen und dem Mechanismus des Vertrages zu vereinbaren sei.

Die Darstellung muß sich an diesem Punkt der Erörterung zunächst einem jener großen politischen Zwischenspiele zuwenden, die immer wieder das Reparationsproblem berührten und durchkreuzten, oft freilich so, daß die Zusammenhänge nicht eher richtig gedeutet werden können, als die Protokolle der zahlreichen interalliierten Verhandlungen einmal veröffentlicht sein werden.

In dem für die sichtbare und noch unsichtbare Politik Europas höchst bewegten Jahr 1922 war die Konferenz von Genua das in jedem Sinne spannungsreichste Ereignis. Formal ging sie auf den Beschluß des Obersten Rates in Cannes vom 6. Jan. 1922 zurück. In sachlicher Hinsicht war sie eine gewisse Erneuerung der vom Völkerbund einberufenen internationalen Finanzkonferenz in Brüssel vom 24. Sept. bis 8. Okt. 1920. Auf dieser Konferenz waren 39 Staaten, darunter auch die Neutralen und die besiegten Mittelmächte vertreten, um die Wege zur Wiederherstellung weltwirtschaftlicher Einheit zu beraten. Da aber die Reparationsfrage, die man im Juli 1920 in Spa zu lösen gehofft hatte, von der Tagesordnung ausgeschlossen sein sollte, so führten die technisch sehr interessanten Erörterungen doch im wesentlichen nur zu zahllosen Resolutionen, hinter denen kein wirksamer, ihre Durchführung verbürgender politischer Wille stand.

In nicht unähnlicher Weise war der Gedanke der Konferenz von Genua seiner Keimkraft beraubt worden. Poincaré übernahm die Zustimmung Frankreichs zu dieser Konferenz von seinem Amtsvorgänger, ohne doch mit Lloyd George jene durch alle Umwege seiner Politik immer wieder hervorbrechende Sorge um ein neues europäisches Gleichgewicht zu teilen. Die Konferenz fiel ferner in eine der lebhafteren Krisen der Reparationsfrage und war, wie die Brüsseler, verpflichtet, eine offene Erörterung dieses Themas zu unterlassen. Sie war außerdem noch mit der Sonderaufgabe vorbelastet, daß Verhältnis Rußlands zu Europa zu klären. Die in Cannes aufgestellten sechs Leitsätze für Genua haben in der Tat nur einen einzigen Adressaten. Sie bestimmen: 1. Kein Staat hat das Recht, einem anderen Vorschriften über Regierungs- und Wirtschaftsform zu machen. 2. Fremdes Kapital und Eigentumsrecht muß dauernder Achtung gewiß sein. 3. Das Gefühl der Sicherheit gegenüber kreditbedürftigen Staaten hat zur Voraussetzung Anerkennung der Staatsschulden und eine geordnete Rechtspflege. 4. Die Währungsform muß den Bedingungen des internationalen Austausches entsprechen. 5. Alle Nationen sollen sich umstürzlerischer Propaganda nach außen, und 6. agressiver Unternehmungen gegen den Nachbarn enthalten. In einem Telegramm, das der russische Außenminister Tschitscherin am 15. März 1922 an die Regierungen Großbritaniens, Frankreichs und Italiens richtetete, erklärte er, daß Rußland gewillt sei, den Auslandsbeziehungen die notwendigen rechtlichen Gestaltungen zu geben, verwahrte sich aber zugleich dagegen, daß noch vor der Konferenz versucht werde, durch geheime Verhandlungen und einen Pressefeldzug eine geschlossene politische Stellung gegen Rußland herbeizuführen.

Auch die wirtschaftliche Vorbereitung der Konferenz war in hohem Maße auf Rußland eingestellt. Vom 21. bis 25. Oktober fanden in London Besprechungen internationaler Finanzsachverständiger statt, bei denen auch Deutschland durch zwei Teilnehmer vertreten war. Das Ergebnis bildete ein Plan zur Errichtung einer Gesellschaft in London „The Central International Corporation, Limited", derer sehr weit gespanntes Programm die Wiederbelebung des internationalen Geld- und Warenverkehrs umfaßte; das Kapital von 20 Millionen £ sollte zunächst zu je einem Fünftel von Großbritanien, Frankreich, Deutschland, Italien und Belgien aufgebracht werden, jedoch war die Einladung weiterer Staaten vorgesehen. Der bis zu Statuten ausgearbeitete Vertrag stellte die Rechtsform gleichsam für eine „Europa G. m. b. H." bereit, der die Konferenz von Genua den notwendigen politischen Impuls zu geben gehabt hätte. Der Plan blieb jedoch unverwirklicht. Denn in emsiger diplomatischer Tätigkeit war die französische Regierung bemüht, den konstruktiven Gesamtsinn der Konferenz zu vernichten, und insbesondere Deutschland in seiner internationalen politischen Stellung so herab zu drücken, daß von der Teilnahme auf dem Fuße der Gleichberechtigung nur noch die leere Form übrig bliebe. In einer Note vom 15. Februar 1922 legte Frankreich mit ängstlicher Genauigkeit seine Auffassung der sechs Punkte von Cannes fest, und nahm alles von der Erörterung aus, was sich auf die das „öffentliche Recht Europas" bildenden Friedensverträge bezöge: „Le Gouvernement Français ne saurait accepter, en aucune manière, que ces traités soient mis en discussions dans aucune de leurs clauses."

Aus dem Verlauf der Konferenz von Genua, die, nach einem Aufschub, vom 10. April bis 19. Mai währte, sind nicht die als volkswirtschaftliche Anschauungen sehr lehrreichen Beschlüsse der eingesetzten vier Sektionen hervorzuheben, sondern nur die Punkte, in denen die Reparationsfrage entscheidend beeinflußt wurde. Die allgemeine westeuropäische Reparationslage wurde durch die geschilderte Abneigung Frankreichs gegen die Konferenz eher verschärft. Dagegen wurde nun auch für Deutschland das russische Problem in den Mittelpunkt gerückt, zumal es fürchten mußte, vor einen Vertrag Westeuropas mit Rußland gestellt zu werden, in welchem die Rußland durch Artikel 116 Abs. 3 des Versailler Vertrages offengehaltenen Reparationsansprüche gegen Deutschland ein Handelsgegenstand sein könnten. Deutschland schloß deshalb, überraschend für die übrigen Konferenzteilnehmer, am 18. April 1922 in Rapallo einen seit Monaten vorbereiteten Vertrag mit der russischen Delegation ab, in welchem beide Staaten auf Reparationsansprüche gegeneinander verzichteten, Deutschland auch die Ansprüche aus der Beschlagnahme von Privateigentum in Rußland preisgab, beiderseitig Wiederaufnahme des konsularischen Verkehrs sowie der wirtschaftlichen Beziehungen im Zeichen der Meistbegünstigung beschlossen wurde. In einer scharfen Note der Alliierten vom 18. April wurde Deutschland vorgeworfen, den „Geist gegenseitigen Vertrauens" zerstört zu haben, auf den internationale Konferenzen so sehr angewiesen seien. Sie behielten sich eine Nachprüfung darüber vor, ob der Vertrag mit den sonstigen internationalen Verpflichtungen Deutschlands vereinbar sei. Ein Einspruch konnte allerdings durch nichts begründet werden und erfolgte auch nicht. Dagegen verzichtete Deutschland, wie ihm angesonnen, durch Note vom 18. April auf die weitere, ohnehin aussichtslose Mitarbeit in den Ausschüssen, die das russische Problem zu behandeln hatten. Dieses wurde mehr und mehr der einzige öffentliche Verhandlungs- und Streitgegenstand der Konferenz, der bei ihrem Abschluß unerledigt blieb. Er wurde einer Sonderkommission übergeben, die vom 15. Juni bis 20. Juli im Haag tagte. Der „Geist von Genua" ruhte nicht mehr über ihr. Er war noch während der Dauer der Konferenz erneut bedroht worden: in einer Rede vom 24. April 1922 hatte Poincaré verkündet, daß Frankreich im Falle weiteren deutschen Verzuges zu selbständigem Vorgehen gegen Deutschland entschlossen sei. Im Zeichen dieser Gefahr stand die weitere Entwicklung.

Unter Hinweis auf die Inanspruchnahme mehrerer Mitglieder der Reichsregierung in Genua wurde die Note der Reparationskommission vom 13. April 1922 am 9. Mai mit einer vorläufigen Erklärung beantwortet, kraft welcher Deutschland bereit sei, das Äußerste in finanzieller Hinsicht zu tun, und die notwendigen Schritte mit der Reparationskommission zu beraten. Die am 15. April und 15. Mai fälligen Raten von 18 und 50 Millionen Goldmark wurden pünktlich bezahlt. Nachdem von Mitte bis Ende Mai der Reichsfinanzminister Hermes in Paris verhandelt hatte, und die Ergebnisse nach einigem Widerstand die Billigung des Reichskabinetts fanden, wurde der Reparationskommission am 28. und 31. Mai ein Programm wirtschaftlicher und finanzieller Reformen übersandt, nach dessen vorläufiger Prüfung nunmehr das am 21. März gewährte Moratorium am 31. Mai bestätigt wurde. Damit erhielt auch die angeführte Klausel über den Ersatz von am Jahresende rückständigen Sachleistungen durch Barzahlungen volle Rechtskraft. Anfang Juni begab sich die Garantiekommission, deren überwachender Tätigkeit Deutschland mit einem Vorbehalt hinsichtlich des Steuergeheimnisses zugestimmt hätte, nach Berlin und richtete dort im Juli eine ständige Vertretung ein.

Gleichzeitig mit diesen Verhandlungen, die „Mechanik" des Reparationsvollzugs neu zu ordnen, war noch einmal versucht worden, der wirklich organischen Lösung durch internationale Zusammenarbeit auf der Grundlage des Vertrauens näher zu kommen. Am 28. März 1922, also noch vor der Konferenz von Genua, hatte die Reparationskommission einer kleinen Zahl von Sachverständigen den Auftrag erteilt, zu prüfen, ob Deutschland unter den Verpflichtungen des Londoner Zahlungsplans vom 5. Mai 1921 auswärtige Anleihen zur Ablösung eines Teils seiner Reparationsschuld erhalten könnte. Die Sachverständigen — d'Amelio (Italien), Bergmann (Deutschland),

Delacroix (Belgien), Kindersley (England), Morgan (Vereinigte Staaten), Sergent (Frankreich), Vissering (Niederlande) — näherten sich in ihren am 24. Mai in Paris beginnenden Beratungen sehr rasch dem entscheidenden Punkt: sie befragten am 1. Juni die Reparationskommission, ob ihre Lösungsvorschläge auch Abänderungen des Londoner Planes und des Vertrages von Versailles in Erwägung ziehen dürften. Die Kommission bejahte dies zwar am 7. Juni, jedoch unter Überstimmung des französischen Mitgliedes. Die Finanzsachverständigen zogen hieraus in ihrem am 10. Juni erstatteten Bericht den Schluß, daß angesichts der Haltung von Deutschlands Hauptgläubiger Frankreich eine Fortsetzung ihrer Studien nutzlos wäre. Sie hielten eine ernstliche Reform der deutschen Finanzen, eine übersehbare Umgrenzung der Reparationslast sowie eine Bereinigung des Problems der interalliierten Schulden für notwendige Voraussetzungen einer großen internationalen Anleihe. Der französische Sachverständige schloß sich von dem Mehrheitsbericht durch die Erklärung aus, daß er in Übereinstimmung mit Frankreichs Vertreter in der Reparationskommission keine neue Begrenzung der deutschen Verpflichtungen für erforderlich hielte.

Am 24. Juni 1922 wurde Walter Rathenau, Reichsaußenminister seit dem 31. Januar des Jahres, von Angehörigen rechtsradikaler politischer Gruppen ermordet. Die Tat ließ überdeutlich erkennen, welcher Zustand seelischer Zersetzung in Deutschland unter starker Mitschuld der alliierten Politik erreicht worden war. Der im In- und Ausland hervorgerufene Eindruck der Unsicherheit verursachte neues Abwärtsgleiten des Wechselkurses. Seit jenem Tage schienen die Staat und Währung erhaltenden moralischen und sachlichen Kräfte gelähmt.

Schon am 12. Juli 1922 richtete die Regierung durch die deutsche Kriegslastenkommission in Paris ein sehr weitgehendes Stundungsgesuch an die Reparationskommission. Sie erklärte, die durch Gegenrechnung von 33 Millionen auf 17 Millionen Goldmark herabgesetzte Rate vom 15. Juli nicht zahlen zu können, da der bereitgehaltene Betrag für herankommendes ausländisches Getreide benötigt würde. Die Regierung beantragte, sie von allen Barzahlungen aus dem Londoner Plan vom 5. Mai 1921 für den Rest des Jahres, sowie für 1923 und 1924 zu befreien, damit sie mit Erfolg an die Sicherung des Markkurses herangehen könnte. Sie verlangte ferner die Herabsetzung der Zahlungen aus dem Ausgleichsverfahren. Die am 13. Juli erteilte Antwort der Reparationskommission verlangte den Rest der fälligen Julizahlung und versprach, hinsichtlich eines Moratoriums bis zum 15. August eine Entscheidung zu treffen.

In einer Zirkularnote vom 14. Juli richtete Deutschland an England, Frankreich, Italien und Belgien das Ersuchen, die durch Abkommen vom 10. Juni 1921 auf zwei Millionen £ festgesetzten deutschen Zahlungen an die alliierten Ausgleichsämter auf den Höchstbetrag von einer halben Million £ zu ermäßigen. Diese mehr technische Angelegenheit bot dem im Zustande unausgelöster Erregung befangenen französischen Ministerpräsidenten Poincaré den lange gesuchten Anlaß zu seiner ersten „Tat". In einem sehr ausführlichen und sehr juristischen Schreiben vom 26. Juli 1922 wurde, und zwar nur von Frankreich, strikte Innehaltung des älteren Abkommens gefordert, und auf eine deutsche Entgegnung vom 1. August noch am gleichen Tage durchaus widerrechtlich ein auf den 5. August 12 Uhr mittags befristetes Ultimatum gestellt, nach dessen Ablauf gewisse, bereits vollständig ausgearbeitete Maßnahmen in Kraft gesetzt werden sollten. Entsprechend wurden die Ausgleichsämter in Paris und Straßburg angewiesen, keine deutschen Forderungen mehr anzuerkennen, am 6. August wurden die Guthaben Deutscher bei den Banken Elsaß-Lothringens gesperrt, am 10. und 11. August aber als eine Handlung von besonderer Roheit die Ausweisung von 100 bzw. 500 Deutschen aus dem Elsaß verfügt; dazu kamen noch weitere, auch das Wirtschaftsleben der „befreiten Gebiete" erhebliche störende Eingriffe. Erst am 23. August wurden auf englischen Druck die Maßnahmen gegen das Eigentum in Elsaß-Lothringen aufgehoben, dagegen blieben die Ausweisungen bestehen.

Die Verquickung des Ausgleichsverfahren mit so dunklen Formen der Rache hatte immerhin schon erkennen lassen, in welchem Geiste Frankreich die Erörterungen über das deutsche Stundungsgesuch zu führen gedachte. Für den Anfang August war in London eine Konferenz vorgesehen worden. Aber schon vorher zeigte sich, daß England in starkem Gegensatz zu Poincaré bereit war, die Reparationsfrage in sachlicher, tagheller Nüchternheit anzupacken. In innerer Anknüpfung an das Gutachten der internationalen Finanzsachverständigen vom 10. Juni 1922 versuchte England gleichzeitig auch das Problem der interalliierten Verschuldung wieder in Fluß zu bringen. Am 1. August sandte Balfour an die in London beglaubigten Vertreter Frankreichs, Italiens, des serbisch-kroatisch-slowenischen Staates, Rumäniens, Portugals und Griechenlands eine hinfort nach ihm benannte Note, in welcher er, gestützt auf das Verlangen der Vereinigten Staaten nach Verzinsung und Tilgung der Anleihen an England, ersuchte, irgendwie an die Regelung des Schuldverhältnisses gegenüber England zu denken. Dabei wollte dieses keine drängenden Forderungen stellen, und erklärte sogar seine Zustimmung zu einer Streichung aller interalliierten Schulden, sofern dies Teil eines auch die Reparationsschuldner mit einbeziehenden großen Planes internationaler Sanierung sein würde. Der Schlußsatz der Note, die von dem auf Lloyd George folgenden Ministerium Bonar Law nicht aufrecht erhalten wurde, verdient wörtliche Anführung:

„Ex-enemy countries also are involved; for the greatest of all international debtors is Germany. Now His Majesty's Government do not suggest that, either as a matter of justice or expediency, Germany should be relieved of her obligation to the other allied States. They speak only for Great Britain; and they content themselves with saying once again that, so deeply are they convinced of the economic injury inflicted on the world by the existing state of things that this country would be prepared (subject to the just claims of other parts of the Empire) to abandon all further right to German reparation and all claims to repayment by allies, provided that this renunciation formed part of a general plan by which this great problem could be dealt with as a whole and find a satisfactory solution. A general settlement would, in their view, be of more value to mankind than any gains that could accrue even from the most succesful enforcement of legal obligations."

Der französischen Auffassung, für die die Reparationsfrage nicht in das Gebiet wirtschaftlicher und politischer Zweckmäßigkeiten fiel, sondern eine Angelegenheit des Glaubens war, lief der englische Vorschlag durchaus zuwider. Poincaré erklärte, daß zuerst Deutschland seine Reparationsschulden abtragen müsse, dann erst könnte die Frage der interalliierten Schulden geregelt werden, unter sehr genauer Prüfung der angerechneten Beträge und ihrer Grundlagen. Er hielte es weder für zulässig, noch für moralisch, vorher zwischen Alliierten an die Rückzahlung von Schulden zu erinnern.

Die Haltung gereizter Abwehr gegenüber englischen Plänen verschärfte sich für Poincaré noch durch den am 3. August 1922 der Reparationskommission vorgelegten Plan der britischen Delegierten, Deutschland alle Barzahlungen aus den verschiedenen Titeln des Vertrages für das laufende Jahr zu stunden, ohne ihm neue Garantien aufzuerlegen. Durch Beschluß vom 6. August jedoch wurde dieser Vorschlag der Ministerkonferenz in London überwiesen, die vom 7. bis 14. August dauerte.

Die Hoffnung, hierbei eine Einigung zu erzielen, war nicht stark. Poincaré bot sogleich in der ersten Sitzung ein Zeugnis seiner dunklen und verengten Bewußtseinslage, als er gemäß dem amtlichen englischen Protokoll erklärte: „During the last three years the treaty has been less and less put into effect. One could even say that not one single of its clauses is put into effect." Er entwickelte sodann in vollem Umfange sein schon früher angedeutetes Programm der Pfandnahme, ohne die Deutschland auch „nicht einen Tag" Zahlungsaufschub bewilligt werden dürfte. Es umfaßte sechs Punkte: 1) Die Rheinland-Kommission soll den Wirtschaftsverkehr des linken Rheinufers durch Handhabung der Ein- und Ausfuhr-Kontrolle regeln. 2) Die Zollinie zwischen dem besetzten und unbesetzten Deutschland soll erneut eingerichtet werden. 3) Das Deutsche Reich soll den Alliierten staatliche Forsten und Kohlenbergwerke zur Ausnutzung übergeben. 4) Von den linksrheinischen Farbstoffabriken sollen 60% der Aktien der Reparationskommission ausgehändigt werden. 5) Die Alliierten sollen im besetzten Gebiet die Steuerhebung selbst vornehmen. 6) Der Ertrag der Zölle und der Reparationsabgabe soll der Garantiekommission tatsächlich in Gold oder in Devisen ausgehändigt werden.

Lloyd George unterwarf das Programm einer weitschauenden und strengen Kritik, bezweifelte insbesondere, daß aus erzwungener Arbeit irgendein Gewinn bei Forsten und Bergwerken sich ergeben würde. Nicht Pfänder, sondern Rücksichtnahme auf die deutsche Leistungsfähigkeit und die Stärkung seines Kredits würden zu weiteren Zahlungen führen: „He was for solutions which attained the substance, for realities and not for chimeras." Eine zur Nachprüfung eingesetzte Sachverständigenkommission schloß sich der Auffassung des englischen Ministerpräsidenten an. Die französische Delegation war jedoch in ihre Forderungen so sehr verstrickt, daß die Konferenz in mehrtägiger, zäher Verhandlung ohne Ergebnis blieb, obwohl der englische Gegenvorschlag eine erhebliche Verschärfung der finanztechnischen Kontrollen vorsah. Am 14. August 1922 teilte die Reparationskommission der deutschen Krieglastenkommission in Paris mit, daß die Frage des Moratoriums wie auch der am 15. August fälligen Zahlung bis zu weiterer Entscheidung in der Schwebe bleiben sollte.

Durch Verhandlungen mit der belgischen Regierung, die allein auf die Restzahlungen von 1922 Anspruch hatte, wurde eine Vereinbarung erzielt, kraft welcher sich diese mit Schatzwechseln von 6 Monaten Laufzeit zufrieden gab, die unter Mitwirkung der Bank von England mit besonderen Bürgschaften ausgestattet waren. Die Entscheidung Nr. 2119 der Reparationskommission, vom 31. August 1922, die das bemerkenswerte Zugeständnis enthält, „daß das Reich sowohl jeden inneren wie äußeren Kredit verloren hat", bestätigte das Abkommen und verschob die Beschlußfassung über das Moratorium, „bis zu dem Zeitpunkt, wo sie den Entwurf einer durchgreifenden Reform der öffentlichen Finanzen Deutschlands fertiggestellt hat".

Die nunmehr zunächst nicht Deutschland sondern der Reparationskommission obliegende Aufgabe veranlaßte England, am 4. Oktober des Jahres der Reparationskommission durch Sir John Bradbury einen ausgearbeiteten Plan vorzulegen. Er versuchte die Wiederherstellung des deutschen Kredits mit einem mehrjährigen Moratorium und teilweiser Mobilisierung der deutschen Schuld zu verbinden. Der Haushalt sollte ausgeglichen und die Mark unter Mitwirkung der Reichsbank stabil gehalten werden; die Barzahlungen Deutschlands sollten in Schatzwechseln von fünfjähriger Laufzeit geleistet werden, die der empfangende Staat bei Weitergabe mit seiner Bürgschaft versehen sollte. Gleichzeitig schlug er Übersiedlung der Reparationskommission nach Berlin und neue Verhandlung des allgemeinen Schuldenproblems vor. Nach kurzer Prüfung lehnte Frankreich am 18. Oktober diese Vorschläge ab und beantragte, in Brüssel eine neue Konferenz unter Hinzuziehung Deutschlands zu halten. Am 19. Oktober wurde das Kabinett Lloyd Georges durch ein Ministerium Bonar Law ersetzt; die Führung in der Reparationspolitik ging damit zunächst völlig an Frankreich über.

Der sehr rasche Währungsverfall veranlaßte die Reparationskommission, sich vom 31. Oktober bis 10. November in Berlin zu Untersuchungen und Besprechungen aufzuhalten. Aber auch die deutsche Regierung hatte beschlossen, von sich aus einen Weg aus der drohenden Gefahr des Staats- und Wirtschaftsverfalls zu suchen. Am 16. Oktober 1922 ließ sie an eine Reihe angesehener Bankleute und Wirtschaftstheoretiker Einladungen zu einer Konferenz ergehen, die in Berlin vom 2. bis 8. November unter dem Vorsitz des Präsidenten der Niederländischen Staatsbank, Dr. Vissering, tagte. Aus ihrer Arbeit erwuchsen ein Mehrheits- und ein Minderheitsbericht sowie verschiedene Erläuterungen. Auf Grund von Vorberatungen hatte Deutschland sich schon durch einen am 4. November an die Reparationskommission in Berlin gerichteten Vorschlag bereit erklärt, einem internationalen Finanzsyndikat 500 Millionen Mark aus dem Golde der Reichsbank zwecks Stabilisierung der Mark zur Verfügung zu stellen und zu versuchen, seinen Haushalt zu ordnen, seine Handels- und Zahlungsbilanz zu verbessern, die schwebende Schuld einzudämmen und innere Anleihen aufzunehmen. Um nähere Erklärungen am 6. November ersucht, übersandte der Reichskanzler Wirth am 8. November die Äußerungen der von Deutschland eingeladenen Sachverständigen, deren Sinn sich bei vielen Abweichungen im einzelnen stark den Vorschlägen näherte, die das englische Mitglied der Reparationskommission dieser am 4. Oktober des Jahres gemacht hatte.

Die förmliche Zusammenfassung des Ergebnisses aller dieser Berliner Beratungen enthielt die am 14. November 1922 von der deutschen Kriegslastenkommission in Paris an die Reparationskommission gerichtete Note. Sie erklärte: Eine endgültige Stabilisierung der Mark ist erst nach Regelung der Reparationslast im Rahmen der deutschen Leistungsfähigkeit möglich. Dagegen kann eine vorläufige Stabilisierung durch Zusammenwirken der Reichsbank mit einem internationalen Syndikat erreicht werden, wenn Deutschland für 3 bis 4 Jahre von allen Barzahlungen befreit wird, und Sachlieferungen für die zerstörten Gebiete nur aus dem wirklichen Einnahmeüberschuß des neu zu ordnenden Reichshaushalts zu leisten braucht. Deutschland wird alles Notwendige tun, um den Behördenapparat zu verkleinern, die Reichsbetriebe rentabel zu gestalten und der Volkswirtschaft ertragreiches Arbeiten zu ermöglichen. Die Note beantragte zum Schlusse, die Reparationsverpflichtungen endgültig in tragbarer Höhe festzusetzen, ein drei- bis vierjähriges Moratorium zu gewähren, eine internationale Finanzkonferenz zwecks Gewährung ausländischen Kredits einzuberufen, und Deutschlands Bemühungen zu unterstützen, wirtschaftspolitische Gleichberechtigung im Ausland und die Wirtschaftshoheit über sein gesamtes eigenes Gebiet wieder zu erlangen.

Am 14. November trat zwar das Kabinett Wirth zurück, jedoch erklärte der neue Reichskanzler Cuno am 24. November im Reichstag, daß die neugebildete Regierung „ohne Einschränkung auf den Boden dieser Note tritt und fest entschlossen ist, das in ihr enthaltene Programm in vollem Umfange zu vertreten und zur Durchführung zu bringen". Entsprechend dem Inhalt dieser Erklärung sandte Cuno am 9. Dezember 1922 ein Schreiben an den englischen Premierminister Bonar Law, mit einer Anlage, in der noch einmal die vorläufigen deutschen Vorschläge knapp zusammengefaßt waren: Stabilisierung der Mark, möglichst mit ausländischer Hilfe, jedoch Beginn der Stützung allein mit den eigenen Kräften Deutschlands; zwei- bis fünfjähriges Moratorium für alle nicht aus Überschüssen des Haushaltes zu erbringenden Leistungen, Überbrückung dieses Zeitraums durch eine Anleihe, die zu gleichen Teilen den Reparationsbedürfnissen der Gegner und dem deutschen Kapitalbedarf dienen soll.

Inzwischen hatte am 9. Dezember in London eine neue Tagung des Obersten Rates begonnen, die eine Konferenz vorbereiten sollte, die man am 15. Januar 1923 in Brüssel zu halten plante. Der düsteren Stimmung, die über ihr hing, gab der belgische Ministerpräsident Theunis gleich zu Anfang klaren Ausdruck: „In Europe people were getting very nervous, as Signor Mussolini has said, and the situation was much more tragic, than it had been a year or even four months ago. If the Brussels Conference was not a success, it would be the last conference, and, in that event, the position would be very tragic for the economic future of Europe." Trotz solcher Einsichten aber, die von Bonar Law und Mussolini geteilt wurden, gelang es nicht, durch irgendeine Entscheidung die erstickende Atmosphäre des Mißtrauens zu durchstoßen, die Poincaré durch seinen aus Willensstärke und Geistesenge bestimmten Charakter schuf. Völlig gebunden durch die Vorstellung einer französischen Militärherrschaft im Ruhrgebiet, unterzog er die nur als Verhandlungsgrundlage gedachte Note Cunos einer kleinlichen und gehässigen Kritik; er erreichte, daß dem Reichskanzler am 10. Dezember folgende Antwort erteilt wurde: „... it is with sincere regret that I have to say that the plan submitted does not, in their opinion, offer a solution which could, in the existing situation, be considered satisfactory to the Allied Governments."

Ungelöst blieb auch die Frage der interalliierten Verschuldung. Poincaré legte einen Plan vor, der im wesentlichen darin bestand, diese Schulden durch gegenseitigen Austausch des Anteils an den „C" Bonds aus dem Londoner Zahlungsplan (vgl. S. 37) zu tilgen, also durch Übereignung von Forderungen an Deutschland, über deren Uneinbringlichkeit kein Zweifel bestehen konnte. Dennoch erklärte Bonar Law, diesen Vorschlag ernsthaft prüfen zu wollen, vorausgesetzt, daß in Verbindung mit ihm die deutsche Reparationslast auf einen Betrag festgelegt würde, der nach dem Urteil der Welt tragbar sein und Deutschland neuen Kredit eröffnen würde. Poincaré lehnte jede solche Politik unter Hinweis auf die öffentliche Meinung Frankreichs ab und bestand auf dem „in drei Stunden" durchführbaren Einmarsch in Essen und Bochum, um die deutsche Regierung und die Schwerindustriellen gefügig zu machen: „... by going to Essen and Bochum it would save Herr Stinnes the trouble of coming to Paris." Da England gegen die gesamte Pfändertheorie Poincarés Einspruch erhob, Italien wenigstens auch gegen das Kohlenpfand, wurde die Besprechung am 11. Dezember auf den 2. Januar 1923 in Paris vertagt.

Poincaré nutzte die Zwischenzeit, und zwar nach englischer Auffassung in unfairer Weise, um eine neue Sachlage zu schaffen. Durch drei juristische Auslegungen glaubte er einen Rechtsgrund für seine feststehende politische Absicht gewinnen zu können. Am 26. Dezember 1922 ließ er durch die Reparationskommission feststellen, daß Deutschland die Holzbestellungen Frankreichs für 1922 unvollständig ausgeführt habe. Dieser Erklärung, die nur einen unbestreitbaren Sachverhalt klarstellt, stimmte auch der englische Delegierte zu. Dagegen wurde gegen seine Stimme entschieden, daß die Nichtausführung eine „Nichterfüllung" im Sinne des § 17 der Anlage II zu Teil VIII des Vertrages darstelle. Außerdem wurde am gleichen Tage, in überlegtem Zusammenhang mit diesen Anträgen, eine Auslegung herbeigeführt, durch die die Nichterfüllung des § 17 als eine „vorsätzliche" im Sinne des § 18 der gleichen Anlage erklärt wurde. Und nun folgerte Poincaré: dieser § 18 gibt den beteiligten Mächten das Recht zu Zwangsmaßnahmen gegen Deutschland, und zwar jeder Macht einzeln. Mit dieser Deutung setzte er sich in Widerspruch zu dem gesamten Sinn der Reparationsregelung, die eine Art von Konkursverfahren gegenüber Deutschland darstellt, bei der eine unzulängliche Teilungsmasse von einem Gläubigerausschuß überwacht wird und gerade ein Vorgehen einzelner Gläubiger unter Schädigung der übrigen vermieden werden sollte. Poincaré behauptete, mit diesen Verfehlungsfeststellungen freie Hand gegen Deutschland zu haben.

Der englische Delegierte bezeichnete die Rückstände an Holz, die überdies nach der Note vom 21. März 1922 einfach in barem Geld auszugleichen gewesen wären, als „beinahe mikroskopisch", und kennzeichnete in der Sitzung vom 26. Dezember 1922 diese Holzpolitik Poincarés in sehr zugespitzer Form: „Since, in the tenth year of the war, Troy fell to the stratagem of the wooden horse, history recorded no similar use of timber. The situation was at present somewhat different; it was the fifth year of the peace, and the city under attack was not Troy, but Essen."

Als am 2. Januar 1923 die Besprechungen des Obersten Rates in Paris wieder aufgenommen wurden, lag den alliierten Regierungen eine Anzeige der Reparationskommission vor, daß sich Deutschland einer „vorsätzlichen Nichterfüllung" seiner Lieferungspflichten schuldig gemacht habe. Immerhin konnte Poincaré an zwei neuen Bemühungen Deutschlands, zu einer Lösung zu kommen, in seiner Eröffnungsansprache nicht vorübergehen. Er teilte mit, daß Deutschland im Einvernehmen mit den Wirtschaftskreisen einen Plan angekündigt habe, der besondere Bürgschaften wirtschaftlicher Art vorsehe, und daß es auf dem Wege über die Vereinigten Staaten einen die Westgrenze betreffenden Sicherheitsvertrag angeboten hätte. Er wies beides als ungenügend ab und überließ sich dann ausführlichen Erörterungen über die deutschen Verfehlungen in Holz und Kohle; er erklärte die hohe deutsche Stickstofferzeugung mit der Absicht einen Gaskrieg vorzubereiten, und fand auch in allen anderen Erscheinungen des öffentlichen Lebens in Deutschland nur Nahrung für seine phantasiearme und ungeistige Melancholie. Die Pariser Konferenz kreiste in qualvollen Erörterungen um französische Vorschläge, die das Ruhrpfand forderten und die interalliierten Schulden durch die „C" Bonds auflösen wollten, und um einen englischen Plan, der die Schuldenfrage in sehr durchdachter Weise mit der Reparation verknüpfte. Eine Einigung wurde nicht erzielt, sondern die Konferenz am 4. Januar 1923 mit sehr trocken formulierten Erklärungen des französischen und englischen Premierministers geschlossen. Bonar Law sagte den Plänen Poincarés Mißerfolg und unheilvolle Wirkung auf den wirtschaftlichen Zustand Europas voraus und lehnte jede Teilnahme und Verantwortung von seiten der englischen Regierung ab.

Am 8. und 9. Januar 1923 hörte die Reparationskommission deutsche Sachverständige zur Kohlenfrage und faßte am 9. Januar gegen die Stimme des britischen Vertreters den Beschluß, daß hinsichtlich der Kohlen für 1922 „Nichterfüllung" vorläge. Die Minderlieferung betrug etwa 10%. Im übrigen hatte die Reparationskommission Deutschland vom 1. Mai 1921 bis 31. Dezember 1922 für Lieferungen, Besatzungskosten und andere Leistungen den Betrag von 2749 Millionen Goldmark auf Grund ihrer eigenen Bewertung gutgeschrieben, davon 1402,6 Millionen nur für das Jahr 1922. Mit diesen Zahlen muß der Anlaß zu den folgenden Schritten verglichen werden. Am 10. Januar wurde Deutschland die Entsendung einer „Mission von Ingenieuren und Beamten" ins Ruhrgebiet angekündigt, am 11. Januar unter stärkster militärischer Sicherung durchgeführt.

Als äußeres Zeichen der Mißbilligung rief der Präsident der Vereinigten Staaten von Amerika am 10. Januar die amerikanische Besatzungstruppe vom Rhein zurück und überließ, gleich England, einstweilen in abwartender Haltung das europäische Festland dem Versuch, große Politik unter dem Schein des Zivilprozesses durch militaristische Zwangsvollstreckung von „Urteilen" zu machen.

IV. Die Verminderung der deutschen Wirtschaftskraft durch den Vertrag selbst.

Durch die Reparation sollte nicht nur tatsächlicher und behaupteter Schaden der Gegner ausgeglichen, sondern darüber hinaus auch eine fühlbare Kraftminderung Deutschlands erreicht werden. Zwischen dem Begehren nach Reparation und diesem Wunsche nach vergeltender Schadenszufügung schwankte die Politik in den ersten fünf Jahren der Vertragsanwendung, bis der Dawesplan der Rache Grenzen zog und dem Gedanken des Wiederaufbaus zu leidlich klarer Geltung verhalf.

Eine Herabsetzung der sachlich bedingten Arbeitsmöglichkeit und der seelisch bedingten Arbeitswucht erreichte der Vertrag durch Eingriffe in den Gebiets- und Bevölkerungsstand, durch Fortnahme deutschen Eigentums im In- und Auslande, durch die Auferlegung wirtschaftlich undurchführbarer oder zerrüttender Lieferungsverpflichtungen sowie durch eine Herabdrückung des deutschen Lebensgefühls, zu der die Nachkriegsblokade, die Zurückhaltung der Kriegsgefangenen, die Belastungen der deutschen Wirtschaftshoheit und die Verweigerung rechtlicher Gleichstellung des Deutschen im ehemals feindlichen Ausland dienen mußten.

1. Gebiet und Bevölkerung (Abtretungen).

Die schon erörterten Gebietsverschiebungen durch Annexionen und Verlust von Abstimmungsgebieten ergeben das folgende statistische Gesamtbild.

Das Deutsche Reich verlor an

	qkm	Einwohner am 1.XII.1910		qkm	Einwohner am 1.XII.1910
			Übertrag:	24622.6	2597020
Frankreich (Elf.-Lothr.) . . .	14521.8	1874014	Polen (Teile v. Westpreuß.)	15864.5	964704
Belgien (Eupen-Malmedy)	1035.8	60003	„ „ „ Pommern	9.6	224
Dänemark (Nordschleswig)	3992.7	166348	„ „ „ Posen	26041,8	1946461
Danzig	1914.2	330630	„ „ „ Niederschles.	511.6	26248
Litauen (Memelgebiet) . .	2656.7	141238	„ „ „ Oberschlesien	3221.2	893074
Polen (Teile von Ostpreußen)	501.4	24787	Tschecho-Slowakei (Hultschin)	316.2	48469
Sa.	24622.6	2597020	Insgesamt	70547.5	6476200

Von einer Gesamtfläche von 540957,6 qkm gingen 13 v. H. verloren, von einer Gesamtbevölkerung von 64925993 Personen 10 v. H.

Sehr ungünstig verschob sich das Verhältnis der Staatsfläche zur Länge der Grenzen. Die Grenzlänge stieg (nach Tießen) trotz der Gebietsverminderung von 5970 km auf 6066 km, auf 1 km Grenze entfielen 1914 90,6 qkm, 1922 aber nur 77,8 qkm Fläche. Diese Verschlechterung ist nicht nur strategisch wichtig, sondern bedeutet auch eine starke Erhöhung der Polizei- und Zollverwaltungskosten.

In den Abtretungsgebieten hatten bei der Volkszählung von 1910 2913059 Personen als ihre Muttersprache ausschließlich deutsch angegeben.

Der deutschen Volkswirtschaft ist durch die Abtretung ein das Verhältnis der Bevölkerungsminderung erheblich überschreitender Verlust an Ernährungsgrundlagen und industrieller Erzeugung erwachsen. Die Schrumpfung der produktiven Kräfte lassen folgende Zahlen über den Anteil der Abtretungsgebiete erkennen.

Von der Viehhaltung umfaßten die verlorenen Gebiete nach der Zählung vom 1. Dezember 1913 vom Bestand an Pferden 16 v. H., an Rindvieh 11,6 v. H., an Schweinen 11,8 v. H. an Federvieh 12 v. H. Für die Verluste an gewerblichen Rohstoffen und Verarbeitungsstätten kann nur ein unvollkommenes Bild gegeben werden, da sich die Produktionsstatistik in der Hauptsache auf die Montanindustrie beschränkt und die letzte Berufs-

und Betriebszählung vor dem Kriege vom 12. Juni 1907 keine geeignete Vergleichsgrundlage mehr bietet.

Landwirschaftliche Bodenbenutzung im verlorenen Gebiet nach der Statistik vom Jahre 1913.

Nutzungsart	v. Hundert der f. d. Reich 1913 ermitt. Fläche	Nutzungsart	v. Hundert der f. d. Reich 1913 ermitt. Fläche
Getreide und Hülsenfrüchte	15 %	Ackerländereien zusammen	15,4 %
Hackfrüchte	16,7 %	Gartenländereien	10,8 %
Feldmäßig gebaute Gartengewächse	9 %	Wiesen	10,6 %
Handelsgewächse	12,9 %	Viehweiden und Hutungen	11,7 %
Futterpflanzen	15,2 %	Weinberge	24 %
Ackerweide	12,1 %	Landwirtschaftlich benutzte Fläche zus.	14,2 %

Gewerbliche Produktion im verlorenen Gebiet nach der Statistik vom Jahre 1913.

Produktionszweig	v. H. der für das Reich 1913 ermittelten Mengenzahlen	Produktionszweig	v. H. der für das Reich 1913 ermittelten Mengenzahlen
Steinkohlenbergbau	18,9 %	Schweißeisenwerke	24,1 %
Erzbergbau: Eisen	74,5 %	Flußeisenwerke	19,2 %
Zink	68,1 %	Walzwerke	15,8 %
Blei	26,3 %	Zinkhütten	60,2 %
Salinen	15,7 %	Bleihütten	22,8 %
Hochofenwerke	26,7 %	Schwefelsäurefabriken	14,3 %

Das Gewicht dieser Zahlen vergrößert sich noch erheblich, wenn außer der Jahreserzeugung an abgebauten Stoffen auch der Verlust an errechenbaren Vorräten in der Erde berücksichtigt wird. An Eisenerzen bleiben von einem bauwürdigen Vorrat von 2,556 Milliarden Tonnen uns 0,7 Milliarden Tonnen erhalten, das bedeutet vom Gesamtvorrat Europas 7 % statt vorher 25,5 %. Vom deutschen Kohlenvorrat von etwa 410 Milliarden Tonnen oder 55,43 der europäischen Vorräte verbleiben 247,5 Milliarden Tonnen, entsprechend 33,6 % an den Vorkommen Europas. Durch den Besitz des Elsaß erhielt Frankreich Kalilager mit etwa 300 Millionen Tonnen Vorrat an Reinkali, während die mittel- und norddeutschen Lager auf 7 Milliarden Tonnen und eine Abbauzeit von 6000 Jahren bei gleichbleibendem Verbrauch geschätzt werden. Demgegenüber wird dem französischen Besitz nur eine Dauer von 250 Jahren zugesprochen. Dies ist jedoch völlig ausreichend, um auf dem Weltmarkt eine Deutschlands bisheriges Monopol aufhebende wichtige Stellung einnehmen zu können.

Überhaupt dürfen die hier mitgeteilten Zahlen nicht gar zu mechanisch gedeutet werden. Denn von dem hochentwickelten volkswirtschaftlichen Organismus der modernen Industriestaaten gilt nicht nur, daß das Ganze mehr als seine Teile ist, sondern vielfach auch, daß jeder Teil mehr bedeutet, als es nach seinem Zahlenverhältnis zum Ganzen den Anschein hat. Alle Abtretungen greifen störend in den Gesamtaufbau der Wirtschaft ein und sind schon damit, noch abgesehen von ihrem mengenmäßigen Gewicht, Verluste eines wesentlichen Produktionsfaktors, eben der volkswirtschaftlichen Ordnung selbst.

Dieser Hinweis leitet bereits über zur Betrachtung der eigentlich lebendigen Kräfte in der Wirtschaft, der Menschen. Auch hier gehen die Wirkungen des Vertrages weit über das einfache Zahlenbild hinaus, weil sie auf eine Bevölkerung treffen, die durch die Kriegs- und Waffenstillstandsblockade eine schwere Beeinträchtigung ihres Gesundheitszustandes, und damit ihrer Lebenskraft überhaupt erfahren hat. In einem der erschütterndsten Zeugnisse aus der Nachkriegszeit, dem ernsten und sachlichen Bericht eines englischen Stabsarztes über die Ernährungsverhältnisse Deutschlands (Report on food conditions in Germany. Parliamentary Papers, London 1919 [Cmd. 280]) finden sich neben einwandfreien Zahlen folgende Sätze: Die Widerstandskräfte der Bevölkerung „sind auf ein niedriges Maß herabgesunken, und wir müssen erwarten, daß sie eine leichte Beute jeder auftretenden Infektionskrankheit wird, vor allem der allgegenwärtigen Keime von Tuberkulose und Lungenschwindsucht." „Die fast völlige Entziehung der Milch vom dritten Lebensjahre an und die geringen Mengen der für die Familien verfügbaren Butter bewirken, daß tatsächlich in allen Klassen Rachitis herrscht und diese Krankheit nicht länger auf die Armen und Unwissenden beschränkt ist." Der Beobachter meinte, daß in Deutschland, wenn es selbst wie ein krankes Kind behandelt würde („as a sick child to be nursed back to health"), vielleicht sogar zwei Generationen vorübergehen müßten, ehe die ehemalige geistig-körperliche Leistungsfähigkeit zurückgewonnen sein würde.

Deutschland wurde jedoch keineswegs pfleglich behandelt, sondern die an sich völkerrechtswidrige Form der Hungerblockade wurde nach dem Waffenstillstand beibehalten und sogar durch Ausdehnung auf die Ostsee erweitert. Sie fiel erst nach der Ratifikation des Vertrages durch Deutschland, im Juli 1920. Die unmäßige Ausbeutung Deutschlands durch Reparation und Besatzung erlaubte freilich nur eine langsame und unzulängliche Besserung der Ernährung, die auch nach 5 Jahren „Frieden" nicht als zulänglich bezeichnet werden kann.

2. Gebiet und Bevölkerung (Besetzte Gebiete).

Es ist kennzeichnend für den Vertrag, daß er nicht nur die Leistungspflichten, sondern auch die räumlichen Grenzen des Reiches nur lose umschrieben hat, so daß eine wirklich straffe Zusammenfassung des Staatswillens, selbst wenn er in den Dienst der Vertragserfüllung gestellt werden sollte, an diesen „Grenzdurchbrechungen" (Tießen) scheitern mußte.

Bei Betrachtung der besetzten Gebiete ist zu unterscheiden zwischen den linksrheinischen Gebieten mit Brückenköpfen und dem Saarbiet, die laut Vertrag also belastet wurden, und den Einbruchsgebieten, zu deren Besetzung „rechtliche" Anlässe als Strafmaßnahmen (Sanktionen) eigens erfunden wurden. Der Ruhreinbruch wird in einem besonderen Abschnitt behandelt. Das Zahlenbild sämtlicher Grenzdurchbrechungen soll jedoch hier vollständig gegeben werden.

Das laut Friedensschluß besetzte Gebiet, einschließlich des Saargebietes umfaßt:
31964,4qkm mit 6511182 Einwohnern am 8. Oktober 1919.

Die Zahlen bedeuten 6.77% der Reichsfläche nach dem Umfang vom 31. März 1923 und 11,05% der Reichsbevölkerung. Die Räumung, die in an sich klaren, für die Auslegungswillkür der Gegner aber dehnbaren Bestimmungen geregelt ist, soll sich in folgender Weise vollziehen:

Nach 5 Jahren: 6415,2 qkm (1,36%) mit 2305666 Einwohnern (3,94%)
Nach 10 Jahren: 6416,1 qkm (1,36%) mit 1121092 Einwohnern (1,92%)
Nach 15 Jahren: 19133,1 qkm (4,05%) mit 3030755 Einwohnern (5,19%).

Die durch dauernde Entmilitarisierung unter geminderter deutscher Staatshoheit stehenden Gebiete am Rhein (Artikel 42 bis 44 und 180 des Vertrages) umfassen

linksrheinisch: 27252,8 qkm mit 5303632 Einwohnern (1. Oktober 1919)
rechtsrheinisch: 28260 qkm mit 8874236 Einwohnern (1. Oktober 1919)
zusammen: 55512,8 qkm mit 14177868 Einwohnern.

Beim Maineinbruch im Anschluß an den Kapp-Putsch im Frühjahr 1920 wurden mit Frankfurt a./M., Hanau und Darmstadt besetzt:

1224,7 qkm mit 854704 Einwohnern (8. Oktober 1919).

Die Besetzung dauerte vom 6. April 1920 bis 17. bzw. 18. Mai 1920.

Das Sanktionsgebiet im Regierungsbezirk Düsseldorf, im Anschluß an das erste Londoner Ultimatum am 7. März 1921 besetzt, umfaßte unter Einschluß der Städte Dinslaken, Düsseldorf, Duisburg, Hamborn, Mülheim a. d. Ruhr, Oberhausen, Sterkrade:

502,3 qkm mit 875048 Einwohnern (8. Oktober 1919).

Das Gebiet wurde auch nach Annahme des Ultimatums nicht geräumt, sondern bis 25. August 1925 besetzt gehalten.

Das Einbruchsgebiet an der Ruhr, in Hessen und Baden, wegen „Nichterfüllung" von Reparationslieferungen am 11. Januar 1923 besetzt, umfaßte:

3396,7 qkm mit 3149019 Einwohnern (8. Oktober 1919).

Hiervon wurden auf Grund des Londoner Abkommens vom 16. August 1924 am 22. Oktober 1924 geräumt:

1533,8 qkm mit 793152 Einwohnern.

Zu diesem Gebiet gehörten Stadt- und Landkreise von Dortmund und Hörde, Remscheid sowie das die nordsüdlichen Schnellzugslinien unterbrechende badische Gebiet mit Offenburg und Appenweier.

Der Rest des Ruhrgebietes wurde nach im Juli 1925 einsetzender Räumung am 31. Juli 1925 frei.

Die in diesen Gebietsverhältnissen zum Ausdruck kommende Labilität des deutschen Staates ging in ihren Wirkungen weit hinaus über die unmittelbar deutlichen wirtschaftlichen Zusammenhänge. Denn unzulängliche Herrschaft über den Staatsraum ist keine auf das angegriffene Gebiet beschränkte Teilerscheinung, sondern Schwäche des Staatswesens selbst, auch gegenüber den eigenen Staatsangehörigen. Eben deshalb erklärte der Dawesbericht die Wiederherstellung der deutschen Wirtschafts- und Finanzhoheit, wenigstens im Rahmen des Vertrages und des Rheinlandabkommens, für eine der unerläßlichen Voraussetzungen seines Reparationsplanes.

Allerdings ist auch die zahlenmäßig darstellbare Bedeutung des altbesetzten Gebietes beträchtlich genug und hätte auch dem stärksten Bedürfnis nach „Pfändern" genügen sollen.

Den besten Überblick über die inneren Verflechtungen der deutschen Wirtschaft bieten die Zahlen über den Güterverkehr.

Von dem Außenverkehr des Saargebiets (ohne Lokalverkehr) trafen

auf den Verkehr mit	im Jahre 1913 Versand	im Jahre 1913 Empfang	zusammen	im Jahre 1920 Versand	im Jahre 1920 Empfang	zusammen
	%	%	%	%	%	%
dem übrigen altbesetzten Gebiet	23,6	17,4	20,8	11,6	24,1	16,4
dem Ruhrgebiet	0,6	4,6	2,4	1,5	20,4	8,7
dem unbesetzten Deutschland	33,7	6,5	21,8	6,5	14,6	9,7
Elsaß-Lothringen	17,7	60,5	36,5	14,2	34,2	21,8
Frankreich	9,1	7,2	8,2	56,2	2,4	35,6
dem übrigen Ausland	15,3	3,8	10,3	10,0	4,3	7,8

Beim Vergleich der Zahlen von 1913 und 1920 muß berücksichtigt werden, daß durch die wirtschaftliche Umstellung der Verkehr 1920 auf 40% des Umfanges von 1913 zurückgegangen war, und daß der Anteil Frankreichs vor allem in der erzwungenen Zufuhr von Kohle besteht.

Von dem Außenverkehr des altbesetzten Gebietes trafen

auf den Verkehr mit	im Jahre 1913 Versand	im Jahre 1913 Empfang	zusammen	im Jahre 1920 Versand	im Jahre 1920 Empfang	zusammen
	%	%	%	%	%	%
dem Saargebiet	4,7	6,9	5,9	3,4	2,0	2,7
dem Ruhrgebiet	37,6	42,5	40,2	30,9	51,7	42,6
dem unbesetzten Deutschland	31,4	21,1	25,9	38,6	35,1	36,6
Elsaß-Lothringen	4,6	4,7	4,6	1,2	0,7	0,9
dem Ausland	21,7	24,8	23,4	25,9	10,5	17,2
darunter						
Frankreich	1,0	0,3	0,6	6,8	0,3	3,1
Luxemburg	2,7	4,3	3,6	2,5	1,5	1,9
Belgien	5,3	3,9	4,5	2,7	2,6	2,7
Niederlande	9,7	15,7	12,9	10,0	5,5	7,5

Vom Gesamtverkehr des altbesetzten Gebietes, der vor allem Kohle, Koks, Eisen, Chemikalien, Holz, Getreide, Kartoffeln umfaßt, entfielen 1913 72%, 1920 aber sogar 81,9% auf den Austausch mit dem übrigen Reichsgebiet; die Beziehungen sind also unter dem Druck von Westen noch engere geworden. Von einer wirtschaftlichen Zugehörigkeit der linksrheinischen deutschen Gebiete zu den Nachbarstaaten kann mit keinem Recht gesprochen werden. Eine im Jahre 1919 veranstaltete Untersuchung über die Absatzbeziehungen der linksrheinischen Industrie ergab folgenden hinreichend genauen Überblick:

Art des Gewerbes	Vom Absatz rechtsrheinisch %	Vom Absatz linksrheinisch %	Art des Gewerbes	Vom Absatz rechtsrheinisch %	Vom Absatz linksrheinisch %
Erzbergwerke, Verhüttung	80	20	Chemische Industrie	70	30
Stahl- und Walzwerke	80	20	Sprengstoffabriken	75	25
Glasindustrie	75	25	Seifen, Öle, Firnisse	80	20
Steinbrüche	75	25	Textilindustrie	90	10
Maschinenbau	85	15	Linoleum- und Tapetenindustrie	80	20
Technische Apparate	80	20	Lederindustrie	70	30
Nadelindustrie	95	5	Schiffsbau	80	20

Diese Übersicht läßt zugleich etwas von der reichen Arbeitsgliederung des linksrheinischen Gebietes erkennen. Auch eine Untersuchung der mehr für den örtlichen Verbrauch arbeitenden mittleren Industrie würde zeigen, daß mindestens die Hälfte des Absatzes über den Rhein ins Innere Deutschlands geht.

3. Gebiet und Bevölkerung (Deutsche Kolonien).

Mit der unter nichtigen Vorwänden verlangten Abtretung der deutschen Kolonien ergab sich ein zahlenmäßiger Verlust für Deutschland in folgendem Umfang:

	Ostafrika	Kamerun	Togo	Südwestafrika	Neuguinea, Karolinen, Marschallinseln	Samoa	Kiautschou
Fläche in qkm	995 000	790 000	87 200	835 100	242 476	2 572	552
Bevölkerung	7 666 000	2 653 000	1 033 000	103 000	604 000	39 000	195 000
Sogenannte „Mandatare“	England und Belgien	England und Frankreich	England und Frankreich	England	England, Australien, Japan	England	an China zurück

Die deutschen Schutzgebiete waren sowohl als Handels- wie als Siedlungskolonien von ungleichem Wert. Aber ihr Besitz bot sachlich und seelisch einen Ausgleichsraum für mannigfach gearteten Überdruck in der Heimat. Deutschland hat nie geglaubt, mit dem im Vergleich zu den großen Kolonialreichen immer noch kärglichen Bestand ein sich selbst genügendes Wirtschaftsgebiet (Autarkie) zu werden. Aber die ansteigende Entwicklung seiner überseeischen Gebiete gab die Möglichkeit, bei der Preisbildung mitzuwirken. Der Gesamtaußenhandel mit den Kolonien stieg von 32,5 Millionen Mark 1896 auf 263 Millionen Mark 1912, das Plantagenland unter Kultur gleichzeitig von 11000 ha auf 167000 ha, die Länge der Eisenbahnen von 40 km auf 3867 km. Gewiß hätte nie der gesamte Bevölkerungsüberschuß dort untergebracht werden können, aber jeder Auslandsdeutsche würde in der Welt einen besseren Stand haben, wenn die Gastvölker wüßten, daß er auch in deutschen Kolonien eine neue Heimat finden könnte.

4. Fortnahme werbenden deutschen Eigentums.

In diesem Abschnitt sollen nicht die Lieferungsverpflichtungen betrachtet werden, sondern die einmaligen Übereignungen von Kapitalgütern, deren Hingabe die Produktivkraft der deutschen Wirtschaft höchst beträchtlich verminderte. Außer Erörterung bleiben die Verluste aus dem Waffenstillstand (5000 Lokomotiven, 150000 Güterwagen, 5000 Lastkraftwagen, unübersehbarer militärischer Rücklaß) sowie aus der streng und oft willkürlich schädigend durchgeführten Entmilitarisierung der deutschen Industrie.

Die stärkste Hemmung für die Wiedereinordnung in den zwischenstaatlichen Verkehr war die Fortnahme fast der gesamten deutschen Handelsflotte. Ihre teilweise Auslieferung wurde schon während des Waffenstillstands unter Benutzung der deutschen Nahrungsnot erpreßt. Neben dem einfachen, robusten Bedürfnis nach Vergeltung für den U-Bootkrieg („ton for ton“) war zweifellos auch die Erwägung wirksam, daß vor aller Welt die Ächtung des besiegten Landes nicht deutlicher gemacht werden könnte, als wenn seine Flagge vom Weltmeer verschwände.

An Seeschiffen wurden einschließlich der am 10. Jannar 1920 im Bau begriffenen und fertiggestellten Fahrzeuge abgeliefert: 625 mit 2595752 Bruttoregistertonnen; dazu kamen die in den feindlichen Häfen festgehaltenen 191 Embargoschiffe mit 817763 Br.-R.-T. Da ferner von den Vereinigten Staaten 96 Schiffe mit 589085 Br.-R.-T. festgehalten wurden, so stellte sich der Gesamtverlust auf rund 4 Millionen Br.-R.-T. Von der 1914 5538957 Br.-R.-T. umfassenden Handelsflotte verblieben Deutschland zwar statistisch ein Fünftel, jedoch an seegehenden Fahrzeugen nur rund 300000 Tonnen und an Schiffen über 1000 Tonnen etwa 100000 Br.-R.-T.

Diese Fortnahme des für einen auf Außenhandel angewiesenen Staat wichtigsten Kapitalgutes hat gleichzeitig weder Deutschlands Schuld wesentlich verringert, noch der Wirtschaft des Auslandes sonderlich genützt. Deutschland bewertete die hingegebenen Schiffe, vom Friedensbauwert ausgehend, auf etwa 4,5 Milliarden Goldmark, während die Reparationskommission nur etwa 755 Millionen Goldmark als den angeblich realisierbaren Gegenwert gutschrieb, gleichzeitig aber zuließ, daß England seinen Tonnageverlust zu einem sehr hohen Neubauwert in die Schadensrechnung einstellte. Im übrigen verursachten die Schiffsablieferungen eine Krisis in der englischen Werftindustrie, die, verschärft durch allgemeinere Verhältnisse, noch 1925 nicht überwunden war. Waren diese Einschränkungen überhaupt als wirtschaftliche, und nicht als vorwiegend politische Handlungen gedacht, so bestand der Fehler darin, Werte dieses Umfangs einer Preisschätzung außerhalb des Arbeitszusammenhanges der Volkswirtschaft, aus der sie stammten, zu unterwerfen. Die Kritik des klarblickenden Franzosen Fabre-Luce (Der Sieg, S. 377) an den deutschen und gegnerischen

Zahlen über Reparationsleistungen trifft den Kern des Problems: „Keine dieser Statistiken ist indessen völlig erlogen. Ihr Unterschied erklärt sich im wesentlichen durch die Tatsache, daß die Transferierung der Reichtümer Verschwendung und Verlust mit sich bringt. Es kommt nicht alles bei den Alliierten an, was aus Deutschland herausgeht. Die Aktiven der einen stimmen nicht mit den Passiven des andern überein." Auch für die Schwimmdocks, Bagger und andere Hafenbetriebsmittel, insgesamt 220 000 Tonnen, die als Buße für die Versenkung der in Scapa Flow internierten deutschen Kriegsflotte geliefert werden mußten, zeigte sich bald, daß ihr Fehlen Deutschland ungleich mehr schadete, als der schlecht erworbene Besitz dem Gegner nützte.

Dieser Vorwurf des *unwirtschaftlichen* Beutemachens kann gegenüber den Eingriffen in die deutsche *Binnenschiffahrt* nicht in gleicher Weise erhoben werden. Denn hier bestand der Wille, die Fahrzeuge auch weiter in den gleichen Verkehrsbeziehungen zu verwenden, sich gerade an diesen einen Anteil zu sichern, so daß teilweise nicht nur Schiffe, sondern auch Anteile an Schiffahrtsunternehmungen gefordert wurden. Schon die eigentlichen Reparationslieferungen für Verluste an Binnenschiffen wurden etwas verständiger, als im Vertrag (§ 6, Anlage 3 zu Teil VIII) vorgesehen, geregelt, insofern neben die Ablieferungen aus dem deutschen Schiffsbestand in größerem Umfange Neubauten traten. Diese stellten zwar eine Belastung des Reichshaushaltes dar, gewährleisteten aber die Lieferung von Schiffen, die auf den betreffenden Binnengewässern wirklich verwendbar waren. In ähnlicher Weise war die Verpflichtung zur Ablieferung eines Viertels des Tonnengehalts der deutschen Fischereifahrzeuge teilweise durch Verpflichtungen zur Herstellung von Neubauten und Motoren abgelöst worden.

Die Beteiligung der Gegner an der Volkswirtschaft der deutschen Ströme, die nicht im Abschnitt über die Reparation, sondern in Teil XII des Vertrages geregelt wurde, vollzog sich auf Grund von Entscheidungen eines amerikanischen Schiedsrichters in folgender Weise.

An die *Tschecho-Slowakei* waren abzugeben im *Elbgebiet* 173 000 t Kahnraum, 1 346 t Güterdampfer, 14 430 P.S. Schleppkraft, 1 770 P.S. Bugsierdampfer, ferner Landungsanlagen und Schuppen (zur Durchführung wurde der gesamte Schiffspark der Österreichischen Nordwest-Dampfschiffahrtsgesellschaft übereignet); im *Odergebiet* 5 686 P.S. Schleppkraft, 35 700 t Kahnraum. *Polen* erhielt im *Odergebiet* 4 890 P.S. Schleppkraft, 40 700 t Kahnraum.

Auf dem *Rhein* waren an *Frankreich* nach dem Spruch des amerikanischen Schiedsrichters abzutreten:

75% der Aktien der Rheinschiffahrts-Aktiengesellschaft vormals Fendel (eines der bedeutendsten Unternehmen mit dem Sitz in Mannheim),

133 Rheinkähne mit insgesamt 166 038 t
9 Schlepper von je 901 bis 1 500 P.S., mit zusammen 11 900 P.S.,
7 Schlepper von je 301 bis 350 P.S., mit zusammen 2 360 P.S.,

ferner:

38 Kähne	der Fendel-Gesellschaft	mit zusammen 87 377 t
20 Schlepper		„ „ 11 695 P.S.
8 Hafenschlepper		„ „ 1 525 P.S.
2 Tankschiffe		„ „ 2 289 t
3 Kranschiffe		„ „ 9,5 Hebekraft.

Da nach dem Vertrag Deutschland entweder Schiffe oder Geschäftsanteile abzutreten hatte, wurde der Spruch von Deutschland angefochten, mit dem Ergebnis, daß auf die Übergabe der Fendelaktien verzichtet wurde.

So hoch der Wert der deutschen Handelsflotte, gerade wegen der unmeßbaren psychologischen Bedeutung eines solchen Arbeitsinstrumentes veranschlagt werden muß, tritt dieser Verlust doch noch zurück gegenüber der Verletzung des deutschen Privateigentums im gegnerischen Ausland. Auch bei diesem Schritt, der als stärkster Angriff gegen die Rechtsidee des Eigentums nur mit dem Verhalten der russischen Sowjetrepublik verglichen werden kann, hat neben der einfachen Begehrlichkeit offenbar der Gedanke mitgespielt, daß auswärtige Kapitalanlagen mehr als formlose Geldforderungen sind, daß an ihnen Kräfte haften, mit denen der Gläubiger die Volkswirtschaft des Schuldners zu beeinflussen vermag. Der Wille zur wirklichen Ausrottung des Deutschen ist hier so stark geworden, daß die Gegner übersahen, in welchem Maße sie die Grundlagen ihrer eigenen, auf der Anerkennung des Privateigentums aufgebauten Staaten gelockert haben. Der bolschewistische Zug dieser Politik ist den Gegnern in der Tat nicht völlig entgangen. Sie haben deshalb die deutsche Regierung verpflichtet (Artikel 297), die eigenen Staatsangehörigen für die ihnen erwachsenden Verluste zu entschädigen; gleichwohl haben sie aber Deutschland im Verlauf der Reparationserörterungen wiederholt Vorwürfe wegen der Aufwendungen aus diesen Verpflichtungen gemacht. Dabei war Deutschland genötigt, die Liquidationsentschädigung in wiederholter Anpassung an seine Finanzlage soweit herabzusetzen, daß in der Regel für 1000 Mark Friedenswert ein Schadensersatz von zwei Goldmark gewährt wird, der sich im Falle der sogenannten „Entwurzelung", also der völligen Vernichtung der bisherigen Lebensgrundlagen, auf Mark 5 erhöht. Einige Staaten, so China, Japan, Südafrika, haben ganz oder teilweise auf die Liquidation des deutschen Eigentums verzichtet. Der deutschen Volkswirtschaft erwuchs ein von unabschätzbaren ideellen Werten begleiteter Verlust in Höhe von etwa 14 Milliarden Goldmark; dazu treten rund sechs Milliarden Mark Verluste in Rußland, und etwa vier Milliarden Vermögenswerte in den Vereinigten Staaten, deren Rechtslage noch ungeklärt ist.

Ein weiterer außerordentlicher Verlust ergab sich vor allem für die deutsche Auslandswirtschaft aus dem Ausgleichsverfahren, durch das die Staaten selbst trennend zwischen Schuldner und Gläubiger geschoben wurden, überdies die Markverpflichtungen deutscher Schuldner grundsätzlich nach dem Friedenskurs in die Währung des Gläubigerlandes umgewandelt wurden, so daß dem Gegner Schäden aus dem Verfall der Mark nicht entstehen konnten. Deutschland mußte überdies alle Forderungsüberschüsse der Gegner sofort begleichen, während beim Ausgleich entstehende deutsche Guthaben dem unübersehbaren Reparationskonto zugeführt wurden, das heißt also, verloren waren. Bis Juli 1922 hatte Deutschland rund 600 Millionen Goldmark an die fremden Ausgleichsämter überwiesen. Die Schädigung der deutschen Volkswirtschaft beträgt jedoch ein nicht genau errechenbares Vielfaches dieser Summe, zumal das Reich dem deutschen Gläubiger immer nur Bruchteile eines Auslandsguthabens, zuletzt $^1/_2$% des Vorkriegswertes, erstatten konnte, allerdings dem Schuldner auch die Last der Umwandlung auf den hohen Kursstand fremder Währung abnehmen mußte.

5. Die Belastungen der deutschen Wirtschaftshoheit.

Zu den geschilderten zerrüttenden Eingriffen in den sachlichen Produktionsapparat und und in die bisher für unantastbar erachteten Grundlagen des Privatrechtes traten schwere Belastungen des öffentlichen Rechts der Wirtschaft, Bindungen, wie sie bisher nur Staaten mit fremdartigen Rechts- und Verwaltungsverhältnissen als sogenannte „Kapitulationen" auferlegt wurden, um Sicherheit des Personen- und Güterverkehrs zu erlangen. Diese Sonderregelung erscheint umso eigentümlicher, wenn bedacht wird, daß die ersten 26 Artikel auch des Vertrages von Versailles die Satzung des Völkerbundes bilden, in der klingende Sätze über den ungehemmten Wirtschaftsverkehr der Länder, über eine gerechte Regelung des internationalen Güteraustausches enthalten sind.

Der sachliche Inhalt dieser wirtschaftspolitischen Fremdherrschaft ist im Abschnitt II (vgl. S. 16ff) dargestellt worden. Ihre Wirkung ging in ähnlicher Richtung wie die aller anderen Bestimmungen des Vertrages und der teils mit Recht, teils mit Unrecht aus ihm abgeleiteten Handlungen. Sie lockerten die deutsche Wirtschaftseinheit und damit das Staatsgefüge, während nur ein straff in sich gefestigter Staat seine Bürger zu großen Leistungen zusammenfassen kann. Sie erschwerten Deutschland die Überwachung seiner östlichen und westlichen Grenzen und die Abwehr entbehrlicher Waren, die ihm zum Schaden seiner Zahlungsbilanz vielfach, so von der Luxusindustrie Frankreichs, aufgedrängt wurden. Die ohne Gegenleistung in Anspruch genommene Meistbegünstigung der nach Wirtschaftsform und Kulturstufe so verschiedenartigen Signatarmächte des Vertrages machte das Deutsche Reich gegenüber den wenigen neutral gewesenen Staaten nahezu verhandlungsunfähig, zumal ein so gefesselter Staat nicht als ein sehr achtungswürdiger Träger internationaler Verpflichtungen erscheinen konnte. Alles dies hatte seine Rückwirkungen auf den Kredit, der neben den sichtbaren Produktivkräften der Volkswirtschaft eines der wesentlichsten Mittel ist, um im allgemeinen Güteraustausch auf gleicher Kostengrundlage wie die übrigen Völker mitwirken zu können.

V. Wirtschaftliche Auflockerung Deutschlands bis zur Besetzung des Ruhrgebietes.

Eine Übersicht über den Wirtschaftszustand in den Nachkriegsjahren muß davon ausgehen, daß es eine deutsche Volkswirtschaft, das heißt ein fest umgrenztes Gebiet, dessen Bevölkerung unter einheitlichen Normen des privaten und öffentlichen Rechtes und unter dem Schutze einer souveränen Staatsgewalt arbeitete, nicht gab. Schon deshalb ist ein in sich geschlossenes Bild der wirtschaftlich wichtigsten Vorgänge nicht zu gewinnen, da die an den Grenzen und im Landesinnern bestehenden Belastungen und Hemmungen der Verwaltung genaue statistische Erhebungen unmöglich machten; allen Preisangaben und Bewertungen haftet überdies die mit der fallenden Währung gegebene Unsicherheit an. Auch durch nachträgliche Umrechnung über die Maßzahl des Dollarkurses, der Großhandelspreise oder der Lebenshaltungskosten ist immer nur ungefähr zu ermitteln, welche Bedeutung einer Gütergesamtheit jeweilig im Netz der Preisbeziehungen zukam.

Aber auch beim Vorliegen aller für die wirtschaftliche Zustandsschilderung erheblichen Zahlen muß die rückschauende Betrachtung zu dem Ergebnis kommen, daß der Verlauf der Nachkriegsjahre aus wirtschaftlichen Ursachen allein nicht zu erklären ist. Die fortwirkende seelische Erregung der Kriegszeit machte die Siegerstaaten allerdings geneigt, das Gewaltverhältnis gegenüber Deutschland immer wieder zu wirtschaftlichen Erpressungen zu mißbrauchen, um von inneren Schwierigkeiten auf das Gebiet der auswärtigen Politik abzulenken. Gingen somit die Anstöße und Beunruhigungen durchweg von der Gegenseite aus, so war doch auch Deutschland Mitträger der zerstörerischen Erkrankung Europas. Es hat auf den Zusammenbruch seiner weltpolitischen Stellung keineswegs nur mit schicksalsbewußter Größe und antiker Gefaßtheit geantwortet. Eben deshalb wäre es zwecklos und eines großen Volkes sogar unwürdig, aus wirtschaftlichen Zahlenreihen den Nachweis erbringen zu wollen, daß durch das Schicksal der Wirtschaft das Gesetz des Handelns unverbrüchlich vorgeschrieben gewesen sei. Vor allem deutet Währungsverfall immer auch auf eine Krisis der Staatsgesinnung, der Deutschland durch die Wirkungen der Niederlage sowie die unter revolutionären Erscheinungen vollzogene Änderung seiner Regierungsformen ausgesetzt war. Die folgenden Darlegungen wirtschaftlicher Verhältnisse fordern also den Vorbehalt, daß ein Letztes und Entscheidendes, das Staatsethos selbst, hier nicht zur Erörterung steht.

Der Arbeitszusammenhang der deutschen Wirtschaft, die den Materialverlust aus dem Waffenstillstand und das plötzliche Zurückfluten des Heeres zu überstehen hatte, wurde nahezu zerstört durch den Druck der Kohlenlieferungspflichten. Bei der Erörterung dieses Tributs bemerkt Keynes in seinem ersten Buch über den Vertrag: „The German Empire has been built more truly on coal and iron than on blood and iron. The skilled exploitation of the great coalfields of the Ruhr, Upper Silesia, and the Saar, alone made possible the development of the steel, chemical and electrical industries which established her as the first industrial nation of continal Europe.“ In diese aufeinander abgestimmten Arbeitsvorgänge eines Industriestaates, der mehr als ein Drittel seiner Bevölkerung in Städte von über 20000 Einwohner zusammengezogen hatte, griff die übermäßige Entziehung von Kohlen ein, und zwar nicht nur durch die Sortenverschiebung und -verschlechterung, die damit für den deutschen Verbrauch verbunden war. Vor allem darf die soziale Beunruhigung nicht unterschätzt werden, die bei noch immer mangelhafter Ernährung, durch unzulängliche Versorgung mit Kohle und Gas erheblich gesteigert wurde. Aus der nur teilweisen Ausnutzung großer Fabrikanlagen, Gasanstalten, Überlandzentralen, ergaben sich erhöhte Unkosten auf die Mengeneinheit aller Erzeugnisse. Die Wohnungsnot wurde weiter verschärft, da von 18000 Ziegeleien zeitweilig nur etwa 1200 in Betrieb gehalten werden konnten. Von nachhaltiger Wirkung blieb der Zwang, die Belegschaft des Bergbaues, vor allem im Ruhrgebiet zu steigern, um einem vorübergehenden Bedarf Frankreichs zu dienen, während bereits um Mitte 1921 die Anzeichen jener internationalen Kohlenabsatzkrisis sichtbar wurden, die einen ersten Höhepunkt für England und Deutschland im Jahre 1925 erreicht zu haben scheint.

Schon im Frühjahr 1921 ging Frankreich zur Wiederausfuhr deutscher Reparationskohle über, und bedrohte damit, sowie mit Eisenerzeugnissen, in deren billigem Preis die Ausbeutung deutscher Kohle nachwirkte, die Weltmarktinteressen Englands und der Vereinigten Staaten. Gleichzeitig führte Deutschland nicht nur in die Küstengebiete englische Kohle ein, sondern auch im Ruhrgebiet selbst wurde diese von Fabriken und Kraftwerken in wachsenden Mengen bezogen. Zu diesen Schwierigkeiten trat das volks- und finanzwirtschaftliche Dilemma des Kohlenpreises. Für Reparationskohle wurde grundsätzlich nur der deutsche Inlandspreis gezahlt, der in den ersten Jahren des Währungsverfalls oft weniger als ein Drittel des Weltmarktpreises betrug. Eine Erhöhung des Preises und der Kohlensteuer wäre für Deutschlands Reparationskonto günstig gewesen, hätte aber der Industrie den wichtigsten Rohstoff, dem Konsumenten Heizung und Licht weiter verteuert (vgl. Keynes, A Revision, S. 44ff.).

Einige Zahlenangaben sollen zur Kennzeichnung der Lage, jedoch nicht zu ihrer erschöpfenden Beschreibung, angefügt werden.

Die deutsche Kohlenförderung betrug 1913 rund 190 Millionen Tonnen, davon 141 Millionen in den Deutschland verbliebenen Gebieten. Nach Abzug der Mehrausfuhr blieben für den Inlandsverbrauch 136 Millionen Tonnen, oder 119 Millionen für das jetzige Reichsgebiet. Dieser Bedarf konnte 1920 und 1921 nur mit 60—70% gedeckt werden, überdies in einer Kohle, deren Heizwert durch Sortenverschlechterung um 15—20% zurückgegangen war.

	Kohlenförderung	Reparationslieferungen (Koks und Braunkohle auf Steinkohle umgerechnet	Theoretische Fehlmenge (bei Nichtberücksichtigung der Qualitätsverschlechterung)
		Millionen Tonnen	
1920	108	15,8	26,8
1921	114	18,6	23,6
1922	119	18,9	18,9

Die Kohlenförderung, die theoretisch 141 Millionen hätte betragen sollen, blieb in Deutschland, wie übrigens in allen anderen Staaten auch, hinter diesem Maß zurück, wobei neben technischen Schwierigkeiten auch die mangelhafte Ernährung in den Kriegs- und Nachkriegsjahren verursachend mitwirkten.

Der Fehlbetrag verschärfte die soziale Not, soweit er nicht ersetzt wurde, und er verursachte eine den Markkurs unter dauernder Beunruhigung haltende Nachfrage nach ausländischen Zahlungsmitteln, soweit englische oder andere, oftmals sogar deutsche Kohle vom Ausland gekauft wurde.

Nächst der Rückwirkung auf Hausbrand, Gas- und Elektrizitätsversorgung mußte sich die Kohlennot am stärksten in der Eisenindustrie bemerkbar machen. Hier ist aber eine Feststellung mit einfachen Mitteln der Statistik nicht mehr möglich, da für diese Industrie die Notwendigkeit völligen Neuaufbaus bestand. Der Verlust Lothringens und Ostoberschlesiens, die Zerschneidung der Beziehungen zum Saargebiet und zu Luxemburg veränderte sowohl die Grundlagen der Rohstoffgewinnung (Minetteerze), wie auch der Weiterverarbeitung (z. B. von lothringischem Roheisen in westfälischen Walzwerken, westfälischem Koks in Hochöfen der Saar und Lothringens).

Hieraus ergab sich eine wirtschaftliche und regionale Umgruppierung, die zu einer erheblichen Steigerung der Bedeutung des Ruhrgebietes führte, und die zu einem Teil das wachsende Interesse der französischen Schwerindustrie an einer tätlichen Bedrohung dieses Gebietes erklärt. Besonderen Krisen war dieser Industriezweig ferner durch die einseitige Umstellung auf Kriegsbedarf ausgesetzt, der plötzlich abbrach, während ein entsprechender Bedarf an Gütern für Friedenszwecke sich keineswegs im Umfang der während des Krieges vielfach noch gesteigerten Leistungsfähigkeit einstellte. Dabei wurde die Umstellungsarbeit durch die von den Alliierten befohlene und überwachte Zerstörung aller auch zur Waffenherstellung geeigneten Maschinen und Werkstätten außerordentlich erschwert.

Den ruckweisen Übergang vom Krieg zum Waffenstillstand kennzeichnen folgende Zahlen:

	Roheisengewinnung	Rohstahlgewinnung
Oktober 1918	1 057 920 Tonnen	1 354 242 Tonnen
November 1918	566 509 "	717 585 "
Dezember 1918	481 436 "	494 282 "

Die Roheisenerzeugung betrug

1913 (mit Einschluß von Luxemburg)	19 309 000 Tonnen
1919 (jeweiliger Reichsumfang)	6 284 000 "
1920 (" ")	7 044 000 "
1921 (" ")	7 845 000 "
1922 (" ")	9 396 000 "

Die Zahlen für die Stahlerzeugung sind ähnlich und lassen gleichfalls 1922 als den Höhepunkt der Inflationskonjunktur erkennen.

Da der industriewirtschaftliche Arbeitsaufbau Deutschlands durch die Störungen des Verbrauchs von Kohle und Eisen in seinen Grundlagen angegriffen war, so mußte sich dies auch als eine eutsprechende Schwächung der Exportkraft geltend machen. Gleichzeitig aber wuchs das Einfuhrbedürfnis, da die Ernährungsbasis Deutschlands einerseits durch die Abtretung von Überschußgebieten, andererseits durch die geringere Ergiebigkeit des erschöpften und unzulänglich gedüngten Bodens geschwächt worden war.

Den Rückgang der landwirtschaftlichen Erträge zeigt folgende Übersicht:

Durchschnittlicher Ertrag in Doppelzentnern je Hektar

	1913	1920	1921	1922		1913	1920	1921	1922
Weizen	24,1	16,3	20,4	14,2	Hafer	22,0	15,0	15,8	12,5
Roggen	19,3	11,5	15,9	12,6	Kartoffeln	157,1	115,1	98,8	149,4
Sommergerste	22,0	15,0	17,1	14,0	Zuckerrüben	304,4	243,6	204,9	258,6

Die Wiederherstellung des Stoffausgleichs im landwirtschaftlichen Betrieb wurde überdies weiter erschwert durch den Rückgang der Einfuhr an Futtermitteln auf etwa 10% der durchschnittlichen Einfuhr von 1911/13. Die Mehreinfuhr an agrarischen Nahrungsmitteln in den ersten Kriegsjahren reichte nicht aus, um den Bevölkerungsmassen eine zulängliche Ernährung zu gewähren.

Der Außenhandel ergibt für die Jahre 1920 bis 1922 das nachstehende Zahlenbild. Die Lieferungen auf Grund des Vertrages von Versailles sind nicht berücksichtigt. An die Unsicherheit der statistischen Grundlagen infolge mangelnder Grenzüberwachung wurde schon erinnert; außerdem birgt die Wertermittlung bei schwankender Währung noch mehr Fehlerquellen, als ohnehin schon in Zeiten ruhigen Wirtschaftsverlaufes.

Spezialhandel in Millionen Goldmark

	1913	1920	1921	1922
Einfuhr	11 206,1	3 947,2	5 750,7	6 301,1
Ausfuhr	10 198,6	3 724,0	3 002,6	6 188,8

Eine genauere Auflösung dieser Zahlen und ihrer Bedeutung kann hier nicht erfolgen. Es sei lediglich festgestellt, daß der Einfuhrüberschuß, trotz weitverbreiteter gegenteiliger Auffassung, nicht die Ursache des Verfalls der Markwährung war. Der Bedarf an Devisen für lebensnotwendige Einfuhr hat allerdings dauernd einen gewissen Druck auf den Markkurs ausgeübt, er hat gelegentlich auch bei zusammengedrängter Nachfrage nach ausländischen Zahlungsmitteln die ungünstige Entwicklung beschleunigt, aber ihren eigentlichen Antrieb erhielt diese nicht vom Außenhandel, sondern von der Finanzpolitik des Reiches und der Kreditpolitik der Reichsbank.

Zahlen allein vermögen in dieser Frage nicht das Wesentliche auszusagen. Das Reich hatte sich schon während des Krieges daran gewöhnt, seinen Bedarf an Zahlungsmitteln nicht durch Steuern, sondern durch Anleihen in Verbindung mit übermäßiger Herstellung von Noten zu decken. Diese Art der Finanzierung des Staatsbedarfs wurde in den Nachkriegsjahren beibehalten, da es einerseits dem immer wieder durch äußere Feinde bedrohten Staat an der Autorität fehlte, ohne die straffe Steuererhebung undurchführbar ist, andererseits unter äußerem Druck und innerer Zermürbung sich eine lebhafte Abneigung der Wirtschaftsstände zeigte, dem Staate zu geben, was des Staates ist. Diese Haltung erklärt sich teils aus politischem Mißbehagen an der neuen Staatsform, teils aus psychologischen Hemmungen gegenüber der zunächst durchaus rechtswidrigen und erpresserischen Reparationspolitik, schließlich aber auch aus starken Vorteilen, die obere Wirtschaftsschichten aus der Zerrüttung der Staatsfinanzen und dem sich beschleunigenden Absinken der Währung zu ziehen vermochten. Jeder in Mark aufgenommene Kredit mußte bei Rückzahlung zu einem mit dem Tempo des Währungsverfalles sich steigernden Gewinn führen, solange die innerwirtschaftliche Preisentwicklung den Devisenkursen nur mit großer Verzögerung folgte.

Die ursächliche Verknüpfung von Währungsverfall und Vermögensverschiebung innerhalb der Volkswirtschaft erläutert ein im Reichstagsausschuß zur Untersuchung des Marksturzes (1924) vorgebrachtes Beispiel, dessen Zahlen ein Bild von dem Tempo des Währungsverfalls geben, aber auch von den Kräften der Beschleunigung, die die Reichsbankleitung durch ihre Politik schuf, die zwar aus subjektiv vaterländischer Gesinnung kam, aber zugleich aus völliger Unfähigkeit, die inneren Zusammenhänge der Vorgänge am Geld- und Warenmarkt zu verstehen.

„Kaufmann X. leiht sich am 1. Januar 1922 von der Reichsbank Beträge entsprechend dem Werte von 100000 Dollars. Er verkauft nach 3 Monaten davon so viel, wie er braucht, um seine Schuld in Papiermark abzudecken, und leiht sich erneut, wieder auf 3 Monate, das Geld zum

Kauf von 100000 Dollars. So verfährt er fortgesetzt bis zum 31. Mai 1923. Das Ergebnis ist wie folgt:

am	kaufte X. Dollars	zum Kurse von Mark für 1 Dollar	dafür bezahlt X. in Millionen Mark	Für Rückzahlung des Akzeptes von vor 3 Monaten mußte X. an Dollars verkaufen	Reiner Gewinn des X. in Dollars nach Rückzahlung an die Reichsbank
1. 1. 1922	100 000	186,75	18,675	—	—
1. 4. 1922	100 000	298,—	29,8	62 667	37 333
1. 7. 1922	100 000	402,—	40,2	74 129	25 871
1. 10. 1922	100 000	1 815,—	181,5	22 148	77 852
2. 1. 1923	100 000	7 250,—	725,—	25 034	74 966
3. 4. 1923	100 000	21 100,—	2 110,—	34 360	65 640
30. 5. 1923	X. gibt das Geschäft auf	rd. 60 000,—	—	35 166	64 834
Reingewinn am 30. Mai 1923					$ 346 496

Die Ermordung Rathenaus am 24. Juni 1922 hat vermutlich zahlreichen Unternehmungen den letzten, entscheidenden Anstoß gegeben, sich wirtschaftlich durch Zurückziehung aus der Markwährung zu sichern. Damit verstärkte sich, soweit „Flucht in die Substanz" erfolgte, die preistreibende Nachfrage nach Verbrauchs- und Kapitalgütern, soweit „Flucht in den Dollar" erfolgte, der Druck auf die Mark, der seit jenem Zeitpunkt vor allem von Deutschland selbst ausging. Dabei kann von einer „Absichtlichkeit" im Sinne subjektiv zurechenbarer Schuld so wenig gesprochen werden, wie bei Massenbewegungen oder seelischen Massenerkrankungen überhaupt. Aber ein Bild besonderer Würde zeigte diese Einstellung der oberen Wirtschaftsschichten Deutschlands nicht, da der Staatsgedanke preisgegeben wurde in der einsichtslosen Hoffnung, daß eine Volkswirtschaft ohne die sittlichen und rechtlichen Bindungen durch das Staatsethos lebensfähig sein könnte.

Nur eine entschlossene Begründung des Staatsbedarfs auf Steuern und eine mit dem Markverfall wirklich Schritt haltende Verzinsung der Reichsbankkredite hätte helfen können. Aber dem durch äußeren Druck geschwächten Staat wurde im Innern durch die finanziell scheinbar erstarkenden Stände der Wirtschaft die Gefolgschaft versagt, zumal, vielfach im guten Glauben, die Meinung vorherrschte, daß eine „Stabilisierung der Mark" vor endgültiger Festsetzung der Reparationslasten nutzlos wäre. Erst Ende 1922 gewann die gegenteilige Auffassung langsam Boden; zu einer scharfen Trennung der Stabilisierungs- und Reparationsfrage fehlten jedoch Blick und Entschluß. Das Jahr begann mit einem Dollarkurs von 187 und endete mit dem Stand von 7350. Der Einmarsch in das Ruhrgebiet vertagte einstweilen weitere Versuche der Lösung einer verschleppten Aufgabe. Es belastete aber die Abwehrvorgänge des Jahres 1923 durch die Tatsache, daß die Großwirtschaft ihrerseits endgültig „in Gold" rechnete, gleichzeitig aber darauf bestand, daß an der Papiermark, und zwar nicht nur als Zahlungsmittel, sondern auch als Werteinheit im Kleinhandel sowie im Verkehr mit vorletzten und letzten Verbrauchern und Arbeitskräften festgehalten würde. In dieser verkappten Doppelwährung, in Verbindung mit einer lahmen Finanz- und blinden Reichsbankpolitik lagen die Keime für den endgültigen Zusammenbruch der Reichsmark und die Enteignung der mittleren Gesellschaftsschichten, deren Vermögen vorwiegend in Geldforderungen und auf Mark lautenden Wertpapieren bestand. Der Vorstoß in das Ruhrgebiet traf also Staat und Wirtschaft in einem Zustand von objektiv geringer Widerstandskraft.

VI. Die Ruhrbesetzung.

Nach einer politischen und pseudo-juristischen Vorbereitung, die bereits geschildert wurde (vgl. S. 47), überschritten am 11. Januar 1923 französische und belgische Truppen in kriegsmäßiger Ausrüstung die Grenzen des altbesetzten Gebietes, um das Ruhrgebiet als Pfand sicherzustellen. Der deutschen Regierung wurde dieser einer Störung des Friedens gleichkommende Vorgang am 10. Januar durch eine Note angezeigt, in der es zur Erläuterung hieß:

„Die fraglichen Maßnahmen werden auf Grund des § 18 Anhang II zu Teil VIII des Vertrages von Versailles ergriffen; sie bergen seitens Frankreich keinen Gedanken an eine militärische Operation oder eine Besetzung politischer Art in sich. Ich darf mich der Hoffnung hingeben, daß die Deutsche Regierung der Ausführung dieser Maßnahmen keine Hindernisse in den Weg legen wird, die sie erschweren und damit die Aufgabe der beiden Regierungen nur noch schwieriger machen könnte."

Die Deutsche Regierung war angesichts der Kräfteverhältnisse nicht in der Lage, alle die Folgerungen zu ziehen, zu denen sie an sich nach anerkannten Grundsätzen des Völkerrechtes befugt gewesen wäre. Sie lehnte aber den unwürdigen Versuch Frankreichs ab, „das Schwert der Gewalt in die Toga des Richters zu hüllen" (wie Lassalle solche Verkleidung der Gewalt einmal genannt hat), und legte in ihrer Protestnote vom 12. Januar 1923 noch einmal die Rechtslage klar, die Frankreich ein gesondertes Vorgehen gegen Deutschland verbot:

„Die Deutsche Regierung kann sich gegen diese Gewalt nicht wehren. Sie ist aber nicht gewillt, sich dem Friedensbruch zu fügen oder gar, wie ihr angesonnen wird, bei der Durchführung der französischen Absichten mitzuwirken. Sie weist diese Zumutung zurück ... Solange der vertragswidrige Zustand, geschaffen durch den gewaltsamen Eingriff in das Zentrum der deutschen Wirtschaft, andauert und seine tatsächlichen Folgen nicht beseitigt sind, ist Deutschland nicht in der Lage, Leistungen an diejenigen zu bewirken, die jenen Zustand herbeigeführt haben."

Am 13. Januar wurde der Reparationskommission die Einstellung aller deutschen Lieferungen angezeigt, worauf sie am 26. Januar „feststellte", daß nunmehr der Londoner Zahlungsplan vom 5. Mai 1921 wieder in Kraft getreten sei.

Im übrigen wurde aber die Aufmerksamkeit der Welt weniger durch diese diplomatischen Auseinandersetzungen, als durch die Haltung der Bevölkerung in dem Einfallsgebiet erregt. Mit wortkarger Entschlossenheit lehnten Arbeiter, Angestellte, Beamte und Unternehmer ab, unter der Aufsicht französischer und belgischer Truppen und „Ingenieure" zu arbeiten. Der feingefügte Arbeitsaufbau des Ruhrgebietes wurde unter dem passiven Widerstand für den Eindringling zu einem Gewirr industrieller und verkehrstechnischer Anlagen, dessen Sinn sich ihm zunächst überhaupt nicht, später nur bruchstückhaft erschloß. Dieser Widerstand, der weder organisiert noch befohlen war, sondern der als eine unmittelbare Tathandlung aus einem der kernhaftesten deutschen Volksstämme hervorbrach, erreichte sein politisches Ziel zwar nicht. Dennoch stellt er den Wendepunkt in der Geschichte der Durchführung des Vertrages von Versailles dar: er gab dem Volke, jenen einfachen, namenlosen Menschen, die nur demütig der Arbeit und ihrem glanzlosen Dasein zu leben gewohnt waren, die unverlierbare Gewißheit des Wertes und der Kraft gewaltlos guten Willens.

Die quälende Tragik der deutschen Gegenwartsgeschichte aber zeigt sich daran, daß alles, was sich aus diesem ursprünglichen Tun der Gemeinschaft als irgendwie geartete „Führung" heraushob, der Aufgabe und den ungeheuren moralisch-politischen Möglichkeiten nicht gewachsen war, die die Erscheinung des passiven Widerstandes in sich barg. An der Phantasiearmut, der mangelnden Fähigkeit zu kalter Willenskraft und konstruktivem Denken, an den kleinen menschlichen Maßen der Reichsregierung, des Unternehmertums und der Gewerkschaftsleiter, vor allem außerhalb des Kampfgebietes, ist die Bewegung zusammengebrochen.

Die auf dieses Ergebnis hinführenden politischen und wirtschaftlichen Entwicklungsreihen sind kurz zu zeigen.

Die Versuche zur Ausbeutung des Kohlenpfandes führten, nachdem der Reichskohlenkommissar sogar Lieferungen an Frankreich gegen von diesem in erster Bestürzung angebotene Bezahlung untersagt hatte, zu Verordnungen der Rheinlandkommission über Kohlenverteilung im besetzten Gebiet, Beschlagnahme von Steuern, Zöllen und forstwirtschaftlichen Produkten, und am 31. Januar zum Verbot der Kohlen- und Koksausfuhr nach dem unbesetzten Deutschland, dem am 11. Februar ein allgemeines Ausfuhrverbot für alle Waren folgte.

Mit dem Übergang zu gewalttätiger Erfassung der Güter begannen rechtswidrige Verhaftungen von Bergwerksleitern, Beamten, Arbeiterführern, Eingriffe in Staats- und Privatkassen, wobei weder vor dem Raub von Lohn- und Unterstützungsgeldern, noch vor gewaltsamem Einbruch in Reichsbankgewölbe und falschmünzerischer Ausgabe deutschen Geldes zurückgeschreckt wurde. Die wehrlosen Frauen und Kinder wurden wie Geiseln betrachtet, und der Versuch gemacht, durch Mißhandlung, Nahrungsentziehung und Austreibung der Familien aus den Wohnstätten den Widerstand der Männer zu beugen. „Bis zum 31. Juli war die Zahl der von Haus und Herd Vertriebenen auf insgesamt 107412 Personen gestiegen; unter ihnen waren 93776 Personen ausgewiesen, meistens Eisenbahner und ihre Familien. 121 Personen hatten als Opfer der Willkür den Tod gefunden. 10 Personen waren von den Kriegsgerichten zum Tode verurteilt worden. Die Freiheitsstrafen beliefen sich auf rund 1214 Jahre Gefängnis, Zuchthaus und Zwangsarbeit, die Geldstrafen auf rund 1700 Billionen Mark (Erdmann, S. 166/7)."

Während dieser „friedlichen" Versuche zur Gründung einer Reparationskolonie wurden jedoch die diplomatischen Bemühungen um einen Ausgleich fortgesetzt, wobei der Gegensatz zwischen England und Frankreich bedeutungsvoll wurde, allerdings nicht in solchem Grade, daß dies die Regierung zur Ausrichtung ihrer mehr abwartenden, als tätigen Politik allein auf England hätte veranlassen dürfen.

Eine zusammenfassende deutsche Denkschrift vom 15. Februar 1923, die den alliierten Regierungen, jedoch nicht Frankreich und Belgien übergeben wurde, umschrieb noch einmal die Rechtslage. Sie führte nicht nur über die Gewaltmaßnahmen im Ruhrgebiet Klage, die durchweg über die Befugnisse hinausgingen, die das Völkerrecht einer kriegführenden Macht im Okkupationsgebiet zuerkennt, sondern mußte überdies feststellen, daß die Interalliierte Rheinlandkommission sich durch eine Reihe rechtswidriger Verordnungen zum Vollstrecker der französischen Politik erniedrigt hatte. Auch gegen die unter nichtigen Vorwänden am 4. Februar erfolgte Besetzung der badischen Städte Offenburg und Appenweier war Einspruch zu erheben; ihr strategisches Ziel war die Unterbrechung der wichtigen Eisenbahnstrecke, die politische Absicht offenbar, auch auf die oberrheinische Bevölkerung durch Schrecken einzuwirken. Die Darlegung blieb unbeantwortet. Dagegen gaben Frankreich und Belgien am 14. März eine Erklärung ab, daß eine Räumung nur im Zusammenhang mit Reparationsleistungen erfolgen könne.

Deutschland verschloß sich einer möglichen und gerechten Lösung nicht. Am 16. April betonte Reichsaußenminister von Rosenberg im Reichstag erneut, daß die deutsche Regierung mit der von Staatssekretär Hughes vorgeschlagenen „internationalen Kommission höchster Finanzautoritäten" einverstanden sei, außerdem durch geeignete Gesetze die deutschen Industrie- und Wirtschaftskreise zu Bürgen einer neu formulierten Reparationsverpflichtung machen würde. Wenige Tage später, am 20. April, forderte der englische Außenminister, Lord Curzon, durch eine Oberhausrede Deutschland zu einem neuen Vorschlag auf, der am 2. Mai sämtlichen beteiligten Großmächten übermittelt wurde. Das auf einer Kapitalsumme von 30 Milliarden Goldmark aufgebaute auf Bürgschaften in zunächst allgemeiner Form hinweisende

Angebot wurde von allen Empfängern abgelehnt, von Frankreich (und Belgien) mit Einsichtslosigkeit und wohlfeiler Ironie, von England und Italien mit ernsten, kritischen Hinweisen, die bei der Ausarbeitung eines neuen deutschen Planes in Betracht gezogen wurden.

Seine Vorbereitung geschah unter innerpolitischen Auseinandersetzungen. Programmatische Forderungen des Reichsverbandes der deutschen Industrie (Brief an den Reichskanzler vom 25. Mai 1923), Gegenerklärungen der Gewerkschaften (Brief an den Reichskanzler vom 1. Juni 1923), schließlich Abwehr des Eingreifens der Berufsstände durch die Feststellung der Regierung, daß die Führung ihres Amtes sei, ließen grell erkennen, daß für eine wirklich groß erfaßte Lösung irgendeines der akuten Probleme die geistigen und moralischen Voraussetzungen verloren gegangen waren.

Das Angebot vom 7. Juni 1923, geschichtlich denkwürdig immerhin als der letzte der von Deutschland allein ausgegangenen Vorschläge, enthielt zwar Keime der künftigen Lösung, hatte aber insofern die Folgen seines Ursprunges aus einer unsicheren Willenshaltung der Regierung und des Unternehmertums zu tragen, als die für eine Jahresleistung von 500 Millionen Goldmark vorgesehene Bürgschaft der gesamten deutschen Wirtschaft durch das vorausgegangene öffentliche Ultimatum des Reichsverbandes der deutschen Industrie an den Reichskanzler ihrer unmittelbaren politischen und moralischen Wirkung beraubt worden war. Im übrigen bot Deutschland eine weitere Jahresleistung von 500 Millionen Goldmark, auch diese ab 1. Juli 1927 an, als Zinsen von Obligationen, deren Träger die in ein Sondervermögen umgewandelte Reichsbahn sein sollte. Zu Sicherheitszwecken sollten ferner gewisse Zölle und Verbrauchssteuern verpfändet werden.

Aber auch dieser Vorschlag erbrachte keine Wandlung der zu einer Formel erstarrten Politik Poincarés. Dagegen war Belgien zu einem neuen Lösungsversuch entschlossen und übermittelte den Alliierten mit Note vom 9. Juni 1923 die als „Belgische Studien" bekannt gewordenen Entwürfe zur Erfassung deutscher Steuerleistungen durch Monopole, deren Grundgedanken bei der Gestaltung des Dawesplanes mit herangezogen worden sind. England drang gleichzeitig gegenüber Frankreich mit außerordentlicher Schärfe auf Verhandlungen mit Deutschland. Seine Auffassung wurde nach lebhaftem diplomatischem Meinungsaustausch zusammengefaßt in der „Curzonnote" vom 11. August 1923, die für die Auslegung des Vertrages von Versailles eines der wichtigsten Dokumente darstellt. Insbesondere wurde unter Ziffer 32, gestützt auf ein Rechtsgutachten der englischen Kronjuristen, die Rechtswidrigkeit der französisch-belgischen Ruhrbesetzung ausdrücklich festgestellt und zugleich auch ihre politische Zweckmäßigkeit angezweifelt. Und Ziffer 51 verwies abermals auf die Notwendigkeit einer unparteischen Prüfung der deutschen Leistungsfähigkeit: „Eine einfache Addition der Summen, die Deutschlands Gläubiger gern haben möchten, löst diese Frage nicht".

Diese Überlegungen vermochten aber weder Frankreich noch auch das zweifelnde, aber abhängige Belgien zu der Tat eines freien Entschlusses zu bringen. Die Lösung der Krisis mußte daher von allen Beteiligten als das zwangsläufige Ergebnis der Elementarereignisse entgegengenommen werden, die sich in der Finanz- und Wirtschaftsverfassung Deutschlands abspielten.

Am Tage des Beginns der Ruhrbesetzung wurde der Dollar in Deutschland mit ℳ 10450 notiert, am 31. Januar mit ℳ 49000. Dem von der Reichsregierung beschlossenen Eingreifen der Reichsbank gelang es dann, den Kurs für die Zeit von etwa Mitte Februar bis zum 18. April auf ungefähr ℳ 21000 zu halten. Ab 19. April begann jedoch ein neues Absinken der Markwährung, dem gegenüber der zwar fortbestehende Wille zur Kursstützung sich keine Geltung zu verschaffen vermochte. Das Mißlingen erklärt sich zum Teil aus unzulänglicher Technik, in der Hauptsache aber daraus, daß die Unterstützungen, die im besetzten Gebiet gegeben wurden, fast ausschließlich mit Hilfe der Notenpresse finanziert wurden, so daß ein täglich wachsendes Angebot von Marknoten entstand, deren Besitzer nach einer Anlage in „Goldwerten" strebten. Die schon gekennzeichnete Kreditpolitik der Reichsbank schuf für die von ihr begünstigsten Kreise ein weiteres positives Interesse am Niedergang der deutschen Währung, und ähnliche Gedanken knüpften sich mit fast mechanischer Notwendigkeit an die Kredite, die das Reich den Unternehmern des Kampfgebietes in außerordentlichen, nur zum Teil „kursgesicherten" Beträgen zur Verfügung stellte.[1]) Der Mißerfolg der Ende Februar vom Reich aufgelegten inneren Goldanleihe (Dollarschatzanweisungen) bewies, daß die oben liegenden Schichten der Wirtschaft das Reich nicht mehr für kreditfähig hielten, zugleich aber bewies die kraftlose Steuerpolitik eines Ministeriums, das sich wiederholt für den Träger einer wirtschaftlich-vernünftigen Denkweise erklärt hatte, daß offenbar die gleichen Schichten nicht gewillt waren, eine Umstellung der Staatsfinanzierung von der Notenpresse auf wirkliche Steuerleistungen zu ermöglichen.

Unter ständigem Anwachsen der schwebenden Schuld ergaben sich folgende Dollarkurse:

31. V. 1923	69500 M	23. VII. 1923	350000 M
8. VI. 1923	78500 M	30. VII. 1923	1100000 M
2. VII. 1923	160000 M	8. VIII. 1923	4860000 M

Das Ministerium Cuno mußte am 13. August einer von Stresemann geführten Koalition aus Angehörigen der Deutschen Volkspartei, des Zentrums, der Demokraten und der Sozialdemokraten weichen, die nun vor der Aufgabe stand, auf allen Gebieten der Staatstätigkeit den Weg aus einer völlig verwirrten und im höchsten Grade gefährlichen Sachlage zu finden. Der Gang der Ereignisse bis zu diesem Zeitpunkt wird in dem Jahresbericht einer der führenden deutschen Handelskammern in folgende knappe Sätze zusammengefaßt:

„War die Hauptursache (des Währungsverfalls) auch die Notwendigkeit, eine dichtbevölkerte Provinz aus den kärglichen Mitteln des Gesamtgebietes zu erhalten, so darf doch die teils sorglose, teils dilettantische Führung der Finanz- und Währungspolitik nicht unerwähnt bleiben. Statt von Anbeginn aus der vorbildlichen Haltung der Ruhrbevölkerung die Pflicht zu höchster Opferbereitschaft für das übrige Deutschland zu entnehmen, verfiel man in den verhängnisvollen Fehler, sich auch weiterhin fast ausschließlich des narkotischen Mittels der Inflation zu bedienen, das alle nicht unmittelbar vom Leid der Besetzung Betroffenen im Taumel der Geldfülle und der Scheinblüte beließ. Als sich die ersten Wirkungen dieses wahrhaft zerstörerischen Verfahrens zeigten, suchte man nicht durch deflatorische Maßnahmen, straffe Steuerpolitik und Verknappung des Geldmarktes im Wege unterscheidender Kreditgewährung der Schwierigkeiten Herr zu werden. Statt dessen setzte man die Devisenkurse auf äußerlich-mechanische Weise unter einen Druck, der durch Ausschaltung der lebendigen Kräfte des Marktes das letzte Vertrauen in die deutsche Währung vernichtete und die gesamte Wirtschaft einschließlich der Verbraucher dazu trieb, der Mark gegenüber endgültig entschiedene Abwehr zu bekunden. Auf diesen begreiflichen Verzweiflungsakt, der eine bis dahin unerhörte Verteuerung aller Bedarfsgüter nach sich zog, antwortete die Regierung mit den hastig zusammengestellten und unzulänglich durchdachten Steuergesetzen vom August 1923, die ihr aber weder das Vertrauen, noch die verlorenen Geldmittel zur Aufhaltung des rasenden Niederbruchs der Währung wiederzugeben vermochten."

Nach wiederholten Erklärungen der neuen Reichsregierung zur Aufrechterhaltung des deutschen Angebots vom 7. Juni 1923, nach verzweifelten Versuchen, die deutsche Finanz- und Wirtschaftskrisis zu lindern, mußte Ende September jeglicher Widerstand im Ruhrgebiet eingestellt, Bevölkerung und Beamtenschaft zur Zusammenarbeit mit der Besatzung aufgefordert werden: „Um das Leben von Volk und Staat zu erhalten, stehen wir heute vor der Notwendigkeit, den Kampf abzubrechen" (Erlaß der Reichsregierung vom 26. Sept. 1923).

Irgendwelches Einvernehmen mit den Alliierten hatte nicht erreicht werden können. Aber die Auflösung der wirtschaftlichen Zusammenhänge in Deutschland, die dahinter drohende

[1]) Vergleiche den nach Inhalt und Form gleich traurigen „Bericht des 43. (Untersuchungs-) Ausschußes zur Prüfung der Wirkung der Maßnahmen zur Stützung der Mark" vom 6. März 1924. Reichstag, Aktenstück Nr. 6591. Verhandlungen des Reichstags, Bd. 380, S. 7903—7927.

soziale Zerrüttung bewirkte nun doch eine solche Beunruhigung Gesamteuropas, daß ein deutscher Antrag vom 24. Oktober an die Reparationskommission, in eine erneute Nachprüfung der deutschen Leistungsfähigkeit gemäß Artikel 234 des Vertrages von Versailles einzutreten, mit einem Aufatmen begrüßt wurde. Bereits nach 2 Tagen erklärte sich die französische Regierung mit der Einberufung einer Sachverständigenkommission einverstanden, und nach Erledigung einiger Winkelzüge Poincarés konnte die Reparationskommission am 30. November die Berufung je eines Ausschusses für die Prüfung der deutschen Finanzlage und zur Feststellung des deutschen Kapitals im Auslande beschließen; die Namen der Mitglieder wurden am 26. Dezember amtlich festgestellt.

Inzwischen hatte auch Deutschland die Wende vorbereitet, indem es der sittlichen Tat des Ruhrwiderstandes abermals eine aus den tiefsten Kräften des Volkes geschöpfte Leistung folgen ließ. In großer Opferbereitschaft und fast unerklärlicher Geduld nahm der deutsche Mittelstand, die Schichten der Bildung und des in zähem Fleiß erarbeiteten Kleinbesitzes, die Enteignung auf sich, die der ungehemmte Währungsverfall ihm bestimmt hatte, und stellte hinter die künstliche Konstruktion der Rentenmark die Intensität neuen Glaubens an den Staat und die Volksgemeinschaft. Gestützt auf diesen Vertrauenskern gelang es, unter entschlossener Heranziehung der zivil- und militärrechtlichen Befugnisse des Ausnahmezustandes, der Notwährung Geltung zu verschaffen, den Reichshaushalt zu ordnen und die Wirtschaft wenigstens so weit in Gang zu halten, daß Deutschland endlich wieder einen der Achtung würdigen Faktor der Weltpolitik darstellte, als die Verhandlungen über den Dawesplan begannen.

VII. Die Londoner Konferenz von 1924 und der Dawesplan als Versuch einer Lösung der Reparation.

Zwischen dem Abbruch des passiven Widerstandes und der Verwirklichung des Dawesplanes entwickelte sich ein Schwebezustand, während dessen Poincarés Traum von der Ausbeutung produktiver Pfänder ein gewisses Scheindasein führte. Die französische Regierung lehnte im Herbst 1923 unmittelbare Verhandlungen mit der Deutschen Regierung ab; gemäß ihrer Methode jedoch, für Gewalttaten Rechtsformen zu erschleichen, preßte sie die Industrie des Rhein- und Ruhrgebietes zu „Verträgen", die in der Hauptsache mit der eigens geschaffenen Ausbeutungsabteilung, der „Mission interalliée de contrôle des usines et des mines" (Micum) abgeschlossen werden mußten. Außerdem wurden verschiedene Zechen und Schiffahrtsunternehmen von der Regie beschlagnahmt und — wie die amtliche Denkschrift, Reichstagsdrucks. Nr. 568 feststellt — „größtenteils nach den Grundsätzen des Raubbaues ausgebeutet".

Unter dem Druck sozialer und politischen Spannungen, deren Gefährlichkeit an den von Frankreich geförderten separatistischen Unruhen am Rhein, dem Ludendorff-Hitler-Putsch in München, den durch diesen entfesselten kommunistischen Aufständen in Mitteldeutschland deutlich wurden, entschloß sich die Reichsregierung, der westlichen Industrie den schon gesuchten Weg zu Sonderverhandlungen mit den Franzosen freizugeben und die der Industrie drohenden finanziellen Lasten auf sich zu nehmen, falls die Leistungen dem Reparationskonto gutgeschrieben werden würden.

Am 23. November 1923 wurde in Düsseldorf von den Zechen des Ruhrgebietes das erste „Micum-Abkommen" geschlossen. Es verpflichtet die Industrie zur Zahlung rückständiger und laufender Kohlensteuer sowie zur Abgabe etwa eines Drittels der Gesamtförderung für Reparationszwecke. Der Gegenwert sollte von Frankreich auf Reparationskonto gebucht werden, während es die Einnahmen aus Steuern und Gebühren zunächst zur Deckung der

Besatzungskosten heranziehen wollte. Das bis zum 15. April 1924 befristete Abkommen wurde noch fünfmal, zuletzt am 3. September 1924 erneuert, jedoch mit stetig weitergehenden Zugeständnissen der Micum. Verträge ähnlich erpresserischen Charakters, die infolge der notwendig dahinter gestellten Reichsbürgschaft keine produktive, sondern eine durchaus unwirtschaftliche Heranziehuug einzelner Pfänder waren, wurden in großer Zahl mit den wichtigsten Industrien durch die Rheinlandkommission auch im altbesetzten Gebiet geschlossen, so für Braunkohle, Farben, Medikamente, Zucker und auch Transportleistungen auf dem Rhein. Soweit unmittelbare Reparationsleistungen nicht in Frage kamen, mußten die Geschäftszweige eine Reparationsabgabe in bar bezahlen; auch Abgaben an den Grenzen des besetzten Gebietes, selbst beim Verkehr mit dem übrigen Deutschland, wurden in mannigfacher Art und ohne Rücksicht auf die Grundsätze wirtschaftlich richtiger Besteuerung erhoben.

Dieses aus Rechtsformen und Gewaltakten seltsam gemischte Verfahren des Beutemachens erhielt sich bis zum Spätherbst 1924; seine Lebensfähigkeit beruhte aber einerseits auf den zur Verfügung gestellten Reichsmitteln, andererseits auf Auslandskrediten, die zahlreichen Unternehmungen gewährt wurden in der Erwartung einer annähernd vernünftigen Lösung der Reparation durch die internationalen Sachverständigen-Ausschüsse.

Am 14. Januar 1924 trat der erste Ausschuß in Paris unter dem Vorsitz des amerikanischen Generals Charles G. Dawes zusammen. Sein Auftrag lautete: „Mittel zum Ausgleich des Reichshaushaltes und Maßnahmen zur Stabilisierung der deutschen Währung zu erwägen." Der zweite Ausschuß unter dem Vorsitz von Reginald Mac Kenna, Großbritannien, begann seine Arbeiten in Paris am 21. Januar 1924; er sollte die Mittel erwägen, „um die Höhe des ausgeführten deutschen Kapitals abzuschätzen und es nach Deutschland zurückzubringen". Beide Ausschüsse arbeiteten in der ersten Februarhälfte in Berlin, um mit deutschen Regierungsstellen und Sachverständigen unmittelbar in Verbindung treten zu können. Sie hielten solche Fühlung auch während ihrer Tätigkeit in Paris ständig aufrecht; insbesondere wurde die Mitarbeit des Reichsbankpräsidenten Dr. Hjalmar Schacht bedeutungsvoll sowie die gespannte und wachsame Mitwirkung des Staatssekretär Carl Bergmann, der sich als besonderer deutscher Vertrauensmann für Reparationsfragen ständig in Paris aufhielt.

Nach rascher und energischer Arbeit legten beide Ausschüsse am 9. April 1924 ihre Berichte der Reparationskommission vor. Da der eigentliche Reparationsplan in dem Bericht des ersten Ausschußes enthalten ist, soll nur dieser hier erörtert werden, zumal der Mac Kenna-Bericht der These Poincaré's, daß Deutschland unverhältnismäßig große Guthaben im Ausland unterhalte, keine Stütze bot.

Unter kluger Hervorhebung der praktisch geschäftlichen Absichten seiner Arbeit hatte das Daweskomitee auch die Frage der willkürlichen Verletzung deutschen Gebietes, also das Kernproblem der politischen Sachlage, in seine Erörterungen einbezogen, in dem er als Grundbedingung die Wiederherstellung der wirtschaftlichen Einheit Deutschlands bezeichnete: „auf dieser Voraussetzung beruht unser ganzer Bericht".

Im übrigen sind als die entscheidenden Punkte des vorgeschlagenen Ausweges aus der politischen und wirtschaltlichen Verstrickung die folgenden hervorzuheben: Der Plan trägt nicht den Charakter einer endgültigen Festsetzung der Reparationsleistungen und ihrer Dauer, sondern er will wesentlich eine elastischer Handhabung fähige Versuchsmethode sein, um die von Deutschland aufbringbare Höchstleistung zu ermitteln und ihre Zahlung sicherzustellen. Der hineingearbeitete Zahlungsplan selbst ist somit nicht diktatorischer und ultimativer Natur; notwendige Abweichungen stellen kein internationales Delikt, keine „Verfehlung" Deutschlands mehr dar, sondern einen nüchternen finanztechnischen Sachverhalt, über den im Falle der Nichteinigung schiedsgerichtliche Verfahren stattfinden, in denen durchweg auch Vertreter Deutschlands mitwirken.

Um der deutschen Währung die Stabilität zu erhalten, sind die Zahlungen nicht unmittelbar in Devisen zu leisten, sondern in Reichsmark auf ein bei der umgestalteten Reichsbank zu errichtendes Konto des „Agenten für Reparationszahlungen". Mit dieser Einzahlung hat Deutschland seine aktive Pflicht erfüllt. Es bleibt Sache des Generalagenten, in Beratung mit einem aus Vertretern der Hauptmächte bestehenden Ausschuß die Übertragung ins Ausland — den Transfer — so vorzunehmen, daß die Sicherheit der deutschen Währung nicht gefährdet wird.

Die festgesetzten Jahresleistungen umfassen alle Ansprüche, die an Deutschland mit irgendwelcher Begründung aus dem Vertrag von Versailles gestellt werden können. Somit sind z. B. Sachlieferungen, Besatzungskosten, Kosten der verschiedenen Überwachungsausschüsse, aus den Eingängen beim Generalagenten zu bezahlen.

Für die Ingangsetzung des Planes und zur Sicherstellung der von Deutschland inzwischen aus eigener Kraft erreichten Stabilisierung wurde eine Auslandsanleihe von 800 Millionen Goldmark vorgesehen.

Die Sicherung der Jahresleistung (Annuität) griff Gedanken auf, die schon wiederholt bei Reparationsverhandlungen erörtert worden waren, so die Industriebelastung (zuerst Boulogner Zahlungsplan von 1920, vgl. S. 32), die Heranziehung der in ein Sondervermögen umgewandelten deutschen Reichsbahn, die pfandmäßige Erfassung gewisser deutscher Steuern (im Anschluß an die „Belgischen Studien") und schließlich die Einfügung eines Besserungsscheines auf Indexbasis, der schon seit der Konferenz von Spa 1920 die Köpfe beunruhigte.

Die Aufnahme und Weiterbehandlung des Dawesberichtes ließ erkennen, daß allseitig, selbst bei dem noch einige Zeit von Poincaré geführten Frankreich, der Wille zu einer Lösung bestand.

Schon nach 2 Tagen, am 11. April 1924, schrieb die Reparationskommission der deutschen Vertretung: „La Commission des Réparations ayant pris connaissance des rapports des experts considère qu'ils offrent une base pratique pour la solution rapide du problème des réparations". Am 16. April bestätigte die deutsche Regierung auch ihrerseits diese Auffassung und sicherte in knappen Worten ihre Mitarbeit zu, worauf die Kommission am folgenden Tage die Alliierten amtlich zur Stellungnahme und Deutschland zur Vorbereitung der notwendigen Gesetzentwürfe aufforderte. Am 24. April erklärten Großbritannien, Belgien und Italien je in besonderen Noten, den Plan anzunehmen. Die französische Zustimmung vom 25. April enthielt einige Vorbehalte hinsichtlich des Zeitmaßes der Freigabe des Ruhrpfandes, jedoch trat in Frankreichs Auffassungen sehr bald eine gewisse Wandlung ein, da Neuwahlen der Kammer nicht nur am 1. Juni den Rücktritt Poincarés, sondern am 11. Juni des für seine Politik in hohem Grade mitverantwortlichen Präsidenten Millerand nach sich zogen.

Unter den Ministerpräsidenten Herriot und Mac Donald wurde am 9. Juli 1924 ein britisch-französisches Abkommen über die Durchführung des Planes und die sofortige Einberufung einer Konferenz nach London getroffen.

Diese begann zunächst als eine interalliierte Beratung am 16. Juli. Da jedoch der Geist des Dawesplanes eine wirklich freiwillige Zustimmung Deutschlands zur Voraussetzung hatte, überdies ein Juristen-Ausschuß feststellte, daß gewisse Bestimmungen über den Vertrag von Versailles hinausgingen, wurde Deutschland zur Teilnahme an den Verhandlungen auf dem Fuße der Gleichberechtigung am 2. August eingeladen und nahm an den Beratungen vom 5. August bis zur Zeichnung des Schlußprotokolls am 16. August 1924 teil, vertreten durch

Reichskanzler Marx, Reichsaußenminister Dr. Stresemann, Reichsfinanzminister Dr. Luther. Die Schlußansprache Mac Donald's enthielt eine denkwürdige Absage an die Methoden von Versailles: „We are now offering the first really negotiated agreement since the War. . . . . This agreement may be regarded as the first Peace Treaty, because we sign it with a feeling that we have turned our backs on the terrible years of war and war mentality."

Der innerpolitische Kampf um die Annahme der Londoner Vereinbarungen, die eine sofortige Räumung des Ruhrgebietes noch nicht erbracht hatten, führte zu heftigen Auseinandersetzungen innerhalb der Deutschnationalen Volkspartei, die schließlich eine genügende Zahl von Abgeordneten freigab, damit in der Schlußabstimmung im Reichstag am 29. August 1924 die für das Eisenbahngesetz nötige Zweidrittelmehrheit erreicht wurde; alle anderen Gesetze wurden mit einfacher Mehrheit angenommen. Am 30. August 1924 erfolgte in London die endgültige Unterzeichnung durch die Botschafter der beteiligten Mächte. Das Abkommen trägt die Form eines „Protokolls", durch das Einzelverträge Deutschlands mit der Reparationskommission, mit den alliierten Regierungen, sowie dieser Regierungen untereinander zu einer untrennbaren Einheit zusammengefaßt wurden. Sie schufen die neue Rechtslage der Reparationsfrage.

Eine kurze Übersicht über den Inhalt und die innerdeutsche gesetzgeberische Verwirklichung hat als Hauptpunkte zu berücksichtigen: die Ruhrräumung, die Durchführungsgesetze, den Zahlungsplan, die Sachleistungen und die fremde Kontrolle.

Ruhrräumung. Durch außerhalb des Protokolls erfolgte briefliche Erklärungen vom 16. August 1924 verpflichteten sich Belgien und Frankreich, das Ruhrgebiet bis spätestens 16. August 1925 zu räumen, und die Räumung der Zone von Dortmund bis Hörde am Tage nach der endgültigen Unterzeichnung anzuordnen. Beide Zusagen wurden innegehalten.

Deutsche Ausführungsgesetze. Gleichzeitig mit einem „Gesetz über die Londoner Konferenz vom 30. August 1924" (Reichsgesetzblatt 1924, Teil II, S. 289) wurden folgende Gesetze verkündet: Bankgesetz, Gesetz über die Liquidierung des Umlaufs an Rentenbankscheinen, Münzgesetz, Gesetz über die Industriebelastung, Gesetz über die Deutsche Reichsbahngesellschaft.

Das Bankgesetz schuf an Stelle des alten vom 14. März 1875 neue Grundlagen für die Reichsbank, welche als eine von der Reichsregierung unabhängige Bank errichtet wurde mit der Aufgabe, „den Geldumlauf im gesamten Reichsgebiete zu regeln, die Zahlungsausgleichungen zu erleichtern und für die Nutzbarmachung verfügbaren Kapitals zu sorgen" (§ 1).

Das Münzgesetz stellte, allerdings mit völlig überholten Begriffen, die Wiedereinführung einer Goldwährung fest, mit der Reichsmark als Rechnungseinheit. Sie erhielt den „rekurrenten Anschluß" an die alte Währung durch die inhaltsschwere Bestimmung, daß bei Zahlung von Schulden „eine Billion Mark einer Reichsmark gleichgesetzt werden" kann (§ 5, Abs. 2); diese rein formale Vorschrift wurde freilich durch die Aufwertungsbestimmungen vielfach gegenstandslos.

Die Gesetze über die Industriebelastung regelten die Hypothek des öffentlichen Rechtes, die in Höhe von 5 Milliarden Mark auf die deutsche Industrie gelegt wurde und den von der Bank für deutsche Industrieobligationen auszugebenden Schuldverschreibungen die Unterlage bieten sollte. Dieser Bank gegenüber haften nur die Unternehmungen mit mindestens 50000 Reichsmark Kapital. Durch das „Aufbringungsgesetz" wurden jedoch alle Unternehmungen mit mindestens 20000 Reichsmark mit herangezogen, um die Grundlage dieser Steuerleistung (300 Millionen im „Normaljahr") zu verbreitern. Die dingliche Obligation im Sinne des Dawesplans erfaßt 15,73% des Vermögens der Betriebe über 50000 Reichsmark (Verordnung vom 13. Dez. 1924/6. April 1925); die Aufbringungungspflicht gegenüber dem Staate erfaßt 13,64% des Vermögens der Betriebe über 20000 Reichsmark, und erfordert eine Abgabe in Höhe von 3,75 vom Tausend des Vermögens (Verordnung vom 12. Januar 1926).

Das Reichsbahngesetz regelte die Errichtung eines Aktien-Unternehmens „Deutsche Reichsbahn-Gesellschaft", das 11 Milliarden Goldmark hypothekarisch gesicherter Reparationsschuldverschreibungen auszustellen und einem Treuhänder zu übergeben hatte; die Verzinsung ist für das Normaljahr auf 4%, die Tilgung mit 1% festgesetzt (vgl. Gesellschaftssatzung § 8).

Zahlungsplan. Die finanziellen Verpflichtungen verdichten sich zu einem Zahlungsplan, dessen Rechnungsjahr jeweils vom 1. September bis 31. August läuft. Die zu leistenden Beträge sind

1924/25	1000	Millionen Reichsmark (davon 800 Millionen Erlös der Auslandsanleihe)
1925/26	1220	" "
1926/27	1200	" "
1927/28	1750	" "

und als erstes „Normaljahr"

1928/29 2500 Millionen Reichsmark

folgender Zusammensetzung: Reichshaushalt 1250 Mill., Beförderungssteuer 290 Mill., Verzinsung und Tilgung a) der deutschen Industrieschuldverschreibungen 300 Mill., b) der Reichsbahnschuldverschreibungen 660 Mill.

Die Leistungen des Normaljahres können sich steigern auf Grund einer Inderberechnung, die unter im einzelnen noch genauer festgelegten Voraussetzungen berücksichtigen muß: die Gesamtsumme der deutschen Ein- und Ausfuhr, der Einnahmen und Ausgaben des Reichshaushaltes, das Gewicht der auf der Eisenbahn beförderten Gütermengen, den Wert des deutschen Verbrauchs an Zucker, Tabak, Bier, Branntwein, die Bevölkerungszahl Deutschlands, den Verbrauch an Kohle auf den Kopf der Bevölkerung.

Sachlieferungen. Die Deutsche Regierung erklärte sich bereit, Sachlieferungen an Kohle, Ammoniak, Chemikalien auch über die im Vertrag von Versailles vorgesehenen Enddaten hinaus zu leisten, im Rahmen eines Verfahrens, das bei mißbräuchlicher Ausnutzung dieses Zugeständnisses die Anrufung eines Schiedsgerichtes gestattet.

Fremde Kontrolle. Die durch Angehörige fremder Staaten im Namen der Alliierten und der Reparationskommission geübte Aufsicht umfaßt zwar nach der ausdrücklichen Feststellung des Dawesplanes weder das Ganze des Reichshaushaltes, noch die Gestaltung der deutschen Wirtschaftspolitik; immerhin aber bilden die im einzelnen vielleicht unscheinbaren Befugnisse als eine Gesamtheit betrachtet doch eine sehr erhebliche Belastung der deutschen Souveränität.

Die Aufsichtsrechte gliedern sich gemäß der ausgezeichnet klaren Darstellung von Raab wie folgt: 1. Ernennung von Inhabern deutscher Dienststellen: Bei der Reichsbank (7 ausländische Mitglieder des Generalrats), der Bank für deutsche Industrieobligationen (7 Mitglieder des Aufsichtsrates) und der Deutschen Reichsbahngesellschaft (9 Mitglieder des Verwaltungsrates). 2. Ernennung von Kontrollorganen mit bestimmten Rechten (unmittelbaren Eingriffs, aufschiebenden Einspruchs usw.) im Falle deutschen Zahlungsverzuges oder der Befürchtung eines solchen: Der Agent für Reparationszahlungen zur Gesamtkontrolle (Gilbert, Vereinigte Staaten); Kommissar der (fünf) verpfändeten deutschen Einnahmen des Staatshaushaltes (Mc Fadyean, Engländer) mit je einem Unterkommissar für Zölle, Branntweinmonopol, Tabak, Bier und Zucker; Kommissar zur Überwachung der Notenausgabe der Reichsbank (Bruins, Holländer); Treuhänder für die Industrieobligationen (Nogara, Italiener); Treuhänder für die Eisenbahnschuldverschreibungen (Delacroix, Belgier) und besonderer Eisenbahnkommissar zur Wahrung der Rechte an diesem Pfand (Leverve, Franzose). 3. Eingriffe in die deutsche Wirtschaft, ohne daß ein Zahlungsverzug vorliegt: zur Ermöglichung der Übertragung des Reparationsguthabens (Transfer) oder zu seiner nutzbringenden Anlegung in Deutschland; unter gewissen Voraussetzungen in den Geschäftsgang der Reichsbank, Bank für Industrieobligationen und Reichsbahn. 4. Das Recht zu Sanktionen ist auf den Fall böswilliger Nichterfüllung von Leistungen in erheblichem Umfang eingeschränkt; gegen Strafmaßnahmen, die nur gemeinsam von den Alliierten getroffen und den Zinsendienst der Anleihe nicht stören dürfen, steht Deutschland die Anrufung besonderer Schiedsgerichte oder des Ständigen Internationalen Gerichtshofes im Haag zu.

Entwicklung des Dawesplanes. In seinem Bericht vom 30. November 1925 über das erste Planjahr stellte der Generalagent fest, daß der Plan erwartungsgemäß durchgeführt und alle fälligen Zahlungen geleistet worden seien; das Gleichgewicht des Haushaltes sowie die Stabilität der Währung seien gleichfalls gesichert. In diesen Verhältnissen ist auch bis zum Frühjahr 1926 eine Veränderung nicht eingetreten. Gleichwohl gilt die Feststellung des Generalagenten: „Noch ist es zu früh, Schlüsse auf die endgültigen Ergebnisse des Planes zu ziehen", dessen Vorzug eben in seiner Anpassung an die tatsächlichen Verhältnisse liegen solle. Dabei ist eine Weiterbildung notwendig, die auf die Schaffung eines einheitlichen, international absetzbaren Staatsanleihepapiers geht, das in mehreren Serien eine endgültige Zusammenfassung und Ablösung der deutschen Reparationsschuld darstellen würde. Die künstlich geschaffenen Industrie- und Eisenbahnobligationen stellen keine hinreichend klaren Rechtstitel und deshalb keine sehr lockenden Anlagen für fremdländisches Sparkapital dar. Überdies muß die Einschnürung der Souveränität eines Großstaates durch ein ganzes Netzwerk von Beitreibungs- und Vollstreckungsvorschriften Mißtrauen erregen. Deshalb sollte der Dawesplan auf Wegen, die am klarsten von Carl Bergmann und Werner Wittich gezeigt worden sind, einer Entwicklung zustreben, die der deutschen Reparationsschuld die Form freiwilliger Zahlungsversprechen eines Staatswesens mit völlig lastenfreier Souveränität gibt.

VIII. Die Entwicklung der Sicherheitsfrage bis zu den Verträgen von Locarno und London.

Die Einsicht, daß die Niederwerfung Deutschlands zwar auf französischem Boden, aber nicht mit allein aus diesem emporgewachsenen Kräften erfolgt war, führte schon während der Vorbereitungen des Friedens zu jenem intensiven Verlangen nach „Sicherheit", das eine eigentümlich zwiespältige Stimmung in Frankreich hervorrief. „In 1920 she [France] was at once self-confident and haunted by fear, self-centred and oppressed by a sense of isolation, self-laudatory and unable to show herself generous, although generosity was the traditional French virtue in which she took most pride". (Toynbee, Survey I, p. 61.)

Die Versuche zur Lösung der Sicherheitsfrage haben eine Reihe von Zuständen durchgemacht, die ein gutes Spiegelbild der jeweiligen Gesamtlage Europas bieten.

Zunächst bemühte sich Frankreich, da ein Zerfall Deutschlands nicht eintrat, wenigstens dem Verlangen nach der Rheingrenze Geltung zu verschaffen, und zwar, um den Prinzipien Wilsons gerecht zu werden, in der Form der Schaffung eines rheinischen Pufferstaates unter dauernder militärischer Besetzung der Rheinlinie durch Frankreich. Unter dem Widerspruch der Alliierten mußte sich jedoch Clemenceau im Vertrag mit der dauernden Entmilitarisierung der beiden Rheinufergebiete, mit der 15jährigen Besetzung und der Drohung einer Verlängerung dieser Frist bei Nichterfüllung des Vertrages begnügen (vgl. S. 10).

Zum Ausgleich für Frankreich, das seine europäische Stellung nach dem Zusammenbruch des russischen Verbündeten für überaus gefährdet hielt, wurden am 28. Juni 1919, gleichzeitig mit dem Vertrag von Versailles, zwei im wesentlichen gleichlautende Schutzabkommen mit Großbritannien und den Vereinigten Staaten unterzeichnet, die jedoch nur gemeinsam Kraft erlangen sollten. England ratifizierte das gegen einen „unprovozierten Angriff von seiten Deutschlands" gerichtete Bündnis am 20. November 1919, dagegen lehnte der Senat der Vereinigten Staaten das gesamte Versailler Vertragswerk am 19. November 1919 in erster Lesung, am 19. März 1920 endgültig ab.

Frankreich suchte nun zunächst einen Ersatz für Rußland, indem es mit den östlichen Nachbarn Deutschlands eine Reihe von Verträgen schloß, denen überwiegend militärische Absichten zugrunde lagen. Am 19. Februar 1921 unterzeichnete Frankreich einen Vertrag mit Polen, dieses einen Vertrag mit Rumänien am 3. März 1921. Am 7. Juni 1921 schlossen die Tschecho-Slowakei und Südslawien, die schon am 14. August 1920 sich zur „Kleinen Entente" verbunden hatten, einen Vertrag mit Rumänien. Waren auch die Interessen dieser

Staaten nicht gleichgerichtet, so erstrebten doch alle die Erhaltung des in Paris geschaffenen politischen Zustandes Europas, und alle waren bereit, Frankreich Waffenhilfe gegen ein noch nicht wieder wehrfähiges Deutschland zu leisten.

Frankreich setzte aber auch die Bemühungen fort, zu einem Abkommen mit England zu gelangen. Nach einer gewissen Verstimmung, die Frankreichs Haltung gegenüber der U-Boot-Waffe auf der Seerüstungskonferenz in Washington hervorgerufen hatte, schien es Briand zweckmäßig, die Verhandlungen in neuer Form aufzunehmen. Er schlug einen Vertrag zu gegenseitigem Schutz vor, und ließ zum ersten Male auch jenen Weg erkennen, den der Schutzgedanke mit Notwendigkeit gehen mußte: statt eines Vertrages, der Gewalt mit Gewalt bekämpfen sollte, einen Rechtsbund, der aus dem niedergeworfenen Gegner einen künftigen Verbündeten zu machen hätte. Briand erklärte, der Vertrag wäre gedacht als der Keim eines allgemeinen Abkommens, dem schließlich auch Deutschland selbst beitreten könnte. Der Plan scheiterte, da Lloyd George als Schutzgegenstand nur den französischen Boden, dagegen nicht die — auch Osteuropa umfassende — Gesamtheit der politischen Interessen Frankreichs in Europa anerkennen wollte. Im übrigen war die Kammer in Paris noch so völlig von der Kriegsstimmung befangen, daß sie während der Konferenz in Cannes, am 12. Januar 1922, den Sturz Briands wegen seiner auf Verständigung zielenden Haltung in den Fragen der Reparation, der Sicherheit und der Genua-Konferenz herbeiführte (vgl. S. 39).

Poincaré verfolgte wieder ausschließlich den Gedanken eines Bündnisses gegen die deutsche „Gefahr", die ihre Wurzel jedoch nicht in der deutschen Stimmung, sondern gerade in seinen Methoden hatte: „That she [France] has anything to fear from Germany in the future which we can foresee, except what she may herself provoke, is a delusion" (Keynes, A revision. p. 186).

Er forderte eine längere, etwa dreißigjährige Vertragsdauer, eine Auslegung in dem Sinne, daß jede Verletzung der Artikel 42 bis 44 des Versailler Vertrages und jedes agressive deutsche Vorgehen gegen Frankreichs Verbündete in Ost- und Mitteleuropa unmittelbar als ein Angriff auf Frankreich anzusehen sei, schließlich ständige Zusammenarbeit der Generalstäbe. Lord Curzon lehnte diesen Entwurf als zu weitgehend mit großer Entschiedenheit ab. Eine englische Garantie würde von Parlament und öffentlicher Meinung nur geduldet werden, wenn sie erst wirksam würde „in the event of a German army actually crossing the French frontier and invading French soil" (Memorandum vom 17. Febr. 1922). Diese englische Haltung blieb auch unverändert, als Poincaré später nicht ungeschickt auf den deutsch-russischen Vertrag von Rapollo als neues Gefahrenmoment hinwies. Erst in dem interalliierten Notenwechsel aus Anlaß der Ruhrbesetzung nahm Lord Curzon die Frage insofern wieder auf, als er erneut die Bereitschaft zu Verhandlungen über die Sicherheit, wenn auch nur in einem lässigen Schlußsatz seiner Note vom 20. Juli 1923, betonte; Poincarés Antwort vom 29. Juli 1923 lehnte jedoch in diesem Zeitpunkt eine Verquickung mit der Reparationsfrage ab. (Vgl. Notenwechsel der Alliierten im Anschluß an die deutschen Noten vom 2. Mai und 7. Juni 1923, Weißbuch Nr. 12, Berlin 1923, S. 94 und 110).

Poincaré hoffte offenbar noch einmal, die Sicherheit Frankreichs durch Gewaltakte herbeiführen zu können, von denen die rechtswidrige Ruhrbesetzung ein Teil war. Seit den ersten Versuchen zur Errichtung einer rheinischen Republik im Juni 1919 (vgl. Deutsche Note aus Versailles vom 3. Juni 1919, Kraus-Rödiger I, S. 552f.), haben französische Militärstellen und Verwaltungsbehörden immer wieder Versuche unternommen, die Rheingrenze durch die gewaltsame Gründung eines Scheinstaates doch noch zu erreichen. Den letzten und furchtbarsten Vorstoß unternahm Frankreich 1923 nach der Einstellung des passiven Widerstandes, unter schonungsloser Mißachtung aller Rechtsbürgschaften, die selbst einem besetzten Gebiet gegen die Okkupationsmächte gegeben sind. Die Unruhen begannen am 30. September 1923 in Düsseldorf und setzten sich unter nachhaltiger, in den Formen wechselnder französischer Unterstützung fort bis zum Frühjahr 1924. Die Bewegung, zu deren Durchführung viel Gesindel zusammengerafft werden mußte, scheiterte an dem Widerstand der Bevölkerung und an einem wachsenden Gegendruck Englands, der schließlich so stark wurde, daß Poincaré sich unter Zurückziehung der den Rebellen gewährten Unterstützung zu der erstaunlichen Erklärung genötigt fühlte, „es handelt sich um Streitigkeiten der Deutschen unter sich, in die wir uns nicht einmischen wollen" (21. Februar 1924). Die Lösung der „Sicherheitsfrage" unter Mitwirkung von Verbrechern und afrikanischen Truppen war damit endgültig gescheitert und die Möglichkeit, eine rein militaristische Regelung zu fordern, kehrte für Frankreich im Rahmen der nächsten politischen Entwicklungen nicht wieder.

Erst im Februar 1925 erfolgte ein neuer Schritt, und zwar jetzt eine deutsche Anregung zum Abschluß eines Vertrages unmittelbar mit Frankreich. Die internationale Lage war hierfür reif geworden durch eine teils politische, teils völkerrechtliche Entwicklung, die knapp geschildert werden muß.

Im Juli 1922, nach dem Versickern der unmittelbaren englisch-französischen Verhandlungen trat Lord Robert Cecil, der englische Vorkämpfer des Völkerbundgedankens, mit dem Entwurf eines allgemeinen Vertrages zu gegenseitigem Beistand hervor. Eine im Februar 1921 vom Völkerbund eingesetzte Kommission zum Studium der Abrüstungsfrage näherte sich ähnlichen Gedanken, und die dritte Völkerbundsversammlung im September 1922 beauftragte Cecil und diese Kommission zur Vorlegung eines Entwurfes, der solchen Garantiepakt aus dem Zustand einer allgemeinen Bündnisformel heraushöbe und auf territorial-umgrenzte, praktisch-politisch übersehbare Wirkungsfelder verdichtete. Hierbei wurde auch schon an die Rheinlandfrage gedacht. Die Bemühungen führten zu dem Entwurf eines Garantiepaktes, der der vierten Versammlung des Völkerbundes im Sept. 1923 vorgelegt wurde. Er versucht zum ersten Male in einem völkerrechtlichen Abkommen dem Satz Geltung zu verschaffen, daß der Angriffskrieg ein internationales Verbrechen sei; freilich enthält er in Artikel 14 auch eine ausdrückliche Billigung des durch die Pariser Friedensschlüsse geschaffenen Zustandes Europas. Der Völkerbundsrat zog durch seinen Beschluß vom 10. Dezember 1923, den Entwurf auch Nichtmitgliedern des Völkerbundes zu übermitteln, Deutschland mit zur Erörterung an. Dieses erwiderte, daß es angesichts der ihm einseitig aufgedrungenen Totalabrüstung keine Beistandsverpflichtungen übernehmen könnte. Im übrigen wird die innere Tendenz des Entwurfs verdeutlicht durch die Tatsache, daß Frankreich, Belgien und die Tschecho-Slowakei ihm zustimmten, das Britische Reich aber, Holland und die skandinavischen Staaten ihn ablehnten.

Die Wiederaufnahme des Gegenstandes auf der fünften Versammlung des Völkerbundes in Genf 1924 stand im Zeichen der durch Mac Donald und Herriot gerade erfolgreich beendeten Londoner Konferenz. Die Genfer Reden der beiden Minister führten zu entscheidender Weiterbildung der Gedankengänge. Mac Donald forderte den Grundsatz der Schiedsgerichtsbarkeit für internationale Streitigkeiten. „Angreifer" sollte sein, wer Unterwerfung unter ein Schiedsgericht ablehnte („the test is, Are you willing to arbitrate?"). Eine Maschinerie zur Verteidigung wäre leicht zu bauen, könne aber schon durch ihr Bestehen alle Aussichten des Friedens zerstören. Herriot betonte, daß Frankreich darüber hinaus Sicherheit verlangen müßte, die aber nicht allein in der Entfaltung von Macht läge. Die Beratungen führten schließlich zu dem Genfer Protokoll vom 2. Oktober 1924, das im Gegensatz zu dem „Garantiepakt" das eigentliche Gewicht nicht mehr auf den gegenseitigen Beistand (und damit das Gerüstetsein für diesen), sondern auf Streitverhinderung durch allgemeine obligatorische Schiedsgerichtsbarkeit legte, wobei der Ständige Internationale Schiedsgerichtshof im Haag in der Regel zuständig sein sollte. Bei Streitfällen, die sich mangels für sie gültiger positiver Rechtssätze zu einer Gerichtsverhandlung nicht eigneten, sollte ein Schlichtungsverfahren eingreifen. In keinem Falle aber sollte, wie Frankreich dies früher gefordert hatte, unter gewissen „offenkundigen" Voraussetzungen eine selbsttätige Auslösung militärischer Abwehrmaßnahmen (déclanchement automatique) erfolgen. In der Verknüpfung von Schiedsgerichts- und Vergleichsverfahren wird man eine Anlehnung an den von Gaus und Huber ausgearbeiteten „deutsch-schweizerischen Schiedsgerichts- und Vergleichsvertrag" vom 28. Februar 1922 erblicken dürfen (Reichsgesetzblatt 1922, Teil I, S. 217).

Dem Protokoll, das die Einberufung einer Abrüstungskonferenz für Mai 1925 vorsah, stimmten noch in der Versammlung fast alle Staaten zu; nur die Vertreter Großbritanniens und Canadas zeigten eine Zurückhaltung, die schließlich auch das Schicksal dieses weitgespannten Versuches entschied. Am 12. März 1925 legte Chamberlain im Völkerbundsrat in ausführlicher Erklärung dar, daß England dem Entwurf nicht zustimmen könnte. Er kam auf die wiederholten englischen Vorschläge zum Abschluß übersehbarer Verträge zwischen den jeweils beteiligten Staaten zurück: „... in the opinion of His Majesty's Government these objects can best be attained by knitting together the nations most immediately concerned ... by means of treaties framed with the sole object of maintaining, as between themselves, an unbroken peace" (Parliamentary Papers, Miscellaneous No. 5 (1925), Cmd. 2368, p. 9).

Mit dieser Feststellung schloß England sich dem Weg an, auf dem Deutschland inzwischen eine Lösung angebahnt hatte. In der Erkenntnis, daß für Frankreich die Sicherheit eine Rheinlandsfrage war, hatte das Ministerium Cuno kurz vor der Ruhrbesetzung schon einen bedeutsamen Versuch unternommen, der bereits die für Deutschland allein annehmbare Wendung enthielt, dieses auch gegen einen unprovozierten Angriff von Frankreich zu schützen. Das entsprechende Telegramm vom 13. Dezember 1922 nach Washington sah allerdings vor, daß die am Rhein interessierten Mächte eine Verpflichtung zur Friedenswahrung „zu treuen Händen der Regierung der Vereinigten Staaten" abgeben sollten. Der Vorschlag wurde von Poincaré verworfen, ebenso ähnliche Erklärungen der deutschen Note vom 2. Mai 1923.

Angesichts der endgültigen Ablehnung des Genfer Protokolls entschloß sich die Deutsche Regierung zu einem neuen Schritt. Sie nahm durch ein an die französische Regierung gerichtetes Memorandum vom 9. Februar 1925 die Anregung des Reichskanzlers Cuno wieder auf, erklärte sich aber zu einer ausdrücklichen und endgültigen Anerkennung des jetzigen Besitzstandes am Rhein, also zu einem bestimmten Verzicht auf Elsaß-Lothringen, bereit. Nach sorgfältigen Verhandlungen zwischen den Kabinetten von Berlin, Brüssel, London und Paris konnten Ende August 1925 die Justitiare der vier Staaten in London zusammentreten, um die Entwürfe für das Vertragssystem auszuarbeiten. Das Ergebnis wurde einer am 5. Oktober 1925 in Locarno eröffneten Konferenz zur Beratung vorgelegt, die ihre Arbeiten am 16. Oktober durch ein Schlußprotokoll beendete, das die Unterschriften von Luther, Stresemann, Vandervelde, Briand, Chamberlain, Mussolini, Skrzynsky, Benesch trug. Das nicht leicht übersehbare Werk umfaßt eine Reihe von Verträgen, und zwar einen allgemeinen Vertrag („Westpakt") zwischen Deutschland, Belgien, Frankreich, Großbritanien und Italien, und vier Schiedsverträge Deutschlands je mit Belgien, Frankreich, Polen und der Tschecho-Slowakei. Als ihren Zweck hebt das Protokoll eigens hervor, daß sie „eine moralische Entspannung zwischen den Nationen herbeizuführen" bestimmt sind. Im Westpakt verpflichten sich die Vertragschließenden gegenseitig zur Anerkennung der durch den Vertrag von Versailles geschaffenen Grenzen und entmilitarisierten Zonen, sowie Deutschland, Frankreich und Belgien zum Verzicht auf kriegerischen Angriff und Einfall. Dabei ist allerdings der französischen Besorgnis vor Nichtachtung der entmilitarisierten Rheinlandzone durch eine nicht unbedingt klare Bezugnahme auf die Artikel 42 — 44 des Vertrages von Versailles weitgehend entsprochen worden.

Nach wiederum lebhaften Verhandlungen im Reichstag wurde die Regierungsvorlage am 27. November 1925 gegen die Stimmen der Deutschnationalen, der Kommunisten und der Völkischen angenommen, so daß die auf den 1. Dezember 1925 angesetzte endgültige Unterzeichnung in London erfolgen konnte. Die Verkündung erfolgte am 30. November 1925 durch das „Gesetz über die Verträge von Locarno und den Eintritt Deutschlands in den Völkerbund" vom 28. November 1925 (Reichsgesetzblatt 1925, Teil II, S. 975 ff.).

In Übereinstimmung mit Artikel 10 des Westpaktes, der die Ratifikation von dem Eintritt Deutschlands in den Völkerbund abhängig macht, wurde die Reichsregierung durch das Gesetz vom 28. November 1925 ermächtigt, „die zum Eintritt Deutschlands in den Völkerbund erforderlichen Schritte zu tun". Nach Eintritt gewisser „Rückwirkungen", vor allem Durchführung der rechtswidrig verzögerten Räumung der Kölner Zone und Anbahnung von Erleichterungen des Besatzungsregimes, stellte Deutschland am 10. Februar den Antrag auf Aufnahme in den Völkerbund, auf der Grundlage sofortiger Einräumung eines ständigen Ratssitzes, und mit der Erinnerung an bestimmte Vorbehalte in bezug auf die Kolonialmandate und die Kriegsschuldfrage (Deutsches Memorandum vom 29. September 1924). Eine zur Erledigung des deutschen Gesuchs einberufene Sonderversammlung des Völkerbundes im März 1926 schlug jedoch fehl, da unter den bisherigen Mitgliedern gegenüber Ansprüchen Brasiliens, Spaniens und Polens keine Einigkeit darüber zu erzielen war, daß in jenem Zeitpunkt lediglich Deutschland ein ständiger Ratssitz einzuräumen wäre. Als einziges Ergebnis wurde am 16. März 1926 eine Erklärung der an den Verträgen von Locarno beteiligten Mächte abgegeben, daß sie die dort eingeschlagene Politik aufrechtzuerhalten und fortzuentwickeln entschlossen seien.

Die völkerrechtliche Neuordnung der Staatenbeziehungen Europas bleibt damit noch weiter in der Schwebe. Dennoch kann hieraus nicht das Recht abgeleitet werden, unter Berufung auf eine aus trübe gemischter Geschichte abgeleitete, vermeintlich „ewige Natur des Menschen" den Schluß zu ziehen, daß Gier und Gewalt die entscheidenden Mächte des Geschehens seien. Den zu solcher Behauptung bereiten Chauvinisten aller Länder, die mit ihrer These weniger einen Beitrag zur Geschichtserkenntnis, als zur Kunde des eigenen Charakters bieten, haben immer und in allen Staaten Gemeinschaftsgruppen gegenüber gestanden, denen die wirkenden Kräfte des Geistes und der Gesittung, die Wahrung von Maß und Grenzen nicht fremd sind, und die nicht, in roher Vereinfachung menschlicher Art, das Zeichen der Kraft nur in der Gewaltausübung erblicken. Die Entwicklung seit den Tagen von Versailles zeigt den langsam wachsenden Wirkungsraum der geistigen Mächte, für die das Bild der Welt in dem hellen strömenden Licht einer unromantischen Wesenserkenntnis offen liegt.

Literatur.

I. Vorgeschichte und Vertrag als Ganzes. Amtliche Urkunden zur Vorgeschichte des Waffenstillstandes 1918. Herausgegeben vom Auswärtigen Amt und vom Reichsministerium des Innern. 2. vermehrte Auflage. Berlin 1924. — Erich Ludendorff, Entgegnung auf das amtliche Weißbuch: „Vorgeschichte des Waffenstillstandes". 3 Hefte. Berlin 1919. Die Ursachen des deutschen Zusammenbruchs im Jahre 1918. Vierte Reihe im Werk des Untersuchungsausschusses. Herausgegeben im Auftrage des Deutschen Reichstages. 3 Bände. Berlin 1925. — Erich Otto Volkmann, Der Marxismus und das deutsche Heer im Weltkriege. Berlin 1925. — Philipp Scheidemann, Der Zusammenbruch. Berlin 1921. Verhandlungen der verfassungsgebenden Deutschen Nationalversammlung. Bd. 327. Stenographische Berichte. Berlin 1920. — Margarete Rothbarth, Die großen Vier am Werk. Berlin 1921. — Robert Lansing, The Big Four. London 1922. — Peace Handbooks, prepared under the direction of the historical section of the Foreign Office. 161 Hefte in 25 Bänden. London 1920. — H. W. V. Temperley, Editor. A history of the Peace Conference of Paris. 6 Bde. London 1920—1924. — Arnold J. Toynbee, Survey of International Affairs (das beste zeitgeschichtliche Quellenwerk). I: . . . for 1920—1923, London 1924. II. . . . for 1924, London 1926. — Ray Stannard Baker, Woodrow Wilson and World Settlement. Written from his unpublished and personal material. 3 Bde. London, Neuyork 1923. — Dasselbe. Autorisierte Übersetzung von Kurt Thesing. 3 Bde. Leipzig 1923. — John Maynard Keynes, The economic consequences of the peace. London 1920. — Derselbe, A revision of the treaty. London 1922 (beide Werke deutsch bei Duncker & Humblot, München und Leipzig). — André Tardieu, La Paix. Préface de Georges Clemenceau. Paris 1921. — Alfred Fabre-Luce, La Victoire. Paris 1924 (= Les documents bleus, No. 11). — Dasselbe. Deutsche Übertragung. Frankfurt a./M. 1925. — Herbert Kraus und Gustav Roediger, Urkunden zum Friedensvertrage von Versailles. 2 Teile. Berlin 1920 und 1921. — Paul

Herre und Kurt Jagow, Politisches Handwörterbuch. 2 Bde. Leipzig 1923. — Frhr. Marschall von Bieberstein, Verfassungsrechtliche Reichsgesetze. Mannheim, Berlin, Leipzig 1924. — Herbert Kraus, Der Friedensvertrag von Versailles (= Jahrbuch des öffentlichen Rechts der Gegenwart. Bd. IX. Tübingen 1920, S. 291—332). — Eduard Rosenbaum, Der Vertrag von Versailles. 3. Aufl. Leipzig 1924 (= Reclams Universal-Bibliothek, Nr. 6206). — Edmund Mezger, Die Auslegung des Versailler Vertrages (= Völkerrechtsfragen, Heft 12). Berlin 1926. — Erich Hans Kaden, Privatrecht des Friedensvertrages. (Jedermanns Bücherei.) Breslau 1925.

II. Territoriale Fragen. Die von Preußen abgetretenen Gebiete. Bearbeitet in der Plankammer des Preußischen Statistischen Landesamtes. Berlin 1922. Besetzte Gebiete Deutschlands. Bearbeitet im Preußischen Statistischen Landesamt. Berlin 1925. Schlesien nach der Teilung. Bearbeitet im Preußischen Statistischen Landesamt. Berlin o. J. — Robert Ernst, Die Eingliederung der vertriebenen Elsaß-Lothringer in das deutsche Wirtschaftsleben. Berlin und Leipzig 1921. Die französisch-belgischen Anordnungen für das Ruhrgebiet. Berlin 1924. — Werner Vogels, Urkunden über die Besetzung und Räumung des Ruhrgebiets und die Arrêtés der französisch-belgischen Militärbefehlshaber. Berlin 1925. — Werner Vogels, Die Verträge über Besetzung und Räumung des Rheinlandes und die Ordonnanzen der Interalliierten Rheinlandkommission in Koblenz. Berlin 1925. Dokumente zur Besetzung der Rheinlande. Herausgegeben vom Reichsministerium für die besetzten Gebiete. Heft 1—3. Berlin 1925. — The Dariac Report. Ruhr, Rhineland and Saar. (Manchester 1923). — Friedrich Grimm, Der Mainzer Kriegsgerichtsprozeß gegen die rheinisch-westfälischen Bergwerksvertreter. Berlin 1923. — Lothar Erdmann, Die Gewerkschaften im Ruhrkampfe. Berlin 1924. Rheinische Schicksalsfragen. Eine Schriftenfolge, herausgegeben in Verbindung mit dem Westausschuß für Rhein, Saar, Ruhr und Pfalz, von Prof. Dr. Rühlmann. Heft 1ff. Berlin 1925. Das Saargebiet unter der Herrschaft des Waffenstillstandabkommens und des Vertrages von Versailles. Als Weißbuch von der deutschen Regierung dem Reichstag vorgelegt. Berlin 1921. — S. Osborne, The Saar question, a disease spot in Europe. London 1923. — W. R. Bisschopp, The Saar controversy. London 1924. — Sir Robert Donald, A danger spot in Europe. London 1925. Notenwechsel zwischen der deutschen und der französischen Regierung über die separatistischen Umtriebe in den besetzten Gebieten. Weißbuch Nr. 1, Berlin 1924. — Johannes Tiedje, Die deutsche Note (vom 27. März 1920) über Schleswig. Berlin 1920. Bismarck und die nordschleswigsche Frage 1864–1879. Im Auftrage des Auswärtigen Amtes. Herausgegeben von Platzhoff, Rheindorf, Tiedje. Berlin 1925. — Osteuropa-Institut in Breslau, Oberschlesien und der Genfer Schiedsspruch. Berlin und Breslau 1925.

III. Die Reparation. Kurt Singer, Staat und Wirtschaft seit dem Waffenstillstand. Jena 1924. — Wilh. Mautner, Die Verschuldung Europas. Frankfurt a./M. 1923. — Oskar Wingen, Fünf Jahre Reparationspolitik. Berlin 1924. Die Entwicklung der Reparationsfrage. Chronik des wirtschaftlichen Niedergangs in Deutschland. Zentralverlag Berlin 1924, Nachtrag 1925. — Julius Hirsch, Die deutsche Währungsfrage (= Kieler Vorträge, herausgegeben von Bernhard Harms, Heft 9). Jena 1924. Die Reichsbank 1901—1925. Berlin 1925. Zahlen zur Geldentwertung in Deutschland 1914–1923. (= Sonderheft 1 zu „Wirtschaft und Statistik"). Berlin 1925. Kohlenwirtschaft und Reparationslieferungen. Berlin, März 1923. (Weißbuch des Auswärtigen Amtes). — Germain Calmette, Recueil de documents sur l'histoire de la question des réparations. (1919 bis 5. Mai 1921). Paris 1924. — Lujo Brentano, Was Deutschland gezahlt hat. Berlin und Leipzig 1923. Die Reparationslasten und Schäden der Privatwirtschaft des Ruhr- und Rheingebietes und ihre Erstattung durch das Reich. Reichstag, III. Wahlperiode 1924/25, 17. Februar 1925, Drucksache Nr. 568. — Hugo Ferdinand Simon, Reparation und Wiederaufbau. Berlin 1925 (mit auch alle amtlichen Druckschriften umfassender Bibliographie). — Friedrich Raab, Handbuch der Londoner Vereinbarungen. Berlin 1925. — Deutschland unter dem Dawesplan. Die Berichte des Generalagenten vom 30. Mai und 30. November 1925 nebst Sonderberichten der Kommissare und Treuhänder. Berlin (1926). — Fritz Terhalle, Die Reparationskontrolle. Jena 1925. — Carl Bergmann, Der Weg der Reparation. Von Versailles über den Dawesplan zum Ziel. Frankfurt a./M. 1926. — Werner Wittich, Dawesplan und Wirklichkeit (= Wirtschaftsdienst, 11. Jahrg., Heft 12—14, Hamburg 1926). — Hermann Curth, Bibliographie zum wirtschaftlichen Problem der deutschen Reparationen (zugleich Chronologie von Oktober 1918 bis Mai 1925 (= Weltwirtschaftliches Archiv, 23. Bd., Heft 1, Jena 1926).

IV. Das Problem der Sicherheit. Der Völkerbund. Materialien zur Sicherheitsfrage. Weißbuch Nr. 1, Berlin 1925. Die französischen Dokumente zur Sicherheitsfrage 1919—1923 (Übersetzung des amtlichen französischen Gelbbuches). Mit einer Einleitung von Hermann Oncken. Berlin 1924. Papers respecting negotiations for an Anglo-French pact. London 1924 (Presented . . . to Parliament . . . Cmd. 2169). — Karl Strupp, Das Werk von Locarno. Berlin und Leipzig 1926. — Walter Schücking und Hans Wehberg, Die Satzung des Völkerbundes. 2. umgearbeitete Auflage. Berlin 1924. — B. W. von Bülow, Der Versailler Völkerbund. Berlin (Stuttgart), Leipzig 1923. — Carl Schmitt, Die Kernfrage des Völkerbundes (= Völkerrechtsfragen, Heft 18). Berlin 1926. — Hans Wehberg, Der Sicherheitspakt (= Staatsbürgerbibliothek, Heft 135/136). M.-Gladbach 1926.